D1666669

HANDBUCH DIDAKTIK
DES SACHUNTERRICHTS

Vorwort

Die noch recht junge akademische Disziplin Didaktik des Sachunterrichts weist im Vergleich zu den Didaktiken der anderen Unterrichtsfächer eine wesentlich größere Komplexität auf. Gleichwohl hat sie sich als wissenschaftliche Disziplin in Forschung und Lehre etabliert und profiliert.

Mit der Entstehung des Sachunterrichts als (neuem) Unterrichtsfach wurden ab den 1970er Jahren in der Bundesrepublik für die Didaktik des Sachunterrichts Lehrstühle und Professuren an den Universitäten und Pädagogischen Hochschulen eingerichtet. In zahlreichen Bundesländern konnte bzw. kann „Sachunterricht" als ein gleichwertiges Hauptfach (Wahlfach) von den Studierenden des Lehramts Grundschule studiert werden. In manchen Bundesländern zählt das Studium der Didaktik des Sachunterrichts zum Pflichtkanon aller Studierenden des Grundschullehramts. Dies unterstreicht den hohen Stellenwert, der dem Fach im Kanon der Lehrerbildung zukommt. Eine vergleichbare Entwicklung vollzog sich nach 1990 in den ostdeutschen Bundesländern.

Ziel des vorliegenden Handbuchs ist es, in den einzelnen Beiträgen eine ausführliche Begriffs- und Themenbehandlung zu leisten. Mit seinem Aufbau und seiner Gliederung ist zugleich eine wissenschaftlich fundierte und lehrbuchartige Systematik angestrebt. Die Autoren wurden gebeten, den wissenschaftlichen Diskussionsstand zu ihrem speziellen Themengebiet unter Einbeziehung theoretischer Erkenntnisse, historischer und empirischer Befunde sowie internationaler Perspektiven zu bearbeiten.

Der Band wurde in erster Linie mit Blick auf die Lehrerbildung konzipiert. Er wendet sich an die Personen, die in Forschung und Lehre der Didaktik des Sachunterrichts in der ersten und zweiten Phase der Lehrerbildung oder in der Lehrerfortbildung tätig sind. Vor allem aber soll er den Studierenden des Lehramts Grundschule bzw. der Didaktik des Sachunterrichts sowie Lehramtsanwärtern in der zweiten Phase eine solide Orientierung über die komplexe Disziplin bieten und Anregungen für Begründungen didaktischer und methodischer Entscheidungen für den Unterricht geben. Aber auch für diejenigen, die an der Erstellung von Lehrplänen oder an Lehrbüchern für den Sachunterricht arbeiten, sowie für Lehrerinnen und Lehrer, die an aktuellen Entwicklungen und internationalen Perspektiven dieses Faches interessiert sind, dürfte der Band von Nutzen sein.

Januar 2007   *Die Herausgeberinnen und Herausgeber*

HANDBUCH DIDAKTIK DES SACHUNTERRICHTS

herausgegeben von
Joachim Kahlert
Maria Fölling-Albers
Margarete Götz
Andreas Hartinger
Dietmar von Reeken
Steffen Wittkowske

JULIUS KLINKHARDT
BAD HEILBRUNN • 2007

Foto auf der Umschlagseite 1: Dirk Krüll, Düsseldorf.

Die Deutsche Bibliothek – Cip-Einheitsaufnahme

Ein Titelsatz für diese Publikation ist bei
Der Deutschen Bibliothek
erhältlich.

2007.3.Khg. © by Julius Klinkhardt.
Druck und Bindung:
AZ Druck und Datentechnik, Kempten
Printed in Germany 2007
Gedruckt auf chlorfrei gebleichtem alterungsbeständigem Papier
ISBN 978-3-7815-1508-6

Inhaltsverzeichnis

2.3 Inhaltsbereiche
2.3.1 Fachbezogene Inhaltsbereiche

2.3.2 Beitrag des Sachunterrichts zu fächerübergreifenden Bildungsaufgaben

2.4 Konzeptionen und Entwicklungen des Sachunterrichts

4.2 Medien – Repräsentationsformen und Arbeitsmittel

4.3 Beurteilen im Sachunterricht

1 Bildungstheoretische Grundlegung der Fachdidaktik des Sachunterrichts

1.1 Didaktik des Sachunterrichts als bildungswissenschaftliche Disziplin

1| Didaktik des Sachunterrichts als bildungswissenschaftliche Disziplin
Margarete Götz, Joachim Kahlert, Maria Fölling-Albers, Andreas Hartinger, Dietmar von Reeken und Steffen Wittkowske

Die Didaktik des Sachunterrichts ist wie andere Fachdidaktiken auch eine vergleichsweise junge Wissenschaftsdisziplin. Sie verdankt ihre Entstehung weniger der Bearbeitung eines wissenschaftlichen Theorie- und Methodenproblems als vielmehr der gesellschaftlichen Aufgabe, Wissen, Handlungsnormen und Kompetenzen an die nachfolgende Generation unter den Bedingungen institutionalisierten Lernens zu vermitteln. Als historisch erfolgreichstes Medium zur Ordnung und Sequenzierung des in der Schule zu vermittelnden Wissens wie der Handlungsnormen haben sich, ausgehend von den höheren Lehranstalten, weltweit die Unterrichtsfächer durchgesetzt (vgl. Goodson, Hopmann & Riquarts 1999). Mit ihrer schulischen Etablierung geht ein problemhaltiger Begründungs-, Entscheidungs-, Klärungs- und Forschungsbedarf einher. Er bezieht sich u.a. auf Fragen nach der Legitimation der einem Unterrichtsfach zugeschriebenen Zielsetzungen, nach den Kriterien der Auswahl und internen Organisation seiner Inhalte, nach den Realisierungsbedingungen, der Qualität und Wirksamkeit seines unterrichtsmethodischen Arrangements, nach den erreichten und nicht erreichten Wirkungseffekten auf Seiten der Lernenden und nach den vorhandenen wie wünschenswerten professionellen Kompetenzen auf Seiten der Lehrenden. Diese und weitere Probleme werden in den einzelnen Fachdidaktiken mit den Mitteln der wissenschaftlichen Reflexion und Forschung bearbeitet, auch in der Didaktik des Sachunterrichts. Diese teilt zwar mit den anderen Fachdidaktiken die Angewiesenheit auf Erkenntnisse der Erziehungswissenschaft einschließlich ihrer schulbezogenen Subdisziplinen. Allerdings unterscheidet sich die Didaktik des Sachunterrichts von den übrigen Fachdidaktiken insofern, als sie nicht eine einzige, sondern eine Vielzahl von Fachwissenschaften als Referenzdisziplinen besitzt. Diese Eigenart erklärt sich aus den Spezifika ihres Gegenstandes, dem Unterrichtsfach Sachunterricht, näherhin aus dessen im deutschen Schulsystem historisch wie aktuell vorgenommenen Begrenzung auf die erste Schulstufe und dem dadurch bedingten Anspruch, die Anfänge schulischer Bildungsprozesse in ihren Zielsetzungen, ihrem Verlauf und ihren Wirkungserwartungen nicht auf die Anforderungen eines rein fachlich-systematischen Lernens einzuengen.

Eine solche Ausgangslage wirkt sich eher erschwerend als erleichternd aus, wenn es darum geht, die Didaktik des Sachunterrichts als wissenschaftliche Disziplin zu kennzeichnen. Dennoch soll dieser Versuch mit den nachfolgenden Überlegungen unternommen werden, indem die Gegenstandsannahmen, das Erkenntnisinteresse und die Erkenntnismethoden der Didaktik des Sachunterrichts näher bestimmt werden. Um das zu leisten, werden wir zunächst die Didaktik des Sachunterrichts bildungstheoretisch verorten, danach ihren Gegenstand, den schulischen Sachunterricht, betrachten und abschließend die Wege der Erkenntnisgewinnung charakterisieren.

1 Bildung als Referenzrahmen der Didaktik des Sachunterrichts

Sowohl in der pädagogischen Fachkommunikation als auch im Alltagswissen von Menschen, die andere erziehen und bilden, gibt es eine breite Palette von inhaltlichen Vorstellungen darüber, was Bildung bedeutet und was einen gebildeten Menschen ausmacht. Das Bildungsverständnis unterliegt der Dynamik und der Interpretation des gesellschaftlichen Wandels wie der sich ständig verändernden wissenschaftlichen Erkenntnisse, die immer wieder neue Auffassungen darüber hervorbringen, welche Anforderungen die Kinder heute und in Zukunft bewältigen müssen. Dennoch oder gerade deshalb ist es für die wissenschaftliche Verständigung über die Auswahl und Gestaltung von *schulischen* Lernangeboten unverzichtbar, Bildungsvorstellungen zu entwickeln, zu diskutieren und zu klären. Mit dieser Reflexionsleistung gewinnt die Didaktik des Sachunterrichts einen Maßstab zur Abgrenzung bildungstheoretisch legitimierbarer von nicht legitimierbaren Anforderungen und sichert dadurch wissenschaftsintern wie -extern die Nachvollziehbarkeit ihrer Argumentation. Diese ist ihrerseits Voraussetzung für eine Verständigung darüber, was Schule und Unterricht der nachwachsenden Generation anbieten sollte. Vom Anspruch her geht es dabei darum zu klären, welches Wissen und Können jeder haben sollte (vgl. Koch 2004, S. 184 f.), und zwar nicht nur, um in der gegebenen Welt zurechtzukommen und sich selbst darin weiterzuentwickeln, sondern auch, um die Bereitschaft und die Fähigkeit zu entwickeln, für die als notwendig erkannten Änderungen einzutreten (vgl. Peukert 2000, S. 509).

Einen für die Didaktik des Sachunterrichts anschlussfähigen Bildungsbegriff liefert Henning Kößler, der Bildung versteht als „Erwerb eines Systems moralisch erwünschter Einstellungen durch die Vermittlung und Aneignung von Wissen derart, dass Menschen im Bezugssystem ihrer geschichtlich-gesellschaftlichen Welt wählend, wertend und stellungnehmend ihren Standort definieren, Persönlichkeitsprofil bekommen und Lebens- und Handlungsorientierung gewinnen" (Kößler 1997, S. 113).

Was dieses Bildungsverständnis trotz einer starken Betonung ethisch-moralischer Ansprüche für die Didaktik des Sachunterrichts fruchtbar macht, ist der starke Zusammenhang zwischen Wissenserwerb, Persönlichkeitsentwicklung und Beziehung der Person zu ihrer Lebenswelt. Bildung wird dabei nicht nur als ein Kanon von Wissen und Fähigkeiten, den jemand besitzt, verstanden. Vielmehr wird Bildung gedacht als Qualitätsmerkmal der Beziehungen, die eine Person zur Welt, zu ihren Menschen und zu ihrer Kultur einnimmt. Nicht das Haben und Besitzen von Wissen ist Ausdruck von Bildung, sondern der verständige und verantwortungsvolle Umgang mit eigenem und fremdem Wissen. Speziell auf die Inhaltsbereiche des Sachunterrichts bezogen stellen sich Fragen wie: Mit welchen Auswirkungen für andere macht jemand von seinem Wissen und Können Gebrauch? Berücksichtigt man andere Interessen, hat man nur die eigenen Ziele im Sinn oder ist man bereit, sich auch an Zielen anderer zu orientieren? Geht man selbstgewiss mit dem um, was man gerade weiß oder was man für Wissen hält, oder nimmt man eine fragende Haltung auch sich selbst gegenüber ein? Ist man bereit, Neues zu erproben und eigene Vorstellungen und Ideen auch gegen Widerstand oder gegen Gewohnheiten einzubringen? Gibt man sich damit zufrieden, Wissen zu nutzen, das man selbst für richtig hält, oder bemüht man sich zu prüfen, ob auch andere dieses Wissen teilen? Setzt sich jemand mit der Umwelt gezielt, engagiert, mit Hingabe und einer vernehmenden Haltung zum Gegenstand auseinander oder hat der Austausch mit der Umwelt eher den Charakter des Erledigens, des Abarbeitens?

Versucht man über die gewählte begriffliche Definition hinaus, die speziell von der Schule erwartbare Bildung inhaltlich konkreter zu fassen, sieht man sich zum Zwecke der Identifikation bildungsbedeutsamer schulischer Ziele und Inhalte mit der Aufgabe konfrontiert, ein Entscheidungs- und Ordnungsraster zu finden, das einerseits Zugänge zur Welt eröffnet und andererseits die Handlungsfähigkeit des Individuums in dieser Welt ermöglicht. Für die Bearbeitung dieser Aufgabe liegt eine Vielzahl historischer wie aktueller Lösungsvarianten bereit. Eine Auswahl der gegenwärtig durchaus kontrovers diskutierten Ansätze soll nachfolgend kurz skizziert werden:

– Im Rahmen seines Allgemeinbildungskonzeptes hat Wolfgang Klafki ein problemorientiertes Ordnungsmodell für schulische Bildungsprozesse entwickelt. Auf der Basis einer kritischen Gegenwartsdiagnose identifiziert er verschiedene sog. „epochaltypische Schlüsselprobleme", wie z.b. die Frage des Friedens oder der gesellschaftlich produzierten Ungleichheit (vgl. Klafki 1992). Die didaktische Aufbereitung und unterrichtliche Behandlung solcher Probleme – auch im Sachunterricht – soll eine zukunftsfähige Bildung sichern.

– Kompetenztheoretisch ausgerichtet ist die Klassifikation von Fähigkeiten, die nach Heinz-Elmar Tenorth unerlässlich für eine allen Schülern gleichermaßen zukommende Grundbildung sind. Diese konkretisiert sich in der „Beherrschung der Verkehrssprache, mathematischer Mitteilungsfähigkeit, Selbstregulation des Wissenserwerbs, Kompetenz im Umgang mit modernen Informationstechnologien" sowie in „fremdsprachlicher Kompetenz" (Tenorth 2005, S. 27). Als inhaltliche Grundlage für den schulischen Erwerb dieser Basiskompetenzen bestimmt Tenorth vier „Lernbereiche", den sprachlichen, den historisch-gesellschaftlichen, den mathematisch-naturwissenschaftlichen und den ästhetisch-expressiven (Tenorth 1994, S. 174).

– Aus „unterschiedliche(n) Modi der Weltbegegnung" gewinnt Jürgen Baumert ein Entscheidungs- und Ordnungsgerüst für die schulische Bildung, in dem verschiedene Formen der Rationalität mit den kulturellen Errungenschaften in modernen Gesellschaften korrespondieren. Dazu gehört die kognitiv-instrumentelle Rationalität, die in den Naturwissenschaften, in der Mathematik und in der Technik zum Ausdruck kommt, die ästhetisch-expressive Rationalität der Kunst, Sprache, Musik und der Körperlichkeit, die Rationalität von Normen und Bewertungen im Umgang mit Inhalten und Fragen des Rechts, der Wirtschaft und des Zusammenlebens sowie die philosophisch-religiöse Rationalität mit dem Fokus auf existenziell bedeutsame Fragen nach dem Sinn von Leben und der Begründung eigenen Handelns (vgl. Baumert 2002, S. 106ff.).

– Durch die internationalen Schulleistungsvergleichsstudien erreichte in jüngster Zeit innerhalb wie außerhalb der Sachunterrichtsdidaktik ein Bildungsverständnis erhöhte Aufmerksamkeit, das in Anlehnung an das aus dem Angloamerikanischen stammenden Literacy-Konzept funktional-pragmatisch ausgerichtet ist. Es verpflichtet die schulische Grundbildung auf den Erwerb jener Kompetenzen, die als „basale Kulturwerkzeuge" für eine befriedigende persönliche Lebensführung wie für die aktive Teilnahme am Leben moderner Gesellschaften als notwendige Voraussetzung gelten (Baumert, Stanat & Demmrich 2001, S. 20). Unter diesen Vorzeichen umfasst die schulische Grundbildung in bereichsspezifischer Konkretisierung Lesekompetenz (reading literacy), mathematische Grundbildung (mathematical literacy) sowie die – auch in die Zuständigkeit der Sachunterrichtsdidaktik fallende – naturwissenschaftliche Grundbildung (scientific literacy) (vgl. ebd, S. 22f.; Marquardt-Mau 2004). Ausdifferenziert umschließt letztere das Verständnis a) naturwissenschaftlicher Begriffe und Prinzipien, b) naturwissenschaftlicher Untersuchungsmethoden und Denkweisen, c) der Möglichkeiten und Grenzen der Naturwissenschaften sowie d) der Beziehungen zwischen Naturwissenschaft, Technik und Gesellschaft (Prenzel, Geiser, Langeheine & Lehmann 2003, S. 146 f.).

– Folgt man jenseits bildungstheoretischer Erwägungen bildungsadministrativen Vorgaben, wie sie für das deutsche Schulsystem in kultusministeriellen Empfehlungen, staatlichen Lehrplänen und Richtlinien enthalten sind, dann dominiert hier eine nach dem Fächerprinzip differenzierte schulische Bildung, die in aller Regel durch einen jeweils fachspezifischen Kenntnis- und Fähigkeitserwerb definiert ist, dessen Niveau und Umfang mit aufsteigender Jahrgangsstufe zunimmt. Parallel zu dieser fachbezogenen Bildung und ihr teilweise übergeordnet sollen ganze Kataloge von fächerübergreifenden Zielsetzungen durch schulische Anstrengungen realisiert werden. Das verdeutlichen einige Beispiele aus aktuellen Lehrplänen (vgl. auch Reinhoffer in diesem Band, Nr. 8): In bayerischen Grundschulen soll der Heimat- und Sachunterricht die Schüler u.a. befähigen, „ihrer Entwicklung gemäß Ausschnitte ihrer Lebenswirklichkeit zunehmend differenziert wahrzunehmen, zu begreifen und begrifflich zu fassen, sie in wichtigen Zusammenhängen gedanklich zu durchdringen, zu deuten und zu werten" (Staatsministerium für Unterricht und Kultus 2004, S. 34). Darüber hinaus soll das Fach auch die Erreichung fächerübergreifender Bildungsziele unterstützen, sei es die Fähigkeit und Bereitschaft zu friedlicher Konfliktregelung, zu demokratischen Verhaltensweisen oder zum verantwortungsbewussten Umgang mit natürlichen Ressourcen (vgl. ebd.). Nach den Aussagen der verbundenen Lehrpläne von Berlin, Brandenburg, Bremen und Mecklenburg-Vorpommern soll der Sachunterricht mit der gleichzeitigen Erfüllung fachrelevanter wie fächerübergreifender Ziele einen Beitrag zur grundlegenden Bildung leisten, u.a. „durch die Einführung in sozialwissenschaftliche Interpretationsmuster der Welt, insbesondere in Grundfragen des Zusammenlebens in verschiedenen Gemeinschaften und damit verbundene Rechte und Pflichten. Des Weiteren trägt der Sachunterricht zur grundlegenden Bildung bei, indem er die Schülerinnen und Schüler an naturwissenschaftliche Konzepte und Prozesse heranführt, ihnen raum- und zeitbezogene Erfahrungen ermöglicht und sie zu technischem Handeln und zum Reflektieren über technische Fragen befähigt." (Senatsverwaltung für Bildung, Jugend und Sport Berlin u.a. 2004, S. 17). Ähnliche Aufgaben finden sich im aktuellen sächsischen Lehrplan, nach dessen Vorgaben der Sachunterricht u.a. die Schüler mit der demokratischen Grundordnung vertraut machen soll , ihre Urteils- und Entscheidungsfähigkeit sowie ihre Verantwortungsbereitschaft fördern, an grundlegendes Wissen aus Gesellschaft, Natur und Technik heranführen, die Beobachtungsfähigkeit der Schüler entwickeln soll und dabei auch „ästhetische Aspekte" zu beachten hat (Sächsisches Staatsministerium für Kultus 2004, S. 2). Auch andernorts ist diese Zweiteilung von fachspezifischen und -unspezifischen Bildungsansprüchen gebräuchlich. So haben zum Beispiel finnische Schulen nach offiziellen Lehrplanvorgaben als übergreifende Zielsetzung u.a. „Kulturelle Identität und Internationalität", „Kommunikations- und Medienkompetenz", „engagiertes Staatsbürgertum und unternehmerische Einstellung", „Verantwortung für Umwelt" anzustreben (vgl. Zentralamt für das Unterrichtswesen 2004).

– In unterrichtfachspezifischer Konkretisierung haben für den hier interessierenden Sachunterricht – abgesehen von historisch bedeutsamen Positionen (vgl. Spranger 1923) – zunächst Walter Köhnlein und dann Joachim Kahlert ein Bildungsverständnis expliziert, das in didaktischer Wendung mit einem Dimensionen- bzw. Perspektivenmodell als Ordnungsraster operiert (Köhnlein 1990, Kahlert 2005). Dessen Anwendung soll dem Sachunterricht eine Bildungswirksamkeit sichern, die in Überwindung von Einseitigkeiten und monistischen Sichtweisen den Schülern einen vielperspektivischen Zugang zur Welt eröffnet. Folgt man dem mehr bildungsphilosophisch ausgerichteten Ansatz von Ludwig Duncker, dann liegt die Bildungsbedeutsamkeit des Sachunterrichts in der Herstellung und Kultivierung von methodischen, d.h. strukturierten, an Disziplinen orientierten Zugängen zur Wirklichkeit, die die Grundlage bieten sowohl für eine klärende Ordnung lebensweltlicher Erfahrungen als auch für die eigenständige Reflexion und Urteilsbildung (vgl. Duncker 2004).

Wie an den beispielhaft vorgestellten Positionen ablesbar ist, werden die dem Bildungsbegriff zugeschriebenen schulischen Ansprüche nicht nur unterschiedlich klassifiziert, differenziert und gewichtet. Sie variieren auch in der inhaltlichen Bestimmung dessen, was schulische Bildung leisten soll. Die Differenzen sprechen nicht für die Unbrauchbarkeit des Bildungsbegriffs für schulische Zwecke, sondern sind vielmehr der Tatsache geschuldet, dass es in demokratischen Gesellschaften keine verlässlichen Gewissheiten mehr gibt, mit denen sich eine Einheitsformel schulischer Bildung begründen ließe. Ein Insistieren darauf würde zudem negieren, was jede schulische Bildungsanstrengung zu beachten hat, „die Rechte der Lernenden und den Eigensinn ihrer Lernprozesse" (Tenorth 1994, S. 168). Trotz fehlender Eindeutigkeiten und Gewissheiten kommt die Didaktik des Sachunterrichts nicht ohne Bildungstheorie aus. Auch wenn deren Annahmen keine zweifelsfreien Sicherheiten verbürgen, so bewahren sie doch die Didaktik des Sachunterrichts vor einer grenzenlosen Ausuferung ihrer Reflexions- und Forschungsanstrengungen, denn sie liefern Maßstäbe dafür, was einer sachunterrichtlichen Bildung zurechenbar ist und was nicht. Für den Binnendiskurs der Didaktik des Sachunterrichts sichert ein Rückgriff auf die bildungstheoretische Argumentation eine rational nachvollziehbare Begründung der im eigenen Feld vertretenen Positionen und macht diese dadurch kommunizierbar, intern vergleichbar und kritisierbar. Allerdings resultiert aus der Anbindung an den bildungswissenschaftlichen Diskurs für die Didaktik des Sachunterrichts die Notwendigkeit, das spezifische Bildungspotential des Unterrichtsfaches Sachunterricht regelmäßig zu konkretisieren bzw. Konkretisierungen regelmäßig zu überprüfen.

2 Das Unterrichtsfach Sachunterricht als Gegenstand der Didaktik des Sachunterrichts

Der Sachunterricht ist unter variierenden terminologischen Bezeichnungen (z.B. Sachunterricht, Heimat- und Sachunterricht, Heimat- und Sachkunde) im allgemeinbildenden deutschen Schulsystem bislang auf die Grundschule begrenzt. Daneben wird er noch in bestimmten Förderschulen erteilt und ist auch unter anderer Namensgebung in Alternativschulen anzutreffen, die allerdings quantitativ gesehen eine eher randständige Bedeutung einnehmen (vgl. Jung in diesem Band, Nr. 42). In den Schulen des europäischen Auslandes, aber auch darüber hinaus, ist ein lehrplanmäßiger Unterricht verankert, der dem Sachunterricht in deutschen Grundschulen konzeptionell ähnlich ist, aber in einzelnen Ländern erkennbar davon abweicht (vgl. die Beiträge im Kapitel 2.5).

Bedingt durch seine Zugehörigkeit zur Grundschule markiert der Sachunterricht in der Bildungsbiographie des Kindes eine Differenz zwischen zufällig gemachten Sacherfahrungen und dem unter institutionellen Bedingungen der Schule geregelten Erwerb von Sachwissen. Bereits in der Vorschulzeit hat das Kind Sacherfahrungen gesammelt, sei es durch Spiel, durch explorative Auseinandersetzung mit Erscheinungen der eigenen Umwelt, durch den alltäglichen Umgang mit Eltern, Geschwistern, Nachbarn oder Freunden, durch Reisen, durch eigenes Fragen oder durch die Nutzung von Medienangeboten. Solche Erfahrungen haben in aller Regel einen unsystematischen Charakter, erfolgen punktuell und weisen in Umfang und Intensität erhebliche Schwankungen auf, die aus regionalen, ökonomischen, sozialen und kulturellen Gegebenheiten des Herkunftsmilieus resultieren.

In ständischen und vergleichsweise homogenen Gesellschaften, die sich langsam über Generationen hinweg entwickelten, mag dieses unsystematische, zufällige „Lernen vom Leben" als ausreichend gegolten haben. Es schien zu genügen, um sich hinreichend in den sozialen Schichten und in den Regionen zurechtzufinden, in die man hineingeboren wurde und die man – aller Wahrscheinlichkeit nach – sein Leben lang nicht verlassen würde. Aber in modernen, differenzierten und demokratischen Gesellschaften stellen sich andere Bildungsanforderungen. Zum einen besteht der Anspruch, Kindern Bildungs- und Entwicklungsmöglichkeiten zu bieten, die ihre Persönlichkeit nicht nach den Zufällen von Geburt und Stand, sondern nach Maßgabe von Anlagen, Fähigkeiten und Interessen fördern. Zum anderen kann man sich nicht darauf verlassen, dass Kenntnisse, Fertigkeiten und Fähigkeiten, die für das gedeihliche Zusammenleben in kommunikationsintensiven, komplexen und dynamischen Gesellschaften wünschenswert sind, sich von selbst aus dem Zusammenleben heraus entwickeln.

Daher kommt der öffentlichen Schule – sowohl mit Blick auf die Persönlichkeitsentwicklung des Einzelnen als auch mit Blick auf das Zusammenleben mit anderen – die grundlegende Aufgabe zu, allen Kindern angemessene Lernchancen zu bieten. Unabhängig von den Besonderheiten ihrer Lebenswelt sollen sie diejenigen Fähigkeiten, Kenntnisse und Fertigkeiten erwerben können, die nach bestem erziehungswissenschaftlichen Wissen und Gewissen ihrer persönlichen Entwicklung und dem Zusammenleben mit anderen dienen. Bezogen auf naturwissenschaftlich, technisch und sozialwissenschaftlich deutbare Phänomene, Gegebenheiten, Entwicklungen und Beziehungen soll Sachunterricht dafür Grundlagen schaffen – durch Wissen, das zu wissen lohnt. Auch wenn in der öffentlichen Wahrnehmung die Grundschule nach wie vor mit dem Erlernen der Kulturtechniken des Lesens, Schreibens und Rechnens identifiziert wird, so betont spätestens die PISA-Nachfolgediskussion die Bedeutsamkeit des Sachunterrichts, in dessen Zuständigkeit die Förderung jener naturwissenschaftlichen Kompetenzen fällt, in deren Ausbildung ein Nachholbedarf bei der überwiegenden Mehrzahl der Schüler in Deutschland besteht. Allerdings darf dies nicht dazu führen, die sozialwissenschaftlichen Kompetenzen zu vernachlässigen; charakteristisch für den Sachunterricht sind gerade die Gleichwertigkeit der Zugänge und ihre Verflechtung.

Obwohl *offizielle* Lehrpläne und Richtlinien für den Sachunterricht unterschiedliche inhaltliche Akzente setzen, herrscht weitgehend Einigkeit über den grundlegenden Bildungsauftrag des Faches. Es soll Kinder dabei unterstützen, sich belastbares und geordnetes Wissen über die soziale, natürliche und technisch gestaltete Umwelt anzueignen und sich in der modernen Gesellschaft zunehmend selbstständig und verantwortlich zu orientieren. Zugleich sollen anschlussfähige Grundlagen für die natur- und sozialwissenschaftlichen Fächer weiterführender Schulen gelegt werden. Den Lernbereichen im Ausland, die am ehesten dem Sachunterricht entsprechen, werden ähnliche Aufgaben zugeschrieben (vgl. die Beiträge im Kapitel 2.5).

Darüber, was Erschließen der Umwelt im Einzelnen heißt und wie es unterstützt werden kann, mag es verschiedene Auffassungen geben. Wenn dabei jedoch, dem grundlegenden Anspruch an Schule entsprechend, individuelle Selbstständigkeit und soziale Verständigungsfähigkeit gefördert werden sollen, dann gehört dazu

– Verstehen zu unterstützen (a)

– sinnvolle Zugangsweisen zu neuem Wissen und Können zu eröffnen (b)

– Interessen an der Umwelt auszubauen (c)

– Könnenszuwachs erfahrbar zu machen und zum verantwortungsbewussten Handeln zu ermutigen (d)

Zu a) *Verstehen unterstützen:* Sachunterricht soll dazu beitragen, dass die Kinder ihre Wahrnehmungen und Interpretationen der Umwelt zunehmend auf belastbares und zuverlässiges Wissen aufbauen. Dazu gehört auch, eigenes und fremdes Wissen kritisch zu reflektieren. Eine Anforderung an den Sachunterricht im Hinblick auf die Bildungsentwicklung der Kinder besteht somit darin, Alltagsvorstellungen über die Umwelt in Richtung intersubjektiv nachvollziehbarer Interpretationen auf der Basis bewährten Wissens zu entwickeln.

Zu b) *Sinnvolle Zugangsweisen eröffnen:* Da Kinder zunehmend in die Lage versetzt werden sollen, ohne fremde Anleitung und ohne fremde Hilfe Wissen zu erwerben und ihr Können zu entwickeln, soll Sachunterricht auch zur Entwicklung methodischer Kompetenzen beitragen, die es Kindern ermöglichen, Wissen eigenständig zu erwerben, zu ordnen, zu prüfen, darzustellen und anzuwenden.

Zu c) *Interessen ausbauen:* Sachunterricht soll nicht nur eigene Vorstellungen und Erfahrungen der Kinder aufklären helfen, sondern auch den Horizont für neue Erfahrungen öffnen. Das Fach macht auch auf Erscheinungen, Inhalte, Probleme aufmerksam, die im Alltagsleben außerhalb der Schule nicht so ohne weiteres in den Horizont der Kinder rücken. Es beschränkt sich nicht darauf, vorhandene Interessen der Kinder aufzugreifen, sondern hat auch die Aufgabe, die Schülerinnen und Schüler für den Erwerb von neuen Kenntnissen und Fähigkeiten zu interessieren.

Zu d) *Können erfahrbar machen und zum Handeln ermutigen:* Umwelt ist nicht nur etwas Vorgegebenes, in das Kinder nach und nach hineinsozialisiert werden. Sie kann auch mitgestaltet werden. Dafür benötigen Kinder Fakten- und Sachwissen sowie reflektierte Haltungen. Unterricht sollte dabei die ermutigende Erfahrung ermöglichen, dass Lernen im Sachunterricht tatsächlich dabei hilft, eigene Absichten umzusetzen und Ziele zu erreichen. Es geht also nicht nur darum, zum Urteilen und Handeln zu befähigen, sondern auch darum, sich als kompetent zu erfahren.

3 Das Erkenntnisinteresse der Didaktik des Sachunterrichts

3.1 Welches Erkenntnisinteresse hat die Didaktik des Sachunterrichts?

Damit eine wissenschaftliche Disziplin entsteht und zusammenhält, bedarf es – neben angemessenen Methoden und bei aller wünschenswerten Vielfalt von speziellen Erkenntnisinteressen – gemeinsamer inhaltlicher Problemstellungen (vgl. dazu z.b. Serres 1998, S. 18ff.). Diese sorgen, gleichsam als Gravitationszentrum für die fachliche Kommunikation, dafür, dass die mit dem Forschritt der Disziplin notwendigerweise einhergehenden Differenzierungen und Spezialisierungen in Beziehung zueinander bleiben.

Weil sich die Themen und Inhalte des Sachunterrichts zum einen auf die Umwelt und zum anderen auch auf spezialisierte Wissensgebiete eines breiten Fächerspektrums beziehen, gibt es wohl keinen zweiten Lernbereich im schulischen Bildungswesen, der so unterschiedliche Gebiete zu bearbeiten hat wie das Grundschulfach Sachunterricht. Die in Lehrplänen eingeforderten Inhalte reichen von Magnetismus und Elektrizität, über die Inhaltsbereiche Luft, Medien, Werbung, Sinnesleistungen, Ortsgeschichte, sozialer und geographischer Nahraum, Himmelsrichtungen, Lebensgewohnheiten einheimischer Pflanzen und Tiere bis hin zum Kreislauf ausgewählter industrieller Produkte und zu Fragen des Zusammenlebens in der Gemeinde.

Die vom Fach erwartete Unterstützung der Grundschüler und -schülerinnen bei der Erschließung ihrer Umwelt sowie die Vielzahl der Fächer, die sich in weiterführenden Schulen an den Sachunterricht anschließen, bringt besondere Herausforderungen bei der Auswahl und Begründung von Inhalten und Themen mit sich. Für die Didaktik des Sachunterrichts konstitutiv ist das Problem, dass das potenziell sinnvolle und nützliche Wissen und Können, das Kinder im Umgang mit ihrer Umwelt haben bzw. erwerben können, die schulischen Lehr- und Lernressourcen bei weitem übersteigen. Die Umwelt bietet weitaus mehr an sinnvollen Lernmöglichkeiten als in der Schule genutzt werden können. Daher müssen Entscheidungen darüber vorbereitet, getroffen und begründet werden, was von dem sich ständig erweiternden natur- und sozialwissenschaftlichen Wissen über die Umwelt bereits in den ersten Jahren des schulischen Bildungsganges grundgelegt werden sollte. Diese Entscheidung, und damit die Frage, was von der Umwelt im Sachunterricht zum Thema wird, kann nicht einfach mit den Anforderungen weiterführender Fächer begründet werden. Schon allein die Frage, ob es wichtiger ist, in der Grundschule geographische Kenntnisse, grundlegende Einsichten aus den Naturwissenschaften, ökonomisches Grundwissen, geschichtliche und soziologische Orientierungen oder philosophische Reflexionen anzustreben, lässt sich nicht mit fachsystematischen Ansprüchen weiterführender Schulfächer beantworten. Jede einzelne Fachdidaktik kann gute Gründe dafür anführen, warum man schon in den ersten Schuljahren Grundlagen für das jeweilige Schulfach legen sollte. Aber gerade weil viele starke Bildungsangebote miteinander konkurrieren, ist eine Entscheidungsgrundlage nötig, die über die curriculare Binnenrationalität der einzelnen Fächer hinausweist.

Diese Entscheidungsgrundlage bietet die Didaktik des Sachunterrichts, die sich als eine bildungswissenschaftliche Disziplin konstituiert und entwickelt hat. Diese bildungswissenschaftliche Grundlegung ist dabei die Voraussetzung für solche Entscheidungen – sie genügt jedoch nicht. Konstitutiv für die Didaktik des Sachunterrichts ist zusätzlich die Orientierung an einer Schulstufe (der Grundschule) und deren Schülerinnen und Schülern sowie (im Unterschied z.b. zur Didaktik der Grundschule) der direkte Bezug auf die Inhalte des Faches. Die Entscheidung für oder gegen bestimmte Inhalte und Themen wird somit auf der Grundlage eines Bildungsverständnisses, aus dem Verständnis über die jeweiligen Sachen (und ihre Bedeutung für die jeweiligen Fachwissenschaften) sowie aus dem Wissen über die Lernfähigkeit und -voraussetzungen der Schülerinnen und Schüler getroffen. Hinzu kommen – wie bei jeder wissenschaftlichen Disziplin – die Verständigung auf Wege der Forschung bzw. des Erkenntnisgewinns. Dabei ist die Didaktik des Sachunterrichts keine additiv ausgerichtete Disziplin. Vielmehr stellt die gezielte und theoriefundierte wissenschaftlich abgesicherte Integration dieser verschiedenen Elemente einen eigenständigen Aufgabenbereich dar, der der Didaktik des Sachunterrichts ein eigenes Profil gibt.

In Auseinandersetzung mit den damit verbundenen curricularen und unterrichtlichen Auswahl- und Entscheidungsproblemen hat sich die Didaktik des Sachunterrichts entwickelt. Sie erforscht, wie Grundschulunterricht Kinder dabei unterstützen kann,

– sich *zuverlässiges Wissen* über die soziale, natürliche und technisch gestaltete Umwelt anzueignen,
– sich mit Hilfe dieses Wissens in der modernen Gesellschaft zunehmend *selbstständig und verantwortlich zu orientieren,*
– in gegenwärtigen und zukünftigen Lebenssituationen *kompetent zu urteilen und zu handeln* – verständig in der Sache und verantwortungsvoll in der Wahl von Zielen und Mitteln.

Die Ausrichtung des Erkenntnisinteresses auf grundschulischen Unterricht sowie auf die natur- und sozialwissenschaftlichen Inhaltsfelder markiert die Spezialisierung der Sachunterrichtsdidaktik gegenüber anderen Disziplinen, die sich zwar auch mit der kindlichen Realitätswahrnehmung und -verarbeitung sowie mit Möglichkeiten, darauf Einfluss zu nehmen, beschäftigen, wie zum Beispiel die Entwicklungspsychologie und die Lehr-Lernforschung. Allerdings beziehen diese die schulischen Bedingungen für die Gestaltung von Lernsituationen nicht systematisch in ihre Forschungen ein. Dazu gehören zum Beispiel die Einbindung des

Lernens in zeitliche, curriculare und organisatorische Zwänge, die Heterogenität in und zwischen Schulklassen, die bildungspolitisch geforderte Vielfalt von Inhalten sowie die realistischerweise anzutreffenden Fähigkeiten und fachlichen Kenntnisse der Lehrerinnen und Lehrer des Faches.

Die von der Didaktik des Sachunterrichts zu bearbeitende Frage nach sinnvollen Themenbereichen und Inhalten wirft zudem normative Vorstellungen über die wünschenswerte Entwicklung des Einzelnen sowie über die Qualität des Zusammenlebens auf. Pädagogisch konkretisieren sich diese Vorstellungen als Bildungsvorstellungen.

3.2 Welche Wege der Erkenntnisgewinnung gibt es in der Didaktik des Sachunterrichts?

Bildungsfragen, zumal solche, die für eine öffentliche Pflichtschule relevant sind, lassen sich allein auf der Grundlage philosophischer Betrachtungen des menschlichen Daseins, anthropologischer Reflexionen und gesellschaftswissenschaftlicher Analysen nicht zufrieden stellend beantworten. Diese Zugänge sind für anwendungsorientierte, bildungswissenschaftliche Disziplinen notwendig, aber nicht hinreichend. Ohne solche Reflexionen und kritische Prüfungen bleiben die normativen Orientierungen, die mit Bildungsentscheidungen immer verbunden sind, ohne wissenschaftliche Legitimation. Sie werden willkürlich und funktionalistisch. Nicht wissenschaftlich kontrollierte und abgesicherte Reflexion, sondern ein Zusammenspiel von Interessen meinungsstarker Gruppen bestimmt dann, was als gültige Ziele und Aufgaben von Bildung angesehen wird. Daher ist die Auseinandersetzung mit normativen Fragen für jede Wissenschaft, die sich mit Bildung und Erziehung beschäftigt, unverzichtbar.

Allerdings muss eine bildungswissenschaftliche Disziplin dafür Sorge tragen, dass Entscheidungen über Bildungsinhalte und -ziele nicht nur vor dem Hintergrund normativer Debatten und Reflexionen getroffen werden. Über Bildungsziele und sinnvolle -inhalte kann nicht ohne Berücksichtigung von Umsetzungsmöglichkeiten entschieden werden. Damit kommen Erkenntnisse darüber ins Spiel, welche Inhalte und Ziele mit welchen Mitteln und in welcher Qualität tatsächlich erreicht werden können. Solche Erkenntnisse basieren auf Forschungen, die in ihren Standards und Methoden verschiedenen Paradigmen verpflichtet sind:

- Um methodisch kontrollierte Einblicke in den gegenwärtigen Sachunterricht, in seine erwarteten wie unerwarteten Wirkungen und die Bedingungen seiner Veränderungsmöglichkeit bemüht sich die *empirische Sachunterrichtsforschung* (3.2.1).
- Der historische Zugang, frühere Entwicklungen und Erkenntnisse für heutige Problemstellungen nutzbar zu machen, ist ein Anliegen der *historischen Sachunterrichtsforschung* (3.2.2).

– Möglichkeitsräume für Unterrichten zu erweitern, setzt sich die pragmatisch orientierte *sachunterrichtsdidaktische Entwicklungsforschung* zum Ziel (3.2.3).

– Theorien und Begriffe, mit denen Aufgaben, Fragen und Perspektiven des Sachunterrichts und seiner Didaktik kommuniziert werden, systematisch zu klären und weiterzuentwickeln, versucht die *pädagogisch-systematische Sachunterrichtsforschung* (3.2.4).

3.2.1 Erforschen, was wirksam sein könnte – ein empirischer Forschungszugang zum Sachunterricht

Mit Hilfe einer empirisch orientierten Sachunterrichtsforschung lassen sich methodisch gestützte Erkenntnisse über einzelne Bedingungen sichern, die Sachunterricht weiter entwickeln können (vgl. Hartingerin diesem Band, Nr. 6). Dazu gehören unter anderem:

– die Erforschung sachunterrichtsrelevanter Lernvoraussetzungen der Kinder zu ausgewählten Inhalten des Sachunterrichts (Interessen, Präkonzepte, Erfahrungen, Alltagswissen),

– eine Treatment-Effekt-orientierte Forschung über Wirkungen von Unterrichtsarrangements,

– die Erforschung von (Sach-)Unterrichtsqualität,

– eine sachunterrichtsspezifische Lern- und Leistungsdiagnostik,

– sachunterrichtsspezifische Curriculumforschung, um Erwartungen an den Sachunterricht, wie sie sich zum Beispiel in Lehrplänen, Fachdokumenten und Expertenstellungnahmen niederschlagen, zu ermitteln,

– im Rahmen einer spezialisierten Lehrerprofessionsforschung die Aufklärung des Handlungs- und Orientierungswissens von Lehrkräften im Hinblick auf Planung, Gestaltung und Analyse von Sachunterricht.

Die sachunterrichtsdidaktische Forschung hat in den letzten Jahrzehnten wichtige Erkenntnisse auf diesen Gebieten hervorgebracht. Diese sind unter anderem in Forschungs- und Jahresbänden der Gesellschaft für die Didaktik des Sachunterrichts dokumentiert (vgl. z.B. Spreckelsen, Möller & Hartinger 2002; Hartinger & Kahlert 2005). Sie informieren über wichtige Erfolgsbedingungen für Sachunterricht, können jedoch – wie andere präskriptive Forschung auch – Erfolg nicht mit Gewissheit vorhersagen.

3.2.2 Erforschen, wie sich das Fach entwickelt und was sich bewährt hat – ein historisch orientierter Forschungszugang zum Sachunterricht

Auch schulische Bildungsanforderungen unterliegen in modernen, sich rasch wandelnden Gesellschaften dem Revisionszwang. Grundlegende Bildungsvorstellungen mögen zwar vergleichsweise stabil sein, aber sowohl die Erfahrungshorizonte und damit die Lernvoraussetzungen der Kinder und Jugendlichen als auch die Lebensbedingungen, für die Sachunterricht Orientierungs- und Bewältigungshilfe geben soll, ändern sich permanent. Außerdem führt der wissenschaftliche Fortschritt vieler Fächer zu immer neuen Einsichten über Erfolgsbedingungen von (Sach-)Unterricht. Entsprechend vielfältig sind die Anschlussmöglichkeiten für neue Ideen, Zielsetzungen, methodische Anregungen und Konzeptionen. Nun kann nicht jede Änderungsvorstellung zunächst empirisch getestet werden, ehe sie als Idee kommuniziert und umgesetzt wird. Dafür wären in vielen Fällen Designs notwendig, die aus ressourcenökonomischen Gründen scheitern müssen. Das heißt jedoch nicht, dass es nicht „gute Gründe" geben kann, die Trag- und Innovationsfähigkeit neuer Ideen zu beurteilen. Solche Urteilsgrundlagen liefert auch die historische Sachunterrichtsforschung (vgl. Götz in diesem Band, Nr. 5). Sie erlaubt es, die Innovationsfähigkeit neuer Ideen und Vorstellungen zu beurteilen, ohne sie empirisch immer gleich schon prüfen zu müssen. Was hat es an ähnlichen Ideen gegeben, welche sind heute noch bedeutsam, was hat sich warum als Sackgasse erwiesen? Welche gesellschaftlichen Bedingungen haben zu welchen sachunterrichtsdidaktischen und sachunterrichtlichen Konzepten geführt? Was sind aufgrund dieser Analysen zukunftsfähige Bestände früherer Konzeptionen? Historisch orientierte (Sach-)Unterrichtsforschung trägt nicht nur dazu bei, Vergangenheit aufzuklären, sondern sie schafft auch eine Basis für die rationale Beurteilung neuer Ideen, Entwicklungen und Anregungen.

3.2.3 Erproben, was außerdem möglich sein könnte – ein pragmatischer, entwicklungsorientierter Forschungszugang zum Sachunterricht

Der pragmatische Zugang zum Forschungsfeld Sachunterricht ist methodisch noch am wenigsten erschlossen (vgl. Kahlert in diesem Band, Nr. 7). Dies mag damit zusammenhängen, dass pädagogisches Handeln bei aller Absicherung durch empirisches, historisches und pädagogisch-systematisches Wissen zukunftsoffen ist. Unterrichten, als Sonderfall pädagogischen Handelns, funktioniert nicht nach exakt aufklärbaren oder gar beherrschbaren Gesetzmäßigkeiten. Diese sind etwas für das Labor. Doch die Bedingungen für die Umsetzung von Ideen und Vorschlägen sind in der Schulpraxis nicht laborrein gegeben, sondern von allen möglichen individuellen Besonderheiten durchsetzt. Aus der Sicht der empirischen Forschung sind dies Störvariablen, die man kontrollieren muss; nach pädagogischen Ansprüchen ist es die Subjektivität der Lernenden und Lehrenden, für die es Spielräume geben muss.

Kein Unterrichtsmodell, keine Unterrichtsmethode, kein Treatment lässt sich eins zu eins von einem Anwendungskontext in den anderen übertragen. Kaum eine Unterrichtsidee ist so gut, dass sie nicht durch eine bessere ersetzt werden könnte. Keine Unterrichtssituation ist mit einer vorherigen identisch, so dass auch die besten Unterrichtskonzepte keine Gewähr für Unterrichts- und Lernerfolg bieten. Daher ist Unterricht nie bloß Anwendung von bestehendem Wissen, sondern hat immer auch Entwurfscharakter. „In einer komplexen Situation ist kreatives Erfinden eine absolute Notwendigkeit" (Fisher, Ury & Patton 2004, S. 121) – dieser Leitsatz aus der Verhandlungstechnik lässt sich auch auf Unterricht beziehen. So notwendig wie der Geist des kontrollierten Wissensaufbaus über Bildungsprozesse ist, so notwendig ist es auch, den Geist des aufgeklärten Probierens wach zu halten. Es wäre eine Vergeudung von Ideenreichtum, wenn Vorschläge zur Gestaltung von Gruppenarbeit, zur Einführung in den Stromkreis, in das Kartenverständnis oder zum Thema Familie so lange in der Schublade bleiben müssten, bis sie nach allen Regeln der empirischen Kunst evaluiert worden sind. Unterrichten ist weniger eine kontrollierte Anwendung von erforschten Gesetzen des Handelns, Wahrnehmens und Lernens, sondern eher so etwas wie aufgeklärtes, begründetes Experimentieren. Hinreichend sinnvolle Vermutungen über Wirkungen leiten das Handeln, das von der Suche nach Indizien für Erfolg begleitet sein sollte. Dabei kann es nicht um den exakten Nachweis von Gesetzmäßigkeiten gehen, an die sich die Objekte der Forschung als Subjekte des praktischen Handeln ohnehin nicht so gerne halten (vgl. dazu von Hentig 2003, S. 160ff.), sondern um die Aufdeckung von Möglichkeiten.

Wer dabei das Gespenst von Beliebigkeit aufziehen sieht, sollte zum einen bedenken, dass dies die Grundlage für professionell und verantwortlich handelndes Lehrerdasein bedeutet, und zum anderen die Alternative erwägen: Eine Treatment-Effekt-Beziehung kann noch so zweifelsfrei nachgewiesen sein; außerhalb der Studie praktisch wirksam wird sie erst, wenn Lehrerinnen und Lehrer die geprüfte pädagogische Maßnahme in ihr Handlungsrepertoire übernehmen und dieses damit auch – mal mehr, mal weniger – umgestalten.

Die Publikation von Ideen und Unterrichtsanregungen sieht sich mitunter dem Verdacht ausgesetzt, es würden Rezepte produziert. Rezepthafte Angebote kann man sich tatsächlich sparen. Aber das Rezepthafte liegt nicht in der Publikation von Ideen selbst, sondern erst in der Behauptung, damit lasse sich in jedem Fall die angestrebte Wirkung erzielen oder in der Annahme, die Anwendung der Angebote garantiere einen Erfolg. Auch das „Erwägen von Wirkung" ist wissenschaftlicher Kommunikation zugänglich, weil es darum geht, sich um intersubjektive Nachvollziehbarkeit der Erwartungen zu bemühen. Unterrichtsbezogene Ideen und Empfehlungen dürfen nur nicht als Wirkungsgewissheiten kommuniziert, vielmehr sollten sie mit begründeten Erwartungen verknüpft werden.

Hier liegen für die Fachdidaktiken lohnenswerte neue theoretische und methodische Aufgaben bereit, deren Bearbeitung im Rahmen des „Design-Based Research-Ansatzes" (vgl. Reinmann 2005) auch auf international anschlussfähigem Niveau erfolgen kann. Damit die Orientierung wissenschaftlichen Arbeitens auf „Aufdeckung von Möglichkeiten" nicht zu ineffektivem Pragmatismus führt, müssen Fachdidaktiken Kriterien entwickeln und durchsetzen, die eine intersubjektive Beurteilung von Erwartungen erlauben: Die aufgedeckten Möglichkeiten müssen Wirkungserwartungen enthalten, die sich mit Bezugnahme auf anerkanntes

Wissen und theoretische Überlegungen begründen lassen. Ihr möglicher Nutzen muss nachvollziehbar dargestellt werden, damit die Anwender Anhaltspunkte für ihre eigenen Entscheidungen erhalten. Es müssen Kriterien genannt werden, mit denen sich beurteilen lässt, ob man in der Praxis dem erhofften Nutzen näher kommt.

Dies alles lässt sich der überprüfenden Beobachtung der Fachleute aussetzen, deren Akzeptanz oder Ablehnung, wie auch sonst in der Wissenschaft, über die Gültigkeit der vorgelegten Ergebnisse – hier in Form von Entwicklungsideen – entscheiden. Dabei ist schon der Weg ein Stück vom Ziel. In dem Maße, wie Fachdidaktiken Kriterien für die Beurteilung von Unterrichtsideen systematisch begründen, operationalisieren und in ihrer Publikationspraxis anwenden und weiterentwickeln, tragen sie zur Herausbildung einer Verantwortungsgemeinschaft zwischen Ideenlieferanten und Ideennutzern als Teil einer „community of practice" (Willke 1998, S. 17) bei.

3.2.4 Zusammenführen, was erkannt worden ist – ein pädagogisch-systematischer Forschungszugang zum Sachunterricht

Wie alle pädagogischen Disziplinen, so muss auch die Didaktik des Sachunterrichts der Einsicht Rechnung tragen, dass beim „Handeln noch immer etwas anderes herauskommt, als wir gewollt haben" (Spranger 1962, S. 8). Unterrichts- und Erziehungshandeln ist soziales Handeln, das mit Interpretationen, Eigensinn, Missverständnissen und Widerständen zurechtkommen muss. Intentions-Wirkungs-Beziehungen sind nicht vollständig überschaubar und schon gar nicht exakt berechenbar (vgl. dazu Heid 2002, S. 59). Zwischen den wissensgestützten Erwartungen an pädagogisches Handeln und den tatsächlichen Wirkungen des Handelns bleibt ein „missing link" – Grenzen gezielter Einflussnahme für die einen, Spielraum für die Entfaltung von Eigensinn für die anderen.

Es reicht daher nicht aus, pädagogisches Handeln auf didaktisches Diskurswissen, auf empirisch gesichertes Funktionswissen und auf historisch geschärftes Vergleichswissen zu stützen. Vielmehr muss es von einem Reflexionswissen begleitet werden („reflektierter Praktiker"), das es ermöglicht, die durch den tatsächlichen Verlauf von Handlungen zu sammelnden Erfahrungen aufzunehmen, zu interpretieren und für neue Handlungen verfügbar zu machen. Dieses Reflexionswissen wird in der pädagogischen Kommunikation unterschiedlich bezeichnet, zum Beispiel als „Risikowissen" (vgl. Lenzen 1996, S. 107) oder als „Pädagogische Nachdenklichkeit" (Wittenbruch 2003, S. 968). Es hat die Funktion, den oben bezeichneten missing link zwischen Wissen und Wirkung möglichst so weit zu kontrollieren, dass Ungewissheit reflexiv bearbeitet und rational kommuniziert werden kann. Um dies leisten zu können, bedarf das Reflexionswissen einer Absicherung durch systematische Theorie- und Begriffsarbeit. Zwar wird diese gelegentlich auch im Rahmen einzelner und auf Detailfragen bezogener spezialisierter Forschungsprojekte betrieben, dennoch ist die übergreifende systematische Theorie- und Begriffsarbeit keineswegs Selbstzweck. Zum einen hält sie die Disziplin zusammen, denn sie sorgt dafür, dass notwendige Spezialisierungen und unvermeidbare Differenzierungen des wissenschaftlichen Arbeitens disziplinär integriert werden können. Zum anderen hat diese systematische Begriffs- und Theoriearbeit praktische Konsequenzen. Verdeutlichen lässt sich dies auch mit Bezug auch auf den Sachunterricht:

Slogans wie „ganzheitliches Lernen", „Lernen mit allen Sinnen", „Handlungsorientierung" oder „Schüler-" bzw. „Kindorientierung", die sowohl in der allgemeinpädagogischen als auch in der fachdidaktischen Kommunikation sowie in der professionellen Kommunikation von Lehrkräften eine Rolle spielen, legen Zeugnis davon ab, wie unzureichend geklärte Begrifflichkeiten Kommunikationsressourcen und somit Zeit als auch Handlungs- und Erkenntnismöglichkeiten unproduktiv binden. Um nur ein Beispiel zu nennen: Der heftig ausgetragene und den Blick auf wichtige andere Fragen verstellende Streit in der Didaktik über schüler- bzw. wissenschaftsorientierten Unterricht hätte schneller beendet werden können, wenn beide Begriffe zur Markierung einer Differenz gründlicher entfaltet worden wären. Dann hätte man sehen können, dass weder die Schülerorientierung die Heranführung an wissenschaftliche Denkweisen ausschließt noch die Wissenschaftsorientierung die Einbeziehung von Schülerinteressen und -vorstellungen. Eine pädagogisch-systematische Sachunterrichtsforschung, die die Tragfähigkeit von Begriffen analysiert, sachunterrichtsbedeutsame Erkenntnisse von Bezugsdisziplinen argumentativ stringent erschließt und in guter systematisch-analytischer Tradition (wie z.B. Oelkers 1985; Luhmann 2004) nach den theoretischen Implikationen ihrer Konstrukte fragt, könnte helfen, Umwege der Theorieentwicklung zu vermeiden und die Kommunikation vom Ballast unzureichend explizierter Begriffe zu entlasten. Das vorliegende Handbuch kann zwar eine erziehungswissenschaftlich-systematische Forschung nicht ersetzen, aber es erbringt dafür einige Vorleistungen: Es dokumentiert, ordnet und hierarchisiert sachunterrichtsdidaktische Reflexionsanstrengungen, forschungsbasiertes Wissen, Forschungszugänge sowie zentrale Gegenstandsannahmen und basale Begriffe der Disziplin.

4 Ziele und Aufbau des Handbuches

Die Didaktik des Sachunterrichts liefert als bildungswissenschaftliche Disziplin eine Verständigungsbasis für Auswahl- und Strukturierungsentscheidungen für den Unterricht. Sie regt spezielle Forschungsfragen an und bietet einen auf Unterricht bezogenen Theorierahmen, um die Erträge spezialisierter Forschung aufeinander zu beziehen und für die Planung, Analyse, Reflexion, aber auch für die Weiterentwicklung von Sachunterricht nutzbar zu machen. Das sich dabei ständig weiterentwickelnde Wissen und der für bildungswissenschaftliche Disziplinen unverzichtbare Bezug auf Menschenbilder sowie auf Analysen und Theorien über gesellschaftliche Entwicklungen bringen vielfältige Auffächerungen auch der Didaktik des Sachunterrichts mit sich. Differenzierung und Spezialisierung sind Kennzeichen dafür, dass sich eine wissenschaftliche Disziplin konsolidiert hat und sich weiterentwickelt, sie erschweren jedoch den Überblick über die Disziplin.

Das vorliegende Handbuch möchte dazu beitragen, das in der Didaktik des Sachunterrichts erarbeitete Wissen und die vielfältigen Erkenntnisse der Disziplin für weitere Forschung, für die Lehre und auch für die Unterrichtsentwicklung nutzbar zu machen. Um Beziehungen zwischen dem spezialisierten Wissen, das von den jeweiligen Fachleuten komprimiert dargelegt wird, erkennbar zu machen, haben sich die Herausgeberinnen und Herausgeber bemüht, das Handbuch in systematisch unterscheidbare, aber aufeinander beziehbare Bereiche der Didaktik des Sachunterrichts zu gliedern:

Der erste Teil des Handbuchs widmet sich der *Didaktik des Sachunterrichts als einer bildungswissenschaftlichen Disziplin*. Untersucht werden zentrale Begriffe, mit denen über Ziele, Aufgaben und Ausrichtung der Fachdidaktik kommuniziert wird. Außerdem werden Methoden der Erkenntnisgewinnung in der Didaktik des Sachunterrichts vorgestellt.

Im zweiten Teil steht die Fachdidaktik des Sachunterrichts im Vordergrund. Dabei geht es zum einen um die *institutionelle Einbettung der Fachdidaktik Sachunterricht und des Schulfaches Sachunterricht* in das Bildungssystem und zum anderen um die *konzeptionelle Entwicklung* der Fachdidaktik. Dazu gehören die Auseinandersetzung mit Aufgaben und Zielen, die dem Fach zugeschrieben werden, sowie die Darlegung der fachbezogenen Inhaltsbereiche und der Bezüge zu den Fächern weiterführender Schulen, der fächerübergreifenden Bildungsaufgaben, der konzeptionellen Differenzierungen sowie Informationen über Struktur, Inhalte und Aufgaben von Lernbereichen, die im Ausland dem deutschen Sachunterricht entsprechen.

Der dritte Teil des Handbuchs widmet sich unter verschiedenen Perspektiven den *Lernvoraussetzungen*, die Grundschulkinder für den Sachunterricht mitbringen. Neben einer anthropologisch orientierten Analyse werden verschiedene entwicklungsorientierte und soziokulturelle Erkenntnisse angeboten.

Schließlich beschäftigt sich der vierte Teil des Handbuches im engeren Sinne mit dem *Unterrichten* des Faches. Neben leitenden Unterrichtsprinzipien und Methoden werden Arbeitsformen, der Einsatz von Medien und Arbeitsmitteln sowie Fragen der Leistungsbewertung im Sachunterricht erörtert.

Literatur

Baumert, J. (2002): Deutschland im internationalen Bildungsvergleich. In: Killius, N., Kluge, J. & Reisch, L. (Hrsg.): Die Zukunft der Bildung. Frankfurt a. M., S. 100-150. – Baumert, J., Stanat, P. & Demmrich, A. (2001): PISA 2000: Untersuchungsgegenstand, theoretische Grundlagen und Durchführung der Studie. In: Deutsches PISA-Konsortium (Hrsg.): PISA 2000. Basiskompetenzen von Schülerinnen und Schülern im internationalen Vergleich. Opladen, S. 15-68. – Bayerisches Staatsministerium für Unterricht und Kultus (Hrsg.): Lehrplan für die Grundschulen in Bayern. München 2004. – Duncker, L. (2004): Der Erziehungsanspruch des Sachunterrichts. In: Duncker, L. & Popp, W. (Hrsg.): Kind und Sache. Zur pädagogischen Grundlegung des Sachunterrichts. 4. Aufl. Weinheim, München, S. 29-40. – Fisher, R., Ury, W. & Patton, B. (2004): Das Harvard-Prinzip. Frankfurt a. M. – Goodson, I. F., Hopmann, St. & Riquarts, K. (Hrsg.) (1999): Das Schulfach als Handlungsrahmen. Vergleichende Untersuchung zur Geschichte und Funktion von Schulfächern. Köln, Weimar, Wien. – Hartinger, A. & Kahlert, J. (Hrsg.) (2005): Förderung des wissenschaftlichen Nachwuchses im Sachunterricht. Perspektiven fachdidaktischer Forschung. Bad Heilbrunn. – Heid, H. (2002): Erziehung. In: Lenzen, D. (Hrsg.): Erziehungswissenschaft. Ein Grundkurs. Reinbek bei Hamburg, S. 43-68. – Hentig, H. v. (2003): Wissenschaft. Eine Kritik. München, Wien. – Hentig, H. v. (2004): Bildung. Ein Essay. Weinheim und Basel. – Jürgens, E. (2003): Qualität von Bildung. Politisches Schlagwort oder pädagogisches Ziel. In: Erziehungswissenschaft und Beruf, 15, H. 1, S. 3-13. – Kahlert, J. (2005): Der Sachunterricht und seine Didaktik. Bad Heilbrunn. – Klafki, W. (1992): Allgemeinbildung in der Grundschule und der Bildungsauftrag des Sachunterrichts. In: Lauterbach, R., Köhnlein, W., Spreckelsen, K. & Klewitz, E. (Hrsg.): Brennpunkte des Sachunterrichts. Kiel, S. 11-31. – Koch, L. (2004): Allgemeinbildung und Grundbildung, Identität oder Alternative. In: Zeitschrift für Erziehungswissenschaft, 7, H. 2, S. 183-191. – Köhnlein, W. (1990): Grundlegende Bildung und Curriculum des Sachunterrichts. In: Wittenbruch, W. & Sorger, P. (Hrsg.): Allgemeinbildung und Grundschule. Münster, S. 107-125. – Kößler, H. (1997): Selbstbefangenheit – Identität – Bildung. Beiträge zur Praktischen Anthropologie. Weinheim. – Lenzen, D. (1996): Handlung und Reflexion. Vom pädagogischen Theoriedefizit zur reflexiven Erziehungswissenschaft. Weinheim, Basel. – Luhmann, N. (2004): Schriften zur Pädagogik. Frankfurt a. M. – Marquardt-Mau, B. (2004): Ansätze zur Scientific Literacy. Neue Wege für den Sachunterricht. In: Kaiser, A. & Pech, D. (Hrsg.): Basiswissen Sachunterricht Bd. 2. Neuere Konzeptionen und Zielsetzungen im Sachunterricht. Baltmannsweiler, S. 67-83. – Merkens, H. (2004): Zur Lage der Erziehungswissenschaft. In: Erziehungswissenschaft, H. 29, S. 11-22. – Oelkers, J. (1985): Erziehen und Unterrichten. Grundbegriffe der Pädagogik in analytischer Sicht. Darmstadt. – Peukert, H. (2000): Reflexionen über die Zukunft von Bildung. In: Zeitschrift für Pädagogik, 46, H. 4, S. 507-524. – Prenzel, M., Geiser, H., Langeheine, R. & Lobemeirer, K. (2003): Das naturwissenschaftliche Verständnis am Ende der Grundschule. In: Bos, W., Lankes, E.-M., Prenzel, M., Schwippert, K., Walther, G. & Valtin, R. (Hrsg.): Erste Ergebnisse aus IGLU. Schülerleistungen am Ende der vierten Jahrgangsstufe im internationalen Vergleich. Münster. S. 143-187. – Reinmann, G. (2005): Innovation ohne Forschung? Ein Plädoyer für den Design-Based Research Ansatz in der Lehr-Lernforschung. In: Unterrichtswissenschaft, 33, S. 52-69. – Sächsisches Staatsministerium für Kultus (Hrsg.): Lehrplan Grundschule – Sachunterricht. Dresden 2004. – Senatsverwaltung für Bildung, Jugend und Sport Berlin; Ministerium für Bildung, Jugend und Sport Brandenburg; Ministerium für Bildung, Wissenschaft und Kultur des Landes Mecklenburg-Vorpommern (Hrsg.): Rahmenlehrplan Grundschule – Sachunterricht. Berlin u.a. 2004. – Serres, M. (Hrsg.) (1998): Elemente einer Geschichte der Wissenschaften. Frankfurt a. M. – Spranger, E. (1923): Der Bildungswert der Heimatkunde. Berlin. – Spranger, E. (1962): Das Gesetz der ungewollten Nebenwirkungen in der Erziehung. Heidelberg. – Spreckelsen, K., Möller, K. & Hartinger, A. (Hrsg.) (2002): Ansätze und Methoden empirischer Forschung zum Sachunterricht. Bad Heilbrunn. – Tenorth, H.-E. (1994): „Alle Alles zu Lehren." Möglichkeiten und Perspektiven allgemeiner Bildung. Darmstadt. – Tenorth, H.-E. (2005): Grundbildung - institutionelle Restriktion oder legitimes Programm? In: Götz, M. & Müller, K. (Hrsg.): Grundschule zwischen den Ansprüchen der Individualisierung und Standardisierung. Wiesbaden, S. 17-30. – Willke, H. (1998): Systemisches Wissensmanagement. Stuttgart. – Wittenbruch, W. (2003): Kompetenz für die Praxis! Schulpädagogische Anmerkungen zum Programm „Reflexives Lernen" der Mobilen Lernwerkstatt Münster. In: Erziehung & Unterricht, 153, S. 958-969. – Zentralamt für Unterrichtswesen (2004): Rahmenlehrpläne und Standards für den grundbildenden Unterricht an finnischen Schulen. Helsinki (erhältlich in deutscher Sprache bei myynti@oph.fi).

2| Lebenswelt / Heimat als didaktische Kategorie
Andreas Nießeler

Im Kontext der sozialwissenschaftlichen Wende der Erziehungswissenschaften hat sich der Lebensweltbezug als ein zentraler Bezugspunkt des Sachunterrichts und seiner Didaktik etablieren können, welcher die vorherige Konzentration des Faches um das Bezugsfeld „Heimat" ersetzen soll. Diese integrative Ausrichtung wird sowohl fachdidaktisch als auch grundschulpädagogisch begründet und hat inzwischen Einzug in die Rahmenrichtlinien aller Bundesländer der Bundesrepublik Deutschland gehalten (vgl. Maurer 1990; Richter 1993; Kahlert 1998). Ähnliche Begründungszusammenhänge des Sachunterrichts finden sich in der sozial- und naturökologischen Konzeption der Weltorientierung in den Niederlanden und in der japanischen Konzeption der Lebenskunde. Der internationale Vergleich zeigt allerdings, dass zumeist eine Strukturierung nach Lernbereichen präferiert wird.

1 Zum Begriff „Lebenswelt"

Der Terminus „Lebenswelt", der nicht trennscharf abzugrenzen ist von den Begriffen „Lebenswirklichkeit" und „Alltagswelt", kommt aus der modernen Wissenssoziologie mit phänomenologisch-philosophischer Tradition und meint eine allumfassende, letzte Realität, die sprachlich verfasst und anthropologisch begründet ist. Seine Grundlagen reichen bis ins 19. Jahrhundert, als in der Lebensphilosophie Zweifel am Wissenschaftsbetrieb mit seiner dominierenden naturwissenschaftlichen Methode und an den langsam zerfallenden bürgerlichen Wertvorstellungen aufkamen. Edmund Husserl versuchte im ersten Drittel des 20. Jahrhunderts diese Krise zu bewältigen, indem er eine Neubegründung der Wissenschaften und eine Überwindung ihrer Lebenswelt-Vergessenheit anvisierte. Dazu zeigt er die Fundierung der Wissenschaft in einem ihrer Theoriebildung voraus und zugrunde liegenden Erfahrungs- und Erlebnisbereich auf. So wird der Blick auf einen Bereich menschlicher Praxis und auf Lebensvollzüge frei, den Martin Heidegger in der Struktur des In-der-Welt-seins beschrieben und Maurice Merleau-Ponty als zentrales Moment phänomenologischer Erkenntnisbildung herausgestellt hat. Der Begriff „Lebenswelt" selbst findet sich bereits bei Georg Simmel, der wohl als erster Denker von einer autonomen Lebenswelt spricht (vgl. Lippitz 1980; Welter 1986).

Die alltagssprachliche und damit geschichtliche und kulturelle Konstitution der Lebenswelt rückt in der Wissenssoziologie in den Vordergrund. Für Alfred Schütz und seine Schüler (P. L. u. B. Berger, Th. Luckmann, H. Kellner u.a.) bildet die Lebenswelt eine unhintergehbare Realität, womit sie sich von ihrem Lehrer Edmund Husserl unterscheiden, der mittels der phänomenlogisch-transzendentalen Reflexion (epoché) die unwandelbaren logischen Kategorien des Bewusstseins aufdecken wollte. Das Lebensweltkonzept zeichnet so den Versuch aus, Grundlagen und Voraussetzungen der Vernunft und des Handelns zu bestimmen, indem diese auf Erfahrungs- und Erlebnisvollzüge menschlicher Existenz bzw. auf sich in Alltagsroutinen, Ritualen und Alltagspraxen verdichtenden Sinnschichten rückgeführt werden. Diese Kontexte werden als lebensweltliches Hintergrundwissen in ihrer Relevanz für Verstehensprozesse und Handlungen analysierbar. Jürgen Habermas wiederum begründet seine Handlungstheorie mit der Aufdeckung dieser Sinnstrukturen sprachlicher Kommunikation. Symbolische Rekonstruktion von Lebenswelt einerseits, diskursiv-reflexive Kritik dieser Strukturen andererseits gelten ihm als notwendige Momente der Stabilisierung von Lebenswelt.

2 Lebenswelt als didaktische Perspektive des Sachunterrichts

Im Kontext der Sachunterrichtsdidaktik entspricht die Orientierung an der Kategorie „Lebenswelt" der Hoffnung, durch die Hinwendung zum Leben der Schüler eine solide Ausgangsbasis für Lern- und Verstehensprozesse zu schaffen, welche zu einer Grundlegung der Bildung beitragen und Hilfen zur Lebensbewältigung leisten sollen. Dabei lassen sich unterschiedliche Rezeptionslinien des Lebensweltbegriffs im sachunterrichtstheoretischen Diskurs festhalten:
Hinsichtlich der Auswahl der Unterrichtsinhalte stellt die Lebenswelt das Bezugsfeld eines kind- und schülerorientierten Unterrichts dar, der an die Erfahrungen, Interessen und Erlebnisse der Schüler anknüpft. Zwar entspricht diese Konzeption in Teilen der vorgängigen Vorstellung eines anschauungsgesättigten Heimatkundeunterrichts, der von der Nahwelt der Kinder und deren Eigenwelten ausgehend in konzentrischen Kreisen den Erkenntnishorizont kontinuierlich erwei-

tern sollte. Jedoch finden im Gegensatz zum traditionellen und eher restaurativen Heimatbegriff die moderne Lebenswelt und damit auch Aspekte wie Pluralität, Wissenschaft, Technik, Mobilität und Medialität Berücksichtigung. Die Konzeption einer lebensweltorientierten Didaktik unterscheidet sich von der Didaktik der Heimatkunde insofern, da jene nicht von kontinuierlichen Lernwegen ausgeht, sondern Brüche und Übergänge zwischen verschiedenen Deutungsdimensionen herausstellt. Der vielperspektivische Sachunterricht soll dabei zu einem Ort werden, an dem Grundschüler die aus ihrer eigenen Lebenswelt erwachsenen Deutungen, Interpretationen, Interessen und Erfahrungen einbringen und im Dialog prüfen bzw. weiterentwickeln können.

Mit Blick auf Zielformulierungen des Sachunterrichts plädieren lebensweltbezogene Konzeptionen für die Ausbildung von Handlungskompetenz, die im Sinne der kommunikativen Vernunft darin besteht, die Lebenswirklichkeit für Grundschüler „lesbar", d.h. verständlich zu machen. Dies kann in einem situationsbezogenen Ansatz dadurch geschehen, dass bestimmte Alltagspraxen entwickelt werden, mit denen sich die Schüler besser in ihrer Alltagswelt zurechtfinden können. Dagegen soll im mehrperspektivischen Unterricht Handlungskompetenz grundgelegt werden, indem auf einer Art „didaktischer Schaubühne" Stücke aus der Lebenswirklichkeit im Unterricht symbolisch repräsentiert und didaktisch konstruiert werden, so dass ihr Aufbau und ihre „Mache" für die Schüler durchschaubar werden. Ziel ist, „die Kinder aus ihrem Verstricktsein in diese Alltagswirklichkeit zu befreien." (Giel 1974, S.59)

Die Kritik an der Modernisierung mit den Tendenzen einer zunehmenden Mediatisierung der Erfahrung, der Sinnentleerung der Alltagskultur und der Auflösung traditioneller Lebensformen stellt die Lebenswelt, in die Kinder hineinwachsen, nicht als geordneten Raum sinnvoller Erfahrungsmöglichkeiten dar, sondern deckt die sich aus dem Modernisierungsprozess ergebenden Verlusterfahrungen auf, so dass dem Sachunterricht eine kompensatorische Aufgabe zugeordnet wird. Durch handlungs- und projektorientierte Verfahren sollen Eigentätigkeit und Primärerfahrungen im unmittelbaren Umgang mit der Sach- und Mitwelt initiiert werden, um ein solides Fundament für die Erkenntnistätigkeit zu schaffen (vgl. Fölling-Albers 1989).

Neben dieser eher zeit- und kulturkritischen Sichtweise werden im weiteren Kontext der Kindheitsforschung das lebensweltliche Hintergrundwissen sowie die subjektive Perspektive als Bedingung sachunterrichtlicher Lernprozesse thematisiert. Hier gibt es umfangreiche, meist in qualitativen Forschungsdesigns angelegte Untersuchungen über Schülervorstellungen zu naturwissenschaftlichen Phänomenen, aber auch zu sozialen und moralischen Vorstellungen und zu Naturkonzepten und Naturerfahrungen (zum Überblick vgl. Einsiedler 2002). Dabei wird dieses vortheoretische Wissen entweder als notwendiges Fundament für erfahrungsgesättigte Verstehensprozesse gesehen, wenn etwa Alltagserfahrungen im Schwimmbad als Voraussetzung für die weiterführende Reflexion auf die physikalischen Gesetzmäßigkeiten des Auftriebes dienen (Kontinuitätshypothese). Oder das Alltagswissen wird als dem Erkennen hinderlich eingestuft, da wissenschaftliche Erkenntnisbildung eine andere Perspektive auf die Wirklichkeit erzwingt (conceptual-change-Ansatz). Die lebensweltliche Perspektive der Lernsubjekte und (auch außerschulisch initiierte) Formen des Sachlernens untersuchen ethnographische Studien (vgl. Scholz 1996).

3 Lebenswelt und Heimat

Aufgrund der gemeinsamen Wurzeln innerhalb der Lebensphilosophie und der entfalteten Phänomenologie des Raumes hat der Lebensweltbegriff vielfältige Anknüpfungspunkte zum Heimatbegriff. Zwar sind beide Begriffe weder deckungsgleich noch austauschbar, doch deuten sie auf die Vorstellung einer konzentrischen Raumordnung hin, die sich um ein Subjekt zentriert. Der Raum entspricht in dieser Sichtweise nicht dem mathematischen Modell des euklidischen Raumes, sondern kann nur als Erlebnisraum und als subjektive Eigenwelt erfahren werden. Dieses Modell der Raumordnung, das bis zu Pestalozzi und Spranger reicht, sieht *Lebenskreise* vor, welche die Individuallage als Heimat im engeren Sinne, Land und Welt als Heimat im weiteren Sinne und Überwelt als Heimat im höheren Sinne umfassen (vgl. Hinrichs 1974; Waldenfels 1985). Dem entsprechend kann die Auflösung dieser Raumordnung durch die Pluralisierung sozialer Lebenswelten als Befreiung von festgezurrten Bindungen im Sinne der Aufklärung interpretiert werden. Die entstehende Unübersichtlichkeit führt aber auch zu einer Bindungslosigkeit und Entfremdungserfahrung, die als Unbehagen in der Modernität zum Ausdruck kommen (vgl. Berger, Berger & Kellner 1974). Lebensweltvergessenheit und Heimatlosigkeit markieren so unterschiedliche Lesarten desselben Problems, welches mit Chancen und Risiken des Modernisierungsprozesses verbunden ist. Jedoch verspricht Heimat mehr als die Orientierung an der Lebenswelt werthaltige Sinnmaßstäbe und Orientierungshilfen, da diese verbunden werden mit überlieferten Traditionszusammenhängen.

Im Realienunterricht und den Frühformen der Heimatkunde der Weimarer Grundschule wird der heimatliche Nahraum als eine dem Anschauungsgrundsatz genügende Stoffquelle angesehen. Dem gegenüber entwickelt sich im Kontext der Heimatbewegung und der allgemeinen Lebensreformbewegungen des beginnenden 20. Jahrhundert, wissenschaftlich-philosophisch legitimiert durch Eduard Sprangers Abhandlung über den „Bildungswert der Heimatkunde" (Spranger 1923), Heimat als zentrale Bezugsgröße einer volkstümlichen Bildung, welche die Heimatverbundenheit als ein Heilmittel gegen die Entfremdungsprozesse der Moderne sowie als Garant für individuellen und kollektiven Lebenssinn erachtet. Die antimodernistischen Tendenzen der Orientierung am Konstrukt „Heimat" werden in bildungstheoretischen Überlegungen kritisch beleuchtet, wenn Heimatkunde nur auf Gesinnungs- und Gemütsbildung hin angelegt ist und die problematischen Erblasten ihres ideologischen Indoktrinationspotentials übergangen werden. Chancen ergeben sich hingegen durch die zukunftsoffene Dimension und politische Potenz des neuen Heimatbegriffs, der auf die Pluralität von Heimatwelten und die Heterogenität von Heimatbeziehungen eingeht sowie den Schülern durch die Vermittlung von Handlungskompetenz Mitgestaltungsmöglichkeiten eröffnet. Das Interesse an regionalen Bezügen des Sachunterrichts wird durch das Verständnis einer Umwelterziehung forciert, die dem Nahraum eine wichtige Lernbedeutsamkeit hinsichtlich der Einsicht in ökologische Strukturen zuschreibt und das lokale Umfeld der Schule zum anschaulichen Modellfall und zu einem zu erkundenden Lernort macht (vgl. Götz 2005).

4 Offene Fragen

Da sich aus einem integrativen, lebensweltorientierten Sachunterricht nicht notwendigerweise ein wissenschaftsorientierter Fachunterricht entwickeln muss und die Erklärung der Genese einzeldisziplinärer Erkenntnisse aus lebensweltlichen Erfahrungen auch in phänomenologischen Analysen fragmentarisch bleibt, muss der Fachbezug dieser konzeptionellen Ausrichtung des Sachunterrichts als weiterhin ungelöstes Problem markiert werden. Im Kontext der Reflexionsproblematik bleiben zudem die Frage nach der Gültigkeit der aus lebensweltlichen Erfahrungen abgeleiteten Reflexionen und ihr Verhältnis zu wissenschaftlichen Erkenntnissen noch ungeklärt.

Eine weitere Problemlage ergibt sich daraus, dass Lebensweltforschung nur allgemeine Strukturen beschreiben konnte. In der Weiterentwicklung ihres Paradigmas wurde dem gegenüber die verstärkte Ausdifferenzierung der Forschung angestrebt, so dass nicht mehr von einer Lebenswelt, sondern nur noch von verschiedenen Lebenswelten ausgegangen werden kann. Diese verlieren ihren Bezugspunkt als Zielkategorie, da die Pluralität dieser Lebenswelten keine eindeutige Orientierung mehr zulässt. Die Lebensweltforschung gewinnt damit zwar zunehmend deskriptive Relevanz als Einzelfallanalyse, wohingegen präskriptive Aussagen mit Blick auf allgemeingültige didaktische Kategorien erschwert werden.

Insgesamt sind weder Terminologie noch konzeptionelle Ausrichtung dieses Bezugs auf die Kategorie Lebenswelt eindeutig. Festzuhalten ist aber, dass die Lebensweltanalysen zur Entwicklung einer subjektorientierten Sachunterrichtsforschung beitragen konnten. Der Lebensweltbezug erweist sich vor allem dann als produktiv für die Didaktik, wenn er den Blick auf die Frage nach der Alltagsrelevanz schulischer Lern- und Bildungsprozesse lenkt und damit einer aus der Lebenswelt-Vergessenheit resultierenden Halbbildung entgegenwirkt.

Literatur

Baier, H., Gärtner, H., Marquardt-Mau, B. & Schreier, H. (Hrsg.) (1999): Umwelt, Mitwelt, Lebenswelt im Sachunterricht. Bad Heilbrunn. – Beck, G. & Soll, W. (Hrsg.) (1988): Heimat, Umgebung, Lebenswelt. Regionale Bezüge im Sachunterricht. Frankfurt am Main. – Berger, P. L. & Luckmann, Th. (1966): The social construction of reality. A treatise in the sociology of knowlege. Garden City/ N.Y. – Berger, P.L., Berger, B. & Kellner, H. (1974): The homeless mind. Modernization and consciousness. New York. – Einsiedler, W. (2002): Empirische Forschung zum Sachunterricht – ein Überblick. In: Spreckelsen, K., Möller, K. & Hartinger, A. (Hrsg.): Ansätze und Methoden empirischer Forschung zum Sachunterricht. Bad Heilbrunn, S. 17-38. – Engelhardt, W. & Stoltenberg, U. (Hrsg.) (2002): Die Welt zur Heimat machen? Bad Heilbrunn. – Fölling-Albers, M. (1989) (Hrsg.): Veränderte Kindheit – Veränderte Grundschule. Frankfurt am Main. – Giel, K. (1974): Perspektiven des Sachunterrichts. In: Giel, K., Hiller, G. & Krämer, H. (Hrsg.): Stücke zu einem mehrperspektivischen Unterricht. Aufsätze zur Konzeption 1. Stuttgart, S. 34-66. – Götz, M. (2005): Heimat als Bezugsfeld der Heimatkunde und des Sachunterrichts. In: Einsiedler, W., Götz, M., Hacker, H., Kahlert, J., Keck, R.W. & Sandfuchs, U. (Hrsg.): Handbuch Grundschulpädagogik und Grundschuldidaktik. Bad Heilbrunn. 2. Aufl., S. 596-604. – Hinrichs, W. (1974): Heimat, Heimatkunde. In: Ritter, J. (Hrsg.): Historisches Wörterbuch der Philosophie. Band 3. Darmstadt, Sp.1037-1039. – Holtappels, H.-G. (1998): Lebenswelt von Kindern – Sozialwissenschaftliche Erkenntnisse und Orientierungen für die Grundschule. In: Kahlert, J. (Hrsg.): Wissenserwerb in der Grundschule. Perspektiven erfahren, vergleichen, gestalten. Bad Heilbrunn, S. 47-71. – Husserl, E. (1962): Die Krisis der europäischen Wissenschaften und die transzendentale Phänomenologie. In: Husserliana Band VI. 2. Aufl. Den Haag. – Kahlert, J. (1998): Grundlegende Bildung im Spannungsverhältnis zwischen Lebensweltbezug und Sachanforderungen. In: Marquardt-Mau, B. & Schreier, H. (Hrsg.): Grundlegende Bildung im Sachunterricht. Bad Heilbrunn, S. 67-81. – Lippitz, W. (1980): „Lebenswelt" oder die Rehabilitierung vorwissenschaftlicher Erfahrung. Ansätze eines phänomenologisch begründeten anthropologischen und sozialwissenschaftlichen Denkens in der Erziehungswissenschaft. Weinheim, Basel. – Maurer, F. (1990): Sachunterricht als Erschließen der kindlichen Lebenswelt. In: Maurer, F. (Hrsg.): Lebenssinn und Lernen. Zur Anthropologie der Kindheit und des Jugendalters. Langenau, Ulm, S. 119-134. – Richter, D. (Hrsg.) (1993): Grundlagen des Sachunterrichts. Lebensweltliche und fächerübergreifende Aspekte in fachdidaktischer Perspektive. Oldenburg. – Scholz, G. (1996): Kinder lernen von Kindern. Hohengehren. – Schütz, A. & Luckmann, Th. (1979/84): Strukturen der Lebenswelt. 2 Bände. Frankfurt am Main. – Spranger, E. (1923): Der Bildungswert der Heimatkunde. Berlin. – Waldenfels, B. (1985): Heimat in der Fremde. In: Waldenfels, B. (Hrsg.): In den Netzen der Lebenswelt. Frankfurt am Main, S. 194-211. – Welter, R. (1986): Der Begriff der Lebenswelt. Theorien vortheoretischer Erfahrungswelt. München.

3| Kind als didaktische Kategorie
Maria Fölling-Albers

Die Adressaten didaktischer Bemühungen in der Schule sind die Heranwachsenden: Kinder und Jugendliche. Die Frage, welche Form der Schule, welche Art des
Unterrichts dem Kind gemäß sei, ist seit Jahrhunderten Gegenstand pädagogischer und didaktischer Kontroversen. Der Beitrag setzt sich unter drei Gesichtspunkten mit dem „didaktischen Phänomen ‚Kind'", spezifiziert für den Sachunterricht, auseinander: Im ersten Teil geht es um die schultheoretisch zu expli-
zierende Dialektik vom „Kind als Schüler" und vom „Schüler als Kind". Diese
Perspektive ist mit Blick auf den Sachunterricht deshalb von besonderer Bedeutung, als durch die Einrichtung Schule die Heranwachsenden besser „auf das Leben" vorbereitet werden sollen – und gerade der Sachunterricht die „Aufgabe
(hat), den Kindern Hilfe bei der Erschließung der Lebenswirklichkeit zu geben"
(Richtlinien Sachunterricht Nordrhein-Westfalen 2002 – stellvertretend für nahezu
alle aktuellen Lehrpläne und Richtlinien für das Fach Sachunterricht). Der zweite
Punkt befasst sich mit dem pädagogischen und didaktischen Prinzip der
„Kindgemäßheit" und untersucht die historischen Veränderungen und Interpretationen dieses Anspruchs. Der dritte Teil geht aktuellen Aspekten der Auseinandersetzung von „Kind und Sache" als einer spezifischen Frage des Sachunterrichts
nach.

1 Das Kind als Schüler – der Schüler als Kind

Die Institution Schule macht das Kind zum Schüler. Diese an sich triviale Aussage beinhaltet eine lange und komplexe (grund-)schulpädagogische und schultheoretische Auseinandersetzung über die Auswirkungen von Schule auf die Rolle und Identität des Kindes. Durch die Verpflichtung zum Besuch der Schule
erfuhren die Heranwachsenden als einen neuen Status das Schülersein. Mit ihrer
Rolle als Schüler erhielten die Heranwachsenden gleichzeitig eine spezifische
Aufgabe: das Lernen. Dadurch sollten sie besser auf die Herausforderungen des
Lebens vorbereitet werden. Selbstverständlich hatten die Heranwachsenden auch
bereits vor der Einführung von Schulen und der Schulpflicht (etwas) gelernt –
vor allem durch Nachahmung, unmittelbare Anleitung und durch Mittun. Doch
mit der Einrichtung von Schulen erhielt ‚Lernen' eine andere Qualität. Es sollte
gerade nicht das gelernt werden, was im Alltag durch Anschauung und Mittun
erworben werden konnte. Es entstand ein Lernen auf Vorrat mit Methoden, die

nicht Teil der Alltagskultur waren. Die Mittel der Lehre waren zunächst vor allem die Schrift, das Buch, die Sprache. Später kamen als Lerngegenstand die Realien – die Vorläufer der Heimatkunde und des Sachunterrichts – sowie als Erkenntnisprinzip und als Methode, um Kindern besser gerecht werden zu können, die Anschauung hinzu. Hier wird die Paradoxie einer Theorie der Schule als eine Schule für Kinder deutlich: Die Schule soll sie auf die Anforderungen des Lebens vorbereiten, indem sie aus dem Leben ausgegliedert wird.

Diese schultheoretische Paradoxie soll insbesondere im Sachunterricht u.a. durch Öffnung von Schule und Unterricht gelöst werden: Es sollen außerhalb der Institution Schule Lernsituationen explizit geschaffen (z.b. Waldlehrpfad) oder „natürliche" Lernumgebungen genutzt werden (z.b. Klärwerk, Feuerwehr). Außerhalb der Institution Schule lernen sie als Schüler, so der Anspruch, besser für das Leben. Daneben sollen die Kinder Erfahrungen oder Gegenstände aus der Lebenswelt (z.B. Vogelnest, alte Münzen) in die Schule hineintragen und sie so (auch) zum schulischen Lerngegenstand machen. Parallel zur Öffnung von Schule und Unterricht konnte in den letzten drei Jahrzehnten eine zunehmende Institutionalisierung von Lernen in der Freizeit (in Form von Freizeit- und Förderangeboten der Vereine und Verbände auch in schulnahen Lernbereichen) festgestellt werden. Die hier beschriebenen Prozesse führen zu einer zunehmenden Entschulung von Schule und einer Verschulung des Lebens (vgl. Fölling-Albers 2000). Die Unterscheidung von „Kind als Schüler" und „Schüler als Kind" wird auf diese Weise zumindest von der Tendenz her relativiert (vgl. dazu auch Hänsel 1989).

2 „Vom Kinde aus" und „Wissenschaftsorientierung" – Ansprüche an einen kindgemäßen Sachunterricht

Der Anspruch, in der Grundschule mit den (jüngeren) Schüler/innen eine spezifische pädagogische Praxis umzusetzen, wurde systematisch und in breiterem Umfang erst in der Phase der Reformpädagogik entfaltet. Die Reformpädagogische Bewegung „vom Kinde aus" gilt als die bedeutendste pädagogische Strömung zu Beginn des letzten Jahrhunderts (vgl. Dietrich 1982; vgl. dazu auch kritisch Oelkers 1989), und sie umschließt eine Vielzahl unterschiedlicher pädagogischer Ansätze. Ihr gemeinsames Anliegen ist, Schule und Unterricht so zu gestalten, dass sie vom Kinde aus gedacht werden. „Kinder sind anders" – das war die pädagogische Maxime von Maria Montessori; deshalb müssten Unterricht und Schule anders als bislang praktiziert gestaltet werden. Ganzheitlichkeit und Aufhebung der Fächerung galten als wichtige didaktische Maßgaben der Reformpädagogik. Die Vorstellung der Romantik und des Philanthropinismus über das Wesen des Kindes (Kinder sind von Natur aus gut) war maßgebend: Wenn man seine Anlagen und Kräfte erkennt und pflegt, wird es sich zu einem guten Menschen entwickeln. Der Einfluss der Umwelt hingegen wurde nicht gesehen (vgl. Götz 2006).

Die neue Sicht auf Kinder stellte nach Hänsel eine „kopernikanische Umwälzung" der bis dahin geltenden Anschauungen dar (1989, S. 30). Sie prägte so nachdrücklich das pädagogische Denken der Weimarer Zeit, dass die Preußischen Richtlinien (1921) vorsahen, dass die Grundschule nicht nur „alle körperlichen und geistigen Kräfte der Kinder wecken und schulen" solle, vielmehr dass „die Wissensstoffe und Fertigkeiten (nicht bloß) äußerlich angeeignet, sondern möglichst alles, was die Kinder lernen, von ihnen innerlich erlebt und selbsttätig erworben wird." (Zit. in Neuhaus 1990, S. 33) Die Preußischen Richtlinien wurden kurze Zeit später von den anderen deutschen Ländern übernommen. „Kindgemäßheit" bzw. die „Orientierung am Kind" wurden die zentralen didaktischen Kategorien des Unterrichts in der Grundschule, die im Gesamtunterricht verwirklicht werden sollten. Kindheit und Grundschulzeit wurden nach dem reformpädagogischen Ansatz als eine Phase des Schonraums gewertet. Die endogen vorhandenen Kräfte und Fähigkeiten sollten zur Entfaltung kommen; die Kinder sollten nicht durch ungeeignete didaktische Maßnahmen überfordert und entmutigt werden. Der Schüler – so die reformpädagogische Perspektive, die auch nach dem Zweiten Weltkrieg in Westdeutschland wieder aufgenommen wurde – sollten vor allem als Kinder gesehen werden. Dies änderte sich mit Beginn der Bildungsreform.

In der Phase der Bildungsreform (etwa Mitte der 1960er bis Ende der 1970er Jahre) galt Kindgemäßheit nicht mehr als eine hinreichende didaktische Legitimation für einen Unterricht in der Grundschule. Diese wurde nicht selten als Kindertümelei abgewertet und als intellektuelle Unterforderung von Kindern interpretiert. Der Deutsche Bildungsrat (1970) formulierte in seinem „Strukturplan für das Bildungswesen" auch bereits für Kinder im Grundschulalter eine Ausrichtung von Lerninhalten und Methoden an den Wissenschaften (vgl. S. 133). Die Erkenntnisse der neueren Entwicklungspsychologie und der Milieutheorie, die eine Förderung gerade von jungen Kindern nahe legten, nicht zuletzt aber auch die Ergebnisse der Sozialisationsforschung, wonach Kinder aus bildungsfernen Elternhäusern in ihren schulischen Lernmöglichkeiten benachteiligt seien, unterstützen die bildungspolitischen Forderungen nach einer Anhebung der Bildungsansprüche sowie nach einer kompensatorischen Erziehung in der Grundschule.

Eine Orientierung am Kind müsse um eine Orientierung an der Wissenschaft ergänzt werden. In nahezu allen westdeutschen Bundesländern wurden zu Beginn der 1970er Jahre die Lehrpläne in dem Sinne verändert, dass mehr und anspruchsvollere Inhalte vorgegeben wurden. Für das (damals meistens noch so genannte) Fach Heimatkunde lassen sich besonders vielfältige Änderungen festmachen: Es wurden deutlich mehr naturwissenschaftliche Inhalte aufgenommen, die den Zweck einer fachpropädeutischen Vorbereitung auf die weiterführenden Schulen hatten. Für jede Lerneinheit sollten genaue Lernziele formuliert werden.

Der fach- und wissenschaftsorientierte Sachunterricht erfuhr ab der zweiten Hälfte der 1970er Jahre eine heftige Kritik. Es entstand eine neue Phase der Kindorientierung. Das Kind (als Ganzes), so der Vorwurf, werde in einem vor allem lernzielorientierten Unterricht zu wenig berücksichtigt; Lernen mit allen Sinnen, ganzheitliches Lernen, fächerübergreifende und projektorientierte Unterrichtsformen sowie handlungsorientiertes Lernen wurden als die wesentlichen Prinzipen und Merkmale des Sachunterrichts angemahnt.

Gegen Ende des letzten Jahrhunderts vollzog sich, die Orientierung am Kind betreffend, eine weitere Wende im Sachunterricht der Grundschule. Es galt der Vorwurf, der Sachunterricht vernachlässige zu sehr das tatsächlich vorhandene Wissen der Kinder und deren Lernfähigkeit. Dem Fach wurde eine Trivialisierung der Inhalte vorgeworfen (vgl. Schreier 1989). Auch mit Blick auf die internationalen Schulleistungsvergleichsuntersuchungen (TIMSS, PISA, IGLU) wurde eine neue Ausrichtung vorgenommen: Durch Unterricht und Schule sollten die Kinder Kompetenzen erwerben, die sie in die Lage versetzen, diese auf im Alltag vorfindbare Phänomene und Probleme zu übertragen (vgl. Bos et al. 2003); das in der Schule Gelernte soll nicht nur „träges Wissen" bleiben. Das Kind in der Schule wird wieder stärker als Schüler gesehen, doch was es als Schüler lernt, soll es als Kind nutzen (können). Mit diesem Ansatz geht auch eine Veränderung des Lernkonzepts einher.

3 Kind und Sache – Aneignung einer Sache durch das Kind

Der Anthropologe Langeveld beschreibt die Beziehung zwischen Ding (oder Sache) und Kind folgendermaßen: „Die Voraussetzung des Kindes der Welt gegenüber, daß sie sinnvoll sei, geht zurück auf die Grundtatsache des Menschen: daß der Mensch der Welt einen Sinn zu geben hat." (1968, S. 142f.) Dieser Ansatz geht von der Vorstellung vom Kind als einem Wesen aus, das die Welt „von sich aus" erschließen, ihr einen Sinn beimessen, sie verstehen möchte. Auch der Physikdidaktiker Wagenschein ging von der Vorstellung aus, dass bereits junge Kinder einen auf Verstehen gerichteten Zugang zur Welt haben. Im Unterricht sollte der Lerngegenstand (das Phänomen) so den Schülern nahe gebracht werden, dass er sie fasziniert, dass sie ihn ergründen und verstehen wollen (vgl. Wagenschein 1968). Der „genetische" Ansatz Wagenscheins, wonach ein neuer Lerngegenstand mit vorhergehendem Wissen verknüpft werden muss („Einwurzelung"), damit er dem Kind nicht bloß äußerlich bleibt, enthält bereits wichtige Grundannahmen des (moderat) konstruktivistischen Lernkonzepts, das gegenwärtig die Lerntheorie und didaktische Konzepte des Sachunterrichts dominiert.

Der Sachunterricht ist das Fach, das die Lebenswelt der Kinder zu ihrem Lerngegenstand hat. In diesem Unterrichtsfach treffen die (außerschulische) Lebenswelt und der (schulische) Lerngegenstand unmittelbar aufeinander. Die eingangs skizzierte Verwiesenheit von schulischem Lernen auf außerschulischem Leben wird hier besonders virulent. Die Kinder setzen sich auch vor und außerhalb der Schule mit ihr auseinander und suchen nach Erklärungen Phänomene, die ihnen begegnen. Der spezifisch sachunterrichtliche Auftrag setzt ein, wenn die Verstehenskonzepte der Kinder nicht mit den Erklärungsansätzen der betreffenden Wissenschaft vereinbar oder nicht anschlussfähig sind. Die Aufgabe des Unterrichts ist es somit, mit den Kindern den Gegenstand so zu erarbeiten, dass sie bereit und in der Lage sind, gegebenenfalls Konzeptwechsel vorzunehmen, d.h. ihr bisheriges Verständnis von einem Sachverhalt aufzugeben und ein verändertes zu akzeptieren. Dabei gilt auch zu bedenken, dass die vor und neben der Schule aufgebauten Konzepte für die Kinder meist plausibel und hinreichend waren und deshalb sehr hartnäckig sind; d.h. dass es aus didaktischer Sicht meist schwierig ist, Konzeptwechsel bei möglichst allen Kindern erfolgreich und langfristig vorzunehmen. In welcher Weise dieses dennoch möglich ist, hat Möller zu naturwissenschaftlich-technischen Lerninhalten in zahlreichen Untersuchungen und Beiträgen dargelegt (vgl. Möller 1999 und Nr. 40 in diesem Band).

Im Verlauf der Geschichte von Heimatkunde und Sachunterricht erfuhren nicht nur die konzeptionellen Ansätze und der unterrichtliche Gegenstand Veränderungen; mit diesen waren auch immer andere Vorstellungen von den Adressaten der unterrichtlichen Bemühungen verknüpft. Was kindgemäß ist, was Kinder lernen sollten und wie dies am besten in der Schule zu leisten sei, war (und ist) auch immer von den jeweiligen Konzepten des Kindseins abhängig (vgl. Fölling-Albers 1994). Von daher ist Kindorientierung allein keine hinreichende didaktische Kategorie zur Begründung von Unterricht und Lernen. Daneben gab (und gibt) es deutliche Unterschiede bei der Gewichtung des Verhältnisses von Kind und Schüler. Während in der stärker reformpädagogisch geprägten Phase, aber auch beim pädagogischen Ansatz von Wagenschein vor allem das „ganze Kind" im Blick sein sollte, das durch die unterrichtlichen Interventionen in seinem Kindsein und bei seiner Menschwerdung unterstützt werden soll, gehen die Ansätze aus der Phase der Bildungsreform, aber auch heutige Lehr-Lernkonzepte eher davon aus, in der Schule das Kind als Schüler/in so zu fördern, dass es in die Lage versetzt wird, die Lernerfahrungen, die es als Schüler/in gemacht hat, als Kind in seiner Lebenswelt zu nutzen.

Literatur

Bos, W., Lankes, E.-M., Prenzel, M., Schwippert, K., Walther, G. & Valtin, R. (Hrsg.) (2003): Erste Ergebnisse aus IGLU. Münster. – Deutscher Bildungsrat (1970): Strukturplan für das Bildungswesen. Stuttgart. – Dietrich, T. (Hrsg.) (1982, 4. erg. Auflage): Die Pädagogik vom Kinde aus. Bad Heilbrunn. – Fölling-Albers, M. (1994): Kindgemäßheit – neue Überlegungen zu einem alten pädagogischen Anspruch. In: Götz, M. (Hrsg.): Leitlinien der Grundschularbeit. Langenau-Ulm, S. 117-132. – Fölling-Albers, M. (2000): Entscholarisierung von Schule und Scholarisierung von Freizeit? Überlegungen zu Formen der Entgrenzung von Schule und Kindheit. In: Zeitschrift für Soziologie der Erziehung und Sozialisation, 20, 2, S. 118-131. – Götz, M: (2006). Kindorientierung. Ein gesellschaftsabstinenter Anspruch an die Grundschule? Eine historische Rekonstruktion. Unveröff. Vortrag, Frankfurt/Main, 23.03, DGfE-Kongress. – Hänsel, D. (1989): „Kindgemäßheit". Programm einer pädagogischen Schule. In: Pädagogik, 5, S. 29-35. – Langeveld, M. J. (1968): Studien zur Anthropologie des Kindes. Tübingen. – Möller, K. (1999): Konstruktivistisch orientierte Lehr-Lernprozessforschung im naturwissenschaftlich-technischen Bereich des Sachunterrichts. In: Köhnlein, W., Marquardt-Mau, B. & Schreier, H. (Hrsg.): Vielperspektivisches Denken im Sachunterricht, Bad Heilbrunn, S. 125-191. – Neuhaus, E. (1990, 5. Aufl.): Reform der Grundschule. Darstellung und Analyse auf dem Hintergrund erziehungswissenschaftlicher Erkenntnisse. Bad Heilbrunn. – Oelkers, J. (1989): Reformpädagogik. Eine kritische Dogmengeschichte. Weinheim und München. – Richtlinien Grundschule/Primarstufe Nordrhein-Westfalen (2002): Sachunterricht. Düsseldorf. – Schreier, H. (1989): Enttrivialisiert den Sachunterricht. In: Grundschule 21, 3, S. 10-13. – Wagenschein, M. (1992, 10. Aufl.; 1. Aufl. 1968): Verstehen lehren. Genetisch – Sokratisch – Exemplarisch. Weinheim und Basel.

4| Sache als didaktische Kategorie
Walter Köhnlein

Durch eine hinreichende und konsensfähige Kennzeichnung des Bestimmungswortes in „*Sachunterricht*" wird indirekt das Gegenstandsfeld dieses Lernbereiches umrissen und von anderen Fächern abgegrenzt. Zugleich kann nach der Notwendigkeit und Berechtigung von Vorschlägen für andere Bezeichnungen sowie nach der „sachlichen" Akzentuierung bekannter Konzeptionen (vgl. Feige 2004) gefragt werden. Mit der Redewendung von der „Sache des Sachunterrichts" sind jedoch nicht nur dessen Inhalte und Arbeitsweisen gemeint, sondern ebenso seine Aufgaben im Hinblick auf eine Grundlegung der Bildung.

1 Zum Sachbezug des Sachunterrichts

[1] Allgemein gebräuchlich wurde der Terminus „Sachunterricht" seit dem *Frankfurter Grundschulkongress* (1969), der eine „neue Sachlichkeit" (J. Muth) forderte und heimatkundliche Unterrichtsprinzipien durch Bezüge auf Sozial- und Naturwissenschaften ablöste, sowie dem „*Strukturplan*" *des Deutschen Bildungsrates* (1970), also mit dem Umbruch von der Heimatkunde zu einem wissenschaftsorientierten Lernfeld (vgl. Köhnlein 1982).

Neu war diese Bezeichnung freilich nicht. Ilse Rother explizierte bereits 1954 Begriff und Aufgaben des Sachunterrichts ausführlich in ihrem Buch „Schulanfang". „Aufgabe des Sachunterrichts [ist es], Erfahrungen und Erlebnisse zu vermitteln und die Kinder zu einer ersten Klärung und Ordnung dieser Erfahrungen zu führen, sie dabei in den Ausdrucksmöglichkeiten zu fördern und sachgemäße Darstellungsweisen anzubahnen." (Rother 1961, S. 105) Als Schulfach wird Sachunterricht zuerst im „Lehrplan für die Grundschule im Lande Bremen" (1961) und in den „Richtlinien für die Volksschulen des Landes Niedersachsen" (1962) eingeführt.

Das Wissen um die „Sachen" (lat. *res*) wurde unter dem Einfluss des *Realismus* im 17. und 18. Jahrhundert in den Kanon der Volksschulen aufgenommen. Protagonisten waren Wolfgang Ratke (1571–1635) und Johann Amos Comenius (1592–1670). Der von Andreas Reyher (1601–1673) verfasste Gothaer „Schul-Methodus" in der Fassung von 1662 zeigt mit der Einführung des Realienunterrichts im Herzogtum Sachsen-Gotha deutlich das Resultat einschneidender Neuerungen. Als Grundlage für den Unterricht dienten ein verbindlicher Lehrplan und ein Realienbuch für die Hand der Kinder. Pädagogische Relevanz wurde dem Sachwissen vor allem unter dem Aspekt der Nützlichkeit, aber auch unter dem der Bildung und Erziehung zugesprochen. (Zur weiteren Entwicklung vgl. Dietrich 1982)

[2] Die Bezeichnung „Sachunterricht" knüpft formal an „Realienunterricht" und damit an das Wort *res* an. „Res" bezeichnet Sache, Ding, Gegenstand; etwas, das ist; Sachlage, Umstand, Zustand; Besitz, Habe; Ursache, Grund; Angelegenheit, Geschäft; Rechtssache, Prozess; Handlung, Tat; Wirklichkeit, Wahrheit. Die Fülle dieser Bedeutungen hat dem Realienunterricht spezifische Facetten, aber noch keine wissenschaftliche Orientierung gegeben.

Ein ähnlich umfassendes Bedeutungsfeld hat das Wort *Sache:* Eine Sache ist ein (zunächst) nicht näher bezeichneter Gegenstand, ein Ding; eine Erscheinung; ein Vorgang, Vorfall, Umstand, eine Bewandtnis; ein Ereignis, eine Begebenheit, eine Tatsache, eine Wirklichkeit, eine Wahrnehmung, eine Wahrheit; eine Situation, eine Episode; ein Ziel, eine Aufgabe, ein Anliegen. „Sache" ist ein Ausdruck, der auf Gegenstände unseres Denkens und Sprechens verweist (ursprünglich auf den Gegenstand eines Rechtsstreites). Damit ist auch das bloß Gedachte (Gedankending) oder eine „Angelegenheit", die in der Beziehung zwischen Menschen eine Rolle spielt, eingeschlossen.

Mit dem offenkundig fundamentalen Feld der Bedeutungen von „Sache" in sozialen, naturbezogenen, technischen und alltagsweltlichen Belangen bezieht sich der Begriff in offener Weise auf alles, was in Raum und Zeit erfahren werden kann, also nicht nur auf „Realien", sondern ebenso auf „Humanoria". Darüber hinaus steht eine Sache in einem Netz von Zusammenhängen; durch einen bestimmten *Sachzusammenhang* wird ein *Sachverhalt* charakterisiert. Über einen Sachverhalt kann man Aussagen machen, man kann ihn (in unterschiedlicher Weise) sprachlich fassen. – Dies verweist auf das Verhältnis von *Sache und Sprache* und rückt zudem die Aufgabe der Didaktik in den Blick, geeignete Sachverhalte zu Gegenständen der Auseinandersetzung nach Maßgabe der Ziele des Sachunterrichts zu machen (vgl. Kap. 2.2).

[3] In einigen Buchpublikationen zur Didaktik des Sachunterrichts ist das Wort „Sache" Bestandteil des Titels, ohne dass das damit Gemeinte unmittelbar expliziert wird. Für Helmut Schreier (Die Sache des Sachunterrichts, 1982) sind relevante Sachen „alle möglichen Gegenstände der alltäglichen Erfahrung" (S. 6), die als „Inhalte von didaktischer Bedeutung in der Gestalt von Problemen entgegentreten" (S. 38). Sache des Sachunterrichts ist es dann, dem Anspruch der Dinge, der sich aus der Beziehung des Menschen zu ihnen ergibt, gerecht zu werden und „die Menschen zu befähigen, daß sie aus ihren Erfahrungen lernen". Die „Sache, um die es geht, ist nicht durch Objekte bezeichnet ..., sondern umfaßt vor allem Vorstellungen der Menschen, so daß der alte Sachbegriff des Rechtshandels, des verhandelten Sachverhalts, den Bezugspunkt gibt" (S. 144).

Nach Michael Soostmeyer (Zur Sache Sachunterricht, 1998) ergeben sich die Sachen in Situationen der Lebenswirklichkeit und unter dem Ethos der Sachlichkeit. Sachlichkeit ist „Zuwendung zum Seienden um des Seienden selbst willen" und wird als „Urphänomen menschlichen Handelns angesehen" (S. 270 f.).

Bei Ludwig Duncker und Walter Popp (Kind und Sache, 1998) werden die Sachen in der „gegenständlichen, sozialen und symbolisch verfaßten Umwelt" aufgefunden; in elaborierten „Vorstellungen über die Wirklichkeit" bilden sich „objektive Bezüge und subjektive Bedeutungen" (S. 7). Anforderungen der „Sachen" sind konstitutiver Bestandteil des pädagogischen Anspruchs des Sachunterrichts, der auch „Erziehung zur Sachlichkeit" umfasst (S. 13 f.). Durch „Umgang und Erfahrung" (Herbart), Reflexion, Strukturierung und „Anstrengungen des Begriffs" wird „ein methodisches Verhältnis zur Realität kultiviert" (S. 22; 29).

Joachim Kahlert bezeichnet in seinem aktuellen Lehrbuch in Übereinstimmung mit früheren Vorschlägen „die Umwelt der Kinder" als den umfassenden Objektbereich für Inhalte (2005, 15ff.); „Unterstützung beim Erschließen der Umwelt" ist dann das „Leitbild für den Sachunterricht". Unter Umwelt wird dabei alles das verstanden, „was in Gegenwart oder Zukunft ... vom Kind wahrgenommen wird oder werden könnte ..." (S. 12).

Der kurze Überblick zeigt, dass der Terminus „Sache" in der Literatur wesentlich in zwei Bedeutungen erscheint: Er bezeichnet i.e.S. die Inhalte oder das Gegenstandsfeld des Faches. Darüber hinaus sind in der Wendung „Sache des Sachunterrichts" auch die fachgemäßen Arbeitsweisen (Erkenntnismethoden) und die fachspezifischen Bildungsaufgaben eingeschlossen.

2 Einheit und Grenzstärke des Sachunterrichts

[1] Mit dem Bezug auf „Sachen" gewinnt das Gegenstandsfeld eine große Vielfalt. Für die Lernenden ist Sachunterricht der „Quellbereich" inhaltlicher Erschließungen, die sich über das lebensweltliche Fundament hinaus in den Domänen des gesellschaftlichen, historischen, geographischen, ökonomischen, physikalischen und chemischen, technischen, biologischen und ökologischen Weltbezuges konstituieren. Didaktische Entwürfe haben solche Domänen als sich gegenseitig durchdringende *„Dimensionen"* (Köhnlein 1996; 2004), als *„lebensweltliche Dimensionen"* und *„fachliche Perspektiven"*, die sich zu didaktischen Netzen verknüpfen lassen (Kahlert 2005, 228ff.) oder einfach als bildungsrelevante *„Fachperspektiven"* (GDSU 2002) bezeichnet. Als Ressourcen gelten dabei nicht die spezifischen Strukturen von Fächern, sondern der Erkenntniswert und das Explorationspotenzial für die Erschließung der Lebenswelt und die Grundlegung einer anschlussfähigen Bildung.

Durch den umfassenden Gegenstandsbezug von „Sache", der auch Wertungen einschließt, und die vielperspektivische Dimensionierung erübrigt sich die von Klafki vorgeschlagene Doppelbenennung „Sach- und Sozialunterricht" (Klafki 1992, 11). Der Vorschlag, Sachunterricht in „Welterkundung" umzubenennen, entspringt einem defizitären Verständnis von „Sache" (Faust-Siehl, Garlichs, Ramseger, Schwarz & Warm 1996, 63ff.).

[2] Die *Einheit* des Sachunterrichts liegt in seiner didaktischen Struktur: auf der curricularen Ebene in der gegenseitigen Durchdringung und Vernetzung der genannten Dimensionen und Perspektiven, auf der unterrichtlichen Ebene in der Art und Weise der Behandlung der Sachen, d.h. wie Lerninhalte, Lernumgebungen und Arbeitsweisen aufeinander bezogen sind. Wo problemhaltige Erscheinungen und Aufgaben im Mittelpunkt stehen, sind Abgrenzungen fachlicher Domänen noch ohne Bedeutung. Die Mitwahrnehmung von Ästhetik und Moral ist dem Sachunterricht auch im Hinblick auf seine Erziehungsaufgaben aufgegeben.

Die inhaltlichen *Grenzen* des Sachunterrichts werden erreicht, wo dieser integrative Bezug auf die bezeichneten Domänen nicht mehr sinnvoll erscheint. Das ist im curricularen Fortgang dort, wo Einzelfächer den Sachunterricht ablösen. Problematischer ist die Grenzziehung zu anderen Grundschulfächern und insbesondere zu fächerübergreifenden Aufgaben. Fächer wie Mathematik, Deutsch oder Musik haben ihr je eigenes Gegenstandsfeld; gleichwohl gibt es wichtige gemeinsame Arbeitsfelder, z.B. die Einführung von Größen. Grundschulfächer stehen also in einer offenen Beziehung zueinander. An der Bearbeitung „epochaltypischer Schlüsselprobleme" (Klafki 1992, 18ff.) und übergreifender Aufgaben wie „Gesundheitserziehung" ist der Sachunterricht insoweit beteiligt, als zumindest einer seiner inhaltlichen Bezüge bedeutsam wird (vgl. Kap. 2.2).

[3] In *Konzeptionen zum Sachunterricht* kommen je spezifische Akzentuierungen von „Sache" zur Geltung, die sich bei einigen schon in der Bezeichnung dieser Ansätze erkennen lassen (vgl. Feige 2004; Kahlert 2005). Domänenspezifisch naturwissenschaftsbezogene Curricula der siebziger Jahre orientierten sich entweder an der *„Struktur der Disziplin"* (Bruner) und stellten „Konzepte" (z.b. Teilchen-, Wechselwirkungs- und Erhaltungskonzept) als Denkmodelle in das Zentrum inhaltlicher Arbeit, oder sie setzten wesentlich auf *Verfahren* des Problemlösens, Experimentierens und der Repräsentation von Denkinhalten. Situationsbezogene Ansätze wollten primär *soziale Kompetenzen* fördern und blieben zumeist „offen" in der Auswahl von Inhalten. Ähnlich inhaltlich unbestimmt sind allgemeindidaktisch oder psychologisch angeleitete handlungs-, erfahrungs- oder problemorientierte Konzepte. – Der Gefahr eines Verlustes inhaltlicher Qualität sollte die Formulierung der genannten Dimensionen und Perspektiven entgegenwirken.

Die Konzeption des „Mehrperspektivischen Unterrichts" (MPU) versucht, *gesellschaftliche Handlungsfelder* an differenziert ausgearbeiteten Beispielen wie „Supermarkt", „Krankenhaus" oder „Sprudelfabrik" modellhaft so zu rekonstruieren, dass grundlegende Strukturen, Regeln und Funktionen erfahrbar und verstehbar werden (vgl. Giel 2001).

In der Gegenwart orientieren sich aktuelle Konzeptionen, wie der *exemplarisch-genetische* und der *vielperspektivische Sachunterricht* (vgl. Feige 2004) an den Dimensionen des gesellschaftlichen, historischen, geographischen, ökonomischen, physikalischen und chemischen, technischen, biologischen und ökologischen Sachbezuges; das gilt grundsätzlich auch für Ansätze des didaktischen Konstruktivismus (vgl. Möller 2001). Neue *Richtlinien und Lehrpläne* in den Bundesländern greifen bei der Auswahl und Strukturierung der Inhalte auf den *Perspektivrahmen Sachunterricht* (GDSU 2002) zurück.

3 Bemerkungen zum Bildungswert

Bildungsprozesse müssen sachbezogen sein und in Kulturleistungen einführen, gerade dann, wenn Antworten auf Sinn- und Wertfragen nicht mehr gesellschaftlich vorgegeben sind. Die Auseinandersetzung mit den Sachen und die Erfahrung ihres Widerstandes können im Sachunterricht bildungswirksam werden, wenn es gelingt

– mit den Kindern *Anfänge und Möglichkeiten des Weltzugriffs und Weltverstehens* zu erarbeiten und sie in *methodisches Denken* einzuführen,

– den Kindern *Denkräume und Interessensgebiete* zu öffnen und damit verbunden die Entwicklung des sachbezogenen Wissens und Denkens sowie des verständigen Handelns zu fördern,

– den Kindern eine *rationale und ethische Orientierungsleistung* in der Welt der Erfahrung und des Wissens zu ermöglichen.

Mit solchen Bildungsprozessen verbunden ist immer eine Förderung der geistigen Entwicklung, der Anspruch des Verstehens und ein Beitrag zum Welt- und Selbstverständnis des Menschen.

Literatur

Dietrich, T. (1982): Zur Entstehungsgeschichte des Lernbereichs Naturwissenschaft/ Technik. In: Bauer, H.F. & Köhnlein, W. (Hrsg.): Problemfeld Natur und Technik. Bad Heilbrunn, S. 11- 22. – Duncker, L. & Popp, W. (1998): Kind und Sache. 3. Aufl., Weinheim und München. – Faust-Siehl, G., Garlichs, A., Ramseger, J., Schwarz, H. & Warm, U. (1996): Die Zukunft beginnt in der Grundschule. Empfehlungen zur Neugliederung der Primarstufe. Reinbek. – Feige, B. (2004): Der Sachunterricht und seine Konzeptionen. Historische, aktuelle und internationale Entwicklungen. Bad Heilbrunn. – Gesellschaft für Didaktik des Sachunterrichts (GDSU) (2002): Perspektivrahmen Sachunterricht. Bad Heilbrunn. – Giel, K. (2001): Zur Revision des „Mehrperspektivischen Unterrichts" (MPU). In: Köhnlein, W. & Schreier, H. (Hrsg.): Innovation Sachunterricht – Befragung der Anfänge nach zukunftsfähigen Beständen. Bad Heilbrunn, S. 201-216. – Klafki, W. (1992): Allgemeinbildung in der Grundschule und der Bildungsauftrag des Sachunterrichts. In: Lauterbach, R., Köhnlein, W., Spreckelsen, K. & Klewitz, E. (Hrsg.): Brennpunkte des Sachunterrichts. Kiel, S. 11-31. – Kahlert, J. (2005): Der Sachunterricht und seine Didaktik. 2. Aufl., Bad Heilbrunn. – Köhnlein, W. (1982): Die Hinwendung zu einem naturwissenschaftlich orientierten Sachunterricht in der Grundschule. In: Bauer, H.F. & Köhnlein, W. (Hrsg.): Problemfeld Natur und Technik. Bad Heilbrunn, S. 23-37. – Köhnlein, W. (1996): Leitende Prinzipien und Curriculum des Sachunterrichts. In: Glumpler, E. & Wittkowske, S. (Hrsg.): Sachunterricht heute. Bad Heilbrunn, S. 46-76. – Köhnlein, W. (2004): Verstehen und begründetes Handeln im Sachunterricht. In: Köhnlein, W. & Lauterbach, R. (Hrsg.): Verstehen und begründetes Handeln. Bad Heilbrunn, S. 9-32. – Möller, K. (2001): Genetisches Lehren und Lernen – Facetten eines Begriffs. In: Cech, D., Feige, B., Kahlert, J., Löffler, G., Schreier, H., Schwier, H.-J. & Stoltenberg, U. (Hrsg.): Die Aktualität der Pädagogik Martin Wagenscheins für den Sachunterricht. Bad Heilbrunn, S. 15-30. – Rother, I. (1961): Schulanfang. 4. Aufl., Frankfurt a.M. (1. Aufl. 1954). – Schreier, H. (1982): Die Sache des Sachunterrichts. Paderborn. – Soostmeyer, M. (1998): Zur Sache Sachunterricht. 3. Aufl., Frankfurt a.M. u.a.

1.2 Methoden der Erkenntnisgewinnung

5| Historische Zugänge
Margarete Götz

1 Notwendigkeit und Leistung historischer sachunterrichtsdidaktischer Forschung

Die gängigen Einführungen in den Sachunterricht und seine Didaktik enthalten in aller Regel einen historischen Rückblick (vgl. z.B. Kahlert 2005). Solche historischen Vergewisserungen werden weniger aus Gründen der Traditionspflege vorgenommen als vielmehr zum Zwecke der Erkenntnisgewinnung. Deren Ermöglichung basiert auf dem unzweifelhaften Faktum der geschichtlichen Bedingtheit und Bestimmtheit jeder Gegenwart. Für die Didaktik des Sachunterrichts als Wissenschaftsdisziplin resultiert daraus die Notwendigkeit historischer Forschung, wenn die wissenschaftliche Reflexion über ihren Gegenstandsbereich nicht um eine ganze Erkenntnisdimension verkürzt werden soll (vgl. Böhme & Tenorth 1990). Seine Untersuchung durch methodisch disziplinierte historische Analysen leistet in ihren Ergebnissen eine Rekonstruktion der Geschichte des Sachunterrichts und seiner Didaktik, die Aufschluss geben kann u.a. über Kontinuitäten wie Diskontinuitäten ihrer Entwicklung, über die Beständigkeit wie Kurzlebigkeit sachunterrichtsdidaktischer Positionen, über bildungs-, gesellschaftspolitische und pädagogische Motive der lehrplanförmigen Etablierung des Sachunterrichts, seine wechselnden Namensgebungen, über Konstanz und Wandel seiner Bildungsambitionen einschließlich der dafür beanspruchten Rechtfertigungsmuster.
Wie die wenigen Beispiele verdeutlichen, können historische Studien in ihrem Ertrag der Didaktik des Sachunterrichts ein forschungsbasiertes disziplinäres Wissen liefern, das schon für sich genommen einen Erkenntniswert darstellt.

Darüber hinaus besitzt es für die wissenschaftliche Bearbeitung aktueller sachunterrichtsdidaktischer Problemlagen Relevanz. Diese sind zwar nicht allein durch den
Rückgriff auf historische Forschungsbefunde lösbar. Dennoch kann deren Berücksichtigung zur Erhellung der Entstehungsbedingungen gegenwärtiger Probleme und Kontroversen beitragen und dadurch deren Klärung schärfen, was
eine notwendige Voraussetzung für die Suche nach Bewältigungsstrategien darstellt. Wenngleich für die Sachunterrichtsdidaktik aus historischen Forschungen
keine sicheren Gewissheiten über zukünftig notwendige oder wünschenswerte
Theorie- wie Praxisentwicklungen einfach hin ableitbar sind, so bieten sie in ihren Ergebnissen doch lernbare Lektionen, die davor bewahren, vergangene Fehler
zu wiederholen, problematische Erblasten unkorrigiert fortzuschreiben oder jede
Neuerung in naiver Reformgläubigkeit als Fortschritt zu begrüßen.

Neben solchen Erkenntnisgewinnen und Einsichten können die Befunde historischer Analysen in ihrer Gesamtheit die Systematisierung des in der Sachunterrichtsdidaktik gepflegten Wissensbestandes vorantreiben und zudem die Ausbildung
einer disziplinären Identität befördern. Für deren Sicherung ist die Auseinandersetzung mit der facheigenen Geschichte wegen der ihr eigentümlichen identitätsstiftenden Wirkung geradezu prädestiniert – zumal für eine Disziplin, die im
universitären Fächerkanon zu den jüngsten zählt.

2 Kennzeichnung historischer Zugänge

In Anlehnung an die historische Bildungsforschung und speziell auch an die internationale historische Curriculumforschung kann die Erforschung der Geschichte
des Sachunterrichts und seiner Didaktik verschiedenen Paradigmen folgen (vgl.
Tenorth 1996; Goodson 1987). Sie unterscheiden sich in ihren Erkenntnisinteressen wie ihren theoretischen und methodischen Annahmen und weisen
paradigmenintern Differenzierungen auf, die aus Platzgründen nachfolgend unberücksichtigt bleiben müssen.

Das älteste Paradigma ist das *ideengeschichtliche,* das seiner Herkunft nach der
Geisteswissenschaftlichen Pädagogik entstammt. Methodisch beruht es auf der
Verstehensanalyse von Texten prominenter Repräsentanten des jeweiligen Untersu-
chungsfeldes. Bedingt durch die vor Jahrzehnten geübte Kritik, die der Ideengeschichte u.a. eine normative und idealisierende Geschichtsschreibung vorwarf,
wurde diese durch die Ideologiekritik, die Diskurs- und Kontextanalyse erneuert.
Mit ihrer Anwendung werden die Grenzen einer immanenten Textauslegung durch
einfühlendes Verstehen überschritten, indem das Potential der Kritik genutzt, die
zeitgenössische Reflexionssituation jenseits pädagogischer und didaktischer Ideen
berücksichtigt wird und diese theoretisch distanziert im Kontext politischer, gesellschaftlicher oder ökonomischer Fragestellungen untersucht werden (vgl. Tenorth
1996; Tröhler 2001). Unter diesen Perspektiven konnte für die Didaktik des

Sachunterrichts als Ergebnis verschiedener historischer Studien nicht nur Anspruch, Geltung und Reichweite der Leitidee der Heimatorientierung geklärt werden (vgl. Hinrichs 1991), sondern auch deren Brauchbarkeit für unterschiedliche politische wie ideologische Programme, für bildungsfördernde wie -beschränkende Zwecke und ihre trotz aller Kritik anhaltende Beständigkeit im aktuellen sachunterrichtsdidaktischen Diskurs nachgewiesen werden (vgl. z.b. Grotelüschen 1977; Rauterberg 2002). Vergleichbare Analysen stehen für die in der Sachunterrichtsdidaktik historisch und aktuell gepflegten Leitideen der Kind-, Wissenschafts-, Lebenswelt- und Sachorientierung noch weitgehend aus.

Die Schwäche ideengeschichtlicher Untersuchungen besteht darin, dass sie den Modus nicht erklären können, unter dem Ideen Realität werden. Das zu untersuchen macht das Anliegen des *sozialgeschichtlichen Paradigmas* aus, das im angelsächsischen Raum vornehmlich durch die Arbeiten von Goodson (1987) für die Curriculumforschung nutzbar gemacht wurde und zwischenzeitlich auch in die deutsche Didaktikdiskussion eingegangen ist (vgl. Goodson, Hopman & Riquarts 1999). Da der sozialgeschichtliche Zugang Schulfächer als soziale Konstruktionen begreift, wird deren Entstehung, ihr Wandel in Status, Inhalt und Form weniger in Abhängigkeit von Theoriereflexionen als vielmehr von staatlichen und gesellschaftlichen Bedarfslagen, Macht-, Herrschafts- und Interessenkonstellationen rekonstruiert. Für die Sachunterrichtsdidaktik lassen sich aus der Anwendung des sozialgeschichtlichen Paradigmas aufschlussreiche Erkenntnisse über die Etablierung des Sachunterrichts als Unterrichtsfach und dessen Veränderung im historischen Prozess in einer öffentlichen Bildungsinstitution gewinnen. Mit den Mitteln der sozialgeschichtlichen Forschung ist nicht nur die Frage beantwortbar, welche gesellschaftlichen Gruppierungen mit welchen Strategien die Einführung des Sachunterrichts zuerst als Realienfach in der Volksschule vorantrieben bzw. gehemmt haben. Es lässt sich zudem die Abhängigkeit der über das Fach transportierten Wissensinhalte und -formen von politischen, sozialen, konfessionellen und ökonomischen Macht- und Interessenlagen klären. Ebenso ist unter sozialgeschichtlicher Perspektive rekonstruierbar, welchen Einfluss in der Vergangenheit die Zuweisung materieller Ressourcen, etwa die Ausstattung der Elementar- und Grundschulen mit Anschauungsbildern, Lernmitteln und Schulbüchern, auf Inhalt, Umfang und Qualität des sachunterrichtlichen Lernens hatte.

Für die Aufklärung derartiger Zusammenhänge sind als Quellen für sozialhistorische Untersuchungen weniger wissenschaftliche Reflexionen von Interesse als vielmehr Akten und Fakten. Je nach Fragestellung können einschlägige Fach- und Verbandszeitschriften ebenso quantitativ wie qualitativ ausgewertet werden, wie zentral erlassene oder dezentral erstellte Lehrpläne, überlieferte sozioökonomische Daten, Visitationsberichte oder Lehrerhandbücher für den Sachunterricht, um nur einige Beispiele zu nennen.

Die bisherigen sozialgeschichtlichen Untersuchungen zum Sachunterricht sind in ihrer Anzahl überschaubar und in ihren Befunden teilweise ambivalent. Sofern man die sachunterrichtsrelevanten Teilergebnisse volksschulhistorischer Forschungen mit berücksichtigt, liegen sozialhistorisch orientierte Studien für den Realienunterricht im niederen Schulwesen Preußens vor (vgl. Kuhlemann 1992; Sauer 1999), für den heimatkundlichen Unterricht der Weimarer Zeit (vgl. Schubert 1987; Götz 1989) und des Dritten Reiches (vgl. Götz 1997), sowie unter spezifischer Fragestellung und begrenzt auf Westdeutschland für die Zeit nach 1945 (vgl. Rauterberg 2002).

Die Schwäche des sozialgeschichtlichen Paradigmas liegt in seinen Prämissen. Danach gelten Schulfächer, ihre Konstitution, ihre Konstanz wie ihre Veränderung im historischen Prozess als von politischen und gesellschaftlichen Wirklichkeiten und Machtgruppierungen abhängige Variablen. Demzufolge laufen sozialhistorische Untersuchungen zum Sachunterricht Gefahr, dessen Entwicklung als Unterrichtsfach ausschließlich auf gesellschaftliche Faktoren zu reduzieren, durch die z.B. die historisch nachgewiesene Widerständigkeit schulischen Unterrichts gegen gesellschaftliche Ansprüche nicht erklärbar ist.

Mit dem *historisch-vergleichenden* Paradigma werden nationale und ethnische Fixierungen in der Forschung durch den Einbezug des Ausländischen und Fremden durchbrochen. Es kann sowohl ideen- wie sozialgeschichtlich ausgerichtet sein und zielt in seinem Erkenntnisinteresse auf das Aufdecken von Unterschieden, Besonderheiten, Parallelen und Gemeinsamkeiten in der Entwicklung u.a. von in- und ausländischen Bildungssystemen, ihrer Curricula oder auch von einzelnen Unterrichtsfächern. Ein auch in der Vergleichenden Erziehungswissenschaft kontrovers diskutiertes methodologisches Problem historisch-vergleichender Studien ist die Gewinnung von Kriterienrastern, mit denen methodisch kontrolliert und sachadäquat ein Vergleich durchgeführt werden kann (vgl. Schriewer & Holmes 1988). In die Sachunterrichtsdidaktik wurde die vergleichende Perspektive neben der in den 1970er Jahren erfolgten Rezeption von Curricula aus dem angloamerikanischen Raum auch durch Studien zum konzeptionellen Profil des Sachunterrichts in europäischen und außereuropäischen Ländern eingebracht, allerdings unter weitgehender Ausblendung historischer Fragestellungen (vgl. Blaseio 2006).

3 Zum Stand der historischen sachunterrichtsdidaktischen Forschung

Trotz erkennbarer Lücken ist die historische Forschung innerhalb der Sachunterrichtsdidaktik durchaus sichtbar. Das belegen neben einschlägigen Quellensammlungen (vgl. z.B. Plöger & Renner 1996) die vorstehend erwähnten Studien, die allerdings wegen ihrer zeitlichen, regionalen thematischen und quellenmäßigen Begrenzung ergänzungsbedürftig sind.

Relativ gut erforscht ist die Geschichte der sachunterrichtsdidaktischen Konzeptionen (vgl. z.B. Mitzlaff 1985; Feige 2004). Damit dominiert in der Sachunterrichtsdidaktik eine Variante der Geschichtsschreibung, die eine Zwischenstellung zwischen ideen- und realgeschichtlichen Rekonstruktionen einnimmt und insbesondere mit zwei Problemen belastet ist. Zum einen tendiert sie – auch wegen der Unschärfe des Konzeptionenbegriffs – zur Ausuferung mit der Folge, dass fast jeder Pädagoge und Didaktiker der Vergangenheit für die Geschichte sachunterrichtlicher Konzeptionen beansprucht werden kann (vgl. Kaiser & Pech 2004). Zum anderen wird über die chronologische Abfolge von Konzeptionen eine Periodisierung vorgenommen, die angesichts der nachgewiesenen Gleichzeitigkeit von Kontinuität und Diskontinuität zumindest für die Entwicklung des Sachunterrichts im 20. Jahrhundert differenzierungsbedürftig ist (vgl. Götz 2003). Im Vergleich dazu ist die Sozialgeschichte des Sachunterrichts weniger intensiv erforscht. Hier fehlen Befunde für die Zeit vor der Gründung der Grundschule vor allem für die außerpreußischen Länder, ebenso für die Heimatkunde der DDR, deren historische Rekonstruktion erst ansatzweise geleistet ist (vgl. Jung 2005). Da die bisherigen sozialgeschichtlichen Untersuchungen aufgrund des benutzten Quellenmaterials mehrheitlich die Entwicklung des Sachunterrichts als Schulfach von oben, aus der Perspektive staatlicher Lehrpläne und Erlasse, betrachten, sind sie ergänzungsbedürftig durch Studien, die die historisch vorfindbare Varianz der unterrichtlichen Konkretisierung jenseits verbindlicher Vorgaben aufklären. Dazu bedarf es Forschungsarbeiten, die faktenbezogen und konkret Quellen niedriger Provenienz unter sachunterrichtsdidaktischer Fragestellung auswerten. Neben solchen Forschungslücken existieren trotz erkennbarer Ausnahmen (vgl. Schubert 1987) Defizite auch mit Blick auf die im Sachunterricht gebräuchlichen Lehrerhandbücher und Schülerbücher. Deren historische Analyse ist zu intensivieren, wenn der Anschluss an den Stand der internationalen Schulbuchforschung erreicht werden soll (vgl. Wiater 2003). Im Vergleich zur bildungshistorischen Forschung (vgl. Schmitt, Link & Tosch 1997) sind für die Geschichte des Sachunterrichts überlieferte Bilddokumente als Erkenntnisquellen noch fast ungenutzt, obwohl etwa Anschauungstafeln und Schulwandbilder wohl bis in die 1960er Jahre hinein in der Unterrichtspraxis Verwendung fanden und der Anschauungsgrundsatz selbst in der Vergangenheit für das Unterrichtsfach eine namensprägende Bedeutung besaß.

Das in der Sachunterrichtsdidaktik beobachtbare steigende Interesse am Sachunterricht im Ausland kann nicht darüber hinwegtäuschen, dass der größte Forschungsbedarf bei historisch-vergleichenden Arbeiten besteht. Deren Notwendigkeit dürfte unbestritten sein, nicht nur weil dadurch Erkenntnisse über parallel und different verlaufende Entwicklungsmuster des Sachunterrichts in unterschiedlichen nationalen, gesellschaftlichen und institutionellen Kontexten gewonnen werden, sondern auch angesichts der gesellschaftlichen Europäisierungs- und Globalisierungstendenzen. Noch gänzlich unerforscht ist bisher die disziplinäre Entwicklung der Didaktik des Sachunterrichts selbst. Sofern sie zukünftig geleistet wird, kann man von den Ergebnissen zumindest eine historische Erklärung darüber erwarten, warum die Sachunterrichtsdidaktik im Chor der anderen Fachdidaktiken eine Besonderheit darstellt.

Literatur

Blaseio, B. (2006): Der Bildungswert des Sachunterrichts in den Ländern der Europäischen Union. In: Cech, D., Fischer, H.-J., Holl-Giese, W. & Schrenk, M. (Hrsg.): Bildungswert des Sachunterrichts. Bad Heilbrunn, S. 293-304. – Böhme, G. & Tenorth, H.-E. (1990): Einführung in die Historische Pädagogik. Darmstadt. – Feige, B. (2004): Der Sachunterricht und seine Konzeption. Historische, aktuelle und internationale Entwicklungen. Bad Heilbrunn. – Goodson, I. F. (Ed.) (1987): International Perspectives in Curriculum History. London. – Goodson, I. F., Hopmann, St. & Riquarts, K. (Hrsg.) (1999): Das Schulfach als Handlungsrahmen. Vergleichende Untersuchung zur Geschichte und Funktion der Schulfächer. Köln, Weimar, Wien. – Götz, M. (1989): Heimatkunde im Spiegel der Lehrpläne der Weimarer Republik. Frankfurt/Main 1989. – Götz, M (1997): Die Grundschule in der Zeit des Nationalsozialismus. Eine Untersuchung der vier unteren Jahrgänge der Volksschule auf der Grundlage amtlicher Maßnahmen. Bad Heilbrunn 1997. – Götz, M. (Hrsg.) (2003): Zwischen Sachbildung und Gesinnungsbildung. Historische Studien zum heimatkundlichen Unterricht. Bad Heilbrunn. – Grotelüschen, W. (1977): Eduard Spranger und die Heimatkunde. In: Schwartz, E. (Hrsg.): Von der Heimatkunde zum Sachunterricht. Braunschweig, S. 24-37. – Hinrichs, W. (1991): Heimatbindung, Heimatkunde, Ökologie im nationalen und europäischen Kontext. Bonn. – Jung, J. (2005): Die Heimatkunde in der DDR als der Versuch einer nationalen Standardisierung. In: Götz, M. & Müller, K. (Hrsg.): Grundschule zwischen den Ansprüchen der Individualisierung und Standardisierung. Wiesbaden, S. 221-227. – Kahlert, J. (2005): Der Sachunterricht und seine Didaktik. 2. Aufl., Bad Heilbrunn. – Kaiser, A. & Pech, D. (Hrsg.) (2004): Basiswissen Sachunterricht. Bd. 1: Geschichte und historische Konzeptionen des Sachunterrichts. Baltmannsweiler. – Kuhlemann, F.-M. (1992): Modernisierung und Disziplinierung. Sozialgeschichte des preußischen Volksschulwesens 1794-1872. Göttingen. – Mitzlaff, H. (1985): Heimatkunde und Sachunterricht. Historische und systematische Studien zur Entwicklung des Sachunterrichts – zugleich kritische Entwicklungsgeschichte des Heimatideals im deutschen Sprachraum. 3 Bd., Dortmund. – Plöger, W. & Renner, E. (Hrsg.) (1996): Wurzeln des Sachunterrichts. Genese eines Lernbereichs in der Grundschule. Weinheim, Basel. – Rauterberg, M. (2002): Die „Alte Heimatkunde" im Sachunterricht. Eine vergleichende Analyse der Richtlinien für den Realienunterricht der Grundschule in Westdeutschland von 1945-2000. – Sauer, M. (1999): Vom „Schulehalten" zum Unterricht. Preußische Volksschule im 19. Jahrhundert. Köln, Weimar, Wien. – Schmitt, H., Link, J.-W. & Tosch, F. (Hrsg.) (1997): Bilder als Quellen der Schulgeschichte. Bad Heilbrunn. – Schriewer, J. & Holmes, B. (Eds.) (1988): Theories and Methods in Comparative Education. Frankfurt. – Schubert, U. (1987): Das Schulfach Heimatkunde im Spiegel von Lehrerhandbüchern der 20er Jahre. Hildesheim, Zürich, New York 1987. – Tenorth, E.-H. (1996): Lob des Handwerks, Kritik der Theorie – Zur Lage der pädagogischen Historiographie in Deutschland. In: Paedagogica Historica XXXII, S. 343-361. – Tröhler, D. (2001): Pädagogische Historiographie und Kontext. In: Zeitschrift für pädagogische Historiographie. 7, H. 1, S. 27-34. – Wiater, W. (Hrsg.) (2003): Schulbuchforschung in Europa – Bestandsaufnahme und Zukunftsperspektive. Bad Heilbrunn.

6| Empirische Zugänge
Andreas Hartinger

1 Empirie als Basis der Erkenntnisgewinnung

Das Wort „empirisch" ist dem Griechischen entlehnt und kann mit „aus der Erfahrung gewonnen" übersetzt werden. Unter empirischer wissenschaftlicher Forschung versteht man „Untersuchungen, die auf methodisch kontrollierten Beobachtungen in weitesten Sinne – wie Tests, Interviews, Fragebogen, Experimenten – [...] basieren" (Rost, D. 2005, S. 14). Die allen empirischen Forschungen zugrunde liegende Kernidee ist, dass Erkenntnisse aus Beobachtungen oder Experimenten zu gewinnen und nicht deduktiv aus Ideen und Prinzipien abzuleiten sind (vgl. Scheidt 1986). Dabei bezieht sich die empirische Methodik wissenschaftstheoretisch auf erkenntnisphilosophische Überlegungen, z.B. von F. Bacon und J. Locke.

Die empirische (erziehungswissenschaftliche) Forschung ist jedoch noch durch weitere erkenntnistheoretische Überzeugungen beeinflusst: So ist z.B. – v.a. auf der Grundlage konstruktivistischen Denkens – Konsens, dass empirische Forschung nicht beanspruchen kann, Wirklichkeit darzustellen. Die gewonnenen Daten sind immer nur die Repräsentation eines zu messenden Konstrukts. Sie sind zudem immer durch die Methode der Erkenntnisgewinnung sowie durch die Wahrnehmung und Interpretation des Beobachtenden beeinflusst.

Zentral ist zudem das auf den kritischen Rationalismus (bzw. auf K. Popper) zurückzuführende Prinzip der Falsifikation. Demnach ist es durch empirische Forschung nicht möglich, Theorien allgemein gültig zu belegen (zu verifizieren). Dies erklärt sich durch die induktive Anlage empirischer Forschung: Untersuchungsergebnisse beschreiben immer nur eine Stichprobe und müssen daher verallgemeinert werden, wenn sie auf eine Theorie bezogen werden. Es ist jedoch möglich, eine Theorie oder eine Hypothese durch entsprechende Daten zu widerlegen bzw. sie im Lichte der vorliegenden Daten zu modifizieren. Auch wenn in vielen Untersuchungen die Formulierungen anders gewählt sind (es finden sich häufig Sätze in der Art wie „Die Daten bestätigen die Hypothese."), so gilt die Grundidee der Falsifizierung jedoch für alle empirischen Arbeiten.

Es gibt ein enges Verhältnis zwischen Theorie und Empirie: Empirische Arbeiten beziehen sich immer auf theoretische Vorarbeiten (z.T. mehr oder weniger explizit), und die Erklärung der Befunde geschieht wiederum unter Rückgriff auf theoretische Bezüge, die durch die Daten aber auch modifiziert werden können.

Durch diese Verbindungen von Theorie und Empirie sollte sich eine Art „Spiral-modell des Erkenntnisfortschritts" (Rost, J. 2002) ergeben.

Es gilt inzwischen als unbestritten, dass empirisch gewonnene Daten unabdingbar sind, wenn es darum geht, handlungsleitende Erkenntnisse für den Umgang mit Menschen zu erhalten. Für die Didaktik des Sachunterrichts sind empirische Zugänge in verschiedener Hinsicht von Relevanz: Zum einen kann die Frage nach der Qualität des (Sach-)Unterrichts nur empirisch geklärt werden. Zum anderen arbeiten alle Bezugswissenschaften des Sachunterrichts auch empirisch. Die dort gewonnenen Ergebnisse haben dann auch einen Einfluss z.b. auf Inhaltsbereiche oder Unterrichtsziele. (Da die Erfahrungen der Kinder mit ihrer Umwelt eine zentrale Grundlage jeden Sachunterrichts sind, hat die Empirie – wenngleich jetzt nicht im systematisch wissenschaftlichen Verständnis – eine weitere Bedeutung.) Empirisches Arbeiten kann in verschiedenen Formen geschehen: So kann z.B. das Datenmaterial qualitativ ausgewertet oder quantifiziert werden. Es ist mög-lich, verschiedene Gruppen zu vergleichen oder nur eine Stichprobe bzw. Daten-menge zu beschreiben. Die Daten können durch Fragebogen, durch Interviews oder durch Beobachtungen erzielt werden. Der Datenfundus kann aktuell ge-wonnen werden oder aus historischen Quellen bestehen. Empirische Forschung kann zudem zum Entwickeln oder zum Überprüfen von Hypothesen durchge-führt werden. (Es ist nicht möglich, in diesem Beitrag die verschiedenen Formen empirischer Forschung darzustellen. Ein informativer Überblick findet sich z.B. bei Kromrey 2002, S. 515ff.) Keiner dieser Zugänge ist per se einem anderen überlegen. Entscheidend ist die Passung zur Fragestellung.

In der Didaktik des Sachunterrichts ist die empirische Forschung bislang wenig etabliert. Die wenigen vorliegenden Untersuchungen weisen jedoch eine breite Variation an methodischen Zugriffen, Erhebungsmethoden und Auswertungs-verfahren auf. (Einen Überblick über die Forschungslage im deutschsprachigen Raum bieten die Jahresbände der GDSU.) Dabei scheint es, dass in der Fach-diskussion keinem der verschiedenen empirischen Zugriffswege die Legitimation und Anerkennung verweigert wird (vgl. dazu auch die Beiträge in Hartinger & Kahlert 2005). Hier spiegelt sich vielleicht die Vielzahl der wissenschaftlichen Bezugsfächer des Sachunterrichts mit ihren verschiedenen Forschungsmethoden wider.

2 Empirische Studien im Sachunterricht

Die *historische Forschung* zum Sachunterricht ist als empirische Forschung zu ver-stehen, in der Quellen ausgewertet und systematisiert werden. Da dieser Band jedoch aufgrund der ausgewiesenen sachunterrichtlichen historischen Forschungs-tradition einen eigenen Beitrag zu „historischen Zugängen" von Götz enthält (vgl. Nr. 5), werden diese Untersuchungen hier nicht weiter berücksichtigt.

Einsiedler hat in einem Überblicksbeitrag (2002) drei Stränge empirischer Forschung zum Sachunterricht identifiziert: a) Untersuchungen zu Schülervorstellungen, b) Forschungsprojekte zur Effektivität von Sachunterricht und c) Studien zu Inhalten und Themen des Sachunterrichts.

2.1 Untersuchungen zu Schülervorstellungen

Die Frage, welche Vorstellungen Schüler/innen von den Inhalten des Unterrichts haben, ist in verschiedener Hinsicht grundlegend. Zum einen gelten die Vorerfahrungen der Kinder als Basis jeglichen Unterrichts – in besonderem Maße vor dem Hintergrund konstruktivistischer Lerntheorien (vgl. den Beitrag von Giest, Nr. 50, in diesem Band). Zum anderen bilden Untersuchungen zu Schülervorstellungen eine wichtige Grundlage für die Studien zur Effektivität von Unterricht. Denn hier ist oftmals von Interesse, inwieweit sich die Vorstellungen der Schüler/innen durch den jeweiligen Unterricht geändert haben.

Der Breite des Faches Sachunterricht geschuldet gibt es zu sehr verschiedenen Inhaltsbereichen Untersuchungen zu den Vorstellungen der Schüler/innen. Die Aussage von Einsiedler, dass es dabei deutlich mehr Studien zu naturwissenschaftlichen Themen gibt als zu sozial- und gesellschaftswissenschaftlichen Inhalten (2002, S. 26), ist immer noch gültig, auch wenn in diesem Bereich in den letzten Jahren einige Untersuchungen durchgeführt wurden (vgl. z.B. zum Thema „Arbeit" bzw. „Arbeitslosigkeit" Gläser 2005).

Methodisch zeigt sich bei den Untersuchungen zu Schülervorstellungen eine große Fülle unterschiedlicher Zugangsweisen. Neben quantitativen Verfahren, bei denen meist Fragebögen oder Interviewverfahren eingesetzt werden (z.B. bei Gebauer 2005), gibt es auch Untersuchungen mit Hilfe der „grounded theory" (z.B. Gläser 2005) oder mit phänomenographischen Methoden (Murmann 2005).

2.2 Untersuchungen zu Unterrichtsmethoden

Die Untersuchung der Frage, inwieweit Unterricht effektiv ist, hat in der fachdidaktischen Forschung eine vergleichsweise lange Tradition – sie zielt ja auch auf das Zentrum unterrichtlichen Handelns. Dabei kann sich die „Effektivität" des Unterrichts auf verschiedene Ziele beziehen. Aktuelle sachunterrichtliche Untersuchungen legen häufig das Augenmerk auf die multikriteriale Zielerreichung, wie z.B. die Unterstützung des Wissenserwerbs in Kombination mit der Stärkung des Interesses oder des Selbstwertgefühls (vgl. z.B. Blumberg, Möller, Jonen & Hardy 2003).

Methodisch führt die Frage nach der Effektivität von Unterricht zumeist zu Vergleichsuntersuchungen unter der Vorgabe des Prozess-Produkt-Paradigmas: Es wird unterschiedlich gestalteter Unterricht im Hinblick auf die Lernergebnisse (oder im Hinblick auf andere interessierende Variablen, wie Interesse der Schüler/innen o.ä.) quantitativ unter Verwendung von hypothesentestenden Verfahren verglichen (vgl. z.B. Hartinger 2002). Trotz (z.T. berechtigter) Kritik an solchen Methodenvergleichen ist dies eine wichtige Form zur Erfassung von Unterrichtsqualität. Es ist jedoch Lingelbach zuzustimmen, die bereits vor einigen Jahren forderte, solche „Prozess-Produkt-Studien" stärker und konsequenter mit Untersuchungen zur Lehrerexpertise zu verbinden (Lingelbach 1995). Es gibt zwar einige Untersuchungen zu Lehrervorstellungen und -kompetenzen bzgl. einzelner Bereiche (z.b. zur Umweltbildung von Godemann & Stoltenberg 2004). Die Kombination von Lehrerexpertise, durchgeführtem Unterricht und Effektivität des Unterrichts wurde im Sachunterricht bislang allerdings noch kaum durchgeführt. Eine Ausnahme bildet die Untersuchung von Möller u.a. (2006).

2.3 Untersuchungen zu Inhalten und Themen des Sachunterrichts

Untersuchungen über die Intensität der Behandlung bestimmter Unterrichtsinhalte oder fachlicher Schwerpunkte sind aufgrund der Vielfalt an möglichen Themen und der unterschiedlichen Bezugswissenschaften von hoher Bedeutung. Dies gilt in besonderem Maße, wenn sich der Sachunterricht als Fach in Konkurrenz zu anderen Fächern positionieren muss oder will. Es kann konstatiert werden, dass die Untersuchung der im Unterricht berücksichtigten Inhalte und Themen immer ein wichtiger Forschungsgegenstand der Sachunterrichtsdidaktik war (vgl. zusammenfassend Einsiedler 2002, S. 29ff.). Trotz der unterschiedlichen Datenauswahl (es wurden in einigen Studien Schulbücher, in anderen Lehrberichte oder auch Schülerarbeitsmappen ausgewertet) geben die Ergebnisse doch ein bemerkenswertes Bild z.B. über die unterschiedliche Gewichtung naturwissenschaftlich-technischer Themen in der Geschichte des Sachunterrichts.

3 Zusammenfassung und Ausblick

Empirische Zugänge und Forschungsarbeiten sind für die Weiterentwicklung des Faches Sachunterricht von entscheidender Bedeutung. Eine qualitativ hochwertige empirische Forschung ist erforderlich, um zum einen Erkenntnisse für die Gestaltung des Unterrichts und dessen Wirkungen zu erhalten, zum anderen aber auch, um die Didaktik des Sachunterrichts im Kanon der wissenschaftlichen Disziplinen gut zu platzieren. Die Bedeutung anderer Forschungszugänge soll durch diese Aussage nicht geschmälert werden.

Es ist erforderlich (und auch wünschenswert), dass ein so kleines wissenschaftliches Fach, wie die Didaktik des Sachunterrichts, auf Ergebnisse, Verfahren und Studien anderer Fächer, wie z.B. die empirische Erziehungswissenschaft oder die Pädagogische Psychologie, zurückgreifen kann. Unabhängig davon wird es wichtig sein, eine eigenständige sachunterrichtsdidaktische Forschung weiter auszubauen – weniger aus standespolitischen Gründen, sondern vorrangig aus der Überlegung, dass die spezifischen Charakteristika des Sachunterrichts (insbesondere seine Vielperspektivität) von anderen Disziplinen kaum so gesehen werden und damit auch nicht hinreichend Einfluss auf die Generierung der Forschungsfragen haben.

Nicht zuletzt wegen der Breite des Faches, aber auch aufgrund der immer eingeschränkten (da induktiven) Gültigkeit empirisch gewonnener Thesen und Ergebnisse sollten in Zukunft vermehrt interdisziplinäre Forscherverbünde an verwandten Fragen arbeiten. Auf diese Weise sollte kumulatives Wissen erzeugt werden, das (günstigenfalls) durch verschiedene methodische Vorgehensweisen gewonnen wurde und verschiedene Felder des Sachunterrichts betrifft. In solchen Verbünden haben dann auch die zahlreichen kleineren empirischen Untersuchungen ihren wichtigen Platz, in denen spezifischen Fragestellungen nachgegangen wird und die nicht die methodischen Möglichkeiten nutzen können, die bei large-scale-assessments, wie z.b. bei IGLU oder PISA, gegeben sind.

Schlüssiger Theoriebezug ist eine unverzichtbare Grundlage jeglicher empirischer Forschung. Das gilt insbesondere mit Blick auf die (unterrichtspraktischen) Konsequenzen von empirisch gewonnenen Ergebnissen. Empirische Forschung ist kein Selbstzweck und empirische Befunde haben keinen Eigenwert – sie müssen immer auf der Grundlage normativer Zielsetzungen bewertet werden.

Literatur

Blumberg, E., Möller, K., Jonen, A. & Hardy, I. (2003): Multikriteriale Zielerreichung im naturwissenschaftlichen Sachunterricht der Grundschule. In: Cech, D. & Schwier, H.-J. (Hrsg.): Lernwege und Aneignungsformen im Sachunterricht, S. 77-92. Bad Heilbrunn. – Einsiedler, W. (2002): Empirische Forschung zum Sachunterricht – ein Überblick. In: Spreckelsen, K., Möller, K. & Hartinger, A. (Hrsg.): Ansätze und Methoden empirischer Forschung zum Sachunterricht, S. 17-38. Bad Heilbrunn. – Gebauer, M. (2005): Naturkonzeptionen und Naturerfahrungen bei Kindern im Grundschulalter – Ergebnisse einer empirischen Studie. In: Hartinger, A. & Kahlert, J. (Hrsg.): Förderung des wissenschaftlichen Nachwuchses im Sachunterricht, S. 151-169. Bad Heilbrunn. – Gläser, E. (2005): Perspektivität als eine Leitlinie didaktischen Denkens und Handelns. Eine Studie zum ökonomischen Wissen und Verstehen von Grundschulkindern. In: Hartinger, A. & Kahlert, J. (Hrsg.): Förderung des wissenschaftlichen Nachwuchses im Sachunterricht, S. 69-83. Bad Heilbrunn. – Godemann, J. & Stoltenberg, U. (2004): Subjektive Theorien und biographische Erfahrungen im Professionalisierungsprozess von Lehrkräften – am Beispiel von Umweltbildung. In: Hartinger, A. & Fölling-Albers, M. (Hrsg.): Lehrerkompetenzen für den Sachunterricht, S. 67-77. Bad Heilbrunn. – Hartinger, A. (2002): Selbstbestimmungsempfinden in offenen Lernsituationen. Eine Pilotstudie zum Sachunterricht. In: Spreckelsen, K., Möller, K. & Hartinger, A. (Hrsg.): Ansätze und Methoden empirischer Forschung zum Sachunterricht, S. 174-184. Bad Heilbrunn. – Hartinger, A. & Kahlert, J. (Hrsg.) (2005): Förderung des wissenschaftlichen Nachwuchses im Sachunterricht. Bad Heilbrunn. – Möller, K., Hardy, I., Jonen, A., Kleickmann, T. & Blumberg, E. (2006): Naturwissenschaften in der Primarstufe – Zur Förderung konzeptuellen Verständnisses durch Unterricht und zur Wirksamkeit von Lehrerfortbildungen. In: Prenzel, M. & Allolio-Näcke, L. (Hrsg.):

Untersuchungen zur Bildungsqualität von Schule. Abschlussbericht des DFG-Schwerpunktprogramms BiQua, S. 161-193. Münster. – Kromrey, H. (2002[10]): Empirische Sozialforschung. Opladen. – Lingelbach, H. (1995): Unterrichtsexpertise von Grundschullehrkräften. Hamburg. – Murmann, L. (2005): Physiklernen zu Licht, Schatten und Sehen – Eine phänomenographische Untersuchung in der Primarstufe. In: Hartinger, A. & Kahlert, J. (Hrsg.): Förderung des wissenschaftlichen Nachwuchses im Sachunterricht, S. 185-201. Bad Heilbrunn. – Rost, D.H. (2005): Interpretation und Bewertung pädagogisch-psychologischer Studien. Weinheim & Basel. – Rost, J. (2002): Qualitative und quantitative Methoden in der fachdidaktischen Forschung. In: Spreckelsen, K., Möller, K. & Hartinger, A. (Hrsg.): Ansätze und Methoden empirischer Forschung zum Sachunterricht, S. 71-90. Bad Heilbrunn. – Scheidt, F. (1986): Grundfragen der Erkenntnisphilosophie. Historische Perspektiven. München & Basel.

7| Pragmatik
Joachim Kahlert

1 Erkenntnissicherung und Erkenntnisnutzen

Wissenschaftliche Forschung und Entwicklung zum Sachunterricht wird auch mit dem Ziel betrieben, etwas zur Verbesserung von Unterricht beizutragen. Zwar ist es für Wissenschaftlerinnen und Wissenschaftler durchaus legitim, Probleme aus reiner Entdeckerfreude zu definieren, zu bearbeiten und sich mit der Anerkennung innerhalb der Gemeinschaft von Wissenschaftlerinnen und Wissenschaftlern zufrieden zu geben. Aber von schul- und unterrichtsnahen Disziplinen wird außerdem erwartet, Wissen und Erkenntnisfortschritte so bereitzustellen, dass deren Nutzen auch für Lehrerinnen und Lehrer erfahrbar und sichtbar wird. Damit sehen sich schulnahe Disziplinen Aufgaben gegenüber, denen sich weniger anwendungsbezogene Wissenschaften entziehen können.

Erkenntnisse und Einsichten, die im Rahmen wissenschaftlicher Kommunikation, zum Beispiel über Schule und Unterricht, als sinnvoll und gültig angesehen werden, sind deshalb noch nicht im Anwendungsfeld selbst resonanzfähig. Dies belegt die Verwendungsforschung seit langem (vgl. Terhart 2002, S. 107), und zwar keineswegs nur für schul- und unterrichtsnahe Disziplinen (vgl. Simon 2000). Dahinter steckt ein systematisches Problem: In der wissenschaftlichen Kommunikation gilt als (vorläufig) gesicherte Erkenntnis, was den jeweils fachimmanenten Ansprüchen nach theoretischer Einbettung und methodischer Absicherung genügt. Im Anwendungsfeld des schulischen (Sach-)Unterrichts erfolgt die Bewertung und Beurteilung von Wissen nach anderen Maßstäben. Dort gilt Wissen dann als sinnvoll, wenn es hilft, Handlungen wie Unterrichten, Planen, Beurteilen etc. zu entwerfen, zu ermöglichen und zu begründen. Die Leitdifferenz für die Akzeptanz von Wissen und Anregungen ist dabei nicht (vorläufig) wahr oder falsch, sondern (vorläufig) brauchbar oder nicht brauchbar. Hilft eine Idee oder eine vorgeschlagene Maßnahme, mehr Mädchen für den naturwissenschaftlichen Sachunterricht zu interessieren? Wie lässt sich ein Portfolio so einsetzen, dass die Kinder dadurch zur Reflektion ihres Lernfortschritts angehalten werden? Wie kann man mit Grundschülerinnen und -schülern ein belastbares Konzept vom Stromkreis erarbeiten?

Die wissenschaftliche Absicherung von Antworten auf solche und andere Fragen erfordert (Forschungs-)Zeit und führt zu immer weiteren Fragen. Angesichts des potenziell nie abschließbaren Erkenntnisprozesses stellt sich die Frage, wie gesichert Anregungen sein müssen, bevor sie als Empfehlung veröffentlicht werden. Geläufig sind die Hinweise in den Schlussteilen vieler Forschungspublikationen, man müsse nun diese und jene Frage genauer untersuchen. Das mag helfen, innerhalb der Community weiteren Forschungsbedarf zu signalisieren, befriedigt aber nicht den aktuellen Bedarf nach Anregungen und Hilfestellungen. So kann der stetige Fortschritt der Wissenschaft zu einer ebenso stetigen Vertagung ihres Nutzens führen.

Aber Lehrerinnen und Lehrer können nicht warten, bis Wissenschaftlerinnen und Wissenschaftler nach einem mehr oder weniger langen Prüfverfahren auf der Basis der wissenschaftsimmanent jeweils geltenden Standards Belege für die Wirksamkeit von Anregungen und Gestaltungsvorschlägen anführen können. Vor allem wird Unterricht nicht dadurch besser, dass Wissenschaftler sich nicht trauen, auch dann Anregungen zu unterbreiten, wenn diese nicht nach allen Regeln des state of the art abgesichert sind. Solche Zurückhaltung hat sogar einen unerwünschten Nebeneffekt. Man nimmt in Kauf, dass die unter praktischem Handlungszwang stehenden Lehrkräfte zu dem greifen, was der Markt gerade bietet, statt als Wissenschaftler daran mitzuwirken, besseres anzubieten. Wissenschaftler/innen, die im Rahmen einer anwendungsbezogenen Disziplin forschen und publizieren, müssen daher versuchen, zwischen „einer totalen Enthaltsamkeit einerseits und Praktizismus anderseits die Mitte zu halten" (Leschinsky 2005, S. 835). Die Orientierung an einer moderaten Pragmatik, die Vorschläge und Anregungen nicht optimal, sondern hinreichend abzusichern versucht, kann für diese Gratwanderung hilfreich sein.

2 Umsichtige Pragmatik statt Praktizismus

Bereits Max Weber hat darauf aufmerksam gemacht, gerade der Wunsch, die praktische Anwendung von Erkenntnissen voran zu bringen, erfordere eine sorgfältige Absicherung und Überprüfung von Begriffen und Ziel-Wirkungsannahmen

(Weber 1904/1982). Doch wie immer wissenschaftliche Erkenntnisse gewonnen werden, ob empirisch, analytisch-systematisch, historisch, sie gelten deshalb, weil sie unter bestimmten Voraussetzungen, wie geeigneten Methoden, Theorieeinbettung, Kontrolle von Störvariablen, zustande kommen. Eine so gesicherte Erkenntnis gilt „ceteris paribus", also unter sonst gleichen Umständen. Da diese bei der Anwendung nicht unterstellt werden können, müssten die in einem Forschungsprojekt gewonnenen Ergebnisse unter Beachtung von Regeln für die Anwendung außerhalb des Projekts anwendungsfähig gemacht werden. Selbst wenn man den unwahrscheinlichen Fall annimmt, Lehrerinnen und Lehrer seien bereit, solchen Interpretations- und Handlungsvorschriften zu folgen, stellt sich das von Wittgenstein aufgeworfene Problem des infiniten Regresses. Auch für das Aufstellen und Befolgen von Regeln benötigt man Regeln, die wiederum Regeln erforderlich machen etc. (Wittgenstein 1945/2003, S. 140ff.).

Hinzu kommt, dass gerade bei sorgfältig kontrollierten Studien zwischen Planung, Durchführung, Auswertung, Publikation bis zur Kenntnisnahme durch Lehrerinnen und Lehrer ein längerer Zeitraum vergeht, in dem sich relevante Erfolgsbedingungen für das beforschte Treatment geändert haben können. In einer sich rasch wandelnden Gesellschaft kann man nicht davon ausgehen, lern- und motivationsbedeutsame Sozialisationseinflüsse wie Medienwirkungen, Impulse für Interessenentwicklungen, Peer-Erwartungen würden über längere Zeiträume hinweg stabil bleiben. Ein Treatment, das unter den Bedingungen einer Studie im Zeitsegment T gut funktioniert hat, muss deshalb noch nicht hinreichend ähnliche Wirkungen nach dem Zeitpunkt T + X haben, also dann, wenn die Evaluation abgeschlossen ist, Empfehlungen und Anregungen veröffentlicht und zur Kenntnis genommen werden können.

Angesichts dieser systematischen Begrenzung des Nutzens von Erkenntnissen, die im Rahmen eines mehr oder weniger detailliert regulierten Forschungsprozesses gewonnen werden, lohnt es für das wissenschaftliche Arbeiten in anwendungsbezogenen Disziplinen auch, sich auf wissenschaftstheoretische Grundsätze des Pragmatismus zu besinnen. Dessen Mitbegründer, der Philosoph und Psychologe, William James (1842-1910), legte dar, Erkenntnisse würden nicht angenommen, wenn sie nicht mit der Erfahrung von Nützlichkeit bzw. Vorteilhaftigkeit im Handeln einher gingen (vgl. z.B. James 1907). Der Physiker und Philosoph Charles S. Peirce (1839-1914) begründete die Auffassung, erst die Verhaltensweise bzw. die Verhaltensmöglichkeit, die ein Gedanke erzeugt, würde dem Gedanken Bedeutung verleihen (Peirce 1903/1934, S. 400ff.). John Dewey (1859-1952) ging davon aus, die Bedeutung eines Begriffs und einer Aussage erschließe sich erst in der praktischen Handlung (vgl. z.B. Dewey 1910/1951, S. 126ff.) und machte diese Position zu einer Grundlage für seine Arbeiten über die Beziehung zwischen Erziehung und reflexivem Denken.

In neuerer Zeit wurde der Pragmatismus besonders durch die philosophischen und erkenntnistheoretischen Arbeiten Richard Rortys neu belebt. Ihm folgend hat eine wissenschaftliche Untersuchung erst dann Bedeutung, wenn sie zur Koordination von Verhaltensweisen führt (Rorty 1997, S. 14). Der „Hoffnung auf die Erfindung neuer Möglichkeiten" sei Vorrang zu geben „vor dem Bedürfnis nach Absicherung von Stabilität, Sicherheit und Ordnung" (Rorty 1994, S. 89). Diese pragmatische Grundorientierung findet in der internationalen erziehungswissenschaftlichen Diskussion als „pragmatic approach" Resonanz. Produktion von Wissen sei nicht am Ideal der Wahrheit auszurichten, sondern an der Entwicklung nützlicher Vorschläge zur Umsetzung von Zielen und Absichten (vgl. z.b. Badley 2003; Garrison 1995; Neiman 1996). Auch in anderen Disziplinen, die sich mit dem Zusammenhang von wissenschaftlicher Erkenntnis und Wissensanwendung befassen, gehören pragmatische Orientierungen zum selbstverständlichen Bestand, zum Beispiel in der Linguistik (Bublitz 1994), der Geschichtswissenschaft (vgl. Hausmann 1991), der Ethik (Nida-Rümelin 1997) und in der Soziologie (Simon 2000).

3 Konsequenzen und Ausblick

Ein „entschlossener Pragmatismus" (Terhart 2003, S. 179) für anwendungsbezogene Disziplinen ist wissenschaftstheoretisch also gut begründbar; er müsste aber für die wissenschaftliche Profilbildung schul- und unterrichtsnaher Diziplinen noch systematisch erschlossen werden. So gibt es zwar vereinzelt Versuche, Konsequenzen aus einer pragmatischen Orientierung zu ziehen, zum Beispiel, wenn gefordert wird plurale Erfahrungsbegriffe und Theorien zuzulassen (English 2005, S. 60) oder die Lehre teilnehmerorientiert auszurichten (König 2002, S. 81ff.); beides dürfte in hohem Maße konsensfähig sein. Schwieriger wird es aber, wenn es darum geht, dem Bedarf von Lehrerinnen und Lehrern nach Anregungen und Ideen für die Unterrichts- und Schulgestaltung durch entsprechende Publikationen entgegenzukommen. Konsequenzen für anwendungsorientierte Publikationen, die mit einem ebenso entschlossenen wie reflektierten Pragmatismus versuchen, die Gratwanderung zwischen Rezeptologie und Expertokratie zu meistern, sind erst in Ansätzen formuliert (vgl. Kahlert 2005, S. 851f.). Sie fordern neben einer *hinreichenden* theoretischen und empirischen Absicherung solcher Vorschläge auch, Anhaltspunkte zu benennen, die mögliche Anwender in die Lage versetzen, zu beurteilen, ob ihre konkrete Umsetzung der Vorschläge in Richtung der intendierten Wirkungen geht.

Noch immer wird heute bestritten, dass die Entwicklung und Publikation gut begründeter Unterrichtsanregungen eine sinnvolle Aufgabe erziehungswissenschaftlichen und fachdidaktischen Arbeitens ist. Damit geht ein Beharren auf Regeln „echter Wissenschaft" einher, das ein überkommenes Wissenschaftsverständnis offenbart und einer „regulativen Idee von Wahrheit" (Simon 2000, S. 38) folgt. Mit dem immer stärker eingeforderten Anwendungsbezug ist jedoch die Aufgabe verbunden, nicht nur die (vorläufige) Richtigkeit von Wissen abzusichern, sondern auch seine kontextspezifische Glaubwürdigkeit (vgl. Knorr-Cetina 1985). Dafür muss sich nicht jede(r), der/die im Rahmen einer anwendungsnahen Disziplin wissenschaftlich arbeitet, engagieren. So wenig, wie jede(r) Forscher(in) einer historischen, empirischen oder systematischen Grundorientierung zuneigen muss, so wenig muss jede(r) eine pragmatische Orientierung mitbringen. Aber für die Anwendbarkeit von Wissen und Erkenntnissen im Rahmen praktischer Vernunft zu sorgen, ist genuine Aufgabe von wissenschaftlichen Disziplinen, die deshalb auch von Wissenschaftlerinnen und Wissenschaftlern geleistet werden muss. Sie überblicken das Fach und seine aussichtsreichen Entwicklungen und können auf dieser Grundlage hinreichend begründbare Vorschläge und Anregungen, zum Beispiel für Sachunterricht, unterbreiten.

Literatur

Badley, G. (2003): The Crisis in Educational Resarch: a pragmatic approach. In: European Educational Research Journal, H. 2, S. 296-308. – Bublitz, S. (1994): Der „linguistic turn" der Philosophie als Paradigma der Sprachwissenschaft. Untersuchungen zur Bedeutungstheorie der linguistischen Pragmatik. Münster & New York. – Dewey, J. (1910/1951): Wie wir denken. Zürich. – English, A. (2005): Negativität der Erfahrung, Pragmatismus und die Grundstruktur des Lernens. In: Benner, D. (Hrsg.): Erziehung – Bildung – Negativität. Zeitschrift für Pädagogik, 49. Beiheft, S. 49-61. – Garrison, J. (1995): Deweyan Pragmatism and the Epistemology of Contemporary Social Constructivism. In: American Educational Research Journal, H. 4, S. 716-740. – Haussman, Th. (1991): Erklären und Verstehen: Zur Theorie und Pragmatik der Geschichtswissenschaft. Frankfurt am Main. – James, W. (1977): Der Pragmatismus. Ein neuer Name für alte Denkgewohnheiten. Hamburg. – Kahlert, J. (2005): Zwischen den Stühlen zweier Referenzsysteme. Zum Umgang mit heterogenen Erwartungen bei der Evaluation schulnaher Disziplinen in Lehramtsstudiengängen. In: Zeitschrift für Pädagogik, H. 6, S. 840-855. – Knorr-Cetina, K. (1985): Zur Produktion und Reproduktion von Wissen: Ein deskriptiver oder konstruktiver Vorgang? Überlegungen zu einem Modell wissenschaftlicher Ergebniserzeugung. In: Bonss, W. & Hartmann, H. (Hrsg.): Entzauberte Wissenschaft. S. 151-177. Göttingen. – König, E. (2002): Der pragmatische Blick in der Erziehungswissenschaft. In: Erziehungswissenschaft: Politik und Gesellschaft. S. 75-86. Opladen. – Leschinsky, A. (2005): Vom Bildungsrat (nach) zu PISA. Eine zeitgeschichtliche Studie zur deutschen Bildungspolitik. In: Zeitschrift für Pädagogik, S. 818-839. – Neiman, A. (1996): Rorty´s Dewey: Pragmatism, Education and the Public Sphere. In: Studies in Philosophy and Education, 15, S. 121-129. – Nida-Rümelin, J. (1997): Praktische Kohärenz. In: Zeitschrift für philosophische Forschung, Bd. 51, S. 175-192. – Peirce, Ch. S. (1903/1934): Collected Papers. Vol. 5: Pragmatism and pragmaticism. Herausgegeben von C. Hartshorne, C. & Weiss, S. 1931-1935. Cambridge (MA). – Rorty, R. (1994): Hoffnung statt Erkenntnis. Eine Einführung in die pragmatische Philosophie. Wien. – Rorty, R. (1997): Relativismus: Entdecken und Erfinden. In: Information Philosophie. H.1, S. 5-23. – Simon, W. (2000): Erkenntnistheorie oder Pragmatik? Das soziologische Verwendungsproblem bei Weber, Popper, Kuhn und Rorty. Wien. – Terhart, E. (2002): Wie können die Ergebnisse von vergleichenden Leistungsstudien systematisch zur Qualitätsverbesserung in Schulen genutzt werden? In: Zeitschrift für Pädagogik 48, S. 91-110. – Terhart, E. (2003): Reform der Lehrerbildung: Chancen und Risiken. In: Gogolin, I./Tippelt, R. (Hrsg.): Innovation durch Bildung. Beiträge zum 18. Kongress der Deutschen Gesellschaft für Erziehungswissenschaft. S. 163-179. Opladen. – Weber, M. (1904/ 1982) : Die „Objektivität" sozialwissenschaftlicher und sozialpolitischer Erkenntnis. In: Winckelmann, J. (Hrsg.): Max Weber. Gesammelte Aufsätze zur Wissenschaftslehre. S. 146-214. Tübingen. – Wittgenstein, L. (1945/2003): Philosophische Untersuchungen. Frankfurt am Main.

2 Fachdidaktik Sachunterricht

2.1 Der Sachunterricht in Schule und Hochschule

8| Sachunterricht in den Lehrplänen
Bernd Reinhoffer

1 Einführung

Die PISA-Studie hat sehr viel Bewegung in die deutsche Lehrplanlandschaft gebracht: Von der Zielorientierung zur Outputorientierung lautet die Devise, auch für den Sachunterricht. Aktuelle Lehrplankommissionen haben Kompetenzen zu definieren und Standards zu setzen. Dabei findet der Perspektivrahmen der Gesellschaft für Didaktik des Sachunterrichts (GDSU) zunehmend Eingang in die Diskussion und dient als Grundlage für immer mehr Lehrpläne. Entscheidend für die tatsächliche Unterrichtspraxis bleiben aber die Lehrkräfte mit ihren Grundhaltungen, Planungsentscheidungen und unterrichtlichen Handlungen, wie empirische Untersuchungen zeigen.

„Lehrplan" wird oft als übergeordneter Begriff gewählt. Die Länder der Bundesrepublik Deutschland verwenden ganz unterschiedliche Bezeichnungen, wobei nicht immer auf bestimmte Strukturen und Konzeptionen geschlossen werden kann. Baden-Württemberg verwendet z.B. seit 1958 die Bezeichnung „Bildungsplan", Schleswig-Holstein spricht seit 1961 vom „Lehrplan", Niedersachsen wechselt 1975 von „Richtlinien" zu „Rahmenrichtlinien", Hessen bringt 1995 einen „Rahmenplan" heraus.

Ein Lehrplan hat als Verwaltungsvorschrift Rechtsstatus. Er gibt den Lehrkräften Zielsetzungen für Unterricht und Erziehung vor, bestimmt Fächer und Reihenfolge, Zuordnung und Umfang von Inhalten. Manche Pläne bieten Anregungen für methodische Umsetzungen. Auf diese Weise koordiniert ein Lehrplan die Arbeit einzelner Schulen, bildet den Bezugspunkt und die Grundlage für Leistungsmessung und -beurteilung und ermöglicht vergleichbare Abschlüsse. Lehrpläne werden immer wieder überarbeitet, da die Gesellschaft und ihre Herausforderungen sich permanent verändern.

2 Historisches

2.1 Realien

Eigentlich ist es falsch, heute noch von Lehrplänen zu reden. Im klassischen Sinne ist ein Lehrplan ein Stoffplan, der vor allem Inhalte vorgibt. Die Monarchie verordnete „von oben herab" solche Stoffsammlungen, um Ziele und Wissen, Fähigkeiten und Fertigkeiten vermitteln zu lassen, die sie für ihren Fortbestand für wichtig hielt. Die unteren Schulbehörden hatten dann die Umsetzung in örtliche Stoffverteilungspläne zu überwachen. Im Normallehrplan von 1870 für das Württembergische Königreich forderten die „Realien" als Vorgängerfach des Sachunterrichts für die vierte Klasse z.B. die „Einprägung der wichtigsten Jahreszahlen aus den Zeiten der Grafen, der Herzoge und aus der Zeit der Könige …" (Normallehrplan 1870, S. 25).

2.2 Gesamtunterricht und Heimatkunde

Die zu Beginn des 20. Jahrhunderts ausgegebene Parole „Vom Kinde aus!" leitete eine Abkehr von Lehrplänen ein. Es sollte nicht mehr vom Katheder aus belehrt werden, vielmehr sollten das Kind und seine Bildung im Mittelpunkt der Schule stehen (Dolch 1965, S. 358). Diese reformpädagogischen Ansätze führten übergangsweise zu „Richtlinien", später zu Rahmenrichtlinien, Rahmenplänen oder Bildungsplänen. Sie bieten Einheitlichkeit und pädagogische Gestaltungsfreiheit, zielen auf umfassende Bildungsprozesse.

In der Weimarer Republik wurde das Fach Gesamtunterricht für den Schulanfang und als dessen Weiterführung das Fach Heimatkunde verbindlich eingeführt. Beide waren gegen eine strenge Fächerung gerichtet und sollten einen vorfachlichen, themenorientierten Unterricht hervorbringen. Sie beschrieben weniger, was gelehrt werden sollte, sondern legten Wert auf die Bildung der Kinder. Gesamtunterricht und Heimatkunde standen in der Gefahr emotionaler Überfrachtung und inhaltlicher Unterforderung. Freilich entstanden keine einheitlichen Konzeptionen, die Schwerpunktsetzungen waren durchaus unterschiedlich.

2.3 Curriculumtheorien

Aus den USA schwappte nach dem Sputnik-Schock – die UdSSR hatte 1957 als erster Staat einen Satelliten ins All geschossen – der Anspruch der Wissenschaftsorientierung auch in die BRD. Im Anschluss an Robinsohn setzte eine rege Curriculumdiskussion ein. Keinen Eingang in die Lehrpläne fand das Curriculum i. w. S. als wissenschaftliches Verfahren, das vom Gesellschaftsbezug (Qualifikation) über die Ausarbeitung von Unterrichts-Zielen, Inhalten, Verfahren und deren Auswertung zur Revision des Curriculums (wieder mit Gesellschaftsbezug) führt.

Grundschulbezogene Curricula wie SCIS (Science Curriculum Improvement Study), SAPA (Science – A Process Approach), das Nuffield Junior Science Project oder Science 5/13 konnten den Blick für viele Probleme schärfen und auch Lösungsansätze anbieten. So unterscheiden wir heute neben offenen und geschlossenen Ansätzen auch zentral gesteuerte und regional-praxisnahe Curriculumentwicklung. Es konnte aber kein rationaler Lösungsweg für Lehrplanprobleme gefunden werden. Die Curriculumtheorie erwies sich als ebenso historisch bedingt und ausgeformt wie Lehrpläne und Lehrplanarbeit. Grundlegende Entscheidungen werden nach wie vor von der länderspezifischen (Bildungs-)Politik vorgegeben (Normenkompetenzbereich der Kultusverwaltung).

3 Wissenschaftsorientierter Sachunterricht

3.1 Wechselnde Fachbezeichnungen

Der Anspruch der Wissenschaftsorientierung führte dazu, dass das Schulfach Heimatkunde durch das Schulfach Sachunterricht abgelöst wurde. Ob damit auch ein konzeptioneller Neuansatz erfolgte oder eine Integration anzustreben ist, bleibt umstritten (Rauterberg 2002). Seit den 70er Jahren des vergangenen Jahrhunderts erleben wir deshalb wechselnde Fachbezeichnungen im Grundschul- und Sonderschulbereich.

Im Grundschulbereich finden sich zu Beginn des Jahres 2006 folgende Bezeichnungen für das Schulfach: „Sachunterricht" in Berlin, Brandenburg, Bremen, Hamburg, Hessen, Mecklenburg-Vorpommern, Niedersachsen, Nordrhein-Westfalen, Rheinland-Pfalz, Saarland, Sachsen und Sachsen-Anhalt, „Heimat- und Sachunterricht" in Bayern, Schleswig-Holstein und Thüringen, „Fächerverbund Mensch, Natur und Kultur" in Baden-Württemberg.

Die Fachbezeichnungen im Sonder- und Förderschulbereich entsprechen weitgehend diesen Formulierungen. Folgende Unterschiede sind zu erwähnen: Mecklenburg-Vorpommern verwendet die Bezeichnung „Sachkunde", Baden-Württemberg „Heimat- und Sachunterricht". Der Sachunterricht an Förder- und Sonderschulen will den Kindern gezielt Hilfe zur Lebensbewältigung geben. In den Mittelpunkt stellt er deshalb die Orientierung an der Lebenswelt der Kinder. Dies führt zu einer ausgeprägten Themenorientierung. Die Kinder bearbeiten thematische Einheiten, die ihnen die Lebenswirklichkeit erschließen helfen und ihre Handlungsmöglichkeiten im Alltag erweitern sollen.

3.2 Kompetenzen und Standards

Ein spiralcurricularer Aufbau der Sachunterrichts-Lehrpläne ist heute selbstverständlich, auch in den jahrgangsübergreifenden Plänen für altersgemischte Lerngruppen: Themenbereiche und Themen werden in folgenden Klassen auf höherem Anspruchsniveau und mit ausgeprägterem Vertiefungsgrad wieder aufgenommen. In der Tendenz nimmt der Umfang von Lehrplänen immer mehr zu. Konsensfähige Lehrplanziele zu erarbeiten wird immer schwieriger, da auch die deutsche Gesellschaft in Wertfragen eine immer größere Pluralität und Divergenz entwickelt. Lehrpläne benötigen auch aus diesem Grund die Entscheidungsbereitschaft und -kompetenz der Lehrkräfte.

Eine absolute Neuheit im Kulturföderalismus der 16 Bundesländer taucht 2004 auf: Ein „Rahmenlehrplan Grundschule" wird für mehrere Bundesländer entwickelt und implementiert. Berlin, Brandenburg und Mecklenburg-Vorpommern folgen dem bundesweiten Paradigmenwechsel von der Input- zur Outputorientierung und formulieren Kompetenzen und Bildungsstandards. Der Unterricht soll festgelegte kognitive und soziale Fähigkeiten, Fertigkeiten, Gewohnheiten und Einstellungen hervorbringen, die den Kindern kompetentes Handeln ermöglichen.

Die anvisierte Handlungskompetenz der Kinder setzt sich aus Sach- und Methodenkompetenz, sozialer und personaler Kompetenz zusammen. Standards legen fest, welche Kompetenzen alle Kinder bis zum Ende der Grundschulzeit entwickeln müssen. Im Gegensatz zum aktuellen baden-württembergischen Bildungsplan mit seinen Regelstandards, die er auf drei Niveaustufen ausdifferenziert und so das dortige dreigliedrige Schulsystem abbildet, ziehen solche Mindeststandards automatisch innere Differenzierung und Individualisierung auch im Sachunterricht nach sich.

Der Sachunterricht wird gleich als erstes Fach im Lehrplan aufgeführt und als ein verbindendes Element der Fächer charakterisiert. Die Angst vor Kontrollverlust scheint die Kultusverwaltungen von Berlin, Brandenburg, Mecklenburg-Vorpommern und auch die von Baden-Württemberg dann doch noch im letzten Moment der Lehrplanarbeit überwältigt zu haben: Trotz der Ausrichtung auf Kompetenzen wurden zusätzlich noch ausgiebige Inhaltslisten formuliert, so dass eine kaum gründlich zu bewältigende Inhaltsfülle festzustellen ist.

3.3 Erweiterung des Sachunterrichts?

Baden-Württemberg geht 2004 einen eigenen Weg. Der bisherige Sachunterricht wird erweitert zu einem Fächerverbund „Mensch, Natur und Kultur", in den auch die Fächer Kunst, Musik und Textiles Werken integriert sind. Ziel ist eine verstärkte Themenorientierung des Unterrichts, der eher projektorientiert ablaufen soll. Eine „Kontingentstundentafel" ermöglicht den Lehrkräften, die bisher den vier Fächern zur Verfügung stehenden Wochenstunden frei über die vier Schuljahre zu verteilen. Auf diese Weise soll der Unterricht mehr an den Bedürfnissen und Interessen der Kinder ausgerichtet werden, ein Epochenunterricht wird möglich.

Der bundesweiten Tendenz entsprechend soll der naturwissenschaftliche Bereich gestärkt werden, ohne allerdings die Inhalte und Methodik der Sekundarstufe einfach in den Grundschulunterricht vorzuverlagern. Ein eigenständiger grundschuldidaktischer Ansatz wird versucht, eine Fächerverbundsdidaktik, die vom Perspektivrahmen der Gesellschaft für Didaktik des Sachunterrichts ausgeht und ihn um eine ästhetische Perspektive erweitert. Das Philosophieren mit Kindern ist fester Bestandteil des Fächerverbunds. Der Fächerverbund übernimmt zudem die Leitfunktion für die Bereiche „In Gemeinschaft leben" und „Demokratie lernen".

Die Lehrkräfte werden in „Mensch, Natur und Kultur" die verschiedenen Fachanteile gewichten. Es besteht die Gefahr, dass der Sachunterricht in diesem Fächerverbund untergeht, vor allem da der Sachunterricht als Studienfach abgeschafft wurde und „Mensch, Natur und Kultur" auch nicht studiert werden kann. Baden-Württemberg orientiert die Ausbildung seit zwei Jahren stärker an Einzelfächern.

4 Forschung

Lehrpläne sind wandlungsfähig. Sie weisen aber auch zeitlose Strukturelemente auf: Sie legen sich eine bestimmte Welt- und damit auch Wissenschaftssicht als Grundlage zurecht, setzen davon ausgehend Ziele, wählen Inhalte, weisen diese Inhalte Fächern zu, deren Begründung, Abgrenzung und Gewichtung sie ebenfalls festlegen. Diese Strukturkontinuität macht sie für die Forschung zugänglich.

Dokumentenanalysen rund um Lehrpläne haben bereits eine feste Tradition in der Sachunterrichtsforschung. Einmal werden einzelne Lehrpläne analysiert. Dies geschieht meistens anlässlich der Veröffentlichung von Entwürfen oder endgültigen Fassungen. Sodann finden Vergleiche zwischen einzelnen aktuellen Lehrplänen statt. In neuerer Zeit werden auch Sachunterrichts-Lehrpläne in ihrer historischen Abfolge ausgewertet (Rauterberg 2002; Reinhoffer 2000).

Ferner finden sich zahlreiche quantitative Aufschlüsselungen der Stundenanteile des Faches Sachunterricht oder seiner Inhaltsbereiche in diversen Lehrplänen, in darauf aufbauenden Schulbüchern und Arbeitsheften. So entstehen Aussagen, welchen Stellenwert die Kultusadministration dem Fach selbst im Vergleich zu anderen Fächern zumisst oder wie bestimmte Fachaspekte in didaktischen Materialien gewichtet werden. Die Untersuchung von Klassenbüchern, Lehrnachweisen oder Schülerarbeitsmappen weist eher darauf hin, wie die Unterrichtsstoffe tatsächlich unterrichtet worden sind.

4.1 Dokumentenanalysen: Amtliche Vorgaben

Nach der Einführung des Sachunterrichts werden die ersten Vorgaben verschiedener Bundesländer kritisch verglichen (z.b. Lauterbach 1976; Bolscho 1978). Auch die nächsten Lehrplangenerationen des Sachunterrichts werden aufmerksam betrachtet (z.b. Fahn 1988; Kiper 1995).

Bei Lehrplananalysen kann zunächst einmal gefragt werden, wie viele Stunden des gesamten Unterrichts dem Sachunterricht zugeteilt werden. So kann sein Stellenwert innerhalb der Fächerreihe ermittelt werden. Die zentrale Stellung der Heimatkunde im Grundschulunterricht zeigt sich z.b. darin, dass ihr in den Stundentafeln des heutigen Baden-Württemberg zwischen 1949 und 1972 in den Klassen 1 und 2 bis zu 27,77% des gesamten Unterrichts zugestanden wurden (Reinhoffer 2000).

Der ab 1971 sukzessive eingeführte Sachunterricht schwankt zwischen 9,09% und 16,66% Anteil an der gesamten Unterrichtszeit der ersten beiden Schuljahre und pendelt sich ab 1979 auf 15% in Klasse 1 bzw. 13,63% in Klasse 2 ein (Reinhoffer 2000). In den Klassen 3 und 4 erhält der Sachunterricht drei Wochenstunden wie der Sportunterricht oder Bildende Kunst/Textiles Werken. Dies spricht für eine den Kulturtechniken gegenüber nachrangige Gewichtung sachunterrichtlicher Ziele und Inhalte.

Strunck, Lück & Demuth (Strunck et al. 1998) stellen fest, dass physikalische und chemische Themen ab den 80er Jahren in den Lehrplänen meist nur noch eine Randerscheinung sind. In manchen Bundesländern fehlen „Phänomene der unbelebten Natur" praktisch vollständig, in allen Lehrplänen dominiert die belebte Natur (Biologie, Gesundheits- und Umwelterziehung) gegenüber der unbelebten Natur. Einsiedler (Einsiedler 1998) bestätigt im Wesentlichen diese Ergebnisse. Die Sachunterrichtslehrpläne der westlichen Bundesländer sind von 1979 bis 1997 sehr unterschiedlich ausgelegt, physikalische, chemische und technische Themen sind nur gering repräsentiert. Im Anfangsunterricht der Klassen 1 und 2 sind Soziales Lernen und Biologie die Spitzenreiter.

4.2 Dokumentenanalysen: Didaktische Materialien

Kritisch muss aber angesichts der zahlreichen Lehrplananalysen gefragt werden, inwieweit überhaupt die amtlichen Veröffentlichungen als normative Vorgaben von den Lehrkräften im Unterrichtsalltag umgesetzt werden. Einen ersten Anhaltspunkt können auf den Lehrplänen basierende didaktische Materialien wie Schulbücher und Schülerarbeitshefte bieten.

Mitzlaff (Mitzlaff 1985) untersucht 90% der verfügbaren Schulbücher des Sachunterrichts der Jahre 1969 bis 1975. Er fragt nach der Verteilung der Inhalte durch die vier Grundschuljahre hindurch. Physik, Chemie und Technik bestimmen mit 36% mehr als ein Drittel der Themen, dazu kommen 17,6% biologische Aspekte. Geografie, Geschichte, Sozialkunde und Wirtschaft stellen dagegen nur ein Drittel der Inhalte. In der ersten Zeit des Sachunterrichts überwiegen also die naturwissenschaftlichen Inhalte.

Blaseio (Blaseio 2004) analysiert 36 zwischen 1970 und 1999 im Bundesgebiet zugelassene sachunterrichtliche Schulbücher auf zwölf Inhaltsbereiche hin. Über eine so genannte Raumanalyse der Schulbuchseiten kommt sie u.a. zu dem Ergebnis, dass zwar 1970 bis 1974 der Fachanteil Physik/Chemie/Technik im Schnitt 29% betrug, dass aber bereits 1975 bis 1979 ein Rückgang auf 16,6% zu verzeichnen ist und 1995 bis 1999 nur noch ein Anteil von 6,5% bestehen bleibt. Blaseio bestätigt damit das Ergebnis von Strunck, Lück & Demuth (Strunck et al. 1998).

4.3 Dokumentenanalysen: Lehrnachweise

Werden aber die didaktischen Materialien überhaupt umgesetzt? Werden z.B. Schulbuchseiten vollständig behandelt? Wie verteilen Lehrkräfte fachliche Aspekte innerhalb des Sachunterrichts bzw. der Heimatkunde? Analysen von Schülerheften oder Lehrnachweisen führen hier zu ersten Aussagen.

Einsiedler und Schirmer (Einsiedler & Schirmer 1986) analysieren 38 Schülerarbeitsmappen aus der Region Erlangen im Längsschnitt von 1968 bis 1981. Hier zeigt sich für die Schuljahre 3 und 4 ein Rückgang des erdkundlichen Anteils, biologische Inhalte nehmen stark zu (von 15% auf 25%). Mit der Lehrplanrevision von 1976 wird in Bayern aber wie in anderen Bundesländern eine zweite Kehrtwende vollzogen: Der stark angehobene Anteil von Physik, Chemie und Technik sinkt wieder auf 11% zurück.

Was eine solche Untersuchung von schriftlichen Schülerarbeiten natürlich nicht erfassen kann, sind die mündlichen Abschnitte des Unterrichts. In der Gesamtsicht könnte sich durchaus eine etwas andere Verteilung ergeben. Eintragungen in Klassentagebüchern können dafür Anhaltspunkte bieten.

Die Heimatkunde wurde überwiegend von einer erdkundlichen Ausrichtung geprägt, wie Höcker (Höcker 1968) belegt: Von 1436 Heimatkundestunden in der 4. Jahrgangsstufe an Kieler Grundschulen waren im Schuljahr 1965/66 laut den Klassenbüchern 70,9% der Erdkunde gewidmet. Haug (Haug 1969) sieht in den Wochenbüchern der Klassen 2 und 3 (Schuljahre 1963/64 und 1964/65 in Baden-Württemberg) naturkundliche Themen im Vordergrund.

Den Übergang von der Heimatkunde zum Sachunterricht dokumentiert Schreier (Schreier 1979). In 279 Lehrberichten Kasseler Schulen stellt er fest, dass von 1968 bis 1974 ein Rückgang der erdkundlichen (von 61,6% auf 28,8%) und geschichtlichen Unterrichtsstoffe zu verzeichnen ist, die sozialkundlichen und die naturwissenschaftlichen dagegen zunahmen. Strunck, Lück und Demuth (Strunck et al. 1998) werten 56 Klassenbücher 3. und 4. Klassen aus (Schuljahr 1995/96 im Raum Kiel). Über die Hälfte der Themen des 4. Schuljahrs stammt aus dem geografischen Bereich.

Breitschuh (Breitschuh 1997) repliziert die Untersuchung Höckers. In den zehn erfassten 4. Klassen des Schuljahrs 1994/95 werden die Lehrplanvorgaben ganz unterschiedlich umgesetzt. Liegt der erdkundliche Anteil in einer Klasse bei 61,8%, beträgt er in einer anderen 13,9%. Der biologische Anteil schwankt zwischen 46,5% und 4,7%. Von den 140 vorgesehenen Unterrichtsstunden Sachunterricht fielen in einer Klasse 18,15 aus.

Das Fach und seine Fachanteile werden anscheinend beliebig unterrichtet. Offensichtlich ziehen subjektive Interessen der Lehrkräfte eine willkürliche Umsetzung des Sachunterrichts nach sich. Nicht nur diese Analyse wirft mindestens zwei Fragen auf: Wie zuverlässig sind die Eintragungen in Klassentagebüchern überhaupt? Und wenn der Sachunterricht von den Interessen der Lehrkräfte (mit)bestimmt wird: Wie sieht es denn mit der Einstellung von Lehrkräften zum Sachunterricht aus?

4.4 Befragungen von Lehrkräften

Die Zurückhaltung gegenüber technischen Themen belegt eine Befragung von Möller, Tenberge und Ziemann (Möller et al. 1996). Nur 18,2% der Lehrkräfte (30,45% der Lehrer und 15,04% der Lehrerinnen) hatten im laufenden oder letzten Schuljahr ein Technikthema behandelt. Die geschlechtsspezifische Antwortanalyse muss Sorge bereiten: Kompetent hinsichtlich eines Technikunterrichts fühlen sich 56,3% der Lehrer, aber nur 14,92% der Lehrerinnen, die ja den Großteil der Grundschullehrkräfte stellen.

Lehrkräfte interpretieren offizielle Lehrpläne, um zu klassenbezogenen Curricula zu kommen. Dabei nehmen sie auch persönliche, „heimliche" Lehrpläne als Orientierung. Ein Teil der Anfangsunterrichtslehrkräfte zieht die Lehrgänge in den Kulturtechniken dem sachunterrichtlichen Bereich vor (Reinhoffer 2000).

Sachunterrichtliche Themen setzen dann erst nach Weihnachten, zu Ostern oder im 2. Schuljahr ein (Nachrangmodell für den Sachunterricht). Freilich entstehen in diesem Fall auch „situative" Lehrpläne, wenn Kinder unbedingt ein Thema angehen wollen.

Andere Lehrkräfte stellen Sachthemen in den Mittelpunkt des Unterrichtsgeschehens (Vorrangmodell für den Sachunterricht), erarbeiten von dort aus u.a. Wortschatz, Buchstaben und Zahlvorstellungen. Eine Reduktion der Grundschule auf die Vermittlung der Kulturtechniken wird so vermieden, eine grundlegende Bildung erst möglich.

5 Ausblick

Weder die umfangreiche Lehrplanarbeit nach 1990 (Vollstädt 1995) noch die Reformbemühungen auf Basis der PISA-Ergebnisse konnten bisher für eine vertiefte Lehrplanforschung genutzt werden. Damit die Analyse gültiger Lehrpläne nicht zur bloßen Literaturkritik verkommt, müssen die (auf Vorgaben basierenden) Handlungen der Lehrkräfte untersucht werden. Ausgehend von der Lehrplanforschung könnte die empirische Forschung die alltägliche Unterrichtspraxis genauer in den Blick bekommen.

Wer wissen will, ob und wie mit der „Textsorte" Lehrplan Einfluss auf die Unterrichtspraxis genommen werden kann, muss mindestens folgende Fragen stellen: Welches Verständnis haben Lehrkräfte von Lehrplänen? Was erwarten Lehrkräfte von Lehrplanvorgaben? Wie sollten also Lehrpläne gestaltet werden? Wie gehen Lehrkräfte mit Lehrplanvorgaben um? Welche Schwierigkeiten (innovationshemmende Defizite) werden erkennbar? Welche Rahmenbedingungen, Hilfestellungen sind notwendig? In welcher Weise nehmen Lehrpläne Einfluss auf die Unterrichtspraxis?

Reformversuche „von oben" bleiben suspekt. Vollstädt (Vollstädt 1995, S. 319) stellt fest, „dass über veränderte Lehrpläne Bemühungen um eine Reform der Schule nur in geringem Maße ausgelöst und beeinflusst werden können, dass die Innovationsbereitschaft im Kollegium weit stärker vom sozialen Klima, von der Qualität der kollegialen Zusammenarbeit, der Einstellung zu den Lernenden sowie zum eigenen Beruf und von der gewährten pädagogischen Freiheit bestimmt wird als von Lehrplanveränderungen".

Entscheidend auf die Unterrichtsgestaltung dürften sich also das Schulcurriculum und die Persönlichkeit der Lehrkraft auswirken. Forschungsprojekten dürfte die Unterscheidung zweier Formen der Lehrplaninterpretation von Kron im Anschluss an Kunert weiterhelfen (Kron 1994): Manche Lehrkräfte orientieren sich demnach primär an vorgegebenen Inhalten, Zielstellungen, methodischen und medialen Hinweisen (Fakten- und Produktorientierung). Bei anderen Lehrkräften dominieren die gemeinsamen Unterrichtserfahrungen bzw. die sachbezogene Arbeit mit den Schülern (Schüler- und Prozessorientierung).

Literatur

Blaseio, B. (2004): Entwicklungstendenzen der Inhalte des Sachunterrichts. Eine Analyse von Lehrwerken von 1970 bis 2000. Bad Heilbrunn. – Bolscho, D. (1978): Lehrpläne zum Sachunterricht. Kiel. – Breitschuh, G. (1997): Inhalte des Sachunterrichts im 4. Schuljahr. Vortrag auf der GDSU-Tagung 1997 in Kiel. – Dolch, J. (1965): Lehrplan des Abendlandes. Zweieinhalb Jahrtausende seiner Geschichte. 2. Aufl. Ratingen. – Einsiedler, W. (1998): The curricula of elementary science education in Germany. In: Mathematics and Elementary Science Education. Berlin, S. 25-40. – Einsiedler, W. & Schirmer, G. (1986): Sachunterrichtsreform und Unterrichtsgestaltung – Eine Analyse von Schülerarbeitsmappen. In: Die Deutsche Schule, 78, S. 316-326. – Fahn, K. (1988): Das Methodenproblem im Sachunterricht der Grundschule. Baltmannsweiler. – Haug, J. (1969): Heimatkunde und Volkskunde. Tübingen. – Höcker, G. (1968): Inhalte des Sachunterrichts im 4. Schuljahr. Eine kritische Analyse. In: Die Grundschule, 3, S. 10-14. – Horn, H. A. (1994): Die Lehrpläne der Grundschule. Darstellung der Entwicklung von den ersten Ansätzen bis zur Gegenwart. In: Haarmann, D. (Hrsg.): Handbuch Grundschule. Band 2. Fachdidaktik: Inhalte und Bereiche grundlegender Bildung. 2., erg. Aufl. Weinheim, Basel. – Kiper, H. (1995): Neue Richtlinien für den Sachunterricht. In: Die Grundschulzeitschrift, 85, S. 47-50. – Kron, F. W. (1994): Curriculum. In: Kron, F. W.: Grundwissen Didaktik. 2., verb. Aufl. München, Basel, S. 293-322. – Lauterbach, R. (1976): Naturwissenschaftlich-technisches Lernen in den Lehrplänen der Grundschule – Eine Analyse. In: Lauterbach, R. & Marquardt, B. (Hrsg): Naturwissenschaftlich orientierter Sachunterricht im Primarbereich. Bestandsaufnahme und Perspektiven. Weinheim, Basel, S. 41-93. – Mitzlaff, H. (1985): Heimatkunde und Sachunterricht. Historische und systematische Studien zur Entwicklung des Sachunterrichts – zugleich eine kritische Entwicklungsgeschichte des Heimatideals im deutschen Sprachraum. Dortmund. – Möller, K., Tenberge, C. & Ziemann, U. (1996): Technische Bildung im Sachunterricht. Eine quantitative Studie zum Ist-Zustand an nordrhein-westfälischen Grundschulen. Münster. – Normallehrplan für die einklassige Volksschule (1870). Herausgegeben vom Königlich Württembergischen Ministerium des Kirchen- und Schulwesens. Stuttgart. – Rauterberg, M. (2002): Die „Alte Heimatkunde" im Sachunterricht. Eine vergleichende Analyse der Richtlinien für den Realienunterricht der Grundschule in Westdeutschland von 1945 bis 2000. Bad Heilbrunn. – Reinhoffer, B. (2000): Heimatkunde und Sachunterricht im Anfangsunterricht. Entwicklungen, Stellenwert, Tendenzen. Bad Heilbrunn. – Schreier, H. (1979): Sachunterricht. Themen und Tendenzen. Eine Inhaltsanalyse von Lehrberichtsaufzeichnungen aus Kasseler Grundschulen 1967-1975. Paderborn. – Strunck, U., Lück, G. & Demuth, R. (1998): Der naturwissenschaftliche Sachunterricht in Lehrplänen, Unterrichtsmaterialien und Schulpraxis – Eine quantitative Analyse der Entwicklung in den letzten 25 Jahren. In: Zeitschrift für Didaktik der Naturwissenschaften, 4, S. 69-80. – Vollstädt, W. (1995): Rahmenlehrpläne und Schulcurriculum. In: Rolff, H.-G. (Hrsg.): Zukunftsfelder der Schulforschung. Weinheim.

9| Perspektivrahmen Sachunterricht
Ute Stoltenberg

Der Perspektivrahmen Sachunterricht, dessen Erarbeitung 2002 abgeschlossen und der im selben Jahr von der Gesellschaft für Didaktik des Sachunterrichts publiziert wurde (GDSU 2002), ist eine fachliche und zugleich bildungspolitische Antwort auf Diskussionen über die universitäre Disziplin und das schulische Fach „Sachunterricht". In der Kommission, die die Gesellschaft für Didaktik des Sachunterrichts eingesetzt hat, haben 14 Vertreterinnen und Vertreter des Faches mitgearbeitet, hinzuzurechnen sind Kooperationspartner aus der Wissenschaft, der schulischen Praxis und der Bildungsadministration. Der Perspektivrahmen benennt unter Rückgriff auf Inhalte und Methoden verschiedener Wissenschaftsbereiche Grundeinsichten, die im Sachunterricht heute gewonnen werden sollten, und unterstreicht damit zugleich die spezielle Aufgabe dieses Faches in der Grundschule. Der Perspektivrahmen Sachunterricht soll hier in seiner Bedeutung für die Weiterentwicklung des Faches, aber auch breiter, im Hinblick auf aktuelle neue Anforderungen an Bildungsprozesse von Kindern, gewürdigt werden. Dazu seien als Hintergrund die Idee und das Konzept des Perspektivrahmens kurz skizziert.

1 Idee und Konzept

Als grundlegendes didaktisches Prinzip betont der Perspektivrahmen den Bezug zwischen Erfahrungen und Interessen von Kindern und gesichertem fachlichen Wissen. Diese Aussage spielt einerseits an auf neuere Wissens- und Lerntheorien, die Kinder als Akteure ihres Wissensaufbaus sehen. Andererseits wird damit ein inhaltlich auszuweisender Bildungsanspruch von Kindern angesprochen, der im Sachunterricht eingelöst werden muss. Er kann zugleich als Kritik an einem Sachunterricht verstanden werden, der lediglich Alltagswissen bestätigt und Kinder unterfordert.

Der Perspektivrahmen will eine Antwort darauf geben, was Kinder nach der Grundschulzeit im Sachunterricht gelernt haben sollten und worauf entsprechend Lehrkräfte vorzubereiten sind. Dazu werden weitere wissenschaftliche Disziplinen daraufhin befragt, welche Grundeinsichten mit Hilfe ihrer jeweiligen Wissensbestände, Methoden und Arbeitsweisen gewonnen werden können, die Kindern ein Verständnis von sich selbst, vom gesellschaftlichen Zusammenleben und vom Leben mit der natürlichen und kulturellen Umwelt ermöglichen. Sie werden zusammengefasst für die Sozial- und Kulturwissenschaften, die raumbezogenen

Wissenschaften, die Naturwissenschaften, die Technikwissenschaften und die historischen Wissenschaften. Die jeweils für diese fünf fachlichen Perspektiven genannten Inhalte und disziplinären Denkweisen, die der Unterricht zugänglich machen sollte, können auch als Basis für vertieftes fachliches Wissen in späteren Bildungsprozessen gesehen werden.

Der Begriff der Perspektive ist hilfreich, um nicht den Eindruck eines Kanons von Wissensbeständen aufkommen zu lassen, der gesondert für einzelne fachliche Bereiche des Sachunterrichts beschrieben wird. Vielmehr kann so der instrumentelle Charakter von Wissenschaft zur Erschließung der Welt sichtbar gemacht werden. Die einzelnen fachlichen Perspektiven geben eine Orientierung für die Bearbeitung von Fragestellungen, die als exemplarisch und zugleich ergiebig für Grundeinsichten gelten können. Damit wird eine an Problemen orientierte statt eine fachlich abgeleitete Inhaltsentscheidung für den Sachunterricht vorausgesetzt. Sachunterricht wird damit zugleich als ein interdisziplinäres, integriert arbeitendes Fach definiert. Der Perspektivrahmen nennt beispielhaft, ausgehend von jeweils einer der Perspektiven, derartige Themenfelder („Vernetzungsbeispiele"), deren Verständnis mit Hilfe des Wissens und der Methoden aus verschiedenen Perspektiven erarbeitet werden kann. Die Auswahl der Fragestellungen wird in den einzelnen Perspektiven unterschiedlich begründet. Sie folgt jedoch einem Verständnis von Sachunterricht, der sich als Beitrag zur Bildung versteht, von einem Wissensverständnis ausgeht, das Sach-, Orientierungs- und Handlungswissen zu verbinden sucht, und den Aufbau von Kompetenzen verfolgt.

Werden die verschiedenen fachlichen Perspektiven zum Anlass genommen, sie thematisch und methodisch auszuarbeiten, besteht die Gefahr, dass die fachwissenschaftlich begründeten Perspektiven doch wieder zu einzelnen „Lernfeldern" (vgl. Richter 2004, S. 7) oder „Lernbereichen" (Michalik 2004, S. 8) werden. Dass Kompetenzen auch domänenspezifisch auszubilden sind und zugleich eine bestimmte fachliche Denkweise notwendig zum Verständnis komplexer Zusammenhänge sein kann, wird eher deutlich, wenn der fachliche Blick (statt eines Inhaltsfelds) betont wird (z.B. durch die Frage nach „historischem Lernen" in aktuellen, für Grundschulkinder bedeutsamen Fragestellungen; vgl. Michalik 2004).

2 Neue Profilierung des Faches in kindlichen Bildungsprozessen

Mit der Orientierung an Problemstellungen, komplexen Fragestellungen und Phänomenen, deren Bearbeitung die Integration verschiedener disziplinärer Sichtweisen erfordert, wird der Sachunterricht als eigenes Fach mit spezifischen Aufgaben profiliert. Sachwissen und dazugehörende Methoden und Arbeitsweisen werden exemplarisch in begründeten Themenfeldern angeeignet. Sinn- und Wertfragen sind Bestandteil der Auseinandersetzung mit ihnen, ebenso die Frage der praktischen Relevanz des Wissens. Naturwissenschaftliches Denken, sozialwissenschaftliches Denken (man sollte ergänzen: ästhetische Zugangsweisen) werden in ihrem eigenen Wert, auch in ihrer Perspektivität erkennbar. Damit ist der Zuschnitt des Faches nicht nur für die Grundschule, sondern ebenso für Bildungsprozesse von Kindern in vorschulischen, sonderpädagogischen oder in Einrichtungen der Sekundarstufe geeignet. Die universitäre Ausbildung für ein solches Fach kann somit für Bildungsprozesse qualifizieren, die auf problemorientiertes Arbeiten, Erschließung komplexer Fragestellungen mit Hilfe gesicherten Wissens und verschiedener Arbeitsweisen und Methoden, auf Reflexionsfähigkeit hinsichtlich der Kontexte für Bildungsprozesse und auf den Zusammenhang von disziplinärem Wissen, Alltagswissen und -theorien von Kindern und interdisziplinärer Arbeitsweise zielen.

3 Beitrag zur Diskussion über Bildungsstandards

Das, was Kinder im Sachunterricht gelernt haben sollen, wird in Form von Kompetenzen formuliert. Nach dem Verständnis des Perspektivrahmens entspricht das Fach Sachunterricht einer Arbeitsweise, die für den Erwerb von Schlüsselkompetenzen, wie sie die OECD in ihren Bildungsvergleichsstudien zugrunde legt, Voraussetzung ist. In der DeSeCo-Studie der OECD (2005) werden drei Bereiche von Schlüsselkompetenzen genannt: selbständig handeln können; souveräner Umgang mit Instrumenten der Kommunikation und des Wissens; in sozial heterogenen Gruppen handeln können. Sie finden sich – wenn auch mit unterschiedlicher Gewichtung und Klarheit – in der Formulierung der Kompetenzen im Perspektivrahmen wieder, die durch die Auseinandersetzung mit Inhalt und Methoden der Fachperspektiven in der Bearbeitung komplexer und exemplarischer Fragestellungen gewonnen werden sollen. Diese werden mit dem Perspektivrahmen nicht vorgegeben; er setzt jedoch hinsichtlich des Bildungsgehalts durch die Bindung an für das Weltverständnis von Kindern unabdingbare Grundeinsichten Maßstäbe. Damit stellt er die über Generationen hinweg tradierten Inhalte eines Sachunterrichts, die unreflektiert lediglich Alltagswissen reproduzieren und mit deklarativen Wissensbestandteilen dekorieren, in Frage.
Der Perspektivrahmen leistet so einen bedeutsamen Beitrag zur Diskussion über Bildungsstandards. Er unterscheidet sich in seinem Kompetenzverständnis allerdings von auch für die Grundschule entwickelten Ansätzen, die die Quantifizierbarkeit und Testtauglichkeit von Kompetenzen voraussetzen. „Lernfortschritte erweisen sich mit Hilfe von Anwendungs- und Gestaltungsaufgaben. Sie können durch bloßes Abfragen deklarativen Wissens nicht ermittelt werden", heißt es dazu im Perspektivrahmen (GDSU 2002, S. 4). So gibt der Perspektivrahmen Impulse für einen Unterricht, der eher durch Portfolios, durch qualitative

Bewertungsverfahren (zum Beispiel beobachtetes Schülerverhalten durch Gruppen von Lehrkräften, aber auch durch Selbstevaluation von Schülerinnen und Schülern) bewertbar wäre und dabei Entwicklungsmöglichkeiten aufzeigen könnte. Die Grundidee des Perspektivrahmens hat inzwischen Niederschlag in der Erarbeitung neuer Rahmenrichtlinien bzw. Kerncurricula gefunden, so z.B. in den Ländern Berlin, Brandenburg, Bremen, Hamburg, Niedersachsen, Nordrhein-Westfalen, Rheinland-Pfalz. Die Perspektiven, z. T. in modifizierter Form, sind Orientierung für die fachlichen Anforderungen im Sachunterricht.

Um damit im Unterricht arbeiten zu können, bedarf es allerdings eines expliziten Bildungsverständnisses, das Bildungsziele, exemplarische Inhaltswahl, die Arbeitsweisen und Methoden begründet. Vor diesem Hintergrund kann das „Arbeiten mit dem Perspektivrahmen" als wichtigste Herausforderung beschrieben werden. Seine Wirksamkeit entfaltet sich in einem zu bestimmenden Bildungskonzept und in einem konkreten praktischen Kontext.

Dem Perspektivrahmen liegt kein konsistentes Bildungsverständnis zugrunde; die zum Teil sehr unterschiedlich formulierten Kontexte für Kompetenzerwerb lassen den Schluss zu, dass die Offenheit für unterschiedliche Bildungs- und didaktische Vorstellungen wenn nicht gewollt, so doch bewusst in Kauf genommen wurde. Der Kern des Perspektivrahmens wird damit nicht angetastet: Er zeigt auf, dass es in einer historisch konkreten Situation möglich ist, Wissensbestände und Methoden zu benennen, die bildungswirksam sein und zur Entwicklung persönlich und gesellschaftlich bedeutsamer Kompetenzen führen können. Dafür bietet er eine tragfähige Struktur an, die im Detail auch Weiterarbeit ermöglicht. Der Perspektivrahmen ist damit offen für verschiedene Bildungskonzepte, mit denen der spezifische Zuschnitt von Inhalts- und Methodenwahl begründet werden kann.

4 Perspektivrahmen im Kontext aktueller Bildungskonzepte

Implizit lassen sich im Perspektivrahmen Bildungskonzepte erkennen, die die gegenwärtige Diskussion auch um den Sachunterricht bestimmen. Dazu gehört zum einen die an einer demokratischen Weltgesellschaft orientierte Bildungstheorie Wolfgang Klafkis mit den Bildungszielen Selbstbestimmungs-, Mitbestimmungs- und Solidaritätsfähigkeit. Als orientierend für die Frage der exemplarischen Inhaltswahl lassen sich die „epochaltypischen Schlüsselprobleme" heranziehen. Dazu zählt zum Zweiten das Konzept einer Bildung für eine nachhaltige Entwicklung (de Haan 2003, Stoltenberg 2004). Die Auswahl von Themenfeldern erfolgt hier unter der Frage, ob und wie sie zur Wahrnehmung und zum Verständnis von Ressourcenverantwortung, Voraussetzungen für den Erhalt des Ökosystems Erde und zu einem gerechten und menschenwürdigen Leben beitragen. Der Zusammenhang von Inhalt, Methoden und Arbeitsweisen wird dabei an dem Bildungsziel Gestaltungskompetenz orientiert.

Beide Konzepte ermöglichen eine konstruktive und zugleich kritische Arbeit mit dem Perspektivrahmen. Sie begründen Themenfelder und die damit zugänglichen Grundeinsichten, indem sie jeweils Wertentscheidungen und eine spezifische Weltsicht offen legen. Sie können zudem die fachlichen Perspektiven kritisch auf ihre Stimmigkeit mit dem Konzept befragen und ggf. verändern und ergänzen.

5 Bedeutung des Perspektivrahmens für die Bildung von Lehrerinnen und Lehrern

Sachunterricht als universitäres Studienfach wird gegenwärtig nur in den Ländern Niedersachsen, Sachsen-Anhalt und Schleswig-Holstein angeboten. Der Perspektivrahmen zeigt auf, dass eine spezifische Ausbildung für die Bildungsaufgabe des Sachunterrichts unabdingbar ist. Kulturelles Wissen und Nichtwissen sind didaktisch zu reflektieren im Spannungsfeld von Kinderleben und zentralen Themenstellungen der Existenz. Sachunterricht als Wissenschaft hat sich zudem mit dem Verhältnis von Disziplinarität und Interdisziplinarität unter der Frage nach Schlüsselkompetenzen, aber auch hinsichtlich ihrer Bedeutung für Bildungsbiografien und gesellschaftliche Wissenschaftsentwicklung auseinanderzusetzen. In den bestehenden Studiengängen hat sich der Perspektivrahmen inzwischen als eine hilfreiche fachliche Arbeitsgrundlage etabliert (vgl. auch Kaiser in diesem Band, Nr. xx). Er ermöglicht Studierenden, das Bildungspotenzial von Themenstellungen traditionellen Sachunterrichts zu überprüfen bzw. hilft ihnen dabei, begründete Themenstellungen bildungswirksam zu bearbeiten. Ausgehend von einem eigenen Bildungsverständnis lassen sich zudem die Inhalte, Arbeitsweisen und Methoden der fünf Perspektiven vergleichen und kritisch hinterfragen. So wird Perspektivität von Wissenschaft erkennbar; sie kann Grundlage einer Theorie-Praxis-Beziehung werden, die unterschiedliche Formen von Wissen als notwendig für Verstehen und Mitgestalten der Welt begreift.

Literatur

GDSU (Hrsg.) (2002): Perspektivrahmen Sachunterricht. Bad Heilbrunn. – Haan, G. de (2003): Bildungsstandards und Kompetenzen für eine Bildung für eine Nachhaltige Entwicklung. In: DGU Nachrichten, H. 27/28, S. 24-32. – Klafki, W. (1992): Allgemeinbildung in der Grundschule und der Bildungsauftrag des Sachunterrichts. In: Lauterbach, R., Köhnlein, W., Spreckelsen, K. & Klewitz, E. (Hrsg.): Brennpunkte des Sachunterrichts. Kiel, S. 11-31. – Michalik, K. (Hrsg.) (2004): Geschichtsbezogenes Lernen im Sachunterricht. Bad Heilbrunn. – OECD (Organisation for economic co-operation and development) (2005): The definition and selection of key competencies – executive summary. Unter: http://www.pisa.oecd.org/dataoecd/47/61/35070367 (Zugriffsdatum: 03.11.05.2005) – Richter, D. (Hrsg.) (2004): Gesellschaftliches und politisches Lernen im Sachunterricht. Bad Heilbrunn. – Stoltenberg, U. (2004): Sachunterricht: Innovatives Lernen für eine nachhaltige Entwicklung. In: Kaiser, A. & Pech, D. (Hrsg.): Neuere Konzeptionen und Zielsetzungen im Sachunterricht. Basiswissen Sachunterricht Bd.2., Baltmannsweiler, S. 152-157.

10| Lehrerbildung
Astrid Kaiser

1 Qualifikationsanforderungen an Lehrerinnen und Lehrer für den Sachunterricht

Seit den Empfehlungen der KMK von 1980 breitet sich die Auffassung aus, dass es angesichts der Vielfalt möglicher Inhalte für den Sachunterricht bei der Ausbildung zukünftiger Lehrerinnen und Lehrer dieses Faches vor allem darauf ankommt, exemplarische Inhaltspräsentation zu entwickeln, also „eine Auswahl exemplarischer Lerngegenstände ..., die für ... Grundschüler zugänglich, ergiebig und bedeutsam sind und zu denen am besonderen Beispiel das Allgemeine sichtbar gemacht wird" (KMK 1980). Auch in späteren Publikationen zum Sachunterricht wie dem Perspektivrahmen der Gesellschaft für Didaktik des Sachunterrichts (GDSU 2002) werden Vernetzungen herstellen oder „übergreifende Fragestellungen" (ZFL 2002) entwickeln als zentrale Qualifikationen für den Sachunterricht formuliert.

Eine zukunftsorientierte Ausbildung von Lehrerinnen und Lehrern für den Sachunterricht muss zunächst die problematischen gegenwärtigen strukturellen Probleme der Ausbildung in der ersten Phase erkennen und überwinden. Dagmar Hänsel und Gertrud Beck heben besonders die folgenden Kritikpunkte an der gängigen Praxis hervor:

1) Die Erfahrung der Studierenden muss, so fordert es Hänsel (1994, S. 49), „zum Ausgangspunkt und Integrationskern formalisierter Bildungsprozesse" werden.

2) Für den Sachunterricht ist ein Fachwissen erforderlich, das nicht an fachdisziplinären Strukturen orientiert ist, sondern den Studierenden den Zugang über die Phänomene ermöglicht. Zumindest muss – da eine vollständige Ausbildung im Sachunterricht weder möglich noch erstrebenswert ist – gelernt werden zu recherchieren (Beck 1993, S. 7), um offen für immer wieder aktuelle neue Inhalte des Sachunterrichts zu bleiben.

3) Didaktische Entscheidungen können immer nur aus der Trias von Sache, Gesellschaft und Kind getroffen werden. Insofern ist es neben einem adäquaten Sachwissen gleichrangig, ein Wissen über Kinder zu erwerben, einen Zugang zu den Lernvoraussetzungen über Zuhören und Beobachten zu gewinnen. Gertrud Beck formuliert diese Qualifikationsvoraussetzung für zukünftige Sachunterrichtslehrerinnen und -lehrer: „Diagnostizieren des Entwicklungsstandes und der Zugangsmöglichkeiten als Qualifikation" (Beck 1993, S. 7).

Wenn wir einen problemorientiert-forschenden Sachunterricht wollen, der flexible sach- und kindgerechte Planung, Durchführung und Reflexion beansprucht, dann sind spezifische Kompetenzen von Lehrerinnen und Lehrern erforderlich. Diese sehr heterogenen und anspruchsvollen Qualifikationen für zukünftige Lehrerinnen und Lehrer des Faches Sachunterricht lassen sich nicht einfach in simplen kognitiv ausgerichteten Lehrveranstaltungen oder gar Vorlesungen vermitteln, sondern verlangen erfahrungsorientierte Studienprozesse an der Hochschule.

2 Ansätze zum Kompetenzaufbau in der Lehrerbildung

2.1 Empirische Ergebnisse

Um zum Kompetenzaufbau in der Lehrerbildung wissenschaftlich begründet Thesen zu formulieren, wären empirische Untersuchungsergebnisse sinnvoll. Allerdings gibt es zum Bereich der Lehrerbildung nur wenige empirische Projekte, die jeweils sehr spezielle Fragestellungen verfolgen, so dass für diesen Kontext keine tragfähigen Ergebnisse daraus gewonnen werden können. So zeigt das Semik-Projekt (Schumacher 2004), dass es vor allem auf die Initiative der Schulleitung ankommt, damit Lehrerinnen und Lehrer sich zur produktiven Nutzung neuer Medien entwickeln. Pfeiffer (2005) belegt in einer Fragebogenuntersuchung bei Sachunterrichtslehrpersonen aus Ost und West, dass die Inhalte der Lehrerbildung bei Lehrerinnen und Lehrern im Osten als wichtiger eingeschätzt werden und nachhaltiger wirken als in den alten Bundesländern.

Zur Frage der Fachmotivation von Studierenden des Faches Sachunterricht gibt es eine bislang wenig beachtete empirische Evaluationsstudie des Studiengangs Sachunterricht an der Universität Bielefeld (Busse et al. 1982). Diese Untersuchung belegt subjektive Eindrücke vieler Lehrender des Faches, dass die Studierenden weitgehend von pädagogischen und nicht von fachlichen Motiven geleitet werden. Von ihrem eigenen Selbstverständnis her sind die fachlichen Studienanteile nicht die interessierenden Inhalte, sondern notwendige Pflichten. Die Studierenden begreifen sich als von den Lehrenden der universitären Fächer unerwünschte Subgruppe, sie haben Orientierungsprobleme im Fach/in den Fächern, sie erleben im Studium massive eigene Leistungsdefizite und etikettieren Fachstudien zusätzlich negativ und sie versuchen, derartigen Misserfolgserlebnissen auszuweichen, indem sie sich an den Lehrveranstaltungen weniger aktiv beteiligen, was wiederum ihre Lernfortschritte minimiert.

2.2 Konzepte der Lehrerkompetenzentwicklung

Die GDSU verlangt in ihrem Perspektivrahmen (GDSU 2002) vernetztes Denken, interdisziplinäres Arbeiten, problemorientiertes Denken und forschendes Lehren. Derart anspruchsvolle Ziele für den Sachunterricht müssen allerdings auch in Kompetenzen von Lehrerinnen und Lehrern angelegt sein. Auch in der Erziehungswissenschaft werden anspruchsvolle Kataloge von Lehrerkompetenzen aufgestellt.

In Anschluss an Doyle formulieren Opp und Freytag als Merkmale von Schule u.a. „Multidimensionalität, … Simultanität, [und] Unvorhersagbarkeit" (Opp & Freytag 1997, S. 274).

Diese komplexe Situation verlangt eigentlich sehr differenzierte und komplexe Handlungsstrukturen wie situative flexible Entscheidungsfähigkeit, komplexes Erfassen von Situationen und Bedingungen, Kommunikationsfähigkeit und soziale Beziehungsfähigkeit im Kontext. Für den Sachunterricht hinzu kommen u.a. Organisationsfähigkeit, diagnostische Beurteilungsfähigkeit bei Äußerungen von Schülerinnen und Schülern sowie Kreativität im Arrangieren situativ erforderlicher neuer Varianten von Lernumgebungen. Alle diese Fähigkeiten bedeuten, dass die Lehrerpersönlichkeit in hohem Maße gefordert ist.

Entgegen diesen hohen Ansprüchen an Lehrerkompetenzen überwiegen allerdings schon im Alltagsbewusstsein Muster von Lehrerhandeln, die gegenwärtigen Ansprüchen an Lehrerprofessionalität deutlich zuwiderlaufen. Vielmehr ist nach der öffentlichen Meinung und den Spielen der Kinder Schule kein lebendiges Miteinander von Schülerinnen, Schülern und Lehrkräften, sondern eine Belehrung von oben herab.

So haben Opp und Freytag nicht umsonst als Überschrift für einen Beitrag formuliert: „Warum Lehrerinnen und Lehrer nicht tun, wozu sie von allen Seiten aufgefordert werden" (ebd. 1997, S. 270). Die internationale Lehrer-Wissens-Forschung belegt klar, dass es eine große Diskrepanz zwischen Wissen und tatsächlichem Können von Lehrkräften gibt. Das Lehrerwissen führt nicht zum Lehrer-Können. Konsequenzen sind daraus aber bislang kaum für hochschuldidaktische Konzeptentwicklung gezogen worden.

Eine Meisterlehre im Sinne des gezielten Nachahmens wäre eine ungeeignete Perspektive, da dabei das Können aus situativen Problemlösungen ohne bewusste Reflexion entsteht und somit nicht die notwendige Flexibilität für wechselnde zukünftige Situationen hätte. Es kommt gerade für eine zukunftsgerichtete Ausbildung von Lehrerinnen und Lehrern darauf an, wissenschaftlich fundiert zu sein, also keine praktizistische Anpassung, sondern kompetente Problemlösefähigkeit in verschiedenen zukünftigen Situationen zu eröffnen, die uns gegenwärtig im Detail noch gar nicht bekannt sind.

Allerdings zeigen alle Analysen, wie bedeutsam die Persönlichkeitsentwicklung generell in der Ausbildung von Lehrerinnen und Lehrern ist. Deshalb liegen mittlerweile mehrere Ansätze vor, auch die Tiefenebenen der Persönlichkeit in der Lehrerausbildung einzubeziehen. Am weitesten fortgeschritten ist diese Entwicklung im Bundesland Hamburg. Dort wird für die zweite Phase der Lehramtsausbildung ein großes Kontingent an Ausbildungsstunden für die Entwicklung sozial-emotionaler Lehrkompetenz angeboten. Bislang hat dieses vorbildliche Modell allerdings noch keine Nachahmung in anderen Bundesländern gefunden. Drei als Konzept ausgearbeitete und veröffentlichte Ansätze stelle ich hier exemplarisch vor, um somit verschiedene Varianten zu umreißen:

1) Die Implementation allgemeiner gruppendynamischer Übungen auf die Zielgruppe von Lehrerinnen und Lehrern (Schüler 1999)

2) Eine kontinuierliche psychoanalytische Begleitung einer Gruppe von Studierenden in der universitären Lehrerbildung (Würker 2005)

3) Übungen zur Entwicklung emotional fundierter Lehrkompetenz für das Sachunterrichtsstudium (Kaiser 2003)

3 Wie ist die Lehrerbildung im SU heute angelegt?

In den einzelnen Bundesländern gibt es verschiedene Studiengänge, die für den späteren Unterricht des Faches Sachunterricht qualifizieren, dies reicht vom Fachstudium über das Studium der Grundschulpädagogik und das Studium von Lernbereichen (naturwissenschaftlich-technisch einerseits und sozialwissenschaftlich in NRW) bis hin zum ausgebauten universitären Studienfach in Niedersachsen. Ich habe allen Wissenschafts- und Kultusministerien der Bundesländer einen einheitlichen Fragenkatalog vorgelegt. Um die sehr uneinheitliche Entwicklung plastisch zu dokumentieren, nenne ich hier nur einige Entwicklungslinien in ihrer widersprüchlichen Umsetzung in den diversen Ländern.

3.1 Einbettung der Sachunterrichtsstudien

Auf die Frage nach der spezifischen Ausbildung im Fach Sachunterricht gibt es drei grundsätzliche Lösungsvarianten der Länder.

1. Ein Teil der Länder bietet Inhalte des Faches Sachunterricht im Rahmen der Fachstudien an (Schleswig-Holstein, NRW). Während NRW ein Leitfachstudium mit fächerübergreifenden Anteilen in Fachwissenschaft und Fachdidaktik vorsieht, wird in Schleswig-Holstein explizit eine Stärkung fachwissenschaftlicher Grundlagen zu Lasten didaktischer und übergreifender Fragen vorgesehen. In diesem Land taucht auch bei der BA-Planung das Fach Sachunterricht nicht mehr auf. Dabei gibt es allerdings auch Varianten des Monofachstudiums und der Einbettung des Einzelfaches in einen Lernbereich – in der Regel entweder Naturwis-

senschaften oder Sozialwissenschaften. Manchmal gibt es dabei ein wenig übergreifende Verzahnungen (Bremen). In Baden-Württemberg ist zwar das Fach Sachunterricht aufgelöst worden. Aber es ist vorgesehen, im Einzelfachstudium ein Modul Sachunterrichtsdidaktik und ein Modul aus dem anderen Lernbereich zur Arrondierung des Wissens zu studieren.

2. In der Mehrzahl der Länder ist das Studium des Faches Sachunterricht eingebettet in das Studium der Grundschulpädagogik (Bayern, Berlin, Brandenburg, Hessen, Rheinland-Pfalz, Sachsen, Thüringen). Damit verliert die Didaktik des Sachunterrichts leicht an Profil, weil sie neben anderen Fächern steht und sich behaupten muss, auch wenn es neutral so klingt: „Heimat- und Sachkunde ist danach in das Prüfungsfach Grundschulpädagogik ... integriert" (Kultusministerium Thüringen 2006).

3. Wenige Länder halten noch am Studium des Sachunterrichts als eigenständigem grundständigem interdisziplinärem Fach fest. Dazu zählt vor allem Niedersachsen, das auch im Ländervergleich relativ viele Stunden für dieses Problemgebiet vorsieht. Im bisherigen Lehramtsstudium gab es das Wahlfach Sachunterricht als Kurzfach- (20 SWS) oder Langfachstudium (40 SWS), bei den BA-Studien gilt Interdisziplinäre Sachbildung/Sachunterricht als 60-KP-Fach. Dies entspricht 40 SWS in den alten Studienstrukturen. In Mecklenburg-Vorpommern ist Sachunterricht zwar in das Fach Grundschulpädagogik eingebettet, aber doch eigenständiger wahlobligatorischer Lernbereich. In Sachsen-Anhalt ist Sachunterricht als drittes Unterrichtsfach wählbar.

3.2 Minimale Stundenanteile

Auf die Frage, welche minimalen Studienanteile Studierende für das Lehramt an Grundschulen und ggf. Sonderschulen im Fach Sachunterricht studieren müssen, ergab sich ein breites Spektrum von 6 SWS bis 40 SWS. In manchen Bundesländern gibt es überhaupt keine Verpflichtung zu sachunterrichtsdidaktischen Veranstaltungen, dort wird ein reines Fachstudium verlangt. Die folgende Übersicht zeigt in aufsteigender Reihenfolge die quantitative Bedeutung des Sachunterrichts im Rahmen der Studienordnungen/Lehrerprüfungsordnungen der Länder.

– Bayern: 6 SWS SU + 2 SWS in einem Wahlfach
– Baden-Württemberg, Hamburg, Berlin: 6 SWS
– Rheinland-Pfalz: 8–14 SWS
– Sachsen: 12 SWS und ein Exkursionstag
– Mecklenburg-Vorpommern: 15 SWS
– Brandenburg, Sachsen-Anhalt: 25 SWS
– Hessen: 42 KP in Kassel, 32 KP in Frankfurt, 30 KP in Gießen
– Niedersachsen: 40 SWS Langfach = 60 KP im BA/MA-Studium

3.3 Stand der Umstellung in die neuen BA/MA-Studien

Noch gravierender ist die Uneinheitlichkeit, wenn wir uns die angeblich europaweit zu erfolgende Umstellung aller Studiengänge auf BA/MA näher ansehen. Da gibt es einige Bundesländer, die diese Entwicklung nicht vorsehen und entsprechend gar keine Planungen präsentieren wie Baden-Württemberg, Hessen und Sachsen-Anhalt. Diese Länder wollen ihre Studienangebote lediglich modularisieren. Andere Bundesländer denken an eine Umgestaltung, haben aber noch keine klare Zeitangaben (Bayern). Wiederum andere Bundesländer haben bereits ihre Studiengänge relativ früh umgestellt wie Thüringen (Winter 2003/04), Brandenburg und Berlin (seit Wintersemester 2004/2005). In wiederum anderen Bundesländern läuft innerhalb des Landes an einigen Hochschulen die Umstellung erst an, während andere sie schon eingeführt haben (Niedersachsen, Nordrhein-Westfalen). Aber selbst innerhalb von Bundesländern läuft dieser Umstellungsprozess uneinheitlich. In Niedersachsen haben die ersten Hochschulen 2003/04 mit der Umstellung begonnen, in anderen Hochschulen des Landes wird die Umstellung erst im Wintersemester 2006/07 erfolgen. Einige Länder sind im Winter 2005/06 gerade bei der Umstellung (Bremen), andere bereiten diese vor (Mecklenburg-Vorpommern, Sachsen zum Wintersemester 2006/07). Es gibt Länder wie NRW, die die Umstellung in Modellversuchen erproben.

Auch wenn diese als Bologna-Prozess bezeichneten Umstrukturierungen europaweit Vereinheitlichung hervorbringen sollten, sieht es für die Bundesrepublik Deutschland so aus, als würde innerhalb des Landes die Heterogenität zunehmen.

3.4 Organisation im BA/MA-Studium

Auch die Organisation dieser neuen gestuften Studiengänge erfolgt für das Fach Sachunterricht keineswegs vereinheitlichend. Oft wird das Fach wie in Schleswig-Holstein in die beteiligten Fachwissenschaften integriert. Erst im Master wird Heimat- und Sachunterricht ausdrücklich als Fach studierbar. Die Masterphase ist aber für das Grundschullehramt nur zwei Semester lang, wobei das letzte Semester für die Masterarbeit frei gehalten werden soll. Demzufolge dauert das Lehramtsstudium Sachunterricht faktisch lediglich ein Semester. Diese absurde Situation ist die Folge des Polyvalenzkonzeptes, das sich in Deutschland herausgeschält hat. Während im europäischen Ausland auch in BA-Studien von vornherein die Lehrerausbildung als fachdidaktisch-fachwissenschaftlich-pädagogische Ausbildung erfolgt, will man in Deutschland die Entscheidung über die Alternative des reinen Fachstudiums oder Lehramtes hinauszögern. Für den Sachunterricht als reines Lehramtsfach bedeutet es, dass Sachunterricht im BA-Studium an vielen Orten herausgedrängt wird. Auf der anderen Seite der Lösungsmöglichkeiten steht eine stärker erziehungswissenschaftliche Profilbildung schon im BA-Studium. So wurde in Thüringen bereits seit dem Wintersemester 2003/ 04 die Studienrichtung „Pädagogik der Kindheit" für alle Studierenden mit dem Grundschullehramt verbindlich erklärt. Innerhalb dieses BA-Studiums wird auch Sachunterricht eingebettet.

Manche Bundesländer schaffen es auch, einen eigenständigen BA für den Sachunterricht zu etablieren. In Bremen gibt es das Fach Interdisziplinäre Sachbildung – ebenso wie an der Kooperationsuniversität Oldenburg – bereits im BA. Dabei sind integrative Fachstudien im Umfang von 30 KP sowie 30 KP Didaktik des Sachunterrichts schon im BA-Studium vorgesehen. Andere niedersächsische Hochschulen (Braunschweig) wiederum bieten den Sachunterricht nur im MA an. Die beabsichtigte europäische Vereinheitlichung stellt sich schon innerhalb eines Landes als uneinheitlich heraus.

3.5 Abbau der Sachunterrichtsspezifik

In wenigen Ländern kann das Fach Sachunterricht noch studiert werden. Dort, wo es studiert wird, ist es nur noch ein Fach mit wenigen verpflichtenden Stunden. Nur noch wenige Länder können von sich sagen: Der „Lernbereich Sachunterricht gehört zum Teilstudiengang Grundschulpädagogik, wird aber als ein eigener Bereich studiert" (Hamburg). In den meisten Ländern wird mit dem Argument der fachlichen Vertiefung der Weg fort von der Sachunterrichtsspezifik hin zum Fachstudium geöffnet (Schleswig-Holstein, Baden-Württemberg), der bereits Anfang der 1970er Jahre üblich war. Doch wenn wir näher hinschauen, was quantitativ mit dem eigenen Bereich gemeint ist, bleiben die Semesterwochenstunden äußerst dürftig.

3.6 Externe und interne Heterogenität

Nicht nur zwischen den Ländern gibt es Differenzen, sondern auch innerhalb einzelner Länder. Besonders Hessen gelingt es, im bundesweiten Heterogenitätskonzert besonders vielfältige Klänge einzubringen, weil dort an jeder Hochschule andere Studienrichtungen und Schwerpunkte, Studienverpflichtungen und Lehramtsdefinitionen möglich sind. So sind allein die möglichen Studienschwerpunkte deutlich unterschieden je nach Ort. In Kassel gibt es die gesellschaftswissenschaftliche, technische und naturwissenschaftliche Perspektive als Studienschwerpunkte, naturbezogenes Lernen/Chemie, raumbezogenes Lernen und historisches Lernen können in Gießen gewählt werden, während in Frankfurt ähnlich wie in NRW zwischen zwei Lernbereichen unterschieden wird, nämlich zwischen Sozial- und Naturwissenschaften. Selbst im Verständnis von Disziplinen unterscheiden sich die Länder, während die einen von naturwissenschaftlichem

Lernbereich reden (NRW), reduzieren andere Länder diese auf die naturbezogene Perspektive (Hamburg).

3.7 Verkürzung der zweiten Phase

Die Zweiphasigkeit der Lehrerausbildung ist die einzige durchgängig in allen Bundesländern auffindbare Struktur. Allerdings ist auch jetzt schon eine Zweiteilung in der Zeitdauer zu finden. Etwa die Hälfte der Bundesländer haben eine zweijährige zweite Phase (Bayern, Hessen, Mecklenburg-Vorpommern, NRW, Sachsen-Anhalt und Schleswig-Holstein). Andere entlassen die Lehramtsanwärterinnen und -anwärter bereits nach 18 Monaten in die eigenverantwortliche Praxis, nämlich Baden-Württemberg, Niedersachsen, Rheinland-Pfalz und Sachsen. Mit der Neuumstellung setzen aber auch hier drastische Verkürzungen ein. Brandenburg will die 24 Monate der zweiten Phase bei nachgewiesenen Praxisstudien auf 18 Monate reduzieren. Die Berliner Behörden scheinen zu glauben, dass durch die BA/MA-Studiengänge deutlich mehr Praxisbezüge in die Ausbildung Einzug halten und wollen nach dem Masterabschluss nur noch zwölf Monate Vorbereitungsdienst für das Grundschullehramt vorsehen.

3.8 Vernetzung Fach und Sachunterrichtsdidaktik

Die wesentliche Quadratur des Kreises in der Sachunterrichtsausbildung ist es, eine Balance zwischen fachlich-inhaltlicher Qualifizierung und übergreifender didaktischer Reduktion zu erreichen. Nur wenige Länder denken wenigstens in Kategorien von Lernbereichen (NRW, Bremen, Hamburg, Mecklenburg-Vorpommern) anstelle von klassischen Fächern. Allerdings handelt es sich dabei meist um eine nominelle Veränderung, studiert wird dann real nur das Leitfach. Die meisten Länder stellen sich dieser Aufgabe wenig oder gar nicht. Das Lösungsmuster ist meist additiv, dass neben Fachstudien auch ein integriertes Seminar oder Modul angeboten wird (Beispiel: NRW). Auch der kompensatorische Ansatz ist in Einzelfällen zu finden. So muss in Baden-Württemberg auch ein gegenläufiges Seminar zum gewählten Fach in der Polarität Naturwissenschaften und Sozialwissenschaften belegt werden. Lediglich das Bundesland Hamburg hat für die zweite Phase ein differenzierteres Modell angeboten. In der Stellungnahme des Landes heißt es: „In der Startphase teilt sich das Fachseminar Sachunterricht die Zeiten mit dem Fachseminar des Bezugsfachs. Am Ende der Startphase wählen die Ref. einen Schwerpunkt (entweder FS SU *oder* FS Bezugsfach). Der Bezug zum Studienfach wird durch Kooperation mit den entsprechenden Fachseminaren hergestellt (z.B. Beratung oder Teilnahme an Wahlmodulen)". Dieses Modell ist allerdings eine Ausnahme in einem einzelnen Stadtstaat.

3.9 Ausblick

Noch dramatischer als die Uneinheitlichkeit ist der Abbau spezifisch auf das interdisziplinäre Fach Sachunterricht orientierter Studienelemente. Der verbindliche Anteil im Studium für Sachunterricht ist außerordentlich gering. In vielen Bundesländern wird durch das basale Fachstudium in den BA/MA-Studiengängen das Studium des Sachunterrichts gänzlich zugunsten von Fachstudien aufgegeben. Damit kommen Strukturen der Lehrerbildung zutage, die bereits Anfang der 1970er Jahre üblich waren. Die propagierte Praxisnähe der BA-Studiengänge erweist sich als Hohlformel, wenn das in der Schulpraxis gängige Fach Sachunterricht und seine Spezifität so wenig Vorbereitung im Studium erfährt. Und selbst Länder wie Baden-Württemberg, die betonen, dass sie nicht beabsichtigen, die Lehramtsstudiengänge für das Lehramt an Grundschulen auf diese Strukturen des Bologna-Prozesses umzustellen, schaffen das Fach in seiner Eigenständigkeit durch seine Zusammenlegung mit künstlerischen Fächern zum Kunstkonglomerat „Mensch, Natur, Kultur" implizit ab.

Literatur

Beck, G. (1993): Lehren im Sachunterricht – zwischen Beliebigkeit und Wissenschaftsorientierung. In: Die Grundschulzeitschrift, 7, H. 67, S. 6-8. – Bromme, R. (1992): Der Lehrer als Experte. Bern. – Busse, M. et al. (1982): Untersuchung des Studiengangs Lernbereich Sachunterricht/Gesellschaftslehre für das Lehramt der Primarstufe. Bielefeld. – GDSU (Gesellschaft für Didaktik des Sachunterrichts (2002): Perspektivrahmen Sachunterricht. Bad Heilbrunn. – Hänsel, D. (1994): Erfahrung statt Belehrung, Vernetzung statt Hierarchie. Thesen zur Reform der Lehrerbildung. In: Die Grundschulzeitschrift, 8., H. 71, S. 46-50. – Kaiser, A. (2003): anders lehren lernen. 2. Aufl. Baltmannsweiler. – KMK (1980): Tendenzen und Auffassungen zum Sachunterricht in der Grundschule. – Kultusministerium Thüringen (2006): Antworten auf die Anfrage zur Lehrerbildung. Referat 2 8. Unveröffentlichtes Manuskript. – Opp, G. & Freytag, A. (1997): Warum Lehrerinnen und Lehrer nicht tun, wozu sie von allen Seiten aufgefordert werden. In: Heimlich, U. (Hrsg.): Zwischen Aussonderung und Integration. Neuwied, S. 270-281. – Pfeiffer, S. (2005): Selbst- und Fremdbilder von Lehrenden des Faches Sachunterricht in Ost und West – eine vergleichende empirische Untersuchung. Unveröff. Habilitationsschrift Oldenburg. – Schüler, U. (1999): Lehren lieben lernen. Paderborn. – Schumacher, F. (Hrsg.) (2004): SEMIK-Impulse für die Lehrerbildung. Grünwald. – Würker, A. (2005): Psychoanalytisch orientierte Selbstreflexion in der Ausbildung von Lehrerinnen und Lehrern. Manuskript. TU Darmstadt. – Zfl (2002): http://www.zfl.uni-bielefeld.de/arbeitsbereiche/sachunterricht/perspektive_su.pdf.

2.2 Aufgaben und Ziele des Sachunterrichts

11| Aufgaben und Ziele des Sachunterrichts
Walter Köhnlein

1 Begriff und Einordnung

Die Aufgaben und Ziele des Sachunterrichts beziehen sich in einer inhaltlich akzentuierten Weise auf Wissen, Können und Verstehen sowie auf Haltungen wie Moralität und Sachlichkeit, darüber hinaus aber auch auf Steigerung der Lernfähigkeit und die Bereitschaft, einen kritischen Bezug zu sich selbst und zur außersubjektiven Welt einzunehmen und schließlich selbständig Orientierungen zu gewinnen.

Aufgaben sind zunächst solche, die in Richtlinien und Lehrplänen formuliert und die nach den gegebenen Möglichkeiten erfüllbar sind sowie gerechtfertigten Zielen zugeordnet werden können.

Ziele und ihnen zugehörige Aufgaben werden zudem in der didaktischen Forschung nach Maßgabe bestimmter Prämissen (wie sie z.B. mit dem Bildungsbegriff gegeben sind) und Erkenntnisse als Möglichkeiten erkannt, ausgearbeitet und formuliert.

Damit ist schon angedeutet, dass fach- bzw. lernbereichsspezifische Ziele und Aufgaben in einem begründbaren Wechselverhältnis zu allgemeinen, von der Verantwortung der Gesellschaft für die nachwachsende Generation getragenen Entscheidungen über Bildung und Erziehung stehen müssen.

1.1 Grundlegung der Bildung

Der Bildungsauftrag ist mit der Grundschule seit ihrer Einführung fest verbunden. Bereits in den preußischen „Richtlinien zur Aufstellung von Lehrplänen für die Grundschule" sind Grundlegung und Weiterführung der Bildung sowie Stärkung der Kinder als übergreifende Aufgaben formuliert (Ministerium für Wissenschaft, Kunst und Volksbildung 1921, S. 186). Mit dem Umbruch von der Heimatkunde zum Sachunterricht am Ende der 60er Jahre des 20. Jahrhunderts verlagerte sich die Akzentuierung auf die *Inhalte grundlegender Bildung* (Lichtenstein-Rother 1970) und auf *Aspekte grundlegenden Lernens,* wobei der „propädeutischen Funktion für den Fachunterricht" und der „Erschließung der Lebenswirklichkeit" als Basis für „Welt- und Selbstverständnis" sowie für eine „Erziehung zum mündigen Bürger" besondere Aufmerksamkeit gewidmet wird (Rabenstein 1985).

Generell sind Aufgaben und Ziele des modernen Sachunterrichts durch seinen Beitrag zu *grundlegender Bildung* bestimmt (Klafki 1992; Einsiedler 2000). Im Begriff der Bildung kommt die doppelseitige Verpflichtung der Schule und des Unterrichts, nämlich gegenüber dem Individuum und der Gesellschaft, zum Ausdruck. Bildungswirksam wird der Sachunterricht durch die gestaltende Erschließung der Welt, in der das Kind den Widerstand der „Gegenstände" erfährt, die es nicht allein nach seinen aktuellen oder subjektiven Interessen bestimmt, sondern die in gewissem Maße auch Universalität repräsentieren, d.h. die in einer Kultur dominierenden oder sogar einen Kulturkreis überschreitenden Objektivationen des menschlichen Geistes. Dabei ist von Bedeutung, dass mit der Erarbeitung von Wissen die Besinnung auf das Verhältnis der Lernenden zu dem Gelernten verbunden wird. Der Bildungsbegriff bezieht sich auf eine Wechselwirkung: Durch *Lernen* erschließt sich das Kind eine dingliche und geistige Wirklichkeit und wird zugleich erschlossen für diese Wirklichkeit (Klafki 1965, S. 43). Lernerfahrungen verbinden Kind und Sache.

Die gesellschaftliche Bedeutung der Bildung zeigt sich wesentlich in dem Erfordernis von gemeinsamen Kompetenzen und normativen Übereinstimmungen in einer Kultur, also darin, dass ein Grundbestand an gemeinsamen Werten und Sinngefügen geschaffen werden muss, der auch „multikulturelle Unterschiede" überwölbt und die individuelle Verarbeitung „kultureller Komplexität" erst ermöglicht. Deshalb muss grundlegende Bildung eine *Bildung für alle* sein und die jungen Menschen in größeren kulturellen Zusammenhängen heimisch werden lassen.

Der Auftrag des Sachunterrichts ist *Bildung durch die klärende Auseinandersetzung mit Sachen.* Unter dem Leitmotiv von Bildung erhält diese Auseinandersetzung einen über den Aufbau von Wissen, Können und Leistungsfähigkeit hinausreichenden Sinn, der sich wesentlich auf das Werden der Persönlichkeit und die Befähigung zu verantwortlichem Handeln bezieht (vgl. Köhnlein & Lauterbach 2004).

1.2 Einführung in Sachverhalte

Sachunterricht führt in den Bereich der „Sachen" ein. Gemeint sind damit nicht nur Gegenstände und Zustände der physischen Welt, sondern auch solche unseres Denkens, Sprechens und Handelns, also Bewusstseinszustände und soziale Beziehungen sowie Vorstellungen, Theorien, Wissensbestände und Intentionen, Werte und Normen. Jede Sache steht in einem Netz von Zusammenhängen; durch die Hervorhebung eines bestimmten *Sachzusammenhangs* oder einer Perspektive wird ein *Sachverhalt* charakterisiert, über den man Aussagen machen kann.

Die Sachen des Sachunterrichts sind die Sachen in der Sphäre des Menschlichen als Gegenstände engagierter Auseinandersetzung in sozialen Interaktionen; dabei sind Emotion und Kognition gleichermaßen von Bedeutung.

Sachunterricht lässt sich nun näher bestimmen als der Bereich in der Grundschule, der die Kinder in ihrer Weltwahrnehmung unterstützt und ihrer Weltdeutung Richtung und Methode gibt. Er soll den Lernenden ihre soziale, natürliche und technische Welt erschließen und sie befähigen, in gegenwärtigen und zukünftigen Lebenssituationen zunehmend kompetent zu handeln. Er nimmt Erfahrungen und ursprüngliche Ansätze der Wirklichkeitserkundung der Kinder auf und führt sie weiter zu gesicherten Formen des Wissens und Könnens. Sein generelles Ziel ist es, die Kinder zu einem beginnenden Verstehen ihrer Lebenswelt zu führen sowie tragfähige Grundlagen zu schaffen für eine verantwortliche Teilnahme an der Kultur. Dabei ergibt es sich, dass er auf die Sachfächer der weiterführenden Schulstufen vorbereitet. Als Lehre von den Sachen ist er auf das Erklärungswissen der Wissenschaften angewiesen.

1.3 Aufbau von Haltungen

Erziehung geschieht im Sachunterricht in der Auseinandersetzung mit Sachen durch Maßnahmen und Prozesse, die Bildung ermöglichen und einleiten; sie bezieht sich auf Prinzipien, die der Sachunterricht mit anderen Fächern teilt, wie Mitmenschlichkeit und Verantwortungsfähigkeit, Rationalität und Objektivität, Gedanklichkeit und Einsichtigkeit. Das Spezifikum einer von der Leitidee der Bildung bestimmten Erziehung ist im Sachunterricht die Erziehung zur Sachlichkeit (vgl. Kahlert 2005, S. 54, 110ff., 134ff.).

[1] *Sachlichkeit* als wichtiges Moment des Bildungsprozesses schließt in je eigener Weise die genannten Prinzipien ein. Als „Mitvollzug" der einer Sache „selbst eigenen sinnhaften Struktur" (Hengstenberg, zit. n. Soostmeyer 1998, S. 270f.) ist sie ein Urphänomen menschlicher Haltung, die durch Lernprozesse erzeugt, differenziert und als Verpflichtung erkannt wird.

Sachlichkeit enthält stets ein subjektives Moment und ist mit Gefühlen, speziell mit Motiven verknüpft. Aber diese Gefühle bleiben nicht blind, sondern werden als solche erkannt; eigene Wahrnehmungen und Interpretationen werden im Hinblick auf Nachvollziehbarkeit durch andere geprüft und geläutert. Sachlichkeit betrifft also außer den Dingen der Welt auch den Umgang des Kindes mit sich selbst und mit anderen. In sozialen Beziehungen gehört zur Sachlichkeit die *Mitmenschlichkeit,* und durch die Einbeziehung des Subjekts wird es möglich, eine Sache als ein Gut oder eine Pflicht zu erkennen und das Prinzip Sachlichkeit mit dem *Prinzip Verantwortung* oder mit Ethik überhaupt zu verbinden.

[2] *Haltungen,* die im Sachunterricht anzubahnen sind, beziehen sich neben den genannten Prinzipien auf *Moralität,* die Inbegriff der verbindlichen Sollensregeln der Zusammenlebenden ist. Die Einführung in eine ethisch fundierte Moralität geschieht weitgehend durch das „verborgene Curriculum" der Sozialerziehung im alltäglichen Umgang, aber auch in bewusster Prüfung und Wahrnehmung von Sollensregeln als Themen des Unterrichts.

[3] Generell soll der Sachunterricht den Kindern eine *rationale und ethische Orientierungsleistung* in der Welt der Erfahrung und des Wissens ermöglichen. Damit verbunden ist immer eine *Förderung der geistigen Entwicklung,* eine *Erweiterung von Freiheitsspielräumen* und ein *Beitrag zum Welt- und Selbstverständnis des Menschen.*

[4] Verpflichtende Normen, die auch durch die unterschiedliche kulturelle Herkunft der Schülerinnen und Schüler nicht berührt werden, sind die Grundrechte, die in den ersten Artikeln des Grundgesetzes formuliert sind. Sie betreffen im Rahmen des Sachunterrichts insbesondere die Menschenwürde, die Persönlichkeitsrechte, die Gleichberechtigung und die Glaubensfreiheit.

Darüber hinaus soll speziell der Sachunterricht durch Lehre, die Wissen schafft (z.B. über Aids, Umweltprobleme), und Reflexion über Sinn und Bedeutung von Normen des Verhaltens (z.B. Regelungen in unserer Klasse) *Entscheidungskompetenz* aufbauen. Das betrifft auch die Anbahnung und Förderung des Bewusstseins der Mitverantwortung im Hinblick auf das soziale Umfeld und die physische Umwelt (Köhnlein 1991; Fischer 2000).

2 Spezifische Aufgabenbereiche

Inhalte und Gestaltungsformen des Unterrichts werden im Rahmen einer pädagogisch-didaktischen Grundkonzeption durch das *Curriculum* bestimmt. In der curricularen Perspektive tritt der Grundlegungsauftrag des Sachunterrichts in den Blick. Er bezieht sich speziell auf die Initiation von Interessen, auf die Erarbeitung von Möglichkeiten des Weltzugriffs und auf den Aufbau tragfähiger Vorstellungen, insbesondere auch solchen, welche die Lebenswelt der Kinder nicht vermittelt, und schließlich auf die Kultivierung der Lernfähigkeit.

2.1 Dimensionen und Perspektiven des Weltzugriffs

Eine Hilfe für die Auswahl von Inhalten hat die Kultusministerkonferenz (KMK) in einem Bericht über „Tendenzen und Auffassungen zum Sachunterricht der Grundschule" gegeben (Sekretariat der Ständigen Konferenz der Kultusminister 1980). Dort ist ein brauchbarer Satz von Auswahlkriterien genannt: *Zugänglichkeit, Bedeutsamkeit und Ergiebigkeit*. Nach Maßgabe dieser Kriterien kann jeder potenzielle Unterrichtsinhalt auf seine Relevanz für den Sachunterricht geprüft werden.

[1] Strukturierende Funktion im inhaltlichen Bereich haben die auf fachliche und fächerübergreifende Probleme und Zusammenhänge bezogenen *Dimensionen des Sachunterrichts*. Sie bezeichnen Felder der Teilhabe der Kinder an der heimatlichen Lebenswelt und kulturellen Vielfalt, an der Geschichte des Gewordenen, an der Landschaft und ihrer Gestaltung, an wirtschaftlichem Handeln, an vielfältigen sozialen Bezügen und politischen Regelungen, an Phänomenen der physischen Welt, an technischen Einrichtungen und Nutzungsmöglichkeiten, an der lebendigen Natur, an ökologischen Einsichten und Handlungsimperativen. Als curriculare Akzentuierungen im Rahmen der *Einheit des Sachunterrichts* ermöglichen es diese Dimensionen des Weltzugriffs, die Welterfahrung der Kinder im Hinblick auf kulturell bedeutsame Aspekte auszudifferenzieren (vgl. Köhnlein 1990, 1998; Kahlert 1998, 2005). Sie sind verbunden mit einer *Einführung in methodisches Denken und in eine „erkennende Beziehung zur Welt"* (Langeveld 1960, S. 104).

[2] Um Forderungen nach einem verbindlichen Kerncurriculum eine inhaltliche Substanz zu geben, hat die Gesellschaft für Didaktik des Sachunterrichts (GDSU) einen „Perspektivrahmen Sachunterricht" vorgelegt, in dem der Bildungsanspruch und die vielfältigen Aufgaben des Faches akzentuiert und Kompetenzen als Zielkategorien angegeben werden (GDSU 2002). Neuere Lehrpläne greifen auf diese Vorschläge zurück.

[3] Aus der Unterscheidung von fachlichen Perspektiven und lebensweltlich orientierten Dimensionen hat J. Kahlert das insbesondere für die Unterrichtsplanung fruchtbare, konstruktivistisch beeinflusste Modell der *„didaktischen Netze"* entwickelt (vgl. Kahlert 2005, S. 221 ff.).

[4] Im Aufgabenprofil des Sachunterrichts sind der *Aufbau von Wissen und Können* (Kompetenzen), die *Öffnung von Denkräumen* (Weltverstehen), das Erfassen von *Repräsentationsformen und Kategorien* (Konzepte), die Einführung in *Problemlösungsstrategien und Arbeitstechniken* (Verfahren und Methoden) und die Anbahnung von *Haltungen* (Werte und Normen) in gegenseitiger Abhängigkeit eng miteinander verbunden. Dies gilt übergreifend für alle Dimensionen, Perspektiven und aktuellen Einzelfelder wie Umwelt-, Verkehrs- oder Gesundheitserziehung. Immer sollte die Aufmerksamkeit der Lehrenden auf Möglichkeiten der plan-

vollen und der situativen *Mitwahrnehmung* und Verknüpfung von Momenten aus verschiedenen Themenbereichen gerichtet sein. So kann etwa im Rahmen einer Unterrichtseinheit über die örtliche Tapetenfabrik (Soostmeyer 1998, S. 221–225, S. 312) der Begriff der Arbeitsteilung, das Denkmodell der industriellen Fertigung, die Technik rationeller Arbeit in der Gruppe und (wie im zitierten Fall) das Finden einer gerechten Bewertung der Leistung (Köhnlein 1991) – geknüpft an ein konkretes Beispiel – in das Denken der Kinder eingeführt werden. Mitwahrnehmung öffnet den Unterricht insbesondere für gesellschaftliche, ästhetische und ethische Bezüge des Wissens und Könnens und bewahrt ihn vor eindimensionaler Enge.

2.2 Wissen und Können

Der Aufbau von Wissen und Können benötigt tragfähige Darstellungsformen und Kategorien des Denkens, er ist auf die „Anstrengung des Begriffs" und auf wiederholbare Verfahren angewiesen; die Arbeit an der Widerständigkeit der Sache, auf die man sich problemlösend einlässt, fördert Haltungen im Sinne philosophisch-ethisch begründbarer Prinzipien.

Beim Aufbau von Wissen und Können überlagern sich Kumulation und Strukturierung. *Kumulation* bedeutet, dass in außerschulischen wie auch in unterrichtlichen Situationen zuerst einzelne Erfahrungen und Wissenselemente an konkreten Fällen episodisch aufgenommen und gesammelt werden. Episoden haben den Charakter von Erlebnissen, die (z.B. durch Reflexion) zu Elementen des individuellen Bewusstseins werden; sie sind „Kristallisationskerne", an die sich weiteres Suchen und Lernen anschließt. Als Bedeutungsträger geben sie dem Wissen seine anschauliche Substanz. Episodisches Lernen führt zunächst zu punktuellem Wissen; ein Lernfortschritt besteht darin, dass es einer übergreifenden Vorstellung, einem Begriffs- oder Handlungskonzept zugeordnet wird oder ein solches begründet. Sachunterricht sollte solche Lernepisoden von exemplarischer Qualität in großer Zahl herbeiführen, damit das Lernen inhaltlichen Reichtum bekommt.

Die weiterführende Aufgabe besteht in der *Strukturierung*, d.h. dem Aufbau von Zusammenhängen. Eine wesentliche Leistung des Sachunterrichts ist das Ordnen von Wissenselementen zu tragfähigen Vorstellungen und Begriffen. Sie kann vor allem im Gespräch und im Entwerfen von Begriffsnetzen erbracht werden, in dem Bemühen um Zuordnungen, um Bezeichnungen, um Verstehen und das Gelingen einer Aufgabe (vgl. Lauterbach, Köhnlein, Spreckelsen & Klewitz 1992).

2.3 Weltzugriff und Denkräume

Der Bildungswert und damit der pädagogische Sinn des Sachunterrichts zeigt sich darüber hinaus in jenen Aufgaben, die über den Aufbau von Kompetenzen hinausweisen. Sie bestehen vorzüglich darin,
- mit den Kindern *Anfänge und Möglichkeiten des Weltzugriffs und Weltverstehens* zu erarbeiten, die sich über die je situativ gegebene Lebenswelt hinaus in den Domänen des gesellschaftlichen, historischen, geografischen, ökonomischen, physikalischen und chemischen, technischen, biologischen und ökologischen Weltbezugs konstituieren.
- *den Kindern Denkräume und Interessensgebiete zu öffnen, die Entwicklung des sachbezogenen Wissens und Denkens sowie des verständigen Handelns zu fördern und an einer angemessenen Sprachfähigkeit mitzuarbeiten.*

2.4 Repräsentationsformen und Kategorien

[1] Es gibt verschiedene Möglichkeiten der Erschließung eines Sachverhaltes und seiner Repräsentation durch die Lernenden. Dabei kommen dem *Handeln*, der *bildlichen Darstellung* und der *Sprache* eine hervorragende Bedeutung zu. Bruner hat im Anschluss an Piaget drei aufeinander aufbauende Repräsentationsformen für Unterrichtsinhalte vorgeschlagen. Die Aneignung, Verarbeitung und Präsentation des Wissens geschieht demnach
- in der Weise des handelnden Umgangs *(enaktive Repräsentation)*, z.B. beim Spiel, im Explorieren und Erproben von Eigenschaften bestimmter Materialien, Werkzeuge, Geräte, beim Untersuchen von Phänomenen der physischen Welt, aber auch in szenischen Gestaltungen und hinweisenden Gesten,
- im Medium von realen und virtuellen Bildern, in Skizzen, grafischen Darstellungen, Modellen usw. (ikonische Repräsentation),
- durch Begriffe, Symbole, Zeichen(-systeme), gedankliche Operationen und mathematische Kalküle (symbolische Repräsentation) (Bruner 1974, S. 49).
[2] *Interpretationsmuster, Denkmodelle und Begriffe* dienen der kategorialen Durchdringung der Wirklichkeit. Sie werden als Mittel der Erschließung von neuen Einsichten und als Träger von Erkenntnissen individuell konstruiert, aber immer im Austausch mit anderen Menschen und im Zugriff auf die sozialen und physischen Gegebenheiten. In ihrem Rahmen werden Inhalt und Organisation der Vorstellungen der Kinder („Konzepte") grundlegend bestimmt, gespeichert und dargestellt. Die Möglichkeit der Einordnung schafft Befriedigung sowie Orientierungs- und Handlungsspielräume.
Interpretationsmuster sind z.B. Vorstellungen von (linearen) Aufeinanderfolgen, die sich etwa im Begriff der „Nahrungskette" ausdrücken oder, wenn die zyklische Struktur dominant wird, im Begriff des „Kreislaufs" (Wasser-, Blut-, Stoff-

kreislauf). Der Tages- und Jahreskreislauf betonen die „Wiederkehr des Gleichen", das doch immer wieder neu und herausfordernd ist.

Denkmodelle sind wesentliche Interpretations- und Erklärungshilfen. An der Wippe erkennen wir die *Wechselwirkung*, die – weniger stringent – auch in sozialen Prozessen auftritt (Rede und Gegenrede; „wie du mir, so ich dir"). Das gut zu beobachtende Trocknen der Wandtafel wird einleuchtender, wenn wir annehmen, dass Wasser-*Teilchen* von der Luft aufgenommen werden; damit sind sie aber nicht „verschwunden", sondern sie bleiben *erhalten* und können sich an kalten Gegenständen niederschlagen (Brillen oder Flaschen aus dem Kühlschrank „beschlagen sich").

Begriffe sind Ergebnisse und Werkzeuge rationaler, über die sinnliche Wahrnehmung hinausgreifender Denkprozesse. Sie dienen dem Begreifen; sie fungieren als akzentuierte gedankliche Verknüpfungen bedeutungsvoller Beziehungen in einem Netz von Merkmalen oder sie entsprechen einer bestimmten Behandlung einer Sachlage. Wovon man einen Begriff hat, das kann man von anderem unterscheiden. Begriffe repräsentieren das (für längere Zeit) Gleichbleibende im Wechsel der konkreten Erscheinungsformen (z.B. „Verantwortung"). Sie bewahren und repräsentieren Erkenntnisse, die auch intersubjektiv verfügbar sind (vgl. Lompscher, Schulz, Ries & Nickel 1997, S. 230ff.).

Für die Begriffsbildung im Sachunterricht kommt es darauf an, eine hinreichende Anzahl genügend repräsentativer Beispiele kennenzulernen und schließlich dem Fokus des Begriffs zuzuordnen („auf den Begriff bringen"), d.h. Vorstellungen aufzubauen, die dann begrifflich gefasst werden. Außerdem lassen sich die Beziehungen zwischen den Begriffskomponenten in Bedeutungsnetzen auch grafisch darstellen (vgl. Aebli 1983, S. 255ff.; Einsiedler 1985).

2.5 Problemlösungsstrategien und Arbeitstechniken

Grundlage für die Methodenkompetenz bei der Bewältigung von Sachproblemen und für ein zunehmendes Methodenbewusstsein der Lernenden sind insbesondere Verfahren der Problemlösung und Arbeitstechniken. Sie müssen im Unterricht sorgfältig erarbeitet, vielfach angewandt und in ihrem Ablauf bewusst gemacht werden, damit sie als Handlungspläne habitualisiert und flexibel auf neue Gegebenheiten übertragen werden können. Auf den Wissenserwerb und die Begriffsbildung sowie auf den Aufbau konzeptueller und prozeduraler Fähigkeiten hat das Lösen von Problemen einen nachhaltigen Einfluss (vgl. Einsiedler 1985 und 2001; vgl. Giest in diesem Band, Nr. xx).

[1] *Problemlösungsstrategien* gehen ursprünglich von der Methode von Versuch und Irrtum aus und werden schon von ungeschulten Kindern angewandt (Wagenschein 1990, S. 11; Popper 1995). In differenzierter Form bilden sie ein Verfahren, das sich in den Natur- und Sozialwissenschaften bewährt hat. Im Sachunter-

richt gehen die Erkundung der Welt und speziell forschendes Lernen von Fragen oder *Problemen* aus und folgen einem charakteristischen Ablauf des Denkens und Handelns: *Vermutungen* stellen einen möglichen Zusammenhang zwischen der Ausgangssituation und denkbaren Lösungen her. Diese Lösungsversuche müssen kritisch überprüft und schließlich (z.B. durch Beobachtungen, Befragungen, Experimente) vorläufig *bestätigt* oder als nicht zutreffend *ausgeschieden* (eliminiert) werden. Unzutreffende Vermutungen sind dann durch neue zu ersetzen; erfolgreiche Lösungsversuche können zu neuen Fragen führen.

[2] *Arbeitshaltungen und -techniken* sind für den Sachunterricht selbst und für das weiterführende Lernen in den Sachfächern unentbehrlich; sie müssen planvoll eingeführt und geübt werden. Sie beziehen sich insbesondere
– auf Fähigkeiten sachbezogener Zusammenarbeit und Kommunikation,
– auf sinnentnehmendes Lesen und das Suchen nach Informationen, z.B. in Nachschlagewerken und (elektronischen) Medien,
– auf alles, was für die Bearbeitung von Sachverhalten und die Darstellung von Ergebnissen gebraucht wird, z.B. das Ordnen und Aufbereiten von Materialien und Informationen, das Fertigen von Zeichnungen und Sachskizzen, das Planen, Ausführen und Auswerten von Experimenten, das Schreiben von Texten und Arbeitsberichten, das Erstellen von Tabellen und Diagrammen.

3 Zielperspektiven

Die Ziele des Sachunterrichts beziehen sich zunächst auf die genannten Aufgabenbereiche und Prinzipien des Bildungsprozesses. Maßgeblich sind darüber hinaus Leitziele wie *Mündigkeit* und *Handlungskompetenz, Kommunikationsfähigkeit* und *Kooperationsbereitschaft.* Hinzu kommen Bildungsgrundsätze wie *Weltinteresse wecken* und *Verstehen lehren.* Die damit verbundenen Zielperspektiven sollten bei vielfältigen Gelegenheiten verfolgt werden.

3.1 Epochaltypische Schlüsselprobleme und Funktionsziele

[1] W. Klafki hat in seiner Reflexion auf eine zeitgemäße Allgemeinbildung sechs „epochaltypische Schlüsselprobleme" als Zielperspektiven genannt, die weit über den Grundschulbereich hinausreichen, zu denen aber bereits im Sachunterricht in exemplarischer Weise, d.h. an geeigneten Beispielen, Zugänge geschaffen werden können. Sie betreffen
– die Frage von Krieg und Frieden,
– die Umweltfrage und das ökologische Bewusstsein,
– das rapide Wachstum der Weltbevölkerung und die damit verbundene Not in vielen Ländern,
– die gesellschaftlich produzierte Ungleichheit,

– die Gefahren und Möglichkeiten der neuen technischen Steuerungs-, Informations- und Kommunikationsmedien,
– die Erfahrung der Subjektivität, der mitmenschlichen Beziehung, der Liebe, des Mitleids und des Verzeihens. (Klafki 1992, S. 18ff.).
[2] Bildender Sachunterricht vermittelt über Stoffziele hinaus Erfahrungen und Einsichten, die vor allem durch Reflexion über die gemeinsame Arbeit gewonnen werden können. Sie lassen sich als *Funktionsziele* formulieren und beziehen sich u.a. auf das Lösen von Konflikten, auf Zusammenarbeit in der Gruppe, aber auch auf die Unterscheidung von Meinen und Wissen oder auf Arbeitsstrategien und Erkenntnissicherung (Köhnlein 1998).

3.2 Verstehen lehren

Nachhaltiges Wissen, zu dem der Unterricht den Kindern verhelfen soll, ist ein Wissen, das aus eigenen geistigen Aktivitäten entsteht. Der Aufbau eines solchen Wissens enthält notwendig *Akte des Verstehens;* sie zeigen sich in dem Bemühen, unsere Wahrnehmungen und Gedanken einheitlich zu ordnen und Zusammenhänge herzustellen, Strukturen zu erfassen und Sachverhalte auf etwas Einfacheres oder schon Bekanntes zurückzuführen, sie auf Interpretationsmuster, Denkmodelle und Begriffe zu beziehen und in die eigene kognitive Struktur einzuordnen. Im Sachunterricht muss noch stärker beachtet werden, dass überall, wo es möglich ist, der Aufbau von Kenntnissen, Fähigkeiten und Fertigkeiten mit Verstehensprozessen integriert wird, also mit dem *Nachkonstruieren der fraglichen Sachverhalte in Gedanken.* Methodisch heißt das, die Kinder nicht mit vorgefertigten Ergebnissen zufriedenzustellen, sondern sich in ihre Weltsicht einzudenken, sie Probleme entdecken zu lassen und mit ihnen Wege des Problemlösens zu gehen. Von entscheidender Bedeutung ist schließlich ein Wissen und Können, das nicht nur in als sinnvoll empfundenen Kontexten gelernt wird, sondern für die eigene Vorstellungswelt produktiv und damit unter unterschiedlichen strukturellen Anforderungen verfügbar ist und dadurch Freiräume für das Individuum schafft (vgl. Lompscher et al. 1997, S. 236ff.; Wagenschein 1990; Köhnlein & Lauterbach 2004; Beispiele bei Thiel 1990 und Soostmeyer 1998; 2002).
Verstehen lehren ist eine übergreifende Aufgabe des Sachunterrichts, die umso dringlicher wird, je mehr die Lernenden darauf angewiesen sein werden, sich schnell wandelnde, oft nur medial vermittelte Kenntnisse in ein verstandenes Wissen zu integrieren.

Literatur
Aebli, H. (1983): Zwölf Grundformen des Lehrens. Stuttgart. – Bruner, J. S. (1974): Entwurf einer Unterrichtstheorie. Berlin, Düsseldorf. – Duncker, L. & Popp, W. (Hrsg.) (1996): Kind und Sache. Zur pädagogischen Grundlegung des Sachunterrichts. 2. Aufl., Weinheim, München. – Einsiedler, W. (1985): Problemlösen als Ziel und Methode des Sachunterrichts der Grundschule. In: Einsiedler,

W. & Rabenstein, R. (Hrsg.): Grundlegendes Lernen im Sachunterricht. Bad Heilbrunn, S. 126-146. – Einsiedler, W. (2000): Der Sachunterricht in der Grundschule als Voraussetzung für Allgemeinbildung. In: Hinrichs, W. & Bauer, H. F.: Zur Konzeption des Sachunterrichts. Donauwörth, S. 68-80. – Einsiedler, W. (2001): Begabung, Lernen und Unterrichtsforschung. In: Köhnlein, W. & Schreier, H. (Hrsg.): Innovation Sachunterricht – Befragung der Anfänge nach zukunftsfähigen Beständen. Bad Heilbrunn, S. 257-273. – Fischer, H.-J. (2000): Moralerziehung und Gesellschaftslehre im Sachunterricht der Grundschule. In: Hinrichs, W. & Bauer, H. F., a. a. O., S. 349-359. – Gesellschaft für Didaktik des Sachunterrichts (GDSU) (2002): Perspektivrahmen Sachunterricht. Bad Heilbrunn. – Kahlert, J. (1998): Grundlegende Bildung im Spannungsverhältnis zwischen Lebensweltbezug und Sachanforderungen. In: Marquardt-Mau, B. & Schreier, H. (Hrsg.): Grundlegende Bildung im Sachunterricht. Bad Heilbrunn, S. 67-81. – Kahlert, J. (2005): Der Sachunterricht und seine Didaktik. 2. Aufl., Bad Heilbrunn. – Klafki, W. (1965): Studien zur Bildungstheorie und Didaktik. Weinheim. – Klafki, W. (1992): Allgemeinbildung in der Grundschule und der Bildungsauftrag des Sachunterrichts. In: Lauterbach, R., Köhnlein, W., Spreckelsen, K. & Klewitz, E. (Hrsg.): Brennpunkte des Sachunterrichts. Kiel, S. 11-31. – Köhnlein, W. (1990): Grundlegende Bildung und Curriculum des Sachunterrichts. In: Wittenbruch, W. & Sorger, P.: Allgemeinbildung und Grundschule. Münster, S. 107-125 (2. Aufl. 1991). – Köhnlein, W. (1991): Werterziehung im Sachunterricht. In: Rekus, J. (Hrsg.): Schulfach Ethik. Hildesheim, Zürich, New York, S. 69-87. – Köhnlein, W. (1998): Grundlegende Bildung – Gestaltung und Ertrag des Sachunterrichts. In: Marquardt-Mau, B. & Schreier, H. (Hrsg.): Grundlegende Bildung im Sachunterricht. Bad Heilbrunn, S. 27-46. – Köhnlein, W. & Schreier, H. (Hrsg.) (2001): Innovation Sachunterricht – Befragung der Anfänge nach zukunftsfähigen Beständen. Bad Heilbrunn. – Köhnlein, W. & Lauterbach, R. (Hrsg.) (2004): Verstehen und begründetes Handeln. Studien zur Didaktik des Sachunterrichts. Bad Heilbrunn. – Langeveld, M. (1960): Die Schule als Weg des Kindes. Braunschweig. – Lauterbach, R., Köhnlein, W., Spreckelsen, K. & Klewitz, E. (Hrsg.) (1992): Wege des Ordnens. Kiel. – Lichtenstein-Rother, I. (1970): Inhalte grundlegender Bildung – Curriculum-Forschung und Richtlinien. In: Schwartz, E. (Hrsg.): Inhalte grundlegender Bildung. Frankfurt am Main. – Lompscher, J., Schulz, G., Ries, G. & Nickel, H. (Hrsg.) (1997): Leben, Lernen und Lehren in der Grundschule. Neuwied. – Ministerium für Wissenschaft, Kunst und Volksbildung (Hrsg.) (1921): Richtlinien zur Aufstellung von Lehrplänen in den Grundschulen. In: Zentralblatt für die gesamte Unterrichtsverwaltung in Preußen, 63. Jg., S. 185ff. – Popper, K. R. (1995): Wissenschaftslehre in entwicklungstheoretischer und in logischer Sicht. In: ders.: Alles Leben ist Problemlösen. München, Zürich, S. 15-45. – Rabenstein, R. (1985): Aspekte grundlegenden Lernens im Sachunterricht. In: Einsiedler, W. & Rabenstein, R. (Hrsg.): Grundlegendes Lernen im Sachunterricht. Bad Heilbrunn, S. 9-24. – Sekretariat der Ständigen Konferenz der Kultusminister der Länder (Hrsg.) (1980): Tendenzen und Auffassungen zum Sachunterricht in der Grundschule. Bonn (abgedruckt in: Einsiedler, W. & Rabenstein, R. (Hrsg.) (1985): Grundlegendes Lernen im Sachunterricht. Bad Heilbrunn, S. 117-125). – Soostmeyer, M. (1998): Zur Sache Sachunterricht. 3. Aufl., Frankfurt am Main u.a. – Soostmeyer, M. (2002): Genetischer Sachunterricht. Unterrichtsbeispiele und Unterrichtsanalysen zum naturwissenschaftlichen Denken bei Kindern in konstruktivistischer Sicht. Baltmannsweiler. – Thiel, S. (1990): Wie springt ein Ball? In: Wagenschein, a. a. O., S. 122-129. – Wagenschein, M. (1990): Kinder auf dem Wege zur Physik. Weinheim, Basel.

12| Methodisches Erschließen
Hartmut Giest

1 Formen methodischen Erschließens

Anders als beim Alltagswissen, welches situativ, in der Aktion erzeugt wird, werden die Erkenntnisse in den (Fach-)Wissenschaften nicht planlos und spontan, sondern planmäßig und methodisch kontrolliert, durch Anwendung wissenschaftlicher Methoden, gewonnen. Das gilt auch für die Aneignung von (fach-)wissenschaftlichem Wissen in der Schule.

Aus pädagogisch-psychologischer Sicht können wissenschaftliche Methoden als planmäßiges geistiges oder geistig-praktisches Handeln zum Zweck des Gewinnens und/oder Überprüfens von reflektiertem Wissen gekennzeichnet werden. Methodisches Erschließen bezeichnet dann das Anwenden von Formen planmäßigen, methodengeleiteten Erkenntnishandelns.

Handlungen zeichnen sich durch Zielorientiertheit (Intentionalität), Bewusstheit und Reflexivität aus, sie folgen einem Plan. Planloses Handeln gibt es, psychologisch gesehen, nicht.

Zu unterscheiden sind einzelfachwissenschaftliche, d.h. fachspezifische, und fachübergreifende wissenschaftliche Methoden. Im Ergebnis des Vollzugs (fach-)wissenschaftlicher Methoden (d.h. Erkenntnismethoden, denn darum geht es vor allem) werden (fach-)wissenschaftliche Kenntnisse gewonnen, die stets methodenbewusst, d.h. wiederum unter Anwendung der Handlungen zum methodischen Erschließen geprüft werden müssen.

Wissenschaftliches Denken hat Methode!

Wichtige naturwissenschaftliche Methoden und Lernhandlungen mit hoher Bedeutung für das naturwissenschaftliche Lernen sind: das *Betrachten* (systematisches Wahrnehmen und Fixieren von Naturerscheinungen – Phänomenen), das *Beobachten* (systematisches Wahrnehmen und Fixieren von Naturvorgängen), das *Messen* (Vergleich eines beobachteten Merkmals mit einer Norm – Größe, Maßzahl und Einheit), das *Beschreiben* (möglichst objektives – z.B. mit Hilfe von Messergebnissen – Darstellen von Beobachtungsergebnissen) und das *Experimentieren* (Methode zur Prüfung von Hypothesen – Verifikation, Falsifikation –, vgl. hierzu besonders Giest 2004, Hartinger 2003). Die komplexeste, anspruchsvollste, aber auch lernintensivste Lernhandlung ist das Lösen naturwissenschaftlicher Probleme, die als „Frage an die Natur" aufgefasst werden können (Giest & Lompscher 2006, vgl. auch Lankes 2001).

Wichtige Erkenntnismethoden mit Bedeutung für den gesellschaftswissenschaftlichen Bereich des Sachunterrichts sind das Rollenspiel, der Nachbau im Modell, die Simulation historischer Arbeitsweisen, der Besuch historischer Museen, die Befragung von Zeitzeugen (Interview), das Arbeiten mit historischen Quellen, die Kartenarbeit, fallbezogenes und biografisches Lernen, das Philosophieren bzw. das Entwickeln einer reflexiven Gesprächskultur, die insgesamt dazu beitragen, das kindliche Vorwissen durch gesellschaftswissenschaftliches Wissen methodisch kontrolliert und die Möglichkeiten und Grenzen der angewandten Methoden reflektierend und kontrollierend zu erweitern (v. Reeken 2003). Auch das Betrachten, Beobachten und Beschreiben zählt zu den Methoden der Gesellschaftswissenschaften, für die, wegen des oft nicht streng nomologischen Charakters ihrer Wissensbestände, weichere Kriterien bezüglich der Validität, Objektivität und Reliabilität gelten als in den Naturwissenschaften. Das darf jedoch nicht dazu verleiten, insbesondere die methodische Kontrolle, das methodische Erschließen zugunsten der puren Spekulation, mehr oder weniger aus der Luft gegriffener phantastischer, spontaner kindlicher Erklärungen, eben unwissenschaftlichen Vorgehens, zu vernachlässigen. Beispielsweise weist Schreier (Schreier 2002) auf Regeln der Gesprächsführung im Unterricht hin, deren Beachtung darauf abzielt, durch Entwicklung einer reflexiven Gesprächskultur Lernzuwachs bei den Kindern zu sichern und Beliebigkeit zu verhindern.

Hinzu kommen noch eine Reihe weiterer Lernhandlungen (Methoden), die grundlegende geistige Handlungen darstellen: Sammeln, Vergleichen, Ordnen, Klassifizieren u.a. (vgl. auch v. Reeken 2003; Hempel 1999). Diese sind in vielen Fällen Bestandteile komplexer erkenntnisorientierter Lernhandlungen und müssen, wie diese selbst, bewusst zum Gegenstand unterrichtlichen Lernens und unterrichtlicher Aneignung durch die Kinder gemacht werden.

2 Vom Alltagshandeln zum Erkenntnishandeln

Kinder sind kompetent in ihrem Lebensalltag. Ziel ihres Handelns hier ist die Bewältigung ganz konkreter lebenspraktischer Probleme, zu deren Lösung die Anwendung wissenschaftlicher Methoden nicht notwendig, oft sogar kontraproduktiv ist. Kinder greifen beim Lösen von Erkenntnisproblemen auf bisher bewährte Denk- und Handlungsstrategien zurück und gehen daher auch hier in der Regel nicht methodisch kontrolliert vor.

Wissenschaftliches Wissen wird jedoch bewusst, reflektiert, methodisch kontrolliert, eben durch Anwendung wissenschaftlicher Methoden gewonnen. Wissenschaftsorientiertes Lernen im Sachunterricht ist durch methodisches Erschließen, durch bewusstes, reflektiertes Erkenntnishandeln gekennzeichnet und verlangt als Bedingung und Voraussetzung das Aneignen der o.g. Methoden. Es erfordert explizites Lernen, indem Wissen erworben wird. Das entsprechende Lernhandeln ist für Kinder anspruchsvoll, denn durch die Bewusstseinspflichtigkeit verlangt es einen hohen kognitiven Aufwand (kognitive Kapazität und Metakognition). Andererseits hat methodisches Vorgehen den Vorteil, den kognitiven Aufwand bei der Orientierung und Regulation des Handelns (Zielbildung, Planung, Durchführung, Kontrolle und Bewertung) zu optimieren. Planloses „Handeln" ist wesentlich schwerer zu kontrollieren als das Handeln nach einem Plan. Durch Einbeziehung möglichst vieler praktischer Handlungssituationen (Beobachten, Versuchen, technisches Konstruieren bzw. Basteln u.a.) lässt sich aber ein Ausgleich zur gedanklichen Anstrengung schaffen, der nicht nur Entspannung bietet, sondern zugleich auch hilfreich sein kann, um die fachlichen Erkenntnisse wissenschaftsorientiert zu erarbeiten.

Am Beispiel naturwissenschaftlichen Lernens soll ein mögliches Vorgehen im Unterricht beim methodischen Erschließen knapp demonstriert werden (vgl. Giest 2005a, b; Lankes 2001), was mit geringen Variationen auch auf den Bereich der Gesellschaftswissenschaften zu übertragen ist:

Ausgangspunkt Lebenswelt: Den Ausgangspunkt für den Unterricht bildet die Lebenswirklichkeit, ein interessantes Alltagsproblem, bei dem bei den Kindern Erfahrungen vorliegen, welches aber naturwissenschaftlich gesehen hinreichend ungeklärt ist, um einen Erfahrungsgewinn zu erbringen. Die Kinder müssen im Unterricht die Möglichkeit erhalten, durch eigenes Handeln eine neue Wirklichkeit („für sich") zu konstituieren, Neues zu entdecken, auszuprobieren, zu erkunden, zu beobachten ... Dabei geht es nicht um Sensationen, sondern in vielen Fällen wird ein aus dem Alltag bekanntes Phänomen in einem neuen Licht betrachtet, z.B. Gewohntes verfremdet.

Phänomene hinterfragen: Aus der Begegnung mit dem Phänomen müssen Fragen erwachsen. Kinder lassen sich leicht für etwas Neues begeistern, sie hantieren gern mit Experimentiergeräten, Baukästen und Bastelmaterial. Beim naturwissenschaftlichen Lernen geht es aber weniger um das Praktische bei der Beobachtung, Messung, beim Versuch, sondern um die Erkenntnis, das Wissen, welches darüber gewonnen werden kann. Kinder lassen sich leicht für eine Versuchsanordnung oder für ein zu bastelndes Modell begeistern, doch geht das Interesse auch schnell wieder verloren, wenn es in seiner Funktion ausprobiert wurde. Bei einem naturwissenschaftlichen Versuch ist die Versuchsanordnung oder das Modell, mit dem ein Experiment durchgeführt wird, jedoch nur Mittel zum Zweck, nämlich dem, etwas herauszufinden, eine Vermutung zu prüfen, eine neue Erkenntnis zu gewinnen. Damit die Erkenntnisfunktion des Lernhandelns erlebt werden kann, müssen klare Fragen das Handeln leiten. Kinder stellen „von Natur aus" Fragen. Leider verlernen sie das in der Schule z. T. wieder. Beim methodischen Erschließen sollte das Stellen von Fragen besonders beachtet und betont werden.

Vereinfachung, Analogien – Modellieren des Naturphänomens: Da viele – vor allem technische – Fragen sehr komplex sind, viele naturwissenschaftliche Fragestellungen nur mit hohem Aufwand an den Realobjekten in der Natur untersucht werden können, zudem diese Untersuchungen sehr kompliziert und schwer zu durchschauen sind, bedarf es der didaktischen Vereinfachung. Dabei wird ein Modell gesucht, mit dessen Hilfe ein Naturphänomen oder Naturvorgang untersucht werden kann. Zu achten ist darauf, dass die Analogie zwischen dem Naturphänomen und seinem Modell für Kinder nachvollziehbar ist.

Beantworten der Frage an die Natur durch naturwissenschaftliches Handeln: Nachdem ein Modell des Naturphänomens, Naturvorganges erarbeitet wurde, wird an ihm der naturwissenschaftliche Zusammenhang untersucht (Beobachtung, Versuch), die Frage an die Natur beantwortet. Bevor die Kinder jedoch mit dem Handeln beginnen, sollte dieses gemeinsam mit ihnen geplant werden. Hilfreich ist eine geeignete Orientierungsgrundlage, die den Kindern das *Was, Wie* und *Warum* der Handlung in anschaulicher Form nahe bringt. Den Abschluss bildet die Beantwortung der gestellten Frage bzw. das Überprüfen, ob das Ergebnis der Beobachtung, des Versuches es gestattet, die eingangs gestellte Frage zu beantworten. Fällt die Prüfung negativ aus, so ist dies Anlass, eine neue Frage zu stellen und insofern für das Lernen durchaus produktiv.

Anwendung auf die Lebenswirklichkeit: Den Abschluss bildet die Rückkehr zum lebensweltlichen Problem, welches mit Hilfe des nun neu erworbenen Wissens beantwortet werden kann. Da aus dem ganz konkreten lebensweltlichen Problem eine auf Allgemeines verwiesene, verallgemeinerte naturwissenschaftliche Frage gewonnen wurde, ist die gewonnene (verallgemeinerte) Erkenntnis nun nutzbar, um eine Vielzahl von Erscheinungen, von Naturphänomenen oder solchen aus der Technik, zu erschließen. Das naturwissenschaftliche Wissen wird dabei angewandt und konkretisiert (siehe ausführlich dazu auch Giest & Lompscher 2006).

Literatur

Giest, H. (2004): Experimentieren als Erkenntnis- und Lernhandlung. Wie lernen Kinder experimentieren? In: Unterricht Arbeit + Technik, 6, 22, S. 58-61. – Giest, H. (2005a): Naturwissenschaftliches Lernen in der Grundschule. In: Grundschulunterricht, 9, S. 2-7. – Giest, H. (2005b): Erkenntnisgeleitetes Handeln. Naturwissenschaftliche Lernhandlungen. In: Grundschulunterricht, 9, S. 8-12. – Giest, H. & Lompscher, J. (2006): Lerntätigkeit – Lernen aus kultur-historischer Perspektive. Berlin. – Hartinger, A. (2003): Experimente und Versuche. In: Reeken, D. v. (Hrsg.): Handbuch Methoden im Sachunterricht. Baltmannsweiler, S. 68-75. – Hempel, M. (Hrsg.) (1999): Lernwege der Kinder. Baltmannsweiler. – Lankes, E.-M. (2001): Problemorientiertes Lernen. In: Einsiedler, W., Götz, M., Hacker, H., Kahlert, J., Keck, R.W. & Sandfuchs, U. (Hrsg.): Handbuch Grundschulpädagogik und Grundschuldidaktik. Bad Heilbrunn, S. 355-340. – Reeken, D. v. (2003): Handbuch Methoden im Sachunterricht. Baltmannsweiler. – Schreier, H. (2002): Ein Nachdenk-Gespräch führen. In: Grundschule, 10, S. 16-18.

13| Reflektiertes Verstehen
Andreas Nießeler

1 Zielsetzung verstehensorientierten Lehrens und Lernens

Obwohl „Verstehen" in der Dilthey'schen Schule als Gegenbegriff zum auf die naturwissenschaftliche Methode bezogenen „Erklären" geprägt wurde und damit einen Grundbegriff des geisteswissenschaftlichen Selbstverständnisses bildet, gehören verstehensorientierte Lehr- und Lernformen zu den Beständen der Sachunterrichtsdidaktik, die sich vor allem auf den naturwissenschaftlichen Lernbereich beziehen. Grundgelegt wird dieses Verständnis durch Martin Wagenschein und die Tradition des genetisch-sokratischen Unterrichts, dessen Leitideen einsichtsvolles Lernen und Verstehen sind. Die Zielsetzung dieser bildungstheoretisch und anthropologisch begründeten Konzeption ist abzugrenzen von einer rein belehrenden und fertige Erkenntnisse anbietenden Unterrichtung, die Wagenschein als *informatio* charakterisiert hat (vgl. Wagenschein 1999). Vielmehr soll das eigene Denkvermögen gestärkt und in einem genetischen und damit reflektierenden Lerngang Wahrnehmungen, Eindrücke, aber auch Vorkenntnisse und Sichtweisen thematisiert und aufgeklärt werden, was oftmals einen Wechsel der Sichtweise und die Umstrukturierung der vorhandenen Kenntnisse nach sich zieht. Da lebendiges, also selbständig angeeignetes und verinnerlichtes (verstandenes) Wissen ein Fundament für das Aufschließen weiterer Wissensbereiche ist, bilden verstehensfördernde Lernprozesse diejenigen Grundkompetenzen, die notwendig sind, um an einer sich schnell entwickelnden Wissensgesellschaft teilzuhaben. Zudem eröffnet Verstehen auch neue, über die Schule hinausgreifende Handlungsmöglichkeiten (vgl. Köhnlein 2001; Köhnlein & Lauterbach 2004).

2 Voraussetzungen des Verstehens

Weitgehend Einigkeit besteht darin, dass die Entwicklung des Verstehens nicht bereichsübergreifend etwa im Hinblick auf globale Veränderungen der kognitiven Struktur im Sinne Piagets beschrieben werden kann, sondern ein Prozess der Zunahme und Verbesserung der Informationsverarbeitung sowie eine Art Interpretationsgenese ist, durch die bereits vorhandene Weltdeutungen weiterentwickelt und verändert werden. Dabei fungieren subjektive wie objektive Wissensbestände, lebensweltliche Alltagsvorstellungen und sinnlich-körperliche, d.h. in einem weiten Sinne ästhetische Erlebnisse, als Voraussetzung für die Verarbeitung und Bildung neuer Erkenntnisse und für den Aufbau eines anwendbaren und verinnerlichten Wissens.

Grundlage für die Entwicklung bereichsspezifischen Wissens und damit für den Verstehensprozess sind nach dem gängigen entwicklungspsychologischen Modell (vgl. Hasselhorn & Mähler 1998) so genannte intuitive Konzepte und wissenschaftsunabhängige Theorien, die sich „spontan" (d.h. ohne systematische Schulung) in biologisch vorgegebenen Erkenntnismodulen entwickeln und sich zu relativ abgeschlossenen Wissensdomänen in den Bereichen Physik und Biologie, Psychologie, Mathematik, Kausalität, Musik und Sprache ausdifferenzieren. Aus der Sachunterrichtsforschung gibt es darüber hinaus eine Reihe von Arbeiten über mentale Modelle von Grundschülern und über Alltagsvorstellungen etwa zum Schall, zum Magnetismus, zur Optik, zu Temperatur und Wärme, zu Schatten und Licht, zu Elektrizität, zum Gleichgewicht am Hebel, zu Vorstellungen über die Erdgestalt sowie zu sozialen und moralischen Vorstellungen, zu Klassenregeln, Normen und Moralvorstellungen und zu Krieg und anderen politischen Themen. Weiterhin wurden Naturkonzepte und die Einstellung zur Natur erhoben sowie philosophische Fragestellungen bei Kindern thematisiert (vgl. allgemein Köhnlein, Marquardt-Mau & Schreier 1997). Insgesamt muss man im Bereich des Sachlernens also von lebensweltlich geprägten und individuell ausdifferenzierten Vorstellungen ausgehen, wobei die subjektiv empfundene Stimmigkeit dieser Präkonzepte nicht der objektiven Evidenz der aktuellen wissenschaftlichen Erkenntnisse entsprechen muss.

Horst Rumpf erinnert in diesem Kontext lebensweltlicher Erfahrungen an notwendige, den Verstehensprozess begleitende und diesem vorausliegende leiblich-körperliche Erlebnisse als Fundament des Weltverstehens, deren subjektive Basis und individuell symbolische Verdichtung zur „Einwurzelung" des Gelernten beitragen und deren Übergehung etwa zugunsten rein rational-kognitiver Lerngänge nicht nur zu Formen eines trägen Wissens führen, sondern auch der modernen Entfremdungsproblematik Vorschub leisten würde (Rumpf 1991).

Darüber hinaus spielt auch die Beachtung der Zeitstruktur des Verstehens eine gewisse Rolle. Da sich subjektive Verstehensprozesse nur bedingt instrumentalisieren lassen, muss genügend Zeit für das Nachdenken mit seiner manchmal auch reversibel-zyklischen Struktur eingeräumt werden, so dass die Entschleunigung von Aneignungsprozessen zumindest der Ausbildung von Missverständnissen Vorschub leisten kann. Allerdings gehören zum Verstehen auch unstete Formen wie das spontane Aha-Erlebnis oder der plötzliche Einfall ebenso wie das Beiläufige, Ungeplant-Spontane Verstehensprozesse initiieren und weitergehende Einsichten anregen kann (vgl. Scarbath 2005). Diese phänomenologisch beschreibbaren Bedingungen des Verstehensprozesses wurden in der Sachunterrichtsforschung allerdings noch kaum systematisch thematisiert.

3 Conceptual change

Der Weg der Erkenntnisbildung kann unterschiedlich beschrieben werden: Entweder man geht davon aus, dass sich das kindliche Denken allmählich (natur-) wissenschaftlichen Theorien annähert, indem bereits vorhandene Vorstellungen sinnvoll miteinander verknüpft, diese Schritt für Schritt überprüft, gegebenenfalls verändert und neue Vorstellungen in diese Kontexte eingefädelt werden (Kontinuitätshypothese). Oder man stellt die Notwendigkeit des Perspektivenwechsels in den Vordergrund des Erkenntnisprozesses, so dass zur Bildung wissenschaftlicher Erkenntnisse zuerst eine grundlegende Revision der bestehenden Vorstellungen notwendig ist (Diskontinuitätshypothese). Inzwischen nimmt man jedoch an, dass beide Momente im Verstehensprozess eine Rolle spielen und sowohl das Subjekt der Erkenntnisbildung als auch der zu erkennende Gegenstand berücksichtigt werden muss, so dass mehr von einem Ineinander von kontinuierlichen und diskontinuierlichen Momenten ausgegangen werden kann (vgl. zur Diskussion Lauterbach, Köhnlein, Spreckelsen & Bauer 1991).

Hier hat sich der Conceptual-change-Ansatz, der in eine moderat konstruktivistische Sichtweise des Wissenserwerbs eingebettet ist, als tragfähiges Modell zur Analyse von Verstehensprozessen erwiesen. Demgemäß wird Lernen als Prozess der kognitiven Entwicklung gesehen, der von vorunterrichtlichen und lebensweltbezogenen Vorstellungen ausgehend zu wissenschaftlichen Sichtweisen führt, wobei ein Wandel der Präkonzepte stattfindet und diese in neue Interpretationskonzepte transformiert werden, sofern sie sich als tragfähig und anwendbar erweisen. Beachtet werden muss dabei auch die sprachliche Interpretationsgenese der Deutungskonzepte, d.h. die Konstruktion von Begriffen im kulturellen Kontext und im Rahmen des jeweiligen sprachlichen Horizontes.

Dabei gelten folgende vier Bedingungen für einen Konzeptwechsel (Duit 1997, S. 238):

1. Die Lernenden müssen mit den bereits vorhandenen Vorstellungen unzufrieden sein, wenn ein Konzeptwechsel einsetzen soll (*dissatisfaction*);
2. die neue Vorstellung muss logisch verständlich sein (*intelligble*);
3. sie muss einleuchtend sein (*plausible*);
4. sie muss fruchtbar sein und sich in neuen Situationen als erfolgreich erweisen (*fruitful*).

Nach Max (1997) lassen sich daraus folgende interdependente Grundelemente einer Lernkultur ableiten: Mobilisierung der individuellen Vorstellungen, Konstruktion von Kompetenz, Wissen über Wissen (etwa durch Selbstbeobachtung des eigenen Lernprozesses mit Hilfe eines Lernjournals), authentische Lern- bzw. Forschungsaktivitäten, Weiterentwicklung der individuellen Vorstellungen und multiple Konfrontationen. Im Zentrum stehen Lernaktivitäten, deren Sinn und Bedeutsamkeit von den Schülerinnen und Schülern erfahren werden kann.

Die Lehr-Lernforschung konnte nachweisen, dass ein klar strukturierter Unterricht, der Raum lässt zu selbst gesteuerten und handlungsintensiven Lernerfahrungen, Verstehensprozesse am effektivsten anbahnt. Die Strukturierung einer Lernumgebung, welche vielfältige und individuelle Explorationsmöglichkeiten sowie Formen eines dialogischen Lernens ermöglicht, ist also eine wichtige Voraussetzung für verstehensorientierte Lernprozesse (vgl. Möller, Jonen, Hardy & Stern 2002). Daneben wird aber auch wieder verstärkt die Bedeutung der Systematik der Schulfächer für den Aufbau von Verstehensprozessen diskutiert (vgl. Gardner & Boix-Mansilla 1994). Ein weiteres Forschungsfeld ergibt sich durch die Frage nach der Strukturierung, Gestaltung und Evaluation von medialen Lernumgebungen.

Berücksichtigt man den Inhalt des Verstehens, ergeben sich grundlegende Unterschiede zwischen dem Verstehen von Phänomenen der unbelebten Natur sowie deren technischer Anwendung und dem Verstehen sozialer Beziehungen, insofern Verstehen hier nur indirekt möglich ist, indem man intendierte oder unintendierte Lebensäußerungen hinsichtlich der diesen zugrunde liegenden subjektiven Vorstellungswelten, Standpunkten und Interessen auslegt. Aufgrund der Unvoraussagbarkeit in menschlichen Angelegenheiten und der Vielperspektivität menschlichen Weltbezuges sind Qualitätsmerkmale des Verstehens im Bereich der sozialen Beziehungen und des sozialen Handelns deswegen nicht der Konsens oder gar die gemeinsame Weltsicht, sondern die bewusste Einbeziehung möglicher anderer Sichtweisen und der Versuch der Perspektivenübernahme (vgl. Kahlert 2005, S. 132–134).

Insgesamt ist es für Lern- und Bildungsprozesse wenig sinnvoll, bloßes Faktenwissen anzuhäufen bzw. Einzeldaten und Informationen zu sammeln. Vielmehr muss beachtet werden, dass Lernende zu vielen Themen bereits ausgebildete und stabile Interpretationsstrategien gebildet haben, die nicht deckungsgleich mit den erwarteten wissenschaftlichen Deutungskonzepten sein müssen. Hier können sich subjektive und lebensweltliche Vorerfahrungen als förderlich, aber auch als hinderlich für den Lernprozess erweisen, wenn sich dahinter resistente intuitive Theorien verbergen, welche der Akzeptanz einer neuen Sichtweise im Wege stehen. Neues Wissen steht erst dann nachhaltig zur Verfügung, wenn es zur besseren Interpretation von Wirklichkeit dient und diese Stimmigkeit als solche vom Lernsubjekt erlebt wird, so dass sich in der Vermittlung subjektiver und objektiver Komponenten der Erkenntnisbildung die Stärke des Konzeptes eines verstehensorientierten Lehren und Lernens zeigt.

Literatur

Duit, R. (1997): Alltagsvorstellungen und Konzeptwechsel im naturwissenschaftlichen Unterricht – Forschungsstand und Perspektiven für den Sachunterricht der Primarstufe. In: Köhnlein, W. et al. (Hrsg.): Kinder auf dem Wege zum Verstehen der Welt. Bad Heilbrunn, S. 233-247. – Gardner, H. & Boix-Mansilla, V. (1994): Teaching for Understanding in the Disciplines – and Beyond. In: Teachers

College Record, 96 (2), S. 198-218. – Hasselhorn, M. & Mähler, C. (1998): Wissen, das auf Wissen baut: Entwicklungspsychologische Erkenntnisse zum Wissenserwerb und zum Erschließen von Wirklichkeit im Grundschulalter. In: Kahlert, J. (Hrsg.): Wissenserwerb in der Grundschule. Perspektiven erfahren, vergleichen, gestalten. Bad Heilbrunn, S. 73-89. – Kahlert, J. (2005): Der Sachunterricht und seine Didaktik. 2. Aufl. Bad Heilbrunn. – Köhnlein, W. (2001): Was heißt und wie kann „Verstehen lehren" geschehen? In: Kahlert, J. & Inckemann, E. (Hrsg.): Wissen, Können und Verstehen – über die Herstellung ihrer Zusammenhänge im Sachunterricht. Bad Heilbrunn, S. 55-69. – Köhnlein, W. & Lauterbach, R. (Hrsg.) (2004): Verstehen und begründetes Handeln. Studien zur Didaktik des Sachunterrichts. Bad Heilbrunn. – Köhnlein, W., Marquardt-Mau, B. & Schreier, H. (Hrsg.) (1997): Kinder auf dem Wege zum Verstehen der Welt. Bad Heilbrunn. – Lauterbach, R., Köhnlein, W., Spreckelsen, K. & Bauer H. F. (Hrsg.) (1991): Wie Kinder erkennen. Kiel. – Max, Ch. (1997): Verstehen heißt Verändern – „Conceptual Change" als didaktisches Prinzip des Sachunterrichts. In: Meier, R. (Hrsg.): Sachunterricht in der Grundschule. Frankfurt am Main, S. 62-89. – Möller, K., Jonen, A., Hardy, I., Stern, E. (2002): Die Förderung von naturwissenschaftlichem Verständnis bei Grundschulkindern durch die Strukturierung der Lernumgebung. In: Zeitschrift für Pädagogik, 45. Beiheft, S. 176-191. – Rumpf, H. (1991): Erlebnis und Begriff. Verschiedene Weltzugänge im Umkreis von Piaget, Freud und Wagenschein. In: Zeitschrift für Pädagogik 37, S. 329-346. – Scarbath, H. (2005): Der hinkende Hermes. Über Glanz und Elend unserer Bemühungen Andere zu verstehen. In: Bittner, G. (Hrsg.): Menschen verstehen – Wider die „Spinneweben dogmatischen Denkens". Würzburg, S. 179-187. – Wagenschein, M. (1999): Verstehen lehren. Genetisch – Sokratisch – Exemplarisch. 2. Aufl. Weinheim, Basel.

14| Kompetentes Handeln
Joachim Kahlert

Lehrpläne und Richtlinien weisen dem Sachunterricht vielfältige Aufgaben zu. Das Fach soll Grundlagen für die natur- und sozialwissenschaftlichen Fächer weiterführender Schulen legen und Kinder dabei unterstützen, sich in ihrer Umwelt zu orientieren und in gegenwärtigen und zukünftigen Lebenssituationen zunehmend kompetent zu handeln, verantwortlich in der Wahl von Zielen und Mitteln.

1 Handeln als reflexionsbegleitetes Verhalten

Von Geburt an entwickeln sich Menschen in tätiger Auseinandersetzung mit ihrer Umwelt. Dabei sind ihre Aktivitäten in unterschiedlichem Maße bewusst geplant und gesteuert. Spontane Reaktionen, routinisierte Fertigkeiten, wie das Abschreiben eines Textes, oder ein Verhalten, das engen Vorgaben folgt, lassen dem einzelnen Menschen wenig Spielraum, Ziele auszuwählen und über Wege

und Mittel zum Ziel nachzudenken. Um Handeln vom bloßen Verhalten oder von anderen Tätigkeiten zu unterscheiden (vgl. z.B. Aebli 1980, S. 20), kann Handlung als eine Aktivität verstanden werden, bei der die tätige Person
- eine bewusst gewählte Zielsetzung verfolgt
- über das geeignete Vorgehen nachdenkt
- ihre zielorientierten Aktivitäten durch Soll-Ist-Vergleiche selbst kontrolliert und gegebenenfalls korrigiert.
Verschiedene wissenschaftliche Disziplinen untersuchen Handlungen mit unterschiedlichen Schwerpunkten. So versucht zum Beispiel die soziologische Handlungsforschung vor allem zu erfassen, wie die Einbindung des einzelnen Menschen in seine soziale und kulturelle Umwelt die Wahl von Zielen und Mitteln beeinflusst (vgl. z.B. Balog 1998). Die philosophische Auseinandersetzung mit menschlichem Handeln fragt besonders danach, wie angesichts der Einbindung des Handelns in natürliche und soziale Umweltbedingungen individuelle Freiheit und Verantwortung möglich ist (vgl. von Wright 1994). Psychologisch orientierte Handlungsforschung untersucht Ausprägung und Verteilung individueller Handlungsdispositionen, wie Informationsaufnahme und -verarbeitung (Wahrnehmung, Denken, Lernen), Motive (Interessen, Emotionen) sowie Vorstellungen (Repräsentationen) von Zielen und Möglichkeiten (vgl. Edelmann 1996, S. 291ff.). Schließlich rückt das pädagogisch orientierte Handlungsverständnis die Befähigung zum Handeln mit den Komponenten des zielgerichteten, antizipierenden Planens, des Durchführens und des prozess- und ergebnisorientierten Bewertens in den Vordergrund (vgl. z.B. Gudjons 2001, S. 47ff.).
Keinem dieser Zugänge gelingt jedoch eine eindeutige Zuordnung aller Lebensäußerungen als Handlung oder als (Noch-)Nicht-Handlung. Dies ist nicht den Schwächen der Theorien zuzurechnen, sondern der Komplexität menschlicher Aktivität. Der Anteil reflektierenden Bewusstseins ist für einen äußeren Beobachter nicht eindeutig zu ermitteln. Wenn zum Beispiel eine Zweijährige, die sich langweilt, schreit, dann kann dies spontaner Ausdruck von Unbehagen sein oder bereits als gezielt eingesetztes Mittel zum Zweck dienen, die Aufmerksamkeit anderer zu gewinnen. Jemand, der scheinbar geistesabwesend bei einem Gespräch dabei ist, mag sich tatsächlich lediglich teilnahmslos verhalten; möglicherweise handelt er aber bewusst, um einen günstigen Moment für seinen eigenen Beitrag abzuwarten.
Weil die Übergänge zwischen bloßer Aktivität und Handlung fließend sind, macht ein Vorschlag Wolfgang Edelmanns Sinn, sich bloßes Verhalten und bewusstes Handeln als Pole auf einem Kontinuum vorzustellen (vgl. Edelmann 1996, S. 293). Eine zum wiederholten Male ausgeführte, immer gleiche Tätigkeit wird man demnach eher nicht als Handlung bezeichnen, ebenso wenig ein Verhalten, das eher von äußeren Umständen bestimmt wird, wie panische Flucht vor einer Gefahr oder wie das Ausführen einer detailliert geregelten Vorschrift. Für pädago-

gische Belange entscheidend ist es nicht, menschliche Lebensäußerungen eindeutig als Handlung oder Nicht-Handlung zu etikettieren. Vielmehr geht es darum, Menschen fähig zu machen, eigene Ziele zu erkennen und zu setzen, den Nutzen und den Aufwand abzuwägen, über geeignete Mittel und Wege zu entscheiden und diese beobachtend und prüfend umzusetzen.

Weil Handlung einen bewusst genutzten Entscheidungsspielraum bei der Wahl von Zielen und Mitteln voraussetzt, können nicht Handlungen das Ziel von Erziehung und Bildung sein. Es kommt darauf an, zum Handeln zu befähigen (vgl. die Beiträge in Köhnlein & Lauterbach 2004). Die Handlungen selbst bleiben exklusiv der Freiheit des Subjekts überlassen. Erziehung und Bildung muss sich damit begnügen, in ausgewählten Bereichen, die unter Bildungsgesichtspunkten als sinnvoll gelten, die Möglichkeiten zum Handeln zu erweitern. Solche bereichsspezifisch beschreibbaren Möglichkeiten zum Handeln werden als Kompetenzen bezeichnet.

2 Kompetenzen erwerben

In der internationalen Literatur finden sich zahlreiche Kompetenzbegriffe, die zum Teil theoriefern und mehr oder weniger willkürlich genutzt werden (vgl. Klieme et al. 2001, S. 181). Um Kompetenzen von anderen Konstrukten, mit denen personale Möglichkeiten erfasst werden, zu unterscheiden, betonen Erpenbeck & v. Rosenstiel die Fähigkeit zur Selbstorganisation (2003, S. XXIXff.). Während Fertigkeiten und Qualifikationen eher auf die Erfüllung einer mehr oder weniger eng definierten Anforderung im Rahmen standardisierbarer Abläufe bezogen sind (ebd., S. XI), beschreiben Kompetenzen das Vermögen, den Anforderungen eines komplexen Aufgabengebietes gerecht zu werden (ebd., S. XXXI). Fähigkeiten können sowohl enger aufgabenorientiert ausgelegt sein als auch, ähnlich wie Kompetenzen, stärker die Selbstorganisation betonen. Um den Unterschied zwischen Fertigkeiten und Kompetenzen mit einigen Beispielen aus dem Sachunterricht zu veranschaulichen: Eine vorgegebene Tabelle zu nutzen und an der richtigen Stelle die richtigen Angaben einzutragen, beschreibt eine Fertigkeit. Diese kann als Teil der Kompetenz angesehen werden, Informationsfülle zu strukturieren und nutzbar zu machen. Mit Werkzeugen, Instrumenten und Geräten materialgerecht umzugehen, ist eine Fertigkeit. Sie ist Teil der Kompetenz, ein Experiment zu planen und durchzuführen. Das Recherchieren von Internet-Informationen zur Vorbereitung eines Referates ist Ausdruck eines kompetenten Umgangs mit Medien. Dafür benötigt man Fertigkeiten wie das Bedienen eines PCs und das Beherrschen der nötigen Programme.

Im Anschluss an Weinert (1999) verstehen Klieme et al. unter Kompetenzen „Systeme aus spezifischen, prinzipiell erlernbaren Fertigkeiten, Kenntnissen und metakognitivem Wissen, die es erlauben, eine Klasse von Anforderungen in bestimmten Alltags-, Schul- und Arbeitsumgebungen zu bewältigen" (vgl. Klieme et al. 2001, S. 182).

In dem vorliegenden Beitrag wird vorgeschlagen, unter Kompetenz ein Fremd- und Selbstzuschreibungskonstrukt zu verstehen, das es erlaubt, die Bewältigung (mehr oder weniger klar) definierter Anforderungen in verlaufsoffenen Handlungssituationen zu erwarten und auf ein erlerntes bzw. erlernbares anforderungsspezifisches Zusammenwirken von personal verfügbaren Dispositionen, wie verschiedenen Formen des Wissens sowie Einstellungen, Motiven, Werten, Erfahrungen, Fertigkeiten, zurückzuführen.

Diese Definition geht über die von Klieme et al. hinaus, weil der Zuschreibungscharakter hier stärker betont wird. Man hat nicht nur Kompetenzen, sondern man bekommt sie zugesprochen, weil und sofern jemand wahrnimmt, dass man spezifischen Ansprüchen gerecht wird.

Der Kompetenzbegriff eignet sich als Leitbild für die Spezifizierung von handlungsbezogenen Zielen und Aufgaben gerade auch des Sachunterrichts:

– Er umschließt nicht nur Sach- und Faktenwissen (deklaratives Wissen), sondern auch Orientierungswissen und verfahrensbezogene Fähigkeiten und Fertigkeiten (prozedurales Wissen).

– Metakognitives Wissen zielt über den bloßen Erwerb von Kenntnissen und Fertigkeiten hinaus auf die Förderung des Verstehens auch der eigenen Handlungsmöglichkeiten, und damit auf ein Grundanliegen des Sachunterrichts.

– Weil Kompetenzen auf die Bewältigung von Anforderungen gerichtet sind, rücken sie den aktuellen und späteren Gebrauchswert von Lerninhalten *als Könnensziele* in den didaktischen Entscheidungshorizont. Daraus folgt, dass sich Kompetenzentwicklung angemessen nur mit Hilfe von Anwendungs- und Gestaltungsaufgaben, nicht durch bloßes Abfragen deklarativen Wissens, ermitteln lässt.

– Das Verständnis von Kompetenzen als System spezifischer Fertigkeiten richtet sich zudem gegen eine fachliche Verengung und ein bloß additives Zusammenfügen einzelner Fächer. Die erwünschten Fähigkeiten und Fertigkeiten werden zwar bereichsspezifisch und damit hinreichend trennscharf, bezogen auf ein Bündel zu bewältigender Situationen und Anforderungen, definiert. Aber sie müssen für jeweils andere Kompetenzen anschlussfähig sein und auf bereichsübergreifende Nutzung zielen.

3 Konsequenzen und offene Frage

Weil kompetentes Handeln nicht bereichsunabhängig zu fördern ist, stellt sich gerade für das inhaltsreiche Fach Sachunterricht die Frage, in welchen Handlungsfeldern Kompetenzförderung erfolgen soll. Eine Orientierung allein an den weiterführenden Schulfächern ist dabei nicht möglich, da alle Fächer gute Argumente dafür anführen können, warum gerade sie besonders gründlich in der Grundschule vorbereitet werden müssen. Daher bedarf es einer eigenständigen Didaktik des Sachunterrichts, die sich bemüht, Handlungsfelder unter Berücksichtigung bildungstheoretischer Überlegungen und empirischer Erkenntnisse über Lernen und Entwicklung zu bestimmen (vgl. Götz et al. in diesem Band Nr. 1). Konzeptionen, die unter dem Stichwort „Vielperspektivischer Sachunterricht" in diesem Band angesprochen werden, versuchen, solche bildungstheoretisch fruchtbaren Handlungsfelder systematisch zu begründen.

Wer zum Kompetenzaufbau beitragen möchte, muss beobachten, ob Lernende die erwünschte Kompetenz besitzen oder dabei sind, sie aufzubauen (vgl. Giest 2004, S. 96). Dafür ist zum einen die Formulierung von Kompetenzen und Kompetenzstufen erforderlich sowie von Aufgaben, deren Bearbeitung hinreichend zuverlässig über den Stand der Kompetenzentwicklung Aufschluss gibt. Für den naturwissenschaftlichen Lernbereich hat die Dachorganisation aller naturwissenschaftlichen Vereinigungen in den USA dafür Vorschläge unterbreitet (vgl. AAAS 1993). Kompetenzorientierte Standards für den Bereich der politischen Bildung hat die Gesellschaft für Politikdidaktik und politische Jugend- und Erwachsenenbildung (2004) vorgelegt. Der Perspektivrahmen Sachunterricht (vgl. den Beitrag „Perspektivrahmen Sachunterricht") enthält lernbereichsspezifisch formulierte Kompetenzen, die nun zu Kompetenzstufen ausdifferenziert und mit Aufgaben operationalisierbar gemacht werden müssen. Dafür können vorliegende Befunde über die Lern- und Interessenentwicklung im Sachunterricht sowie über inhaltsbezogene Schülervorstellungen herangezogen werden (vgl. Hartinger in diesem Band Nr. 16).

Literatur

Aebli, H. (1980): Denken, das Ordnen des Tuns. Band I, Kognitive Aspekte der Handlungstheorie. Stuttgart. – American Association for the Advancement of Science (AAAS) (1993): Benchmarks for science literacy. New York. Hier nach: http://www.project2061.org/publications. – Balog, A. (1998): Soziologie und die „Theorie des Handelns". In: Balog, A. & Gabriel, M. (Hrsg.): Soziologische Handlungstheorie. Einheit oder Vielfalt. Opladen, S. 25-54. – Edelmann, W. (1996): Lernpsychologie. 5., vollst. überarb. Aufl. Weinheim. – Erpenbeck, J. & Rosenstiel, L. v. (2003): Einführung. In: dies. (Hrsg.): Handbuch Kompetenzmessung. Erkennen, verstehen und bewerten von Kompetenzen in der betrieblichen, pädagogischen und psychologischen Praxis. Stuttgart, S. IX-XL. – Gesellschaft für Politikdidaktik und politische Jugend- und Erwachsenenbildung (GPJE) (Hrsg.) (2004): Anforderungen an nationale Bildungsstandards für den politischen Fachunterricht an Schulen. Schwalbach. – Giest, H. (2004): Handlungsorientiertes Lernen. In: Kaiser, A. & Pech, D. (Hrsg.): Basiswissen Sachunterricht. Band 2. Neuere Konzeptionen und Zielsetzungen im Sachunterricht. Baltmannsweiler, S. 90-98. – Gudjons, H. (2001): Handlungsorientiert lehren und lernen. 6. Aufl. Bad Heilbrunn. – Klieme, E., Funke, J., Leutner, D., Reimann, P. & Wirth, J. (2001): Problemlösen als fächerübergreifende Kompetenz. In: Zeitschrift für Pädagogik, Nr. 2, S. 179-200. – Köhnlein, W. & Lauterbach, R. (Hrsg.) (2004): Verstehen und begründetes Handeln. Bad Heilbrunn. – Weinert, F. E. (1999): Konzepte und Kompetenz. Unveröffentlichtes Gutachten zum OECD-Projekt „Definition and Selection of Competencies": Theoretical and Conceptual Foundations (DeSeCo). Manuskript:

Max-Planck-Institut für psychologische Forschung. München 1999. – Wright, G. H. v. (1994): Normen, Werte und Handlungen. Frankfurt am Main.

15| Sachgerechtes Urteilen
Hans-Joachim Müller

1 Verschiedene Formen des Urteilens – was ist Urteilen?

Die Tätigkeit des Urteilens führt zu einem Urteil.

Das Urteil selbst stellt den Ermöglichungsgrund und den zentralen Ort menschlicher Erkenntnis dar. Zu den konstitutiven Elementen des Urteils gehören seine sprachliche Form, seine logische Struktur, der geäußerte Inhalt (Urteilssinn) und die darin enthaltene Stellungnahme, die auf die Entsprechung von Urteilssinn und Sachverhalt in der Wirklichkeit zielt.

Urteilen braucht einen Gegenstand (Sache), die Erprobung von Denkweisen über diesen Gegenstand (Reflexion) und das Prüfen der Orientierungsleistungen des Gedachten.

Der didaktische Dreischritt des Entwickelns von Problemstellungen, des Erprobens von Denkweisen im Sinne des Vergleichens und Streitens über deren Gründe und des Prüfens als einer auf Vernunft zielenden Tätigkeit des Urteilens bewirkt die Entstehung eines Urteils im Sinne von *Feststellung*.

Wenn Prüfen zum Urteil führt, müssen auch Urteile notwendigerweise geprüft werden. Urteile wiederum ermöglichen die Orientierung im Denken.

Das im Sachunterricht zunehmend angewandte „Philosophieren mit Kindern" versteht sich in diesem Zusammenhang als eine in sich strukturierte Tätigkeit des Urteilens: Entwickeln, Erproben von Denkweisen, Prüfen (vgl. Fröhlich 2005).

Das Urteil ist demnach die Behauptung einer Aussage. Es existiert nur im menschlichen Bewusstsein und wird dort vom Menschen auch zu anderen Bewusstseinsinhalten in Beziehung gesetzt.

Es geht um reflektierende Urteilskraft oder um Reflexion, die ein Urteil entstehen lässt.

Für das Urteilen unabdingbare Voraussetzungen sind der stete Versuch, das Verharren in allgemeinen, konventionellen Schemata zu verhindern, Distanz zu den Dingen zu bewahren und verschiedene, vom eigenen Denken abweichende Standpunkte einzunehmen.

Dabei ist das Vorurteil wichtig. Es markiert den aktuellen Standort im Denken, es ist demnach ein vorläufiges Urteil.

Ein vorläufiges Urteil dagegen als abschließendes Urteil zu nehmen entbindet dagegen von der Aufgabe, nach den Gründen für das Zustandekommen eines Urteils zu forschen. Das aber ist die Voraussetzung, um zu begründetem Urteilen und zu Urteilsvermögen zu gelangen.

2 Formen des sachgerechten Urteilens und Bezüge zu Gegenständen des Sachunterrichts

Das sachgerechte Urteilen bedient sich der logischen Methode und schließt das moralische und ethische Urteilen ein.

Von der logischen Methode ist dann die Rede, wenn konsistente und widerspruchsfreie Zusammenhänge zwischen beliebigen, normativen Sätzen hergestellt werde. Dabei ist – auch in der Grundschule – der praktische Syllogismus (vgl. Savater 2000) besonders hilfreich. Das Urteil folgt über das Beispiel der Regel:

„Alle Menschen sind sterblich." (Regel)

„Sokrates ist ein Mensch." (Beispiel)

„Sokrates ist sterblich." (Urteil)

Die Argumentationsfigur des praktischen Syllogismus hilft aber auch, sich über die Bedeutung, Reichweite und Anwendungsmöglichkeiten bestimmter Normen bewusst zu werden, zum Beispiel im Rahmen der Verkehrserziehung als Gegenstand des Sachunterrichts:

„Gehe nie bei roter Ampel über die Straße!" (Obersatz; normativ)

„Diese Ampel zeigt rot." (Untersatz; deskriptiv)

„Gehe nicht über diese Straße!" (Schluss; Konklusion)

Je nach Inhalt bzw. Lerngegenstand werden für das sachgerechte Urteilen entsprechende Schwerpunkte gesetzt, zum Beispiel im Perspektivrahmen Sachunterricht der Gesellschaft für Didaktik des Sachunterrichts (GDSU 2002):

Wenn im Rahmen der sozial- und kulturwissenschaftlichen Perspektive sich sinn- und lebensorientiertes Lernen der Kinder auf den eigenen Lebensentwurf richtet, kommt vor allem das moralische und ethische Urteilen in Betracht.

Gleiches gilt, wenn ein kompetenter Umgang mit der Dimension „Raum" angebahnt werden soll und dabei die Einsicht erzeugt wird, dass Menschen für die Gestaltung und Veränderung von Räumen verantwortlich sind.

Auch die Wahrnehmung von Problemen im Verhältnis von Mensch und Natur wahrzunehmen, zu identifizieren und zu bearbeiten verlangt neben sachlogischem auch ethisches und moralisches Urteilen.

Wenn Kinder sich mit den Folgewirkungen von Technik, zum Beispiel mit Fragen der Umwelt- und Sozialverträglichkeit von Technik, beschreibend und bewertend auseinandersetzen (ebd.), ist vor allem ethisches Urteilsvermögen gefordert.

Die Erkenntnis, dass Bedingungen, unter denen Menschen heute leben, auch die Folge von Entscheidungen, Handlungen und Fähigkeiten von Menschen sind, die in früheren Zeiten gelebt haben, und dass das Handeln gegenwärtig lebender Menschen die Handlungsmöglichkeiten künftiger Generationen beeinflusst, bleibt ohne die Entwicklung ethischer Urteilskompetenz beliebig.

Ethisches und moralisches wie auch sachlogisches Urteilen ist auf das Finden und Darstellen „guter Gründe" angewiesen (vgl. Hastedt & Martens 1994). Dies kann geschehen durch

– Bezugnahme auf eine Tatsache: In dem Rekurs auf ein Faktum soll eine allgemeine Norm oder ein allgemeines Werturteil zum Ausdruck gebracht werden, deren Verbindlichkeit von den meisten fraglos anerkannt wird (vgl. „Wenn die Ampel rot zeigt, gehe ich nicht über die Straße.").

– Bezugnahme auf Gefühle zur Begründung der Rechtmäßigkeit einer Handlung oder der Sichtweise eines Problems: Gefühle können allerdings nicht die Verbindlichkeit etwa einer moralischen Norm beanspruchen.

– Bezugnahme auf mögliche Folgen: Der Rückgriff auf mögliche Folgen als Grund für eine Handlung ist der Kern utilitaristischer Ethik. Danach ist eine Handlung nur dann gerechtfertigt, wenn sie als diejenige Handlung ausgewiesen werden kann, die für alle Betroffenen das größtmögliche Maß an Nutzen und das geringst mögliche Maß an Schaden bewirkt.

– Bezugnahme auf einen Moralkodex beinhaltet den Rückgriff auf eine bestimmte Norm einer geltenden Moral, die von den Mitgliedern einer Gruppe (z.B. einer Religionsgemeinschaft) als hinreichend anerkannt wird.

– Bezugnahme auf moralische Kompetenz bedeutet den Rekurs auf als Autoritäten anerkannte Personen und Instanzen (Eltern, Lehrkräfte etc.).

– Bezugnahme auf das Gewissen als moralische Leitinstanz, eine generell anerkannte Form der Begründung.

– Bezugnahmen auf Tatsachen, Gefühle, mögliche Handlungsfolgen und bis zu einem gewissen Grade auf Moralkodices zur Begründung von Urteilen dürfen bei Grundschulkindern als weitgehend vorhanden unterstellt werden.

Besonders ausgeprägt erscheint die Bereitschaft, sich beim Urteilen auf Autoritäten zu beziehen.

Weniger Bedeutung besitzt dagegen die Bezugnahme auf das Gewissen als moralische Leitinstanz.

Ethische Urteilsbildung ist ein komplexer Prozess. Ethisches Urteilen thematisiert Lebenssituationen, in denen Entscheidungen anstehen. Es schließt die Berücksichtigung fundamentaler Lebensbedingungen und elementarer Lebensbedürfnisse ein und bedenkt die Folgen gewählter Handlungsweisen. Ethisches Urteilen reflektiert das eigene Wollen und die eigenen Wertvorstellungen und setzt sie in Beziehung zu den Absichten und Auffassungen anderer. Es setzt sich auseinander mit eigenen und fremden kulturellen und religiösen Traditionen.

Schließlich richtet es das Urteilen und Handeln an Wertvorstellungen und ethischen Grundsätzen eines menschenwürdigen Lebens aus und bindet damit das Streben nach persönlichem Wohlergehen an das Wohlergehen aller.

Der Sachunterricht schafft durch seine Gegenstände immer wieder Lernsituationen, in denen der komplexe Prozess ethischer Urteilsbildung erprobt und geübt werden kann.

3 Urteil, Wert, Norm

Um die mannigfaltigen Formen menschlichen Handelns bewerten und damit beurteilen zu können, benötigen Menschen (Kinder) bestimmte Maßstäbe, zum Beispiel Werte.

Werte lassen sich zunächst als persönliche Vorlieben begreifen und sind in dieser Weise auch Kindern vertraut. Allgemeine Werte sind sozial anerkannte und weit verbreitete „Vorlieben", die sich begründen und rechtfertigen lassen (vgl. Sänger 2002).

Dem Menschen erscheint etwas wertvoll, weil er bestimmter Güter bedarf, um zu überleben.

Werte steuern Handeln und helfen es zu rechtfertigen. Inwieweit Kindern im Sachunterricht Erfahrungen im Umgang mit Werten vermittelt werden können, mag ein Beispiel mit naturwissenschaftlichem und sozialem Bezug verdeutlichen: Alle Kinder erfahren, dass es für Menschen unerlässlich ist, eine bestimmte Körperwärme konstant zu halten. Die Kinder gehen im Winter auf den Pausenhof, befinden sich also in einer kalten Umgebung. Also ist es empfehlenswert und gut, wärmende Kleidung anzuziehen.

Werte und Normen sind nicht identisch. Normen haben die Funktion, die allgemeinen Werte konkret umzusetzen, sie sind gewissermaßen Werte in „kleiner Münze". Das Verhalten nach Normen bestätigt das Vorhandensein gemeinsamer Werte. Normen und Werte bestätigen und verstärken sich wechselseitig. Der Wert ist die allgemeine Zielorientierung, die Norm die konkrete Handlungsorientierung.

4 Notwendige Kompetenzen zur Entwicklung von Urteilsvermögen, Wertvorstellungen und Umgang mit Normen

Sachgerechtes Urteilen erfordert die Ausbildung kognitiver Erkenntnisoperationen. Dazu zählt vor allem die Fähigkeit, zwischen normativen und empirischen Aussagen unterscheiden zu können.

Welche Kompetenzen benötigen Kinder für die Entwicklung von Urteilsvermögen und seinen Voraussetzungen, der Herausbildung von Wertvorstellungen und dem reflektierten Umgang mit Normen?

Sinnvoll und tragfähig auch unter Berücksichtigung der verschiedenen Altersstufen in der Grundschule erscheint die Unterscheidung von Kompetenzentwicklung in den Bereichen *„Differenzierendes Wahrnehmen"*, *„Differenzierendes Denken"* und *„Differenzierendes Handeln"*.

Differenzierendes Wahrnehmen zeigt sich, indem Unterschiede, Ähnlichkeiten, Gemeinsamkeiten, Varianten, Alternativen und Handlungsspielräume wahrgenommen und Perspektiven erkannt werden können (Wahrnehmung nach außen). Das Wahrnehmen eigenen Verhaltens, eigener Werte, einer eigenen Perspektive und eigener Eigenschaften gehört zur Fähigkeit der Selbstwahrnehmung. Kinder der ersten beiden Grundschuljahre bringen auf diesem Felde bereits Kompetenzen mit. Der Schwerpunkt ihrer Entwicklung liegt ebenfalls in diesem Bereich.

Zum *differenzierenden Denken*, soweit für die Entwicklung der Fähigkeit zum sachgerechten Urteilen notwendig, zählen Formen des bestimmenden Denkens, des kausalen Denkens, der Distanznahme, des schlussfolgernden Denkens, des symbolischen Denkens sowie des selbständigen Denkens.

Das *differenzierende Handeln* erfordert die Fähigkeit, Entscheidungen vorbereiten, treffen, umsetzen und korrigieren zu können, wozu es notwendig ist, das eigene Wollen differenzieren, Hypothesen überprüfen, Varianten und Alternativen auf ihre Tauglichkeit hin untersuchen, gewichten und werten zu können. Kompetenzen in den Bereichen differenzierendes Denken und differenzierendes Handeln bringen zwar auch Kinder der ersten beiden Jahrgänge in der Grundschule mit und erwerben diese, der Vermittlungsschwerpunkt liegt jedoch eindeutig im dritten und vierten Schuljahr.

5 Schritte der (ethischen) Urteilsfindung (Schema)

Unabhängig von der konkreten Form des Urteilens lassen sich Schritte verallgemeinernd beschreiben, die den Weg markieren, der zu einem begründeten Urteil führen kann:

1. Situationsanalyse durch Feststellung der äußeren Fakten, der direkt und indirekt Beteiligten
2. Interessenanalyse durch Benennung widerstreitender Interessen, Mächte, Rollenerwartungen und genaue Bestimmung des Konflikts
3. Abwägung der Verhaltensanalyse durch Kalkulation wahrscheinlicher Handlungsfolgen im kurz- und langfristigen Sinne, Feststellung der vorhandenen Mittel, ihrer Anwendbarkeit und Verhältnismäßigkeit
4. Normenanalyse durch Reflexion der Maßstäbe (Werte), Feststellung der relevanten Normen, Gewichtung dieser Normen und Beantwortung der Frage nach Verallgemeinerbarkeit und Situationsgerechtigkeit

5. Güterabwägung durch Bestimmung des relativ kleinsten Übels bzw. des relativ höchsten erreichbaren Gutes (vgl. Adam & Schweitzer 1996).

Literatur
Adam, G. & Schweitzer, F. (Hrsg.) (1996): Ethisch erziehen in der Schule. Göttingen. – Fröhlich, M. (2005): Philosophieren mit Kindern – ein Konzept. Münster. – GDSU (Hrsg.) (2002): Perspektivrahmen Sachunterricht. Bad Heilbrunn. – Hastedt, H. & Martens, E. (Hrsg.) (1994): Ethik – ein Grundkurs. Reinbek. – Sänger, M. (2002): Philosophische Ethik. Stuttgart. – Savater, F. (2000): Die Fragen des Lebens. Frankfurt am Main.

16| Interessen entwickeln
Andreas Hartinger

1 Bedeutung von Interessen für den Sachunterricht

Der Begriff des Interesses hat in der fachwissenschaftlich-pädagogischen Verwendung eine lange Tradition. Wichtige Pädagogen wie z.b. Friedrich Herbart oder John Dewey betonen die Bedeutung von Interessen für den Unterricht. Zum Teil wird er von ihnen auch klar definiert. Auch in der Geschichte des Sachunterrichts finden sich Aussagen, dass das Interesse der Schüler/innen berücksichtigt werden soll. Eine *systematische* Verwendung oder Berücksichtigung des Interesses geschieht dort jedoch nicht.

Die aktuelle Diskussion bezieht sich fast durchgängig auf die von einer Forschergruppe um Hans Schiefele in München entwickelte Pädagogische Interessentheorie – dies gilt für die Didaktik des Sachunterrichts genauso wie für andere didaktisch bzw. pädagogisch-psychologisch orientierte Disziplinen. Insbesondere durch die Arbeiten von Andreas Krapp hat dieses Verständnis von Interesse auch Einzug in die anglo-amerikanische Forschung gehalten (Krapp 2002).

Die zentrale Grundüberlegung der Pädagogischen Interessentheorie ist die, dass es in pädagogischen Kontexten – und damit auch in Unterricht und Schule – erforderlich ist, sich mit einer Form der Motivation zu beschäftigen, die mit den allgemein anerkannten Erziehungszielen wie Bildung und Mündigkeit kompatibel ist. Die Erziehung zur Selbständigkeit – so das Argument – kann nicht durch eine überwiegend fremdgesteuerte, extrinsische Motivation geschehen. Als pädagogisch günstige Form der Motivation gilt dagegen das Interesse, welches durch folgende drei Merkmale gekennzeichnet ist (vgl. z.B. Krapp 2005):

– Der Interessengegenstand (bzw. die Interessenhandlung) hat eine *hohe subjektive Wertschätzung*. Es ist der interessierten Person *wichtig*, sich mit dem Interessengegenstand zu beschäftigen. Dies bedeutet auch, dass die Beschäftigung *freiwillig* geschieht. (Wertaspekt)

– Die Beschäftigung mit dem Interessengegenstand ist für die interessierte Person mit *positiven Gefühlen* verbunden – zumindest in der Summe. (emotionaler Aspekt)

– Die interessierte Person möchte über den Interessengegenstand mehr wissen, die Beschäftigung ist damit *erkenntnisorientiert*. Gleichzeitig hat die Person – zumindest normalerweise – ein vergleichsweise *differenziertes Wissen* über den Interessengegenstand. (kognitiver Aspekt)

Sinnvoll ist es, zwischen *situationalem* und *individuellem* (bzw. persistentem/dauerhaftem) Interesse zu unterscheiden. Individuelle Interessen sind ein vergleichsweise dauerhaftes Entwicklungsresultat; sie begleiten eine Person über einen längeren Zeitraum. Situationales Interesse hingegen ist (zumindest zunächst) nur auf eine konkrete Situation bezogen. Allerdings bildet ein solches situationales Interesse einen wichtigen, vermutlich sogar unabdingbaren Ausgangspunkt für die Entwicklung eines individuellen Interesses (für eine genauere Beschreibung der Prozesse einer solchen Interessenentwicklung vgl. Krapp 2005, S. 7).

Die Pädagogische Interessentheorie hat viele Verknüpfungen zu anderen Forschungstraditionen. Die engste Verbindung besteht zur Selbstbestimmungstheorie der Motivation (vgl. z.B. Deci & Ryan 1993; Krapp 2002). Die dort formulierte Idee der grundlegenden psychologischen Bedürfnisse bildet die Grundlage für die Fragestellung, wie Interessen (situational und dauerhaft) entstehen und erhalten bleiben können (s. dazu auch 3.).

In verschiedenen Untersuchungen hat sich gezeigt, dass Interessen positiv mit Lernerfolg korrelieren. Dabei sind die Zusammenhänge umso höher, je anspruchsvoller die Lernanforderungen sind (vgl. zusammenfassend Schiefele, Krapp & Schreyer 1993).

Dies bedeutet, dass die *zentralen Ziele des Sachunterrichts* (vgl. dazu den Beitrag von Köhnlein in diesem Band Nr. 11), nämlich das *Verstehen* sowie die (freiwillige) *Anwendung des Gelernten* in der (außerschulischen) Lebenswelt durch interessiertes Lernen unterstützt werden sollten. Einige Befunde unterstützen diese These (vgl. z.B. Hartinger 1997). Hinzu kommt das nicht-kriteriumsbezogene Argument, dass es schon aus normativ ethischen Gesichtspunkten den Schüler/innen gegenüber wünschenswert ist, wenn diese interessiert (also freiwillig und mit positiven Emotionen) lernen. Somit ergibt sich für den Sachunterricht die Aufgabe, Interessen der Schüler/innen nicht nur aufzugreifen, sondern so weit wie möglich auch zu fördern und weiterzuentwickeln.

2 Interesse am und im Sachunterricht

Die vergleichsweise wenigen Untersuchungen, die sich mit dem Interesse von Grundschulkindern an sachunterrichtlichen Themen beschäftigt haben, zeigen durchgängig, dass die Schüler/innen ein vergleichsweise *hohes Interesse an den Inhalten des Sachunterrichts* angeben. Insbesondere das Interesse an Themen der belebten Umwelt ist sehr hoch (vgl. z.b. Hansen & Klinger 1997). Es ist jedoch auch zu konstatieren, dass der Sachunterricht (und die Grundschule allgemein) vergleichsweise selten der Auslöser von individuellen Interessen ist (Fölling-Albers 1995). Schüler/innen empfinden zwar den Unterricht als relativ interessant, dieses situationale Interesse wird jedoch nur selten dauerhaft.

Wichtig ist zudem, dass das Interesse am Sachunterricht nicht nur durch den Inhalt geprägt ist. Für die Einschätzung der Interessantheit des Sachunterrichts sind die Tätigkeiten, die im Unterricht durchgeführt werden, sowie die Kontexte, in die die Themen eingebettet sind, ebenso sehr von Bedeutung (vgl. Roßberger & Hartinger 2000). Dabei ist es im Allgemeinen günstiger, wenn Alltagskontexte gewählt werden oder wenn die Schüler/innen Tätigkeiten mit hoher Eigenaktivität (wie z.b. etwas konstruieren, etwas untersuchen oder Versuche machen) durchführen (vgl. Hansen & Klinger 1997).

Gerade dieser letzte Befund ist allerdings differenziert zu betrachten. So konnte z.b. in einer Untersuchung zum Thema „Strom" gezeigt werden, dass Jungen praktisch-konstruktive Tätigkeiten im Vergleich zu eher rezeptiven Tätigkeiten (wie z.b. etwas darüber zu lesen o. Ä.) als interessanter empfanden. Bei den Mädchen gab es jedoch den umgekehrten Befund (Roßberger & Hartinger 2000). Es ist zu vermuten, dass gerade für Mädchen bei Gebieten, in denen sie sich nicht so sicher fühlen, ein rezeptiver Zugang anfangs entlastend wirken kann.

Im Hinblick auf die Inhalte des Sachunterrichts zeigen sich die Genderunterschiede, die man klischeehaft erwartet. Biologische Themen (insbesondere Tiere und Pflanzen) sind für Mädchen deutlich interessanter als für Jungen – das umgekehrte Bild zeigt sich bei technischen Themen oder bei Inhalten, die dem Bereich Physik/Chemie zuzuordnen sind. Zwei Befunde sind dabei zusätzlich von Bedeutung: Zum einen ist das durchschnittliche Interesse der Jungen an den Themen, die für Mädchen besonders interessant sind, deutlich höher als das Interesse der Mädchen an den Themen, die für Jungen besonders interessant sind (Hansen & Klinger 1997, S. 111). Zum anderen finden sich diese Unterschiede zwischen Mädchen und Jungen z. T. nur, wenn man global abfragt. Im Detail kann sich das sogar umdrehen. So zeigten z.b. die Mädchen zwar deutlich weniger Interesse am Thema „Strom" als die Jungen. Beim Unterthema „Gefahren von Strom" war das Interesse der Mädchen sogar höher als das der Jungen (Roßberger & Hartinger 2000).

3 Interessenförderung im Sachunterricht

Über verschiedene Studien hinweg konnte festgestellt werden, dass für den Aufbau und den Erhalt von Interesse (gleiches gilt für die intrinsische Motivation) unabdingbar ist, dass sich eine Person als selbstbestimmt, als kompetent und als sozial eingebunden erlebt (vgl. dazu z.b. Deci & Ryan 1993; vgl. ausführlicher zur Interessenförderung Hartinger & Fölling-Albers 2002). Für den Sachunterricht bedeutet dies u.a. Folgendes:

– Die Schüler/innen sollten *Freiräume* für eigene Entscheidungen haben (vgl. dazu auch den Beitrag zur Öffnung von Unterricht von Martschinke & Hartinger in diesem Band Nr. 66).

– *Leistungsbewertungen* sollten möglichst so gestaltet sein, dass sie in erster Linie als *informierend* und weniger als kontrollierend empfunden werden (vgl. für Vorschläge dazu den Beitrag von Grittner in diesem Band Nr. 79).

– Auf *extrinsische Verstärker* (wie z.b. Belohnungen o. Ä.) sollte dann *verzichtet werden*, wenn zu erwarten ist, dass das Thema oder die Tätigkeiten an sich für die Schüler/innen schon interessant sind. Es gibt hinreichend Evidenz dafür, dass durch solche Maßnahmen vorhandenes Interesse unterminiert wird (vgl. zusammenfassend Hartinger & Fölling-Albers 2002). Gerade im Sachunterricht sollte die durch den Unterricht zu geschehende (aktive) Erschließung der Welt und damit die Sache im Vordergrund stehen.

– Die Aufgaben sollten so gestaltet sein, dass die Schüler/innen *Erfolgserlebnisse* haben können. Dies kann durch *differenzierende oder individualisierende Aufgaben* unterstützt werden. Günstig sind häufig auch Aufgaben, bei denen ein *Produkt* entsteht, das für Schüler/innen bedeutsam ist. Dabei ist darauf zu achten, dass Mädchen bei Konstruktionsaufgaben durchschnittlich mehr Zeit benötigen als Jungen.

– Die *soziale Eingebundenheit* betrifft sowohl das soziale Gefüge innerhalb der Klasse als auch das Gefühl, von der Lehrperson angenommen zu sein. Kooperative Arbeitsformen können Ersteres unterstützen – zentral ist zudem eine angstfreie Arbeitsatmosphäre.

– *Alltagskontexte* und damit zusammenhängend die Klärung, welche *Bedeutung* das zu Lernende hat, sind eine wichtige Grundlage für Interesse – gerade im Sachunterricht.

Da es aus bildungs- und gesellschaftspolitischen Gründen zu unterstützen ist, dass das *Interesse von Mädchen an naturwissenschaftlich-technischen Inhalten* besonders gefördert wird, hat der Sachunterricht hier eine wichtige Aufgabe.

Hilfreich hierzu kann sein, gerade bei technischen Themen Kontexte zu wählen, die für Mädchen besonders interessant sind (vgl. dazu die Beispiele bei Spreng & Hartinger 2005). Zum Zweiten ist hier in besonderer Weise darauf zu achten, dass das Selbstkonzept der Mädchen in diesem Bereich gestärkt wird. In diesem

Zusammenhang kann es dann auch sinnvoll sein, bei technischen Aufgaben gleich-geschlechtliche Gruppen zu bilden, um zu verhindern, dass die Jungen die Konstruktionsarbeiten an sich ziehen (vgl. dazu auch Hoffmann 1993). Ganz allgemein – dies geht über den Sachunterricht hinaus, der Sachunterricht hat hier jedoch besondere Möglichkeiten – ist unter diesem Aspekt auch darauf zu ach-ten, dass Lehrer/innen Geschlechterrollenstereotypen entgegentreten (vgl. Spreng & Hartinger 2005).

4 Perspektiven und Ausblick

Es kann festgehalten werden, dass es inzwischen recht konkrete und empirisch überprüfte Hinweise für die Gestaltung eines interessenförderlichen (Sach-)Un-terrichts gibt. Allerdings bedeutet dies nicht, dass feste Unterrichtsmuster existie-ren (vgl. Hartinger & Hawelka 2005). Insbesondere im Sachunterricht sind für die verschiedenen Themen und Bereiche unterschiedliche Zugänge gut denkbar. Hier besteht über die verschiedenen Themenbereiche hinweg noch erheblicher Forschungsbedarf. Noch weitgehend offen ist zudem die Frage, unter welchen Bedingungen sich aus dem situationalen Interesse am Sachunterricht ein dauer-haftes Interesse an den behandelten Themen ergibt. Hier ist das allgemeine theo-retische Modell der Interessenentwicklung für den Sachunterricht weiter zu diffe-renzieren und dann empirisch längsschnittlich zu überprüfen.

Literatur

Deci, E. L. & Ryan, R. M. (1993): Die Selbstbestimmungstheorie der Motivation und ihre Be-deutung für die Pädagogik. In: Zeitschrift für Pädagogik, 39, S. 223-238. – Fölling-Albers, M. (1995): Interessen von Grundschulkindern. Ein Überblick über Schwerpunkte und Auslöser. In: Grund-schule, 27, H. 6, S. 24-26. – Hansen, K.-H. & Klinger, U. (1997): Interesse am naturwissenschaftli-chen Lernen im Sachunterricht – Ergebnisse einer Schülerbefragung. In: Marquardt-Mau, B., Köhn-lein, W. & Lauterbach, R. (Hrsg.): Forschung zum Sachunterricht, Bad Heilbrunn, S. 101-121. – Hartinger, A. (1997): Interessenförderung. Eine Studie zum Sachunterricht. Bad Heilbrunn. – Hartinger, A. & Fölling-Albers, M. (2002): Schüler motivieren und interessieren. Ergebnisse aus der Forschung – Anregungen für die Praxis. Bad Heilbrunn. – Hartinger, A. & Hawelka, B. (2005): Unterrichtsmuster zur Interessenförderung? Hinweise ja, Rezepte nein! In: Grundschulunterricht, 52, H. 10, S. 9-12. – Hoffmann, L. (1993): Mädchen und Naturwissenschaften/Technik – eine schwierige Beziehung. In: Pfister, G. & Valtin, R. (Hrsg.): MädchenStärken. Probleme der Ko-edukation in der Grundschule, Frankfurt am Main, S. 114-123. – Krapp, A. (2002): An Educational-Psychological Theory of Interest and Its Relation to SDT. In: Deci, E. L. & Ryan, R. M. (Eds.): Handbook of Self-Determination. Rochester. – Krapp, A. (2005): Die Bedeutung von Interesse für den Grundschulunterricht. In: Grundschulunterricht, 52, H. 10, S. 4-8. – Roßberger, E. & Hartinger, A. (2000): Interesse an Technik. Geschlechtsunterschiede in der Grundschule. In: Grundschule, 32, H. 6, S. 15-17. – Schiefele, U., Krapp, A. & Schreyer, I. (1993): Metaanalyse des Zusammenhangs von Interesse und schulischer Leistung. In: Zeitschrift für Entwicklungspsychologie und Pädagogi-sche Psychologie, 25, S. 120-148. – Spreng, M. & Hartinger, A. (2005): Interessenförderung bei Mädchen und bei Jungen. In: Grundschulunterricht, 52, H. 10, S. 16-19.

17| Anschlussfähiges Wissen und Können grundlegen
Kay Spreckelsen

Anschlussfähigkeit kann sich auf mehrere Dimensionen beziehen, einmal in Bezug auf die Sachfächer weiterführender Schulen, zum anderen im Sinne fachübergreifenden Unterrichtens auf die anderen Teilfächer im Sachunterricht und schließlich auch auf die „Lebenswelterfahrungen und Interessen der Kinder". Es ist offensichtlich, dass sich eine Grundlegung von Methodenkompetenzen in einem Teilfach in der Regel fachübergreifend auswirken kann und dass damit auch Zugänge über „kindgemäße" integrative Themenstellungen sich als grundlegend für Anschlussfähigkeit erweisen können. Dabei sollte Anschlussfähigkeit keine „Einbahnstraße" sein. So müssen sich beispielsweise im Sinne der curricularen Kontinuität auch die weiterführenden Schulen umgekehrt darum bemühen, zu nutzen, was an sinnvollen Fähigkeiten und Kenntnissen in der Grundschule grundgelegt wurde.

1 Zur Bedeutung von Anschlussfähigkeit

Als im Jahre 1969 auf dem Frankfurter Grundschulkongress mit großer Beteiligung von Vertretern aus Praxis und Theorie der Schule der Versuch einer neuen Grundbestimmung der Grundschule vorgenommen wurde, war dieser gekennzeichnet durch den Übergang in ihrem Verständnis von einem „Schonraum einer ruhig reifenden Kindheit" zur „Grundstufe eines wissenschaftsorientierten Schulsystems". Damit sollte die Grundschule aus ihrer bildungspolitischen Sonderstellung hereingeholt werden in den größeren Zusammenhang einer curricularen Kontinuität des gesamten dreizehnjährigen Schulsystems. Damit ergab sich quasi automatisch die Forderung nach der Anschlussfähigkeit der im Unterricht der Grundschule behandelten Inhalte bzw. der dort erworbenen Qualifikationen (z.B. bezüglich Wissen und Können) im Hinblick auf die weiterführenden Schulstufen. Seinerzeit kamen gewichtige Anstöße aus der Theorie wie auch aus der Praxis der US-amerikanischen Curriculumentwicklung. Diese ging generell aus von der Zielvorstellung eines einheitlichen stufenübergreifenden Curriculums, das keine Sonderstellung für die ersten Schuljahre kannte. Beispiele im sachunterrichtlichen Bereich dafür waren „Science – A Process Approach", COPES und die „Science Curriculum Improvement Study". In diesen Curricula war die Anschlussfähigkeit gleichsam grundständiges curriculares Konstruktionsprinzip. So begründete beispielsweise Jerome S. Bruner seinen strukturbetonenden Ansatz mit dem Argument, dass strukturelles Lernen die Anschlussfähigkeit des Gelernten verbessern würde: „Eine vierte Forderung im Zusammenhang mit der Betonung der Struktur und von Prinzipien im Lehrprozess zielt auf eine ständige Überprüfung des in der Primar- und Sekundarstufe Gelehrten auf seinen grundlegenden Charakter, wodurch es möglich wird, die Kluft zwischen fortgeschrittenem und elementarem Wissen zu verengen." (Bruner 1970, S. 73)

Die Forderung nach Anschlussfähigkeit impliziert insbesondere, dass grundschulbezogenes Lernen Fehlvorstellungen bei Schülern weder festigen noch gar aufbauen darf. Magische oder mystische Vorstellungen über Abläufe in der Natur („Wo bleibt die Märchenwelt des Kindes?") haben im Sachunterricht keine Daseinsberechtigung. Animistische Naturinterpretationen sind behutsam aufzulösen. Ein Beispiel aus unseren eigenen empirischen Untersuchungen zeigt, wie wirkungsvoll selbst eine animistische Interpretation in einen sachlich fundierten Erkenntnisweg hineinführen kann: Bei dem bekannten „Flaschengeist"-Versuch wird eine ansonsten leere Glasflasche mit den Händen erwärmt. Auf dem Flaschenhals befindet sich ein Deckel (Münze o. Ä.), der die Flasche luftdicht abschließt. Die Luft in der Flasche wird also bei konstantem Volumen erwärmt, wobei (nach dem Gesetz des französischen Physikers G. Amontons, 1663–1705) der Luftdruck in der Flasche ansteigt. Ist der Druckanstieg groß genug, um den Deckel anzuheben, kann sich in diesem Moment die Luft ausdehnen und (der Überschuss) entweichen. Jetzt fällt der Deckel wieder herab, und das Spiel beginnt von Neuem. So kommt es zu einem mehrfachen Klappern des Deckels (bis zu vierzig Mal, haben Schüler gezählt!). Natürlich ist kein Geist dafür verantwortlich, aber was dann? Jetzt kommt die Schüleräußerung: „Die Luft will aus der Flasche raus." Die Reaktion des Lehrers: „Falsch!" (Die Luft hat keinen Willen, das wäre ja Animismus.) In den meisten Fällen interpretiert der Lehrer: „Die Luft dehnt sich bei Erwärmung aus." Erstens ist diese Erklärung (Gesetz von Gay-Lussac) sachlich falsch, denn die Luft kann sich ja anfangs gar nicht ausdehnen (siehe oben), und zum zweiten entspricht die Schüleräußerung viel eher dem Sachverhalt, weil die Luft eingesperrt ist und die Luftmoleküle aufgrund dieses Sachverhaltes (der Erwärmung) umso intensiver (von unten) auf den Deckel prasseln, um ihn schließlich anzuheben. Natürlich haben die Luft-Moleküle keinen „Willen", dies wäre zu hinterfragen, aber die ersten richtigen Schritte zur Erklärung des Phänomens sind in der Schüleräußerung angelegt und können später („Anschlussfähigkeit"!) vertieft werden.

An diesem Beispiel wird zugleich die Problematik sichtbar, inwieweit der Weg vom intuitiv betrachteten Phänomen zur exakten naturwissenschaftlichen Erklärung kontinuierlich, also ohne Brüche zu gehen ist. Dies setzt in der Regel ein tiefer gehendes Verständnis des Lehrers über die jeweils im Grundschulunterricht behandelten (naturwissenschaftlichen) Sachverhalte voraus, so dass (später) die erforderlichen Anschlüsse hergestellt werden können. Hier ist die Lehreraus- und -fortbildung ernsthaft gefordert.

Im Folgenden sollen einige Dimensionen der Grundlegung anschlussfähigen Wissens und Könnens diskutiert werden.

2 Grundlegung von Prinzipien

In der curricularen Diskussion der 1960er Jahre spielte die Orientierung der Unterrichtsinhalte des Sachunterrichts an grundlegenden Prinzipien (vgl. das Bruner-Zitat im vorangegangenen Abschnitt) eine wichtige Rolle. Sachlich wurden derartige Prinzipien der Struktur der den Unterrichtsinhalten jeweils zugeordneten Fachdisziplin entlehnt. Der Gedanke der „structure of the discipline" war ursprünglich von dem Biologen Joseph J. Schwab in den 1930er Jahren entwickelt und seit den 1950er Jahren durch Jerome S. Bruner verbreitet worden. Dem Lehren solcher grundlegenden Prinzipien wurde dabei eine Reihe von Vorteilen zugesprochen: Sie sollten einen Lerngegenstand eher begreifbar sowie besser behaltbar (erinnerbar) machen und zu besseren Transferleistungen führen. (Bruner 1970, S. 71ff.) Damit war zugleich auch eine herausragende Anschlussfähigkeit des Gelernten postuliert und so dem entsprechenden Grundschulunterricht die Qualität eines fundamentierenden Lernangebotes in einem wissenschaftsorientierten durchgängigen Curriculum zugesprochen. Als curricular ausgeführtes Beispiel kann hier die „Science Curriculum Improvement Study (SCIS)" von Robert Karplus angeführt werden. Grundlegende Prinzipien im Sinne dieses Ansatzes sind beispielsweise: der Begriff der Materie und ihrer Erhaltung, der Begriff der gegenseitigen Beeinflussung von Objekten sowie der Begriff der Relativität in Bezug auf räumliche Beziehungen und Anordnungen (Spreckelsen 2001, S. 91). Während das Curriculum der SCIS in den Vereinigen Staaten weitgehend in die Schulpraxis einging, haben sich entsprechende Ansätze im deutschsprachigen Raum nicht durchsetzen können.

3 Von der Transduktion zur Induktion

Bereits im Jahre 1893 formulierte William Stern in seiner Dissertation über die „Analogie im volkstümlichen Denken" die Aussage: „Eine unermeßliche Bedeutung hat die hier kurz skizzierte Analogiethätigkeit da gefunden, wo sie methodisch aus- und durchgebildet wurde, beruht doch auf ihr ein großer, vielleicht der wichtigste Teil aller pädagogischen Wirksamkeit." (Stern 1893, S. 44) Dabei bezieht er sich immer wieder auf das Kind, den Menschen „in seinen ersten Lebensstadien" (Stern 1893, S. 9). In der Folge definiert er in seiner 1914 in erster Auflage erschienenen „Psychologie der Kindheit" das so genannte transduktive Vorgehen, im Gegensatz zum deduktiven oder induktiven Vorgehen als „*Überlei-*

ten von einem Einzelurteil zu einem ihm nebengeordneten Einzelurteil" (Stern 1952, S. 357) als eine der frühesten Denktätigkeiten des Kindes, die sich übrigens bis in das Erwachsenenalter hin fortsetzt. In diesen Zusammenhang muss man (über Piaget, Bühler und Zietz) die Äußerungen Martin Wagenscheins zum kindgemäßen „ursprünglichen Verstehen" von zunächst unerklärlichen Erscheinungen (in der physischen Natur) stellen. „*Verstehen* heißt verbinden. Alles Verstehen ist relativ. Im Seltsamen (Erstaunlichen, Verwunderlichen) wird ein Gewohntes erkannt." (Wagenschein 1965a, S. 181) In diesem Prozess des Verknüpfens von Einzeltatsachen (Phänomenen) kraft Analogiebildung liegt nunmehr der Kern der Anschlussfähigkeit curricularer Inhalte. Wagenschein spricht von sich dabei bildenden „Einzelkristallen des Verstehens", die „aufbewahrt werden sollen und dann später, in dem abschließenden, nun erst ausdrücklich auf das System ausgehenden Lehrgang sich zusammenschließen" (Wagenschein 1965b, S. 195) und so vom „ursprünglichen Verstehen" zum „exakten Denken" führen.

Damit ist der Weg der Anschlussfähigkeit vorgezeichnet: Am Anfang steht die Beschäftigung mit solchen Phänomenen, die sich transduktiv verknüpfen lassen, zum Beispiel, weil ihnen dieselbe sachstrukturelle Grundlage zu eigen ist. Den Schülern muss dabei ermöglicht werden, diese Grundlage durch Analogiebetrachtung wenigstens in Ansätzen zu eruieren. Wir haben hierfür das Vorgehen in *Phänomenkreisen* vorgeschlagen (Spreckelsen 1997). Später kann sich hierauf durch Verallgemeinerung (etwa auf dem Wege der Induktion) eine Ausweitung und Fundierung des Erfahrenen in systematischen Zusammenhängen abstützen.

4 Methodenorientierung als Grundlage von Anschlussfähigkeit

In den vorangegangenen Abschnitten war die Frage der Anschlussfähigkeit unter inhaltlichen Gesichtspunkten, insbesondere der Ausrichtung an der fachdisziplinären Systematik der Sachfächer weiterführender Schulstufen behandelt worden. Schon früh entstand daneben die Betonung der Vermittlung von Methodenkompetenzen im Grundschulunterricht. Wie eine solche curricular aufgebaut werden könnte, wurde erstmalig in dem groß angelegten Curriculum „Science – A Process Approach (SAPA)" der American Association for the Advance of Science (AAAS) beispielhaft verwirklicht. In der Folge wurden auch in der westdeutschen Richtlinienentwicklung so genannte „methodenorientierte Verhaltensweisen" zu zentralen Zielen des Unterrichts erhoben. Solche Verhaltensweisen sind beispielsweise: Beobachten, Vergleichen/Unterscheiden/Messen, Sammeln, Ordnen, Planen/Projektieren, Experimentieren/Untersuchen/Konstruieren). Derartige Zieldimensionen lassen sich nun unter dem Gesichtspunkt der Anschlussfähigkeit des Könnens bruchlos von der Grundschule an in die weiterführenden Schulstufen verfolgen, wie dies insbesondere in dem schon genannten Curriculum SAPA beispielhaft konkretisiert worden ist.

Literatur

Bruner, J. S. (1970): Die Wichtigkeit der Struktur. In: Tütken, H. & Spreckelsen, K. (Hrsg.): Zielsetzung und Struktur des Curriculum. Frankfurt am Main, Berlin, München, S. 67-77. – Spreckelsen, K. (1997): Phänomenkreise als Verstehenshilfen. In: Köhnlein, W., Marquardt-Mau, B. & Schreier, H. (Hrsg.): Kinder auf dem Wege zum Verstehen der Welt. Bad Heilbrunn, S. 111-127. – Spreckelsen, K. (2001): SCIS und das Konzept eines strukturbezogenen naturwissenschaftlichen Unterrichts in der Grundschule. In: Köhnlein, W. & Schreier, H. (Hrsg.): Innovation Sachunterricht – Befragung der Anfänge nach zukunftsfähigen Beständen. Bad Heilbrunn, S. 85-102. – Stern, W. (1893): Die Analogie im volkstümlichen Denken. Berlin. – Stern, W. (1952): Psychologie der frühen Kindheit. 7. Aufl. Darmstadt. – Wagenschein, M. (1965a): Die pädagogische Dimension der Physik. Braunschweig. – Wagenschein, M. (1965b): Ursprüngliches Verstehen und exaktes Denken. Stuttgart.

2.3 Inhaltsbereiche

2.3.1 Fachbezogene Inhaltsbereiche

18| Physikalische Aspekte
Ernst Kircher

1 Vorbemerkungen über Physik und Technik

Physik und Technik hängen eng zusammen, sie bedingen und befruchten sich wechselseitig. Ein Streit darüber, ob die Physik oder die Technik primär sei, wie ihn Martin Wagenschein und Carl Schietzel 1970 geführt haben (vgl. Wagenschein 1976, S. 307-320), ist müßig. Physikalisch technische Kontexte (z.B. Geräte, Maschinen, technische Anlagen) sind für den naturwissenschaftlichen Sachunterricht relevant, wenn der physikalische „Kern" im Interessen- und Verständnishorizont der Grundschulkinder ist und eine Thematisierung im Sachunterricht didaktisch oder fachdidaktisch legitimiert werden kann.

Die fachdidaktische Legitimation bedeutet im engeren Sinne, dass ein physikalisches Prinzip, eine physikalische Regel, ein physikalisches Gesetz, physikalisches (theoretisches) Modell zum Bestand so genannter „vertikaler Vernetzungen" gehört, das heißt um Wissen, das in den Sekundarstufen wieder aufgegriffen und vertieft wird. In der Grundschuldidaktik wird dies auch als „anschlussfähiges Wissen" bezeichnet.

Wegen des engen Zusammenhangs von Physik und Technik können Überschneidungen zum Beitrag „Technische Aspekte" von Monika Zolg (S. 150) entstehen. Wenn im Folgenden von physikalischen Inhalten des Sachunterrichts gesprochen wird, sind prinzipiell auch physikalisch technische Inhalte gemeint.

2 Physikalische Inhalte im Sachunterricht

2.1 Rückgang der physikalischen Inhalte in den Lehrplänen

Umfang und unterrichtliche Interpretation physikalischer Inhalte des Sachunterrichts sind ein Spiegelbild der Lehrpläne. Diese hängen auch von gesellschaftlichen Leitbildern, politischen und ökonomischen Tatbeständen, kulturellen und pädagogischen Strömungen ab. Diese Abhängigkeiten waren sicher auch Ursache dafür, dass die physikalischen, chemischen und technischen Anteile am Sachunterricht zwischen 1970 und dem Jahr 2000 dramatisch reduziert wurden (von ca. 30% auf ca. 6,5%). Der prozentuale Anteil physikalisch-chemischer Inhalte wird mit ca. 22% im Jahr 1970 und ca. 4% im Jahr 2000 angegeben (vgl. Blaseio 2004, S. 150).

Die folgende Tabelle gibt einen Überblick über physikalische Inhalte der Lehrpläne der Bundesländer im Jahre 2000.

Tab. 1: Physikalische Inhalte in Grundschullehrplänen im Jahr 2000 (nach Blaseio 2004, S. 145)

Teilbereiche	Umfassende Beispiele aus den Lehrwerken
Thermometer	Temperaturen ablesen, Thermometer herstellen
Elektrizität/Stromkreis	Herstellen von Stromkreisen, leitende/nichtleitende Stoffe, Elektrischer Strom im Haushalt, Stromverbrauch, Elektromagnet, Spiele
Magnetismus	verschiedene Magnete, Stärke der Magnete, Kompass, Spiele, magnetische/nichtmagnetische Gegenstände
Licht/Schatten	natürliche und künstliche Lichtquellen, Spiegeln von Körpern, hell und dunkel, Spiele
Wippe/Waage	Gewichte von Gegenständen bestimmen, verschiedene Waagen, Wippe bauen, Gleichgewicht
Luft	Eigenschaften von Luft, Luft im Alltagsleben, Spiele
Wasser	Aggregatzustände, Wasserkreislauf, Wasserverbrauch, Wasserreinigung, Schwimmen – Schweben – Sinken
Wärme	Wärmeleitfähigkeit von Stoffen
andere Inhalte	Rauminhalt von Körpern, Akustik: hohe und tiefe Töne, Klärwerk, Wasserwerk, Stromerzeugung, Heizung

2.2 Gleiche Inhalte, unterschiedliche Ziele

Die hier aufgeführten physikalischen Inhalte sind nicht durchgängig in allen Lehrplänen enthalten: Themen aus der Akustik sind wenig vertreten, der elektrische Stromkreis, Luft und Wasser kommen überall vor. Ein Einblick in verschiedene seitdem erstellte Curricula bestätigt die auf obige Tabelle bezogene Auffassung, dass die Inhalte der zurzeit geltenden Lehrpläne sich wenig von den Inhalten des Jahres 1970 unterscheiden, die Bernhard Czinczoll und Bruno Röhrl (1971, S. 30f.) als didaktisch relevant für den physikalischen und chemischen Sachunterricht aufführten und für Lehrkräfte erläuterten. Der Hauptunterschied zwischen damals und heute besteht darin, dass 1970 die gleichen Phänomene *physikalisch erklärt* wurden, d.h. auf einem elementarisierten theoretischen Hintergrund. Gegenwärtig beschränkt man sich auf eine Beschreibung von qualitativen Experimenten und der beobachteten Phänomene. Dazu werden Begriffe der Umgangssprache verwendet und auch einige Fachbegriffe (voreilig?) eingeführt. Die mit „Schülerversuchen" intendierten Fähigkeiten und Fertigkeiten sind alltagsorientiert (Messen der Temperatur im Freien und im Klassenzimmer). Diese basalen und auch notwendigen Kompetenzen führen die Schüler aber nicht zu einem propädeutischen Verständnis der *methodischen Struktur der Physik*.

2.3 Unterschiedliche Leitideen des Sachunterrichts

Die „Wissenschaftsorientierung" um 1970 wurde in der Folgezeit von Seiten der Hochschule und noch mehr von Seiten der Schule kritisiert und stattdessen die „Kindorientierung" propagiert. Das bedeutete für die Lehrpläne die *Streichung vieler physikalischer Interpretationen lebensweltlicher Phänomene* wie die Erklärung des Verdunstens von Wasser durch das Teilchenmodell. Dies hängt mit einer vermeintlichen oder tatsächlichen Überforderung der Kinder zusammen; zur wissenschaftlichen Begründung wurde die piagetsche Entwicklungspsychologie herangezogen. In der Didaktik des Sachunterrichts wurde die darauf folgende fast ausschließliche Orientierung an den „Interessen des Kindes" und die damit zusammenhängende Beliebigkeit der Inhalte als Trivialisierung kritisiert (z.B. Schreier 1989, S. 10ff.).
Neben der Orientierung an dem *Interesse der Kinder* blieb weiterhin die Leitidee *„kindgemäßes Lernen"* bestehen. Ein neues methodisches Element des „kindgemäßen Lernens" im physikalischen Sachunterricht sind z.B. *Spiele unterschiedlicher Art*, die inhaltsspezifisch von Lehrern an Grundschulen und Hochschulen praxisnah entwickelt und in den Lehrplänen vorgeschlagen wurden (s. Tab.1.).
Seit den 1980er Jahren wurde der Umweltschutz als neuer thematischer Bereich und weitere Leitidee in den Sachunterricht aufgenommen.

Wie schon Wolfgang Klafki (1963, S. 101ff. u. 135ff.) im Zusammenhang mit seinem Modell für eine „didaktischen Analyse" argumentiert hat, sind beide Aspekte, die „innere Struktur eines Faches" und die „Gegenwartsbedeutung" sowie die „Zukunftsbedeutung aus der Sicht des Schülers" zu berücksichtigen. Sein Modell ist auch heute noch für die Auswahl der physikalischen Inhalte nicht nur des Sachunterrichts relevant (vgl. Kircher, Girwidz & Häußler 2001, S. 84ff.).

3 Gegenwärtige Tendenzen

3.1 Leitidee: Hinter die Phänomene sehen

In traditioneller Formulierung bedeutet diese Leitidee: Sollen und können Grundschulkinder relevante Aspekte der begrifflich und methodischen Struktur der Physik lernen?

Um den didaktischen Aspekt dieser Frage zu legitimieren, wird gegenwärtig vor allem mit der Relevanz der Naturwissenschaften in einer „technischen Gesellschaft" argumentiert. Damit ist die Relevanz der Naturwissenschaften sowohl für das *Individuum* (in Beruf, Freizeit) als auch für *öffentliche Körperschaften* gemeint (z.B Staaten, Städte im Zusammenhang mit Arbeitplätzen und dem Wohlstand durch die (naturwissenschaftliche) Industrie). Eine weitere wichtige Begründung dafür lautet „anschlussfähiges Wissen" für die Sekundarstufen bereitzustellen. Unübersehbar ist auch die Tendenz, mit der Grundbildung bereits in der Vorschule zu beginnen. Dazu sollen neben Rechnen, Lesen, Schreiben auch Elemente des naturwissenschaftlichen Sachunterrichts gehören. Ob bereits Vorschulkinder „hinter" die Phänomene sehen können, ist zwar in Teilaspekten zu vermuten, ist aber gegenwärtig noch eine offene Frage. Naturwissenschaftlicher Sachunterricht bereits für Vorschulkinder bedeutet eine neue besondere Herausforderung für die Grundschuldidaktik und die Naturwissenschaftsdidaktiken und die dazugehörende empirische Forschung.

3.2 Perspektive: Hinter die Naturwissenschaften sehen – über Naturwissenschaften lernen

Für das weltweite Anliegen mit Kindern zu philosophieren hat Helmut Schreier (z.B. 1999) in Deutschland wichtige Weichenstellungen geleistet sowie praxisrelevante Anregungen und Beispiele für die Grundschule dazu beigetragen. Ein Aspekt der „Kinderphilosophie" ist auch die philosophische Reflexion der Naturwissenschaften schon in Grundschule (vgl. Grygier & Kircher 1999).

Zur Legitimation kann das Argument Theodor Litts (1959) herangezogen werden, wonach die Naturwissenschaften nur dann *bildend wirken*, wenn sie philosophisch reflektiert werden. In der angelsächsischen (pragmatischen) Begründungstradition nennt Rosalind Driver (vgl. 1996) unter anderem ein lernpsychologisches Argument, wonach das Lernen der Naturwissenschaften durch ein Lernen *über* die Naturwissenschaften gefördert wird („learning about the nature of science").

3.3 Neue entwicklungspsychologische Forschung

Skeptisch sind manche Eltern und Pädagogen, ob Grundschulkinder diese abstrakten schulischen Anforderungen bewältigen können. Basierend auf empirischen Untersuchungen vor allem der Entwicklungspsychologie (vgl. Schrempp & Sodian 1999; Smith, Houghton, Maclin & Hennessey 2000) sind Kinder schon frühzeitig in der Lage, *bereichsspezifische metakognitive Kompetenzen* zu erwerben, Fähigkeiten im Zusammenhang mit formalem, abstraktem Denken, die man bisher nur Kindern in höherem Lebensalter (ab 12 Jahren) zugetraut hat.

Im Rahmen eines Forschungsprojekts konnten die Entwicklungspsychologin Beate Sodian und der Physikdidaktiker Ernst Kircher bisher empirisch nachweisen (vgl. Sodian, Thoermer & Kircher, Grygier, Günther 2002), dass das *Wissen über die Naturwissenschaften* („Wissenschaftsverständnis") der Grundschüler durch entsprechend konzipierte Unterrichtseinheiten (vgl. Grygier, Günther & Kircher 2004) gefördert werden kann. Bisher ist der Vorschlag, im Sachunterricht auch „hinter die Kulissen der Naturwissenschaften zu sehen" didaktisch überzeugend begründet und durch zahlreiche Unterrichtsversuche mit Unterrichtsbeobachtung und Unterrichtsdokumentation sehr gut erprobt.

Das lernpsychologische, das stärkste Argument für die *Vermittlung von Wissenschaftsverständnis in der Grundschule ist,* dass für Grundschüler eine begriffliche und methodische Basis gelegt wird, um die Naturwissenschaften noch besser als bisher zu verstehen. Wissenschaftlich hieb- und stichfeste empirische Belege dafür, dass dadurch auch das Verständnis der Naturwissenschaften deutlich gefördert wird, liegen derzeit in Deutschland noch nicht vor. Daher bleibt der überzeugende empirisch-quantitative Nachweis in Grundschulen für dieses Argument weiterhin eine wichtige Forschungsaufgabe der Naturwissenschaftsdidaktik und der pädagogischen Psychologie.

3.4 Neue grundschuldidaktische und fachdidaktische Forschung

Unterrichtskonzeptionen mit zugrunde liegenden anspruchsvollen physikalischen Inhalten, schon von Martin Wagenschein angeregt und von Siegfried Thiel im Unterricht realisiert wie z.B. „Warum Eisenschiffe schwimmen" (vgl. Banholzer, Thiel & Wagenschein 1973), wurden seit den 1990er Jahren mit langjähriger Unterrichtsforschung verbunden (vgl. Hardy, Jonen, Möller & Stern 2002). Solche auch in *Projekten* realisierten Unterrichtskonzeptionen (z.B. „Die Sonne schickt uns keine Rechnung", „Geht der Luft die Puste aus?"), wurden an Schulen etwa im Zusammenhang mit dem Umweltschutz und an einigen Hochschulen in der Physikdidaktik entwickelt. Erwähnenswert sind auch die *Lernzirkel*, als weitere methodische Möglichkeit, um den Sachunterricht zu „öffnen". Die Beispiele zeigten auch in der Schulwirklichkeit, dass die beiden Leitideen „Wissenschaftsorientierung" und „Kindorientierung" im physikalisch-chemischen Sachunterricht kompatibel sind.

Ein weiterer fachdidaktischer Grund für den neuen Optimismus, auch in der Grundschule so wie in den modernen Naturwissenschaften „hinter die Phänomene" zu sehen, ist die *Erforschung von Alltagsvorstellungen* der Schüler. Über dieses weltweite Forschungsgebiet wurden in den vergangenen dreißig Jahren auch in der Grundschule empirische Untersuchungen über physikalische Inhalte durchgeführt (vgl. Kircher & Rohrer 1993; Murmann 2001). Kircher spricht nur dann von „humanem" Lernen physikalischer Inhalte, wenn auch die Alltagsvorstellungen der Kinder im Unterricht adäquat berücksichtig werden (vgl. Kircher 1998, S. 142ff.; Duit 2002, S. 12ff.). Damit ist gemeint, dass die Berücksichtigung von Alltagsvorstellungen *eine notwendige, aber nicht hinreichende Bedingung für „humanes Lernen"* ist.

4 Problem Lehrerausbildung und -fortbildung

Gegenwärtig kann man nicht davon ausgehen, dass der physikalische Sachunterricht in der Schulpraxis rasch seine Bedeutung der Jahre um 1970 wiedererlangen wird. Denn in vielen Bundesländern wählten in den vergangenen Jahrzehnten nur wenige Studierende des Lehramts Grundschule die Fächer Physik und Chemie, nämlich nur etwa 4% (vgl. Drechsler & Gerlach 2001, S. 217). Das hat zur Folge, dass gegenwärtig nur durch intensive Fortbildungsmaßnahmen die notwendigen fachlichen und fachdidaktischen Kompetenzen von Lehrer/innen erworben werden können, um (wieder) „neue" Inhalte des Sachunterrichts adäquat unterrichten zu können. Das bedeutet z.B. die Qualifikation, physikalische Phänomene überzeugend zu produzieren und die damit verknüpften Schülerfragen auch fachlich vertretbar und im Verständnishorizont der Schüler zu beantworten. Von solchen Fortbildungsmaßnahmen kann gegenwärtig kaum die Rede sein.

Literatur

Banholzer, A., Thiel, S. & Wagenschein, M. (1973): Kinder auf dem Wege zur Physik. Weinheim, Basel. – Blaseio, B. (2004): Entwicklungstendenzen der Inhalte des Sachunterrichts. Bad Heilbrunn. – Czinczoll, B. & Röhrl, B. (1971): Physik und Chemie im Sachunterricht der Grundschule. Donauwörth. – Drechsler, B. & Gerlach, S. (2001): Naturwissenschaftliche Bildung im Sachunterricht. In: Inckemann, E. & Kahlert, J. (Hrsg.): Wissen, Können und Verstehen – über die Herstellung ihrer Zusammenhänge im Sachunterricht. Bad Heilbrunn. – Driver, R., Leach, J., Millar, R. & Scott, P. (1996): Young peoples images of science. Bristol. – Duit, R. (2002): Alltagsvorstellungen und Physik lernen. In: Kircher, E. & Schneider, W. B. (Hrsg.): Physikdidaktik in der Praxis. Berlin,

Heidelberg, New York. – Einsiedler, W. (1991): Das Spiel der Kinder. Bad Heilbrunn. – Grygier, P. & Kircher, E. (1999): Wie zuverlässig ist unsere Wahrnehmung? In: Schreier, H. (Hrsg.): Nachdenken mit Kindern. Bad Heilbrunn, S. 142-157. – Grygier, P., Günther, J. & Kircher, E. (2004): Über Naturwissenschaften lernen – Vermittlung von Wissenschaftsverständnis in der Grundschule. Baltmannsweiler. – Hardy, I., Jonen, A., Möller, K. & Stern, E. (2002): Förderung von naturwissenschaftlichem Verständnis bei Grundschulkindern durch Strukturierung der Lernumgebung. In. Zeitschrift für Pädagogik, 45, Beiheft, S. 176-191. – Kircher, E. (1998): Humanes Lernen in den Naturwissenschaften? Über den Umgang mit Schülervorstellungen im Sachunterricht. In: Marquardt-Mau, B. & Schreier, H. (Hrsg.): Grundlegende Bildung im Sachunterricht. Bad Heilbrunn, S. 142-154. – Kircher, E. & Rohrer, H. (1993): Schülervorstellungen zum Magnetismus in der Primarstufe. In: Sachunterricht und Mathematik in der Primarstufe, 21, S. 336-342. – Kircher, E., Girwidz, R. & Häußler, P. (2001): Physikdidaktik – eine Einführung. Berlin, Heidelberg, New York. – Litt, T. (1959): Naturwissenschaft und Menschenbildung. Heidelberg. – Murmann, L. (2001): Physiklernen zu Licht und Schatten – Eine phänomenografische Untersuchung in der Primarstufe. Dissertation Bremen. – Schreier, H. (1989): Ent-trivialisiert den Sachunterricht! In: Grundschule, 3, S. 10-13. – Schrempp, I. & Sodian, B. (1999): Wissenschaftliches Denken im Grundschulalter. Die Fähigkeit zur Hypothesenprüfung und Evidenzevaluation im Kontext der Attribution von Leistungsergebnissen. Zeitschrift für Entwicklungspsychologie und Pädagogische Psychologie, 31, S. 67-77. – Smith, C.,. Houghton, C., Maclin, C. & Hennessey, M. G. (2000): Sixth grade students' epistemologies of science: the impact of school science experiences on epistemological development. In: Cognition and instruction, 18, p.349-422. – Sodian, B., Thoermer, C. & Kircher, E., Grygier, P., Günther, J. (2002): Vermittlung von Wissenschaftsverständnis in der Grundschule. In: Zeitschrift für Pädagogik, 45, Beiheft, S. 192-206. – Wagenschein, M. (1976): Die pädagogische Dimension der Physik. Braunschweig.

19| Chemische Aspekte
Reinhard Demuth

1 Chemie als Wissenschaft

Gegenstand der Befassung der Chemie als Wissenschaft ist das Verhalten der Materie. Die Art, wie naturwissenschaftliche Erkenntnisse gewonnen werden, z.B. im zielgerichteten Beobachten oder geplanten Experimentieren, ist in den drei Naturwissenschaften Biologie, Chemie und Physik nicht verschieden. Allerdings setzt jede dieser Naturwissenschaften unterschiedliche Schwerpunkte in der Art des Vorgehens und des Arbeitens: Für die Chemie ist kennzeichnend, dass sie das Verhalten der (makroskopisch sichtbaren) Materie – also etwa das eines Blechs aus Eisen oder auch das einer Schale aus Kunststoff – auf die Anordnung von

Teilchen im submikroskopischen (unsichtbaren) Bereich zurückführt und auf dieser Basis Erklärungen für die Stoffeigenschaften erarbeitet. Die submikroskopischen, der sichtbaren Wahrnehmung nicht zugänglichen Bereiche werden mit Modellen beschrieben, mit deren Hilfe das Verhalten makroskopischer Gegenstände beschrieben und konsistent erklärt werden kann. Dabei wird eine Korrelation zwischen Struktur und Eigenschaften hergestellt. Wichtig ist zu beachten, dass die Betrachtung auf *zwei völlig unterschiedlichen Ebenen* erfolgt: auf der Modellebene (zur Beschreibung submikroskopischer Strukturen) und der Ebene der Phänomene (makroskopisch sichtbare Stoffe und ihre Veränderung). Man kann daher feststellen, dass die typische Arbeitsweise der Chemie – die sie von den beiden anderen Naturwissenschaften deutlich unterscheidet – im Herstellen der wechselseitigen Bezüge zwischen Struktur und Eigenschaften und dem Wechsel der Betrachtungsebenen (Modellebene – Ebene der Phänomene) besteht.

Um eine Orientierung in der Vielfalt der Stoffe und ihren Reaktionen überhaupt gewährleisten zu können, ist es unverzichtbar, die Fülle der Stoffeigenschaften auf eine limitierte Anzahl von wesentlichen Prinzipien zurückzuführen. Für die Chemie wurden solche Prinzipien als Basiskonzepte bestimmt und beschrieben (vgl. Bünder, Demuth & Parchmann 2003); sie finden sich unter dieser Bezeichnung auch in den Bildungsstandards wieder. Aus dem Gesagten kann man drei für die Befassung mit chemischen Aspekten zentrale Anforderungen formulieren: Es geht um

1. das Erlernen der naturwissenschaftlichen Arbeitsweisen,
2. das Arbeiten mit Modellen,
3. das Umgehen mit Basiskonzepten.

2 TIMSS, PISA, IGLU und Folgerungen

Die TIMSS- und PISA-Studie belegen den unbefriedigenden Leistungsstand der Schülerinnen und Schüler deutscher Schulen am Ende der Sekundarstufe in Mathematik und den Naturwissenschaften. Als eines der zentralen defizitären Felder wird der Bereich des systematischen, aufbauenden Wissenserwerbs identifiziert, der Grundlage für Weiterlernen in der Fachdomäne und für die Übertragung der Wissenstatbestände auf komplexere Fragestellungen ist (vgl. BLK-Projektgruppe 1997, S. 71f. u. S. 78f.). Folgt man dieser Argumentation, muss man auch den Unterricht in der Grundschule unter der Perspektive eines Lernens über die gesamte Schulzeit betrachten und die Forderung erheben, dass der Unterricht bereits hier möglichst allen Schülerinnen und Schülern gute kognitive und motivationale Voraussetzungen für einen weiterführenden (Fach-)Unterricht schafft.

Die erworbenen Kompetenzen im Bereich Mathematik/Naturwissenschaften am Ende der Grundschulzeit konnten erst 2003 mit Hilfe von IGLU-E erfasst und beschrieben werden. Die IGLU-Studie (vgl. Bos 2003) bestätigte die befürchteten deutlichen Leistungsdefizite aus dem Grundschulunterricht nicht; dennoch lassen auch die Befunde weit reichenden Handlungsbedarf auch im Grundschulbereich erkennen. Als eines der zentralen Handlungsfelder wurden die Bereiche *naturwissenschaftliche Arbeitsweisen erlernen* und *grundlegende Ideen entwickeln* (vgl. BLK 2004) benannt.

3 Vermittlung chemischer Aspekte im Sachunterricht

Wie kann nun dem oben beschriebenen Anforderungsprofil (Erlernen der naturwissenschaftlichen Arbeitsweisen, Arbeiten mit Modellen, Umgehen mit Basiskonzepten) entsprochen werden?

3.1 Erlernen der naturwissenschaftlichen Arbeitsweisen

Dieser Aspekt aus dem obigen Anforderungsprofil ist für den naturwissenschaftlichen Teil des Sachunterrichts der wichtigste. Im Mittelpunkt des Unterrichts steht das (naturwissenschaftliche) Phänomen, das für Kinder in diesem Alter interessant und verstehbar ist. Der Zugang zu diesen Phänomenen sollte über die Fragen der Kinder erfolgen, die sie sich damit „forschend" erschließen. Kinder verfügen, wenn sie in die Grundschule kommen, schon über eine ganze Menge an Vorkenntnissen: Sie können argumentieren, sie können Objekte klassifizieren, sie können aber auch schon einfache logische Schlussfolgerungen ziehen. Sie können mehr, als man ihnen gewöhnlich zutraut. Die beste Möglichkeit, den späteren naturwissenschaftlichen Unterricht (z.B. in der Chemie) vorzubereiten, besteht darin, bei den Kindern gezielt diese Vorkenntnisse anzuregen und weiter zu entwickeln. So können die folgenden Fertigkeiten an geeigneten Beispielen eingeübt werden: *gezielt beobachten, schätzen, vergleichen, messen, prüfen, planen, Daten sammeln, ordnen und grafisch darstellen, kommunizieren, berichten, überprüfen.*
Für die Qualität des Unterrichts ist es entscheidend, ob und wie weit es den Lehrerinnen und Lehrern gelingt, die Fragen oder auch Aussagen der Kinder zum Anlass der Erarbeitung eines Sachverhalts zu machen. Somit steht das Umgehen mit Kinderfragen im Mittelpunkt des Unterrichts (vgl. Ansari 2004).

3.2 Arbeiten mit Modellen

In der Chemie und in der Physik ist das Konstruieren und Anwenden von Modellen die Basis für die theoretische Beschreibung von Phänomenen. Grundschulkinder können selbstverständlich noch keine anspruchsvollen abstrakten Modelle konstruieren, doch sind sie durchaus in der Lage, mit einfachen Modellen umzugehen (vgl. Euler & Mikelskis-Seifert 2005). Kinder in diesem Alter können aber durchaus auch schon Vermutungen äußern über Dinge, die sie nicht sehen. Auch hat es sich gezeigt, dass Kinder am Ende der Grundschule mit dem Denkmodell „kleine Teilchen" arbeiten können. Sie *vermuten, beobachten* und *erklären* ihre Vermutung, d.h. vollziehen wiederum für die Naturwissenschaft wichtige Arbeitsoperationen. Wenn „Arbeiten mit Modellen" in solchen Zusammenhängen stattfindet, sind alle Anforderungen erfüllt, die für „chemische Aspekte" im Sachunterricht bedeutsam sind.

3.3 Umgehen mit Basiskonzepten

Ein wichtiges Auswahlkriterium für Unterrichtsinhalte ist die Frage, ob und inwieweit eine Thematik geeignet ist, einen Beitrag zum Aufbau eines grundlegenden Verständnisses – im Sinne von Basiskonzepten – zu leisten.

Die drei Basiskonzepte, die für den Bereich des ungefächerten naturwissenschaftlichen Unterrichts in den Klassen 5 und 6 bestimmt und beschrieben wurden („Auf der Welt geht nichts verloren" = Konzept der Erhaltung, „Dinge beeinflussen sich gegenseitig" = Konzept der Wechselwirkung und „Mit Energie kann man etwas tun = Konzept der Energie) (vgl. Demuth & Rieck 2005), sind auch unmittelbar auf den Bereich der naturwissenschaftlichen Aspekte des Sachunterrichts zu beziehen und anzuwenden. Diese Basiskonzepte sind quasi die roten Fäden *(im Kopf der Lehrenden)*, die der Anlage und Abfolge der Unterrichtsinhalte eine konsistente Struktur verleihen. Angesichts der großen Fülle der für die Schüler/innen interessanten (und daher möglichen) Themenfelder einerseits und die vergleichsweise stark begrenzte Zeit der Behandlung „chemischer" Sachverhalte andererseits gewinnt die Frage des Aufbaus grundlegender Einsichten als Auswahlkriterium für die Eignung einer zu behandelnden Thematik große Bedeutung.

4 Chemischer Aspekte im aktuellen Sachunterricht

Betrachtet man die Veränderung in der Verteilung der Unterrichtsinhalte in den letzten 30 Jahren, so zeigt sich ein Rückgang der Themen mit chemisch-physikalischem Inhalt auf etwa ein Drittel des früheren Umfangs (vgl. Demuth, Lück & Strunk 1998) – obwohl Kinder im Grundschulalter auch Themen der unbelebten Natur hohes Interesse entgegenbringen.

Der Hauptgrund hierfür liegt wohl in der Furcht der Lehrkräfte, die für sie fremden Sachverhalte im Sachunterricht nicht angemessen behandeln zu können oder den Nachfragen interessierter Kinder nicht angemessen begegnen zu können – mit der Folge, dass die entsprechenden Phänomene überhaupt nicht zum Gegenstand des Unterrichts werden.

Literatur

Ansari, S. (2004): Kinderfragen. Prosa-Materialien. Kiel. – BLK-Projektgruppe „Innovation im Bildungswesen" (Hrsg.) (1997): Expertise „Steigerung der Effizienz des mathematisch-naturwissenschaftlichen Unterrichts". Materialien zur Bildungsplanung und Forschungsförderung. Heft 60. Bonn. – BLK (Hrsg.) (2004): SINUS-Transfer Grundschule. Weiterentwicklung des mathematischen und naturwissenschaftlichen Unterrichts an Grundschulen. Gutachten des Leibniz-Instituts für die Pädagogik der Naturwissenschaften (IPN) Kiel. Materialien zur Bildungsplanung und zur Forschungsförderung. Heft 112. Bonn. – Bos, W. et al. (Hrsg.) (2003): Erste Ergebnisse aus IGLU - Schülerleistungen am Ende der vierten Jahrgangsstufe im internationalen Vergleich. Münster. New York. München, Berlin. – Bünder, W., Demuth, R. & Parchmann, I. (2003): Basiskonzepte – welche Konzepte sollen Schüler kennen und nutzen? In: Praxis der Naturwissenschaften – Chemie in der Schule, 52, H. 1, S. 2. – Demuth, R., Lück, G. & Strunk, U. (1998): Der naturwissenschaftliche Sachunterricht in Lehrplänen, Unterrichtsmaterialien und Schulpraxis - Eine quantitative Analyse der Entwicklung in den letzten 25 Jahren. In: Zeitschrift für Didaktik der Naturwissenschaften, 4, H. 1, S. 69-80. – Demuth, R. & Rieck, K. (2005): Grundlegende Konzepte für den naturwissenschaftlichen Anfangsunterricht. In: Praxis der Naturwissenschaften – Chemie in der Schule, 54, H. 4, S. 22. – Euler, M. & Mikelskis-Seifert, S. (2005): Naturwissenschaftliches Denken von Anfang an – Lernen durch Experimentieren und Modellieren. In: (ebd.), S. 15.

20| Biologische Aspekte
Hans-Joachim Schwier und Steffen Wittkowske

1 Biologie in der Grundschule

Eigentlich hat die Wissenschaft Biologie innerhalb der Heimatkunde/ des Sachunterrichts eine lange Tradition, dennoch führte sie in didaktischer Sichtweise über Jahrzehnte hinweg ein recht kümmerliches Dasein (vgl. Gärtner 1985, S. 94ff.). Erst etwa seit Mitte der 1970er Jahre lässt sich eine zunehmende Auseinandersetzung mit biologischen Fragestellungen und deren unterrichtliche Einbettung in der Grundschule der Bundesrepublik Deutschland (BRD) feststellen. Drei Entwicklungstendenzen (vgl. ebd.) beeinflussen in dieser Zeit den biologisch/ naturwissenschaftlichen Sachunterricht in entscheidender Weise:
– grundlegende erziehungswissenschaftliche Aussagen, wie sie im Strukturplan des Deutschen Bildungsrates (1970), in den Empfehlungen der Kultusministerkonferenz (1970) und in den Arbeiten des Arbeitskreises Grundschule (ab 1970) ihren Niederschlag finden;

– der Einfluss angelsächsischer Curriculumentwicklungen der damals so genannten „Grundschulbiologie";
– eigenständige Forschungen in der BRD zum Lernbereich Natur/Biologie.
1976 publiziert Dieter Eschenhagen eine Loseblattsammlung zum Thema „Biologie in der Grundschule". In ihr werden jahreszeitlich abgestimmte Sachthemen unter didaktischen und methodischen Gesichtspunkten vorgestellt.
Aus biologiedidaktischer Sicht formuliert im gleichen Jahr Wilhelm Killermann für den Sachunterricht der Grundschule folgende Orientierungen:
– Vermitteln grundlegender Formenkenntnisse und Vertrautmachen mit einzelnen Arten der näheren Umwelt;
– Anbahnen von Kenntnissen grundlegender Lebensvorgänge und allgemeiner Erscheinungen;
– Aufzeigen erster Einblicke in die Beziehungen des Menschen zu seiner Umwelt und Beispiele geben für die Gefährdung der belebten Umwelt;
– Vermitteln elementarer Kenntnisse über den menschlichen Körper und seine wichtigsten Organe sowie über einfache Gesundheitsregeln;
– Einführen in Methoden der empirischen Erkenntnisgewinnung und Vertrautmachen mit einfachen biologischen Arbeitsformen und -techniken;
– Anregen zur Haltung und Pflege von Tieren (1976, S. 144ff.).
Zwei Jahre zuvor hat Rainer Winkel in seinen Überlegungen zum schulbiologischen Arbeitsplan für das 5. und 6. Schuljahr darauf hingewiesen, dass die Schüler nicht voraussetzungslos in diesen Klassenstufen lernen. In den ersten vier Schuljahren sieht er die Entwicklung und Behandlung biologischer Aspekte insbesondere im sprachlichen Benennen von Pflanzen und Tieren, im Beschreiben und ersten Zusammenfassen von Lebewesengruppen, im pflegerischen Umgang und Verantwortung gegenüber den Lebewesen sowie in der Ausarbeitung, Durchführung und Auswertung „sachlicher" naturwissenschaftlicher Versuche (vgl. Winkel 1974, S. 10ff.).
Aus biologischer Sicht betont Wilhelm Killermann (1988, S. 65f.) seit Mitte der 1970er Jahre, dass es zunächst darum gehen müsse, die Kinder mit den Lebewesen aus ihrer engeren und weiteren Umgebung vertraut zu machen.
Von besonderer Bedeutung sind Killermanns weitere didaktische und methodische „Hinweise zum Unterricht" (ebd.), in denen er beispielsweise auf die „Fünf-Minuten-Biologie" (ebd., S. 234), den Unterrichtsgang, Ausstellungen in den Unterrichtsräumen, das Schulgelände mit Schulgarten und häusliche Sammel- und Beobachtungsaufgaben verweist.
Im Unterricht in der Disziplin *Heimatkunde* in der Deutschen Demokratischen Republik (DDR) war die Vermittlung von *Kenntnissen über die lebende Natur* Element des Teillehrganges „Kenntnisse über die Natur/ Naturbeobachtungen" (vgl. Giest & Wittkowske „Heimatkunde in der DDR" in diesem Band, S. 230).
Inhaltlich wies dieser Teillehrgang folgende Gliederung auf:

– Pflanzen und Tiere der heimatlichen Natur
– Tätigkeiten des Menschen in der Natur
– Gesundheitserziehung.

Ausgewählte biologische Sachverhalte, wie „Merkmale des Lebens", „Lebewesen und ihre Umwelt", „Teile der Samenpflanze", „Krautige Sprosspflanzen", „Moose", „Pilze", „Bäume und Sträucher", aber auch „Wirbeltiere" und „Wirbellose Tiere" wurden unter dem Aspekt *aufsteigender Anforderungen* thematisiert (vgl. Bauer et al. 1987, S. 296ff.).

Außerdem war die Auseinandersetzung mit biologischen Aspekten in den Klassen 1 bis 4 in der Polytechnischen Oberschule der DDR zentrales Element des Faches *Schulgartenunterricht.* „Enge inhaltliche Beziehungen bestehen zum Heimatkundeunterricht, in dem es viele naturkundliche Themen ... gibt, auf die beim Arbeiten im Schulgarten Bezug genommen werden kann. Für den folgenden Biologieunterricht erwerben die Schüler erste elementare Erfahrungen und Kenntnisse" (vgl. Autorenkollektiv 1988, S. 270).

2 Biologische Aspekte im Sachunterricht

Nach der deutschen Wiedervereinigung betonen „Empfehlungen zur Gestaltung von Biologielehrplänen" (1991) die Vorbereitung des Biologieunterrichts durch den Sachkunde- und Schulgartenunterricht (neue Bundesländer) der Primarstufe.

Aus jedem der folgenden Themenschwerpunkte sollten in jedem Schuljahr ausgewählte Inhalte angesprochen werden:

– Tiere aus dem Erfahrungsbereich der Schüler: Lebensweise, Lebensraum und Angepasstheit; Umgang, Haltung, Pflege und Nutzung.

– Pflanzen aus dem Erfahrungsbereich der Schüler: Keimung und Wachstum; Lebensraum und Angepasstheit; Umgang, Pflege, Nutzung.

– Der Mensch unter besonderer Berücksichtigung von Gesundheits- und Sexualerziehung.

– Der Mensch und seine Umwelt: Umwelterziehung, Schutz von Pflanzen und Tieren.

Auch darauf hin analysierte Horst Müller (1998) die bis 1997 von den meisten Bundesländern überarbeiteten Lehrpläne für den Sachunterricht in der Grundschule hinsichtlich des Lernbereichs Biologie und konnte ein anspruchsvolles Niveau feststellen. „Traditionell" bilden biologische Themen Schwerpunkte in der unterrichtlichen Behandlung.

Er konnte nachweisen, dass die Lehrpläne sich weniger inhaltlich als strukturell unterscheiden. Es besteht weitgehend Übereinstimmung über die Inhalte (Gesundheitserziehung: Ernährung, Körperhygiene, Sexualerziehung; Haltung und Pflege von Pflanzen und Tieren; Natur in den Jahreszeiten; Fortpflanzung und Entwicklung; Ökologie und Umweltschutz).

Dem steht eine Kritik von Rolf Pommerening (1998) gegenüber, der Aufgaben-schwerpunkte von Sachunterrichtsrichtlinien analysierte. Deren Umsetzung in Sachunterrichtsbüchern und im Unterricht führe zu einer oft verwirrenden Fülle von Einzelthemen, die kaum zuverlässig in der Grundschule unterrichtlich behandelt werden kann.

Pommerening fordert eine Primarstufenbiologie, die das biologische Grundwissen altersgerecht gliedert, sachangemessen vermittelt und somit von den Kindern verstanden, eingeordnet und bei Bedarf angewendet wird. Er beklagt, dass bei den Grundschülern kein fundiertes biologisches Grundwissen aufgebaut werden kann und befürchtet eine ungeordnete Überfrachtung mit Lernstoff.

Durch den 2002 veröffentlichten „Perspektivrahmen Sachunterricht" der Gesellschaft für Didaktik des Sachunterrichts (GDSU) konnten viele der oben genannten Befürchtungen abgeschwächt oder sogar beseitigt werden.

3 Aktive Auseinandersetzung mit Gegenständen, Erscheinungen und Prozessen der Natur

Naturwissenschaftliches Lernen im Sachunterricht ist aus biologischer Sicht die aktive Auseinandersetzung mit Gegenständen, Erscheinungen und Prozessen der (lebenden) Natur, wie Stoffkreisläufen, Energieumwandlungen, Artenreichtum und Formenvielfalt, Stetigkeit und Veränderung, Entwicklung und Anpassung, Wechselwirkungen und gegenseitigen Abhängigkeiten, Lebensgemeinschaften und Ordnungssystemen unter ökologischen Prinzipien („Acht Geheimnissen des Lebens", verändert nach: Knirsch 1990, S. 11f.). Solche Prinzipien, die Regeln, Strategien und Mechanismen umfassen, nicht nur zu kennen, sondern auch mit und nach ihnen zu lernen und zu leben, führt zur „Ökologisierung des Lernortes Schule" (vgl. Baier & Wittkowske 2001).

Dabei können naturwissenschaftliche Arbeitsweisen erlernt und grundlegende Ideen entwickelt werden (vgl. BLK 2004). Unter biologischem Aspekt bedeutet das, eine solide Basis an Tier- und Pflanzenkenntnissen aufbauen und wissenschaftlich begründete Vorschläge zu deren Ordnung anzubieten. Die Bedeutung von Formenkenntnissen ist stärker in den Vordergrund zu rücken. Mit dem Kennenlernen von Pflanzen- und Tierarten sollen stets biologische Arbeitsweisen verbunden werden, die die Kinder mit der Natur eng vertraut machen, z.B. das Beobachten, Sammeln, Ordnen, Bestimmen, Pflegen, Aufbewahren.

Die Vermittlung neuer Formenkenntnisse muss dabei in größere Naturerfahrungsprozesse eingebettet werden, z.B. Biotoperkundungen, Schulhof- und Schulgartengestaltungsprojekten, Pflege- und Ausstellungsvorhaben, Forschungs- und Naturschutzaufgaben, Vorhaben zur Gesundheitsbildung und zum kritischen Verbraucherverhalten.

Die Behandlung allgemeinbiologischer Sachverhalte sollte, wenn immer möglich, Lebewesen aus der Erfahrungswelt der Kinder einbeziehen.

Schließlich benötigen (zukünftige) Lehrerinnen und Lehrer eine fundierte formenkundliche und systematische Aus- und Fortbildung mit Vorlesungen und Seminaren zu biologischen Grundlagen, experimentelle Übungen, integrierte naturwissenschaftliche Lehrveranstaltungen (zu verschiedenen Lernfeldern und Lebensräumen, beispielsweise zur Biodiversität, zur Nachhaltigen Entwicklung, zum Verbraucherschutz, zur Gesundheitsbildung und Sexualerziehung), begleitende fachdidaktische Seminare und Fachpraktika sowie verschiedene Möglichkeiten für ein „Lernen vor Ort" (durch Exkursionen, Lernorterkundungen, Ökologische Untersuchungen und Projekte zur Gestaltung von Schule als Lern- und Lebensort). Unverzichtbar ist zudem ein sicheres Gespür, wie kindliches Lernen unter naturwissenschaftlicher Perspektive angebahnt werden kann.

Dafür müssen die Beteiligten die (kindliche) Alltagssprache wie auch die (biologische) Fachsprache beherrschen, damit sie als Übersetzer beim „Lesenlernen" der belebten Welt helfen können.

4 Forschungsperspektiven

Inwieweit sechs bis zehnjährige Kinder mit (lebender) Natur umgehen, wie sie diese erfahren und welche Aneignungsvorgänge von (lebender) Natur bei ihnen ablaufen, ist erst in Ansätzen bekannt (vgl. Gebhard 1994 u.a.m.) und aus aktueller Forschungsperspektive defizitär. Es erscheint dringender Forschungsbedarf zum Zusammenhang von psychischer, sozialer und kognitiver Entwicklung und dem Kontakt von Kindern mit der (lebenden) Natur zu bestehen. Inwieweit das Bedürfnis zu konkreten Naturerfahrungen auch aus anthropologischer Sicht existent ist oder sein kann und deswegen nicht vernachlässigt oder unberücksichtigt bleiben sollte, konnte bisher beispielsweise vor dem Hintergrund zunehmender virtueller Einflussnahmen nur unzureichend aufgearbeitet werden.

Inwieweit ein Zusammenhang zwischen Arten- und Formenkenntnissen mit der Häufigkeit des konkreten Naturkontakts, den affektiven und emotionalen Einstellungen zur Natur, den umweltbezogenen Reflektionen bzw. einem verantwortungsvollen Umgang mit Natur besteht, ist auch vor dem Hintergrund „veränderter Kindheiten" kaum betrachtet worden.

Auf welche Weise heute Mädchen und Jungen überhaupt Naturerfahrungen machen (können) und welche Rolle dabei die Schule mit ihrem Schulgelände (Schulgarten) spielen kann (oder muss) und inwieweit Biodiversität als Chance für die kindliche Entwicklung anzusehen ist, gilt nach wie vor als wichtige, lohnende Forschungsperspektive. Aktivitäten zum kindlichen Lernen im Kontext von Nachhaltiger Entwicklung sind forschungsseitig besser zu koordinieren, zu Fragestellungen zum Natur-, Gesundheits- und Verbraucherschutz zu etablieren bzw. überhaupt zu konstruieren.

Literatur

Autorenkollektiv unter Leitung von G. Neuner (1988): Allgemeinbildung und Lehrplanwerk. Berlin. – Baier, H. & Wittkowske, S. (Hrsg.) (2001): Ökologisierung des Lernortes Schule. Bad Heilbrunn. – Bauer, R., Kummer, G. & Motschmann, S. (1987). Heimatkunde. Zur fachlichen Vorbereitung auf den Unterricht. Berlin. – Bund-Länder-Kommission für Bildungsplanung und Forschungsförderung) (BLK) (Hrsg.) (2004): SINUS-Transfer Grundschule. Weiterentwicklung des mathematischen und naturwissenschaftlichen Unterrichts an Grundschulen. Gutachten des Leibniz-Instituts für die Pädagogik der Naturwissenschaften (IPN) Kiel. Materialien zur Bildungsplanung und zur Forschungsförderung. Heft 112. Bonn. – Empfehlungen zur Gestaltung von Biologielehrplänen (1992). In: Biologie heute. Verband Deutscher Biologen (VDBiol), Nr. 395, S. 2-4. – Gärtner, H. (1985): Der biologisch orientierte Sachunterricht. In: Ziechmann, J. (Hrsg.): Konkrete Didaktik des Sachunterrichts. Braunschweig. – Gesellschaft für Didaktik des Sachunterrichts (GDSU) (Hrsg.) (2002): Perspektivrahmen Sachunterricht. Bad Heilbrunn. – Killermann, W. (1988): Biologieunterricht heute. Eine moderne Fachdidaktik. Donauwörth. – Knirsch, R. R. (1990): Komm mit, wir machen was! Das Umweltbuch für alle, die mit Kindern leben. Münster. – Müller, H. (1998): Vergleichende Analyse des Lernbereiches Biologie in den Lehrplänen für Sachunterricht in der Grundschule. In: Bayrhuber, H. et al. (Hrsg.): Biologie und Bildung. IPN Kiel, S. 101-106. – Pommerening, R. (1998): Primarstufenbiologie. In ebd., S. 107-111.

21| Geographische Aspekte
Egbert Daum

Der Raum hat, ähnlich wie die Zeit, bedeutsame Alltagsrelevanz. Die Formen der Erfahrung und Aneignung von Raum sind unvermeidlich mit dem Leben der Menschen und ihren Aktivitäten verknüpft. Freilich umfasst die räumliche Wahrnehmung „häufig nur noch das oberflächliche Sehen materieller Manifestationen im Raum" (Sturm 2000, S. 8). Hieraus erwächst bei der Behandlung geographischer Aspekte im Sachunterricht die wichtige Aufgabe, solche Manifestationen nicht lediglich zur Kenntnis zu nehmen, sondern sie vor allem zu deuten und in das kindliche Handeln einzubeziehen. Insofern sollte eine „raumbezogene Perspektive" im Sachunterricht primär nicht von Räumen als „Gegebenheiten" ausgehen (Gesellschaft für Didaktik des Sachunterrichts 2002), sondern zuallererst von der Gewissheit getragen sein: Vorstellungen vom Raum werden sozial konstituiert und gesellschaftlich vermittelt. *Räumlichkeit* ist genuin auf *menschliche Praxis* zu beziehen.

1 Lebensraummodelle

Die Beziehungen zwischen Kind und Raum wurden bis weit in die 1960er Jahre hinein als allmähliche Ausdehnung des Lebensraumes verstanden. Von der Wohnung ausgehend, erweitere das Kind über das Haus sowie die nähere und fernere Umgebung hinaus mit zunehmendem Alter seinen räumlichen Horizont. Das Prinzip „Vom Nahen zum Fernen" bzw. der „konzentrischen Kreise" bestimmte folglich die räumlichen Inhalte der Heimatkunde (vgl. Jung „Der heimatkundliche Unterricht in der Grundschule" in diesem Band, S. 240). An den drastisch vereinfachenden Grundannahmen dieses Modells wurde zwar schon in den 1950er Jahren Kritik geübt, jedoch konnte die Illusion einer heilen, wohldosierten Welt für Kinder erst dann entscheidend aufgebrochen werden, als gesellschaftlich-räumliche Veränderungen im Verlaufe der 1980er Jahre nirgendwo mehr zu übersehen waren: vermehrte Mobilität, das Eindringen der Medien in den Alltag und Zuwanderungen (vgl. Daum 1990).

Funktionale Differenzierungen in der Raumnutzung haben vor allem die Struktur städtischer Räume verändert. Einen solchen Trend beschreibt Helga Zeiher (1983) in ihrem *Modell der verinselten Lebensräume*. Demnach besteht der überschaubare Aktionsraum von Kindern aus einzelnen separaten Stücken, die wie Inseln verstreut in einem größer gewordenen Gesamtraum liegen, der als Ganzes unbekannt oder zumindest bedeutungslos ist. Wichtige Bezugspunkte dieses Modells stellen Elternhaus und Schule dar. Für mobilere bzw. finanzkräftigere Kinder tut sich eine breite Palette von Freizeit- bzw. außerschulischen Unterrichtsangeboten auf. Als schwierig erweist sich häufig die zeitliche und räumliche Organisation dieser verinselten Aktivitäten. Man wird transportiert, ohne sich selbst bewegt zu haben. Von den Zwischenräumen und zurückgelegten Entfernungen existieren oft keine konkreten Vorstellungen. Die Gestalt des verinselten Raums ist keine vorgegebene notwendige, streng genommen existiert sie gar nicht. Der Raum *konstituiert* sich vielmehr aus Überlegungen und Entscheidungen, die das Individuum selbst *hervorbringen* muss – und zwar in „alltäglichen Regionalisierungen" (vgl. Werlen 1997). Die Beschäftigung mit dem Raum wird so zu einer *Geographie des eigenen Lebens* (vgl. Daum & Werlen 2002).

Nach dieser Sichtweise ist die Organisation des Raumes ein integraler Bestandteil des Prozesses, in dem die Lebenswelt erst Sinn und Bedeutung erhält. Dauerhafte soziale Beziehungen und Freundschaften zu finden, ergibt sich z.B. nicht von selbst. Diese müssen eher *bewusst* gesucht und *individuell* gepflegt werden (vgl. Beck 1995). Alternativen müssen erkannt, mit eigenen Wünschen und Zielen in Beziehung gesetzt, evaluiert und nach Präferenzen geordnet werden. Für die Gestaltung von Sachunterricht bedeutet dies: Kinder müssen vermehrt Gelegenheiten erhalten, sich mit Räumen konstruktiv und handelnd auseinanderzusetzen.

2 Raumbegrifflichkeit

Wegen höchst unterschiedlicher Vorstellungen vom „Raum" und von „raum-
bezogenem" Lernen ist es notwendig, die jeweils zugrundeliegende Begrifflichkeit
zu präzisieren (vgl. Werlen 1997 u. 2000; Sturm 2000). Weite Verbreitung hat
inzwischen ein Vorschlag gefunden, der *viererlei Raumbegriffe* voneinander unterscheidet (vgl. im folgenden Wardenga 2002):
1. Räume als „Behälter" (*Container*)
2. Räume als Systeme von Lagebeziehungen
3. Räume als Kategorie der Sinneswahrnehmung
4. Räume als Konstruktionen, etwas „Gemachtes"
Zu 1: Nach traditionellem Selbstverständnis in der Geographie werden *Räume als
„Behälter" (Container)* betrachtet, in denen bestimmte Sachverhalte der physisch-
materiellen Welt wie z.B. Oberflächenformen und Böden, Klima und Gewässer,
Vegetation und Tierwelt sowie die Werke des Menschen enthalten sind. Folglich
werden Räume als Entitäten gesehen, d.h. es wird davon ausgegangen, dass sie in
„der" Wirklichkeit vorkommen. Sie werden als Wirkungsgefüge natürlicher und
anthropogener Faktoren verstanden, als Ergebnis von Prozessen interpretiert, die
die Landschaft gestaltet haben oder als Prozessfeld menschlicher Tätigkeiten gesehen.
Zu 2: In der zweiten Perspektive werden *Räume als Systeme von Lagebeziehungen*
materieller Objekte verstanden. Hier liegt der Akzent besonders auf der Bedeutung von Standorten, Lage-Relationen und Distanzen. Es wird danach gefragt,
was diese Sachverhalte für die vergangene und gegenwärtige gesellschaftliche Wirklichkeit bedeuten, wobei (wiederum) davon ausgegangen wird, dass es „die"
allgemeinbegrifflich zu fassende gesellschaftliche „Wirklichkeit" als real vorhandene Entität gibt.
Zu 3: In der dritten Perspektive werden *Räume als Kategorie der Sinneswahrnehmung* betrachtet. Es wird danach gefragt, wie ein und derselbe, scheinbar real
vorhandene Raum von einzelnen Individuen, Gruppen oder Institutionen jeweils
unterschiedlich gesehen und bewertet werden kann. Wirklichkeit stellt sich als
pluralisiert dar. Individuen, Gruppen oder Institutionen ordnen ihre Wahrnehmungen in räumliche Begriffe ein und differenzieren Welt räumlich. Raum, Gesellschaft bzw. Wirklichkeit können demnach nicht als wahrnehmungsunabhängige
Konstanten gedacht werden. *Zu 4:* Vor diesem Hintergrund geht die vierte Perspektive davon aus, *dass Räume „gemacht" werden* und so Artefakte von gesellschaftlichen Konstruktionsprozessen sind. „Eine sozialwissenschaftliche Geographie kann den ‚Raum' nicht als vorgegeben akzeptieren. Vielmehr hat man nach
der Konstitution von ‚Raum' zu fragen, nach den unterschiedlichen Formen der
gesellschaftlichen Konstruktion von ‚Raum'" (Werlen 2000, S. 309). Es wird z.B.
untersucht, wie raumbezogene Begriffe als Elemente von alltäglicher Handlung

und Kommunikation auftreten und welche Funktionen eine raum-bezogene Sprache in der modernen Gesellschaft erfüllt, wer unter welchen Bedingungen und aus welchem Interesse wie über bestimmte Räume kommuniziert und wie Raum durch raumbezogene Sprache fortlaufend erst produziert und reproduziert wird. Für ein geographisch akzentuiertes Lernen im Sachunterricht empfiehlt es sich, die vorherrschende (auch in der „raumbezogenen Perspektive" des „Perspektivrahmens" [Gesellschaft für Didaktik des Sachunterrichts 2002] anzutreffende), aber immer zu kurz greifende Sicht auf „wirkliche", materiell bedingte Räume der Kategorien 1 und 2 zu revidieren, und zwar zugunsten von Vorstellungen, die auf der Basis eines relationalen, nicht-substantialistischen Raumbegriffs eine hohe Sensibilität für das Wahrnehmen und Konstruieren von Räumen der Kategorien 3 und 4 besitzen. Nur so kann *Handlungskompetenz* entscheidend gefördert werden. Kinder sind Konstrukteure ihrer Wirklichkeit (vgl. Daum & Werlen 2002).

3 Geographisch relevante Aufgaben des Sachunterrichts

3.1 Das Konzept der Raumaneignung

Ausgangspunkt ist ein konstruktivistisches *Modell der wechselseitigen Beziehungen zwischen Subjekt und Realität* (vgl. Hurrelmann 1989, S. 63), wobei Sozialisation als produktive Verarbeitung einer äußeren und einer inneren Realität verstanden werden kann. Kennzeichnend sind Austauschbeziehungen, die als Aneignung und Verarbeitung von äußerer Realität aufgefasst werden. Zweifellos ist der materielle Raum, in dem Kinder ihre ersten Erfahrungen mit der Welt machen, heutzutage enger und steriler geworden. Welche Fähigkeiten Kinder allerdings als kreativ handelnde Subjekte entwickeln, reale Orte und Plätze sowie einzelne Teile lebhaft umzudeuten und sie in ihre phantastische Welt hineinzunehmen, haben Martha und Hans Muchow (1935) untersucht. Demnach „umleben" Kinder die Räume und Gegenstände: Mühelos kann ein halbrunder Behälter für Altglas zu einem mächtigen und Macht verleihenden Reitkamel werden. In die gleiche Richtung weist Otto Friedrich Bollnow (1963) mit seiner Idee vom „erlebten" Raum, der ebenfalls nicht *a priori* vorhanden ist, sondern durch das handelnde Subjekt hervorgebracht wird.

Raumaneignung bedeutet, „sich den physikalischen (aber auch sozialen, geistigen) Raum handelnd zu erschließen, dass Orientierung, also Handlungsentwurf und -realisation, in ihm möglich ist" (Graumann & Kruse 1978, S. 187). Anders als in der Vorstellung von „Behälter"-Räumen, geht es hierbei um Strategien der räumlichen Wahrnehmung und Deutung, kurz: um die Konstruktionsleistungen der sozialen Akteure über den Raum.

Im Sachunterricht müssen folglich vielfältige Möglichkeiten für räumliche Deutungen und *Aneignungssituationen* geschaffen und gefördert werden.

3.2 Geographische Arbeitsweisen

Die Erschließung kindlicher Lebenswirklichkeit als ein Kernparadigma des Sachunterrichts kommt in sinnfälliger Weise vor allem in geographischen Arbeitsweisen zur Geltung, die handlungsorientiert sind. Hierzu gehören vielfältige Formen der Weltberührung und Welteroberung: Sich im Raum orientieren, Raumvorstellungen entwickeln, Räume erleben, erkunden, sich aneignen und vor allem mitgestalten (vgl. Daum 1990; Spitta 2004).

Von allen geographischen Arbeitsweisen hat der *Umgang mit Karten* schon immer eine besondere Beachtung gefunden, wird hierin doch eine für Kinder bedeutsame Kulturtechnik gesehen. Es haben sich drei idealtypische, historisch aufeinander folgende Wege zur Anbahnung des Kartenverständnisses entwickelt (vgl. Engelhardt & Glöckel 1977).

Im *synthetischen Verfahren* wird in gutgemeinter Absicht versucht, kartographische Grundbegriffe in einem einmaligen Lehrgang zu klären. Doch drohen hierbei eine unangemessene Lehrerzentriertheit und die Gefahr der Überfrachtung mit zahlreichen, für Kinder abstrakt bleibenden Details wie z.B. Himmelsrichtungen, Symbolen oder Kartenmaßstäben.

Beim *analytischen Verfahren* wird, vertrauensvoll anknüpfend an bereits vorliegende Alltagserfahrungen der Kinder, gleich mit fertigen Karten und Plänen von gut gegliederten, überschaubaren Raumausschnitten begonnen. Hierbei kann eine mit der Karte praktisch zu bewältigende Aufgabe, z.B. die der räumlichen Orientierung, im Mittelpunkt stehen.

Das *genetische Verfahren* nimmt die Subjektivität und folglich die Unvollkommenheit kindlicher (wie auch historischer) Kartendarstellungen ernst. Charakteristisch sind aufschlussreiche persönliche Weltinterpretationen sowie wahrnehmungsbedingte Verzerrungen der Maßstäblichkeit und Vermischungen von Grundriss- und Aufrisselementen. Erst allmählich setzen dann gezieltere Lernprozesse ein, die, durch Einsicht in Notwendigkeiten gefördert, zu „objektiveren" Darstellungen des Raumes vorstoßen (vgl. Daum 1985).

Die oftmals anzutreffende, durch das synthetische Verfahren beeinflusste Vorstellung von einer separaten, womöglich nur einmalig durchzuführenden „Einführung in das Kartenverständnis" wird zunehmend kritischer gesehen. Es erweist sich als ergiebiger, die *Kartenarbeit als stetige Aufgabe* in für Kinder sinnfällige lebensweltliche Kontexte und Handlungen einzubetten, und zwar von Anfang an (vgl. Wittkowske 2003).

4 Forschungsperspektiven

Wie Kinder mit Räumen umgehen, wie sie Räume erfahren und sich aneignen, ist erst in Ansätzen bekannt (vgl. Hitzler 1995; Nissen 1998). Auf welche Weise jeweils Mädchen und Jungen die Welt sehen und immer schon von sich aus Regionalisierungen in ihrem Alltag vornehmen, ist eine lohnende Forschungsperspektive, die mit ihren Ergebnissen einem geographisch neu akzentuierten Sachunterricht zugute kommen sollte. Anders als Generationen vor ihnen, haben Kinder heute ein enormes Wissen über die Welt, das den heimatlichen Horizont weit übersteigt. Dennoch wäre genauer zu untersuchen, wie sich dieses Wissen aufbaut und welchen Einflüssen es unterliegt. Die fortschreitende Globalisierung hat z.b. in Bezug auf Essgewohnheiten, Musikvorlieben und Kleidung längst den kindlichen Alltag erreicht und fordert dazu heraus, den Blick auf die Welt zu erweitern, „nahe" und „ferne" Räume miteinander in Beziehung zu setzen und handlungsorientierte Formen *globalen Lernens* im Sachunterricht zu entwickeln (vgl. Landwehr 2004; von Reeken 2004).

Literatur

Beck, U. et al. (1995): Eigenes Leben. München. – Bollnow, O. F. (1963): Mensch und Raum. Stuttgart. – Daum, E. (1985): Die Straße von oben. In: Grundschule, 17, S. 26-29. – Daum, E. (1990): Orte finden, Plätze erobern! Räumliche Aspekte von Kindheit und Jugend. In: Praxis Geographie, 20, H. 6, S. 18-22. – Daum, E. & Werlen, B. (2002): Geographie des eigenen Lebens. Globalisierte Wirklichkeiten. In: Praxis Geographie, 32, H. 4, S. 4-9. – Engelhardt, W. & Glöckel, H. (Hrsg.) (1977): Wege zur Karte. 2. Auflage. Bad Heilbrunn. – Gesellschaft für Didaktik des Sachunterrichts (GDSU) (Hrsg.) (2002): Perspektivrahmen Sachunterricht. Bad Heilbrunn. – Hitzler, R. (1995): Wo spielen Kinder? In: Behnken, I. & Jaumann, O. (Hrsg.): Kindheit und Schule. Kinderleben im Blick von Grundschulpädagogik und Kindheitsforschung. Weinheim, München, S. 131-143. – Hurrelmann, K. (1989): Einführung in die Sozialisationstheorie. 2. Aufl. Weinheim. – Graumann, C. F. & Kruse, L., (1978): Sozialpsychologie des Raumes und der Bewegung. In: Hammerich, J. & Klein, M. (Hrsg.): Materialien zur Sozialpsychologie des Alltags. Opladen, S. 177-219. – Landwehr, B. (2004): Globales Lernen – Interkulturelles Lernen: Lernen für das Leben in Einer Welt? In: Kaiser, A. & Pech. D. (Hrsg.): Basiswissen Sachunterricht. Band 6: Die Welt als Ausgangspunkt des Sachunterrichts. Baltmannsweiler, S. 111-118. – Muchow, H. & Muchow, M. (1935): Der Lebensraum des Großstadtkindes. Hamburg. – Nissen, U. (1998): Kindheit, Geschlecht und Raum. Sozialisationstheoretische Zusammenhänge geschlechtspezifischer Raumaneignung. Weinheim, München. – Reeken, D. v. (2004): Sachunterricht aus globaler Perspektive. In: Kaiser, A. & Pech, D. (Hrsg.): Basiswissen Sachunterricht. Band 3: Integrative Dimensionen für den Sachunterricht. Baltmannsweiler, S. 130-136. – Spitta, P. (2004): Orientierung im Wohnumfeld – Erfahrungen im Raum. In: Kaiser, A. & Pech, D. (Hrsg.): Basiswissen Sachunterricht. Band 5: Unterrichtsplanung und Methoden. Baltmannsweiler, S. 151-164. – Sturm, G. (2000): Wege zum Raum. Methodologische Annäherungen an ein Basiskonzept raumbezogener Wissenschaften. Opladen. – Wardenga, U. (2002): Alte und neue Raumkonzepte für den Geographieunterricht. In: Geographie heute, 23, H. 200, S. 8-11. – Werlen, B.(1997): Sozialgeographie alltäglicher Regionalisierungen. Band 2: Globalisierung, Region und Regionalisierung. Stuttgart. – Werlen, B. (2000): Sozialgeographie. Bern, Stuttgart, Wien. – Wittkowske, S. (2003): Kartenarbeit. In: Reeken, D. v. (Hrsg.): Handbuch Methoden im Sachunterricht. Baltmannsweiler, S. 147-156. – Zeiher, H. (1983): Die vielen Räume der Kinder. In: Preuss-Lausitz, U. et al.: Kriegskinder, Konsumkinder, Krisenkinder. Weinheim, S. 176-195.

22| Technisches Lernen im Sachunterricht
Monika Zolg

1 Technik – eine Definition

Im weiteren Sinne versteht man unter Technik jede zielgerichtete Handlung. Im engeren Sinne bezeichnet der Begriff Realtechnik, die gekennzeichnet ist durch vom Menschen hergestellte Artefakte und deren Verwendung im Rahmen eines zielgerichteten und zweckhaften Handelns (vgl. Ropohl 1979 zitiert nach Wilkening & Schmayl 1984). Mensch und Technik sind somit untrennbar miteinander verbunden. Technik ist dabei nicht auf einzelne Objekte und Verfahren zu reduzieren, sondern sie ist eingebettet in ein von Menschen festgelegtes Wertesystem, dass das Ziel und den Zweck – individuell und gesellschaftlich – jeweils festlegt. Die resultierende Janusköpfigkeit zwischen Lebenserleichterung und -gefährdung ist nicht der Technik, sondern unerwünschten, unbeabsichtigten oder in Kauf genommenen Folgen ihrer Anwendung anzulasten. Technische Entwicklungen beeinflussen gesellschaftliche, soziale, ökologische und ökonomische Entwicklungen und werden umgekehrt von diesen beeinflusst. Insbesondere die weit reichenden negativen Technikfolgen auf Mensch und Umwelt machen deutlich, dass bei der Entwicklung und dem Gebrauch von Technik die Folgen bedacht und bewertet werden müssen. Für die Technikbildung lässt sich daraus ableiten, dass sie vom Anfang an Teil einer Allgemeinbildung sein muss, um diese dem Menschen eigenen Fähigkeiten auszubilden und ihn zu befähigen, verantwortungsbewusst mit ihnen umzugehen.

2 Zur Begründung technischer Bildung im Sachunterricht

Kinder leben in einer hochtechnisierten Welt und dies wird sich zukünftig noch verstärken. Voraussetzung zu ihrer Bewältigung ist heutzutage vor allem ein Beschaffungs- und Bedienungswissen, weil die technischen Systeme – auch im privaten und spielerischen Bereich – immer komplexer werden. Selbstständiges Herstellen, Reparieren, Erkennen von Funktionsprinzipen ist bei dieser Form von Technik kaum noch möglich. Dies kann sowohl zu einer Überschätzung von technischen Systemen, als auch zu Angst vor Technik und zu einem Gefühl des Ausgeliefertseins führen. Technische Bildung im Sachunterricht ist notwendig, um Kinder zu befähigen, diese Realität – individuell und als Teil der Gesellschaft – zu bewältigen, zunehmend aktiv mitzugestalten und kritisch reflektieren zu können. Gerade weil die alltägliche Begegnung einerseits selbstverständlich und andererseits verdeckt erfolgt, muss der Sachunterricht Kindern die Gelegenheit geben, Hintergründe und Entwicklungen erkennen und bewerten zu können. Den Kindern müssen Möglichkeiten geboten werden, sich selbst als technisch-produktive Persönlichkeiten in dieser gemachten Welt zu erfahren und nachvoll-ziehen zu können, dass Technik vom Menschen gemacht und erdacht ist und somit von ihm verändert werden kann. Dies ist eine Basis für ein verstehendes Lernen (vgl. Möller 2002; Zolg 1997). Ein weiteres gewichtiges Argument für eine technische Bildung im Sachunterricht ist die frühe Ausbildung geschlechts-spezifischer Interessen und vor allem Kompetenzzuschreibungen. Studien bele-gen, dass Jungen mehr Interesse an (Mammes 2001; Hansen & Klinger 1997; Biester 1993) und mehr Vorerfahrungen in Bezug auf Technik haben. Die Unter-suchung von Mammes zeigt aber auch, dass durch unterrichtliche Intervention das Interesse und die Fähigkeiten bei den Mädchen – wie auch bei den Jungen – deutlich gesteigert werden können.

3 Angestrebte Ziele und Kompetenzen technischer Bildung auf der Basis des Perspektivrahmens 2002

Technische Bildung im Sachunterricht geht von der erfahrbaren Umwelt und der kindlichen Sicht der Dinge aus und greift für das Kind relevante Lernsituationen auf, die einen sinnvollen Beitrag zur Klärung und Bewältigung der heutigen und zukünftigen Lebensrealität liefern können. Sie orientiert sich dabei nicht an einer strengen Fachsystematik, ist aber weder im Inhalt noch in Bezug auf Kompeten-zen beliebig. Gerade die anspruchsvollen Qualifikationen des Bewertens und Erkennens von Zusammenhängen erfordern ein inhaltliches und methodisches fachliches Fundament und einen stimmigen Aufbau. Dabei werden Fragen, Inte-ressen und Vorerfahrungen der Kinder einbezogen, von besonderer Bedeutung sind hierbei die Diagnose der sehr heterogenen Lernausgangslage und Entwick-lungen des technischen Denkens.

Technische Bildung im Sachunterricht bahnt Einsichten in technische Funkti-ons-, Wirkungs- und Vorgehensweisen ebenso wie die Erkenntnis grundlegender Gesetzmäßigkeiten und Zusammenhänge an und thematisiert die Wirkungen und Folgen von Technik. Wichtig hierfür ist auch, Technik in ihrer Entwicklung zu betrachten.

Technische Elementarbildung fördert ein handelndes, selbstgeleitetes Lernen, das sich vom naiv-spielerischen zum zunehmend planvollen, entdeckenden und pro-blemorientierten Lernen entwickelt. Sie entwickelt und vertieft spezielle techni-sche Kompetenzen wie den sachgerechten Umgang mit Werkzeugen, das Herstel-len, Bauen und Konstruieren, das Montieren, Demontieren, Analysieren und Experimentierens, die Fähigkeit zur zeichnerischen und sprachlichen Darstellung von Entwürfen und Lösungen sowie zur Problemlösung, das Vergleichen und Bewerten technischer Entwicklungen und ihrer erwünschten und unerwünschten Folgen. Nicht zuletzt soll die Beschäftigung mit Technik im Sachunterricht einseitigen geschlechtsspezifischen Festlegungen entgegenwirken.

Die Inhalte ergeben sich aus ihrer gegenwärtigen und zukünftigen Bedeutung für das Kind und ihrer exemplarischen Bedeutung für die Technik. Dazu gehören u.a. die Themenfelder Arbeit und Produktion im Rahmen von Haus- und Erwerbsarbeit; die jeweiligen Materialien, Maschinen, Geräte und Werkzeuge und ihre Funktionsweise, Wirkung, Wandlung und Nutzung von Kräften; die historische Entwicklung technischer Objekte und Systeme und deren Auswirkungen auf Mensch-Umwelt-Gesellschaft; Versorgung-Entsorgung; Transport und Verkehr; Information und Kommunikation.

4 Konzepte technischer Bildung in der Grundschule

Die Konzeptionen technischer Elementarbildung in der Grundschule sind aber bei weitem nicht einheitlich. Winfried Schmayl (1994) unterscheidet den stärker fachlichen, mehrperspektivischen oder integrativen Ansatz. Der fachliche Ansatz beansprucht ein eigenständiges Unterrichtsgebiet für die technische Elementarbildung, der mehrperspektivische verknüpft innertechnische Themenstellungen mit technikübergreifenden Zusammenhängen und der integrative Ansatz thematisiert Technik in komplexen Lebenssituationen, innerhalb derer dann fachliche Aspekte vertieft werden. Neben der Einbindung technischer Themen in den Sachunterricht gibt es in einigen Bundesländern noch Werken, teilweise mit eher technischer oder künstlerisch-gestalterischer Ausprägung. Harald Schaub (2003) unterscheidet den problembezogenen, kindorientierten und teilweise mehrperspektivischen Ansatz, in dem eine fachliche Systematik mit überfachlichen Aspekten verknüpft wird, des Weiteren den historisch-genetischen, problembezogenen und handlungsprozessorientierten Ansatz. Kinder sollen hier in Originalsituationen zurückgeführt werden, in denen der technische Gegenstand einst entstand. Anhand einer problemorientierten und handlungsintensiven Auseinandersetzung zwischen Kind und Sache wird ein Nachentwickeln und Nacherfinden angeregt. Beim integrativen Ansatz schließlich werden fachliche Inhalte in komplexe Themenbereiche aus der Lebenswelt des Kindes integriert.

5 Zur Realität technischer Bildung

Die bisherigen Ausführungen spiegeln allerdings nicht die Unterrichtsrealität wider. Anhand der Ergebnisse von Klassenbuchanalysen aus unterschiedlichen Jahrzehnten und aktueller Schulbuchanalysen lässt sich ein deutlicher Rückgang des Anteils technischer Themen im Sachunterricht seit den 70er Jahren verzeichnen. In ihrer Untersuchung von rund 1000 Lehrkräften in Nordrhein-Westfalen 1996 konnten Kornelia Möller, Claudia Tenberge und Uwe Ziemann feststellen, dass weniger als die Hälfte der untersuchten Lehrer/innen überhaupt technische Themen im Sachunterricht aufgegriffen haben. Rund 80% der Lehrer/innen waren im Zuge ihrer Ausbildung gar nicht oder allenfalls geringfügig mit technischen Themen in Kontakt gekommen. Nur jede 4. Lehrperson fühlte sich überhaupt kompetent genug, einen technikbezogenen Sachunterricht durchzuführen. Je inkompetenter sich die Lehrer/innen einschätzten, desto weniger technische Themen wurden im Unterricht angeboten. Aber über zwei Drittel der Befragten hielten technikbezogene Inhalte im Sachunterricht für wichtig bzw. sehr wichtig. Als Gründe (geordnet nach Häufigkeit) für die Nichtbehandlung wurden von den Lehrer/innen mangelnde Raum- und Werkzeugausstattung, zu große Klassen, mangelndes Kompetenzgefühl, zu hoher Organisationsaufwand und zu hohes Sicherheitsrisiko, schwierige Kinder und die Nichtanerkennung technisch-praktischer Themen durch die Eltern genannt (vgl. Möller, Tenberge & Ziemann 1996, S. 44). Als Zukunftsaufgaben sind Forschungen zum technischen Denken des Kindes und zu technischen Lernprozessen und Lernumgebungen im Sachunterricht zu nennen. Vor allem aber werden Konzepte und Maßnahmen zu einer technisch angemessenen Aus- und Fortbildung von Sachunterrichtslehrer/innen intensiviert werden müssen.

Literatur

Biester, W. (1993): Mädchen und Technik. Beobachtungen und Untersuchungen im 3. und 4. Schuljahr. In: Lauterbach, R., Köhnlein, W., Spreckelsen, K. & Klewitz, E. (Hrsg.): Brennpunkte des Sachunterrichts. Kiel, S. 156-168. – Gesellschaft für Didaktik des Sachunterrichts (GDSU) (Hrsg.) (2002): Perspektivrahmen Sachunterricht. S. 8, 19-21. – Hansen, K.-H. & Klinger, U. (1997): Interesse am naturwissenschaftlichen Lernen im Sachunterricht – Ergebnisse einer Schülerbefragung. In: Marquardt-Mau, B., Köhnlein, W. & Lauterbach, R. (Hrsg.): Forschung zum Sachunterricht. Bad Heilbrunn, S. 101-121. – Mammes, I. (2001): Förderung des Interesses an Technik. Eine Untersuchung zum Einfluss technischen Sachunterrichts auf die Verringerung von Geschlechterdifferenzen im technischen Interesse. Frankfurt am Main. – Möller, K., Tenberge, C. & Ziemann, U. (1996): Technische Bildung im Sachunterricht. Münster, S. 69-70. – Möller, K. (2002): Technisches Lernen in der Grundschule. In: Grundschule, H.2; S. 51-53. – Schaub, H.(2003): Konzeptionen technischer Bildung im Sachunterricht. In: Grundschule, H.9, S. 8-12. – Schmayl, W.(1994): Technik in der Grundschule. Ansätze technischen Elementarunterrichts. In: tu 74, 1994, S. 16-22. – Wilkening, F. & Schmayl, W. (1984): Technikunterricht. Bad Heilbrunn. – Zolg, M.(1997): Zur Notwendigkeit technischer Elementarbildung. In: Grundschulzeitschrift, H. 108, S. 6-11.

23| Soziologische Aspekte
Volker Schwier

Wenn es darum geht, das Zusammenleben von Menschen zu verstehen, Vorstellungen von ‚Gesellschaft' zu entwerfen oder Prozesse sozialen Wandels zu beschreiben, bietet sich vornehmlich die Soziologie als relevante Wissenschaftsdisziplin an. Gegenüber Außenstehenden wirken die Soziologie und besonders ihre Fachsprache jedoch oft sperrig.

Manchen erscheinen auch die Hilfsmittel, die die Soziologie bereit hält, für umständlich, wenn es darum geht, sich in der Welt zu orientieren; erklären viele soziologische Theorien doch nur das, was ohnehin schon gewusst oder zumindest geahnt wird. Durch Soziologie werden nach dieser Auffassung Alltägliches und Selbstverständlichkeiten nur unnötig verkompliziert. Dabei hält gerade die Soziologie mit vielen ihrer Fragestellungen, Methoden und Theorien umfassende Orientierungsangebote bereit, um Verständnis und Handlungsfähigkeit in einer sich wandelnden und zunehmend komplexen sozialen Welt zu fördern.

1 Soziologie als Bezugswissenschaft der Didaktik des Sachunterrichts

Auch die Sachunterrichtsdidaktik nutzt in unterschiedlicher Weise die umfangreichen Möglichkeiten der soziologischen Bezugsdisziplin. Eine Nähe von Soziologie und Sachunterrichtsdidaktik leitet sich bereits aus den Überschneidungen der *Gegenstandsbereiche* beider Wissenschaftsdisziplinen ab. Unbenommen des je eigenständigen Erkenntnisinteresses geht es beiden immer auch darum, jene erfahrbare Wirklichkeit zu verstehen, die im gesellschaftlichen Zusammenleben hervorgebracht wird.

So verwundert es wenig, wenn sich Aspekte soziologischen Denkens schon in Beiträgen zu den Vorläuferfächern des Sachunterrichts widerspiegeln. Im Zuge der Volksschullehrerbewegung des 19. Jahrhunderts war es Adolph Diesterweg, der „vor dem Hintergrund eines optimistischen Menschenbildes die Individualität *und* Sozialität jedes Menschen" (von Reeken 2004, S. 81) betonte. Erst recht seit Beginn des modernen Sachunterrichts beansprucht die Fachdidaktik ausdrücklich eine Orientierung an der Soziologie und anderen Sozialwissenschaften. Deren sachunterrichtsdidaktischer Stellenwert ermisst sich daran, „in welchem Maße ihre Ergebnisse, Begriffe und Methoden es ermöglichen, die individuellen und gesellschaftlichen Erfahrungen der Kinder durchsichtig und verfügbar zu machen" (Ackermann 1976, S. 9).

Es erscheint weder sinnvoll noch nötig, die Bezugnahmen der Sachunter-richtsdidaktik auf soziologisches Wissen durch ihre Geschichte hindurch im Einzelnen nachzuzeichnen. Einzelne Beispiele aus der aktuellen Diskussion mögen exemplarisch veranschaulichen, welche der vielfältigen soziologischen Forschungs-beiträge von der Sachunterrichtsdidaktik aufgegriffen und einbezogen werden. Soziologisches Wissen wird dabei auf unterschiedlichen *Ebenen* wirksam.

Von der Gesellschaft für Didaktik des Sachunterrichts (GDSU) formulierte Inhalte, Beispiele und Kompetenzerwartungen (vgl. GDSU 2002, S. 10-12) schlie-ßen an *soziologische Fragestellungen* an, die darauf ausgerichtet sind, wesentliche „Grundlagen des Zusammenlebens" zu verstehen. Hierzu zählen soziologische Problembeschreibungen und Lösungsansätze z.B. in den Bereichen „kultureller Vielfalt", „gesellschaftlicher Naturverhältnisse" oder „Globalisierung".

Eine Reflexion und Integration *soziologischen Methodenwissens* im Sinne des *qualitativen Ansatzes* der grounded theory nutzt z.B. Eva Gläser (2002) für ihre For-schungen zu kindlichen Deutungen von Arbeit(-slosigkeit).

Fachdidaktiker/-innen des Sachunterrichts orientieren sich besonders an *wichtigen theoretischen Positionen* der Soziologie. Je nach Reichweite lassen sich diese weiter untergliedern. Eher *mikrosoziologische Theorien*, d.h. Aussagen z.B. über soziale Rollen/Identität, Konformität/Abweichung oder Interaktion zwischen Individuen/Gruppen finden sich in vielen praxisnahen Materialien (etwa zu Familie, Konflikten, Heterogenität und sozialem Lernen) wieder. *Makrosoziologische Theorien* verzichten darauf, soziale Ereignisse als Ergebnis des Verhaltens individueller Akteure zu erklären, sondern nehmen ihren Ausgang vielmehr in den Beschreibungen struktureller Zusammenhänge (Kommunikation, Macht, Institution, sozialer Wandel). Vereinzelt verweisen sachunterrichtsdidaktische Arbeiten auf makro-soziologisch ausgerichtete Ansätze wie die Systemtheorie (vgl. Daum 1999) und Zeitdiagnosen wie die der Multioptions-, Erlebnis-, Risiko-, Wissens-bzw. Mediengesellschaft (vgl. Kahlert 2002, S. 77-90; von Reeken 2001; Richter 2004) oder den ‚Globalisierungsdiskurs' (Kaiser 2004). Viele aus einem soziologischen Kontext stammende Begriffe (gender, soziale Ungleichheit, pluralisierte Lebensstile, Zivilgesellschaft etc.) sind zudem Allgemeingut geworden.

Die traditionelle Aufteilung in Mikro-/Makro-Theorien hat zwar weiterhin Be-stand, aber mittlerweile richten viele soziologische Ansätze ihre Forschungs-interessen verstärkt auf die *Vermittlungen* zwischen sozialen Handlungen und ge-sellschaftlichen Strukturen, die Handeln ermöglichen und begrenzen (z.B. Anthony Giddens ‚Theorie der Strukturierung' oder Pierre Bourdieus ‚Habitus-Konzept'). Diesen Ansätzen lässt sich auch Jürgen Habermas' ‚Theorie des kommunikativen Handelns' zuordnen. Die dort erfolgende Bestimmung von ‚Persönlichkeit', ‚Ge-sellschaft' und ‚Kultur' als Struktur- und Reproduktionsebenen der Lebenswelt dient Dagmar Richter (2002) zur Begründung sachunterrichtlicher Inhaltsbereiche und Bildungsziele.

Die Möglichkeiten, die sich der Sachunterrichtsdidaktik aus dem Fundus ihrer soziologischen Bezugsdisziplin insgesamt bieten, werden mit alledem jedoch nicht annähernd ausgeschöpft.

2 Gegenwärtige Potenziale der Soziologie

In Auseinandersetzung mit den etablierten ,*Klassikern*' (Comte, Marx, Spencer, Durkheim, Tönnies, Simmel, Weber), *allgemeinen Gesellschaftstheorien* (Sozialphänomenologie, Symbolischer Interaktionismus, Strukturfunktionalismus, Rational-Choice-, Konflikt-, Kritische- und Systemtheorie) und *speziellen Theorien* (Feministische-, Arbeits-, Bildungs-, Umwelt-, Risiko-, Wirtschafts-, Jugend- und Organisations-Soziologie, Sozialisationsforschung u.a.) sowie *quantitativer und qualitativer Methoden* der empirischen Sozialforschung hat sich aktuell ein breites Spektrum soziologischer Diagnosen entwickelt. Auch wenn der gegenwärtige Stand soziologischer Methoden-, Begriffs- und Theoriebildung hier nicht annähernd skizziert werden kann, soll eine sehr selektive Auswahl aktueller fachwissenschaftlicher Entwicklungen doch einen Eindruck davon vermitteln, welche weiteren Anschlussmöglichkeiten sich einer soziologisch-reflektierten Sachunterrichtsdidaktik bieten. Drei Forschungsansätze werden hier herausgehoben, weil sie nach Ansicht des Verfassers besonders lohnend erscheinen, um (auch) auf ihre mögliche Leistungsfähigkeit für die empirisch-theoretische Sachunterrichtsforschung hin überprüft zu werden.

Fragen des Wandels von Institutionen und den sich daraus ergebenden Konsequenzen (etwa für die Kooperationsformen Markt, Organisation, Netzwerk) geht der soziologische *Neo-Institutionalismus* nach. Traditionen der Wissensanalyse und der Diskursforschung führt das methodisch ausgerichtete Forschungsprogramm *Wissenssoziologische Diskursanalyse* fort, das auf „die Erforschung der Prozesse der sozialen Konstruktion von Deutungs- und Handlungsstrukturen auf der Ebene von Institutionen, Organisationen bzw. kollektiven Akteuren und [...] die Untersuchung der gesellschaftlichen Wirkungen dieser Prozesse" (Keller 2005, S. 170) ausgerichtet ist. Auch unter dem Etikett der ,*Weltgesellschaft*' verbinden sich aktuelle soziologische Forschungsperspektiven, denen die weitreichenden Zusammenhänge der Globalisierung zum zentralen Bezugspunkt empirischer und theoretischer Forschung werden. Gemein ist den genannten Beispielen, dass es sich bei ihnen um z.T. sehr heterogene Programme bzw. Suchbewegungen handelt. Als solche tragen sie gleichwohl dazu bei, eine reflexive Haltung zu fördern, die als ,soziologische Perspektivität' beschrieben werden kann: Dabei geht es um die Irritation vermeintlicher Gewissheiten, Möglichkeiten des Perspektivwechsels und eine ,soziologische Phantasie', die über die Kritik- und Urteilsfähigkeit hinaus hilft, alternative Handlungsmöglichkeiten zu offenbaren.

3 Relevanz der Soziologie für die Sachunterrichtsdidaktik

Die Frage nach der gegenwärtigen und zukünftigen Bedeutung der Soziologie lässt sich mit Blick auf deren möglichen *Nutzen* für den Sachunterricht und seine Didaktik präzisieren. So wird auch aktuell eine „pädagogisch-systematische Sachunterrichtsforschung" gefordert, „die die Tragfähigkeit von Differenzbegriffen analysiert, sachunterrichtsbedeutsame Erkenntnisse von Bezugsdisziplinen argumentativ stringent einschließt und in guter systematisch-analytischer Tradition [...] nach den theoretischen Implikationen ihrer Konstrukte fragt" (Kahlert 2005, S. 51). Ein solches Vorgehen – so Kahlert weiter – „könnte helfen, Umwege der Theorieentwicklung zu vermeiden und die Kommunikation vom Ballast unzureichend explizierter Begriffe zu entlasten" (ebd.), auch wenn damit der „Zugang zu einem Forschungsfeld [angestrebt wird ...], der methodisch wohl noch am wenigsten erschlossen ist" (ebd.). Damit sind Konturen sachunterrichtsdidaktischer Forschung abgezeichnet, die zugleich auch als Anforderungsprofil an eine der relevanten Bezugswissenschaften – die Soziologie – gelesen werden können.

Unterstützung in Form systematisierten Wissens bietet die Soziologie auf einer ersten Ebene für den *konkreten Sachunterricht*: Dort können ihre Inhalte und Methoden auch weiterhin bzw. erneut zum Bezugspunkt werden, ohne dabei dem Missverständnis zu erliegen, Sachunterricht ziele auf eine Einführung in die Wissenschaftsdisziplin ab. Gute Möglichkeiten ergeben sich auf der Ebene von Unterricht stattdessen, weil Soziologie und Sachunterrichtsdidaktik zwei grundlegende gemeinsame *Ziele* haben: Zum einen geht es beiden immer auch um die Aufklärung über die komplexe (soziale) Welt, die darauf abzielt, die Orientierungsfähigkeit zu steigern. Zum anderen sind beide Wissenschaftsdisziplinen darauf ausgerichtet, die Entwicklung von gesellschaftlicher Handlungsfähigkeit zu fördern.

Auf einer zweiten Ebene bietet sich mit der Soziologie eine Perspektive, die der *Sachunterrichtsdidaktik* kontinuierlich dazu verhelfen kann, sachunterrichtsbezogene Konzepte wie das der ‚Lebensweltorientierung', gesellschaftswissenschaftliche Inhalte und sozialwissenschaftliche Forschungsmethoden auf ihre Angemessenheit und Relevanz hin zu überprüfen (Ansätze dazu finden sich z.B. in Kuhn 2003; Richter 2004).

Auf einer dritten Ebene kann sich zudem noch ein weiterer Nutzen ergeben, wenn es gelingt, soziologisches Reflexionswissen in die *Selbstbeobachtung der Sachunterrichtsdidaktik* einzubeziehen: Auf dieser Meta-Ebene bieten sich dann – etwa im Rahmen wissenssoziologischer Diskursanalyse – verschiedene Chancen. So können z.B. der sachunterrichtsdidaktische Diskurs im Hinblick auf die dort erfolgende Konstruktion gültigen Wissens reflektiert oder das (Integrations-)Verhältnis zwischen dem Sachunterricht und seinen Bezugswissenschaften (neu) bestimmt werden.

Die Sachunterrichtsdidaktik hat mit den verfügbaren soziologischen Ressourcen eine komfortable Ausgangsposition, um etwa jenen Aufgaben nachzukommen, die Ludwig Duncker (1994) als den „Erziehungsanspruch des Sachunterrichts" postuliert hat: Seine Anforderung – ein „methodisches Verhältnis zur Realität" zu kultivieren, das in gesellschaftlicher Erfahrungs-, Orientierungs-, Urteils- und Handlungsfähigkeit mündet – steht nach wie vor auf der Agenda. Parallelen zu den Forschungsbeiträgen der Soziologie sind offensichtlich. Eine dezidierte Erprobung der mutmaßlichen Leistungsfähigkeit gegenwärtig verfügbarer soziologischer Methoden, Begriffe und Theorien als ‚Hilfsmittel' für die sachunterrichtsdidaktische Theorieentwicklung (etwa in den Dimensionen Inhalte, Verfahren, Kompetenzen) steht aber bislang noch weitgehend aus.

Literatur

Ackermann, P. (1976): Einführung in den sozialwissenschaftlichen Sachunterricht. München. – Bourdieu, P. (1992): Die feinen Unterschiede. Kritik der gesellschaftlichen Urteilskraft. 5. Aufl. Frankfurt/M. – Daum, E. (1999): Von der „Lebenswelt" zum „eigenen Leben". Sachunterricht zwischen Illusion und Wirklichkeit. In: Baier, H., Gärtner, H., Marquardt-Mau, B. & Schreier, H. (Hrsg.): Umwelt, Mitwelt, Lebenswelt im Sachunterricht. Bad Heilbrunn, S. 169-180. – Duncker, L. (1994): Der Erziehungsanspruch des Sachunterrichts. In: Duncker, L. & Popp, W. (Hrsg.): Kind und Sache. Zur pädagogischen Grundlegung des Sachunterricht. Weinheim und München, S. 29-40. – Gesellschaft für Didaktik des Sachunterrichts (GDSU) (Hrsg.) (2002): Perspektivrahmen Sachunterricht. Bad Heilbrunn. – Giddens, A. (1997): Die Konstitution der Gesellschaft. 3. Aufl. Frankfurt/M. u.a. – Gläser, E. (2002): Arbeitslosigkeit aus der Perspektive von Kindern. Eine Studie zur didaktischen Relevanz ihrer Alltagstheorien. Bad Heilbrunn. – Kahlert, J. (2002): Der Sachunterricht und seine Didaktik. Bad Heilbrunn. – Kahlert, J. (2005): Zwischen Grundlagenforschung und Unterrichtspraxis – Erwartungen an die Didaktik (nicht nur) des Sachunterrichts. In: Cech, D. & Giest, H. (Hrsg.): Sachunterricht in Praxis und Forschung. Bad Heilbrunn, S. 37-56. – Kaiser, A. (2004): Interkulturelle Dimensionen des Lernens mit neuen Medien. In: Richter, D. (Hrsg.): Gesellschaftliches und politisches Lernen im Sachunterricht. Bad Heilbrunn und Braunschweig, S. 119-133. – Keller, R. (2005): Wissenssoziologische Diskursanalyse. Grundlegung eines Forschungsprogramms. Wiesbaden. – Kuhn, H.-W. (Hrsg.) (2003): Sozialwissenschaftlicher Sachunterricht. Konzepte. Forschungsfelder. Methoden. Ein Reader. Herbolzheim. – Reeken, D. von (2001): Lernen für die ‚Wissensgesellschaft'? Ein Plädoyer für eine verstärkte Methodenorientierung im Sachunterricht. In: Inckemann, E. & Kahlert, J. (Hrsg.): Wissen, Können und Verstehen – Über die Herstellung ihrer Zusammenhänge im Sachunterricht. Bad Heilbrunn, S. 71-82. – Reeken, D. von (2004): „Selbsttätigkeit im Dienste des Wahren und Guten": Adolph Diesterweg. In: Kaiser, A. & Pech, D. (Hrsg.): Basiswissen Sachunterricht. Geschichte und historische Konzeptionen des Sachunterrichts. Band 1. Baltmannsweiler, S. 81-84. – Richter, D. (2002): Sachunterricht – Ziele und Inhalte. Ein Lehr- und Studienbuch zur Didaktik. Baltmannsweiler. – Richter, D. (2004): Soziale und gesellschaftliche Zusammenhänge verstehen. Wie kann der Sachunterricht zur nötigen hermeneutischen Kompetenz anleiten? In: Köhnlein, W. & Lauterbach, R. (Hrsg.): Verstehen und begründetes Handeln. Studien zur Didaktik des Sachunterrichts. Bad Heilbrunn, S. 187-202.

24| Ökonomische Bildung
Eva Gläser

Überlegungen zum wirtschaftlichen Lernen von Kindern existieren nicht erst, seitdem der Sachunterricht zu Beginn der 1970er Jahre eingeführt wurde. So forderte John Locke bereits in seinen „Gedanken über Erziehung" (1692), Kinder sollten „klare Begriffe vom Eigentum bilden" (vgl. Kiper 1994, S. 116). Auch Jean-Jacques Rousseau band in seinen Erziehungsroman Emile ökonomische Inhalte mit ein. Zudem sind die Schriften der Philanthropen zu nennen. Aus diesen Ausführungen können verschiedene Sichtweisen auf Kinder und ihre ökonomisch gesellschaftliche Beteiligung herausgelesen werden. Denn nicht nur hinsichtlich der Adressaten und der Ausrichtung sind Unterschiede zu erkennen, sondern auch im Hinblick auf die Zielsetzungen. Als Schwerpunkte erkennt Hanna Kiper „die Beförderung und Entwicklung des Landes, des Fleißes, der Industrie, der gesellschaftlichen Reform oder der Vergrößerung der Arbeiterbewegung" (ebd.). Von einer verstärkten Thematisierung des ökonomischen Lernens kann allerdings erst ab Mitte des 20. Jahrhunderts ausgegangen werden. Dies resultierte u.a. aus der sich massiv verändernden Arbeitswelt, vor allem in den Produktionsbetrieben, ausgelöst durch verstärkte Automatisierung (vgl. Kaiser 1996; Kiper 1996).

1 Ökonomische Bildung im Wandel

Ökonomisches Lernen im Sachunterricht zeigt bis heute in seinen Konzeptionen eine Variationsbreite zwischen heimatkundlicher Tradition und modernisierter Arbeitswelt auf (vgl. Gläser 2001). Betrachtet man aktuelle Richtlinien bzw. Lehrpläne, dann zeigt sich, dass kennzeichnende Phänomene modernisierter Arbeitsgesellschaft, wie der Rückgang der Industriearbeit bzw. die Flexibilisierung von Arbeitszeiten, wenn auch nur vereinzelt und nicht als konzeptionelle Gesamtentwürfe erkennbar, thematisch aufgenommen wurden. Grundsätzlich ist ökonomisches Lernen heute in allen Bundesländern im Lernbereich Sachunterricht vertreten. Insbesondere für den Grundschulbereich, und damit für den Sachunterricht, bemängelt die Deutsche Gesellschaft für ökonomische Bildung (DEGÖB), dass obwohl Arbeit und Beruf sowie Konsum und Werbung zu den „klassischen Themenfeldern des Sachunterrichts" gehören, der Unterricht „sich aber nicht selten auf die konsumkritische Bedarfsreflexion und den Schutz vor Manipulation durch Werbung" beschränken würde (2004, S. 10). Daher entwickelte die Fachgesellschaft DEGÖB Standards zum ökonomischen Lernen für die

Grundschule, „um Kinder angemessen in ihrer wirtschaftlichen Lebenswelt zu orientieren und zur Mitgestaltung zu befähigen sowie Anschlussfähigkeit an die Lernprozesse der Sekundarstufe I zu ermöglichen" (ebd.).

Bausteine für eine sozialwissenschaftliche Konsumbildung im Sachunterricht entwickelte Volker Schwier (2002). Als Zielsetzung erkennt er: „Im Falle des Taschengeldes ginge es dann wohl weniger um dessen vermeintlich altersangemessene Höhe oder die Anbahnung buchhalterischer Umsicht, sondern eher darum, dass Grundschüler/innen eine Vorstellung von dem Zusammenhang der sozialen Dynamik inmitten verfügbarer Ressourcen und der Ausgestaltung eines eigenen Lebens(-stils) selbstreflexiv erfahren können" (ebd., S. 209). Einen weiteren Aspekt ergänzt Marlies Hempel (2002). Sie zeigt die Bedeutung von Lebensentwürfen, in die auch bereits Berufswünsche eingebettet sind, für das gesellschaftliche Lernen auf. Denn das Nachdenken über das „eigene Leben", die eigene Lebensplanung bettet auch Überlegungen zur beruflichen bzw. ökonomischen Situation mit ein. Außerdem sind ethische und moralische Fragen in das ökonomische Lernen einzubinden, ebenso wie Verknüpfungen zur Umweltbildung herzustellen (Beispielsweise: Woher kommen die Waren?).

2 Inhalte und Ziele ökonomischer Bildung im Sachunterricht

Subjektorientierung stellt nur einen Ansatz innerhalb der ökonomischen Bildung dar. Neben diesem an konkreten Lebenssituationen ausgerichteten Ansatz können noch wissenschaftsorientierte und handlungsorientierte Ansätze ausgemacht werden (vgl. Weber 2001). Insbesondere für den Sachunterricht, sind nach Hanna Kiper (1995) zehn inhaltliche „Bausteine für wirtschaftliches Lernen" bedeutsam: 1. Nachdenken über die wirtschaftliche Sozialisation, 2. Ökonomie in der Lebenswelt von Kindern (Konsumstile u.a.), 3. Kinderkultur – im Griff der Wirtschaft? 4. In der Welt des Konsums (Werbung, Kaufmotive), 5. Geld (u.a. Sparen, Taschengeld, Wünsche, Geldfunktion), 6. Arbeit und Arbeitslosigkeit, 7. Berufe, 8. Dienstleistungsunternehmen (Feuerwehr, Post, Telekom, Schutzpolizei), 9. Industrielle und handwerkliche Arbeitsprozesse (Betriebsbesichtigung), 10. Hauswirtschaft im Wandel (heute und früher) (vgl. S. 54ff.).

Diese zehn Bausteine beinhalten sowohl Themen im Sinne einer Subjektorientierung, die die Perspektiven von Kindern berücksichtigen, als auch Themen, die fachwissenschaftlich begründet werden können. Diesen konzeptionellen Ansatz fortführend, werden im Folgenden acht Bereiche für das ökonomische Lernen in der Grundschule vorgeschlagen, die verstärkt den strukturellen Wandel einbinden, den die Arbeitswelt in den letzten Jahren erfuhr: 1. Die gesellschaftliche und individuelle Bedeutung von Arbeit und Beruf (Arbeitsbegriff, auch historisch); die gesellschaftliche Relevanz von Arbeit, insbesondere von Hausarbeit, Ehrenamt, 2. Wandel beruflicher Anforderung (Bsp.: Berufswandel durch Automatisierung bzw. durch gesellschaftlichen Wandel), 3. Strukturwandel, Standortfaktor (Bsp.: Warum wird eine Fabrik dort gebaut und nicht woanders?), 4. Die Bedeutung von Eigentum (auch als ethische Frage), 5. Die Bedeutung von ökonomischen Erfolgsgrößen wie Gewinn (Bsp.: Warum kostet etwas mehr, wenn man es im Laden kauft?), 6. Die eigene Rolle als Verbraucher, 7. Grundlegende Prinzipien des Wettbewerbs und 8. Grundzüge des Geld- und Zahlungsverkehrs (Euro, virtuelle Zahlungsmittel).

Eine konzeptionelle Weiterführung erfährt das ökonomische Lernen zurzeit, wie alle Lernbereiche, durch Diskussionen um Kompetenzen bzw. Kompetenzmodelle.

3 Kompetenzen für die ökonomische Bildung

Die Kultusministerkonferenz veröffentlichte in den letzten Jahren Bildungsstandards für einige Unterrichtsfächer. Mit diesen soll festgelegt werden, über welche Kompetenzen Schülerinnen und Schüler bis zu einem bestimmten Zeitpunkt ihres Bildungsganges, beispielsweise bis zum Ende der Primarstufe, verfügen sollen (vgl. KMK 2005). Die Zielsetzung, die damit verbunden ist, wird deutlich, wenn man bedenkt, dass Kompetenzen „fach- bzw. lernbereichsspezifisch ausformuliert" sind, „da sie an bestimmten Inhalten erworben werden müssen. Die vorgelegten Standards konzentrieren sich damit auf überprüfbare, fachbezogene Kompetenzen und vermessen keineswegs das gesamte Spektrum von Bildung und Erziehung. Kompetenzen sind abgrenzbar, d.h. man kann bestimmen, ob eine Schülerin oder ein Schüler über eine bestimmte Kompetenz verfügt oder nicht. Deshalb werden die Kompetenzen möglichst konkret beschrieben, so dass sie in Aufgabenstellungen umgesetzt und prinzipiell mit Hilfe von Testverfahren erfasst werden können" (ebd., S. 16).

Der Begriff „Kompetenzen" soll verdeutlichen, dass „Bildungsstandards – anders als Lehrpläne und Rahmenrichtlinien – nicht auf Listen von Lehrstoffen und Lerninhalten zurückgreifen, um Bildungsziele zu konkretisieren. Es geht vielmehr darum, Grunddimensionen der Lernentwicklung in einem Gegenstandsbereich (einer „Domäne", wie Wissenspsychologen sagen, einem Lernbereich oder einem Fach) zu identifizieren" (Klieme et al. 2003, S. 21). So genannte „Kompetenzmodelle" stellen „auf der Basis fachdidaktischer Konzepte die Komponenten und Stufen der Kompetenzen" dar. Mit ihnen sollten auch Aussagen getroffen werden können, „in welchen Kontexten, bei welchen Altersstufen und unter welchen Einflüssen sich die einzelnen Kompetenzbereiche entwickeln" (ebd., S. 23). Um dies leisten zu können, stützen sich Kompetenzmodelle auf „pädagogisch psychologische Forschungen zum Aufbau von Wissen und Können" (ebd., S. 17).

Die DEGÖB veröffentlichte im Mai 2006 „Kompetenzen für den Grundschulabschluss". Hierin werden fünf grundsätzliche Kompetenzbereiche für die ökonomische Bildung als domänenspezifisch und damit als „unabhängig von der

Schulart bzw. Schulstufe" gekennzeichnet (vgl. DEGÖB 2006): 1. Entscheidungen ökonomisch begründen, 2. Handlungssituationen ökonomisch analysieren, 3. Ökonomische Systemzusammenhänge erklären, 4. Rahmenbedingungen der Wirtschaft verstehen und mitgestalten und 5. Konflikte perspektivisch und ethisch beurteilen". Diese fünf Kompetenzbereiche werden von der DEGÖB als grundlegend für die Domäne „Ökonomische Bildung" festgeschrieben. Eine Begründung hierfür findet sich allerdings nicht. Dagmar Richter (2006) kritisiert die von der DEGÖB vorgelegten Kompetenzen grundsätzlich als „blass" und „skizzenhaft", zudem würde der Eindruck vermittelt, „Ökonomie sei ein „abzugrenzender gesellschaftlicher Bereich" (ders., S. 109f.). Dieser konzeptionellen Abgrenzung widerspricht zudem, dass „ökonomisches Bewusstsein", d.h. „ein Wissen um die soziale Stratifikation von Gesellschaften", von „Arm und Reich", eine von insgesamt sieben Dimensionen des Geschichtsbewusstseins umschreibt (vgl. Pandel 2005, S. 18ff.). Ökonomisches Lernen ist daher konzeptionell in gesellschaftliches bzw. politisches Lernen einzubinden.

Damit Kompetenzmodelle keiner willkürlichen Festsetzung unterliegen, bedarf es intensiverer Forschungen zum Aufbau des Wissens und Könnens von Grundschulkindern innerhalb der Domäne Ökonomie. Nicht nur die ökonomische Sozialisationsforschung zeigt noch große Lücken (vgl. Gläser „Entwicklung des ökonomischen Denkens" in diesem Band, S. 358). Es fehlt zudem eine Auseinandersetzung über verschiedene gesellschaftstheoretische Ansätze, die dem ökonomischen bzw. politischen Lernen im Sachunterricht zugrunde gelegt werden können.

Literatur

Deutsche Gesellschaft für ökonomische Bildung (DEGÖB) (2004): Kompetenzen der ökonomischen Bildung für allgemein bildende Schulen und Bildungsstandards für den mittleren Schulabschluss. (www.degoeb.de). – Deutsche Gesellschaft für ökonomische Bildung (DEGÖB) 2006: Bildungsstandards für den Grundschulabschluss. (www.degoeb.de) – Gläser, E. (2001): Zwischen heimatkundlicher Tradition und modernisierter Arbeitsgesellschaft – Aktuelle konzeptionelle Überlegungen zum ökonomischen Lernen in der Grundschule. In: sowi-onlinejounal 2/ 2001 (www.sowi-online.de/nav_css_js/index-n.htm). – Hempel, M. (2002): Vom Lebensentwurf zur Lebensplanung – das „eigene Leben" als Thema. In: Richter, D. (Hrsg.): Gesellschaftliches und politisches Lernen im Sachunterricht. Bad Heilbrunn, Braunschweig, S. 145-162. – Kaiser, A. (1996): Arbeitswelt im Sachunterricht der Grundschule. In: Dedering, H. (Hrsg.): Handbuch zur arbeitsorientierten Bildung. München, Wien, S. 233-252. – Kiper, H. (1994): Wirtschaftliches Lernen im Sachunterricht – Überlegungen, Beispiele, Anregungen. In: Koch, I., Köhnlein, W., Lauterbach, R., & Wiesenfahrth, G. (Hrsg.): Curriculum Sachunterricht. Kiel, S. 116-126. – Kiper, H. & Paul, A. (1995): Kinder in der Konsum- und Arbeitswelt: Bausteine zum wirtschaftlichen Lernen. Weinheim, Basel. – Kiper, H. (1996): Konzeptionen ökonomischen Lernens. In: George, S. & Prote, I. (Hrsg.): Handbuch zur politischen Bildung in der Grundschule. Schwalbach, S. 99-120. – Klieme, E. et al. (2003): Zur Entwicklung nationaler Bildungsstandards. (Berlin.www.bmbf.de/pub/zur_entwicklung_nationaler_bildungsstandards.pdf). – Kultusministerkonferenz (KMK) (Hrsg.) (2005): Bildungsstandards der Kultusministerkonferenz. Erläuterungen zur Konzeption und Entwicklung. München, Neuwied.

– Pandel, H.-J. (2005): Geschichtsunterricht nach PISA. Kompetenzen, Bildungsstandards und Kerncurricula. Schwalbach. – Richter, D. (2006): Zum Beispiel Brandscapes – wer klärt über ökonomische Sozialisationsprozesse auf? In: Weißeno, G. (Hrsg.): Politik und Wirtschaft unterrichten. Bonn, S. 107-119. – Schwier, V. (2002): Konsumbildung – Vom Taschengeld zum Lebensstil. In: Richter, D. (Hrsg.).Gesellschaftliches und politisches Lernen im Sachunterricht. Bad Heilbrunn, Braunschweig, S. 189-210. – Weber, B. (2001): Stand ökonomischer Bildung und Zukunftsaufgaben. In: sowi-onlinejournal 2/2001 (www.sowi-onlinejournal.de/2001-2/zukunftsaufgaben_weber.htm).

25| Politische Aspekte
Dagmar Richter

Politisches Lernen und politische Bildung haben im Sachunterricht ihren vorrangigen Ort. Dies schließt natürlich andere Lernorte nicht aus. Insbesondere pädagogische Formen wie der Klassenrat oder Formen der Partizipation an der Schulentwicklung, die zum demokratischen Lernen gezählt werden, sind hier zu nennen. Grundschüler/innen sollen sich nicht nur kognitiv mit politischen Themen auseinandersetzen, sondern sie auch in der Praxis erfahren (vgl. als Überblick Burk et al. 2003). Formen des Zusammenlebens in der Klasse und der Schule sollten demokratisch geregelt sein, wobei sowohl über die Begriffe als auch über die Möglichkeiten von Demokratie in der Schule kontrovers diskutiert wird (vgl. Breit & Schiele 2002). Nach Möglichkeit werden Unterrichtsthemen (z.B. über Autorität und Macht) und Schulleben (z.B. die Autorität des Klassenrats erfahren) aufeinander bezogen. Entscheidend für das Lernen ist, dass die Regelungen auch auf einer Metaebene diskutiert und reflektiert werden. Ohne explizite Thematisierung verkommen auch gut gemeinte Unterrichtsprinzipien zu antrainierten Verhaltensregeln, die für die Schüler/innen bedeutungslos bleiben.

1 Historischer Überblick

Didaktische Konzeptionen zum politischen Lernen sind eng verknüpft mit der jeweiligen Forschung. In der DDR, wo sowjetische Lernpsychologen wie Vygotskij rezipiert wurden, gab es Lehrpläne für politische Erziehung schon im Kindergarten (vgl. Dümcke 1999, S. 188). Da politische Erziehung jedoch primär die „Funktion der Legitimation von Herrschaft" hatte und vom Apparat der SED kontrolliert wurde, nahmen Gegen-Diskurse erst gegen Ende der 1980er Jahre zu. Nach dem Zusammenbruch der DDR verlor sie ihre Akzeptanz (ebd., S. 189) und fand kaum Beachtung in wissenschaftlichen Auseinandersetzungen im vereinten Deutschland. In den 1960/70er Jahren dominiert in der BRD die politische Sozialisationsforschung insbesondere von us-amerikanischen Politikwissenschaftlern (vgl. als Überblick Niemi & Hepburn 1995). Kinder und Jugendliche werden tendenziell als passive Empfänger der Botschaften aus ihrer Umgebung verstanden. Die Forschungen werden in Deutschland insbesondere von Gertrud Beck, Paul Ackermann oder in den Teilcurricula des Mehrperspektivischen Unterrichts kritisch rezipiert. Ziel sind bei ihnen emanzipierte und später aktive Bürger/innen. Damit die Akzeptanz für politisches Lernen bei Eltern, aber auch Lehrkräften erhöht wird, gibt es öffentlich ausgestrahlte Unterrichtsfilme. Aus heutiger Sicht lässt sich u.a. kritisieren, dass diese Ansätze oft unrealistische Annahmen über das Vorwissen enthalten, das Grundschüler/innen vor dem Unterricht zum Verstehen der Themen schon haben sollten. In den 1980er Jahren werden in der Forschung zum einen die Wertevermittlung, zum anderen stärker kognitive Modelle betrachtet: Wie konstruieren Kinder und Jugendliche politische Bedeutungen, Begriffe oder Vorstellungen? Die Studien von Jean Piaget und Lawrence Kohlberg führen jedoch dazu, dass Grundschulkindern mangelndes Abstraktionsvermögen unterstellt wird und in der Praxis Politischer Bildung stattdessen soziales Lernen (vgl. Richter 1996, S. 276f.) oder gar eine emphatische moralische Erziehung zum eindeutig Guten überwiegt (vgl. z.B. Ziegler 1988, S. 19ff.). Reale Dilemmata, Perspektivisches und Ambivalentes des Politischen wird nicht präsentiert aus Sorge, die Kinder emotional zu belasten. Dabei belegen Studien, dass gerade das Nicht-Thematisieren von Konflikten und kritischen Themen die soziale Entwicklung der Kinder bremst (vgl. Houser 1996). Ab Mitte der 1990er Jahre wird der Politischen Bildung in der Primarstufe wieder mehr Aufmerksamkeit zuteil (z.B. George & Prote 1996; von Reeken 2001), da die Präsenz von Politik in ihren Lebenswelten gesehen wird (z.B. durch Medien, Gespräche, Institutionen wie Schule). Doch werden weder die Sichtweisen der Kinder, Forschungen zum politischen Wissen oder internationale curriculare Entwicklungen einbezogen noch eigenständige Konzeptionen entwickelt. In der Regel werden didaktisch-methodische Überlegungen der Sekundarstufen auf das vermeintliche Niveau hin ,abgespeckt'. Sie bleiben auf der Ebene von wünschenswerten Postulaten ohne empirische Fundierung. Letzteres trifft als Kritik auch den Entwurf der Bildungsstandards der Gesellschaft für Politikdidaktik und politische Jugend- und Erwachsenenbildung (GPJE), der die 4. Grundschulklassen einbezieht. Hier werden für die Kompetenzbereiche „Politische Urteilsfähigkeit", „Politische Handlungsfähigkeit" und „Methodische Fähigkeiten" jeweils konkrete Anforderungen genannt. So sollen die Schüler/innen u.a. „die Bedeutung von Regeln und Gesetzen für das Zusammenleben erklären und beurteilen" oder „unterschiedliche demokratische Entscheidungsverfahren im schulischen Leben erkennen und erklären" (www.gpje.de).

In den USA sind die Standards umfangreicher. Hier sollen Schüler/innen des „grade 4" unter der Überschrift „What Are Civic Life, Politics, and Government?" den Begriff ‚Regierung' definieren, zwischen Autorität und Macht oder Regeln und Gesetzen unterscheiden können (vgl. www.nagb.org). Doch auch in den USA wird geklagt, dass zu wenig über die politischen Kompetenzen von jungen Kindern gewusst wird. Über die alltägliche Schulpraxis in Deutschland ist wenig bekannt. Es wird vermutet, dass die Schüler/innen außerhalb der Schule, also in ihren Familien, über die Medien und während ihrer Freizeiten mehr über Politik erfahren als im Unterricht. Zumal gerade im Fernsehen mit der Nachrichtensendung „logo" oder im Internet unter Seiten wie www.kindersache.de gute Angebote präsentiert werden. Bildungsambitionierte Eltern nutzen diese Chancen.

2 Forschungen zum politischen Wissen und Lernen

In Deutschland gibt es nur wenige Forschungen zum politischen Wissen von Kindern (vgl. als Ausnahme Berton & Schäfer 2005). Auf europäischer Ebene haben seit 1998 Themen im Zusammenhang mit ‚citizenship' durch das von ERASMUS unterstützte Netzwerk-Projekt „Children's Identity and Citizenship in Europe" (CiCe) Aufschwung bekommen, die sich insbesondere mit politischen, ökonomischen und sozialen Aspekten gesellschaftlicher Veränderungen und ihre Auswirkungen auf die politische Sozialisation, auf Einstellungen oder die Entwicklung nationaler Identität von Kindern beschäftigen (vgl. z.B. Roland-Lévy & Ross 2003). Forschungen zum politischen Wissen sind selten. Sie wären jedoch für einen sachlogisch aufgebauten Lehrgang wichtig. Anna Emilia Berti erforscht z.B., dass 8- bis 10-jährige Kinder das Wesen des Staates noch nicht erfassen, aber Begriffe kennen, die zur Konzeption von „Staat" nötig sind. An ihnen ließe sich im Sachunterricht anknüpfen. Die Kinder beschreiben den Staat mit territorialen Begriffen und Einwohnern, ohne Regierung und Gesetze zu nennen. Grenzen konstruieren sie mit geographischen Begriffen (z.B. Berge) oder physikalischen Ausdrücken (z.B. Wand), ebenso wie die Begriffe „Einheit" oder „Trennung" (Berti 2002, S. 95). „Misconceptions arise when children's theories cannot fill the gaps in their information, and they necessarily turn to inappropriate analogies and generalisations" (ebd.). Beispielsweise besaßen die Kinder keine Konzepte zu politischen Organisationen – die quasi für sie unsichtbar sind – und Fehlverständnisse über soziale Institutionen wie Schule oder Polizei, mit denen sie direkte Erfahrungen hatten (ebd., S. 103).

Es gibt widersprüchliche Ergebnisse in qualitativen empirischen Studien. Sie zeigen Grundschüler/innen mit politischem Wissen, mit Recherche-, Argumentations- und Urteilsfähigkeiten. Sie zeigen jedoch auch, dass bei anderen Kindern kaum Kompetenzen entwickelt sind (vgl. z.B. entsprechende Beiträge in Richter & Schelle 2006). Die bislang vorhandenen Studien in Deutschland sind nicht repräsentativ. Doch scheint die These plausibel, dass Schüler/innen in den Klassen, in denen die Lehrkräfte über politische Aspekte unterrichten, die in den Bildungsstandards vorgesehenen Kompetenzen erreichen. Berti stellt fest, dass Veränderungen der Konzeptualisierungen von Kindern sogar durch zeitlich recht kurze Lehr-Interventionen möglich sind. Danach zeigten neunjährige Kinder in follow-up-tests Wissen, das ansonsten erst bei 13- und 14-jährigen Kindern festgestellt wurde (Berti 2002, S. 103). Zwar hängen allgemeine Gedächtnisleistungen, insbesondere des sog. Arbeitsgedächtnisses, sowie generelle diskursive Fähigkeiten mit dem Alter der Kinder zusammen; es gibt Zusammenhänge zur physiologischen Entwicklung des Gehirns. Doch auch die Studie von Gary Allen, Kathleen Kirasic & George Spilich (1997) belegt, dass sich diese Fähigkeiten in nicht unbedeutendem Maße fördern lassen. Bereits erworbenes domänenspezifisches Wissen erweitert die Leistungen des Gedächtnisses und ermöglicht es den Kindern, in entsprechenden Berichten (z.B. Nachrichten) die bedeutenden Informationen zu erkennen und eigene Folgerungen zu ziehen (ebd., S. 173). Zudem wird deutlich, „that the type of domain-specific knowledge acquired in social studies courses is most effectively developed on a foundation of core concepts that provide the basis for extended elaboration. Mapping these core concepts and refining means used to impart them to elementary school students remains an important challenge to educators and psychologists interested in curriculum development" (ebd., S. 174). Während psychologische Forschungen für diese Fragen wichtige Beiträge leisten, fehlt didaktische Forschung: Es ist empirisch und theoretisch noch zu klären, welche Basiskonzepte aus den politischen Dimensionen polity (z.B. Macht, Herrschaft, Staat, Recht), politics (z.B. Demokratie, Partizipation, Repräsentation, Konflikt, Interesse, Identität) und policy (Arbeit, Krieg und Frieden usw.) und politische Normen wie Gerechtigkeit, Solidarität oder Freiheit für Grundschüler/innen wichtig und kognitiv möglich sind. Sie wären exemplarisch in kumulativ aufeinander aufbauenden Unterrichtsthemen zu entfalten.

3 Über politische Aspekte im Sachunterricht lehren

Für den Sachunterricht gibt es nur wenige Materialien zum politischen Lernen. In ‚normalen' Schulbüchern werden Themen wie „Die Gemeinde" oft entpolitisiert, indem lediglich einzelne Aspekte aufgezählt werden; die demokratische Bedeutung wird weder erklärt noch erschließt sie sich für die Schüler/innen aus den Seiten selbst (vgl. Weißeno 2004). ‚Hanisauland' von der Bundeszentrale für politische Bildung, bestehend u.a. aus drei Comic-Büchern mit Glossar und Anregungen für die Unterrichtsgestaltung und interaktiven Internetseiten (vgl. www.hanisauland.de) wird wenig nachgefragt. Interessant im Sinne von anregend sind die Unterrichtsmaterialien des Center for Civic Education in den USA (vgl. www.civiced.org), die vom Kindergarten bis zum Schulabschluss reichen. Für die

Grundschule sind vier fundamentale Konzepte für das Verstehen von Politik interdisziplinär aufbereitet (u.a. integriert mit Philosophie, Recht oder Geschichte): Autorität, Privatheit, Verantwortung und Gerechtigkeit. Neben der unbefriedigenden Materiallage in Deutschland – anscheinend aufgrund fehlender Nachfrage – bleibt als weiteres Problem, dass es Lehrkräften ohne entsprechende Ausbildung nicht gelingt, politische Dimensionen und Kategorien in ‚üblichen' Themen des Sachunterrichts herauszuarbeiten. So könnten beispielsweise beim Thema ‚Familie' normative Dimensionen betont und verschiedene Formen von ‚Verantwortung' in der Familie und gegenüber der Gesellschaft diskutiert werden. Oder der Unterschied zwischen Privatheit und Öffentlichkeit ließe sich an einem Vergleich Familie – Schule veranschaulichen. Auch ist das Politische der Themen bislang kaum in Bildungsplänen curricular dimensioniert (eine erste Ausnahme: Brandenburg). Des Weiteren sind einige didaktisch-methodische Prinzipien wie problemorientiertes Herangehen an die Themen, kommunikatives Aushandeln der Bedeutungen von Begriffen oder das Kontroversitätsgebot des Beutelsbacher Konsens essentiell für politisches Lehren. Auch auf die Lehrer(fort)bildung warten viele Aufgaben. Grundlagenliteratur dafür ist im Entstehen, in der neben dem domänenspezifischen Lernen die Verknüpfung zum domänenübergreifenden Sachunterricht versucht wird (vgl. Richter 2007).

Literatur

Allen, G.L., Kirasic, K.C. & Spilich, G.J. (1997): Children's Political Knowledge and Memory for Political News Stories. In: Child Study Journal, 27, S. 163-176. – Berti, A.E. (2002): Children's understanding of society: psychological studies and their educational implications. In: Näsman, E. & Ross, A. (eds.): Children's Understanding in the new Europe. Stoke on Trent, UK, S. 89-107. – Berton, M. & Schäfer, J. (2005): Politische Orientierungen von Grundschulkindern. Ergebnisse von Tiefeninterviews und Pretests mit 6- bis 7jährigen Kindern. Arbeitspapier 86, Mannheimer Zentrum für Europäische Sozialforschung. – Breit, G. & Schiele, S. (Hrsg.) (2002): Demokratie-Lernen als Aufgabe der politischen Bildung. Schwalbach. – Burk, K., Speck-Hamdan, A. & Wedekind, H. (Hrsg.) (2003): Kinder beteiligen – Demokratie lernen? Arbeitskreis Grundschule e.V. Frankfurt a.M. – Dümcke, W. (1999): Politische Erziehung in der DDR. In: Richter, D. & Weißeno, G. (Hrsg.): Lexikon der politischen Bildung. Band 1, Schwalbach/ Ts., S. 188f. – George, S. & Prote, I. (Hrsg.) (1996): Handbuch zur politischen Bildung in der Grundschule, Schwalbach. – Houser, N. O. (1996): From Understanding to Action: Citizenship Education in the Early Elementary Classroom, ERIC_No: ED 394719 (als Download unter www.eric.ed.gov/). – Hepburn, M.A. & Niemi, R.G. (1995): The Rebirth of Political Socialization. In: Perspectives on political science: incorporating Perspective and Teaching, 24, Washington DC, S. 7-16. – Reeken, D. v. (2001): Politisches Lernen im Sachunterricht. Didaktische Grundlegungen und unterrichtspraktische Hinweise. Baltmannsweiler. – Richter, D. (1996): Didaktikkonzepte von der Heimatkunde zum Sachunterricht – und die stets ungenügend berücksichtigte politische Bildung. In: George & Prote, S. 261-284. – Richter, D. (Hrsg.) (2007): Politische Bildung von Anfang an – Grundlagen und Themenfelder für die Grundschule. Bonn (im Druck). – Richter, D. & Schelle, C. (Hrsg.) (2006): Politikunterricht evaluieren – ein Leitfaden zur fachdidaktischen Unterrichtsanalyse. Baltmannsweiler. – Roland-Lévy, C. & Ross, A. (eds.) (2003): Political Learning and Citizenship in Europe. Stoke on Trent, UK. – Weißeno, G. (2004): Lernen über politische Institutionen – Kritik und Alternativen dargestellt an Beispielen in

Schulbüchern. In: Richter, D. (Hrsg.): Gesellschaftliches und politisches Lernen im Sachunterricht. Braunschweig, Bad Heilbrunn, S. 211-227. – Ziegler, I. (1988): Politische Bildung an der Grundschule. Empirische Ergebnisse der politischen Psychologie und didaktische Konsequenzen. Opladen.

26| Historische Aspekte
Helmut Beilner

1 Auswahlkriterien für geschichtliche Inhalte

Um historische Aspekte innerhalb der Inhaltsfelder des Sachunterrichts zu erschließen und zu begründen, ist es zunächst einmal wichtig, triftige Auswahlkriterien zu benennen. Sie lassen sich im Hinblick auf folgende Zielrichtungen entwickeln:

1.1 Relevanz für das Erfassen des Gegenstands Geschichte

Im Sachunterrichts stehen neben Themen, die mit einem ganzheitlich-integrativen Zugriff Lebenssituationen als Ausgangspunkte für Ziel- und Inhaltsentscheidungen nehmen (z.B. Erfahrungen mit Zeit und Raum), mit Recht auch Inhalte, die sich besonders für die Verfolgung spezifisch fachlicher Blickrichtungen und die Einübungen entsprechender Methoden eignen. Sie sind für eine sachgerechte Erschließung von Welt unerlässlich. Für die historische Perspektive bedeutet dies, dass *Wissensbestände über Vergangenes* – über geschichtliche Ereignisse, Personen und Zustände – aufgebaut und *Wege* dazu gewiesen werden.
Für die Inhaltsauswahl von Bedeutung ist, dass praktisch alle Themen von der Vor- und Frühgeschichte bis zur Zeitgeschichte in Frage kommen, in denen Andersartigkeit, Veränderung und Kontinuität – also *Historizität* – sowie *Temporalbewusstsein* im Sinne von zeitlichen Erstreckungen, Verortungen und Kontexten sichtbar werden. Bei der Begegnung mit ihnen soll erkannt werden, dass dieses Wissen einzig aus Relikten, Zeugnissen und Traditionen gewonnen werden kann, die uns aus der Vergangenheit in die Gegenwart überkommen sind, und dass nur über diese *historischen Quellen* ausschnitthafte, standortbezogene, interessengesteuerte und stets revisionsfähige Vorstellungen bzw. „Geschichten" über eine nicht mehr vorhandene, aber einst gewesene Wirklichkeit *konstruiert* werden können.

Um die historische Perspektive sachgerecht einzubringen, wird es deshalb entscheidend sein, Inhaltskomplexe so auszuwählen, dass aus ihnen bedeutsame Einsichten in vergangene Zusammenhänge erschlossen werden können und Kinder dabei in die Lage versetzt werden, den Vorgang der Rekonstruktion auf der Basis geeigneter Quellen zumindest in elementarer Form nachzuvollziehen. Die Inhalte sollen also so beschaffen und aufbereitet sein, dass an ihnen „grundlegendes wissenschaftliches historisches Denken" (von Reeken 2004, S. 27) bzw. Geschichte als „Denkstil" (Rohrbach 2002, S. 58) eingeübt werden können.

1.2 Interessen, Erfahrungen und Fähigkeiten der Schüler

Zweifellos müssen die fachlich sehr anspruchsvoll klingenden Anforderungen an die zu wählenden Inhalte mit den Voraussetzungen und Wünschen, der Rezipienten abgeglichen werden.

Aus zahlreichen Erfahrungsberichten wissen wir, dass Grundschüler ein sehr *großes und vielfältiges Interesse* an Geschichte entwickeln: von den vorgeschichtlichen Sauriern, den Lebensweisen der Steinzeitmenschen, der Ägypter, der Römer und der Bewohner einer mittelalterlichen Burg oder Stadt über Erfindungen und Entdeckungsreisen, die Indianer, die Orts- oder Stadtteilgeschichte bis hin zu den Weltkriegen und selbst zum Nationalsozialismus (vgl. z.B. Rohrbach 2002, S. 63ff.).

Großes Interesse erregen in der Regel auch Themen, die mit *Erfahrungsmöglichkeiten der Schüler* zusammenhängen: Denkmäler, Bauwerke, historische Feste – oder auch über die Medien aufgeworfene historisch-politische Themen – kurz: Angebote aus der gesamten *Geschichtskultur.*

Erfahrungen und empirische Erhebungen zeigen, dass vor allem das *Andersartige* im Vergleich zur Gegenwart, das Abenteuerliche und Geheimnisvolle faszinieren und dass *Welt- und Ortsgeschichte* etwa gleiche, sehr hohe Priorität besitzen; die eigene Lebens- und Familiengeschichte, die ja in vielen Lehrplänen eine wichtige Rolle spielen, liegen allenfalls im Mittelfeld. *Historische Persönlichkeiten* werden als Hilfe für die persönliche Selbstfindung genannt, wenn sie hilfsbereit, gerecht, mutig, fleißig und klug sind (vgl. Beilner 2004a, S. 167f. u. 172).

Geschichtliches Interesse der Grundschüler richtet sich sehr facettenreich auf viele Zeiten, Lebensbereiche, Zustände, Ereignisse und personengebundene Situationen bzw. Leistungen. Ob ein auf den ersten Blick kompliziert erscheinender Sachverhalt auch kognitiv zu bewältigen ist und für die Schüler interessant wird, hängt nach der konstruktivistischen Lerntheorie nicht so sehr von der *Altersstufe,* sondern weitgehend vom *bereichsspezifischen Vorwissen* zu einem Inhaltskomplex ab. Jedenfalls machen erprobte Curricula, z.B. in den USA, Frankreich oder Italien sowie neuere lernpsychologische Erkenntnisse Mut, sich auch in der Grundschule an durchaus anspruchsvolle Themen zu wagen (vgl. Langer-Plän 2000, S. 32; Krieger 2002, S. 45ff.).

1.3 Hilfe für Weltorientierung und Lebensbewältigung

Eine dritte Gruppe von Kriterien für die Auswahl von Inhalten historischen Lernens besteht in den *Erfordernissen und Erwartungen unserer Gesellschaft*, die über die Begegnung mit Geschichte erfüllt werden können. Sie sind als Lernziele in den entsprechenden Abschnitten der Sachunterrichtslehrpläne formuliert. So soll historisches Lernen – wie jeder Unterricht – den Schülern helfen, sich selbst zu finden, Zustimmung und Ablehnung zu Wertsetzungen und Verhaltensweisen jeweils rational sowie kritisch-kontrolliert aufzubauen und sich dabei auch an dem *Angebot vergangener Situationen und Modelle* zu orientieren. Sowohl der Blick auf engere Lebensbereiche, den eigenen noch überschaubaren Lebensweg, die Familie, das Lokale bzw. Regionale und das eigene Land, als auch auf die ganze Welt, auf andere, zeitlich und räumlich ferne Völker und Kulturen, bieten eine Fülle solcher personaler und sozialer *Identifikationsangebote und Entscheidungshilfen* (Michalik 2004, S. 21f.). Die i.S. der älteren „Heimatkunde" dominierende Perspektive auf den direkt erfahrbaren Nahraum ist nur eine unter vielen. Auch bei scheinbar einfachen *Alltagsphänomenen und -problemen* wie Wohnen, Arbeiten, Zusammenleben oder Freizeitgestaltung bietet der Rückgriff auf vergangene Formen mögliche *Alternativen* und ein vielschichtiges *Reflexionspotenzial* für die Lebensgestaltung. Vor allem aber erfordern brennende Fragen und *Schlüsselprobleme der Gegenwart* Zugriffe auf deren vergangene Ursprungssituationen und -konflikte (von Reeken 2004, S. 29). Dazu gehören z.B. Kriege, politische Umbrüche, Migrationsbewegungen und belastende Ereignisse aus der Vergangenheit, die bis heute nachwirken. So können z.B. auch Zweiter Weltkrieg und Vertreibungen, der Mauerfall, das Entstehen einer multikulturellen Gesellschaft, Rechtsradikalismus und Nationalsozialismus bis hin zum Holocaust kindgerecht aufzubereitende Themen werden. Gerade solche Themen sind von hoher Relevanz, weil sie bei den Schülern *politisches Bewusstsein* anbahnen und geschichtlich unterfütterte *Orientierungskompetenz* vermitteln können.

2 Präsentationsweisen geschichtlicher Inhalte

Entsprechend dem Charakter des Faches Sachunterricht, welches viele fachliche Zugriffsweisen auf die Welt integriert, ergeben sich mehrere Formen der Präsentation geschichtlicher Inhalte und der Organisation historischer Lernprozesse. Sie sollen im Folgenden in drei Gruppen zusammengefasst werden.

2.1 Historische Dimensionen in anderen fachlichen Schwerpunkten

Lehrpläne sowie Lehr- und Lernbücher für den Sachunterricht enthalten – neben Themen mit klar erkennbarer fachlicher Ausrichtung wie z.b. „Geschichtliche Entwicklung des Lebens auf dem Land" (Sachsen) – ganzheitlich strukturierte, auf vom Kind erfahrbare Lebenssituationen bezogene Lerninhaltskomplexe, die *verschiedene fachliche Dimensionen,* besitzen, so natürlich auch geschichtliche. Sie müssen deshalb i.S. von *„Vernetzungsbeispielen"* (Gesellschaft für Didaktik des Sachunterrichts, GDSU 2002) mehrperspektivisch erschlossen werden. So enthält z.b. das Thema „Vom Korn zum Brot" neben biologischen, chemischen, technischen, wirtschaftlichen und ökologischen Aspekten auch historische Perspektiven: etwa frühere landwirtschaftliche Arbeitsweisen und Geräte sowie Entwicklung der Arbeitswelt von der alten Bäckerei bis zur Brotfabrik (ebd., S. 21). Das häufig vorgeschlagene Thema „Leben in unserer Stadt" lässt sich neben mehr gegenwartsbezogenen räumlich-geografischen, verwaltungsmäßig-politischen, sozialen oder wirtschaftlichen auch unter historischen Aspekten betrachten. In ähnlicher Weise lassen sich auch andere situationsbezogen-integrative Themen wie „Wohnen", „Reisen", „Arbeit und Freizeit", „Kinder aus anderen Ländern in unserer Klasse" oder „Zusammenleben in Europa" facettenreiche historische Aspekte einbringen.

Dasselbe gilt für Inhalte, die sich von der Schwerpunktsetzung her auf nur *ein bestimmtes Sachfach* beziehen lassen. So können z.b. beim physikalischen Thema „Licht und Schatten" (Lehrplan Brandenburg, Berlin und Mecklenburg-Vorpommern) geschichtliche Verwendungssituationen dieser Phänomene bei der Sonnenuhr oder der Laterna magica eingebracht werden.

2.2 Spezifisch historisch ausgerichtete Einheiten

Neben den ganzheitlich-situationsbezogenen Inhaltskomplexen, die einen eher pauschalen überdisziplinären Zugriff erfordern bzw. erlauben, zielen einige Themen entschieden auf historisch-fachliche Kompetenzen ab. Sie sind so strukturiert, dass sich mit ihnen propädeutisch *historische Erkenntnisweisen* bewusst erfassen und einüben lassen. Die Konzeption entsprechender Einheiten unterscheidet sich prinzipiell nicht von der im Geschichtsunterricht der Sekundarstufe. Die einfachste inhaltliche Organisationsform findet sich in den so genannten *„Heute-Früher-Themen".* Bei ihnen wird eine Lebenssituation der Gegenwart mit einer ihrer vergangenen Varianten verglichen: z.b. „Schule heute und zu Großmutters Zeiten" oder „Handwerker heute und in der mittelalterlichen Stadt". Eine erweiterte Form sind die *thematischen Längsschnitte.* Vor allem Themen aus dem technischen Bereich wie „Von der Postkutsche zum Transrapid" oder „Vom

Kienspan zur Neonleuchte" werden hier häufig angeboten. Die verschiedenen Entwicklungsstufen repräsentieren zeitliche Phasen, ursächliche Faktoren für Veränderungen und menschliche Leistungen. Der Gefahr, hier kritiklose Fortschrittsgläubigkeit oder Missachtung früherer, scheinbar primitiver Zustände heraufzubeschwören, kann durch Analyse der vergangenen Ausgangssituationen begegnet werden.

Das Zusammenwirken einer Vielzahl von Ursächlichkeiten aus verschiedenen Lebensbereichen mit gleicher oder auch gegenläufiger Tendenz in einem bestimmten Zeitraum sichtbar zu machen, gelingt durch *epochale Querschnitte*. Hier bieten die Sachunterrichtslehrpläne vor allem in den lokal- und regionalgeschichtlichen Themen gute Ausgangsbedingungen (z.B. Lehrplan Bayern, 3. und 4. Jgst.). Es ergibt sich die Möglichkeit, mit den Schülern in einem überschaubaren und vertrauten Raum anhand von baulichen Überresten, landschaftlichen Elementen, verschiedenen Text-, Bild- und Sachquellen aus Ortsarchiven und Museen sowie auch durch ortsgeschichtliche Darstellungen einen bestimmten geschichtlichen Zeitabschnitt des Heimatortes zu rekonstruieren. Dabei erfahren sie auf elementare Weise, wie man methodisch vorgeht, um belegbares Wissen über die Vergangenheit selbständig zu erwerben. Denn wie geografische Gegebenheiten (Flüsse, Wege, Brücken), wirtschaftliche und gesellschaftliche Voraussetzungen (z.B. das Vorhandensein von Fernhandelskaufleuten und Handwerkern sowie eines Marktes), politische Verhältnisse (Machtverteilung zwischen Stadtherrn, Patriziat und Rat) und kulturelle Entfaltungen wie Kunst und Wissenschaft in Kirchen und Klöstern im Spätmittelalter zusammenwirkten, lässt sich nirgends besser zeigen als an konkreten und eingrenzbaren lokalen Gegebenheiten. Prinzipiell geht es aber auch in allen nicht heimatgebundenen Themen darum, den Schülern gezielt *allgemeine geschichtliche Phänomene* wie Veränderung, Kontinuität und zeitliche Bedingtheit sowie die Multikausalität, Mehrdimensionalität und Interdependenz allen historischen Geschehens an anschaulichen Beispielen deutlich zu machen und zu thematisieren.

2.3 Historische Zeit als Lerninhalt

Wegen der fundamentalen Bedeutung von *Zeitwissen* bzw. *Zeitbewusstsein* für das Verstehen von Geschichte, sind Lerninhalte so aufzubereiten, dass in ihnen zeitliche Strukturen markant hervortreten.

Elementare zeitliche Vorstellungen wie „vorher", „nachher" und „gleichzeitig" werden nach den Lehrplänen meist im Vorfeld oder parallel zu den eigentlich historischen Themen aufgebaut. Dazu gehören vor allem in den ersten beiden Jahrgängen das Kennenlernen der Uhrzeit sowie das Erfassen des Tages-, Wochen- und Jahresverlaufs. Sie haben zunächst noch wenig mit *historischer Zeit* zu tun, sind jedoch in *formaler* Hinsicht für das Gliedern und Verstehen von geschichtlichen Sachverhalten unerlässlich.

Um erste *inhaltliche Erfahrungen* mit zeitlichen Verläufen bei geschichtlichen Ereignissen, Entwicklungen und Situationen zu machen, eignet sich besonders der Rückblick auf die *eigene Lebensgeschichte*. Geburt, erste Kindergeburtstage, Kindergartenbesuch, Schulbeginn und Klassenausflüge sowie Familienfeiern und Urlaubsreisen liefern hier vergangene Daten, die sich zeitlich gut verorten lassen. Fotos, Kleidungsstücke, Spielzeug, erste Schulzeugnisse, Postkarten, Briefe, mündliche Befragungen (oral history) und möglicherweise auch Tagebuchaufzeichnungen der Eltern dokumentieren zeitliches Nacheinander, Veränderungen und auch Kontinuitäten in Befindlichkeiten und Vorlieben.

Für den Erwerb ausdifferenzierter *historisch-zeitlicher Orientierungskompetenz* müssen alle behandelten geschichtlichen Themen permanent zeitlich *eingeordnet* und so auch verschiedene *Erstreckungen* sichtbar gemacht werden. Als wichtigstes Medium, die an sich unanschauliche Zeit darzustellen, dient hier die *Zeitleiste*, bei der in der Regel auf einem Papierstreifen in maßstabsgetreuen Abständen die gelernten Inhalte durch zentrale Begriffe, Bilder oder Symbole lokalisiert werden. Das Schaffen solcher zeitlicher *„Ankerpunkte"* und *Strecken* ist letztlich auch Voraussetzung für zumindest formale Vorstellungen vom traditionellen *Periodisierungsschema* Vor- und Frühgeschichte, Altertum, Mittelalter, Neuzeit und Zeitgeschichte. Amerikanische empirische Untersuchungen belegen, dass Grundschüler durchaus zum Aufbau stark abstrahierender kognitiver Schemata, die sukzessive inhaltlich aufgefüllt werden können, sowie zu Gebrauch einer spezifischen „historical time language" bereit und in der Lage sind (Thornton & Vukelich 1988, S. 72ff.; vgl. Beilner 2004b, S. 201f. u. 212).

Zum Zeit-Lernen gehört aber neben dem Erkennen der Ordnungsfunktion auch das Erfassen der *zeitbedingten Besonderheiten*, des „Kolorits" der jeweiligen epochalen Kontexte, die sich in der spezifischen Mischung von kulturellen, sozialen, ökonomischen und politischen Faktoren zeigen. Diese Einsichten zeigen Verbesserungen und Rückschläge in den Lebensbedingungen und beugen der Fehlvorstellung vor, Geschichte sei ein permanenter Fortschrittsprozess (von Reeken 2004, S. 41). Auch wenn hier die Grenzen historischen Lernens in der Grundschule erreicht werden mögen, sollte zumindest versucht werden, derartige Einsichten als wichtige Grundlage für den Aufbau eines facettenreichen Geschichtsbewusstseins anzubahnen.

Literatur

Beilner, H. (2004a): Empirische Erkundungen zum Geschichtsbewusstsein am Ende der Grundschulzeit. In: Schreiber, W. (Hrsg.) (2004): Erste Begegnungen mit Geschichte. Grundlagen historischen Lernens. Band 1, S. 153-187. – Beilner, H. (2004b): Zum Zeitbewusstsein bei Grundschulabgängern. Fähigkeiten und Strategien zur zeitlichen Ordnung geschichtlicher Sachverhalte. In: ebd., S. 189-231. – Bergmann, K. & Rohrbach, R. (Hrsg.) (2005): Kinder entdecken Geschichte. Theorie und Praxis historischen Lernens in der Grundschule und im frühen Geschichtsunterricht. 2. Aufl. Schwalbach. – Gesellschaft für Didaktik des Sachunterrichts (GDSU) (Hrsg.) (2002):

Perspektivrahmen Sachunterricht. Bad Heilbrunn. – Krieger, R. (2005): Mehr Möglichkeiten als Grenzen. Anmerkungen eines Psychologen. In: Bergmann, K. & Rohrbach, R. (Hrsg.) (2005): Kinder entdecken Geschichte. Theorie und Praxis historischen Lernens in der Grundschule und im frühen Geschichtsunterricht. 2. Aufl. Schwalbach, S. 32-50. – Langer-Plän, M. (2000): Ein Blick über die Grenzen. Anregungen aus der internationalen Forschung. In: Grundschule, H. 9, S. 31-33. – Michalik, K. (Hrsg.) (2004): Geschichtsbezogenes Lernen im Sachunterricht. Bad Heilbrunn. – Reeken, D. von (2004): Historisches Lernen im Sachunterricht. Eine Einführung mit Tipps für den Unterricht. 2. Aufl. Baltmannsweiler. – Rohrbach, R. (2005): Historisches Lernen im Sachunterricht der Grundschule – Ein erprobtes Curriculum. In: Bergmann, K. & Rohrbach, R. (2005): Kinder entdecken Geschichte. Theorie und Praxis historischen Lernens in der Grundschule und im frühen Geschichtsunterricht. 2. Aufl. Schwalbach, S. 51-70. – Schreiber, W. (Hrsg.) (2004): Erste Begegnungen mit Geschichte. Grundlagen historischen Lernens. 2 Bände. 2. Aufl. Neuried. – Thornton, St.J. & Vukelich, R. (1988): Effects of children's understanding of time concepts on historical understanding. In: Theory and Research in Social Education, 15, S. 69-82.

27| Ethische Aspekte
Hans-Joachim Müller

Wenn Sachunterricht einem Naturalismus verpflichtet wäre, der alles Verständliche und Erlebte auf Beobachtbares reduzierte, dann gäbe es für ethische Aspekte des Sachunterrichts keinen Raum. Wenn moderne Neurologen wie Wolf Singer oder Gerhard Roth die Existenz menschlicher Willensfreiheit zu Recht als Trugschluss in Frage stellten, dann gäbe es kein Bewusstsein von Freiheit mehr und der ethische Diskurs, die Reflexion über den eigenen Lebensvollzug geriete nur zu mitlaufenden Kommentaren zum unbewussten, neurologisch erklärbaren Verhalten (vgl. Habermas 2005).

Wer jedoch davon ausgeht, dass der menschliche Geist normengeleitet ist und sich absichtsvoll auf die ihn umgebende Welt bezieht, dass der Geist durch den Austausch mit anderen Menschen zu dem wird, was er ist, findet ausreichend Gründe für den ethischen Diskurs auch und gerade im Sachunterricht (ebd.).

Mit dieser Position gehen wir auf Distanz zu jenem „harten" Naturalismus, demzufolge die Welt kausal geschlossen und darum alles erklärbar sei als Folge materialistisch gedachter Kausalbeziehungen.

Ein solchermaßen zugespitztes naturwissenschaftliches Weltbild nimmt von der Realität nur wahr, was sich unter dem Aspekt der Verfügbarmachung objektivieren, also messen und gebrauchen lasse. Allerdings dürfte es kaum gelingen, den Menschen mit experimentellen Methoden und Messverfahren jetzt auch den Weg von den Neuronen zu Bewusstsein und Kultur zu eröffnen (ebd.).

Indem das Vorhandensein menschlichen Willens und menschlicher Freiheit als Grundvoraussetzung ethischen Denkens und Handelns bejaht wird, ist es folgerichtig, die Gegenstände des Sachunterrichts auf ihre ethischen Aspekte hin zu untersuchen.

Zwei klassische Grundfragen strukturieren die Ethik:

Was ist das Gute?

Was sollen wir tun?

Die Ethik des Guten sucht als Antwort auf die erste Frage das moralisch Gute zu begründen und diskutiert Entwürfe des gelingenden Lebens.

„Aufgabe des Sachunterrichts ist es, die den Perspektiven (naturbezogenes, technisches, raumbezogenes, historisches und sozial- und kulturbezogenes Lernen; d. Verf.) zugeordneten Inhalte und Methoden sinnvoll untereinander zu vernetzen um übergreifende Zusammenhänge erfassbar und damit auch für Normen und Wertfragen zugänglich zu machen" (Gesellschaft für Didaktik des Sachunterrichts, GDSU 2002, S. 3).

Der Zusammenhang zwischen Wissenserwerb und Reflexion dabei auftretende Aspekte der Sinn- und Wertorientierung lässt sich exemplarisch am Umgang mit der Kinderfrage „Warum regnet es?" verdeutlichen.

Fragen, insbesondere von Kindern, weisen keinen „didaktischen Charakter" auf, sondern verstehen sich als geistige Suchhandlungen, die nicht aus dem Nichts entstehen, sondern sich auf dem Hintergrund denkender Erfahrung ausbilden.

Eine Antwort auf die erwähnte Kinderfrage könnte in der Erforschung des Wasserkreislaufs bestehen und somit ein Wissensbedürfnis befriedigen. Andererseits wäre jedoch denkbar, dass vom Kind keine Wissensfrage, sondern eine Sinnfrage gestellt wurde. Durch eine Rückfrage („Was denkst du, warum es regnet?") lässt sich aus der Antwort des Kindes (z.B. „Weil die Blumen durstig sind!") entnehmen, welche Absicht das Kind mit dieser Frage verbindet.

Sinnfragen finden ihren Anstoß häufig im Staunen über Phänomene, über die Dinge, so wie sie sind. Auf den Akt des Staunens folgt die Reflexion über den Grund, der vor dem Akt des Staunens liegt, also: Warum regnet es? Die Erfahrungen eines Kindes im Umgang mit dem Phänomen „Regen" können in eine Denkbewegung münden, worin der Sinn besteht, dass von Zeit zu Zeit Regen fällt.

Die Behandlung von Wissens- und Sinnfragen erfordert unterschiedliche Kompetenzen, wobei Kompetenzen verstanden werden als ein Zusammenwirken von Sach- und Verfahrenswissen mit metakognitivem Wissen und wertebezogenem Orientierungswissen.

Das Beispiel der Kinderfrage deutet darauf hin, dass dem Menschen unterschiedliche Zugänge zur Verfügung stehen, um sich seine Lebenswelt zu erschließen.

In ihrem didaktischen Modell zur Neukonzeption des Ethikunterrichts (vgl. Biewald, Tesak & Wittkowske 2001) werten Roland Biewald, Gerhild Tesak und Steffen Wittkowske den Umstand, dass der Mensch nicht auf eine bestimmte

Form im Umgang mit sich selbst, mit seinen Mitmenschen und mit der ihn umgebenden Umwelt festgelegt ist, als ein Wesensmerkmal des Menschseins. Sie unterscheiden Möglichkeiten, Welt handelnd zu erschließen, sich der Welt denkend zu nähern und Welt vertrauend anzunehmen. Durch Handlungen fühlt der Mensch durch Welt- und Sachvergewisserung, dass er Teil dieser Welt ist.

Durch Nachdenken gewinnt er Distanz zur Welt, wodurch Handlungsmöglichkeiten im Sinne des Erwägens von Alternativen entstehen und der eigene Standort bestimmt werden kann.

Durch vertrauendes Annehmen begibt sich der Mensch auf den Weg der Sinnvergewisserung und erfährt gleichzeitig die Fähigkeit zur Transzendenz. Indem der Mensch in ein und derselben Situation alle drei Dimensionen des Menschseins zu verwirklichen sucht, erwächst in ihm eine Handlungsbereitschaft, die auf neuerliche Begegnungen mit der Welt drängt. Diese Form von Welterleben kumuliert zu einer Affinität zur Welt, die wiederum im Erleben der unterschiedlichen Dimension und ihrem Versuch, diese in Beziehung zueinander zu setzen, ein Potenzial schafft, das eine spezifische Verhaltensdisposition ermöglicht: das Bemühen, das Gute zu finden und zu tun.

Bezogen auf die Gegenstände des Sachunterrichts zeigt sich im Modell der drei Schlüssel zur Erschließung von Welt ein plausibler und gangbarer Weg, mittels der einzelnen Perspektiven des Sachunterrichts „eine Orientierung für die konkrete Ausgestaltung im Unterricht (zu) bieten, und zwar sowohl beispielhaft für mögliche Themenfelder und die dabei zu lernenden Methoden und Verfahrensweisen als auch für die im Sachunterricht ebenfalls zu bearbeitenden ethischen Fragen der Sinn- und Wertorientierung" (GDSU 2002, S. 4).

Dieses Modell „der drei Schlüssel" korrespondiert zum didaktischen Dreischritt des Philosophierens mit Kindern: Erkunden, Erproben, Prüfen (vgl. Müller „Sachgerechtes Urteilen" in diesem Band, S. 113):

Indem das Kind Welt erkundet und sein so gewonnenes Erfahrungs- und Alltagswissen in den Unterricht einbringt, macht es das handelnde Erschließen von Welt für den Lernprozess fruchtbar.

Das Nachdenken über das Erlebte führt zum Ausprobieren von Denkweisen und dem Versuch, sich mit Hilfe des eigenen, selbständigen Denkens zu orientieren (Standortbestimmung), sich der Welt denkend zu nähern.

Das Prüfen mündet in die Reflexion des eigenen Lebensvollzugs und damit über den Sinn des Lebens.

Die adäquate Methode zur Auseinandersetzung mit den ethischen Aspekten des Sachunterunterrichts liefert das Philosophieren mit Kindern.

Beim Philosophieren geht es nicht um Wissens- oder Stoffvermittlung, sondern um das Ziel, Fantasie und Mut zu eigenen Ideen zu fördern und im kreativen Umgang mit Wissen eine Sache zu erhellen bzw. in sinnvolles Handeln umzusetzen.

Ein Unterricht, der Themen in philosophischer Weise angeht und der Elemente des Zweifelns, der Verunsicherung, der Neugier, der Selbst- und Weltdeutung enthält, setzt einen wertvolleren Lernprozess in Gang. Dadurch wird die Fähigkeit zum selbstständigen und logischen Denken gefördert. Durch das In-Gang-Setzen von Gesprächen, in denen eigene Vorstellungen vorgetragen und im Vergleich mit den Vorstellungen der Gesprächspartnerinnen weiter entwickelt werden, erfolgt eine Steigerung der Qualität der Argumentation sowie eine Förderung der moralischen Entwicklung.

Voraussetzung sind dafür allerdings offene Fragen und Probleme, die zum gemeinsamen Nachdenken herausfordern und nicht durch unstrittige, eindeutige Fakten beantwortet werden können (vgl. BMW AG et al. 2000). Offene Fragen und Probleme, die zum philosophischen Diskurs einladen und herausfordern, finden sich in den Inhaltsschwerpunkten des Sachunterrichts in nahezu unbegrenzter Anzahl.

Die Erörterung dieser Fragen und Probleme geschieht in der Erkenntnis, dass heutzutage Kinder ebenso wie Erwachsene unter dem Druck stehen, Werte, Normen, Lebensstile und -ziele individuell zu konstruieren. Dabei können sie nicht wie in früheren Zeiten auf feststehende Richtlinien zurückgreifen, in denen verbindlich ausgeführt wird, was gut und böse, erstrebenswert oder abzulehnen, gerecht oder ungerecht ist.

Dieses Dilemma zwingt zu einer immer währenden, ethischen Reflexionsaufgabe, die programmatisch auch für die Werteerziehung in der Schule ist, sofern sich diese an Aufklärung und Selbstbestimmung des Menschen orientiert.

„Leitende Normen verblassen, büßen ihre verhaltensprägende Kraft ein. Was früher stumm vollzogen wurde, muss nun beredet, begründet, verhandelt, vereinbart und kann gerade deshalb immer wieder aufgekündigt werden. Alles wird diskursiv" (Beck & Beck-Gernsheim 1990, S. 15).

Am Beispiel der naturwissenschaftlichen Perspektive des Lernens im Sachunterricht soll dieses Dilemma ebenso wie die Orientierungsleistung der ethischen Reflexion veranschaulicht werden.

„Durch Erschließen einfacher biologischer, chemischer und physikalischer Zusammenhänge können Naturphänomene gedeutet und kann ein verantwortlicher Umgang mit der Natur angebahnt werden.

‚Erschließen' bedeutet in diesem Zusammenhang:

– „Probleme im Verhältnis von Mensch und Natur wahrnehmen, identifizieren und bearbeiten" (GDSU 2002, S. 8).

Diese inhaltlichen Ansprüche mit dem ethischen Diskurs über „Natur" zu verbinden, verlangt, Fragen nach der Bedeutung von Begriffen zu stellen und sie durch geeignete Methoden kindlichem Denken zugänglich zu machen.

Gemeinsames Nachdenken über „Natur" als Folge der Aufgabenstellung, die ethischen Aspekte von „Natur" zu erörtern, versucht die Frage zu klären, was Natur eigentlich ist, wie sie sich eingrenzen und abgrenzen lässt, in welcher Form und Gestalt Natur erscheint und in welchem Verhältnis sich der Mensch zur Natur befindet. Das schließt die Frage ein, worin und wodurch sich Menschen von Tieren und Pflanzen unterscheiden und inwieweit diese Unterschiede Auswirkungen haben auf die Stellung des Menschen in der Natur, mögliche Eingriffe des Menschen in natürliche Abläufe und das Verhalten der Menschen gegenüber anderen Lebewesen.

Das häufig nicht nur bei Kindern und Jugendlichen anzutreffende, romantische Naturverständnis, das sich in einer oft unbewussten Gleichsetzung von „Natur" mit dem „Guten" ausdrückt, konstituiert ein bestimmtes Naturbild mit handlungsleitender Wirkung. Es kann sowohl zu einem eher anthropozentrischen, den Menschen in den Mittelpunkt stellenden als auch zu einem eher physiozentrischen, den Eigenwert der Natur betonenden Begriffsverständnis führen.

Die Begriffe „Umwelt" und „Mitwelt" stehen programmatisch für diese unterschiedliche Deutung des Verhältnisses Mensch – Natur.

Das Zusammenwirken von handelnder Erschließung, denkendem Nähern und vertrauendem Annehmen im Hinblick auf Naturbegegnungen befähigt Kinder, sich einen eigenen Naturbegriff zu erarbeiten.

Je nachdem, in welche der beiden beschriebenen Hauptrichtungen dieses Naturverständnis tendiert, wählen die Beteiligten, Erwachsene wie Kinder, als Maxime für die Suche nach dem Guten und den eigenen Lebensentwurf aus verschiedenen Alternativen:

Ein neuer, dem aktuellen Fortschreiten von Umweltzerstörung angepasster, „kategorischer Imperativ", der nur solche menschliche Handlungen als ethisch begründet zulässt, deren Wirkungen nicht zerstörerisch sind für die künftigen Möglichkeiten des Lebens (Jonas 1984), erscheint ebenso sinnstiftend wie ein „mitweltliches" Konzept, das die naturgeschichtliche Verwandtschaft des Menschen als Begründung für ein „Eigenrecht" der belebten und unbelebten Natur gegenüber der Menschheit heranzieht (Meyer-Abich 1984).

Literatur

Biewald, R., Tesak, G. & Wittkowske, S. (2001): Der integrative Ethikunterricht: Eine didaktische Neukonzeption. In: Grundschulunterricht, H. 5, S. 3-6. – BMW AG, Hauptmann, H., Hörburger, C., Müller, S., Ostmeyer, E., Staudacher, M., Spahn, C. & Zevegyi, M. (2000): HomoSuperSapiens. Hochbegabte Kinder in der Grundschule erkennen und fördern. München. – Gesellschaft für Didaktik des Sachunterrichts (GDSU) (Hrsg.) (2002): Perspektivrahmen Sachunterricht. Bad Heilbrunn. – Habermas, J. (2005): Zwischen Naturalismus und Religion. Philosophische Aufsätze. Frankfurt am Main. – Jonas, H. (1984): Das Prinzip Verantwortung. Frankfurt am Main. – Meyer-Abich, K. (1984): Wege zum Frieden mit der Natur. München. – Beck, U. & Beck-Gernsheim, E. (1990): Das ganz normale Chaos der Liebe. Frankfurt am Main.

2.3.2 Beitrag des Sachunterrichts zu fächerübergreifenden Bildungsaufgaben

28| Medienerziehung als fächerübergreifende Aufgabe des Sachunterrichts
Hartmut Mitzlaff

Das Thema berührt drei Bereiche, nämlich a) die (fachorientierte) *Mediendidaktik*, die – vereinfacht – im Sachunterricht der Frage nachgeht, wie der Sachlernprozess bzw. der Prozess des Weltverstehens mit Hilfe diverser Medien (von der Mimik, Gestik und Stimme der Lehrperson bis hin zur Informations- und Kommunikationstechnik (ICT)) erleichtert, gefördert, optimiert werden kann, b) die *Medienpädagogik*, die nach dem Beitrag des Faches zur Fundierung von Medienkompetenz(en) fragt, und schließlich c) die *Didaktik des Sachunterrichts* (bzw. der „Sachpädagogik"). Jeder einzelne der drei Bereiche bildet heute ein komplexes Diskursfeld mit kontrovers diskutierten Theorie- und Praxisregionen, mit z.T. disparaten Konzepten und mit divergenten Terminologien. Ein knapper Überblick, der den Schnittbereich der drei fokussiert und dabei vor allem den medienpädagogischen Aspekt betont, muss zwangsläufig auf allen Ebenen reduzieren, Positionen auswählen und andere ausblenden.

1 Medien im Sachunterricht – Historischer Überblick

Der Sachunterricht, sein Vorläufer, die Heimatkunde, sowie der Unterricht in den Realien und den Gemeinnützigen Kenntnissen können (vernachlässigt man die Vorgeschichte an höheren Gelehrtenschulen) auf eine ca. 400jährige Theoriegeschichte zurückblicken (vgl. Mitzlaff 2004). Neben anderem ist dieser Zeit-

raum durch die Entwicklung und Verbreitung immer neuer Medien gekennzeichnet. Diese *Medien* waren und sind Bestandteil und Spiegel der jeweiligen Gesellschaft und avancieren neben Familie, Schule und Peergroup zur vierten
Sozialisationsinstanz der Kinder und Jugendlichen. Stand am Anfang dieser Entwicklung das gesprochene, geschriebene und (seit 1455) massenhaft gedruckte
Wort, so ist das Grundschulkind am Beginn des 21. Jahrhunderts den Einflüssen
verschiedenster Medien ausgesetzt. Insbesondere die sog. Massenmedien, die sich
auf technische Verbreitungsmittel stützen und an ein „disperses Publikum" wenden, ließen die Forderung nach einer spezifischen, expliziten *Medienerziehung*
aufkommen. Mit der Verbreitung der sog. „neuen Medien" gewinnt die Forderung auch für die Grundschulpädagogik neue Dimensionen und neuen Nach-
druck.

Lange vor den Massen- oder Programmmedien kannten Pädagogik und Didaktik
spezielle *Unterrichtsmedien*, die sich in Lern- bzw. Arbeitsmittel und Lehrmittel
unterteilen lassen und im didaktischen Planungs- und Handlungskontext verschiedene Funktionen übernehmen können (vgl. Mitzlaff 1997). *Mediendidaktik*
als Arbeitsbereich, der sich mit allen lern- und unterrichtsrelevanten Fragen der
Auswahl, Gestaltung und Nutzung von Medien beschäftigt, ist seit langem Bestandteil der Heimatkunde- und Sachunterrichts*methodik* und hat nach 1965
erheblich an Gewicht gewonnen. Ihre besondere Geschichte ist noch zu schreiben. – Über seine Unterrichtsmedien fand im Elementar- und Grundschulunterricht immer auch schon eine (implizite) Medienerziehung bzw. -sozialisation statt.
In der Geschichte und Vorgeschichte der Sachunterrichtsdidaktik findet man früh
zwei gegenläufige Tendenzen: Einer ausgesprochenen Aufgeschlossenheit für neue
Medien steht eine entschiedene bewahrpädagogische Medienprävention gegenüber, die sich im 20sten Jahrhundert – in der Theorie – auf die Prinzipien der
Anschauung und der Lebens- bzw. Heimatnähe stützte (vgl. Mitzlaff 1985). Der
heimatkunde-*theoretische* Mainstream war eher medienabstinent bzw. konzentrierte sich auf wenige Standardmedien (Wort, Abbildung, Karte, Relief, Tierpräparate u.ä.). Auch für den Medien aufgeschlossenen Sach(unterrichts)pädagogen
stand seit Johann Amos Comenius und Jean-Jacques Rousseau der Primat der
direkten Sachbegegnung in aller Regel außer Frage. Medien galten als behutsam
zu nutzende didaktische *Hilfsmittel*, die den Sachlernprozess (im Klassenraum)
unterstützen sollten. Mit dem Sachunterricht der 1970er Jahre war ein bis dahin
unbekannter Boom an Unterrichtsmedien verbunden, der in der Frühphase von
vollmundigen Versprechungen der Lehrmittelindustrie und euphorischen Erwartungen seitens der Sachunterrichtsdidaktik getragen wurde. Einige bedeutende
Sachpädagogen waren zugleich auch frühe Mediendidaktiker und, wie das Beispiel Adolf Reichweins besonders eindrucksvoll zeigt, *Medienpädagogen*. Schon
Johann Amos Comenius ergänzte die Didaktik um die „*Mathetik*", die er als „Lern-

kunst" (ars discendi) definierte und die im Informationszeitalter u.a. als *Medien-mathetik"* neu zu entdecken ist (Papert 1994; Mitzlaff 1994 u. 2004).

2 Begriffliche Klärungen

Manche Autoren verwenden die Begriffe Medienerziehung und Medienpädago-gik als Synonyme; andere begreifen Medienpädagogik als Bezeichnung für die übergreifende Disziplin, die „alle Fragen der pädagogischen Bedeutung von Me-dien in den Nutzungsbereichen Freizeit, Bildung und Beruf umfasst" (Hüther & Schorb 2005, S. 265). Dabei ist zwischen Mediensozialisation, (intentionaler, von Wirkungshoffnung getragener) Medienerziehung und (Subjekt betonender) Medienbildung zu unterscheiden. *Medienerziehung* meint allgemein „pädagogi-sches Handeln, das zur richtigen, d.h. kritisch-reflexiven Aneignung der Medien anleiten soll" (ebd., S. 240). Ihre Aufgabenbereiche beschreibt Gerhard Tulodziecki auf vier Ebenen, nämlich
– der Ebene der Aufarbeitung emotionaler u.a. Medienwirkungen und „medien-vermittelter Vorstellungen und Verhaltensorientierungen";
– der Mediennutzung unter Abwägung von Handlungsalternativen;
– der aktiven und medienkritischen Mediengestaltung und
– schließlich der Medienanalyse und Medienkritik (vgl. Tulodziecki 1992).
Als allgemeine, inzwischen omnipräsente Zielformel der Medienpädagogik hat sich der Begriff der *Medienkompetenz* eingebürgert, der von Bildungspolitik, Ökonomie, Technik und Pädagogik mit höchst unterschiedlichen Inhalten belegt wird und Gefahr läuft, zu einer Leerformel zu zerfasern. Es liegen inzwischen mehrere Dutzend unterschiedlicher Definitions- und Erklärungsansätze vor, die zumeist verschiedene Kompetenzebenen unterscheiden. Für Heinz Moser z.B. setzt sich die komplexe Medienkompetenz aus vier miteinander verknüpften Teil-kompetenzen zusammen, nämlich aus *technischen, kulturellen, sozialen und refle-xiven Kompetenzen* (ders. 1999, S. 216ff.); und Dieter Baacke unterscheidet zwi-schen *Medienkritik, Medienkunde, Mediennutzung und Mediengestaltung* (ders. 1997). Die meisten neueren Konzepte, die auf Interaktions- und Handlungs-theorien basieren, sehen schon den Grundschüler in der Rolle des aktiven Medien-nutzers und kritisch-kreativen Mediengestalters, der Medien für eigene Anliegen selektiv und zielgerichtet einsetzt. *Medienkritik* schließt die kritische Reflexion über individuelle und gesellschaftliche Wirkungen unterschiedlicher Medien ein. Aktuelle Diskussionen begreifen Medienkompetenz(en) zunehmend als Mittel zur Förderung von Selbständigkeit und eines „life-long-learning" sowie als Be-standteil von Lebens(gestaltungs)kompetenz.

3 Medienerziehung als Aufgabe des Sachunterrichts

Medienerziehung ist seit den 90er Jahren in vielen Grundschullehrplänen als pädagogischer Auftrag verankert (z.B. Rahmenplan Hessen 1995). Die Primarstufe gilt als erster Ort einer systematischen schulischen Medienerziehung, die letztlich als lebenslange Aufgabe des Individuums begriffen wird. In der deutschen, österreichischen und schweizerischen Grundschule ist für die Medienerziehung kein besonderes Fach vorgesehen, vielmehr wird ein fächerübergreifendes Prinzip postuliert, dem aber ohne die feste zeitliche Verankerung im Curriculum die Beliebigkeit droht.

Auf Grund seiner Zielsetzung, seiner inhaltlichen Struktur und seiner besonderen didaktischen Konzeption erscheint der Sachunterricht als ideales Zentrum dieser grundsätzlich fächerübergreifenden (cross-curricularen) Aufgabe; analog zur „Umweltbildung" bzw. einer „Bildung für nachhaltiges Denken und Handeln" (vgl. Mitzlaff 1991) kommt ihm die Rolle eines Zentrierungsfaches der frühen Medienerziehung zu.

Zur Begründung und Erläuterung seien – von den zahlreichen Konzeptionen und Erklärungversuchen des Sachunterrichts – zwei für den Verfasser richtungsweisende Ansätze herangezogen, die dem Leser bekannt sind:

– Das *Zwei-Säulen-Modell* Wolfgang Klafkis (ders. 1993).

– Der *Perspektivrahmen* Sachunterricht der Gesellschaft für Didaktik des Sachunterrichts (GDSU) (2002).

Ich greife letzteren auf, weil er jenes sachunterrichtsdidaktische Kern-Paradigma des systematischen und mehrperspektivischen Sachzuganges und des vernetzten Denkens repräsentiert und in zeitgemäßer Gestalt in die Gegenwart hinüber zu retten versucht, das schon am Beginn der „Heimathskunde" bei Wilhelm Harnisch 1816 eine Rolle gespielt hat. Vor dem Hintergrund dieser beiden Konzeptionen lässt sich u.a. feststellen:

1. *Zum Grundsätzlichen:* Zentrales Anliegen des Sachunterrichts ist es, den Kindern bei der Erkundung und Erschließung ihrer zeitgenössischen Welt und Umwelt zu helfen, damit sie sich in ihr zurecht finden, sie begreifen und verstehen und in ihr – heute und nach Möglichkeit auch morgen – sach-, sozial- und selbstkompetent handeln können. Die Medien sind Teil dieser Welt und prägen unsere Blickweise auf die Sachen und unser (sekundäres) Wissen von der Welt; „Alltag und Medien durchdringen sich" (Bachmair 1996, S. 11ff.). *Medienkompetenz* gehört in dieser aktuellen Welt fraglos zur *Sachbildung* dazu und wird als breite *Informationskompetenz* zu einer Kernkompetenz des vom Individuum geforderten lebenslangen Lernprozesses. Das Kind erwirbt im Sachunterricht *Medienkompetenz(en)*, indem es – zunehmend selbständig – unterschiedliche Medien als *Werkzeuge* und *Arbeitsmittel* nutzt.

2. *Epochaltypisches Schlüsselproblem:* Als epochaltypisches Schlüsselproblem gehört die intensive Auseinandersetzung mit den Medien als spiralcurricular ange-

legtes Themenfeld in den Arbeitsplan des Sachunterrichts. Diese Auseinandersetzung umfasst verschiedene Ebenen/Methoden der Medienerziehung, wie die *Medienkunde*, die zielgerichtete *Mediennutzung* (d.h. die Nutzung für Ziele des Sachunterrichts; konkret z.b. die Nutzung der Bücherei/des Internets für die Recherche zum Thema Haustiere), die *Medienanalyse*, die *Medienproduktion* und das elementarphilosophische *Nachdenken* über die individuelle und gesellschaftliche Wirkung der Medien (sowie über alternative Nutzungs- und Handlungsformen). Als allgemeines Ziel gilt der Aufbau von *Medienkompetenz.* Medien werden im Sachunterricht zum *Lerngegenstand (Thema),* der konkret handelnd, interaktiv und kommunikativ in sach- bzw. lebensnahen Sinn- und Verwendungskontexten erfahren und reflektiert wird.

3. *Medienkompetenz und Handlungskompetenz:* „Medienkompetenz" lässt sich mit Dieter Baacke verstehen als "eine Besonderung von ,kommunikativer Kompetenz' [...] sowie von ,Handlungskompetenz' (hier sind alle Formen der Weltbemächtigung und Weltveränderung gemeint, die zwar durch kommunikative Akte begleitet werden, aber über diese insofern hinausgehen, weil hier Objekte, Gegenstände und Sachverhalte ,verrückt' werden)" (Baacke 1999, S. 8). Genau um dieses Entdecken, Klären, Erforschen und ,Verrücken' von Sachverhalten der Welt geht es aber im Sachunterricht; zu seinen genuinen Aufgaben gehört die Förderung von Handlungskompetenz – auch und im Besonderen der medienbezogenen und medienbasierten.

4. *Vielfalt der Unterrichtsmedien im SU:* Der Primat der Primärerfahrung und der unmittelbaren Sachbegegnung (die allerdings, wie konstruktivistische Erkenntnistheorien uns zeigen, im Regelfall so „unmittelbar" gar nicht ist, sondern von mediengeprägten Vorab-Theorien beeinflusst wird) gehört seit Johann Amos Comenius, Jean-Jacques Rousseau, Wilhelm Harnisch u.v.a. zu den didaktischmethodischen Grundaxiomen der Sachunterrichtstheorie (verstanden als Gesamtheit aller allgemeinen Aussagen zum bzw. über Sachunterricht). Keineswegs im Widerspruch dazu steht die Tatsache, dass sich der Sachunterricht heute *wie kein zweites Grundschulfach* auf eine Vielzahl unterschiedlicher Medien stützt, die ein Sachthema unter bestimmten Zielperspektiven repräsentieren und von denen sich die Lehrerin eine Verbesserung/Erleichterung der Lehr- und Lernprozesse erhofft. Der Methodenvielfalt des Sachunterrichts entspricht eine *Medienvielfalt.* Medien werden als *Lehr-, Lern-, Anschauungs-, Übungs-, Arbeits- und Selbstbildungsmittel* genutzt. Für einen medienpädagogisch engagierten Sachunterricht sind auch die mediendidaktischen Fragen und Entscheidungen in einen (*medien)erzieherischen* Gesamtrahmen eingebettet. Ernst Mandl hat (die neueren) Medien unlängst als das „trojanische Pferd" in der Schule bezeichnet, andere sehen in ihnen einen Katalysator auf dem Weg zu einer neuen, reformpädagogisch orientierten Lehr- und Lernkultur. Deutlich ist, dass diese (sog.) neue Kultur des aktiven Lernens und digitale Lern*werkzeuge* auf weiten Strecken hervorragend zusammenpassen (vgl. Mitzlaff 2006).

5. *Medienerziehung und Verschränkung der Sachperspektiven:* Kritische Medienerziehung, wie sie bereits auf einer ersten Stufe für die Grundschule gefordert wird, bleibt nicht beim Medien-Handling und bei Medienkunde stehen, sondern fragt schon früh nach den individuellen und gesellschaftlichen Wirkungen der Medien, verbindet also – in den Kategorien des Perspektivrahmens ausgedrückt – die technische oder technologische Perspektive mit der sozial- und kulturwissenschaftlichen Perspektive und – an einigen exemplarischen Fällen – sinnvollerweise, um den status quo zu „transzendieren", auch mit der historischen Betrachtungsweise. Der Sachunterricht bietet mithin genau jene *Perspektivenverschränkung,* die von einer aktiven und kritisch-reflexiven Medienerziehung gefordert wird.

Der ganzheitlich-integrative und mehrperspektivische Ansatz entspricht zum einen der *kindlichen Psyche,* die noch nicht auf ein Denken in Fächerschubladen diszipliniert worden ist. Er entspricht aber in besonderem Maße auch den Bedürfnissen der *post-industriellen Gesellschaft* und der meisten ihrer Wissenschaften, die aus dem interdisziplinären Dialog wichtige Entwicklungsimpulse erhalten. Hier lag die historische Chance des Sachunterrichts für die gesamte Schul- und Curriculumentwicklung und in dieser mehrperspektivischen Betrachtungsweise liegt auch der besondere Beitrag des Sachunterrichts zur Medienerziehung: Indem er frühzeitig das technische Lernen mit der sozial- und kulturwissenschaftlichen und/oder historischen Perspektive verknüpft, ist er *der Ort schlechthin* für die technik-, medien- und innovationskritische Reflexion und die kreative Suche nach Handlungsalternativen.

6. *Fächerübergreifende Medienerziehung:* Die medienpädagogische Arbeit des Sachunterrichts, die ein festes Zeitbudget im Curriculum voraussetzt, strahlt auf die anderen Fächer aus und wird – im Idealfall – durch die genuinen Beiträge dieser Fächer zur Medienerziehung flankiert und erweitert. Basis- oder Schlüsselqualifikation der Medienkompetenz bleibt die *Lesekompetenz,* die mit den neuen Medien (ICT) um neue Bedeutungsfacetten erweitert wird und an deren Entwicklung der Sachunterricht seinen Anteil hat.

Literatur

Baacke, D. (1997): Medienpädagogik. Tübingen. – Baacke, D. (1999): ‚Medienkompetenz': theoretisch erschließend und praktisch folgenreich. In: medien + erziehung (merz), 43, H. 1, S. 7-12. – Bachmair, B. (1996): Fernsehkultur. Subjektivität in einer Zeit bewegter Bilder. Opladen. – Hüther, J. & Schorb, B. (Hrsg.) (2005): Grundbegriffe Medienpädagogik. 4. Aufl. München. – Klafki, W. (1993): Zum Bildungsauftrag des Sachunterrichts in der Grundschule. In: Grundschulunterricht, 40, H. 1, S. 3-6. – Mitzlaff, H. (1985): Heimatkunde und Sachunterricht. 3 Bände. Dortmund. – Mitzlaff, H. (1991): Heimat und Umwelt. In: Gesing, H. & Lob, R.E. (Hrsg.): Umwelterziehung in der Primarstufe. Heinsberg, S. 129-174. – Mitzlaff, H. (2004): Die wechselvolle Geschichte des Sachunterrichts 1600-1985. Ein allgemeiner Überblick. In: Kaiser, A. & Pech, D. (Hrsg.): Basiswissen Sachunterricht. Band 1, Baltmannsweiler, S. 20-30. – Mitzlaff, H. (2004b): Johann Amos Comenius (1592-1670) pansophischer Sachen-Unterricht. In: Kaiser, A. & Pech, D. (Hrsg.): Basiswissen Sachunterricht. Band 1, Baltmannsweiler, S. 41-46. – Mitzlaff, H. (2006): Internationales

Handbuch Computer (ICT), Kindergarten, Grundschule und Neue Lernkultur. Baltmannsweiler. – Papert, S. (1994): Revolution des Lernens – Kinder, Computer, Schule in einer digitalen Welt. Hannover. – Tulodziecki, G. (1992): Medienerziehung in Schule und Unterricht. 2. Aufl. Bad Heilbrunn. – Tulodziecki, G. et al. (2000): Medienerziehung in der Grundschule. Opladen.

29| Sexualpädagogik als Gegenstandsbereich des Sachunterrichts
Petra Milhoffer

1 Reichweite und Konzepte von schulischer Sexualerziehung

Schulische Sexualerziehung – häufig auch „Sexualkunde" – soll laut Empfehlung der Kultusminister von 1968 (Mettlacher Empfehlungen der Kultusministerkonferenz) fächerübergreifend und anlassbezogen in allen Schulstufen und Schultypen stattfinden. Von einem eigenen Schulfach wurde Abstand genommen, um das pädagogische Prinzip der fächerübergreifenden und situationsbezogenen Beschäftigung mit dem Thema zu sichern. Sexualerziehung sollte und soll immer dann geschehen, wenn sich dies sowohl von den speziellen Themenfeldern der einzelnen Unterrichtsfächer her (Deutsch, Kunst, Religion, Ethik, Mathematik) wie von den Fragen der Kinder her anbietet.

In den Grundschullehrplänen wurde „Sexualkunde" als Themenkatalog zusätzlich im Sachunterricht verortet, um sicher zu gehen, dass Kinder ein medizinisches und soziales Basiswissen über ihren Körper, über Geschlechtlichkeit und Fortpflanzung erhalten.

Konsens der Bundesländer über einen Minimalkatalog von Wissen ist: Bis zum Ende des 1. Schuljahres sollen Kinder über die Unterschiede zwischen den Geschlechtern und die Tatsachen der Mutterschaft informiert sein. Bis zum Ende des 6. Schuljahres sollen sie über Zeugung, Schwangerschaft und Geburt, über die körperlichen und seelischen Veränderungen in der Pubertät und über die Gefahren und Risiken, die mit Sexualität verbunden sind, (Infektionskrankheiten, sexuelle Gewalt und Missbrauch) Bescheid wissen.

Die „klassischen" Positionen der Sexualerziehung umfassen die drei Grundkonzepte von negativem, wartendem und warnendem Herangehen, über affirmative Lernziele hin zu emanzipatorischer Sexualerziehung (vgl. Sielert & Valtl 2000). Sie bewegen sich damit im Spannungsfeld zwischen nüchtern medizinischer Aufklärung verstanden als Warnung vor Risiken und Bereitstellung von Basiswissen für die spätere Familienplanung in der Ehe einerseits, wie andererseits ein die soziale und emotionale Dimension von Sexualität verstandener Erziehungsauftrag, der Sexualität unabhängig von Ehe und Fortpflanzung zugesteht. Sexualität wird hier Kindern und Jugendlichen ausdrücklich als eine positive Lebensenergie vermittelt, ohne freilich die Dimension der damit verbundenen Verantwortlichkeiten zu unterschlagen.

Eine Expertise der Bundeszentrale für gesundheitliche Aufklärung (BZgA 2004) hat herausgearbeitet, dass es in den letzten 35 Jahren eine Vereinheitlichung von Richtlinien und Lehrplänen der Bundesländer gegeben hat. Nach wie vor sind Ehe und Familie in allen Bundesländern die bevorzugten Orte für Sexualität, gleichwohl wird mittlerweile die Vielfalt der Lebensformen als gesellschaftliche Realität berücksichtigt. Auch wird anerkannt, dass sexueller Missbrauch zum Unterrichtsgegenstand gemacht werden soll. Insgesamt setzen die Richtlinien auf die Stärkung des Selbstbewusstseins von Kindern und Jugendlichen.

Obwohl die Kultusministerkonferenz schon 1968 eine entsprechende wissenschaftliche Verankerung in der Lehramtsausbildung vorsah, wird das Themenfeld in der Lehre in der Regel von Erziehungswissenschaftler/innen angeboten, die dies als einen zentralen Erziehungsauftrag in der Lehramtsausbildung erkannt haben. In Deutschland gibt es nach wie vor nur einen Lehrstuhl (Hamburg) der die Sexualpädagogik explizit in seiner Stellenbeschreibung enthält. Sexualforschung, Sexualpädagogik und Geschlechter- und Sozialisationsforschung sind Fachdisziplinen, die in der Regel nebeneinander her forschen, ohne die Verflechtung ihrer Inhalte anzuerkennen und ihre praktischen Empfehlungen darauf abzustimmen. Für die Fortbildung gibt es keine allgemeinverbindlichen Richtlinien.

Das föderale Bildungssystem in Deutschland erschwert es, einheitliche Materialempfehlungen in den Bundesländern durchzusetzen. So gelangen die größtenteils kostenlosen Medien, Materialien und Fachinformationen der BZgA (www.bzga.de) nur auf Anforderung in die Schulen und sind vielen Lehrkräften gar nicht bekannt.

Viele Lehrkräfte fühlen sich mit der Aufgabe der Sexualerziehung überfordert und alleingelassen. Auch in der Grundschule hängt es vom Mut, der Einsicht und der Qualifikation der Lehrkräfte ab, ob und wie das Thema aufgegriffen und ob den Eltern seine besondere Bedeutung für die Persönlichkeitsentwicklung des Kindes nahe gebracht wird. Vor allem in Klassen mit Kindern aus strenger religiös orientierten Elternhäusern wird es daher eher umgangen.

Wurde in den siebziger Jahren das „Lernziel Zärtlichkeit" (Thomasky 1977) zum umfassenden Programm erhoben, so wird heute bedeutend differenzierter an den Erziehungsauftrag herangegangen. Das ‚Lernziel Zärtlichkeit' wird um das ‚Lernziel Verantwortlichkeit' erweitert und sowohl behutsamer als auch problemorientierter behandelt. Emanzipatorische Sexualerziehung wird zunehmend als wesentlicher Bestandteil einer persönlichkeitsstärkenden Sozialerziehung aufgefasst. Mädchen und Jungen sollen und wollen Selbstbewusstsein und Ich-Stärke erlangen. Das geht am besten, wenn sie sich in ihrem Körper wohl fühlen, wenn sie nicht mit verstörenden Geheimnissen und Dunkelstellen leben müssen, und Verhaltensrichtlinien an die Hand bekommen, die ihnen helfen, in ihrem sozialen Bezugsfeld akzeptiert und geschätzt zu werden.

2 Herausforderungen für die schulische Sexualerziehung heute: Wissensniveau und Gefährdung von Kindern

Mädchen und Jungen verfügen heute über ein geschlechtsspezifisch geprägtes, breites Wissen zum Thema, andererseits sind sie verunsichert, was dies alles für sie selbst zu bedeuten hat, vor allem, wenn sie mit der Verarbeitung dieser Informationen allein gelassen werden.

Kinder werden zudem sehr früh mit den Schattenseiten dieser existentiellen menschlichen Lebensäußerung (Gewalt, Krankheiten, Pornografie) konfrontiert und ein perfekter Körper wird im Zuge des chirurgisch begründeten „Machbarkeitswahns" schon von Achtjährigen als Bedingung für sexuelle Attraktivität erlebt (vgl. Milhoffer 2000).

Viele Eltern fühlen sich mit dem Erziehungsauftrag überfordert und sind dankbar, wenn die Schule diese Aufgabe übernimmt und sie in das Vorgehen einbezogen werden (vgl. Arens 2003). Schon die Grundschule sollte frühzeitig Unterrichtsangebote machen, die Mädchen und Jungen helfen, eine kompetente Grundhaltung zum Thema Sexualität und Geschlecht zu entwickeln.

3 Schulische Anlässe für Sexualerziehung

Vom Ansatz einer ganzheitlichen Persönlichkeitsentwicklung her verbietet es sich, Sexualerziehung stoff- und faktenorientiert anzugehen und gar mit Noten abzuprüfen. Anlässe und Situationen sollten aufgegriffen werden und Schülerfragen im Mittelpunkt des Unterrichts stehen.

Der gesamte Schulalltag einschließlich der Erfahrungen auf dem Pausenhof ist „didaktisierbar". Der Gebrauch sexuell getönter Schimpfwörter auf dem Schulhof, die Schwangerschaft einer Mutter, der Trennungsschmerz eines Scheidungskindes, ärgerliche Geschlechtsrollenklischees in einer mathematischen Textaufgabe, sexuelle Kritzeleien usw. eignen sich, um das Thema aufzugreifen.

3.1 Kinder sind Mädchen und Jungen – Kinder lassen ihr Geschlecht nicht vor der Schultür

Schon im Kindergartenalter erwerben Mädchen und Jungen mit der sozialen Geschlechtsrolle ein geschlechtsspezifisches sexuelles Körperbewusstsein. Zudem erleben sie lange vor der Pubertät erotisch-sexuelle Gefühle im Umgang miteinander, die sie erregen und verunsichern. Dies wirkt sich auf ihre Umgangsformen miteinander umso belastender aus, je weniger sie über ihren Körper und seine Sexualfunktionen wissen und je Tabu belegter der gesamte Bereich ist. Das gesellschaftlich diktierte Arrangement mit der sexuellen Dimension der sozialen Geschlechtsrolle (hier sexuell aktiv = Eroberer, da sexuell passiv = Objekt) veranlasst Mädchen und Jungen in gemischtgeschlechtlichen Gruppen (bereits ab dem Kindergartenalter) sich eher defensiv (Mädchen) und sich eher offensiv (Jungen) zu verhalten. Es erklärt auch, warum Mädchen und Jungen sich um der eigenen Identitätsbildung willen vom anderen Geschlecht entschieden abgrenzen. Sexualerziehung ist schon in der Grundschule angebracht, um die damit einhergehenden sozialen Spannungen mit den Kindern zu bearbeiten. Eine phasenweise Arbeit in geschlechtshomogenen Gruppen empfiehlt sich dabei so wie der anschließende Austausch in der gesamten Klasse darüber, was in den Gruppen erarbeitet wurde.

3.2 Bedrohung durch AIDS und andere sexuell übertragbare Infektionen

Schon Grundschulkinder nehmen die Immunschwäche AIDS und ihre Ansteckungswege als äußerst bedrohlich wahr und wünschen sich Aufklärung darüber. Insgesamt scheinen sich Mädchen mehr als Jungen mit den Risiken von Sexualität befassen zu wollen, während sich Jungen eher für die technischen Aspekte interessieren. Auch Fragen der Verhütung beschäftigen sie im Übergang zur Pubertät häufiger als die Jungen (vgl. Milhoffer 2000). Ist es für Frauen zwar möglich, die Empfängnisverhütung mit „der Pille" allein in die Hand zu nehmen, so ist dies gleichermaßen Aufgabe des Mannes, vor allem auch was die Verhütung von Infektionen angeht. Die Verantwortlichkeit des Mannes ist gleichermaßen gefragt. Verantwortung setzt zureichendes Wissen voraus. Für eine entsprechende Haltung können und müssen schon in der Grundschule die Weichen gestellt werden.

3.3 Sexueller Missbrauch, sexuelle Gewalt

Viele Kinder sind infolge der Distanzlosigkeit von Erwachsenen im Umgang mit dem Thema und tatsächlichen sexuellen Übergriffen schon bei Schuleintritt keine „unbeschriebenen Blätter" mehr. Mittlerweile ist ein beträchtliches Ausmaß an sexueller Gewalt und Misshandlung im engeren Familien- und Bekanntenkreis vor allem an Mädchen aber auch an Jungen statistisch erwiesen. Das Problem darf nicht auf die Warnung vor „falschen Kinderfreunden" von der Strasse verlagert werden, denn häufiger geschieht Missbrauch im engeren Familien- und Bekanntenkreis. Lehrer und Lehrerinnen sollten sich in Fortbildungen über die Möglichkeiten der Prävention, und dem Umgang mit dem Problem vertraut machen. Im Rahmen des mittlerweile recht gut ausgebauten Präventionsnetzes (www.schulische-praevention.de) gibt es vielfältige Hilfsangebote.

4 Didaktische Leitlinien

Nirgendwo sind stoff- und faktenorientierte „Unterrichtseinheiten" unpassender als bei einem Unterricht, der explizit die Persönlichkeitsbildung von Kindern zum Ziel hat. Kompetente Sexualerziehung setzt die eigene Klärung über die persönliche Bedeutung sexueller Emotionen und Signale voraus. Nur auf dieser Basis können Lern- und Verhaltensangebote klar, diskret, gewährend und versichernd an die Kinder herangetragen werden. Keine Lehrkraft sollte zur Behandlung des Themas gezwungen werden. Medien und Materialien, die im Unterricht eingesetzt werden können, gibt es ausreichend. Öffentliche Bibliotheken, Familien- und Sexualberatungsstellen (wie z.B. Pro Familia) informieren gerne darüber. Übergeordnete didaktische Leitlinien für den Unterricht sollten sein:
– Die eigene Bereitschaft und Fähigkeit für die Aufgabe reflektieren.
– Eine Atmosphäre des Vertrauens in der Klasse schaffen.
– Sich im Kollegium über Inhalte und Methoden abstimmen.
– Eltern über Lernziele und Lerninhalte informieren.
– Höflichkeit, Respekt und Fairness im Umgang miteinander üben und vorleben.
– Religiöse Traditionen bei der Behandlung der Themen berücksichtigen und Intimgrenzen wahren.
– Aufklärungsmaterialien kritisch auf Rollenstereotype und Auslassungen hin durchsehen und auswählen.
– Gelegenheit zum Selbststudium geben (Leseecke, Bibliotheksbesuche).
– Fragen und Vorwissen der Kinder (anonym, Zettelkasten) erheben.
– Kinder zur Differenzierung zwischen Fach- und der Vulgärsprache befähigen.
– Hilfen für den Umgang mit guten und schlechten Gefühlen geben.
– Ansprechpartner und Kontaktadressen für mögliche „bittere Geheimnisse" zur Verfügung stellen.
– Trennung und Scheidung als Bestandteil von Liebe und Sexualität aufgreifen und Kinder von Schuldgefühlen entlasten.
– Die Vielfalt familialer Lebensformen thematisieren.
– Über sexuelle Orientierungen informieren.

– Kulturspezifische Verhaltensnormen untersuchen und vergleichen.

– Rollenklischees und Outfit-Vorgaben in den Medien kritisch reflektieren.

Sexualpädagogische Konzepte, die den Zweck von Sexualerziehung „auf später" als Ehe- und Familienerziehung verlagern und sie auf die Vermittlung biologisch-medizinischer Fakten begrenzen, werden dem Erziehungsauftrag einer persönlichkeitsstärkenden Sexualerziehung nur begrenzt gerecht.

Eine körper- und sinnesfreundliche wie auf Verantwortung ausgerichtete Sexualerziehung nimmt ernst, in welcher Weise bereits junge Kinder vor allem durch die Medien, aber auch durch ihre eigenen Gefühlslagen mit dieser Lebensenergie konfrontiert sind. Sie erarbeitet deshalb mit Kindern Werte und Verhaltensrichtlinien nicht nur für ihr Erwachsenenleben sondern auch für ihr gegenwärtiges Miteinander.

Literatur

Sexualpädagogisches Grundlagenwissen: Arens, U. (2003): Offenheit und Scham in der Familie. Wie Eltern und Kinder unbefangen miteinander umgehen. München. – Bange, D. & Körner, W. (Hrsg.) (2002): Handwörterbuch Sexueller Missbrauch. Göttingen. – Bundeszentrale für gesundheitliche Aufklärung (BZgA) (Hrsg.) (2004): Expertise „Richtlinien und Lehrpläne zur Sexualerziehung". Reihe „Forschung und Praxis der Sexualaufklärung und Familienplanung". – Hopf, A. (2002): Sexualerziehung - Unterrichtsprinzip in allen Fächern. Neuwied. – Milhoffer, P. (2000): Wie sie sich fühlen, was sie sich wünschen. Eine empirische Studie in sexualpädagogischer Absicht über Mädchen und Jungen auf dem Weg in die Pubertät. Weinheim. – Sielert, U. & Valtl, K. (Hrsg.) (2000): Sexualpädagogik lehren. Weinheim. – Sielert, U. (2006): Einführung in die Sexualpädagogik. Weinheim.

Didaktische Tipps: Bundeszentrale für gesundheitliche Aufklärung (BZgA) (Hrsg.) (1999): Sexualerziehung, die ankommt. Ein Leitfaden für die schulische und außerschulische Jugendarbeit zur Sexualerziehung von Mädchen und Jungen in 3.-6. Klassen. Köln. – Sanders, P. & Swinden, L. (2006): Lieben, Lernen, Lachen. Sozial- und Sexualerziehung für 6- bis 12jährige. Mülheim. – Themenheft Sexualerziehung (2004). Grundschulzeitschrift, H. 18. – Thomasky, I. (1977): Lernziel Zärtlichkeit. Weinheim. – Wanzeck-Sielert, C. (2004): Kursbuch Sexualerziehung. So lernen Kinder ihren Körper kennen. München.

Ratgeberseiten im Internet: www.bzga.de – www.familienhandbuch.de – www.loveline.de – www.profamilia.de – www.schulische-praevention.de – www.sextra.de – www.sexundso.de

Bücher für die Hand von Kindern zwischen 4 und 12: Cole, B. (2001): Mami hat ein Ei gelegt! (Kinder räumen mit Fortpflanzungsmythen der Erwachsenen auf). Sauerländer. (ab 4 J.). – Schneider, S. & Rieger, B. (2000): Das große Buch vom Körper. Ravensburger Buchverlag. (ab 6 J.). – Harris, R. H. & Emberly, M. (2002): Einfach irre! Liebe, Sex und Kinderkriegen. Weinheim. (ab 7 J.). – Cole, B. (2000): Ei, was sprießt denn da? (Bilderbuch zu den Körperveränderungen in der Pubertät). Sauerländer. (ab 8 J.). – Pro Familia (2002): Mein Körper gehört mir! Prävention von Missbrauch. Bindlach: Loewe. (ab 8 J.). – Harris, R. H. & Emberly, M. (2002): Total normal. Weinheim. (ab 9 J.). – Koch, M. (2004): Tief einatmen! Eine Entdeckungsreise in den Körper. München. (ab 10 J.).

Filme für die Grundschule (erhältlich über Pro Familia): „Wo komm ich eigentlich her?" 30 Minuten. Zeichentrickfilm. (ab 5 J.). – „Was ist mit mir los?" 30 Minuten. Zeichentrickfilm. (ab 9 J.).

30| Interkulturelles Lernen im Sachunterricht
Bernd Dühlmeier und Uwe Sandfuchs

Interkulturelles Lernen kann sich grundsätzlich in allen Institutionen vollziehen, in denen Deutsche und Migranten zusammentreffen. Die Schule als Institution systematischen Lehrens und Lernens ist jedoch *der* zentrale Ort interkulturellen Lernens, da in ihr alle Mitglieder der Bevölkerung in einem bestimmten Alter qua Schulpflicht zusammenkommen. Die Voraussetzungen zum interkulturellen Lernen sind bei Kindern besser als bei Erwachsenen, sind sie doch in einem höchst lernfähigen Alter und zudem weniger durch Vorurteile belastet als Erwachsene. Die Chancen interkultureller Erziehung sind deshalb in keinem Lebensabschnitt größer als in der Grundschule, für deren Selbstverständnis die Aufgabe der sozialen Integration ohnehin prägend ist.

1 Kultur als Lerngegenstand

Interkulturelles Lernen ist das gemeinsame Lernen von Menschen aus verschiedenen Kulturen, mit verschiedenen Sprachen, Religionen und Weltanschauungen. Es unterscheidet sich von der so genannten Ausländerpädagogik dadurch, dass interkulturelles Lernen nicht nur von den Migranten sondern auch von der eingesessenen Bevölkerung erwartet wird. Dabei sind die Lern- und Anpassungsleistungen der jeweiligen Minderheiten sehr viel größer als die der Mitglieder der Mehrheitskultur und -gesellschaft. Interkulturelle Erziehung soll in diesem Sinne beide Gruppen „auf ein vernünftiges Zusammenleben in der dauerhaft multikulturellen Gesellschaft" (Nieke 1995, S. 100) vorbereiten.
Kultur wird verstanden als ein einer Gesellschaft gemeinsames System von Kenntnissen, Werten und Haltungen, das die Lebensweise einer Gesellschaft ausmacht (vgl. Inglehart 1995). Kultur wird erlernt, ist Quelle des Selbstbewusstseins und Selbstverständnisses sowie Basis der Persönlichkeitsentwicklung; in früher Kindheit erworbene kulturelle Orientierungen können im Laufe des Lebens kaum abgewandelt werden (Claessens 1972, S. 157). Der Gedanke, dass das Lernen der Kultur zentraler Gegenstand der Pädagogik sei, ist nicht neu (Loch 1968, S. 175). Gelernt wird dabei auch die ethnozentristische Vorstellung von der gleichsam natürlichen „Richtigkeit" und Überlegenheit der eigenen Kultur. Die Besonderheit interkulturellen Lernens in multikulturellen Gesellschaften ist, dass nicht nur die eigene Kultur erlernt wird, sondern die Lernenden zugleich mit anderen,

fremden kulturellen Orientierungen konfrontiert werden. Die Überwindung ethnozentristischer Kulturbetrachtung erfordert die Akzeptanz des zentralen wissenschaftlichen Paradigmas der Kulturanthropologie. Es besagt, dass Kulturen als prinzipiell gleichwertig, als jeweils „relativ, d.h. nur aus sich heraus zu betrachtende, geglückte Anpassung einer Bevölkerung an ihre Umwelt" (Greverus 1978, S. 17) zu verstehen sind. Damit werden kulturelle Wertunterschiede keineswegs geleugnet, ihre Analyse kann auch nicht unterbleiben, die Formulierungen „prinzipiell gleichwertig" und „relativ geglückt" deuten dies an. Die „Annahme der Gleichwertigkeit", so der Rechtsphilosoph Charles Taylor (1993, S. 70f.), sei notwendige Voraussetzung für die Beschäftigung mit dem Fremden; es sei zudem arrogant, diese Möglichkeit a priori auszuschließen, und es habe grundsätzlich jeder das Recht, die eigene Kultur für wertvoll zu halten. Ein zweites Postulat besagt, dass Kulturen und Menschen voneinander lernen und sich in diesem Lernen auch gegenseitig bereichern können; mehr noch: Erst das Fremde, die Differenz gebe die Grundlage für das Erkennen der eigenen Identität ab.

2 Zielsetzungen, Inhalte und Strategien interkulturellen Lernens

Den differenziertesten Zielkatalog hat Wolfgang Nieke (1995, S. 193ff.) vorgelegt. Interkulturelle Erziehung soll
– den eigenen, unvermeidlichen Ethnozentrismus erkennen lassen,
– mit der Befremdung umgehen lehren,
– Toleranz grundlegen,
– Ethnizität akzeptieren lassen,
– Rassismus thematisieren,
– gemeinsames Betonen und gemeinsame Aktionen in die Tat umsetzen,
– zur Solidarität ermuntern,
– in Formen vernünftiger Konfliktbewältigung einüben; zum Umgang mit Kulturkonflikt und Kulturrelativismus befähigen,
– auf die Möglichkeiten gegenseitiger kultureller Bereicherung aufmerksam machen,
– die globale Verantwortung erkennen lassen und die Wir-Grenze aufheben.
Wolfgang Nieke (1995, S. 212) ordnet diese Ziele sowohl einer Begegnungs- als auch einer Konfliktpädagogik zu und verortet sie zugleich auf den Lerndimensionen kognitiv, affektiv und handlungsbezogen. Damit verdeutlicht er implizit, dass die Strategien interkulturellen Lernens – 1. informieren und aufklären, 2. Betroffenheit herstellen, 3. in Begegnungen lernen und Gemeinsamkeiten erkennen lassen, 4. Zivilcourage fördern – einander sinnvoll ergänzen.
Die KMK-Empfehlung „Interkulturelle Bildung und Erziehung in der Schule" von 1996 sagt über die inhaltlichen Schwerpunkte des Unterrichts, dass zur Entwicklung interkultureller Kompetenzen „Kenntnisse und Einsichten über die

identitätsbildenden Traditionslinien und Grundmuster der eigenen wie fremder Kulturen" erforderlich seien, weil Vorurteilen nur „mit differenzierter Wahrnehmung, reflektierter Klärung und selbstkritischer Beurteilung begegnet" werden könne. Es brauche dazu keine stoffliche Ausweitung als vielmehr eine interkulturelle Akzentuierung bestehender Inhalte. Im Einzelnen werden folgende Aspekte für bedeutsam gehalten:

– „wesentliche Merkmale und Entwicklungen eigener und fremder Kulturen,
– Gemeinsamkeiten und Unterschiede der Kulturen und ihre gegenseitige Beeinflussung,
– Menschenrechte in universaler Gültigkeit und die Frage ihrer kulturellen Bedingtheit,
– Entstehung und Bedeutung von Vorurteilen,
– Ursachen von Rassismus und Fremdenfeindlichkeit,
– Hintergründe und Folgen naturräumlicher, wirtschaftlicher, sozialer und demographischer Ungleichheiten,
– Ursachen und Wirkungen von Migrationsbewegungen in Gegenwart und Vergangenheit,
– internationale Bemühungen zur Regelung religiöser, ethnischer und politischer Konflikte,
– Möglichkeiten des Zusammenlebens von Minderheiten und Mehrheiten in multikulturellen Gesellschaften."

In der Grundschule sind die Richtlinien bzw. Lehrpläne für Sachunterricht, Religions- oder Ethikunterricht, Deutsch, Musik und Fremdsprachen auf geeignete Lerninhalte und -situationen hin zu analysieren und zu akzentuieren. Dabei ist an die in vielen Klassen vorhandene Mehrsprachigkeit sowie an die besonderen sprachlichen und kulturellen Kompetenzen zweisprachiger Schulkinder anzuschließen. Von besonderem Wert können außerschulische Kontakte und persönliche Begegnungen sein.

3 Der Sachunterricht als Ort interkulturellen Lernens

Das Fach Sachunterricht ist auf Grund seines integrativen und fächerübergreifenden Zuschnitts in besonderer Weise geeignet, interkulturelles Lernen zu ermöglichen. Dabei geht es nicht darum, was Kinder lernen sollen, sondern wie Sachunterrichtslehrkräfte dazu beitragen können, die Perspektiven der Kinder bei ihrem Blick auf die Welt auszudifferenzieren und ihre Unterscheidungsfähigkeit zu schärfen. Die Anleitung zu einer Fragehaltung soll bei den Schülern eine permanente Suche nach neuen Einsichten bewirken und ihnen zum „Überschreiten von Grenzen, seien es die von Disziplinen, Kulturen, vertrauten Sichtweisen" verhelfen (Kahlert 1994, S. 82).

Im Folgenden soll versucht werden, Ansätze interkulturellen Lernens in das integrative Didaktikmodell der GDSU (2002) einzufädeln. Das integrative Didaktikmodell bietet mit seinen fünf Perspektiven vielfältige Anknüpfungs- und Vernetzungsmöglichkeiten:

– So kann im Rahmen der sozial- und kulturwissenschaftlichen Perspektive die gegenseitige Einführung der Kinder in „fremde" Feste, Feiern und Bräuche erfolgen und ihre jeweilige Bedeutung in den Kulturen reflektiert werden. Als Zugang zu Verschiedenheit und zum Erkennen von Verbindungen ist das Kennenlernen von Wohnsituationen, Familienstrukturen und Tagesabläufen von Kindern aus anderen Ländern geeignet (GDSU 2002, S. 11).

– Innerhalb der historischen Perspektive könnten gesellschaftspolitische Hintergründe für die Einwanderung nach Deutschland in den 1960er Jahren ebenso aufgezeigt werden wie gesellschaftspolitische Gründe, die im 19. Jahrhundert und frühen 20. Jahrhundert zur Auswanderung aus Deutschland geführt haben.

– Bei der naturbezogenen Perspektive kann die Anlage eines interkulturellen Schulgartens – etwa mit Kulturpflanzen aus den Herkunftsländern der Migranten, unterschiedlichen Anbaumethoden, dem Zubereiten verschiedener Gerichte – für die Integration von kulturell heterogenen Lerngruppen genutzt werden.

– Die raumbezogene Perspektive könnte z.B. über das Thema „Europa" erschlossen werden. Als methodische Zugangsweise bieten sich sog. mental maps an. Dabei handelt es sich um Bedeutungskarten, die nicht auf exakter geographischer Vermessungsgrundlage beruhen, sondern um Karten, die individuelle Raumvorstellungen und subjektive Raumbewertungen der Kinder widerspiegeln (Kasper & Kullen 1992, S. 26ff.).

– Für die technische Perspektive bietet der Perspektivrahmen der GDSU eine Reihe von Anknüpfungspunkten. Vorstellbar wäre z.B. die Auseinandersetzung mit für die Menschheit bedeutsamen technischen Erfindungen aus verschiedenen Kulturen.

4 Verbindung von Sach- und Sprachunterricht

Interkulturelles Lernen kann auch durch die Verbindung des Sachunterrichts mit dem Sprachunterricht gelingen. „Für Kinder aus Zuwandererfamilien ist die Sprachkompetenz die entscheidende Hürde in ihrer Bildungskarriere" (Baumert et al. 2001, S. 374). Der Sachunterricht bietet in besonderer Weise die Lernchance, über Inhalte begriffliche Defizite auszugleichen.

An der Deutsch-Italienischen Gesamtschule Wolfsburg z.B. wurde ein Modell bilingualen Sachunterrichts entwickelt (Manusch & Schneider 2003, S. 138ff.). „Aufgrund der Zweisprachigkeit ist der Fachwortschatz der Kinder im Gegensatz zum herkömmlichen Sachunterricht an einer rein deutschen Schule reduziert.

Dabei kommt das Fachwissen in den einzelnen Unterrichtseinheiten aber nicht zu kurz" (Valbonesi & Manusch 2000). Petra Bosenius diskutiert die Frage, ob durch die Verbindung des Sprach- und Sachlernens die Gefahr bestehe, die interkulturelle Perspektive zu vernachlässigen (vgl. Bosenius 2003, S. 132f.). Sie hebt hervor: „Doch gerade aus dem Perspektivwechsel, d.h. der Betrachtung eines Gegenstands aus der Perspektive mindestens zweier Kulturen ergibt sich ein vertieftes Verständnis" (ebd., S. 133). Uwe Sandfuchs schließlich sieht hierin die Möglichkeit, „das interkulturelle Lernen aus seiner ausländerpädagogischen Verengung herauszuführen" (Sandfuchs 2000, S. 55) Die Einrichtung von bilingualen Grundschulen sei „der eigentliche qualitative Fortschritt, der in den neunziger Jahren im Bereich des interkulturellen Lernens erzielt werden konnte" (ebd.).

Literatur

Baumert, J. et al. (Hrsg.) (2001): PISA 2000. Basiskompetenzen von Schülerinnen und Schülern im internationalen Vergleich. Opladen. – Bosenius, P. (2003): Bilingualer Sachfachunterricht: Erträge der bisherigen Arbeit und Perspektiven für die Zukunft. In: Heine, M. et al. (Hrsg.): Bilinguales Lernen im interkulturellen Kontext. Braunschweig, S. 127-137. – Claessens, D. (1972): Enkulturation: Konditionierung der „kulturellen" Rolle und Einführung in die soziale Rolle. In: König, R. & Schmalfuß, A. (Hrsg.): Kulturanthropologie. Düsseldorf, S. 157-174. – Gesellschaft für Didaktik des Sachunterrichts (GDSU) (Hrsg.) (2002): Perspektivrahmen Sachunterricht. Bad Heilbrunn. – Greverus, I.-M. (1978): Kultur und Alltagswelt. Eine Einführung in Fragen der Kulturanthropologie. München. – Inglehart, R. (1995): Kultureller Umbruch. Wertwandel in der westlichen Welt. Frankfurt/M. – Kahlert, J. (1994): Ganzheit oder Perspektivität? In: Lauterbach, R. et al. (Hrsg.): Curriculum Sachunterricht. Kiel, S. 71-85. – Kasper, H. & Kullen, S. (1992): Europa für Kinder. Europäisches Lernen in der Grundschule. Frankfurt/M. – Loch, W. (1968): Enkulturation als anthropologischer Grundbegriff der Pädagogik. In: Bildung und Erziehung, 21, S. 161-178. – Manusch, B. & Schneider, T. (2003): Grundzüge des bilingualen Sachunterrichts an der Deutsch-Italienischen Gesamtschule (DIGS) Wolfsburg. In: Heine, M. et al. (Hrsg.): Bilinguales Lernen im interkulturellen Kontext. Braunschweig, S. 138-140. – Nieke, W. (1995): Interkulturelle Erziehung und Bildung. Wertorientierungen im Alltag. Opladen. – Sandfuchs, U. (2000): Interkulturelles Lernen in der Schule. Informationen und Reflexionen. In: Grundschule, H. 1, S. 52-55. – Taylor, Ch. (1993): Multikulturalismus und die Politik der Anerkennung. Frankfurt/M. – Valbonesi, V. & Manusch, B. (2000): Dokumentation Bilingualer Sachunterricht am Beispiel zweier Unterrichtseinheiten an der Deutsch-Italienischen Gesamtschule/Primarbereich. Wolfsburg (unveröffentlichtes Manuskript).

31| Gesundheitserziehung
Hanna Kiper

Gesundheitserziehung (GE) ist ein fächerübergreifender Lernbereich in der Grundschule und zugleich ein Unterrichtsprinzip. GE will Kinder motivieren, gesund sein zu wollen (Motivations- und Wertebene) und ihnen Wissen über gesunde Lebensweisen vermitteln. Neben der Einbindung von Themen der GE in den Sachunterricht gibt es in einigen Bundesländern (z.b. Hessen) eigenständige Rahmenpläne für die besonderen Bildungs- und Erziehungsaufgaben und hier auch zur GE; daneben wurden in verschiedenen Bundesländern Erlasse zur GE in Schulen veröffentlicht.

1 Zum Gesundheitszustand von Kindern

Während in den westlichen Industrieländern ein Rückgang klassischer Krankheiten wie Mangelkrankheiten, Epidemien und klassischer Infektionskrankheiten zu konstatieren ist, treten gleichzeitig neue, nämlich Erkrankungen des Immunsystems, Viruskrankheiten, Allergien, chronisch-degenerative Krankheiten und psychische Leiden auf. Zwar gingen Säuglingssterblichkeit und Geburtsschäden zurück, werden (Kinder-)Krankheiten wie Röteln, Diphterie, Tetanus, Kinderlähmung, Mumps und Masern oft durch Impfungen verhütet; allerdings gibt es Todesfälle durch Unfälle im Verkehr und im Freizeitbereich, durch Verbrechen und Selbsttötung. Außerdem wird der wachsende Anteil übergewichtiger und fettleibiger Kinder beklagt. Bei Kindern und Jugendlichen müssen wir mit einem Anteil von ca. 14% an chronischen Krankheiten pro Jahrgang rechnen. Dabei handelt es sich um Allergien, Asthma bronchiale, Neurodermitis, angeborene Herzfehler, Epilepsie, Diabetes und Krebs. Die häufigsten psychosomatischen Erkrankungen im Kindes- und Jugendalter sind das endogene Ekzem, Asthma bronchiale, Störungen des Essverhaltens sowie Magen- und Darmstörungen. Schätzungen auf der Grundlage repräsentativer Studien gehen davon aus, dass 10-12% der Kinder im Grundschulalter psycho-soziale Auffälligkeiten (Störungen im Wahrnehmungs- und kognitiven Verarbeitungsbereich, emotionale und nervöse Störungen, Ängste und Depressionen, dissoziales und aggressives Verhalten, Nahrungs- und Essstörungen und Störungen der Sexualentwicklung) zeigen (vgl. Hurrelmann 1990).

2 Modelle von Gesundheit und Krankheit

Für die Deutung von Gesundheit/Krankheit werden verschiedene Erklärungsansätze herangezogen. Der medizinische Erklärungsansatz identifiziert als Ursache von Gesundheitsbeeinträchtigungen körperliche Schädigungen und sucht nach Möglichkeiten, diese zu kurieren. Im psychologischen Erklärungsansatz werden körperliche Beeinträchtigungen als Ausdruck von innerpsychischen Konflikten oder einer verzerrten Aufnahme von Impulsen der Umwelt begriffen. In soziologischen Erklärungsansätzen wird Krankheit im Kontext belastender gesellschaftlicher Ereignisse und Strukturen begriffen. Im Konzept der psychosozialen Risikofaktoren werden Bedingungen analysiert, die zu einer schwerwiegenden und mitunter länger andauernden Überforderung führen und in der Folge erhebliche Fehlanpassungen der körperlichen, psychischen und sozialen Kapazitäten, bezogen auf Lebensführung und Sozialverhalten, mit sich bringen. Dabei kommen auch die Lebensroutinen und lebenslagentypischen Verhaltensweisen, die gesundheitsgefährdend wirken, in den Blick. In neueren Überlegungen versteht man Gesundheit und Krankheit als multifaktoriell bedingt: „Krankheit wird als Versagen der Anpassung von Regulationsmechanismen auf physiologischer, psychischer und sozialer Ebene (...) aufgefasst" (ebd., S. 67). Basierend auf dem „Belastungs-Bewältigungs-Paradigma" werden Belastungsverstärkende Faktoren den Belastungsabschirmenden Schutzfaktoren gegenübergestellt und analysiert, ob und welche Defizite in der „Passung" zwischen den Kompetenzen eines Individuums und den psychophysischen und Umweltanforderungen zu Problemen führen.

3 Gesundheitsbewusstsein und Wissen über Gesundheit

Gesundheitsbewusstsein hat verschiedene Komponenten, eine biographische, eine kognitiv-emotionale (Begriffe und Konzepte/Theorien von Gesundheit und Krankheit), eine selbstreflexive (Selbstwahrnehmung des Körpers, seines Wohlbefindens oder seiner Beschwerden und der Selbst-Körper-Konstruktion) und eine Person-Umwelt-Komponente (Wahrnehmung von Belastungen, Risiken und Gefährdungen und vorhandener Ressourcen). Zusätzlich werden subjektive Konzepte von Gesundheit und Krankheit und deren Ursachen relevant. Vorstellungen von Kindern über Gesundheit und Krankheit bilden sich als Gemisch aus Beobachtungen, Phantasien und aus den von der sozialen und kulturellen Umwelt gelieferten Informationen. Begreift man Gesundheits- und Krankheitsvorstellungen als komplexe Konstruktionen, sind sie von den kognitiven Fähigkeiten, von Auseinandersetzungs- und Verarbeitungsmöglichkeiten mit eigenen und beobachteten Krankheitserfahrungen, von gesundheitsbezogenem Wissen und von der Fähigkeit, affektive Empfindungen auszudrücken, ebenso mit beeinflusst (vgl. Lohaus 1990) wie von kulturellen Ideen.

4 Gesundheitsverhalten

Gesundheitsverhalten wird von verschiedenen Faktoren beeinflusst, nämlich den Handlungskonsequenz- und Selbstwirksamkeitserwartungen, der wahrgenommenen Vulnerabilität, dem wahrgenommenen Schweregrad eines Problems und der perzipierten sozialen Erwünschtheit des Gesundheitsverhaltens. Die Erwartung von *Handlungskonsequenzen* ist u.a. abhängig vom Grad der Informiertheit über einen Teilbereich, von den eigenen Erfahrungen und vom Vorhandensein positiver Verhaltensmodelle. Darüber hinaus ist es wichtig, dass Gesundheit dem Kind subjektiv bedeutsam erscheint. Die Erwartung von Handlungskonsequenzen kann durch solide Wissensvermittlung, die Qualität dargebotener Informationen und die Glaubwürdigkeit und Akzeptanz der Quelle beeinflusst werden. *Selbstwirksamkeitserwartungen* sind davon bestimmt, ob ein Kind den Eindruck hat, durch eigenes Handeln seine Gesundheit befördern zu können. Dazu gehört, dass es weiß, dass es >ja< und >nein< sagen, dass es angemessenes Verhalten (orientiert am Vorbild von Modellen) zeigen, sein eigenes Verhalten beobachten und überwachen, neue Verhaltensweisen antizipieren, einüben und ausführen und sich dabei steuern kann. Das Wahrnehmen eigener *Vulnerabilität* und das Gefühl, dadurch bedroht zu sein, ist abhängig auch von der Annahme der zeitlichen Nähe gefährlicher Folgen oder der Antizipation kurzfristiger sozialer Folgen. Die Bereitschaft, Gesundheitsverhalten zu entwickeln, ist auch abhängig vom Ausmaß seiner sozialen Erwünschtheit.

5 Gesundheitsförderung – Gesundheitserziehung

Gesundheitsförderung zielt auf das Schaffen von strukturell gesundheitsförderlichen Bedingungen (Reduktion von Belastungen, Risiken, Gefahren; Stärkung von Ressourcen) und eines gesundheitsförderlichen Klimas. *Gesundheitserziehung (GE)* zielt auf das Herausbilden von Zielen, Wissen und Handlungskompetenzen. Kinder sollen befähigt werden, gesund zu leben und wachsende Kontrolle über ihre Lebensbedingungen und das eigene Verhalten auszuüben. Sie zielt auf das Ausbilden von Gesundheitswerten, Gesundheitsmotivation, Gesundheitswissen und Gesundheitskompetenzen in sozialökologischen Kontexten (z.B. Familie, Schule, Gleichaltrigengruppen).

6 Didaktische Konzeptionen

In didaktischen Konzeptionen werden ein *Ansatz der Abschreckung* (Warnung vor Krankheiten), ein Ansatz *der Aufklärung* (Information über Gesundheit und Krankheit) und ein sog. ganzheitlicher Ansatz, der der *Förderung von Wohlbefinden* verpflichtet ist, unterschieden. *Emanzipatorische GE* gibt Hinweise auf Möglichkeiten einer gesundheitsförderlichen Lebensführung, die auf den Erhalt und/oder die Wiederherstellung von psychischer, physischer und sozialer Gesundheit zielt. GE enthält eine gesellschaftskritische Dimension, wenn die Umwelt und deren Zerstörung, die Risiken moderner Lebensweise oder die täglichen Belastungen in den Blick kommen. Sie entfaltet eine *ideologiekritische Sicht*, wenn sie Formen der Vermarktung von Gesundheit unter Rückgriff auf Glücksversprechen und die Surrogate von Gesundheit kritisch in den Blick nimmt. GE enthält eine *biographische Komponente*, wenn Schüler/innen Krankheitserlebnisse erzählen oder aufschreiben, über das Leben von Kindern im Krankenhaus oder über chronisch kranke oder behinderte Kinder recherchieren, wenn sie selbst verfasste Berichte mit Darstellungen in Kinder- und Jugendbüchern vergleichen. GE kann *interkulturell* angelegt sein und das unterschiedliche Verständnis von Gesundheit und Krankheit berücksichtigen. Inhalte der GE können neben dem Sachunterricht in verschiedenen Fächern (z.B. Deutsch, Sport, Religion) angesprochen werden. Im Sachunterricht lassen sich u.a. die Themen Reifung und Entwicklung, Körper und Hygiene, Zahnpflege, (gesunde) Ernährung, Haltung und Bewegung, Kleidung, Wohnen, Schutz vor Krankheiten, Vermeiden von Unfällen, Erste Hilfe, Vermeiden oder Reduzieren von Risikoverhalten, Medikamenten- und Drogenkonsum und Suchtprophylaxe unter dem Gesichtspunkt der GE bearbeiten. Kinder sind über (normale) Krankheiten im Entwicklungsverlauf und über seelische und körperliche Krankheiten als Ergebnis von falscher Lebensweise und/oder kritischen Lebensereignissen (Krisen, Unfälle, Gewalt, Traumatisierungen) zu informieren. Sie müssen Wege zur Vermeidung von Krankheiten/Unfällen und zur Überwindung von Krankheiten/Krisen lernen. Darüber hinaus sind sie darin zu unterstützen, gesundheitsförderliches Handeln zu antizipieren und zu entfalten. Kinder sind zu befähigen, Gesundheitsangebote von Beratungsstellen, Krankenkassen, Ärzten, Krankenhäusern für sich zu nutzen und angemessene Entscheidungen zu treffen.

GE kann mit Fragen des Umweltschutz (Umgang mit Luft, Wasser, Boden, Energie, Rohstoffen), der Ernährungskultur (Lebensmittelkunde, Medikamenten- und Drogenkonsum), von Arbeit und Freizeit (Arbeitsrhythmen, Arbeitsbedingungen, Stress, Freizeitgestaltung), Lebenswelt(en) und Lebensweise(n) (Wohnen, Verkehr, Lärm), Körper (Bau und Funktionsweise, seine Entwicklung, (nicht)ansteckende Krankheiten, Kinderkrankheiten, menschliche Sexualität), Hygiene (Körper, Kleidung, Wohnung) und Sicherheit (Unfallverhütung, Selbstverteidigung, Gewalt) verbunden werden. *GE* als Teil einer umfassenden *Gesundheitsförderung* (auf der Grundlage der Prinzipien der Salutogenese, Partizipation, Empowerment und Vernetzung) zielt auch auf die Umgestaltung der Schule zur *„Gesunden Schule"*. Sie will eine gesundheitsförderliche Umgebung bereitstellen, z.B. durch Schulhof- und Schulgarten-, Schulgebäude- und Klassenzimmergestaltung, Bewegungsförderung und Stress- und Aggressionsabbau. In der Gesunden Schule werden

Aspekte von Versorgung, Wartung, Pflege und Fürsorge übernommen, z.b. durch ein gesundes Schulfrühstück, das Angebot von Mittagessen, das Einrichten einer Wasser-Bar, über den Tag verteilte Bewegungsphasen, ausreichend Schwimm- und Sportunterricht, Vermittlung von Entspannungs- und Problemlösetechniken (vgl. Hurrelmann, Israel & Priebe 1993; Barkholz, Gabriel, Jahn & Paulus 2001; Schuhmayer 2001).

Literatur

Barkholz, U., Gabriel, R., Jahn, H. & Paulus, P. (2001): Offenes Partizipationsnetz und Schulgesundheit. Bonn, Bad Godesberg. – Flick, U. (Hrsg.) (1991): Alltagswissen über Gesundheit und Krankheit. Subjektive Theorien und soziale Repräsentationen. Heidelberg. – Fuchs, R. & Schwarzer, R. (1994): Gesundheitserziehung und Gesundheitsförderung. In: Enzyklopädie der Psychologie. Pädagogische Psychologie. Band 1. Göttingen, Bern, Toronto, Seattle, S. 403-432. – Hurrelmann, K. (1990): Familienstress, Schulstress, Freizeitstress. Gesundheitsförderung für Kinder und Jugendliche. Weinheim, Basel. – Hurrelmann, K., Israel, G. & Priebe, B. (1993): Gesunde Schule. Gesundheitserziehung, Gesundheitsförderung, Schulentwicklung. Weinheim. – Kiper, H. (1997): Sachunterricht – kindorientiert. Baltmannsweiler. – Lohaus, A. (1990): Gesundheit und Krankheit aus der Sicht von Kindern. Göttingen, Toronto, Zürich. – Rahmenpläne für die besonderen Bildungs- und Erziehungsaufgaben. Gesundheitserziehung. http://www.bildung.hessen.de/abereich/rplan/index.10.htm. – Schuhmayer, A. (2001): Die Förderung der Gesundheit in der Schule. Linz.

32| Bildung für nachhaltige Entwicklung
Dietmar Bolscho und
Katrin Hauenschild

1 Einleitung

In diesem Beitrag wird dargestellt, welche gesellschafts- und umweltpolitischen Entwicklungen und didaktischen Referenzrahmen zur Ausformung von Bildung für Nachhaltige Entwicklung geführt haben. Das Leitbild Nachhaltige Entwicklung erfordert ein Umdenken umwelt- und entwicklungspädagogischer Bemühungen, welches seinen Niederschlag im Konzept Bildung für Nachhaltige Entwicklung findet (vgl. 2.). Die grundschul- und sachunterrichtsdidaktischen Konsequenzen dieses Wandels werden im Abschnitt 3 dargelegt. In einem Ausblick kommen empirische Perspektiven zur Sprache (vgl. 4.).

2 Grundlagen von Bildung für nachhaltige Entwicklung

Bildung für Nachhaltige Entwicklung hat ihre inhaltliche Grundlegung auf der Konferenz der Vereinten Nationen zu „Umwelt und Entwicklung" (1992) in Rio de Janeiro gewonnen, durch die Nachhaltige Entwicklung (*sustainable devlopment*) zum internationalen und nationalen Leitbild wurde (vgl. Bolscho & Hauenschild 2006a). Nachhaltige Entwicklung lässt sich als regulative Idee verstehen, die sowohl im Kontext wissenschaftlicher Disziplinen als auch nationaler und internationaler Umweltpolitik ein breites Diskursfeld darstellt (vgl. ebd. 2005a). Ihr Kern ist, die Bedürfnisse heutiger Generationen zu befriedigen, ohne die Bedürfnisse kommender Generationen zu gefährden. Auf der deskriptiven Ebene lassen sich die grundlegenden Bedingungen Nachhaltiger Entwicklung entlang von drei Dimensionen kennzeichnen: der ökologischen, der ökonomischen und der soziokulturellen Dimension.

Die *ökologische Dimension* umfasst Fragen der Tragfähigkeit ökologischer Systeme. Hier wird im wissenschaftlichen Diskurs zwischen starker und schwacher ökologischer Nachhaltigkeit unterschieden. Als starke ökologische Nachhaltigkeit wird eine biozentrische Sichtweise bezeichnet, welche der Natur ein eigenes Lebensrecht zuerkennt. Die schwache ökologische Nachhaltigkeit meint tendenziell eine anthropozentrische Ausrichtung, nach der der Erhalt der Natur in ihrer Funktion als Lebensgrundlage des Menschen begründet ist.

Hinsichtlich der *ökonomischen Dimension* stehen sich in der wissenschaftlichen Diskussion zwei Denkmuster gegenüber: (1) Stetiges Wachstum sei die Grundlage aller Ökonomie, mögliche Umweltfolgen seien durch technische Innovationen auszugleichen (sog. „Effizienzstrategie"); (2) der Erhalt des „natürlichen Kapitals" erfordere neue ökonomische Strukturen, die das Wachstumspostulat nicht mehr an erste Stelle setzen (sog. „Suffizienzstrategie").

Bei der *sozio-kulturellen Dimension* von Nachhaltiger Entwicklung geht es um die langfristige Sicherung umweltverträglicher Lebensstile sowohl im globalen Kontext als auch bezogen auf nachfolgende Generationen. Die *intragenerative Gerechtigkeit* meint das Recht aller Menschen auf eine bewohnbare Umwelt und auf die Nutzung natürlicher Ressourcen. Hinzu kommt die *intergenerative Gerechtigkeit*, die den Erhalt der natürlichen Lebensgrundlagen auch für künftige Generationen im Sinne eines Generationenvertrages zum Ziel hat.

Das Leitbild Nachhaltige Entwicklung ist zudem durch *Retinität* (Vernetztheit) und *Globalität* gekennzeichnet, d.h., dass zum einen die Konfliktlinien zwischen den drei Dimensionen in den Blick genommen werden müssen und zum anderen über lokale und regionale Perspektiven hinaus gegangen werden muss.

Was bedeutet diese Komplexität von Nachhaltiger Entwicklung für Bildungskonzepte?

Bildung für Nachhaltige Entwicklung ist anschlussfähig an vorhandene curriculare Strukturen und kann im schulischen Curriculum verankert werden (vgl. ebd.). Auf der anderen Seite wird die Verankerung erschwert, weil ein inter- und transdisziplinärer Bereich wie Bildung für Nachhaltige Entwicklung sich beharrlichen Traditionen curricularer Strukturen gegenübersieht. Ein Beispiel für dieses Problem ist das Verhältnis zwischen Umweltbildung und entwicklungspolitischer Bildung. Beide Bereiche haben eine längere Tradition, z.B. interkulturelle Bildung und globales Lernen im Rahmen der entwicklungspolitischen Bildung, Umwelterziehung und Naturschutzunterricht in der Umweltbildung. In amtlichen bildungspolitischen Dokumenten, etwa im Bericht des Bundesministeriums für Bildung und Forschung (BMBF), ist von den „zwei Säulen" der Bildung für Nachhaltige Entwicklung die Rede (vgl. BMBF 2002). Die Sache jedoch, also Nachhaltige Entwicklung, erfordert die Integration dieser Säulen im Sinne einer inter- und transdisziplinären Perspektive (vgl. ebd. 2006b).

Darüber hinaus sind auch die Beiträge aus fachdidaktischen Zusammenhängen von Bedeutung. So sind z.B. Fragen der Biodiversität und der Belastbarkeit von Ökosystemen im Biologieunterricht relevant. Weltweite ökonomische Entwicklungen sind Thema im Geographieunterricht und politische Bildung befasst sich mit internationalen Organisationen in ihrer Bedeutung für globale Umweltentwicklungen (vgl. 3.). Also auch in diesen Bereichen stellt sich die Frage nach der disziplinen- und fächerübergreifenden didaktischen Fundierung von Bildung für Nachhaltige Entwicklung. Sie ist auf dem gegenwärtigen Diskussionsstand in der Ausformung der übergeordneten Zielsetzung von Bildung für Nachhaltige Entwicklung zu sehen: *Gestaltungskompetenz*. Unter Gestaltungskompetenz wird „das nach vorne weisende Vermögen [verstanden], die Zukunft von Sozietäten, in denen man lebt, in aktiver Teilnahme im Sinne nachhaltiger Entwicklung modifizieren und modellieren zu können" (BLK 1999, S. 60).

Gestaltungskompetenz muss, um sie für die unterrichtliche Ebene fruchtbar machen zu können, in Teilkompetenzen differenziert werden. Gerhard de Haan nennt folgende acht Teilkompetenzen (vgl. 2002): (1) die Kompetenz, vorausschauend zu denken, (2) die Kompetenz zu weltoffener Wahrnehmung, transkultureller Verständigung und Kooperation, (3) die Kompetenz, interdisziplinär arbeiten zu können, (4) Partizipationskompetenzen, (5) Planungs- und Umsetzungskompetenzen, (6) die Fähigkeit zu Empathie, Mitleid und Solidarität, (7) die Kompetenz, sich und andere motivieren zu können, und (8) die Kompetenz zur distanzierten Reflexion über individuelle wie kulturelle Leitbilder. Empirische Hinweise liegen vor, dass Gestaltungskompetenz im schulischen Kontext vermittelbar ist (vgl. Rode 2005), sie muss jedoch auf konkrete Handlungskontexte im Unterricht bezogen werden. Dennoch kann Bildung für Nachhaltige Entwicklung, vor allem mit seinen Ausdifferenzierungen in Teilkompetenzen, als eine „Domäne" verstanden werden, für die sich Kompetenzanforderungen und

Bildungsstandards begründen lassen, die an aktuelle erziehungswissenschaftliche und grundschul- und sachunterrichtsdidaktische Diskurse anschlussfähig sind (vgl. Bolscho & Hauenschild 2005a).

3 Bildung für nachhaltige Entwicklung in der Grundschule

Die Primarstufe erfährt ihre besondere Bedeutung nicht nur in der Anbahnung propädeutischer Fähigkeiten und Fertigkeiten für die weitere Schullaufbahn, sondern insbesondere in der Erschließung relevanter Ausschnitte der Lebenswirklichkeit.

Kinder sind bereits Akteure in der Gesellschaft. Aus motivationspsychologischer Sicht messen Kinder ihrer persönlichen Einflussnahme eine hohe Bedeutsamkeit bei, so dass von einer hohen Bereitschaft zu Engagement in lebensweltlich bedeutsamen Handlungsfeldern und somit von einer hohen Motivation zur Partizipation ausgegangen werden kann (vgl. Hauenschild 2002). Entwicklungs- und lernpsychologische Annahmen verweisen überdies auf die besonderen Chancen für die Grundlegung elementarer Kompetenzen im Kindesalter. Bildung für Nachhaltige Entwicklung zielt in hohem Maße auf Wissens- und Verhaltenskomponenten sowie damit einhergehende Wahrnehmungs- und Bewertungsprozesse, die bereits im Grundschulalter angebahnt werden sollten (vgl. Bolscho & Hauenschild 2005a).

Die Zielsetzung *Gestaltungskompetenz* hat vor diesem Hintergrund ihre besondere Bedeutung für den Primarbereich: „Eine zukunftsfähige Entwicklung beginnt mit einer fachlich fundierten und zugleich an Gestaltungskompetenz orientierten Bildung in der Grundschule. Der Sachunterricht ist der Bereich, der dafür gestärkt werden muss – in Schule und Lehrerbildung." (Kahlert 2003, S. 5).

Der *Sachunterricht* ist das Fach in der Grundschule, das zur Herausbildung sowohl naturwissenschaftlich-technischer als auch sozial- und kulturwissenschaftlicher Kompetenzen beiträgt, indem bildungswirksame Erfahrungen sowie Könnens-, Wissens- und Verstehensfortschritte gefördert werden, die „zum Aufbau bereichsspezifischer und übergreifender Kompetenzen geeignet [sind]" (Gesellschaft für Didaktik des Sachunterrichts, GDSU 2002, S. 4). Der Sachunterricht als genuin integratives Fach bietet sich daher besonders an, als ein disziplinübergreifendes Fundament für Bildung für Nachhaltige Entwicklung zu fungieren, auf dem systematisch Problemstellungen gegenwärtiger und zukünftiger Entwicklungen erschlossen werden können.

In den Rahmenrichtlinien der Bundesländer sind nicht nur naturwissenschaftlich-technische Themen sowie klassische Umweltthemen (z.B. Müll, Luft, Wasser) angesiedelt, die in sozialwissenschaftliche Bezüge im Rahmen des historischen, geographischen, politischen oder ökonomischen Lernens eingebunden werden können; man findet auch disziplinübergreifende Lernbereiche wie z.B.

Mobilität, Gesundheit, Konsum, Landwirtschaft, Stadt und die für die entwick-
lungspolitische Bildung relevanten Bereiche globales Lernen und- bzw. trans-
kulturelles Lernen (vgl. Bolscho & Hauenschild 2005b).
Der Perspektivrahmen der GDSU orientiert sich u.a. an epochaltypischen Schlüsselproblemen (vgl. GDSU 2002), wie sie Wolfgang Klafki in seinem Allgemein-
bildungskonzept ausweist, und nutzt die Chance, sich aktuellen bildungstheoretischen und bildungspolitischen Herausforderungen zu stellen (vgl. ebd.).
Aspekte von Bildung für Nachhaltige Entwicklung sind an alle Perspektiven, die
sozial- und kulturwissenschaftliche, raumbezogene, naturbezogene, technische und
historische, und im Besonderen an die perspektivenübergreifenden Vernetzungsbeispiele anschlussfähig, z.b. Arbeit und Umwelt, wirtschaftliches Handeln, Verhältnis von Mensch und Natur, Ungleichheiten, Migration, ökologische und ökonomische Dimensionen des Konsumprozesses, Partizipation, Gestaltung und
Nutzung von Räumen, nachhaltiger Umgang mit Ressourcen, Verschmutzung
der Luft, Alternativen zu gegenwärtiger Technik, Ver- und Entsorgung, verschiedene Kulturen und Zeiten.

4 Ausblick

Um Bildung für Nachhaltige Entwicklung in der Grundschule konzeptionell
weiterzuentwickeln und im Curriculum dieser Schulstufe zu verankern, ist es
notwendig, differenzierte empirische Studien zur Bedeutsamkeit des frühen
Lernens für die Entwicklung von Gestaltungskompetenz durchzuführen. Ziel einer auf diese Fragestellung ausgerichteten Lehr-Lernforschung wäre, Vorstellungen von Lernenden zur Vernetzung der ökologischen, ökonomischen und sozio-
kulturellen Dimension von Nachhaltigkeit empirisch zu explorieren. Empirische
Studien zeigen, dass Kinder durchaus für nachhaltigkeitsrelevante Themen aufgeschlossen sind und über ein angemessenes Abstraktionsvermögen verfügen (vgl.
Hauenschild 2002).
Eine Schwierigkeit, Bildung für Nachhaltige Entwicklung im Curriculum der
Grundschule zu verankern, kann darin gesehen werden, dass es keine empirisch
aussagekräftige Survey-Studie zur Situation dieses Bereiches in der Grundschule
gibt (vgl. Deutsche Gesellschaft für Erziehungswissenschaft, DGfE 2004). Sie
könnte Anhaltspunkte liefern, welche Strategien geeignet sind, die in diesem Beitrag ausgewiesenen anschlussfähigen Curriculumbereiche, vor allem im Sachunterricht, zu vertiefen.

Literatur

Bundesministerium für Bildung und Forschung (BMBF) (2002): Bericht der Bundesregierung zur
Bildung für eine nachhaltige Entwicklung. Berlin. – Bund-Länder-Kommission für Bildungsplanung
und Forschungsförderung (BLK) (Hrsg.) (1999): Bildung für eine nachhaltige Entwicklung – Gutachten zum Programm. H. 72. Bonn. – Bolscho, D. & Hauenschild, K. (2005a): Bildung für eine

Nachhaltige Entwicklung. Eine Expertise. In: Infu-Diskussionsbeiträge. Lüneburg. – Bolscho, D. & Hauenschild, K. (2005b): Bildung für Nachhaltige Entwicklung in der Schule. Ein Studienbuch. Frankfurt am Main. – Bolscho, D. & Hauenschild, K. (2006a): From Environmental Education to Education for Sustainable Development. In: Environmental Education Research, 12, pp.7-18. – Bolscho, D. & Hauenschild, K. (2006b): Transdisziplinarität als Perspektive für die wissenschaftliche Ausbildung zur Bildung für Nachhaltige Entwicklung. In: Zeitschrft für Nachhaltige Entwicklung. (Im Druck). – Deutsche Gesellschaft für Erziehungswissenschaft/Kommission ‚Bildung für eine nachhaltige Entwicklung' (DGfE) (Hrsg.) (2004): Forschungsprogramm „Bildung für eine nachhaltige Entwicklung". Lüneburg, Hannover. – Gesellschaft für Didaktik des Sachunterricht (GDSU) (Hrsg.) (2002): Perspektivrahmen Sachunterricht. Bad Heilbrunn. – Haan, G. de (2002): Die Kernthemen der Bildung für eine nachhaltige Entwicklung. In: Zeitschrift für internationale Bildungsforschung und Entwicklungspädagogik, 25, S. 13-20. – Hauenschild, K. (2002): Kinder in nachhaltigkeitsrelevanten Handlungssituationen. In: Bolscho, D. & Michelsen, G. (Hrsg.): Umweltbewusstsein unter dem Leitbild Nachhaltige Entwicklung. Opladen, S. 85-125. – Hauenschild, K. (2005): Transkulturalität – eine Herausforderung für Schule und Lehrerbildung. In: www.widerstreit-sachunterricht.de/Ausgabe Nr. 5/Oktober 2005. – Kahlert, J. (2003): Sachunterricht in der Grundschule und in der Lehrerbildung. Unveröffentlichte Stellungnahme der Gesellschaft für Didaktik des Sachunterrichts e.V. München. April 2003. – Rode, H. (2005): Motivation, Transfer und Gestaltungskompetenz. Ergebnisse der Abschlussevaluation des BLK-Programms „21" 1999-2004. Paper 05-176 (Sonderdruck) der Forschungsgruppe Umweltbildung. Berlin.

33| Mobilitätsbildung
Philipp Spitta

Fragt man Schulpraktiker nach deren Konzept für Mobilitätsbildung an ihrer Schule, wird man in der Regel auf Unverständnis stoßen. Der Begriff ist kaum geläufig. Hingegen wird man zur Verkehrserziehung konkrete Beispiele wie das Schulwegtraining und die Radfahrausbildung genannt bekommen. Auch auf der Ebene der Lehrpläne ist der Begriff wenig bekannt. In einigen Bundesländern wird in den Curricula von der Verkehrs- und Mobilitätserziehung gesprochen, die Begriffe werden synonym genutzt. Verkehrserziehung und Mobilitätsbildung stehen jedoch – bei einigen thematischen Überschneidungen – für unterschiedliche pädagogisch-didaktische Ansätze. Zur Einordnung der Mobilitätsbildung und in Abgrenzung zur traditionellen, an den Schulen immer noch vorherrschenden Verkehrserziehung soll daher im Folgenden im historischen Rückblick die Traditionslinien beleuchtet (1), im Anschluss daran die Kritik an der verengten Ausrichtung der alten Verkehrserziehung aufgezeigt (2) und neue Konzepte der Mobilitätsbildung skizziert (3) sowie ein Ausblick auf Forschungsfragen (4) gegeben werden.

1 Geschichte der Verkehrserziehung

Die Verkehrserziehung in ihren Ursprüngen war kein primäres Bildungsanliegen der Schule, sondern ein gesellschaftlich eingeforderter Beitrag der Schule zur Unfallprävention. Schon zu Beginn des 20. Jahrhunderts kam es mit den ersten Automobilen verstärkt zu Unfällen zwischen Autofahrern und Fußgängern. Neben einer technischen Überwachung der Automobile und der Einführung von verbindlichen Verkehrsvorschriften wurde vor allem von Seiten der Kraftfahrerverbände auch eine Schulung der nicht motorisierten Verkehrsteilnehmer gefordert, die den „reibungslosen Ablauf des Verkehrs stören" (Vonolfen 1954, S. 49) würden. Dieses von außen an die Schule heran getragene Anliegen bedingte lange Zeit Inhalt und Ausrichtung der Verkehrserziehung. In der Weimarer Republik gab es 1930 erste Erlasse, die den Verkehrsunterricht an den Schulen verbindlich festschrieben. Die Schüler sollten im Unterricht nicht nur auf die Gefahren vorbereitet werden, sondern auch Verständnis für den modernen Verkehr erlangen. Während der nationalsozialistischen Herrschaft wurde vor allem auf ein Lernen der Verkehrsregeln und ein unhinterfragtes Einordnen unter die Vorschriften Wert gelegt (vgl. Spitta 2005, S. 10).

Letztere Ausrichtung der Verkehrserziehung setzte sich fast bruchlos in der frühen Bundesrepublik fort. Mit dem einsetzenden Wirtschaftsaufschwung in Westdeutschland begann die eigentliche Motorisierung. Durch eine Funktionsentmischung wurden zusätzliche Mobilitätsbedürfnisse erzeugt, gleichzeitig verzeichnete man ein dramatisches Ansteigen der Unfallzahlen. Die Unfälle wurden vor allem auf ein Versagen der Verkehrsteilnehmer zurückgeführt. Für die Schule galt daher die Ansicht, dass nur durch das Lernen von Regeln und eine „Charaktererziehung", damit diese Vorschriften auch eingehalten würden, Verkehrsunfälle vermieden werden könnten (vgl. Vonolfen 1954, S. 16).

In der DDR wurde die Verkehrserziehung in den Lehrplänen aller Schulstufen im Kontext der Heimatkunde verankert und zusätzlich durch Horte und Jugendorganisationen verbindlich vertreten. Im Mittelpunkt standen Aspekte einer normativen Sicherheitserziehung und ein den westdeutschen Modellen vergleichbares Verhaltenstraining. Anders als im Westen fand in der konzeptionellen Ausrichtung der Verkehrserziehung in der DDR kein weiterer Wandel statt.

2 Kritik an der Verkehrserziehung

Im Rahmen des bundesrepublikanischen gesellschaftskritischen Diskurses in den 1968er Jahren und angesichts der bis in die 1970er Jahre weiterhin steigenden Unfallzahlen wurde die affirmative Ausrichtung der Verkehrserziehung zunehmend in Frage gestellt. 1972 beschloss die Kultusministerkonferenz mit der „Empfehlung zur Verkehrserziehung in den Schulen" eine Erneuerung. Neben der Vermittlung von Regeln und Gefahren – die im Grundschulbereich weiterhin im Mittelpunkt stehen sollten – sollten soziales Lernen und das Bemühen um eine humane Gestaltung des Verkehrs weitere Zielsetzungen werden (vgl. Spitta 1995, S. 17). Aus dieser Zeit stammen auch die Verankerung des Schulwegtrainings und die Etablierung der Radfahrausbildung. Die Verkehrserziehung wurde als Querschnittsaufgabe definiert und mit rund 60 Unterrichtsstunden in vier Grundschuljahren verbindlich verankert. Inhaltlich ist die Verkehrserziehung dem Sachunterricht zuzuordnen, zumal viele Themen wie beispielsweise Wohnumfeld- und Schulwegerkundung, Technik und Geschichte des Fahrrades oder Regeln und Verhalten im Verkehr genuin sachunterrichtliche Fragestellungen enthalten. In der Praxis werden diese Verknüpfungen allerdings kaum genutzt. Es fehlen bis heute weitgehend Untersuchungen über die Umsetzung der Verkehrserziehung. Aufgrund kritischer Stimmen ist aber zu vermuten, dass sich die alten Ansätze langfristig gehalten haben. In der Diskussion werden folgende Kritikpunkte genannt:

– Die allein auf Regellernen und Verhaltenstraining abzielenden Konzepte seien nur bedingt erfolgreich; ein ausschließlich auf Unfallprävention ausgerichteter Unterricht nicht motivierend und negativ konnotiert.
– Von Kindern werde sicheres Verhalten verlangt; Schulen, Kommunen und erwachsene Verkehrsteilnehmer würden aber nicht gleichermaßen in die Pflicht genommen, Kindern ein verkehrssicheres Umfeld zu bieten (vgl. Bleyer 1996).
– Die Verkehrserziehung spiele in der Lehrerausbildung keine Rolle, sie sei an den Hochschulen in der Regel nicht verankert, und somit fänden neue Ansätze nicht den Weg in die Schulpraxis. Eine wissenschaftliche Begleitung des Faches finde kaum statt.
– Der Einfluss außerschulischer Partner sei problematisch, da diese mit kostenlosen Materialien Inhalte und Ausrichtung dominierten. Besonders kritisch wird in diesem Zusammenhang der Einfluss der Automobil- und Mineralölkonzerne sowie der Automobilclubs gesehen, die eine Erziehung zur Motorisierung unterstützen würden (vgl. Briese & Wittekind 1985).
– Die Verkehrserziehung finde isoliert zu sonstigen Inhalten des Sachunterrichts statt, die zahlreichen Reformen der Grundschule seien an ihr fast spurlos vorüber gegangen (vgl. Spitta 1995).

3 Neue Konzepte der Mobilitätsbildung

Als Reaktion auf die Kritik wurden seit den 1980er Jahren verschiedene neue Ansätze formuliert. Die Verkehrserziehung wurde zur Sozialerziehung (vgl. Böcher 1983) und zur ökonomisch-politischen Umwelterziehung (vgl. Briese & Wittekind 1985) erweitert. Besonders die Auswirkungen des Straßenverkehrs auf die Entwicklung von Kindern, ihren Spielraum im Freien und auf Umwelt und Gesundheit sowie die Debatte über einen nachhaltigen Umgang mit den Ressourcen im Rahmen der Agenda 21 führten zu einem veränderten Begründungszusammenhang, der nicht mehr allein die Unfallprävention als Rechtfertigung für Verkehrsunterricht sieht (vgl. Bleyer 1996; Koch 1991; Limbourg 2003; von Reeken 1998; Siller 2003; Spitta 1995). Diese „ökologische Wende" führte 1994 zu einer Erweiterung der Kultusministerempfehlung zur Verkehrserziehung um Aspekte des sozialen Lernens sowie der Umwelt- und Gesundheitserziehung. Auch wenn die Empfehlung allgemein begrüßt wurde, besteht in der Fachdiskussion keine Einigkeit über die genaue Positionierung der Verkehrspädagogik. Einige Forscher plädieren nur für eine maßvolle Reform (vgl. Warwitz 2005), andere warnen davor, durch die Umweltthematik die Unfallprävention aus dem Auge zu verlieren (vgl. Hohenadel 1983).

Aus dem Blickwinkel der heutigen Mobilitätsbildung jedoch wird der Bereich „Verkehr und Mobilität" als epochaltypisches Schlüsselproblem im Sinne Wolfgang Klafkis definiert, dem sich der Sachunterricht zu stellen habe. Mit dieser Verschiebung ergibt sich auch eine andere Begrifflichkeit. Es soll nicht mehr nur zur Verkehrssicherheit erzogen werden, vielmehr sollen die Kinder befähigt werden, so mobil zu werden, dass auch nachfolgende Generationen dies in gleichem Maße sein können. Um dies zu erreichen, ist eine kritische Betrachtung der Verkehrsmittel mit ihren Auswirkungen auf Umwelt und Klima von Bedeutung sowie im fächerübergreifenden und handlungsorientierten Unterricht eine praktische Auseinandersetzung mit der Verkehrsteilnahme als Fußgänger und die Benutzung von Fahrrad, Bus und Bahn. Mittels Mobilitätsbildung sollen die Kinder, die aufgrund der Einschränkungen durch Straßenverkehr kaum noch bekannte Lebenswelt vor ihrer Haustür durch Erkundungsgänge und Stadtteilprojekte neu entdecken und sich, da wo möglich, durch Partizipation an den sie betreffenden kommunalen und verkehrspolitischen Belangen für Verbesserungen einsetzen (vgl. von Reeken 1998; Spitta 2005). Dabei werden die Eltern, Lehrer/innen und Politiker/innen mit in die Pflicht genommen, für ein verkehrssicheres Umfeld zu sorgen und damit Kindern eine nachhaltige und selbstständige Mobilität zu ermöglichen.

4 Ausblick und Forschungsfragen

Zur Verkehrsteilnahme von Kindern liegen zahlreiche Untersuchungen aus psychologischer Sicht oder der Perspektive der Unfallforschung vor (vgl. Limbourg 1994). Weitgehend ein Desiderat ist hingegen eine Analyse der Inhalte der Mobilitätsbildung sowie der dazugehörigen Unterrichtsforschung. Zu untersuchen wären unter anderem die Effektivität von den derzeit in den Schulen durchgeführten Verkehrssicherheitsansätzen sowie die nachhaltige Wirkung der umweltorientierten Konzepte der Mobilitätsbildung beispielsweise in Bezug auf die spätere Wahl der Verkehrsmittel. Bei einer weiteren Konzeptualisierung der Mobilitätsbildung ist vor allem die Frage nach der Überwindung der tiefen Kluft zwischen Theorie und Praxis zu bedenken sowie, wie die bisher mangelnde Einbindung von Aspekten der Mobilitätsbildung in die Sachunterrichtsforschung und –unterrichtspraxis zu überwinden ist.

Angesichts der schwachen Wirkung der bisherigen Verkehrserziehung sowie ihrer Fragmentierung, der skeptischen Haltung der bisherigen Sponsoren einer Neuausrichtung gegenüber sowie der Herausforderung, die die Mobilitätsbildung an das eigene Mobilitätsverhalten stellt, ist damit zu rechnen, dass der Weg der Mobilitätsbildung noch weit ist, bis sie im Kanon der sachunterrichtlichen Bezugsfächer anerkannt, durch entsprechende begleitende Forschung abgesichert, curricular verankert und in der Praxis verbreitet sein wird.

Literatur

Bleyer, G. (1996): Umweltbewußte Mobilität. Thesen zur Weiterentwicklung der Verkehrserziehung in der Schule. In: Zeitschrift für Verkehrserziehung, 46, S. 10-12. – Böcher, W. (1983): Verkehrserziehung als Sozialerziehung. In: Zeitschrift für Verkehrserziehung, 33, S. 1-11. – Briese, V. & Wittekind, H. (1985): Verkehr, Umwelt, Fahrrad. Grundlagen für eine Verkehrspädagogik als ökonomisch-politische Umwelterziehung. Dortmund. – Hohenadel, D. (1983): Erziehung und Verkehrswirklichkeit. Braunschweig. – Koch, W. (Hrsg.) (1991): Die neue Verkehrserziehung. Modelle, Konzeptionen, Theorien. München. – Limbourg, M. (1994): Kinder und Straßenverkehr. Münster. – Limbourg, M. (2003): Zukunftsorientierte Verkehrs- und Mobilitätserziehung im Kindes- und Jugendalter. In: Bericht über die Tagung „Mobilität und Verkehrssicherheit für Kinder und Jugendliche" in Köln am 16. Januar 2003. Düsseldorf. – Reeken, D. v. (1998): Von der Gefahrenabwehr zum Risikobewusstsein. Mobilitätsbildung statt Verkehrserziehung. In: Sache-Wort-Zahl, 26, S. 36-40. – Reeken, D. v. (2001): Verkehrserziehung und Mobilitätsbildung. In: Einsiedler, W. et al. (Hrsg.): Handbuch Grundschulpädagogik und Grundschuldidaktik. Bad Heilbrunn. – Siller, R. (Hrsg.) (2003): Kinder unterwegs – Schule macht mobil. Verkehrs- und Mobilitätserziehung in der Schule. Donauwörth. – Spitta Ph. (1995): Kinder im Verkehr. Neue Konzepte der Verkehrserziehung in der Primarstufe. Hamburg. – Spitta, Ph. (2005): Praxisbuch Mobilitätserziehung. Baltmannsweiler. – Vonolfen, W. (1954): Der Verkehrsunterricht. Handbuch für Erzieher. Dortmund. – Warwitz, S. (2005): Verkehrserziehung vom Kinde aus. Baltmannsweiler. – Wittkowske, S. (2004): Verkehrserziehung – Mobilitätserziehung. In: Keck, R. W., Sandfuchs, U. & Feige, B. (Hrsg.): Wörterbuch Schulpädagogik. Bad Heilbrunn.

34| Friedenserziehung
Dagmar Richter

Friedenserziehung umfasst alle pädagogischen Intentionen zur Überwindung von Gewalt und zur Förderung von Kooperation und Solidarität sowie Unterricht über Krieg und Frieden. Es ist ein Sammelbegriff für unterschiedliche Konzeptionen. Als Schul- und Unterrichtsprinzip ist es nicht vom sozialen Lernen oder von Ansätzen zur Persönlichkeitsbildung zu trennen. In der Grundschule führte und führt diese enge Verknüpfung häufig dazu, dass fälschlicherweise schon allein Perspektivenübernahmen, die Entwicklung von Empathie mit Gewaltopfern oder das Beenden eines Streits als Friedenserziehung bezeichnet wird. Dieses soziale Lernen ist jedoch nur ein Aspekt, der zum gewaltlosen Umgang miteinander beitragen kann. Es schützt weder vor Kriegsängsten noch lassen sich Gewalt, Krieg und Frieden mit der alleinigen Thematisierung sozialer Aspekte verstehen. Daher sind in der Friedenserziehung auch ökonomische, politische und rechtliche sowie oftmals historische Aspekte zu thematisieren – Sachunterricht bietet für diese Interdisziplinarität gute Voraussetzungen.

1 Gewalt, Krieg, Frieden

Schlüsselkategorien in der Friedenserziehung sind Gewalt, Konflikt, Krieg und Frieden. Klassisch ist mittlerweile der *Gewaltbegriff* nach Johan Galtung: „Gewalt liegt dann vor, wenn Menschen so beeinflusst werden, dass ihre aktuelle somatische und geistige Verwirklichung geringer ist als ihre potentielle Verwirklichung" (Galtung 1975, S. 9). Er unterscheidet personale (direkte) und strukturelle (indirekte) Gewalt, letztere wird auch als „soziale Ungerechtigkeit" bezeichnet. Seit Anfang der 1990er Jahre hat er kulturelle Gewalt ergänzt (z.B. Ideologien, Legitimationssysteme). Frieden ist die Abwesenheit von Gewalt (negativer Begriff). Bleiben Ansätze zur Gewaltprävention sowie zur Konfliktbearbeitung und -schlichtung auf die personale Ebene beschränkt (z.B. peer-Mediation, ‚fair-play'-Übungen, Anti-Aggressionstraining), dienen sie der Förderung der Zivilgesellschaft. Es ist strittig, ob diese Ansätze überhaupt zur Friedenserziehung gehören. Wichtig ist im Unterricht auf der Reflexionsebene zu verdeutlichen, dass personale Gewalt nicht allein durch ‚Charakterschwächen' zu begründen ist, sondern meist mit kultureller und/oder struktureller Gewalt verknüpft ist. *Konflikt* ist ein weiter Begriff. Konflikte können in verständigungsorientierten oder gewaltsamen Auseinandersetzungen gelöst werden. Konzepte zu *Krieg* wandelten sich historisch, indem neue Varianten hinzukamen. Sie reichen von bewaffneten Konflikten als sog. „primitive Kriege" der Steinzeit oder der ‚wenig entwickelten' Gesellschaften über unfriedliche Auseinandersetzungen zwischen Staaten und Guerillakriegen bis hin zu „neuen Kriegen" (Münkler 2002), die terroristische Anschläge einbeziehen. Krieg ist ein komplexes Konzept, das weitere Konzepte wie Macht, Staat, Regierung oder Grenze umfasst. Es ist zudem nicht immer eindeutig, wann im konkreten Fall der Krieg endet und ob Frieden beginnt. *Frieden* wird als Konzept ‚zweiter Ordnung' verstanden, abgeleitet vom Konzept Krieg, d.h. als passives Konzept, zu dem Kinder in der Regel nur undifferenzierte mentale Modelle bilden. Dies drückt sich anschaulich u.a. darin aus, dass sie ohne größere Probleme „Krieg spielen" können, ihnen zu „Frieden spielen" jedoch keine oder nur wenige Handlungen einfallen (Bar-Tal, Oppenheimer & Raviv 1999, S. 4). „Frieden" ruft weniger und im Vergleich heterogenere Assoziationen bei Kindern hervor als „Krieg". Zudem sind Kriegsberichte, Gewaltbilder und Kriegsmetaphern in der Alltagswelt wie den Medien verbreitet, Darstellungen zu Frieden seltener und weniger rezipiert. Frieden kann positiv verstanden werden als Harmonie, Kooperation und Koexistenz von Gruppen (vgl. Galtung 1985), als binationale Vereinbarung (Abrüstungsverträge, Friedensabkommen), als Anerkennung der Prinzipien der UN-Charta oder der UN-Menschenrechtskonvention. Auch dieses Konzept ist also komplex und nicht mittels naiver Psychologie zu verstehen.

2 Lernpsychologische Voraussetzungen

2.1 Forschungen zu Wissen, Einstellungen und Kriegsängsten von Kindern

Die Entwicklung der Forschungen zum Wissen über Krieg und Frieden bei Kindern ist deutlich an die internationalen politischen Entwicklungen gebunden. Sie beginnen zur Zeit der Kubakrise und des Mauerbaus in den 1960er Jahren. Peter Cooper (1965) fand heraus, dass Kinder ab dem Alter von 6 Jahren zu den Konzepten Krieg und Frieden verbal assoziieren können. Ab 8 Jahren können sie eigene Bilder von Krieg und Frieden konstruieren. Folgestudien zeigen, dass sich die Konzepte zu Frieden ein, zwei Jahre später entwickeln als die zu Krieg und meist negativ im Sinne von ‚Abwesenheit von Krieg' bestimmt werden. Forschungen in den 1980er Jahren stellen die Abhängigkeit vom jeweils Erlebten im Mittelpunkt: konkrete Erfahrungen von Kriegsopfern, Erfahrungen mit dem Kalten Krieg und der Friedensbewegung, Ängste im Zusammenhang mit Atomwaffen, Untersuchungen über Kinder in Krisen- und Kriegsgebieten (z.B. Nordirland, Israel, Palästina) oder über Kindersoldaten. Es geht jetzt primär um Erfahrungen, Einstellungen und Ängste der Kinder. Die Bedeutung der Alltagswelt wird betont, denn es zeigt sich, dass das politisch-soziokulturelle Umfeld die Vorstellungen von Kindern bzgl. Krieg und Frieden stark beeinflusst. Ansätze der Friedenserziehung gehen entsprechend sehr konkret auf die spezifischen Alltagswelten ein (vgl. Bar-Tal, Oppenheimer, & Raviv 1999). Die internationalen Studien weisen folglich eine große Vielfalt an Erkenntnisinteressen und Methodologien auf, so dass sie sich kaum vergleichen lassen. Einige Ergebnisse wie z.B. Abhängigkeiten vom Geschlecht widersprechen einander. Daher gibt es derzeit keine empirisch abgesicherten Empfehlungen für Programme der Friedenserziehung (vgl. Vriens 1999, S. 46).

Auch Kinder in Deutschland haben Kriegsangst. Sie wird als dominierende Angst angesehen, gefolgt von Angst vor Arbeitslosigkeit der Eltern usw. In der Regel wird sie hier nicht durch Erfahrungen realer Kriege erzeugt, sondern ist zum einen Ausdruck von Phantasien, mit denen Kinder erlebte Schrecken, Trennungsängste oder „Familienstress" bearbeiten. Zum anderen entsteht sie durch mediale Gewaltdarstellungen. Kinder aller Altersgruppen können aktuelle Kriege nennen, einige wissen vom 2. Weltkrieg. Als primäre Informationsquelle geben sie das Fernsehen an (vgl. Gugel 2001). Aufgabe von Friedenserziehung ist daher, Kriegsstress abzubauen und Kinder zur Auseinandersetzung mit ihren Ängsten zu befähigen (vgl. Richter 2004).

2.2 Domänenspezifische Forschungen zu kognitiven Konzepten von Krieg bei Kindern

Konsens ist die Feststellung, dass viele Kinder Schwierigkeiten haben, realistische Konzepte zu Krieg und Frieden zu entwickeln. Dies ist angesichts der Komplexität der Konzepte wenig verwunderlich. Da Wissen aber mindestens eine Quelle für Einstellungen und Verhaltensweisen gegenüber Konflikten, Frieden und Krieg ist, kann Friedenserziehung nicht auf kognitives Lernen verzichten. Einen wichtigen Beitrag hierzu stellen die Studien von Anna Emilia Berti & Edi Vanni (2000) dar. Sie nehmen an, dass Kinder aufgrund ihres begrenzten Verständnisses für gesellschaftliche Institutionen das Konzept Krieg nur schwer verstehen. Diese These bestätigen ihre Untersuchungen, die auf ihren Forschungen zum gesellschaftlichen Lernen basieren: Bis zum Alter von 7 bis 8 Jahren entwickeln Kinder noch keine Konzeptionen von Kollektiven mit Führungsstrukturen. Sie beschreiben Krieg als einen Zusammenstoß unstrukturierter Gruppen, in denen einzelne Krieger agieren. Daneben nennen einige auch politische Autoritäten als Handelnde, doch nur wenige erwähnen einen Befehlshaber (ebd., S. 491ff.). Als Kriegsursachen nennen sie Emotionen wie Hass, Neid oder Rache. Kriege enden in ihrer Vorstellung mit dem Tod der Krieger, wenn diese müde sind usw. Viele geben an, dass Kriege nur einige Stunden oder Tage dauern. Ihre Vorstellungen entsprechen den Schlachten in Filmen wie Western oder in Videospielen.

Kinder zwischen 9 und 10 Jahren beschreiben Krieg als Zusammenstoß zwischen Nationalstaaten, in denen politische Autoritäten über Beginn oder Ende von Kriegen entscheiden. Sie geben eine konkrete Ursache als Kriegsgrund an und beschreiben in der Regel physische und materielle Folgen. Ähnlich wie für die jüngeren Kinder gehören für sie aber auch Kämpfe zwischen Familien, Fußballfans oder zwischen zwei Städten zum Krieg. Dies kann – neben entsprechend interpretierten Nachrichten – auch mit dem Geschichtsunterricht in Italien zusammenhängen, in dem Kinder verschiedene politische Organisationen wie Stadtstaaten oder Königsreiche kennen lernen und wissen, dass Familien und Städte im Mittelalter Kriege gegeneinander führten. Sie haben jetzt eine vage Vorstellung vom Staat, obwohl sie erst mit ungefähr elf Jahren das Konzept von Nationalstaaten und ihrer Subsysteme verstehen (ebd., S. 481). Die Vorstellungen verändern sich kontinuierlich und sind nicht immer stabil. Über den gezielten Wissenserwerb im Hinblick auf einen realistischen Kriegsbegriff, der Kernkonzepte wie Staat, Regierung oder Macht einschließt oder bezogen auf Frieden ist kaum etwas bekannt; Wirkungsforschung existiert nicht.

3 Friedenserziehung im Sachunterricht

Krieg und Frieden interessieren Kinder. Sie stellen typische „W-Fragen": wo, wie, wer etc. Ihre Fragen sind zu klären, ihre Betroffenheiten aufzugreifen und Problemlösungen bzw. Handlungsmöglichkeiten zu entwerfen. Es gibt für alle Altersstufen als Unterrichtshilfen gut gepflegte Internetportale wie www.friedenspaedagogik.de, www.dadalos.org oder www.frieden-fragen.de. Konzeptionen zur Friedenserziehung im Sachunterricht, die über soziales Lernen hinausgehen, gibt es jedoch kaum, obwohl ‚Krieg und Frieden' zu den epochaltypischen Schlüsselproblemen Klafkis zählt (vgl. Klafki 1992). Typisch sind Vorschläge zu Rollenspielen oder zum Lesen von Geschichten aus dem Bereich des sozialen Lernens (Ausnahme: Große-Oetringhaus 1999). Ein systematischer Lehrgang zum Thema Krieg müsste das Wissen der Kinder gezielt im Hinblick auf die integrierten Konzepte wie Macht, Regierung, Staat oder Grenze erweitern. Damit sie Krieg nicht als ‚Naturgewalt' ansehen und über reale (politische) Konfliktlösungen nachdenken können, sollten keine fiktiven Kriege, sondern konkrete historische oder aktuelle Kriege Unterrichtsgegenstand sein. Meist ist Vorwissen vorhanden, das aufgrund von Mischungen mit Fehlvorstellungen jedoch zu ordnen und zu ergänzen, ggf. auch zu korrigieren ist.

Die Interdisziplinarität des Bereichs ‚Krieg und Frieden' bietet es an, im Sachunterricht Bezüge zu mehreren Perspektiven herzustellen. Naturbezogene und technische Perspektiven beziehen z.B. die Zerstörung von Natur als Kriegsfolgen mit ein oder Fragen nach ABC-Waffen; die historische Perspektive Themen wie Holocaust. Dabei sollte Politische Bildung die verbindende Klammer sein, die auf

„kritische Bewusstseinsbildung" (Klafki 1992, S. 19) ausgerichtet ist und friedensfördernde Handlungsmöglichkeiten aufzeigt. Auch innerhalb der sozial- und kulturwissenschaftlichen Perspektive lassen sich die im Perspektivrahmen (Gesellschaft für Didaktik des Sachunterrichts, GDSU 2002, S. 10f.) vorgeschlagenen Unterrichtsinhalte mit Friedenserziehung verknüpfen, so dass sie als Unterrichtsprinzip konzipiert werden kann.

Wichtig sind im Unterricht des Weiteren die Entfaltung eines positiven Friedensbegriffs und das Suchen nach realen Handlungsmöglichkeiten. Bei Aktionen wie „Friedenstauben basteln" oder „Briefe schreiben" sind zugleich die Grenzen des Einflusses zu reflektieren, damit es nicht zu Frustrationen und späterer Politikabstinenz kommt. Im Sinne des Unterrichtsprinzips kann auch das Streben nach sozialer Gerechtigkeit, das Einsetzen für Naturschutz, interkulturelle Verständigung oder der Stärkung demokratischer Verhaltensweisen als Beitrag zur Friedensförderung vermittelt werden.

Literatur

Berti, A. E. & Vanni, E. (2000): Italian Children's Understanding of War: A Domain-Specific Approach. In: Developmental Science, 9, S. 478-496. – Cooper, P. (1965): The development of the concept of war. In: Journal of Peace Research, 3, S. 1-18. – Galtung, J. (1975): Gewalt, Frieden und Friedensforschung. In: Galtung, J. (Hrsg.): Strukturelle Gewalt. Reinbek, S. 7-36. – Galtung, J. (1985): Twenty-five years of peace research: Ten challenges and some responses. In: Journal of Peace Research, 22, S. 145-157. – Gesellschaft für Didaktik des Sachunterrichts (GDSU) (Hrsg.) (2002): Perspektivrahmen Sachunterricht. Bad Heilbrunn. – Große-Oetringhaus, H.-M. (1999): Kinder im Krieg – Kinder gegen den Krieg: Materialien für den Unterricht. Mühlheim an der Ruhr. – Gugel, G. (2001): Kriegsangst bei Kindern: Informationen für Eltern, Lehrer/innen und Erzieher/innen. Tübingen. – Bar-Tal, D., Oppenheimer, L. & Raviv, A., (eds.) (1999): How Children Understand War and Peace. San Francisco, CA. – Bar-Tal, D., Oppenheimer, L., & Raviv, A. (1999): Introduction. Understanding Peace, Conflict, and War. In: ebd., S. 1-24. – Klafki, W. (1992): Allgemeinbildung in der Grundschule und der Bildungsauftrag des Sachunterrichts. In: Lauterbach, R., Köhnlein, W., Speckelsen, K. & Klewitz, E. (Hrsg.): Brennpunkte des Sachunterrichts. Probleme und Perspektiven des Sachunterrichts, Band 3. Bad Heilbrunn, S. 11-31. – Münkler, H. (2002): Die neuen Kriege. Reinbek bei Hamburg. – Richter, D. (2004): Friedenserziehung als ästhetische Auseinandersetzung mit Schreckensbildern. In: Richter, D. (Hrsg.): Gesellschaftliches und politisches Lernen im Sachunterricht. Braunschweig, Bad Heilbrunn, S. 53-69. – Vriens, L. (1999): Children, War, and Peace: A Review of Fifty Years of Research from the Perspective of a Balanced Concept of Peace Education. In: Bar-Tal, D., Oppenheimer, L. & Raviv, A., (eds.) (1999): How Children Understand War and Peace. San Francisco, CA, S. 27-58.

2.4 Konzeptionen und Entwicklungen des Sachunterrichts

35| Wozu dienen Konzeptionen?
Joachim Kahlert

1 Ein Verständigungsrahmen über Unterricht

Wieso entstehen im Rahmen einer Fachdidaktik Konzeptionen? Um erfolgreich unterrichten und um angehende Lehrerinnen und Lehrer angemessen auf ihr Fach vorbereiten zu können, würde es doch ausreichen, Forschungsbefunde über guten Unterricht, über Lern- und Leistungsvoraussetzungen der Schülerinnen und Schüler, aus der Lehr-Lernforschung sowie aus weiteren einschlägigen Gebieten, die für Lernen und Lehren bedeutsam sind, zu berücksichtigen.

Diese gegenüber Fachdidaktiken gelegentlich geäußerte Auffassung übersieht die Vielfalt und damit die Komplexität von Entscheidungen, die mit unterrichtlichem Handeln zusammenhängen.

Wer (Sach)unterricht plant, hält und analysiert, trifft Auswahlentscheidungen u.a. über Inhalte, Methoden, Medien und einzuplanende Zeit. Wie lässt sich das Vorwissen der Schülerinnen und Schüler zu dem konkreten Unterrichtsinhalt aktivieren? Eignet sich das Thema für eine problemorientierte Bearbeitung? Ist ein Heimatbezug sinnvoll? Welche Erkenntnisse über kognitive, emotionale und praktische Fähigkeiten und Fertigkeiten, die im Grundschulalter wahrscheinlich sind, müssen im Zusammenhang mit dem Unterrichtsinhalt berücksichtigt werden? Entscheidungen über diese und viele weitere Fragen müssen vor dem Hintergrund professioneller Standards, wie z.B. grundlegender Bildungs- und Erziehungsziele, anerkannten fachdidaktischen und (grund)schulpädagogischen Wissens, gültiger Lehrpläne rechtfertigungsfähig sein. Solche fachdidaktisch begründbaren Standards schränken zwar die unterrichtsbezogenen Entscheidungen, die als sinnvoll akzeptierbar sind, ein, legen aber keine Entscheidungen fest. So schreiben z.b. Lehrpläne für Sachunterricht vor, den Inhalt „Magnetismus" zu behandeln; und die fachdidaktische Forschung bietet hinreichend Belege dafür, dass für naturwissenschaftliche Inhalte ein moderat-konstruktivistisch orientierter Unterricht besonders lernwirksam ist. Doch selbst dann, wenn Lehrerinnen und Lehrer sich vornehmen, diesen Stand der Forschung zu beachten, müssen sie, aufgrund der nur ihnen bekannten konkreten Lern- und Unterrichtsbedingungen in der jeweiligen Klasse, eine Vielzahl von weiteren eigenen Entscheidungen treffen und gegebenenfalls rechtfertigen. Diese beziehen u.a. die Lern- und Leistungsvoraussetzungen speziell ihrer Schülerinnen und Schüler ein sowie situative Entwicklungen, die nicht von vorneherein einplanbar sind, außerdem die räumliche und sachliche Ausstattung der Schule, die zeitlichen Zwänge des Schulalltags und nicht zuletzt auch das eigene professionelle Profil im Hinblick auf Methodenvielfalt, Ideenreichtum, Umgang mit Schülerinnen und Schülern, fachliche Kenntnisse und vieles mehr.

Angesichts dieser komplexen Entscheidungslage, die Planen, Durchführen und Rechtfertigen von Unterricht mit sich bringt, benötigen Lehrerinnen und Lehrer, Studierende sowie deren Ausbilder/innen einen Verständigungsrahmen, der die Kommunikation über Unterricht hinreichend konzentriert. Wenn man über Ziele, Inhalte, geeignete Methoden oder Medien für einen konkreten Unterricht spricht oder nachdenkt, wäre es wenig effektiv, dabei immer wieder grundsätzliche Erwägungen über Bildungsziele, Lernvoraussetzungen und über die Vor- und Nachteile digitaler Medien anzustellen.

Einen solchen Verständigungsrahmen bieten Konzeptionen. Konzeptionen für die Gestaltung von Schule, für Unterricht allgemein und für die einzelnen Schulfächer reduzieren die Vielzahl der zu treffenden Entscheidungen und Begründungen, indem sie Schwerpunkte und Akzente setzen. Beispiel: Folgt man einer fächerintegrierenden Konzeption, muss man nicht immer aufs Neue rechtfertigen, warum man einzelne Unterrichtsinhalte unter verschiedenen fachbezogenen Perspektiven entfaltet. Die lern- und bildungstheoretische Absicherung dieses Vorgehens erfolgt durch die, hoffentlich gut begründete und tragfähig ausgearbeitete, Konzeption.

Konzeptionen stellen somit einen theorieorientierten Verständigungsrahmen mittlerer Reichweite bereit, der die für Unterricht wichtigen Entscheidungsfelder umfasst und sie zueinander in Beziehung setzt. Sie sind zu komplex, um sie als Ganzes im Rahmen eines streng kontrollierbaren Forschungsprozesses empirisch prüfen bzw. falsifizieren zu können. Dennoch oder gerade deshalb sind sie wichtige Stationen für die wissenschaftliche Theoriebildung in Fachdidaktiken:
– Sie *bilden sich im Rahmen wissenschaftlicher Verständigung* über Ziele und Aufgaben eines Faches heraus, unterliegen der Kritik der zum Fach gehörenden

Gemeinschaft von Wissenschaftlerinnen und Wissenschaftlern und müssen sich am Anspruch messen lassen, den für das Fach relevanten Erkenntnissen hinreichend Rechnung zu tragen.

– Damit können sie sowohl *spezielle Forschungsfragen anregen* als auch einen *Theorierahmen bieten*, um spezialisierte (empirische) Forschung in einen auf Unterricht bezogenen Zusammenhang einzuordnen.

– Sie *begleiten die Entwicklung* von Lehrplänen, von Unterrichtsmaterialien, Unterrichtsvorschlägen sowie von reformorientierten Eingriffen in die Schulpraxis.

– In diesem Zusammenhang werden sie als *Legitimationsrahmen* für Innovationen genutzt. Sie können aber auch zur Rechtfertigung gewohnter Praxis herangezogen werden.

– Schließlich finden sie bei der *Beurteilung von Unterricht* als normativer Bezugsrahmen Anwendung. Wer z.B. eine fachspezifische Konzeption für den Sachunterricht befürwortet, wird entsprechende Perspektiven bei der Beurteilung von Unterricht einbringen.

2 Anforderungen an Konzeptionen

Angesichts der bedeutenden Rolle, die Konzeptionen für die Verständigung im Rahmen einer Fachdidaktik und über Unterricht spielen können, stellt sich die Frage, welche Anforderungen ein gedankliches Konstrukt über Unterricht erfüllen muss, um als Konzeption angesehen zu werden. Diese Frage ist nicht einfach zu beantworten, weil der Begriff der Konzeption für unterrichtsbezogene gedankliche Konstrukte von unterschiedlicher Komplexität und theoretischer Fundierung verwendet wird.

Im bildungssprachlichen Gebrauch versteht man unter Konzeption einen umfassenden Entwurf zur Orientierung von Denken und Handeln in einem mehr oder weniger abgegrenzten Handlungsfeld.

Konzeptionen gibt es für zahlreiche Praxisfelder, z.B. für das Verfassen von Reden, für die Organisation von Tagungen, für die Umsetzung politischer Ziele wie soziale Gerechtigkeit oder innere Sicherheit und eben auch für die Gestaltung von Schule und Unterricht.

Gemeinsam ist diesen Konstrukten eine mehr oder weniger begründete Grundvorstellung darüber, wie man handeln sollte, um eine bestimmte Aufgabe umzusetzen, zu lösen oder ein Ziel zu erreichen (vgl. z.B. Brockhaus Enzyklopädie 1990, S. 325).

Von Konzeptionen zu unterscheiden ist das Konzept. Begreift man Konzepte als gedankliche Konstrukte, die es erlauben, die Vielzahl von Sachverhalten, Beziehungen und Erscheinungen der Umwelt zu handhabaren Einheiten und Zusammenhängen zu ordnen (vgl. Atkinson u.a. 1993, S. 331), dann wird die größere Handlungsnähe des Konzepts im Vergleich zur Konzeption unterstrichen. Während das Konzept den Entwurf bzw. den Plan für eine jeweils konkrete Aufgabe in dem Handlungsfeld wiedergibt, bieten Konzeptionen den Orientierungsrahmen für praktisches Handeln in einem Aufgabengebiet. Man hat ein Konzept für eine konkrete Sachunterrichtsstunde, aber eine Konzeption, nach der man im Allgemeinen Sachunterricht plant und gestaltet.

Einsiedler bezeichnet mit Unterrichtskonzeption ein „in sich einheitliches System bestimmter Ziele, Inhalte und darauf abgestimmter Verfahren und Medien" (Einsiedler 1979, S. 7). Glöckel relativiert die Anforderung „einheitliches System" durch den eher einlösbaren Anspruch, Ziele, Merkmale und Bedingungsfaktoren des Unterrichts müssten in einer Konzeption möglichst stimmig zusammengebracht werden (vgl. Glöckel 1996, S. 319). Im Anschluss an Katzenberger (2000) versteht Feige (2004, S. 12) unter Konzeption ein Gefüge von plausiblen Aussagen, die Unterrichts- und Erziehungsmaßnahmen im Hinblick auf Ziele, Inhalte und Methoden des Sachunterrichts betreffen. Der im angloamerikanischen Sprachraum gebräuchliche Begriff „approach" ist pragmatischer ausgerichtet und beansprucht weniger die innere Stimmigkeit. Das gleiche gilt für den französischen Begriff der „conception".

Viele Versuche, den Konzeptionsbegriff zu klären, versäumen es, die Auswahl der jeweils angeführten Entscheidungsfelder, die eine fachdidaktische Konzeption beachten sollte, näher zu begründen. Hier kann dies nur in Ansätzen erfolgen. Ein gedankliches Konstrukt, das den Stellenwert einer Konzeption beansprucht bzw. zugesprochen bekommt, sollte bildungstheoretisch fundiert sein, also grundlegende Ziele des Faches erläutern und begründen. Dies bildet die Basis für die Auswahl und Akzentuierung von Unterrichtsinhalten. Weil jeder Unterricht auch eine Einschätzung der Lernvoraussetzungen von Schülerinnen und Schülern erfordert, sollte eine (Sach)unterrichtskonzeption auch zu Interessen, potenziellen Erfahrungen, Entwicklungsmöglichkeiten, anderen lernrelevanten Schülermerkmalen sowie zu methodischen Fragen Stellung nehmen. Schließlich sind die konkreten Rahmenbedingungen schulischen Lernens zu berücksichtigen, wie Klassenstärke, Fächeraufteilung, Lehrmittelausstattung etc. Eine Konzeption, die dies ausblendet, kann viel versprechen, aber aus Mangel an Realitätsbezug nur wenig halten.

Unter Berücksichtigung dieser Anforderungen wird folgendes Verständnis von Konzeption vorgeschlagen:

Eine Konzeption ist ein vom Anspruch her stimmiger Entwurf, der grundlegende Prinzipien für die Auswahl von fachlich bedeutsamen Zielen, Inhalten und Methoden zur Gestaltung von schulischen Lernumgebungen entwickelt und ggf. exemplarisch anwendet und konkretisiert. Dabei berücksichtigt dieser Entwurf

a) begründete grundlegende Bildungs- und Erziehungsziele der (Grund)schule (u.a. anthropologisch, soziologisch, philosophisch, seltener ökonomisch),

b) systematische Analysen von Lernvoraussetzungen (u.a. Entwicklungspsychologie, sozio-kulturelle Analysen, Lerntheorien),

c) den in den fachlich-inhaltlichen Bezugsdisziplinen vorliegenden Erkenntnisstand zu den jeweiligen Unterrichtsinhalten,

d) schulische Handlungsvoraussetzungen (Klassenstärke, Ausstattung, Ausbildung der Lehrerinnen und Lehrer etc.).

Die hier zusammengestellten Anforderungen an eine Konzeption tragen dem Anspruch Rechnung, dass Ziele und Inhalte begründet (a), Lernvoraussetzungen bedacht (b), Inhalte fachlich angemessen aufbereitet (c) und Umsetzungsmöglichkeiten von Unterricht berücksichtigt werden (d).

3 Wie geht man mit dem Konzeptionsbegriff um?

Die Anforderungen a – d werden nicht in jeder Konzeption ausdrücklich und systematisch umgesetzt sein. Sie sollen weder dazu dienen, Konzeptionen unter verschiedenen Überschriften einzukästeln, noch liefern sie eine Anleitung für die Konstruktion einer endgültig stimmigen Konzeption. Vielmehr lassen sie sich als Analyseinstrument nutzen, mit dem gedankliche Konstrukte, die konzeptionellen Rang beanspruchen oder denen ein solcher zugesprochen wird, auf ihre besonderen Schwerpunkte und Defizite hin untersucht werden. Wie klar sind grundlegende Bildungsziele formuliert und wie gut sind sie begründet? Worauf stützt sich die Konzeption dabei? Ist sie eher anthropologisch ausgerichtet oder argumentiert sie auch ökonomisch, wie z.b. ein Teil der fachsystematisch orientierten Konzeptionen für naturwissenschaftlichen Sachunterricht. Im Lichte der Anforderungen a – d werden Stärken und Schwächen, Theoriemängel und besondere Profile einzelner Konzeptionen deutlich – und vergleichbar, z.b. im Hinblick auf die Begründung von Zielen, auf die Berücksichtigung von Lernvoraussetzungen und auf das Angebot an Methoden.

Nutzt man den Konzeptionsbegriff auf diese Weise, dann entschärft sich auch eine vor allem in der Hochschullehre auftauchende Schwierigkeit. Studierende sehen sich oft mit dem Problem konfrontiert, zu entscheiden, was spezifisch sachunterrichtliche Konzeptionen sind und was eher als Import aus anderen Fachdidaktiken oder aus der Schulpädagogik anzusehen ist, wie z.B. handlungsorientierter (Sach)unterricht oder problemorientierter (Sach)unterricht.

Vor dem Hintergrund des oben dargelegten Verständnisses von Konzeption verliert diese Frage an Bedeutung. Man wird untersuchen, ob die jeweiligen Konzeptionen plausibel den Bildungswert des Sachunterrichts darstellen (a), sachunterrichtsrelevant Lernvoraussetzungen und Methoden reflektieren (b), die sachliche Angemessenheit der Unterrichtsinhalte einbeziehen (c) und auf sachunterrichtsrelevante Unterrichtsgegebenheiten (d) eingehen. Bieten sie dafür zufriedenstellende Aussagen für den Sachunterricht, ist ihre Herkunft zweitrangig. Und auch umgekehrt gilt, bieten sie diese Aussagen nicht, dann verleiht ihnen ihre Herkunft aus dem Kernbereich des Sachunterrichts auch kein Gütesiegel.

Literatur

Atkinson, R. L., Atkinson, R. C., Smith, E. E., Bem, D. J. & Nolen-Hoeksema, S. (1993): Introduction to Psychology. Eleventh Edition. Fort Worth u.a. – Brockhaus Enzyklopädie (1990): Band 12. Wiesbaden. – Einsiedler, W. (1979): Konzeptionen des Grundschulunterrichts. Bad Heilbrunn. – Feige, B. (2004): Der Sachunterricht und seine Konzeptionen. Bad Heilbrunn. – Glöckel, H. (1996): Vom Unterricht. 3. Aufl. Bad Heilbrunn. – Katzenberger, L. (2000): Konzeptionelle Geschichte des Sachunterrichts in der Grundschule 1969-1980. In: Hinrichs, W. & Bauer, H. F. (Hrsg.): Zur Konzeption des Sachunterrichts. Donauwörth, S. 162-191.

36| Zur Geschichte des Sachunterrichts
Margarete Götz

Wer den Sachunterricht als ein junges Schulfach einstuft, wie das vereinzelt in aktuellen sachunterrichtsdidaktischen Publikationen geschieht, datiert den Startpunkt seiner Entwicklung etwa um 1970. Damals wurde im Zuge einer umfassenden Bildungsreform in westdeutschen Grundschulen unter der Bezeichnung „Sachunterricht" ein Fach lehrplanmäßig etabliert, das nach gängiger Vorstellung den bis dahin üblichen heimatkundlichen Unterricht ablöste. Eine solche Lesart der Entwicklung des Sachunterrichts verfährt insofern unhistorisch, als sie jene Vorgeschichte verdrängt, dem der moderne Sachunterricht seine Entstehung verdankt auch dann, wenn diese mit einer Negation der Vergangenheit einhergeht. Auf die weit vor 1970 beginnende Geschichte des Sachunterrichts beziehen sich die nachfolgenden Ausführungen, die freilich die in der historischen Forschung zum Sachunterricht bestehenden Defizite nicht beseitigen können (vgl. Götz in diesem Band Nr. 5). Insbesondere der Mangel an sozial-, regional- und lokalgeschichtlichen Untersuchungen erschwert wirklichkeitsnahe Rekonstruktionen der historischen Entwicklungsverläufe. Daher bewegt sich die nachfolgende Darstellung vorwiegend auf einer Ebene, die oberhalb der im historischen Prozess tatsächlich erfolgten schulischen und unterrichtlichen Realisierung des Sachunterrichts liegt. Sie muss sich zudem aus Platzgründen darauf beschränken, die wesentlichen historisch vorfindbaren Ausprägungsmuster des Sachunterrichts in ihren Entstehungskontexten, ihren Ansprüchen und ihren profilbestimmenden Merkmalen unter Verzicht auf detailreiche Rekonstruktionen zu kennzeichnen.

1 Anschauungsgebundener Realienunterricht

Den ersten historisch bedeutsamen Vorläufer des modernen Sachunterrichts stellt eine Konzeption dar, die sich trotz wechselnder Bildungsambitionen und variierender Ausformungen wie Namensgebungen typisierend als *anschauungsgebundener Realienunterricht* charakterisieren lässt.

Seine Anfänge reichen bis ins 17. Jahrhundert zurück, in eine Zeit, in der es in den deutschen Territorialstaaten noch kein öffentliches Pflichtschulwesen gab. Die erkenntnistheoretische Voraussetzung für die Entstehung des anschauungsgebundenen Realienunterrichts liefert das damals aufkommende empirisch-induktive Wissenschaftsverständnis. Nach seinen Prämissen basiert jegliche Erkenntnis auf sinnlicher Wahrnehmung, eine Annahme, die J. A. Comenius (1592 – 1670) ins Didaktische wendet. Auch wenn man wegen der schöpfungstheologischen Ausrichtung seines Gedankensystems die Zurechenbarkeit von Comenius zur Ideengeschichte des Sachunterrichts durchaus kontrovers beurteilen kann, so hat er doch in seinem Werk zwar nicht dem Begriff, jedoch der Sache nach dem Realienunterricht erste schulförmige Konturen verliehen. Sie sind konkretisiert in seinem berühmten „Orbis sensualium pictus" („Die sichtbare Welt" 1658), einem Buch, das Sprache mit bildlicher Sachdarstellung verbindet und das für 100 Jahre das am meisten verbreitete Unterrichtsbuch in Deutschland war (vgl. Reble 1987).

Es stellt in materialisierter Form den ersten Entwurf eines Realienunterrichts dar, der für dessen weitere Entwicklung wegweisend ist. Unterrichtsinhaltlich erstreckt er sich auf die Vermittlung eines geordneten Wissens über die wesentlichen „Weltdinge" und „Lebensverrichtungen" (vgl. Menck 1999, S. 203). Damit erhalten reale Erscheinungen und Vorkommnisse – seien es Pflanzen, Tiere, Himmelskörper oder Handwerkskünste – den Status von Unterrichtsgegenständen. Darin liegt für die damalige Zeit, deren Bildungsstoffe auf Religion, Theologie und alte Sprachen fixiert waren, ebenso eine Neuerung wie in der von Comenius geforderten Unterrichtsmethode, die den Realienunterricht auf die Anwendung des Anschauungsprinzips verpflichtet. Damit wird in unterrichtsmethodischer Hinsicht eine Abkehr von einer reinen Verbalunterweisung vollzogen, soll doch alles, was gelehrt wird, entweder unmittelbar oder durch bildliche Demonstration zuerst den Sinnen präsentiert werden (vgl. Comenius in: Siller & Walter 1999). Dieser Grundsatz bleibt unter Wandel seiner Begründungskontexte bis in die Gegenwart hinein ein konstantes, aber keineswegs unumstrittenes unterrichtsmethodisches Kennzeichen historischer wie aktueller konzeptioneller Fassungen des Sachunterrichts. Eine solche Kontinuität lässt sich für die bei Comenius anzutreffende schöpfungstheologische Legitimation und Zielsetzung seines Realienunterrichts nicht nachweisen. Was Comenius über die sinnliche Erschließung der Realien erreichen wollte, nämlich ein Verständnis für und eine Einfügung in die als gottgegeben

gedachte Weltordnung, wird bereits von seinem Zeitgenossen A. Reyher (1601 –
1673) preisgegeben. Er leitet unter Beibehaltung des Anschauungsgrundsatzes
eine Säkularisierung des Realienunterrichts ein, freilich unter gesellschaftlichen
Erziehungserwartungen, die nach wie vor religiös geprägt waren.

Der Realienunterricht wird mit der von Reyher erarbeiteten Gothaer Schulordnung (1642) erstmalig in einem offiziellen Lehrplan aufgenommen, der außerhalb einer Kirchenordnung erlassen wurde. Da dieser den Unterricht in den neu
entstandenen Elementarschulen im damaligen Herzogtum Gotha regelte, wird
für deren Praxis der Realienunterricht zudem erstmalig verbindlich vorgeschrie-
ben, ein Faktum, das anderweitig, insbesondere in den katholisch geprägten Regionen, erst etwa 150 Jahre später eintritt (vgl. Mitzlaff 2004).

Anders als bei Comenius ist der Realienunterricht in Auswahl und Anordnung
seiner Inhalte nicht mehr an einer göttlichen Schöpferordnung orientiert, sondern an utilitaristischen Ansprüchen. Er soll den niederen Bevölkerungsschichten
ein nützliches und lebenspraktisch verwertbares Wissen vermitteln, das sowohl der
Befriedigung individueller Lebensbedürfnisse wie den Erfordernissen des Gemein-
wohls genügt. Davon zeugt die von Reyher vorgenommene interne Aufgliederung des Realienunterrichts in insgesamt vier Lehrgebiete. Sie handeln von den
(1) „natürlichen Dingen", (2) von „etlichen und nützlichen Wissenschafften",
(3) von „Geist- und Weltlichen Land Sachen", (4) von „etlichen Hauß-Regeln"
(Dörpinghaus, Helmer & Herchert 2004, S. 586). In ihren ausdifferenzierten
Einzelthemen erstrecken sich die Lehrgebiete auf ein breites Spektrum von Kenntnissen u.a. über Heilkräuter, Naturkräfte, Himmelserscheinungen, gebräuchliche
Maßeinheiten, Geldverkehr, Verwaltungseinrichtungen und über ökonomische
private Haushaltsführung.

Die Vermittlung von lebensdienlichem Wissen bleibt auch weiterhin die spezifische Aufgabe der Realien, die in der Folgezeit zu einem Charakteristikum des auf
Frömmigkeit und Nützlichkeit ausgerichteten Unterrichtsprogramms in den pietistischen Erziehungsanstalten von A. H. Francke (1663 –1727) in Halle werden.
Hier erhalten die Realien eine bedeutsame Aufwertung, indem sie auf handwerk-
lich-manuelle Tätigkeiten (z.B. Glasschleifen, Drechseln) erweitert, in Unterrichts-
gebiete mit Fachcharakter (z.B. Geografie, Geschichte, Physik) untergliedert werden und sich methodisch auf eine groß angelegte Lehrmittelsammlung zur Verwirklichung des Anschauungsprinzips stützen können (vgl. Menck 1999). Auch
wenn die Franckeschen Anstalten realgeschichtlich gesehen einen lokal begrenzten Einzelfall darstellen, so liefert doch die in der Einrichtung erfolgte curriculare
Profilierung und unterrichtspraktische Intensivierung des Realienunterrichts die
Mustervorlage in institutioneller Hinsicht für die Gründung der ersten Realschu-
le (1747) und in didaktischer Hinsicht für die Ausdifferenzierung des Realienunterrichts in Einzelfächer.

Losgelöst von den pietistischen Erziehungsambitionen erreichen im Zeitalter der Aufklärung die Realien in den Reformeinrichtungen und Schulversuchen der Philanthropen eine bis dahin nicht gekannte Hochschätzung, sei es bei J. B. Basedow (1724 – 1790) oder Ch. G. Salzmann (1744 – 1811). Das manifestiert sich in der dominanten Stellung, die dem einzelfachlichen Realienunterricht in der philanthropischen Schulpraxis eingeräumt wird, in der bereits Fünf- und Sechsjährige sich z.b. mit Erdkunde, Naturlehre oder Geschichte beschäftigen (vgl. Kemper 1990). Bedingt durch die Rezeption der Gedanken Rousseaus (1712 – 1778) radikalisieren die Philanthropen mit ihrer Favorisierung der direkten Sachbegegnung den Anschauungsgrundsatz und ergänzen ihn durch die kindliche Selbsttätigkeit. Sie erweitern zudem über das Nützlichkeitspostulat hinaus die Zielsetzung des Realienunterrichts um einen Anspruch, der eine dauerhafte Geltung für die weitere Entwicklung gewinnt. Es ist die *Bildung aller Kräfte und Fähigkeiten des Kindes,* mit der dem Realienunterricht eine neue subjektzentrierte Aufgabe zuwächst (vgl. Salzmann in: Plöger & Renner 1996). Umgemünzt in die Forderung nach Kindgemäßheit erhält sie den Rang einer maßgeblichen Begründungsreferenz für den Realienunterricht der Philanthropen wie für dessen Nachfolgekonzeptionen bis in die Gegenwart hinein.

Auch wenn der unter philanthropischen und pietistischen Vorzeichen konzipierte Realienunterricht außerhalb der prominenten Reformeinrichtungen Nachahmung fand (vgl. Feige 1997), so bleibt er doch während des 18. Jahrhunderts eine weitgehend lokal begrenzte Erscheinung. Für seine großflächige Verbreitung fehlte als institutionelle Voraussetzung ein ausgebautes Volksschulwesen und als personelle Voraussetzung eine qualifizierte Lehrerschaft.

Hier werden erst im 19. Jahrhundert entscheidende Entwicklungsfortschritte erzielt, in deren Kontext als Ausdifferenzierung des Realienunterrichts der heimatkundliche Unterricht entsteht.

2 Heimatkundlicher Unterricht

In der einschlägigen didaktischen Reflexion des 19. Jahrhunderts und auch darüber hinaus präsentiert sich der heimatkundliche Unterricht bzw. die Heimatkunde im Ergebnis als ein auf den *Nahraum konzentrierter Realienunterricht.* Für diese Ausrichtung wird als legitimierende Hintergrundtheorie in der zeitgenössischen Fachpublizistik vorzugsweise Pestalozzis Pädagogik beansprucht, insbesondere seine Auffassung von der bildenden Wirkung der „nähesten Verhältnisse" und von der Anschauungsgebundenheit der Begriffs- und Erkenntnisgewinnung (Pestalozzi 1780/1983, S. 6). Darauf berufen sich Ch. W. Harnisch (1787 – 1864) und F. A. W. Diesterweg (1790 – 1866), die prominenten Verfechter eines heimatkundlichen Unterrichts im 19. Jahrhundert. Als engagierte Volksschullehrerbildner erwarten sie von der Praktizierung ihres jeweiligen Konzepts eine Verbesserung des damals noch unterentwickelten Volksschulunterrichts. Damit wird gleichzeitig eine schulartspezifische Begrenzung der Heimatkunde vorgenommen, die von dauerhaftem Bestand ist, hinein bis ins 20. Jahrhundert.

Die didaktische Motivlage für die Entstehung der Heimatkunde liefert die im historischen Prozess entstandene Aufgliederung des Realienunterrichts in Einzelfächer. Was Harnisch ihnen als negativen Wirkungseffekt anlastet – die Zersplitterung des Wissens – begleitet als Dauerklage die gesamte Entwicklung des heimatkundlichen Unterrichts bis ins 20. Jahrhundert hinein (vgl. z.B. Spranger 1923). Das gilt auch für die von Harnisch in die didaktische Reflexion eingeführte Denkfigur der Ganzheit, die in der Folgezeit im Kontext der Heimatkunde durch viel strapazierten, auch ideologieaffinen Gebrauch Karriere macht. Bei Harnisch selbst wird die Ganzheit durch die von ihm konzipierte *Weltkunde* (1816) repräsentiert, von deren unterrichtspraktischer Realisierung die Überwindung zusammenhangloser Einzelkenntnisse erwartet wird. Die Weltkunde beginnt mit einer *„Kunde der Heimat"* (Harnisch in: Plöger & Renner 1996, S. 56). Da dies aus Gründen der Rücksichtnahme auf das Kind geschieht, stellt der Heimatbezug im didaktischen Arrangement von Harnisch eine Variante der Kindorientierung dar.

Die Heimatkunde weist intern nochmals eine vierstufige von Harnisch als kreisförmig gekennzeichnete Unterteilung auf, angefangen von der Kunde der Schule, über die Kunde des Heimatortes und des Heimatkreises bis hin zur Kunde des Staates (vgl. ebd.). Mit dieser entwicklungspsychologisch begründeten Binnengliederung wird die Heimatkunde an ein Muster der Stoffanordnung gebunden, das nicht durch ein Fachprinzip, sondern durch ein Raumprinzip bestimmt ist. Diese Festlegung ist konsequenzenreich, denn sie hat bis in die 1960er–Jahre hinein – in Ostdeutschland noch Jahrzehnte länger – einen Heimatkundeunterricht zur Folge, der in konzentrisch sich ausdehnenden Kreisen *vom Nahen zum Entfernten* fortschreitet.

Während Harnisch sich mit der gewählten Stoffanordnung vom überkommenen Realienunterricht distanziert, bleibt er diesem verhaftet, was die Methode wie das intendierte Lernergebnis der Heimatkunde anbelangt. Sie soll durch eine möglichst unmittelbare Anschauung am Beispiel heimatlicher Erscheinungen Sachkenntnisse über die reale Welt vermitteln, die ihrer Herkunft nach der Erdkunde ebenso entstammen, wie der Geschichte, der Tier- und Pflanzenkunde oder der Staatenkunde. Deren Wissensbestände werden in der Heimatkunde integrativ verbunden, womit ihr Harnisch den Charakter eines Sachfaches verleiht, das ein fächerteiliges Lernen überwindet. Er identifiziert die Heimatkunde von vornherein mit einem *fächerintegrierenden Unterricht* und nimmt damit eine Gleichsetzung von dauerhafter Kontinuität vor, die als Beweggrund u.a. dem späteren heimatkundlichen Gesamtunterricht zugrunde liegt (vgl. Jung in diesem Band Nr. 38).

Was in dem Entwurf von Harnisch noch den Status einer Unterrichtsmethode hat, wird von Diesterweg in den Rang eines Unterrichtsfaches erhoben. Unter Berufung auf Pestalozzi fordert er für die in die Schule eintretenden Kinder, als erstes Schulfach einen Anschauungsunterricht zu etablieren, der zeitlich dem einzelfachlichen Realienunterricht vorausgeht. Dem Anschauungsunterricht, dessen Notwendigkeit Diesterweg mit einer kindorientierten Argumentation rechtfertigt, wird ein ausgesprochen formaler Bildungszweck auferlegt, die ausgedehnte und intensive Schulung der Sinne, die als Voraussetzung für einen intellektuell-systematisierenden Denkprozess gilt (vgl. Diesterweg 1854/1989). Da die Schärfung der Sinne durch die selbsttätige Beschäftigung mit realen Gegenständen sowohl innerhalb als auch außerhalb des Schulhauses geschehen soll, kommt die Heimat insofern ins Spiel, als die im Nahraum präsenten Erscheinungen das geeignete Material für die Förderung der sinnlichen Wahrnehmung bieten. Während Harnisch in sein Heimatkundekonzept die in den Realien seiner Zeit aufbewahrten Wissensbestände integrativ einbaut, löst sich Diesterweg mit seinem Anschauungsunterricht davon, eine Differenz, die die jahrgangsabhängige Zweiteilung des späteren Grundschulfaches in einen heimatkundlichen Anschauungsunterricht und eine eigentliche Heimatkunde gedanklich vorwegnimmt (vgl. Jung in diesem Band Nr. 38).

Wenn in der Geschichtsschreibung zum Sachunterricht sowohl Harnisch als auch Diesterweg als Verfechter einer Heimatkunde gelten, die als „demokratischer Realienunterricht" konzipiert war (Hänsel 1980, S. 14), dann erklärt sich diese Einstufung aus dem auf Mündigkeit zentrierten Bildungsprogramm, das beide für die Volksschule ihrer Zeit einfordern. Unter dieser Prämisse präsentiert sich der heimatkundliche Unterricht als ein Fach, das dem Schüler durch Anschauung und Selbsttätigkeit einen von herrschenden Dogmen und Autoritäten unabhängigen Erkenntnisgewinn ermöglicht. Es ist dieser erwartbare Effekt, der zusammen mit anderen bildungspolitischen Forderungen Harnisch – und mehr noch Diesterweg – eine politische Disziplinierung einbringt und gegen den sich der preußische Staat mit den berühmt berüchtigten Stiehlschen Regulativen von 1854 zur Wehr setzt (vgl. Herrlitz, Hopf & Titze 1993). Mit ihnen wird definitiv der heimatkundliche Anschauungsunterricht aus den preußischen Volksschulen verbannt und deren Unterricht zur Erziehung eines glaubenstreuen Untertanen auf das Erlernen der Kulturtechniken, auf Gesang und Religion begrenzt, eine Maßnahme, die auch außerpreußisch – beispielsweise in Bayern 1857 – als staatliche Reaktion auf die Revolution von 1848 ergriffen wurde (vgl. Liedtke 1993). Angesichts der emanzipatorischen Bildungsansprüche ist der in den 1960er Jahren erhobene Pauschalvorwurf, die Heimatkunde betreibe eine affirmative Gesinnungsbildung mit Blick auf die Positionen von Harnisch und Diesterweg nicht haltbar. Das gilt ebenso für F. A. Finger (1808 – 1888), den die zeitgenössische Fachpublizistik wohl auch deshalb als Vater der Heimatkunde einstuft, weil seine aus der Unterrichtspraxis hervorgegangene, auflagenstarke „Anweisung zum Unterricht in der Heimathskunde, gegeben am Beispiel der Gegend von Weinheim an der Bergstraße" (1844) zum Modellfall für eine erfolgreiche unterrichtliche Realisierung wurde.

Finger versteht die Heimatkunde als ein eigenständiges Fach, das in den ersten vier Schuljahren unterrichtet werden und eine auf die „Anschauung gegründete Bekanntmachung der heimatlichen Gegend" leisten soll (Finger 1866, S. 4). Die von Finger in Unterrichtsstunden dokumentierte Erfüllung dieser Aufgabe, konkretisiert all das, was in den Lehrerhandbüchern bis zum Beginn des 20. Jahrhunderts das didaktisch-methodische Profil des heimatkundlichen Unterrichts kennzeichnet: Seine Unterrichtsstoffe entstammen der Herkunft nach der *heimatlichen Umgebung,* folgen in ihrer Anordnung einem stufenweisen Fortschreiten *vom Nahen zum Fernen,* werden unterrichtsmethodisch auf der Basis einer möglichst *direkten Anschauung und Schülerselbsttätigkeit* mit einem intendierten Lernertrag behandelt, der die *Förderung der Sinneswahrnehmung* mit dem Erwerb eines *fachpropädeutischen Sachwissens* verbindet. Obwohl die bei Finger erkennbare Favorisierung erdkundlicher Stoffe in der didaktischen Reflexion der Folgezeit durch den Einbezug geschichtlicher und naturkundlicher Betrachtungen relativiert wird, bleibt das Übergewicht an erdkundlichen Themen ein kontinuierliches Merkmal des heimatkundlichen Stoffkataloges. Geradezu eingeengt auf einen Vorkurs für die Erdkunde wird die Heimatkunde, als sie mit dem Nachlassen einer restriktiven Volksschulpolitik Eingang in allgemeine staatliche Volksschulbestimmungen findet, etwa 1872 in Preußen und 1878 in Sachsen (vgl. Götz 1989).

Trotz der amtlichen Akzeptanz entspricht die damalige Realität in den Volksschulen den Erwartungen der zeitgenössischen Heimatkundedidaktiker allenfalls in Ausnahmefällen, die auf städtische voll ausgebaute Volksschulen begrenzt sind. Schulhistorischen Befunden zufolge besuchen die Mehrzahl der Volksschüler in Preußen, in noch größerem Umfang auch in Bayern, gegen Ende des 19. Jahrhunderts Volksschulen auf dem Lande, die in aller Regel nur ein- oder zweiklassig waren. Dieser geringe Ausbaugrad wie auch die antiliberalen Interessen der Geistlichkeit und der ländlichen Besitzklassen trugen dazu bei, dass in ländlichen Volksschulen ein Unterricht betrieben wurde, der sich unter weitgehendem Ausschluss der Heimatkunde auf den Erwerb von Kulturtechniken und auf religiöse und vaterländische Gesinnungsbildung erstreckte mit Auswirkungen bis in das 20. Jahrhundert hinein (vgl. Kuhlemann 1991).

Jenseits der Schulwirklichkeit wird während der Zeit des Ersten Weltkrieges mit stetig sich verstärkender Tendenz eine Entwicklung der Heimatkunde eingeleitet, die zu den problematischen Erblasten der Geschichte des Sachunterrichts gehört. Gemeint ist die Wandlung der Heimatkunde von einem *Sachfach zu einem Gesinnungsfach,* die zunächst in Lehrerhandbüchern vollzogen wird, bevor sie durch

Sprangers klassisch gewordener Abhandlung „Der Bildungswert der Heimatkunde" (Spranger 1923) wissenschaftlich legitimiert wird. Darin wird im Verbund mit einer antimodernistischen Kritik an großstädtischen und industriellen Lebensverhältnissen die Heimat zu einem emotional aufgeladenen *Bildungswert* aufgestuft, der die Gewinnung individueller wie nationaler Identität ebenso verbürgt wie die Festigung des sozialen Zusammenhalts bis hin zur ersehnten Volksgemeinschaft (vgl. ebd.). Da die Wirksamkeit solcher Bildungsqualitäten eine intensive gefühlsmäßige Bindung an die Heimat voraussetzt, wird deren Erzeugung als neue Aufgabe dem heimatkundlichen Unterricht in Gestalt der *Erziehung zur Heimattreue und -liebe* zugeschrieben. Unter dieser Zielvorgabe erfüllt der heimatkundliche Unterricht – schultheoretisch ausgedrückt – weniger eine Qualifikationsfunktion als vielmehr eine Sozialisationsfunktion, denn es geht primär nicht um die Gewinnung eines anschauungsbasierten Sachwissens aus den Erscheinungen der Heimat, sondern um eine distanzlose Identifikation mit ihnen zum Zwecke der Einfügung des Schülers in bestehende Lokalverhältnisse (vgl. Götz 2002).

Zeitlich gesehen fällt die in der didaktischen Reflexion vorgenommene Profilierung des heimatkundlichen Unterrichts zu einem Gesinnungsfach in die Gründungsphase der deutschen Grundschule, mit deren Etablierung der heimatkundliche Unterricht erstmals unter den Bedingungen einer Pflichtschule für alle 6- bis 10jährigen Kinder erteilt wird, nach 1945 allerdings in einem aus politischen Gründen zweigeteilten deutschen Schulsystem.

3 Vom heimatkundlichen Unterricht zum Sachunterricht

Schulstrukturell bedeutet die Einrichtung der Grundschule zwar eine Neuerung, die jedoch keine von der bisherigen Entwicklung abweichende Reform des heimatkundlichen Unterrichts nach sich zieht, wenngleich durch den Einfluss der Reformpädagogik der kindorientierte Zuschnitt des Faches intensiviert wird (vgl. Götz 1989). Im Laufe der 1920er Jahre wird der heimatkundliche Unterricht überall ein obligatorisches Unterrichtsfach der Grundschule und bleibt auf diese – wie alle Nachfolgekonzeptionen auch – begrenzt. In westdeutschen Grundschulen wird er über alle politischen Systemwechsel hinweg für die Dauer von gut 40 Jahren erteilt, in ostdeutschen Grundschulen noch länger (vgl. Giest & Wittkowske in diesem Band Nr. 37).

Rekonstruiert man für diesen Zeitraum die Lehrplanvorgaben für das Fach, dann lassen sich sowohl Kontinuitäten zur Heimatkunde als Sachfach wie als Gesinnungsfach nachweisen, ein Befund, der freilich zeitlich wie regional differenziert werden muss. Die gesinnungsbildenden Intentionen, die in der Weimarer Zeit bei einer Minderzahl von Grundschulrichtlinien wie z.B. den sächsischen und bayerischen anzutreffen sind, dominieren in Zeiten eines ideologischen

Monismus, sei es der Nationalsozialismus oder der Marxismus-Leninismus. Unter dem Geltungsanspruch ihrer jeweiligen Weltanschauungsdoktrinen soll die lehrplanmäßige Heimatkunde für eine regimegetreue Erziehung genutzt werden (vgl. Götz 1997). In welchem Umfange und mit welcher Intensität das auch im Unterrichtsalltag geschehen ist, lässt sich wegen fehlender Forschungen nur schwer einschätzen.

Es ist jedenfalls die historisch nachgewiesene *Ideologieanfälligkeit,* die zusammen mit anderen Defiziten der Heimatkunde in der westdeutschen didaktischen wie bildungspolitischen Diskussion der ausgehenden 1960er Jahre einen emanzipationsfeindlichen Modernitätsrückstand als Vorwurf einbringt (vgl. Beck & Claussen 1984). Seine Überwindung sollte mit einem Grundschulfach erreicht werden, dessen Neuerungsanspruch in variationsreichen Ausformungen die *Wissenschaftsorientierung* verbürgte und das spätestens ab 1970 in westdeutschen Grundschulen überall eingeführt wurde (vgl. Feige in diesem Band Nr. 39). Seine Namensgebung „Sachunterricht" war historisch gesehen keine Neuerfindung und hat sich anders als im wissenschaftlichen Diskurs als Einheitsbezeichnung im bildungsadministrativen Sprachgebrauch bislang nicht überall durchgesetzt. Was die Wissenschaftsorientierung anbelangt, so vollzog sich deren Konkretisierung in der Mehrzahl der westdeutschen Grundschullehrpläne der 1970er Jahre weitgehend als Fachorientierung. Diese Version des wissenschaftsorientierten Sachunterrichts war nur von kurzlebiger Dauer. Seine Korrekturbedürftigkeit wurde bereits Mitte der 1970er Jahre im sachunterrichtsdidaktischen Binnendiskurs wie von Seiten der Bildungsverwaltung mit einer Argumentation angemahnt, die mit dem Ruf nach Lebensweltorientierung, Erfahrungsnähe und Eigentätigkeit für die unterrichtliche Sacherschließung die Herstellung genau jener subjektnahen und -bedeutsamen Bezüge einforderte, die zu den typischen Kennzeichen der in der Heimatkunde favorisierten Kindorientierung gehörten. Die Reaktivierung heimatkundlicher Traditionen hatte trotz der diagnostizierten „Wiederkehr des Heimatgefühls" (Schreier 1985) und trotz der teilweisen Umbennung des Lehrplanfaches in Heimat- und Sachunterricht keine Rückkehr zur alten Heimatkunde zur Folge. Vielmehr wurde durch die Rückbesinnung eine Entwicklung eingeleitet, deren vorläufigen Endpunkt der in der gegenwärtigen sachunterrichtsdidaktischen Diskussion dominierende und teilweise auch in aktuellen Lehrplänen verankerte vielperspektivische Sachunterricht markiert (vgl. Feige in diesem Band Nr. 41). Er berücksichtigt über den Umweg der lebensweltlichen Perspektive den Heimatbezug und durch eine fachnahe Dimensionierung sachunterrichtlicher Themen die Wissenschaftsorientierung, räumt ihnen jedoch keine konzeptionsprägende Monopolstellung mehr ein.

4 Resümee

Fragt man zusammenfassend nach den zukunftsfähigen Traditionsbeständen, dann findet man sie im Falle des Realienunterrichts und des heimatkundlichen Unterrichts in jenem methodischen Repertoire, das frei von ideologischen Absichten eine anschauungsbasierte und selbsttätige Aneignung von Sachkenntnissen sichern sollte. Unter veränderter lerntheoretischer Begründung wird diese Traditionslinie fortgeschrieben, wenn etwa dem aktuellen Sachunterricht auferlegt wird, eine originale Sachbegegnung, einen handelnden Umgang mit den Sachen oder eine experimentierende Auseinandersetzung mit ihnen zu pflegen. Was die Erwartungen an die Kompetenzen der Lernenden wie an die fachliche Qualität und das Niveau des angestrebten Sachwissens anbelangt, so können diese sich nicht mehr wie zu Zeiten des heimatkundlichen Unterrichts im Rahmen einer Kunde bewegen, die sich mit der Vermittlung eines von Intellektualismen befreiten lebenspraktischen Wissens begnügte und die Einfügung der Grundschüler in bestehende Verhältnisse intendierte. Diese Einengungen wurden historisch gesehen mit dem wissenschaftsorientierten Sachunterricht überwunden. Mit seiner Einführung wurde die Wissenschaft zum maßgeblichen Referenzrahmen des Sachunterrichts, mit der Folge, dass die seit dem 19. Jahrhundert bestehende Differenz zwischen niederer und höherer Bildung erstmalig zumindest curricular aufgehoben wurde. Dieses Erbe aus den 1970er Jahren kann trotz der geübten Kritik an überzogenen Positionen der Wissenschaftsorientierung für den gegenwärtigen Sachunterricht nicht preisgegeben werden, wenn zukünftig eine Engführung seines Bildungspotentials vermieden werden soll.

Literatur

Beck, G. & Claussen, C. (1984): Einführung in die Probleme des Sachunterrichts. 3. Aufl. Königstein/Ts. – Diesterweg, F. A., W (1989): Volksbildung als allgemeine Menschenbildung. Ausgewählte bildungspolitische, sozialpolitische und pädagogische Schriften in zwei Bänden. Eingeleitet, ausgewählt und erläutert von Geissler, G. & Günther, K.-H., Bd. II. Berlin. – Dörpinghaus, A., Helmer, K. & Hercher, G. (2004): Lehrplan. In: Benner, D. & Oelkers, J. (Hrsg.): Historisches Wörterbuch der Pädagogik. Weinheim, Basel, S. 565-602. – Feige, B. (1997): Philanthropische Reformpraxis in Niedersachsen. Johann Peter Hundeikers pädagogisches Wirken um 1800. Köln, Weimar, Wien. – Feige, B (2004): Der Sachunterricht und seine Konzeptionen. Historische, aktuelle und internationale Entwicklungen. Bad Heilbrunn/Obb. – Finger, F. A. (1866): Anweisung zum Unterricht in der Heimathskunde, gegeben an dem Beispiel von Weinheim an der Bergstraße. 2. Aufl. Leipzig. – Götz, M. (1989): Die Heimatkunde im Spiegel der Lehrpläne der Weimarer Republik. Frankfurt/M. u.a. – Götz, M. (1997): Die Grundschule in der Zeit des Nationalsozialismus. Eine Untersuchung der inneren Ausgestaltung der vier unteren Jahrgänge der Volksschule auf der Grundlage amtlicher Maßnahmen. Bad Heilbrunn/Obb. – Götz, M. (2002): Der unterrichtliche Umgang mit Heimat in der Geschichte der Heimatkunde der Grundschule. In: Engelhardt, W. & Stoltenberg, U. (Hrsg.): Die Welt zur Heimat machen? Bad Heilbrunn, S. 51-56. – Hänsel, D. (1980): Sachunterricht als Innovation der Grundschule. Frankfurt/M. u.a. – Herrlitz, H.-G., Hopf, W. & Titze, H. (1993): Deutsche Schulgeschichte von 1800 bis zur Gegenwart. Eine Einführung. Weinheim, München. –

Kemper, H. (1990): Schule und bürgerliche Gesellschaft. Zur Theorie und Geschichte der Schulreform von der Aufklärung bis zur Gegenwart. Teil I. Weinheim. – Kuhlemann, F.-M. (1991): Niedere Schulen. In: Berg, Ch. (Hrsg.): Handbuch der deutschen Bildungsgeschichte. Bd. IV 1870 – 1918: Von der Reichsgründung bis zum Ende des Ersten Weltkrieges. München, S. 179-227. – Liedtke, M. (1993): Gesamtdarstellung. In: Liedtke, M. (Hrsg.): Handbuch der Geschichte des Bayerischen Bildungswesens. Bd. II: Geschichte der Schule in Bayern von 1800 – 1918. Bad Heilbrunn/Obb., S. 11-133. – Menck, P. (1999): Geschichte der Erziehung. 2. Aufl. Donauwörth. – Mitzlaff, H. (2004): Andreas Reyher (1601 – 1673) oder: Der historische Drehpunkt auf dem Weg zu einem realistischen Sachunterricht und zum pädagogischen und didaktischen Realismus. In: Kaiser, A. & Pech, D. (Hrsg.): Geschichte und historische Konzeptionen des Sachunterrichts. Baltmannsweiler, S. 47-50. – Pestalozzi, J., H. (1983): Kleine Schriften zur Volkserziehung und Menschenbildung. Hrsg. v. Dietrich, Th. 5. Aufl. Bad Heilbrunn. – Plöger, W. & Renner, E. (1996) (Hrsg.): Wurzeln des Sachunterrichts. Genese eines Lernbereichs in der Grundschule. Weinheim, Basel. – Reble, A. (1987): Geschichte der Pädagogik. 14. Aufl. Stuttgart. – Siller, R. & Walter, G. (1999) (Hrsg.): Zur Entdeckung von Wirklichkeit im Sachunterricht. Texte zur Grundlegung und Entwicklung. Donauwörth. – Schreier, H. (1985): Die Wiederkehr des Heimatgefühls. In: Grundschule 17, H. 2, S. 12-15. – Spranger, E. (1923): Der Bildungswert der Heimatkunde. Berlin.

37| Heimatkunde in der DDR
Hartmut Giest und Steffen Wittkowske

1 Die Entwicklung des Heimatkundeunterrichts in der DDR (1951-1990)

In der DDR (Deutsche Demokratische Republik, gegründet 1949) bildete die Allgemeinbildende Polytechnische Oberschule (POS) den Kern des einheitlichen sozialistischen Bildungssystems. Sie folgte der auf der Grundlage des von Mai bis Juni 1946 in allen Ländern der sowjetischen Besatzungszone beschlossenen „Gesetz(es) zur Demokratisierung der deutschen Schule" eingerichteten achtklassigen obligatorischen Grundschule, auf der Berufsschule, Fachschule sowie eine vierjährige Oberschule aufbauten. Darüber hinaus gab es 10-klassige Mittelschulen.

Die Heimatkunde war kein eigenständiges Fach, sondern ein Bestandteil, eine so genannte Disziplin, des Deutschunterrichts in den Klassen 1-4. Durch diese Zuordnung sollte in der Unterstufe der POS (in der DDR gehörten dazu die Klassen 1-3, der dann die Mittel- und Oberstufe in den Klassen 4-6 bzw. 7-10 folgten) die charakteristische enge Beziehung des sprach- und sachbezogenen Lernens betont werden.

Der Unterricht in der Disziplin Heimatkunde unterschied sich ungeachtet einiger Ähnlichkeiten in den Inhalten in wesentlichen Momenten vom Konzept des vorfachlichen Unterrichts in der Grundschule der alten Bundesländer. Diese Unterschiede waren vor allem durch das in der DDR vorherrschende Gesellschaftssystem bedingt. Hauptunterschied war hier die ständig gesteigerte Ideologisierung des Unterrichts und der Lehrpläne. Der Heimatkundeunterricht war in wesentlichen Teilen, auch fußend auf gewissen Traditionen der Heimatkunde in Deutschland, ein auf die herrschende Ideologie orientierter Gesinnungsunterricht. Sein Bildungs- und Erziehungskonzept sah eine emanzipatorische Erziehung kritischer, mündiger Staatsbürger weitgehend nicht vor. Stattdessen ging es ihm um eine funktional-technokratische Erziehung gut angepasster junger Menschen an das herrschende Gesellschaftssystem . „Wissenschaftlichkeit" und „Parteilichkeit" sollten die „Schlüssel" zum Erfassen und Verstehen der Umwelt sein. Bereits der Heimatkundeunterricht sollte „durch Inhalt und Gestaltung dazu beitragen, Gefühle, Einstellungen, Überzeugungen, Charaktereigenschaften und Verhaltensweisen zu entwickeln, die der Weltanschauung und Moral der Arbeiterklasse entsprachen". Der Unterricht in Heimatkunde war „auf die allseitige Entwicklung der kindlichen Persönlichkeit gerichtet", er sollte „mit soliden und anwendungsbereiten Kenntnissen über das gesellschaftliche Leben und die Natur im heimatlichen Territorium ausrüsten" und hatte „seinen Beitrag zur kommunistischen Erziehung zu leisten" (Autorenkollektiv 1985, S. 7 f.).

Genau genommen war der Heimatkundeunterricht in der DDR, zumindest was die gesellschaftlichen Themenbereiche betraf, ein vorverlagerter Staatsbürgerkundeunterricht. Dem entsprach ein Heimatbegriff, der sich vor allem auf die „DDR als Heimat" bezog. In der Absicht, sich von der lokalen Beschränktheit des traditionellen Heimatbegriffes zu lösen, sollte das Heimatgefühl in den „Internationalismus, das Staatsbewusstsein, das Streben nach einer sozialistischen Menschengemeinschaft" eingeordnet und auf diese Weise ein neues Verhältnis zum „sozialistischen Patriotismus" aufgebaut werden (vgl. Stichwort „Heimat" in Bühl, Heinze, Koch & Staufenbiel 1970, S. 206). Die Lehrpläne für den Heimatkundeunterricht galten für die gesamte DDR. Es gab weder Lokallehrpläne, noch lokale Unterrichtsmaterialien (mit Ausnahme bestimmten Kartenmaterials – z.B. zum Heimatbezirk und diverser regionaler Arbeitshefte (z.B. „Unsere Heimat" – Arbeitsheft für den heimatkundlichen Deutschunterricht, Klasse 4, hg. vom Kreiskabinett für Weiterbildung der Lehrer und Erzieher, Dresden, 1970).

Insgesamt gab es vier Lehrplangenerationen in der DDR (1951, 1959, 1971, 1984 – vgl. Autorenkollektiv 1976; 1988; Neuner 1989), die durch präzisierte Lehrpläne für einzelne Fächer ergänzt wurden.

Im Gefolge des „Gesetz(es) zur Demokratisierung der deutschen Schule" wurden (einheitliche) Lehrpläne am 1. Juni 1946 in Kraft gesetzt, auf denen bei der Konzipierung der Lehrplangeneration von 1951 aufgebaut werden konnte. Dabei wurde politisch von der Offenheit der Deutschen Frage in Ostdeutschland ausgegangen (vgl. Deiters 1948). Dies hatte für die Schule und den Unterricht besonders in den unteren Klassen die Folge, dass die deutsche Sprache als „festes Bindeglied zwischen den deutschen Menschen" (ebd., S. 10) im Zentrum des Unterrichts stand. Heimatkundliche Inhalte wurden im Rahmen des „*Erläuternden Lesens*" (Klassen 1-3) behandelt. In Klasse 4 fand der Unterricht in fachvorbereitenden Lehrgängen (Geschichte, Geographie, Biologie) statt. Das Fach Heimatkunde erscheint erst 1956 (Klasse 4). Der Unterricht orientierte sich in großen Teilen am Gesamtunterricht der Volksschule und an reformpädagogischen Traditionen, auf die man nach dem Zusammenbruch des Dritten Reiches notgedrungen zurückgriff.

Ab 1955 (Aufnahme der BRD in die NATO) und in den Lehrplänen ab 1959 war aus Sicht der ostdeutschen Regierenden die vorher als offen betrachtete Deutsche Frage mehr oder weniger in Richtung auf die längerfristige Existenz zweier unabhängiger deutscher Staaten entschieden, welche durch unterschiedliche und insgesamt konkurrierende Gesellschaftssysteme gekennzeichnet waren. Der Bau der Berliner Mauer 1961 war aus politischer und wirtschaftlicher Sicht der DDR eine logisch zwingende Folge aus dieser Entwicklung. Es konnte deshalb nicht verwundern, dass diese Entwicklungen nachhaltige Folgen für die Volksbildung zeitigten.

Auf dem 5. Parteitag der SED (Sozialistische Einheitspartei Deutschlands; Juli 1958) wurde der Schulentwicklung besondere Aufmerksamkeit geschenkt und in der Folge das „Gesetz über die sozialistische Entwicklung des Schulwesens in der Deutschen Demokratischen Republik" am 2. Dezember 1959 von der Volkskammer beschlossen. Im Mittelpunkt dieses Gesetzes stand der Aufbau der (zehnklassigen) Allgemeinbildenden Polytechnischen Oberschule (demokratische Einheitsschule), die ab 1964 für alle Kinder verbindlich wurde. Sie gliederte sich zunächst noch in eine Unterstufe (Klassen 1-4), in der auch das Fach Heimatkunde unterrichtet wurde, und eine Oberstufe (Klassen 5-10) (vgl. Günther, Hofmann, Hohendorf & Schuffenhauer, 1962).

Die *zehnklassige POS*, welche durch die Dominanz der polytechnischen Bildung und Erziehung (gerichtet auf Voraussetzungen für die Herausbildung des sozialistischen Facharbeiters) sowie der weltanschaulichen und politisch-moralischen Bildung und Erziehung (Erziehung sozialistischer Staatsbürger) gekennzeichnet war, sollte der gesellschaftlichen und politischen Entwicklung entsprechen. Die Schule sollte damit einen wesentlichen Beitrag leisten, die Kinder im Sinne des herrschenden Gesellschaftssystems zu erziehen.

Die Disziplin *Heimatkundliche Anschauung* im Rahmen des *Heimatkundlichen Deutschunterrichts,* welche mit der ab 1959 eingeführten Lehrplangeneration das *Erläuternde Lesen* ablöste, nahm eine zentrale Position im Deutschunterricht ein.

Insbesondere sollten durch die *Heimatkundliche Anschauung*
– der Deutschunterricht mit dem gesellschaftlichen Geschehen verbunden (d.h.
es war vor allem eine gesinnungsbildende Wirkung beabsichtigt) sowie
– zentrale Inhalte für den Deutschunterricht gestiftet und insgesamt eine Erhöhung der Sachbezogenheit des Unterrichts erzielt werden.

Dennoch kam der Unterricht in den unteren Klassen, vor allem die *Heimatkundliche Anschauung* in die Kritik, weil es nach Ansicht der schulpolitischen Admi-
nistration noch nicht gelang, Überreste des „bürgerlichen" Volksschulunterrichts
zu überwinden (vgl. Hagemann 1964), einen fachwissenschaftlich einwandfrei-
en, erziehungswirksamen und methodisch modernen Unterricht zu erteilen und
vor allem die inzwischen eingeleiteten Veränderungen in der Oberstufe angemessen zu berücksichtigen (vgl. Lüdtke 1965). Die vorgegebene schulpolitische Linie
wurde nach Verabschiedung des *„Gesetzes über das einheitliche sozialistische Bildungssystem"* (25.02.1965) im sog. *„Unterstufenbeschluss"* 1965 niedergelegt.

Der Kern der Überlegungen bestand darin, in einer gewissen Analogie zur Situation nach dem sogenannten „Sputnikschock" in den alten Bundesländern, ausgehend von einer Erhöhung vor allem des Niveaus und Anspruches naturwissen-
schaftlich-mathematischer Bildung im Fachunterricht der Oberstufe diese Anforderungen an den Unterricht in den unteren Klassen weiterzugeben. Dem kamen
auch die Ergebnisse der damaligen psychologischen Forschung entgegen
(Begabungsbegriff, neue Auffassungen über die Leistungs- und Entwicklungsfä-
higkeit des Kindes – Überwindung einer starren Orientierung am Alter bzw. an
Altersphasen, Ergebnisse didaktischer Forschung, die insgesamt mit einem hohen Maß an pädagogischem Optimismus – *„Das Kind entwickelt sich, indem es
gebildet und erzogen wird."* [Rubinstein] verbunden waren).

In der Folge des *„Unterstufenbeschlusses"* wurden die Lehrpläne von 1959 überarbeitet. Kennzeichnend für diese Zeit, wie auch in den alten Bundesländern, war
die Auffassung, mit curricularen Entscheidungen bedeutende Veränderungen in
Schule und Unterricht bewirken zu können. Während man sich in den alten
Bundesländern (u.a. auch im Zusammenhang mit der Überwindung des Behaviorismus) schon bald von dieser Auffassung trennte, blieb sie für die DDR-Schule
tragend. Die Mittel, um angestrebte Veränderungen im Unterricht zu erreichen,
waren
– die Präzisierung der Lehrplanangaben zum Niveau des zu vermittelnden Wissens, Könnens und zur Erzogenheit
– die exaktere Abgrenzung der Aufgaben und Ziele der einzelnen Disziplinen im
Zusammenhang mit dem Trend, den Fachunterricht vorzuverlagern. Insgesamt
dominierte die Auffassung, dass Wissenschaftlichkeit des Unterrichts im Wesen
Fachunterricht bedeutet.
– die exakte Darstellung und Abgrenzung der Stoffe der Disziplinen untereinander, vor allem der Disziplin *„Heimatkundliche Anschauung"*

– die Aufnahme von Koordinierungshinweisen, um der Zersplitterung des fachorientierten Unterrichts entgegenzuwirken
– die Aufnahme von Stoffverteilungsplänen, um die längerfristige Planung des
Unterrichts zu erleichtern.

In dieser Zeit wurde seitens der DDR-Staats- und Parteiführung Kritik daran
geübt, dass im Unterricht der ersten Jahrgangsstufen und in der außerunterrichtlichen Arbeit die Anfänge der polytechnischen Bildung nicht ausreichend vermittelt würden. In diesem Zusammenhang wurde auch die Disziplin „Heimatkundliche Anschauung" kritisiert.

Mangelnde bzw. eindeutige Orientierung auf die Einführung eines allgemeinen
obligatorischen polytechnischen Unterrichts wurde beklagt und Konsequenzen
für den Unterricht in der Unterstufe und der Klasse 4 wurden eingefordert.

Vor diesem Hintergrund und als wesentliche *inhaltliche* Zäsur in der Entwicklung der Disziplin *„Heimatkundliche Anschauung"* muss die Veröffentlichung eines eigenen Lehrplanes für das Fach *Schulgartenunterricht* (zum ersten Mal in der
Historie des deutschen Schulwesens) verstanden werden (31.05.1963). Das neue
Fach und das daneben existierende Fach *Werkunterricht* sollten von Anfang an
„produktiv" gestaltet werden und dadurch die Schüler auf die Arbeit in der sozialistischen Produktion vorbereiten. Die sog. „praktisch gesellschaftlich-nützliche
Arbeit" der Kinder in der Natur stand im Mittelpunkt, um dadurch die Erziehung zur Liebe zur Arbeit zu fördern. Der Lehrplan für das neue Unterrichtsfach
(für die 1. bis 6. Jahrgangsstufe, bis 1968) wurde im Schuljahr 1963/64 an ausgewählten Schulen erprobt, das Fach zum 01.09.1964 eingeführt (vgl. Schmidt
1965).

Die Präzisierung der Lehrpläne 1964/68 war eine Episode auf dem Weg zur neuen
Lehrplangeneration 1968-71, durch die der gesamte Unterricht, auch in den Klassen 5 und 6, revisioniert wurde.

Im Zusammenhang mit den Lehrplanarbeiten zwischen 1968/71 wurde die
Heimatkundliche Anschauung zur (selbständigen) Disziplin. Sie wurde damit de
facto, zumindest in den Klassen 2-4, in den Rang eines Faches erhoben, welches
jedoch von der Lehrkraft unterrichtet wurde, die auch den Deutschunterricht
erteilte, welcher nun nicht mehr „Heimatkundlicher Deutschunterricht", sondern „Deutschunterricht der Unterstufe und der Klasse 4" hieß.

Die Bearbeitung der Lehrpläne im Zusammenhang mit der Konzipierung der
letzten Lehrplangeneration von 1984-1990 war darauf gerichtet, die Lehrplanziele weiter zu präzisieren, die Systematik (u.a. Lehrgangsaufbau) bei der Auswahl
und der Anordnung des Stoffes im Lehrplan zu erhöhen sowie das Niveau des
von den Kindern anzueignenden Wissens und Könnens noch genauer zu bestimmen. In gewisser Weise zeigte sich an dieser Aufgabenstellung die Stagnation in
der Volksbildung als Ausdruck der Stagnation in der Gesellschaft.

In der Disziplin *Heimatkunde* sollten die Schüler ihre Heimat kennen lernen und elementare Kenntnisse über die Arbeit der Werktätigen, über den sozialistischen Staat, über geschichtliche Ereignisse und die Natur ihres Heimatterritoriums erwerben. Schrittweise hatten sie Zusammenhänge in Natur und Gesellschaft zu erfassen und sollten so ihre Heimat als Teil des sozialistischen Vaterlandes besser verstehen lernen. Ziel des Heimatkundeunterrichts war es, die Schüler an grundlegende Denk- und Arbeitsweisen heranzuführen (u.a. Arbeit mit geographischen Karten, Tabellen, Grafiken; Durchführung von Beobachtungen, Erkundungen, einfachen Versuchen; Nutzung von historischem Material, vor allem mit örtlichem Bezug), die ihnen helfen sollten, sich zu orientieren und selbständig Kenntnisse zu erwerben und mit Aufmerksamkeit und Interesse die Vorgänge und Erscheinungen in ihrer Heimat zu verfolgen (vgl. Neuner 1988, S. 99 ff.).

„Der Unterricht in Heimatkunde leistet in engem Zusammenwirken mit dem Unterricht in den anderen Disziplinen des Deutschunterrichts, dem Unterricht in den anderen Fächern und der außerunterrichtlichen Tätigkeit einen wesentlichen Beitrag, die Schüler *zur Liebe zu ihrem sozialistischen Vaterland und zum Frieden zu erziehen.* Er weckt ihre Bereitschaft zu gesellschaftlich nützlicher Tätigkeit, prägt das Gefühl der freundschaftlichen Verbundenheit mit der Sowjetunion und den anderen sozialistischen Ländern sowie eine aktive Haltung zur Solidarität mit den um ihre Befreiung kämpfenden Völkern aus. Er unterstützt die Herausbildung einer auch emotional geprägten Einstellung zur Natur und bildet die Einsicht heraus, daß in unserer Republik große Anstrengungen unternommen werden, um die Natur zum Wohle der Menschen zu nutzen, sie zu erhalten und zu schützen" (ebd. Hervorhebungen im Orig.).

Der Lehrgang (1988) für den Unterricht in der *Heimatkunde* ordnete die Inhalte in zwei *Teillehrgänge* „Einführung in das gesellschaftliche Leben" und „Kenntnisse über die Natur/Naturbeobachtungen" und hatte in folgenden *Themenbereichen* zu erfolgen:

1. Einführung in das gesellschaftliche Leben
– Die Kinder als Schüler und Jungpioniere
– Die DDR – unser sozialistisches Vaterland
– Verkehrserziehung

2. Kenntnisse über die Natur/Naturbeobachtungen
– Kenntnisse über die nichtlebende Natur
– Kenntnisse über die lebende Natur.

Kennzeichnend für den *Heimatkundeunterricht* in der DDR waren
– ein Lehrplankonzept, welches Inhalts- und Zeitvorgaben verbindlich vorgab und versuchte, Lehrkräfte und Schüler fernzusteuern („geschlossener Unterricht"). Das führte oft zur formalen „Abarbeitung" des Lehrplans.

- eine Kopflastigkeit der Lehrpläne, die vor allem den „Erwerb grundlegender Kenntnisse" und die ideologische Erziehung im Auge hatten
- ein starrer Lehrgangscharakter (Teillehrgänge - Natur und Gesellschaft), der vor allem in den Klassen 3 und 4 zur Fachvorbereitung (Biologie, Geschichte, Erdkunde) diente,
- die Betonung ideologisch gefärbter Inhalte, die wenig die tatsächliche Lebenswirklichkeit der Kinder berücksichtigten (affirmative Erziehung).

Die Reformbemühungen, die nach 1990 noch vor der Wiedervereinigung Deutschlands in der DDR begonnen wurden, bewegten sich im Rahmen des bislang dem Heimatkundeunterricht zugrundegelegten Konzepts und versuchten dieses zu öffnen. Beispielsweise wurde in den Rahmenrichtlinien für den Heimatkundeunterricht in den neuen Bundesländern (Rahmenrichtlinien 1990), die hier bis zum Schuljahr 1991/92 gültig waren, auf die Verbindlichkeit der Zeitvorgaben verzichtet und auf einen flexiblen Umgang mit den im Lehrplan fixierten Inhalten orientiert. In den Klassen 1 und 2 wurden durch relativ wenige Stoffstreichungen und -präzisierungen Übergangslösungen geschaffen, die den gesellschaftlichen Veränderungen weitgehend Rechnung tragen sollten. In den Klassen 3 und 4 wurde darüber hinaus verständlicherweise auf weite Teile des Teillehrganges Gesellschaft verzichtet.

2 Heimatkunde in Lehrerbildung und Forschung

Die Lehrerbildung für die unteren Klassen (1-4) erfolgte in seminaristischer Form an Instituten für Lehrerbildung, für deren Besuch der Abschluss der 10. Klasse berechtigte (Fachschulausbildung). Interessanterweise wich man von dem ab, wovon noch 1947 in „Die neue Schule" (2. Jg. 1947, Nr. 12, S. 447 f.) vollmundig berichtet wird: „Die Lehrerbildung in der sowjetischen Besatzungszone erfolgt in den pädagogischen Fakultäten der Universitäten, in Berlin an der Pädagogischen Hochschule." Hierin bestand eine Forderung der deutschen Lehrerorganisation (einheitliche Ausbildung aller Lehrer für die Einheitsschule auf den pädagogischen Fakultäten der Universitäten und Hochschulen – vgl. Günther, Hofmann, Hohendorf & Schuffenhauer, 1962, S. 458).
Eine Methodik des Heimatkundeunterrichts als Wissenschafts- und Ausbildungsdisziplin existierte erst seit Mitte der 1970er-Jahre – die gezielte Methodikausbildung in den IfL (Institute für Lehrerbildung) und am IfU (Institut für Unterstufenmethodik) in Erfurt.
Die Stundentafel (1987/88) für die Ausbildung von Lehrern für die unteren Klassen und von Freundschaftspionierleitern (hauptamtlich in Schulen tätige Funktionäre der Kinder- und Jugendorganisationen „Pionierorganisation" und „Freie Deutsche Jugend") an IfL in Heimatkunde wies 188 Gesamtstunden in folgenden Lehrgebieten aus:

– Fachwissenschaftliche Grundlagen des Heimatkundeunterrichts aus der Biologie (42)
– Fachwissenschaftliche Grundlagen des Heimatkundeunterrichts aus der Geographie (41)
– Methodik des Heimatkundeunterrichts (105).

Diese Ausbildung fand in enger Verbindung zur Disziplin „Geschichte der DDR" mit den gesellschaftswissenschaftlichen Grundlagen des Heimatkundeunterrichts und dem marxistisch-leninistischen Grundlagenstudium statt.

Aufgrund fehlender wissenschaftlicher Kapazität wurden fachdidaktische bzw. methodische Forschungen zum Heimatkundeunterricht erst ab Mitte der 1960er-Jahre in bescheidenem Umfang in Angriff genommen.

In der Forschung wurden im Zusammenhang mit dem Unterstufenbeschluss und der Überarbeitung der Lehrpläne von 1959 einige prinzipielle Probleme aufgeworfen. Diese bezogen sich u.a. auf die Erhöhung der Wissenschaftlichkeit des Unterrichts (Möglichkeit und Grenzen der Propädeutik, die Vorverlagerung des Fachunterrichts), die Berücksichtigung der psychischen Besonderheiten jüngerer Kinder und ihres Lernens, die Möglichkeiten und Grenzen des Fachlehrereinsatzes versus Klassenlehrerprinzips sowie die Theorie und Praxis der Unterrichtsprogrammierung in der Unterstufe. Den Problemen konnte jedoch aus Gründen fehlender wissenschaftlicher Kapazität heraus nicht systematisch nachgegangen werden. Es gab insgesamt nur zwei Untersuchungen, die sich der prinzipiellen Weiterentwicklung des Heimatkundeunterrichts und hier auch nur bezogen auf den Bereich der Natur zuwandten, die wegen fehlender fachdidaktischer Bezüge und einer zu geringen Bezugsetzung zur Aufgabe der Unterstufe für den Heimatkundeunterricht ohne Wirkung blieben.

Grundlagenuntersuchungen wurden kaum durchgeführt, sondern Kraft und Zeit wurden auf die Evaluation des Lehrplans und auf seine Weiterentwicklung konzentriert.

Es gab zwei größere Erhebungen in den Jahren 1974-1978 und 1984-1987. Diese Analysen bedienten sich vielfältiger Methoden und wurden mit großem personellem Aufwand betrieben. Im Rahmen der Analysen konnte ein relativ konkretes Bild vom Unterricht (Lehrplanerfüllung, Orientierungswirkung des Lehrplans, Ausstattungsgrad und Qualität der Unterrichtsmittel und Unterrichtsmaterialien, Qualität des Lehrerhandelns usf.) gezeichnet werden.

Die Hauptfragen betrafen das Lehrplanverständnis der Lehrer (als Voraussetzung dafür, dass der Lehrplan praktische Wirkung zeigen kann), die Unterrichtsgestaltung und die Lernresultate der Schüler. Als Methoden kamen zum Einsatz: Gesprächsrunden mit Lehrern und Fachberatern, die Dokumentenanalyse (Auswertung der vielfältigen Berichte, die vor allem von den staatlichen Stellen eingeholt und beginnend mit den Fachberatern, auf Kreis- und Bezirksebene abgefordert wurden), Unterrichtsbeobachtungen und Dokumentenanalyse (Schülerarbeitshefte und Klassenbücher) bzw. Testarbeiten in der Regel mit Stichproben von 600-800 Schülern pro Klassenstufe.

Im Ergebnis der Analysen von 1974-78 wurden eine große Differenziertheit im Umgang der Lehrer mit dem Lehrplan, fachliche Probleme, Mängel bei der Konzentration auf das Wesentliche im Unterrichtsstoff, Verbalismus und geringe Anschaulichkeit des Unterrichts festgestellt. Der Stoff und der Lehrer dominierten den Unterricht, aktiv und damit eigenreguliert lernende Schüler waren die Ausnahme. Es gab Versuche, zumindest ab Klasse 4 Fachlehrer für den Heimatkundeunterricht einzusetzen, um damit den fachlichen Problemen der Lehrer im Zusammenhang mit dem erhöhten fachwissenschaftlichen Anspruch an den Unterricht begegnen zu können.

Auch die Analysen der Jahre 1984-87 verwiesen auf mit den Grenzen der Konzeption zusammenhängende Probleme: Tendenzen des Abarbeitens des Stoffes, methodische Einseitigkeit und Dominanz des „Buchunterrichts", ein angespanntes Stoff-Zeit-Verhältnis und das „Stoffschütten", eine zu geringe (geistige) Aktivität der Schüler sowie Schwierigkeiten bei der Leistungserfassung und -bewertung. Hauptforschungsfragen, die Ende der 1980er-Jahre aufgeworfen, keineswegs aber gelöst wurden, betrafen die Effektivität des Unterrichts durch Einsatz ziel-, inhalts- und entwicklungsadäquater Methoden und Organisationsformen des Unterrichts (Potenzen und Grenzen problemhaften Unterrichtens, kooperative Lernformen, Spiel als didaktisches Mittel, Nutzung vielfältiger didaktischer und materieller Mittel für die Gestaltung adäquater Erkenntnisprozesse, die Koordinierung der Disziplinen des Deutschunterrichts und der anderen Fächer sowie der außerunterrichtlichen Tätigkeit der Kinder mit Blick auf die Entwicklung der Gesamtpersönlichkeit des Kindes, Nutzung der erzieherischen Potenzen des Stoffes). Damit erfolgte eine gewisse Umorientierung in der Forschung, man wandte sich vom Mittel des Lehrplans als hauptsächlichem Steuerungselement der Schulpraxis ab und dem Kind und seiner Entwicklung zu (vgl. Giest 2002).

3 Schluss

Eine zusammenfassende Aufarbeitung und Darstellung der Geschichte der Heimatkunde in der DDR liegt momentan noch nicht vor. Diese erweist sich als dringend erforderlich. Die wenigen einschlägigen Bücher, die zum Thema in der DDR bis 1989 erschienen sind, richten sich vor allem an Lehrkräfte und thematisieren Ziele, Inhalte und Methodik des Faches (s. Literaturverzeichnis), machen es aber nicht zum Gegenstand einer wissenschaftlichen Analyse. Bedingt durch diese Publikationspraxis in der DDR fußen die hier getroffenen bilanzierenden Aussagen unter Berücksichtigung der in der Fachpresse veröffentlichten „Lehrplanreferate" (Drefenstedt & Szudra 1983 und Drefenstedt & Rehak 1985), größtenteils auf der Auswertung unveröffentlichter Materialien der Arbeitsstelle für Unterstufe der Akademie der Pädagogischen Wissenschaften der DDR (APW). Als solche sind an dieser Stelle zu nennen: Konzeptionen der Bewährungsanalysen der Lehrpläne (1984, 1986, 1987); Abschlußberichte zur Bewährungsanalyse Heimatkunde Klasse 2 (1986); Klasse 3 - Entwurf (1986); Gesamtbericht zur Bewährungsanalyse Heimatkunde, Klassen 2 bis 4 - Entwurf (1988); Aspektberichte zur Bewährungsanalyse; Einschätzung der Wirksamkeit der Veränderungen in den neuen Lehrplänen für den Deutschunterricht der Klassen 2 bis 4: Lesen Klasse 2 bis 4; Muttersprache Klasse 4; Heimatkunde Klassen 3 und 4 (Mai 1988); Problemliste - Heimatkunde (Oktober 1988), Konzeption für die Entwicklung der Disziplin Heimatkunde in den Jahren 1986-1990 - Entwurf (September 1987), Disziplin- und Kaderentwicklungsprogramm „Deutsch – untere Klassen" (1989).

Literatur

Autorenkollektiv unter Leitung von G. Neuner (1976): Allgemeinbildung, Lehrplanwerk, Unterricht. Berlin. – Autorenkollektiv unter Leitung von G. Neuner (1988): Allgemeinbildung, Lehrplanwerk. Berlin. – Autorenkollektiv unter Leitung von G. Kunze (1983): Heimatkunde – Methodische Beiträge. Berlin. – Bauer, R., Kummer, G. & Motschmann, S. (1987). Heimatkunde. Zur fachlichen Vorbereitung auf den Unterricht. Berlin. – Bühl, H., Heinze, D., Koch, H. & Staufenbiel, F. (1970): Kulturpolitisches Wörterbuch. Berlin. – Deiters, H. (1948): Die Schule der Demokratischen Gesellschaft. Berlin. – Drefenstedt, B. & Rehak, B. (1985): Ziele, Aufgaben und methodische Grundkonzeption des Heimatkundeunterrichts in der Klasse 4 nach dem neuen Lehrplan. In: Die Unterstufe 32, H. 4, S. 55-62. – Drefenstedt, B. & Szudra, U. (1983): Ziele, Aufgaben und methodische Grundkonzeption des Heimatkundeunterrichts in den Klassen 2 und 3 nach den weiterentwickelten Lehrplänen. In: Die Unterstufe 30, H. 7/8, S. 140-147. – Giest, H. (2002): Entwicklungsfaktor Unterricht. Landau. – Günther, K-H.; Hofmann, F.; Hohendorf, G. König, H. & Schuffenhauer, H. (1962): Quellen zur Geschichte der Erziehung. Berlin. – Hagemann, W. (1964): Die Überreste des bürgerlichen Volksschulunterrichts überwinden! In: Die Unterstufe 11, H. 11, S. 1-7. – Lüdtke, H. (1965): Der Unterstufenbeschluss - ein entscheidendes Dokument für unsere Arbeit! In: Die Unterstufe 12, H. 9, S. 1-2, und H. 10, S. 1-2. – Schmidt, G. (1965): Die Bedeutung des Schulgartenunterrichts für die polytechnische Bildung und Erziehung in der zehnklassigen allgemeinbildenden polytechnischen Oberschule der Deutschen Demokratischen Republik. Berlin (unveröff. Habilitationsschrift). – Wittkowske, S.: Sachunterricht und Schulgartenarbeit. Ein nicht nur historischer Exkurs zu Entwicklungen in der DDR. In: Glumpler, E. & Wittkowske, S. (Hrsg.) (1996): Sachunterricht heute. Bad Heilbrunn, S. 98-115.
Weiterführend und disziplingeschichtlich bedeutsam: Autorenkollektiv (1967): Beiträge zur Gestaltung des Unterrichts in Heimatkundlicher Anschauung. Berlin. – Autorenkollektiv unter Leitung von G. Kunze (1983): Heimatkunde – Methodische Beiträge. Berlin. – Autorenkollektiv unter Leitung von W. Hagemann (1976): Der Unterricht in den unteren Klassen (Ziele, Inhalte, Methoden). Band 1 und 2. Berlin. – Bauer, R., Kummer, G. & Motschmann, S. (1987). Heimatkunde. Zur fachlichen Vorbereitung auf den Unterricht. Berlin. – Dose, E. u.a. (Autorenkollektiv) (1974): Heimatkunde. Zur fachlichen Vorbereitung auf den Unterricht. Berlin. – Neuner, G. (1989): Allgemeinbildung – Konzeption, Inhalt, Prozess. Berlin. – Szudra, U. (Hrsg.): Heimatkunde. Lehrbücher. Klasse 3 und 4. Berlin. – Szudra, U. (Hrsg.): Unterrichtshilfen . Klasse 1 integriert in Deutsch. Klasse 2 bis 4. Berlin. – Lehrmaterialien zur Ausbildung an Instituten für Lehrerbildung. Heimatkunde und Methodik des Heimatkundeunterrichts. Berlin. – Lehrprogramme für die Ausbildung

von Lehrern für die unteren Klassen und Freundschaftspionierleitern in HEIMATKUNDE bzw. in METHODIK DES HEIMATKUNDEUNTERRICHTS. Berlin.

38| Der heimatkundliche Unterricht in der Grundschule
Johannes Jung

1 Terminologische und chronologische Abgrenzung

Bereits zu Beginn des 19. Jahrhunderts wurde der Begriff *Heimatkunde* als erstes wohl von C. Harnisch (1816) geprägt und als Vorstufe für seine Welt- und Vaterlandskunde gedacht. F. A. Finger (1844) führte diese Vorstellungen vor allem für den geographischen Bereich weiter aus. A. Diesterweg (1850) zielte, in Anlehnung an Pestalozzis Volksbildungsidee im Rahmen der *nähesten Verhältnisse,* auf eine Annäherung gleichermaßen an Natur- wie an Kulturerscheinungen ab. Die inhaltlichen Schwerpunkte lagen dabei wechselweise eher im naturkundlichen (vgl. Junge 1885) oder im geschichtlichen oder geographischen Bereich (vgl. Schaub 2004). Gemeint war immer ein Realienunterricht, dessen Ziele, Inhalte und Methoden auf dem unmittelbaren Nahraum fußten (vgl. Götz in diesem Band Nr. 36).
Allerdings kann erst ab Etablierung der Grundschule durch die Weimarer Verfassung 1919 bzw. das Große Grundschulgesetz 1920 und die 1921 folgenden preußischen Richtlinien, die als Reichsrichtlinien 1923 weitgehend übernommen wurden, von einer flächendeckenden Einführung der Heimatkunde als integralem Bestandteil der Volksschulunterstufe gesprochen werden (vgl. Neuhaus-Siemon 1994). Schulorganisatorisch unterschieden die Richtlinien dabei zwischen dem *Heimatkundlichen Gesamtunterricht* während der ersten beiden Jahrgangsstufen und der *eigentlichen Heimatkunde* in den zwei folgenden Jahren. In den Jahrgangsstufen 1 und 2 bildeten heimatkundliche Inhalte den Mittelpunkt des Gesamtunterrichts, in der 3./4. Jahrgangsstufe sollte das Fach Heimatkunde bereits auf die anschließenden Volksschulfächer Erdkunde, Naturkunde und Geschichte vorbereiten (vgl. Feige 2004). Etwa ab 1960 geriet der Heimatkundeunterricht in den westdeutschen Bundesländern konzeptionell und inhaltlich zunehmend in die Kritik und wurde gegen Ende der 1960er Jahre vom *Sachunterricht* und später von semantisch verwandten Konzepten wie dem der *Heimat- und Sachkunde,*

dem *Heimat- und Sachunterricht* oder der *Weltkunde* abgelöst (vgl. Neuhaus-Siemon 1994). In den westdeutschen Lehrplänen wurde der Sachunterricht unter dieser Namensgebung erstmals 1957 in niedersächsischen Grundschulen eingeführt.

Im Folgenden sei also allgemein mit heimatkundlichem Unterricht eben jenes Vorläuferfach des Sachunterrichts bezeichnet, das in der Zeit zwischen 1920 und etwa 1965 in seiner konzeptionellen Ausformung unterrichtsprägender Mittelpunkt der Grundschule war (vgl. Götz & Jung 2001). Die besondere Situation zwischen 1933 und 1945 wird wegen der Kürze der Darstellung nur randständig erwähnt werden können, die spezifische Entwicklung der Heimatkunde in der DDR findet ihre Würdigung in einem eigenen Beitrag in diesem Band (vgl. Giest & Wittkowske in diesem Band, Nr. 37).

2 Erkenntnistheoretische und schulpädagogische Grundlagen des heimatkundlichen Unterrichts

Die beiden Begriffsbestandteile *Heimat* und *Kunde* lassen sich durchaus als erkenntnisleitende Kategorien verstehen.

Mit *Heimat* als erster Komponente ist der kindliche, in aller Regel rein geographisch verstandene Nahraum gemeint, der zunächst fußläufig erschlossen werden kann. Von Schuljahr zu Schuljahr ließ sich dieser engere Nahraum in konzentrischen Kreisen auf die umliegenden Orte, Stadtteile und schließlich den Bezirk erweitern. Allerdings bezog sich das räumliche Verständnis von Heimat nicht nur auf naturgeographische Gegebenheiten, sondern auch auf die durch besondere Bräuche und Sitten geprägten Menschen. Aus der Tradition des 19. Jahrhunderts heraus herrschte dabei ein eher nüchternes Verständnis von Heimat vor, in dem der vertraute Nahraum ganz pragmatisch in erster Linie als Anschauungsquelle und Stofflieferant verstanden, Schule also primär als Bildungs- und Qualifikationsort begriffen wurde (vgl. Feige 2004). Ab den 1920er Jahren trat ein eher emotional getöntes Verständnis von Heimat als erlebte und gefühlte Verbundenheit und Geborgenheit, als seelischer und geistiger Wurzelboden und damit als idyllisierter Schonraum hinzu, wodurch die Grundschule konzeptionell und schultheoretisch stärker als Sozialisations- und Erziehungsort funktionalisiert wurde. In den Lehrplänen der Weimarer Grundschule fanden sich diese beiden Auffassungen in unterschiedlicher Proportionalität und in wechselnden Akzentuierungen (vgl. Götz 1989). Beiden Positionen gemeinsam war ein relativ statisches Verständnis von Heimat, das diese als weitgehend absolute und vom Individuum unbeeinflussbare Größe ansah.

Kunde, als zweiter Begriffsbestandteil, beschrieb eine spezifische, auf Gesamterleben und Verwendbarkeit abzielende Vermittlungs- und Arbeitsform, die sich nicht wissenschaftlicher Systematik oder disziplinärer Ordnung verpflichtet sah, sondern den Möglichkeiten des gesunden Menschenverstandes entsprechen und praktische Handlungskompetenzen zur Bewältigung des Alltags vermitteln sollte. Kritisch reflexives Wissen oder formale fachwissenschaftliche Qualifikationen wurden in aller Regel nur zufällig und punktuell vermittelt.

Die lern- und entwicklungspsychologischen Paradigmen der Heimatkunde gingen von einer *Ganzheitlichkeit* des kindlichen Wesens und einer Totalauffassung der Welt aus, die ungefächert und umfassend gedacht wurde. Entwicklung sollte sich dabei in endogen gesteuerten Stufen nach einem inneren Bauplan vollziehen, was die exogenen Einwirkungsmöglichkeiten natürlich stark beschränkte und auf Grund der vorgegebenen Begabungsqualität gleichsam natürlich unterschiedliche Bildungskorridore eröffnete; für die eher lebenspraktisch ausgerichteten, dem gesunden Menschenverstand folgenden Schüler war eine volkstümliche Bildung angezielt, der kleinen Minorität mehr kritisch-reflektierender Menschen sollte eine höhere Bildung ermöglicht werden (vgl. Engelhardt & Stoltenberg 2002).

Erkenntnistheoretisch sah sich die Heimatkunde stärker dem *Sensualismus* und *Empirismus* als den rationalistischen Denkmodellen verpflichtet und folgte damit durchaus der gewohnten Herbartianischen Didaktik. Menschliches Wissen und Verständnis beginnt demnach primär durch sinnliche Wahrnehmung und Anschauung, nicht durch kognitive Konstruktionsleistungen (vgl. Götz 2002).

3 Ziele des heimatkundlichen Unterrichts

Aus den anskizzierten Grundpositionen des heimatkundlichen Unterrichts resultieren die angestrebten Hauptziele dieses Faches ganz zwangsläufig oder stehen zumindest in einer engen Verflochtenheit mit diesen.

Als erstes Generalziel des heimatkundlichen Unterrichts, welches bereits in den Vorläuferkonzeptionen des 19. Jahrhunderts zu identifizieren ist, lässt sich ganz übergreifend das *Erschließen, Verstehen und Bewältigen der umgebenden Sachwelt* benennen. Dass dies in aller Regel eher im überschaubar und eng gesteckten Rahmen der volkstümlichen Bildung und unter Ausklammerung von Veränderungs- und Innovationsmöglichkeiten geschah, wurde bereits angedeutet.

Zum Zweiten wurde eine propädeutische Vorbereitung auf die Sachfächer der weiterführenden Schulstufen angestrebt; diese *Fachpropädeutik* galt vor allem für den eigentlichen Heimatkundeunterricht in der dritten und vierten Jahrgangstufe.

Diese beiden Zielebenen wurden in den 1920er Jahren, sicher auch als kompensatorische Folge der politischen und gesellschaftlichen Konfusionen nach dem schockierenden Kriegsende 1918/19, durch eine verstärkte Hinführung zur *Heimatliebe* ergänzt. Die Erziehung nicht nur in und durch die Heimat, sondern auch bewusst zur Heimat hin wurde programmatisch vor allem durch Sprangers besonders nach dem 2. Weltkrieg viel rezipierten Aufsatz „Vom Bildungswert der

Heimatkunde" (1923) auf ein bildungstheoretisches Niveau gehoben. Latente didaktische und unterrichtspraktische Orientierungen hin zu einer stärkeren Emotionalisierung waren im Gefolge der ausgeprägten Heimatbewegung des beginnenden 20. Jahrhunderts aber bereits vorhanden (vgl. Bausinger 2002). Während der nationalsozialistischen Herrschaft, vorzugsweise nach den „Reichsrichtlinien für den Unterricht in den vier unteren Jahrgängen der Volksschule" vom April 1937 erfuhr die angestrebte heimatliche Gemütsbindung eine zusätzliche Verschärfung durch die rassenkundliche Extrapolierung zu Liebe und Stolz auf Volk und Rasse, Nation und Führer, so dass sich die Kinder als „verwurzelte Glieder des deutschen Volkes fühlen lernen" (Reichsrichtlinien 1937, S. VII) sollten und die Schule insgesamt vor allem in den Dienst einer nachdrücklichen Charakterformung gestellt wurde (vgl. Götz 1997).

Innerhalb dieser umrissenen Zieltrias *Welterkenntnis – Fachpropädeutik – Heimatliebe* wurde, neben der einseitigen Überbetonung der emotionalen Einwurzelung durch die Blut-und-Boden-Ideologie des Dritten Reiches, auch in den Jahren der Weimarer Republik und in den ersten beiden Jahrzehnten der Bundesrepublik Deutschland immer wieder, alleine wegen der föderalen Heterogenität der Schul- und Bildungslandschaft, eine Verschiebung der Schwerpunkte vorgenommen. Ganz generell lässt sich feststellen, dass die unmittelbar nach 1945 stark betonte Heimatliebe und tief verbundene Hochschätzung des traditionellen Nahraumes bis zum Ende der 1960er Jahre durch eine mehr und mehr nüchterne und neutralere Sachvermittlung abgelöst wurde.

Durchgängig erhalten bleibt allerdings eine insgesamt affirmative Zielrichtung, also eine bewahrende und rechtfertigende Tendenz bei der Behandlung heimatkundlicher Themen. Eine kritische Heimatsicht und das Aufzeigen notwendiger Veränderungen bleiben auf der Zielebene weitestgehend ausgeklammert.

4 Didaktisch-methodische Grundprinzipien und unterrichtsorganisatorische Konsequenzen

Aus der Verpflichtung auf diese drei Hauptziele und der Berücksichtigung der psychologischen und pädagogischen Axiome lässt sich das ganze methodische Repertoire der Heimatkunde und ihre unterrichtsorganisatorischen und praktischen Folgen entfalten. Unübersehbar wirksam ist hier der Einfluss der reformpädagogischen Vorstellungen von Kind und Schule bezüglich Lebensnähe, Kindgemäßheit und Anschaulichkeit (vgl. Neuhaus-Siemon 1994).

So gibt zunächst die entwicklungspsychologisch fundierte Altersstufung eine Zweiteilung in den *Heimatkundlichen Gesamtunterricht* in der 1./2. Jahrgangsstufe, der sich vollkommen der ganzheitlichen Auffassungsgabe des Schulanfängers verpflichtet sah, und in die *eigentliche Heimatkunde* der 3./4. Klasse vor. In den beiden letztgenannten Jahrgängen sollte eine erste grobe Fächerung in die späteren Schulfächer in den Blick genommen werden, was didaktisch-methodisch in einer immer differenzierteren und fachspezifischeren Auswahl der Inhalte und Zugriffsweisen seinen Niederschlag fand. Die im Folgenden herausgestellten methodischen Grundprinzipien dürfen aber für die gesamte Grundschulzeit Geltung und Gültigkeit beanspruchen.

Ein erstes unbestrittenes und dauerhaftes Grundprinzip stellte die Orientierung am Kind und seiner altersgemäßen Belastbarkeit und Auffassungsgabe dar. Diese *Kindgemäßheit* muss jedoch im Sinne einer uniformierenden Stufenentwicklungspsychologie verstanden werden, also einer Orientierung nicht am einzelnen, sich subjektiv artikulierenden Individuum, sondern am abstrakten, von außen objektiv definierten Durchschnittskind dieser Altersstufe. Unterrichtspraktisch bedeutet dies eine Einkleidung des Stoffes in eine kindliche, erlebnishafte Sprache, eine streckenweise Anthropomorphisierung und Moralisierung natürlicher Vorgänge und eine weitgehende Simplifizierung aller Inhalte, um eine entwicklungswidrige Überforderung und Verfrühung zu vermeiden. Eine gewisse Modifizierung und Relativierung erfuhr diese absolute Kindgemäßheit zwischen 1933 und 1945 durch die völkische Ideologie des Nationalsozialismus, die eine Ein- und Unterordnung auch der Kinder im Dienste der Volksgemeinschaft forderte.

Ein zweites methodisches Prinzip darf in der durchgängig geforderten *Anschaulichkeit* des Unterrichts gesehen werden. Vorrang vor jedem abstrakten Intellektualismus und jeder leeren Begriffsarbeit soll die unmittelbare Sachbegegnung, das Auffinden bildungswirksamer Inhalte in der Originalbegegnung genießen, was Unterrichtsgänge, Schulgärten und die Anlage natur- und kulturkundlicher Sammlungen verlangte. Darüber hinaus sollten beispielsweise Modelle, Schulwandbilder und Nachbauten im Sandkasten der weiteren Veranschaulichung dienen. Aus dem hohen Stellenwert dieser unmittelbaren sinnlichen Zugangsmöglichkeit resultiert sicher auch die Beibehaltung der oft ungegliederten Dorfschule in der Bundesrepublik Deutschland bis weit in die 1960er Jahre hinein, während in der DDR die sehr rasche Zusammenfassung der Dorfschulen zu größeren Zentralschulen sicher primär der Vereinheitlichung des politischen Bewusstseins dienen sollte.

Das verwandte methodische Prinzip der *Heimatnähe*, in aktueller Diktion vielleicht als Lebensweltorientierung zu bezeichnen, darf als Chance zur Konkretisierung und Bevorzugung der vertrauten, realen Umgebung verstanden werden (vgl. Götz & Jung 2001). Allerdings soll deutlich darauf hingewiesen sein, dass das damals weitgehend passive, statische und raumzentrierte Heimatverständnis in aktuellen Konzeptionen selbstverständlich eine Modifikation hin zu aktiver Aneignung und Auseinandersetzung erfahren hat (vgl. Daum in diesem Band, Nr. 21).

Als vierte didaktisch-methodische Prämisse muss das vor allem den Gesamtunterricht konstituierende Prinzip der *Ganzheitlichkeit* genannt werden. Nachdem die Welt vom Kind als Sach- und Erlebnisganzes wahrgenommen werde, müsse die Schule durch eine ungefächerte, verbundene Herangehensweise an alle Unterrichtsstoffe diese postulierte und vermeintliche Gesamtwahrnehmung widerspiegeln. Vor allem im *Heimatkundlichen Gesamtunterricht* zentrierten sich alle Fächer um ein heimatkundliches Lebensweltthema und wurden diesem zentralen Kerninhalt dienstbar gemacht.

Als ein weiteres methodisches Moment der Heimatkunde lässt sich die Betonung von *Eigentätigkeit und Schüleraktivität* konstatieren. Als notwendige Vorstufe des abstrakten Denkens muss das selbsttätige Handeln als Erbe der reformpädagogischen Arbeitsschule möglichst häufig den Lernprozess initiierend begleiten. Das Nachbauen von räumlichen Gegebenheiten, das Basteln von Bauwerken oder Konstruieren technischer Geräte war daher ein verbreiteter Bestandteil des Unterrichts.

Neben dieser Handlungsorientierung und Eigentätigkeit, Anschaulichkeit und Heimatnähe, insgesamt unter dem übergreifenden Signet einer ganzheitlichen Kindorientierung, gewann beinahe zwangsläufig auch die starke Betonung des *Erlebnischarakters* der Lernstoffe große Bedeutung. Möglichst jeder Inhalt sollte demnach nicht lediglich rational, sondern eben auch über Affekte und Emotionen aufgenommen werden.

Allerdings galt insgesamt, um durchaus zu erwartenden Einseitigkeiten vorzubeugen, natürlich auch, mit aufsteigender Jahrgangsstufe, das Prinzip einer *objektiven Richtigkeit und Sachorientierung*, also die Erarbeitung der Heimatphänomene in einer vorrangig korrekten und sachlich angemessenen Darstellungsweise. Abstriche musste dieses Prinzip vor allem dort hinnehmen, wo die kindliche Fassungskraft scheinbar nach verfälschenden Simplifizierungen und Vermenschlichungen verlangte.

Schließlich sei noch auf die große Bedeutung der musischen und bildnerischen Elemente verwiesen, die im heimatkundlichen Anschauungsunterricht, aber auch noch in der eigentlichen Heimatkunde als eine notwendige Ergänzung der geistigen und körperlichen Arbeit bei einer umfassenden Bildungs- und Erziehungsarbeit angesehen werden mussten (vgl. Neuhaus-Siemon 1994).

5 Inhalte und Themen

Bei der Fülle der inhaltlichen Vorschläge und Themengebiete, die während eines halben Jahrhunderts von Pädagogen und Didaktikern ausgearbeitet und von Bildungspolitikern in administrative Vorgaben umgesetzt wurden, ist jede Auswahl und Verallgemeinerung naturgemäß der Gefahr von Einseitigkeit und Willkürlichkeit ausgesetzt. Im Folgenden seien daher vornehmlich generalisierende Tendenzen und Paradigmen angesprochen, für die sich unter dem Mikroskop einer unterrichtsorientierten Detailanalyse immer wieder auch Gegenbeispiele finden lassen dürften.

Ganz im Sinne der angenommenen Anschaulichkeit und Ganzheitlichkeit waren die Inhalte überwiegend einer tendenziell dörflich-bäuerlichen Umwelt entnommen und, unter der Dominanz geographischer Themen, in einer Choreographie konzentrischer Kreise angeordnet. Themen des unmittelbaren Nahraumes standen dabei am Anfang der Schulzeit. Später wurde dieses Repertoire sowohl räumlich wie auch zeitlich dosiert erweitert (vgl. Feige 2004).

Zu Anfang der 1920er Jahre konnten die Inhalte, wie z.b. bei Troll (1929), noch an der herbartianischen Systematik mit biblisch zentrierten Gesinnungsstoffen angelehnt sein, wobei etwa die nächtliche Flucht der heiligen Familie nach Ägypten zum Anknüpfungspunkt für die Behandlung der dem Kind vertrauten Phänomene Sonne, Mond und Sterne wird (vgl. Troll 1929). Für die zweite Klasse spannte Troll einen weiten inhaltlichen Bogen von der Familie über Schule, Wiese und Wald bis hin zu Feuerwehr und örtlicher Blindenanstalt (ebd.).

Gleichsam am anderen Ende des heimatkundlichen Spektrums in den 1920er Jahren dürfte wohl der radikaldemokratische Schulreformer F. Karsen anzusiedeln sein, der die Lebensgebiete des Unterrichts dynamisch aus der Erfahrungswelt der Schüler erschloss: Haus, Stadt, Staat, Schule, erwanderte Gebiete, Phantasieleben (vgl. Hansen-Schaberg 2004).

Während der nationalsozialistischen Herrschaft wurden diese inhaltlichen Gebiete grundsätzlich beibehalten und durch einen volks- und rassenkundlichen Themenstrang ergänzt. Hier wurden beispielsweise germanische Heldensagen oder legendenhafte Lebensgeschichten nationalsozialistischer Führerfiguren dargeboten und in den Dienst politischer Erziehung gestellt (vgl. Götz 1997).

Nach 1945 erfolgte in den westlichen Bundesländern generell ein Rückgriff auf die Organisationsformen und die Inhalte des Heimatkundeunterrichts der Weimarer Republik. Zentraler Stofflieferant war und blieb wie in den preußischen Richtlinien von 1921 die „nähere Erfahrungswelt des Kindes" (zit. n. Neuhaus-Siemon 1994, S. 215). In Gärtners paradigmatischer „Neuzeitliche(r) Heimatkunde" (1958) sind die Stoffeinheiten „in der Folge ihrer Entfernung vom Schulhaus angeordnet" (Gärtner 1958, S. 223) und nach den unterschiedlichen Lebenswelten Großstadt oder Dorf differenziert: Das Schulhaus und seine Umgebung, landwirtschaftliche oder Handwerksbetriebe, aber auch Bahnhof, Fabrik und Feuerwehr werden als Themen vorgeschlagen, dazu kommen geographische Besonderheiten wie heimatliche Flüsse, Berge oder Bewuchsformen. Diese Inhalte der dritten und vierten Klasse werden durchgängig sachlich-deskriptiv aufgelistet, ohne bemüht organischen oder wissenschaftlich-systematischen Zusammenhang. Die Inhalte des heimatkundlichen Anschauungsunterrichts der ersten beiden Jahrgangsstufen bleiben noch enger an der vertrauten Schul- und Wohnstube und werden durch Märchen und erlebnishafte Vermenschlichungen stärker emotionalisiert. „Der Herbstwind" etwa „möchte in die Stube herein" (Gärtner 1958, S. 108). Auch in Karnicks bekannter Heimatkundedidaktik „Redet um Sachen" (1958) und „Mein Heimatort I/II" (ab 1964) entstehen die unterrichtlichen Stoffgebiete aus der näheren kindlichen Umwelt, wobei diese bereits in einen naturkundlichen und einen kulturkundlichen Bereich aufgeteilt werden. Die Stadt und das Land stehen dabei gleichberechtigt nebeneinander und setzen sich damit von den teilweise agrarromantischen und kulturkritischen Akzenten der traditionellen Heimatkunde ab (vgl. Mitzlaff 2004). Auch Jesziorsky, Lichtenstein-Rother und Fiege bemühten sich ab den späten 1950er Jahren um eine Erweiterung des herkömmlichen Inhaltsspektrums durch den Einbezug von moderner Technik und Massenmedien oder durch die Berücksichtigung einer zunehmenden gesellschaftlichen Mobilität und Urbanität (vgl. Götz & Jung 2001).

Zusammenschauend lässt sich sicher konstatieren, dass die heimatkundlichen Inhalte von 1920 bis etwa 1965 mit beachtlicher Konstanz in ihrer absoluten Majorität aus dem weitgehend kritiklos akzeptierten emotional aufgeladenen Nahraum entnommen wurden, tendenziell eher intakte, konfliktfreie Natur- und Kulturgegebenheiten des Alltags behandelten und besonders in der Nachkriegszeit im Allgemeinen einen retrospektiv-anachronistisch getönten Präsentations- und Erarbeitungsmodus bevorzugten. Vor allem ab Mitte der 1950er Jahre wird allerdings auch auf inhaltlicher Ebene bereits eine Absetzbewegung von der traditionellen Heimatkunde erkennbar mit Einbeziehung einer fachlichen Gliederung und dem Zugriff auf räumlich entferntere Inhalte wie bei Fiege und Lichtenstein-Rother (vgl. Feige 2004).

6 Kritik und Resümee

Die in den 1960er Jahren in Westdeutschland vehement einsetzende Kritik am heimatkundlichen Unterricht munitionierte sich vor allem aus lernpsychologischen und bildungstheoretischen Paradigmenwechseln. Die Lern- und Entwicklungspsychologie konzentrierte sich nun primär auf die exogenen Umweltbedingungen und kognitive Modellierungsmöglichkeiten, das emanzipatorische und demokratische Versprechen einer einheitlichen Bildung demontierte das überkommene Konzept der volkstümlichen Bildung. Entsprechend scharf fiel das Urteil über die Heimatkunde aus: Sie unterfordere die Schüler durch verfälschende Kindertümelei und missachte damit ihre Lern- und Konfliktfähigkeit, gaukle ihnen durch die willkürliche Auswahl anachronistischer Inhalte und durch sachwidrige Erklärungen eine heile, harmonische und vergangene Heimatwelt vor, anstatt sie auf die Anforderungen einer pluralistischen, wissenschaftlich geprägten Industriegesellschaft vorzubereiten (vgl. Köhnlein 2001).

Nachdem sich die Kritik an punktuellen Entgleisungen als ebenso überzogen erwiesen hat wie der bildungsreformerische Optimismus der späten 1960er Jahre, ist in der Diskussion um die Heimatkunde eine distanzierte und nüchterne Analyse und Betrachtung zu erkennen.

Die grundsätzliche Ablehnung des selektiven Konzepts einer volkstümlichen Bildung und eines bewahrenden Reifen-Lassens sind in der Generallinie des wissenschaftlichen Diskurses sicherlich unstrittig, ebenso die Auswahl der Inhalte und Methoden auch nach wissenschafts- und fachpropädeutischen Gesichtspunkten. Allerdings sind zahlreiche methodische Vorgehensweisen, gerade auch durch die seit den 1980er Jahren wieder verstärkt einsetzende Orientierung an reformpädagogischen Unterrichtsverfahren, immer noch praktikable und erfolgreiche Methoden des modernen Sachunterrichts. Anschaulichkeit und Selbsttätigkeit, mehrperspektivische Ganzheitlichkeit und Kindorientierung im Sinne einer Ausrichtung am individuellen, nicht generell definierten Wesen sind, streckenweise in modifizierten psychologischen und soziologischen Begründungskontexten, durchaus zeitgemäße Unterrichtsprinzipien geblieben. Vor allem der zentrale Begriff *Heimat* bleibt aber wegen seiner hochgradigen Emotionalisierung und Belastung wohl immer eine problematische Bezugsgröße des Unterrichts, was alle angestrengten aktuellen Paraphrasierungsversuche wie *Lebenswelt* oder *Mitwelt* unfreiwillig belegen (vgl. Engelhardt & Stoltenberg 2002).

Literatur

Bausinger, H. (2002): Globalisierung und Heimat. In: Engelhardt, W. & Stoltenberg, U. (Hrsg.) Die Welt zur Heimat machen? Bad Heilbrunn, S. 29-42. – Die Reichsrichtlinien für den Unterricht in den vier unteren Jahrgangsstufen der Volksschule vom 10. April 1937. In: Stanglmaier, H., Schnitzer, A. & Kopp, F. (1939): Volkhafter Heimatunterricht. Ansbach (zit. als: Reichsrichtlinien 1937), S. VII. – Engelhardt, W. & Stoltenberg, U. (Hrsg.) (2002): Die Welt zur Heimat machen? Bad Heilbrunn/ Obb. – Feige, B. (2004): Der Sachunterricht und seine Konzeptionen. Bad Heilbrunn. – Gärtner, F. (1958): Neuzeitliche Heimatkunde. München. – Götz, M. (1989): Die Heimatkunde im Spiegel der Lehrpläne der Weimarer Republik. Frankfurt a. M. u.a. – Götz, M. (1997): Die Grundschule in der Zeit des Nationalsozialismus. Bad Heilbrunn/Obb. – Götz, M. (2002): Der unterrichtliche Umgang mit Heimat in der Geschichte der Heimatkunde der Grundschule. In: Engelhardt, W. & Stoltenberg, U. (Hrsg.) Die Welt zur Heimat machen? Bad Heilbrunn, S. 51-56. – Götz, M. (Hrsg.) (2003): Zwischen Sachbildung und Gesinnungsbildung. Historische Studien zum heimatkundlichen Unterricht. Bad Heilbrunn. – Götz, M. & Jung, J. (2001): Die Heimatkunde als Vorläuferfach des Sachunterrichts. In: Köhnlein, W. & Schreier, H. (Hrsg.): Innovation Sachunterricht – Befragung der Anfänge nach zukunftsfähigen Beständen. Bad Heilbrunn, S. 21-42. – Hansen-Schaberg, I. (2004): Demokratie und Erfahrungslernen bei Fritz Karsen (1885 – 1951). In: Kaiser, A. & Pech, D. (Hrsg.): Basiswissen Sachunterricht. Bd. 1. Hohengehren, S. 135- 38. – Jung, J. (2004). Georg Kerschensteiner (1854 – 1932) und die Münchner Arbeitsschulbewegung. In: Kaiser, A. & Pech, D. (Hrsg.): Basiswissen Sachunterricht. Bd. 1. Hohengehren, S. 102-105. – Junge, F. (1885): Der Dorfteich als Lebensgemeinschaft nebst einer Abhandlung über Ziel und Verfahren des naturgeschichtlichen Unterrichts. Kiel, Leipzig. – Karnick, R. (1958): Redet um Sachen! Weinheim. – Karnick, R. (1964/ 1965): Mein Heimatort I. 18. – 22. Aufl. Weinheim. – Karnick, R. (1964/1966): Mein Heimatort II. 21.-25. Aufl. Weinheim. – Köhnlein, W. (2001): Einleitung: Innovation und zukunftsfähige Bestände. In: Köhnlein, W. & Schreier, H. (Hrsg.): Innovation Sachunterricht – Befragung der Anfänge nach zukunftsfähigen Beständen. Bad Heilbrunn, S. 7-20. – Mitzlaff, H. (2004): Auf dem Weg zu einer modernisierten Heimatkunde – Rudolf Karnick (1901 – 1994). In: Kaiser, A. & Pech, D. (Hrsg.): Basiswissen Sachunterricht. Bd. 1. Hohengehren, S. 151-155. – Neuhaus-Siemon, E.

(1994): Reform der Grundschule. 6. Aufl. Bad Heilbrunn. – Schaub, H. (2004): Heimatkunde. In: Keck, R., Sandfuchs, U. & Feige, B. (Hrsg.): Wörterbuch Schulpädagogik. 2. Aufl. Bad Heilbrunn, S. 197-201. – Spranger, E. (1923): Vom Bildungswert der Heimatkunde. Berlin. – Troll, M. (1929): Das zweite Schuljahr. 10. Aufl. Langensalza. (1. Aufl. 1910).

39| Wissenschaftsorientierung als konzeptioneller Anspruch
Bernd Feige

Die westdeutsche Bildungsdiskussion der 1960er Jahre mündete in den „Struktur-plan für das Bildungswesen" ein, den der Deutsche Bildungsrat (vgl. Deutscher Bildungsrat 1970) vorlegte. Darin wurde *Wissenschaftsorientierung* eine der wich-tigsten Forderungen zur inhaltlichen Gestaltung von Schule. Was für die höhere Schule schon zuvor als angemessen galt, sollte nun für Schule insgesamt Zielvor-stellung und Strukturierungsgrundsatz sein. Nach der Überwindung des geteil-ten Bildungsbegriffs – *höhere Bildung* für eine kleine Minderheit und *volkstümli-che Bildung* für die breite Masse (vgl. Glöckel 1964) – musste eine Leitkategorie gefunden werden, die die prinzipiell gemeinsame Bildung in ihrer Ausrichtung verband. Die Zeichen der Zeit standen gesellschaftspolitisch nach den 1968er Ereignissen (Studentenunruhen und Demokratisierungsdebatte) auf *Emanzipa-tion* im Sinne politischer Teilhabe und *Chancengleichheit* im Sinne der Überwin-dung gesellschaftlich erzeugter Benachteiligung. Darüber hinaus waren die aus-gehenden 1960er Jahre nach Überwindung des Sputnikschocks (1957) und der Mondlandung durch die USA (1969) von Technikeuphorie und Fortschrittszu-versicht gekennzeichnet. Wissenschaft war der Maßstab schlechthin – ihr Einzug in die Schule lag demnach mehr als nur in der Luft.
Wissenschaft wurde zur zentralen Ausrichtungsgröße schulischer Arbeit, und zwar von Anfang an. Damit erreichte sie auch die Grundschule. Diese war nach der von Erwin Schwartz angefachten Reformdebatte und dem ursprünglich als wei-hevolles Jubiläumstreffen geplanten Frankfurter Grundschulkongress (1969), der sich zu einem stimmgewaltigen Erneuerungsforum entpuppte, überreif für Re-formen (vgl. Feige 2001). Wissenschaftsorientierung hielt auf breiter Front Ein-zug in die Grundschule. Der frühere *Gesamtunterricht* wurde zugunsten einer stärkeren Fächerung des Curriculums abgeschafft. In den einzelnen Fächern er-hielt Wissenschaftsorientierung erhebliches Gewicht: Deutschunterricht wurde

um linguistische Aspekte bereichert, aus dem überkommenen Rechenunterricht wurde Mathematik mit dem Schwerpunkt Mengenlehre und in den musischen Fächern wurden kommunikationstheoretische Zusammenhänge betont. Ein Fach jedoch war in seinem bisherigen Zuschnitt für die Wissenschaftsorientierung ungeeignet: die *Heimatkunde*. Sie musste dem neuen *Sachunterricht* weichen, der somit von Beginn an stärker als alle anderen Grundschulfächer mit Wissenschaftsorientierung verbunden war; denn ohne die nunmehr zentrale Stellung, die Wissenschaft im pädagogisch-didaktischen Diskurs der Zeit einnahm, hätte es das neue Fach Sachunterricht nicht gegeben.

1 Begriffsklärung

Was unter Wissenschaftsorientierung zu verstehen ist, geht am besten aus dem eingangs genannten Quellentext hervor (vgl. Deutscher Bildungsrat 1970, S. 33). Demnach bedeutet Wissenschaftsorientierung in erster Linie, dass die Schülerinnen und Schüler erfahren sollen, dass die Unterrichtsinhalte „in ihrer Bedingtheit und Bestimmtheit durch die Wissenschaften erkannt und entsprechend vermittelt werden" (ebd.). Das soll nun nicht heißen, dass Schule zu einem Wissenschaftsbetrieb wird, vielmehr geht es darum, Wissenschaft durchschaubar zu machen, um sie auf diese Weise „kritisch in den eigenen Lebensvollzug aufzunehmen" (ebd.). Dies beginnt anbahnend in der Grundschule und setzt sich weiterführend bis in den Sekundarbereich II fort, wo Wissenschaft dann unter gesellschaftlicher und methodischer Rücksicht selbst zum Gegenstand von Unterricht werden sollte, um metawissenschaftliche Kompetenzen zu erarbeiten. Bei der konzeptionellen Umsetzung von Wissenschaftsorientierung wurde in der Folgezeit tendenziell der Aspekt der Kritikfähigkeit zugunsten des Vermittlungsgedankens vernachlässigt.

2 Konzeptionelle Einlösungsversuche

2.1 Wissenschaftsorientierung in frühen Konzeptionen des Sachunterrichts

Besonders *Didaktiker der Naturwissenschaften* bemühten sich zeitnah und intensiv zur Einführung des Sachunterrichts wissenschaftsorientierte Konzeptionen vorzulegen. Ausdrücklich vom Deutschen Bildungsrat dazu aufgefordert (vgl. ebd. S. 139 f.), wurden zunächst US-amerikanische Curriculumvorlagen ins Deutsche übersetzt, sodann für die hiesigen Bedürfnisse bearbeitet und weiterentwickelt. Der oftmals erhobene Vorwurf, es handele sich bei den frühen naturwissenschaftlichen Konzeptionen des Sachunterrichts um bloße Adaptionen, läuft somit ins Leere (vgl. Spreckelsen 2001, S. 99 f.; Lauterbach 2005, S. 579).

Maßgebliche Denkrichtungen der amerikanischen Curriculumgestalter waren zwei grundsätzliche Auffassungen in der Vermittlung von Naturwissenschaft: Der eine Weg wollte die den Naturwissenschaften innewohnenden *Strukturen* (structure of discipline) erschließen, der andere Weg wollte naturwissenschaftliche *Arbeitsweisen, Methoden* und *Erkenntnisverfahren* (process as content) vermitteln. Darüber hinaus galt für beide Konzeptionen, dass sie auch wissenschaftsbezogene Haltungen (attitudes), wie redliche Sachlichkeit, abwägende Rationalität und Verantwortungsbewusstsein aufbauen wollten.

Anreger für das *strukturorientierte Curriculum* im Sachunterricht war die amerikanische Vorlage „Science Curriculum Improvement Study" (SCIS). Der SCIS-Ansatz geht davon aus, dass es in den Naturwissenschaften grundlegende Strukturen gibt, die quer zu den Inhalten liegen und diesen in ihrer Bedeutung für Lernprozesse überlegen sind. Diesen Strukturen werden grundlegende, aufschließende und weiterführende Funktionen eingeräumt. Auch seien sie geeignet, Zusammenhänge zu erschließen, Transferleistungen zu ermöglichen und anschlussfähiges Wissen aufzubauen. Für den bundesdeutschen Zusammenhang fand die Übertragung des SCIS-Ansatzes ab der zweiten Hälfte der 1960er Jahre durch die Braunschweiger und später Kasseler Arbeitsgruppe unter Leitung von Kay Spreckelsen statt. Dabei kam es zu einer Neuentwicklung von fast 100 strukturorientierten Lektionen (vgl. Spreckelsen 1971). Diesen lagen die nachstehenden naturwissenschaftlichen Strukturen oder Basiskonzepte zugrunde:

– Das *Teilchenstrukturkonzept* besagt, dass alles Stoffliche (fest, flüssig oder gasförmig) aus einzelnen Partikeln besteht und damit grundsätzlich zusammengesetzt bzw. zerlegbar ist.

– Das *Wechselwirkungskonzept* besagt, dass bei naturwissenschaftlichen Prozessen – hier vor allem physikalische und chemische – verschiedene Einflüsse (Interaktionspartner) aufeinander wirken.

– Das *Erhaltungskonzept* besagt, dass bei physikalischen und chemischen Vorgängen zwar Veränderungen stattfinden, dass jedoch bestimmte Größen erhalten bleiben. So wird etwa Energie nicht gespart oder verbraucht, sondern sie wird nur umgewandelt.

Es entstanden sechs aufeinander bezogene, spiralcurricular angeordnete Unterrichtseinheiten mit jeweils 15 bis 18 Lektionen. Die Themen waren: Stoffe und ihre Eigenschaften (Teilchenstruktur), Wechselwirkungen und ihre Partner (Wechselwirkung), Veränderung und Erhaltung (Erhaltung), Aufbau der Stoffe (Teilchenstruktur), Kräfte und ihre Wirkungen (Wechselwirkung), Energien und ihre Formen (Erhaltung) (vgl. Spreckelsen 1971; 2001).

Auch die Göttinger *Arbeitsgruppe für Unterrichtsforschung* (AfU) unter Leitung von Hans Tütken verfolgte entschieden das Ziel, Wissenschaftsorientierung im Sachunterricht umzusetzen. In einer zweijährigen Erprobungsphase adaptierte die AfU dazu das in den USA entstandene *verfahrensorientierte Curriculum* „Science

– A Process Approach" (SAPA). In einem methodisch konsequent gestalteten Unterricht sollten die Kinder im Laufe ihrer Grundschulzeit zur wissenschaftlichen Arbeitsweise des *Experimentierens* geführt werden, was über den Aufbau von 12 aufeinander aufbauenden intellektuellen Teilfertigkeiten (darunter z.B.: Beobachten, Klassifizieren, Messen, Schlussfolgern, Vermutungen formulieren und Daten interpretieren) erreicht werden sollte. Wissenschaftsorientierung wurde von der AfU nicht als Selbstzweck gesehen, sondern verstand sich im Dienste einer möglichst breiten Allgemeinbildung, zu der naturwissenschaftliche Inhalte notwendig gehören und die möglichst alle Kinder erreichen soll. Die Kritik an einem zu eng geführten und zu einseitig fachlich zugeschnittenen Unterricht wurde von der AfU aufgegriffen. In den Jahren 1977 und 1979 legte die Arbeitsgruppe ein nach seinerzeit neuesten entwicklungs- und lernpsychologischen Erkenntnissen weiterentwickeltes Curriculum zum naturwissenschaftlichen Lernen für das erste und zweite Schuljahr vor, das stärker situationsbezogen und handlungsorientiert ausgerichtet war (vgl. AfU 1977; 1979), jedoch – nach einer allgemeinen Abkehr vom wissenschaftsorientierten Unterricht – kaum noch Beachtung fand (vgl. Lauterbach 2005, S. 578 ff.). In der historisch-systematischen Aufarbeitung jener Phase der Sachunterrichts- und Grundschulentwicklung wurde der Stellenwert dieser noch unter wissenschaftsorientierter Schirmherrschaft stehenden Innovation sehr wohl zustimmend registriert. Zudem wird der wachsende Einfluss offen gestalteter Konzeptionen auf den naturwissenschaftlichen Sachunterricht festgestellt (vgl. Rodehüser 1987, S. 625 f.).

In diesem Zusammenhang steht das Curriculum *Science 5/13*, das im Rahmen des englischen *Nuffield Junior Science Program* entwickelt wurde und für bundesdeutsche Verhältnisse von Elard Klewitz und Horst Mitzkat (vgl. Klewitz & Mitzkat 1977) sowie vor allem von Hannelore Schwedes (vgl. Schwedes 1974) bearbeitet wurde. Wissenschaftsorientierung wurde hier nicht so sehr von den naturwissenschaftlichen Inhalten und Verfahren her gedacht, sondern das *entdeckende* Herangehen an naturwissenschaftliche und technische Probleme sollte im Mittelpunkt stehen. *Kind-* und *Wissenschaftsorientierung* sollten durch die angemessene Berücksichtigung von *Lebenswelt-* und *Situationsbezug* miteinander verknüpft werden. Die vorgeschlagenen Themenbereiche haben einen lockeren, assoziativen Zusammenhang und sind vor allem darum bemüht, Kindern *direkte* Erfahrungen zu ermöglichen, etwa nach dem Muster: Wie können Kinder verschiedene Sorten weißen Pulvers (Mehl, Salz, Backpulver, Waschpulver usw.) unterscheiden? Allerdings war diesem Ansatz in der bundesdeutschen Schulwirklichkeit kaum Erfolg beschieden (vgl. Schwedes 2001).

Auch für den *sozialwissenschaftlichen* Bereich des Sachunterrichts entstanden wissenschaftsorientierte Konzeptionen. Ähnlich dem naturwissenschaftlichen verfahrensorientierten Curriculum wollte der ins Deutsche übertragene Ansatz „Social science laboratory units" *Arbeitsweisen, Methoden* und *Erkenntnisverfahren*

– hier im sozialwissenschaftlichen Kontext – für Kinder ab dem 4. Schuljahr erschließen. Zu denken ist hier an *Befragungen* und *Erkundungen, Fall-* und *Konfliktanalysen* und an *Rollen-* und *Planspiele* (vgl. Lippitt, Fox & Schaible 1975). Wissenschaftsorientierung im Sinne von *Aufklärung* und weniger im Sinne von Vermittlung hatte sich der *integrativ mehrperspektivische Unterricht* (MPU) auf die Fahnen geschrieben (vgl. Giel 1974). Im Mittelpunkt dieser Konzeption steht die *didaktische Rekonstruktion gesellschaftlicher Handlungsfelder* (z.B. Schule, Supermarkt, Sprudelfabrik, Fernsehen) im Sachunterricht. Auf diese Weise sollten die gesellschaftlichen Handlungsfelder für Kinder durchschaubar und kritisierbar werden, um von daher eine Handlungskompetenz zu entwickeln, die es ihnen gestattet, auf die Gestaltung sie betreffender gesellschaftlicher Einrichtungen Einfluss zu nehmen. Zur Rekonstruktion gesellschaftlicher Handlungsfelder für den Unterricht kannte der MPU vier Rekonstruktionsfelder: den *scientischen,* den *erlebnis-erfahrungsbezogenen,* den *politisch-öffentlichen* und den *szenischen* bzw. *dialogischen* Rekonstruktionstyp. Deutlich wird, dass der scientische Rekonstruktionstyp, mit dessen Hilfe die wissenschaftlich abgesicherten Fakten eines Handlungsfeldes erfasst werden sollten, nur ein Rekonstruktionstyp neben drei gleichberechtigten anderen ist. Das bedeutet, dass der MPU zwar die wissenschaftliche Gültigkeit der im Sachunterricht zu erarbeitenden Zusammenhänge sicherstellen wollte, dass aber Wissenschaftsorientierung oder Wissenschaft als realitätserschließendes Werkzeug nur ein Gesichtspunkt unter anderen war (vgl. Feige 2004, S. 74 ff.).

In den 1980er und 1990er Jahren verlor Wissenschaftsorientierung als bestimmendes Merkmal des Sachunterrichts erheblich an Bedeutung. Vielfach erfolgte eine mitunter diffuse Hinwendung zu einer reformpädagogisch angehauchten Kindorientierung unter besonderer Berücksichtigung des Situations- und Lebensweltbezugs (vgl. Neuhaus-Siemon 2000).

2.2 Wissenschaftsorientierung in aktuellen Konzeptionen des Sachunterrichts

In neueren bzw. gegenwärtig einflussreichen Konzeptionen des Sachunterrichts wird versucht, Kind- und Wissenschaftsorientierung in Einklang zu bringen. Als erstes ist in diesem Zusammenhang der exemplarisch-genetisch-sokratische Sachunterricht zu sehen, der meist kurz als genetischer Sachunterricht bezeichnet wird (vgl. Soostmeyer 2002). Wissenschaftsorientierung im genetischen Verständnis bedeutet dann, Sachzusammenhänge aus der Lebenswelt der Kinder aufzugreifen oder auf sie hinzuführen und im Sachunterricht so zu bearbeiten, dass „Wege in Richtung der Wissenschaften" (Köhnlein 1996, S. 57) aufgewiesen werden. Dabei kann oftmals eine Vergegenwärtigung der Ursprungssituation im historisch-genetischen Sinne hilfreich sein – etwa die Frage, wie der Mensch zum

Feuer kam (vgl. Thiel 1987). Wichtig ist dem genetischen Sachunterricht dabei immer, dass das Ergebnis nicht von seinem Zustandekommen getrennt wird, d.h. die Kinder sollen im genetischen Sachunterricht die Ergebnisse mit einem Maß an hoher Selbstbeteiligung erarbeiten. Dabei soll die schädliche Alternative Kind oder Sache bzw. Wissenschaft aufgehoben werden. Wagenschein fasst dies in seiner bekannten Formulierung zusammen, die in der Sachunterrichtsdidaktik schon fast zu einem geflügelten Wort geworden ist: *„Mit* dem Kinde von *der* Sache aus, die *für* das Kind die Sache *ist"* (Wagenschein 1990 (1973), S. 11).

Der vor allem mit seinem *Dimensionierungsmodell* bekannt und wirksam gewordene *vielperspektivische Sachunterricht* (vgl. Köhnlein 2005) – leicht andere Akzentuierungen finden sich bei Kahlert mit den *didaktischen Netzen* (vgl. Kahlert 2005) oder mit den *Perspektiven* im Perspektivrahmen (vgl. Gesellschaft für die Didakatik des Sachunterrichts / GDSU 2002) – versucht ebenfalls von vornherein einen Bruch zwischen Kind und Sache erst gar nicht entstehen zu lassen, indem er die *sachlichen Dimensionen immer in Beziehung zu den lebensweltlichen Situationen* setzt. So hat z.B. der lebensweltliche Zusammenhang Kind und Landschaft seinen sachlich-fachlichen Bezug in der geographischen Dimension, der lebensweltliche Zusammenhang Kind und lebendige Welt verweist auf die biologische Dimension, der lebensweltliche Zusammenhang Kind und Geschichte verweist auf die historische Dimension usw.

Diese lebensweltlichen Rückkoppelungen der fachlich-sachlichen Dimensionen sollen verhindern, dass abgehobener Fachegoismus den Sachunterricht bestimmt. Andererseits verdeutlichen die Dimensionen den *Anspruch der Sache*, der auf fachliche Bezüge verweist und damit anmahnt, dass es im Sachunterricht auch um anspruchsvolle, anstrengende und lohnende Arbeit an Sachzusammenhängen geht. Während der *genetische Sachunterricht* fast ausschließlich naturwissenschaftlich ausgerichtet ist, berücksichtigt der *vielperspektivische Sachunterricht* sowohl sozialwissenschaftliche und historische als auch naturwissenschaftliche Themen. Unterrichtsgegenstände sollen unter Berücksichtigung möglichst verschiedener Dimensionen multidimensional oder vielperspektivisch erschlossen werden. Dass eine tragfähige Sachunterrichtskonzeption immer auch wissenschaftsorientiert sein muss, wird im vielperspektivischen Sachunterricht geradezu als selbstverständlich angesehen. Für die Gestaltung des Sachunterrichts sind die Wissenschaften „als kulturelle Objektivationen von Wissen und von Methoden zur Gewinnung von Wissen" (Köhnlein 2001, S. 322) stets ein wichtiger Bezugspunkt, denn durch sie ist gewährleistet, dass die Sachstruktur gediegen und anspruchsvoll entfaltet werden kann.

3 Gegenwärtiger Diskussionsstand und theoretische Probleme

Der Begriff Wissenschaftsorientierung ist heute in der Sachunterrichtsdidaktik nicht mehr von derart zentraler Bedeutung wie zu Beginn des neuen Grundschulfaches in den 1970er Jahren. Allerdings ist deshalb die Orientierung an den Wissenschaften nicht verschwunden, wie die Diskussion gegenwärtig bedeutsamer Konzeptionen des Sachunterrichts zeigte. In diesem Zusammenhang spricht etwa Köhnlein von *Sachlichkeit* (vgl. Köhnlein 2005), die GDSU betont neben dem Lebensweltbezug ausdrücklich die Bedeutung *fachlicher Perspektiven* für den Sachunterricht (vgl. GDSU 2002) und Schorch schlägt für den heutigen Sprachgebrauch den gegenüber Wissenschaftsorientierung etwas milderen Begriff *Wissenschaftsnähe* vor (vgl. Schorch 1998, S. 148 ff.). Diese zeichnet sich durch *Wahrheitsanspruch* aus. Das bedeutet, dass das zu Lehrende zwar nach Maßgabe der *didaktischen Reduktion* vereinfacht, jedoch nicht verfälscht werden darf. Die Aussagen müssen wahr bleiben und dürfen wissenschaftlichen Erkenntnissen nicht widersprechen, wie dies durch unangemessene Anthropomorphisierungen oder Animismen geschehen kann, wenn etwa Molekülmännchen, die für Wasserteilchen stehen, sich im flüssigen Zustand an die Hände fassen. Wird es nun zu heiß, müssen sie sich loslassen und streben auseinander – sie verdampfen. Derartige anthropomorph-animistische, vermeintlich kindgemäße Veranschaulichungen können bestenfalls als *didaktische Kunstfehler* bezeichnet werden; sie widersprechen sachbezogener Vermittlung bzw. Erarbeitung grundlegend.

Wissenschaftsnähe versteht sich mithin als *Annäherungsprozess*, d.h. zur *Gewährleistung sachlicher Richtigkeit in der Vermittlung* müssen Erkenntnisse aus der Lern- und Entwicklungspsychologie berücksichtigt werden, ebenso müssen erziehungswissenschaftliche Begründungskontexte Beachtung finden. *Wissenschaft* hat demnach im sachunterrichtsdidaktischen Kontext vor allem *dienende* bzw. *zuarbeitende Funktion*, wobei besonders die *fachgemäßen Arbeitsweisen* eine herausgehobene Rolle spielen. Eine gezielte Einführung und Entwicklung von Lern- und Arbeitstechniken ist demnach eine bedeutsame Aufgabe des Sachunterrichts: Die Kinder lernen z.B. das *planmäßige Beobachten* des Pflanzenwuchses oder des Wetters, das *Experimentieren* mit Alltags- und standardisierten Materialien, das *Lesen* und *Orientieren* mit der Karte, das *Deuten von historischen Quellen* oder das *systematische Erkunden* eines außerschulischen Lernorts. Dieses planvolle und zielgerichtete Erarbeiten von fach- und sachgemäßen Arbeitsweisen bezeichnet Schorch auch als „didaktisches Vermächtnis" (vgl. Schorch 1998, S. 150) der eingangs dargelegten konsequent wissenschaftsorientierten Konzeptionen des Sachunterrichts der 1970er Jahre.

Die Forderung im modernen Sachunterricht Kind und Sache bzw. Kind und Wissenschaft in ein produktives Verhältnis zu bringen, ist sicherlich vernünftig und gut nachvollziehbar, verweist aber auf ein pädagogisches Grundproblem. Das

Kind mit seinen Ansprüchen besitzt eine eigene, ihm zukommende Gültigkeit, genauso wie der jeweilige Sachanspruch Gültigkeit beanspruchen darf. Das Spannungsverhältnis dieser beiden widerstreitenden Positionen muss zunächst einmal ausgehalten werden. Solchermaßen gekennzeichnete bipolare Relationen werden in der Pädagogik als *Antinomien* bezeichnet. Andere *pädagogische Antinomien*, die auf widerstreitende, aber nicht auflösbare Spannungsverhältnisse verweisen sind z.b. Subjekt – Gesellschaft, Autorität – Freiheit, Fordern – Fördern, Auslese – Integration und Selbst- und Fremdbestimmung (vgl. Keck 2004, S. 25).

Beide für sich gültigen Pole müssen zueinander in Beziehung gesetzt werden, wobei die Aspekte *Kind* und *Sache* bzw. *Wissenschaft* nicht durch ihre Überwindung wie in klassischer dialektischer Sicht (Hegel) in eine qualitativ höher stehende Synthese überführt werden können. Vielmehr ist es unter wissenschaftstheoretischer Rücksicht angebracht, der Auffassung Schleiermachers zu folgen, der in seiner Dialektik die *Wechselwirkungen*, die gegenseitigen Korrekturen und die reflektierenden Ergänzungen zwischen den Gegebenheiten betont, wodurch zu einer problembewussten Ausgestaltung der antinomischen Spannungsrelation gelangt werden kann. Dies führt folgerichtig dazu, dass im sachunterrichtsdidaktischen Bereich bei allen Konzeptionen immer auch *die antinomisch entgegen gesetzte Position zu berücksichtigen* ist. Dass dies nicht immer ausgleichend gelungen ist, zeigte der Rückblick in die konzeptionelle Entwicklung des Sachunterrichts. Die Bestimmung des Verhältnisses von Kind und Sache bzw. Wissenschaft bleibt eine *ständige Entwicklungsaufgabe* der Didaktik des Sachunterrichts, deren Bearbeitung sich auch die aktuellen Konzeptionen des Sachunterrichts in Zeiten von Messbarkeitsvorstellungen, Vergleichsarbeiten und Bildungsstandards stellen müssen.

Literatur

Deutscher Bildungsrat (1970): Empfehlungen der Bildungskommission. Strukturplan für das Bildungswesen. Stuttgart. – Feige, B. (2001): Sache und Sachlichkeit im Heimatkundeunterricht – Kontinuitäten und Brüche im Übergang zum Sachunterricht. In: Köhnlein, W. & Schreier, H. (Hrsg.): Innovation Sachunterricht – Befragung seiner Anfänge nach zukunftsfähigen Beständen. Bad Heilbrunn, S. 43-63. – Feige, B. (2004): Der Sachunterricht und seine Konzeptionen. Historische, aktuelle und internationale Entwicklungen. Bad Heilbrunn. – Gesellschaft für Didaktik des Sachunterrichts (GDSU) (2002): Perspektivrahmen Sachunterricht. Bad Heilbrunn, Rieden. – Giel, K. (1974): Perspektiven des Sachunterrichts. In: Giel, K., Hiller, G. G. & Krämer, H.: Stücke zu einem mehrperspektivischen Unterricht. Aufsätze zur Konzeption. Stuttgart, S. 34-66. – Glöckel, H. (1964): Volkstümliche Bildung? Versuch einer Klärung. Weinheim. – Kahlert, J. (2005): Der Sachunterricht und seine Didaktik. 2. Aufl. Bad Heilbrunn. – Keck, R. W.: Antinomien. In: Keck, R. W., Sandfuchs, U. & Feige, B. (Hrsg.) (2004): Wörterbuch Schulpädagogik. 2. Aufl. Bad Heilbrunn, S. 25. – Klewitz, E. & Mitzkat, H. (1977): Entdeckendes Lernen und offener Unterricht. Braunschweig. – Köhnlein, W. (1996): Leitende Prinzipien und Curriculum des Sachunterrichts. In: Glumpler, E. & Wittkowske, S. (Hrsg.): Sachunterricht heute. Zwischen interdisziplinärem Anspruch und traditionellem Fachbezug. Bad Heilbrunn, S. 46-76. – Köhnlein, W. (2001): Innovation Sachunterricht –

Auswahl und Aufbau der Inhalte. In: Köhnlein, W. & Schreier, H. (Hrsg.): Innovation Sachunterricht – Befragung seiner Anfänge nach zukunftsfähigen Beständen. Bad Heilbrunn, S. 299-329. – Köhnlein, W. (2005): Aufgaben und Ziele des Sachunterrichts. In: Einsiedler, W., Götz, M., Hacker, H., Kahlert, J., Keck, R. W. & Sandfuchs, U. (Hrsg.): Handbuch Grundschulpädagogik und Grundschuldidaktik. 2. Aufl. Bad Heilbrunn, S. 560-572. – Lauterbach, R. (2005): Naturwissenschaftlich-technischer Lernbereich im Sachunterricht. In: Einsiedler, W., Götz, M., Hacker, H., Kahlert, J., Keck, R. W. & Sandfuchs, U. (Hrsg.): Handbuch Grundschulpädagogik und Grundschuldidaktik. 2. Aufl. Bad Heilbrunn, S. 572-588. – Lippitt, R., Fox, R. & Schaible, L. (1975, Nachdr. 1982): Detto und andere: acht Einheiten für Sozialwissenschaften in der Schule. Unser Werkzeug. Stuttgart. – Neuhaus-Siemon, E. (2000): Reformpädagogik und offener Unterricht. Reformpädagogische Modelle als Vorbilder für die heutige Grundschule. In: Hinrichs, W. & Bauer, H. F. (Hrsg.): Zur Konzeption des Sachunterrichts. Donauwörth, S. 192-207. – Rodehüser, F. (1987): Epochen der Grundschulgeschichte. Bochum. – Schorch, G. (1998): Grundschulpädagogik – eine Einführung. Bad Heilbrunn. – Schwedes, H. (1974): Die Struktur von Science 5 / 13 und Probleme der deutschen Adaption. In: Frey, K. & Blänsdorf, K. (Hrsg.): Integriertes Curriculum Naturwissenschaft der Sekundarstufe I: Projekte und Innovationsstrategien. Weinheim. – Schwedes, H. (2001): Das Curriculum 5 / 13 – Sein Konzept und seine Bedeutung. In: Köhnlein, W. & Schreier, H. (Hrsg.): Innovation Sachunterricht – Befragung seiner Anfänge nach zukunftsfähigen Beständen. Bad Heilbrunn, S. 133-152. – Soostmeyer, M. (2002): Genetischer Sachunterricht. Unterrichtsbeispiele und Unterrichtsanalysen zum naturwissenschaftlichen Denken bei Kindern in konstruktivistischer Sicht. Baltmannsweiler. – Spreckelsen, K. (1971): Naturwissenschaftlicher Unterricht in der Grundschule. Stoffe und ihre Eigenschaften. Frankfurt/M., Berlin, München. – Spreckelsen, K. (2001): SCIS und das Konzept eines strukturbezogenen naturwissenschaftlichen Unterrichts in der Grundschule. In: Köhnlein, W. & Schreier, H. (Hrsg.): Innovation Sachunterricht – Befragung seiner Anfänge nach zukunftsfähigen Beständen. Bad Heilbrunn, S. 85-102. – Thiel, S. (1987): Wie die Menschen lernten, Feuer zu machen. In: Grundschule 19, H. 4, S. 22-28. – Tütken, H. (Hrsg.) (1977): Arbeitsgruppe für Unterrichtsforschung: Kinder und ihre natürliche Umwelt. Lernjahr 1, Halbband 1 und 2. Frankfurt/M., Berlin, München. – Tütken, H. (Hrsg.) (1979): Arbeitsgruppe für Unterrichtsforschung: Kinder und ihre natürliche Umwelt. Lernjahr 2, Halbband 1 und 2. Frankfurt/M., Berlin, München. – Wagenschein, M. (1990, 1. Aufl. 1973): Mit den Kindern auf dem Wege zur Physik. Mit Beiträgen von Agnes Banholzer, Siegfried Thiel, Wolfgang Faust. Vorwort Andreas Flitner. Weinheim, Basel.

40| Genetisches Lernen und Conceptual Change
Kornelia Möller

1 Genetisches Lernen in der deutschen Didaktiktradition

Wagenschein als exponiertester Vertreter einer genetisch orientierten Didaktik in Deutschland versteht unter dem Begriff des „genetischen Unterrichts" das *genetisch - sokratisch - exemplarische* Lehren. „Pädagogik hat mit dem Werdenden zu tun: Mit dem werdenden Menschen und mit dem Werden des Wissens in ihm. Die sokratische Methode gehört dazu, weil das Werden, das Erwachen geistiger Kräfte, sich am wirksamsten im Gespräch vollzieht. Das exemplarische Prinzip gehört dazu, weil ein genetisch-sokratisches Verfahren sich auf exemplarische Themenkreise beschränken muss und auch kann" (Wagenschein 1991, S. 75). *Genetisches* Lehren führt, so Wagenschein, ohne Bruch vom Sehen zum Verstehen, vom Nachdenken über auffällige Phänomene in die wissenschaftliche Denkweise hinein. Da das Kind schon, so Wagenschein, auf dem Wege zur Physik ist, brauchen „wir ihm also nur entgegenzukommen und es abzuholen da, wo es von sich aus gerade steht ..." (Wagenschein 1976, S. 73). Die Gesprächsführung im Unterricht soll *sokratisch* sein: In Anlehnung an Sokrates soll der Lehrer das Gespräch mit den Schülern leiten, nicht dozierend, informierend, Ergebnisse und Fertiges unterbreitend, sondern dialogisch, Beiträge der Schüler aufnehmend, stimulierend und provozierend. *Exemplarität* bedeutet eine mit Rückgriff auf Bildungskategorien begründete Beschränkung auf beispielhafte Themen oder Arbeitsweisen, mit dem Ziel, Zeit für eine vertiefte Auseinandersetzung zu gewinnen.

Die Ziele des genetischen Unterrichts fasst Wagenschein so zusammen: Ihm geht es um Einwurzelung des Wissens, das heißt um die Verknüpfung des Erlernten mit der erlebten Wirklichkeit des Lernenden, um produktive Findigkeit, das heißt um eine Erziehung zum kritisches Prüfen und zum eigenständigen Denken des Lernenden sowie um die Nutzung der angeborenen Denk- und Lernlust des Kindes (vgl. Wagenschein 1991, S. 76 ff, 113).

Wagenschein entwickelte seine Didaktik des genetischen Unterrichts für den mathematischen und naturwissenschaftlichen Bereich. Sein genetischer Unterricht ist als Gegenentwurf zu einem Unterricht zu verstehen, der sich auf die Weitergabe fertiger Wissensbestände beschränkt. Genetischer Unterricht soll dagegen Schülern die Möglichkeit geben, Wissen durch eigenes Nachdenken zu erwerben und

– in diesem Prozess des Generierens von Wissen – auch zu verstehen. Unter Aufnahme kognitionspsychologischer Gedanken griff Köhnlein diesen didaktischen Ansatz für den Sachunterricht auf. Die „Genetische Orientierung" ist für Köhnlein – neben anderen Prinzipien der Unterrichtsgestaltung – ein leitendes Prinzip für den Sachunterricht. Als „genetisch" wird ein Unterrichtsverfahren bezeichnet, das „die Erfahrungen, Vorkenntnisse und Überlegungen der Lernenden konstruktiv aufnimmt und zusammen mit ihnen Wege des Entdeckens sucht, um gemeinsam zu gesichertem und verstandenem Wissen zu kommen" (Köhnlein 1996, S. 61). Köhnlein beschreibt diese gemeinsame Arbeit an der Vorstellungs- und Wissensstruktur der Kinder als einen „Prozess der Wissenskonstruktion im sozialen Kontext" (Köhnlein 1998, S. 82). In Abgrenzung vom historisch-genetischen und vom logisch-genetischen Aspekt (vgl. Möller 2001a) fokussiert Köhnlein auf den individuellen Wissenserwerb und bezeichnet seinen Ansatz als *konstruktiv-genetisch*. Innerhalb der Sachunterrichtsdidaktik wurde der konstruktiv-genetische Gedanke auch von Thiel, Soostmeyer, Spreckelsen und Möller aufgegriffen (vgl. Möller 2001b).

In der deutschen Erziehungswissenschaft wurde das genetische Lernen von Heinrich Roth und Wolfgang Klafki diskutiert. In neuerer Zeit wurde es z.B. von Berg, Rumpf und Ullrich thematisiert und auf eine Vielzahl von Inhaltsbereichen übertragen (vgl. Möller 2001a). Eine über den deutschsprachigen Raum hinausgehende Rezeption des Begriffs des „Genetischen" fand jedoch nicht statt. Ein Grund hierfür mögen Sprachgrenzen sein; bis heute gibt es keine Übersetzung von Wagenscheins Veröffentlichungen in das Englische. Einzig der Begriff des „socratic dialogue" findet sich in der heutigen angelsächsischen Literatur im Zusammenhang mit Unterrichtsformen, die sich an sozial-konstruktivistischen Theorien des Wissenserwerbs orientieren. Inhaltlich verwandt ist allerdings der auf Bruner zurückgehende und in den 1960er Jahren entwickelte Ansatz des „discovery learning" wie auch der in der heutigen angelsächsischen Naturwissenschaftsdidaktik verbreitete „scientific-inquiry"-Ansatz. Mit dem Grundgedanken des „Genetischen" verwandte Begriffe finden sich auch in der deutschsprachigen Didaktik: Entdeckendes Lernen, forschend-entdeckendes Lernen und kognitiv aktivierendes Lernen sind Beispiele hierfür.

2 Conceptual Change – ein kognitionstheoretischer Ansatz

Während der Begriff des Genetischen aus der deutschen Didaktiktradition hervorgegangen ist, entstammt der Begriff „Conceptual Change" der anglo-amerikanischen Diskussion. Der Begriff „conceptual" steht für gedankliche Vorstellungen, Ideen und Begriffe, der Begriff „change" bedeutet Entwicklung bzw. Veränderung. Die häufige Übersetzung als „Konzeptwechsel" ist irreführend: Es geht nicht primär um einen Wechsel von einer nicht belastbaren Vorstellung zu einer adäquateren Vorstellung, sondern allgemein um die Veränderung vorhandener Vorstellungen bei Lernenden. Die Übersetzungen „konzeptuelle Entwicklung" oder „Konzeptveränderung" sind deshalb passender.

Theorien zu Conceptual Change entstanden in den 1970er Jahren im Zusammenhang mit Untersuchungen zur Resistenz von „misconceptions" beim Lernen von Naturwissenschaften. Anlass für diese Forschungen war die Beobachtung, dass das Erlernen naturwissenschaftlicher, angemessener Konzepte häufig relativ erfolglos bleibt, da vor dem Lernprozess vorhandene, nicht adäquate Vorstellungen im Verlaufe des Lernprozesses nicht hinreichend verändert werden und den Aufbau angemessenerer Vorstellungen behindern. Dies gilt insbesondere für den Fall, dass die Lernenden bereits mit tief verwurzelten Konzepten, mit sog. deeply rooted concepts, in den Unterricht eintreten. Der Überzeugungsgehalt vorgängiger Konzepte kann sogar so stark sein, dass die Wahrnehmung im Lernprozess beeinflusst wird: Zum Beispiel bestätigen Untersuchungen, dass Schüler bei Experimenten das sehen, was sie – gemäß ihrer Präkonzepte – sehen „wollen" („confirmation bias"; vgl. Duit 1996).

Für die Bezeichnung dieser vorgängigen Konzepte werden verschiedene Begriffe, wie z.B. Alltagsvorstellungen, Schülervorstellungen, Vorerfahrungen, misconceptions, prior beliefs und alternative frameworks benutzt (vgl. Wodzinski 1996). Der Begriff Präkonzepte ist am weitesten, verzichtet auf implizite theoretische Konnotationen und bezeichnet die *vor* dem Unterricht vorhandenen Konzepte.

Anknüpfend an Piagets Äquilibrationstheorie kann man davon ausgehen, dass Lernen ein aktives Umstrukturieren und Verändern bereits vorhandener Konzepte bedeutet. In diesem Umstrukturierungsprozess geht es um die Integration neuen Wissens in bereits bestehende Wissensstrukturen, wobei die bereits vorhandenen Konzepte erweitert, differenziert oder auch aufgegeben und durch adäquate Konzepte ersetzt werden müssen. Erweiterungen oder geringfügige Differenzierungen des Wissens werden als Assimilation (vgl. Posner, Strike, Hewson & Gertzog 1982) oder als „weak conceptual change" (vgl. Carey 1985), die Aufgabe nicht belastbarer und der Neuaufbau adäquaterer Konzepte als Akkomodation (vgl. Posner et. al. 1982) oder „radical conceptual change" (vgl. Carey 1985) bezeichnet. Weiche Konzeptveränderungen entsprechen eher kontinuierlichen Lernwegen, radikale oder harte Konzeptveränderungen eher sog. diskontinuierlichen Lernwegen (vgl. Duit 1996). Weitere Bezeichnungen wie conceptual growth, conceptual addition, conceptual revision und conceptual emplacement bzw. enrichment akzentuieren jeweils das Ausmaß der notwendigen Veränderungen der vorhandenen Präkonzepte.

3 „Conceptual Change" in Theorien zum Conceptual Change

Ob und unter welchen Bedingungen es Lernenden gelingt, Präkonzepte hin zu adäquateren Konzepten zu verändern, ist seit den 1970er Jahren Gegenstand weltweiter Forschungen (vgl. Duit 2006). Anknüpfend an Piagets Äquilibrationstheorie beschreiben Posner et. al. (1982) in ihrem Pionierwerk die Unzufriedenheit der Lernenden mit bereits vorhandenen Konzepten als essentielle Bedingung für conceptual change: Lernende müssen die Grenzen ihrer vorhandenen Konzepte erfahren, um den Prozess der Veränderung von Vorstellungen in Gang zu setzen. Das Erleben eines hierdurch induzierten kognitiven Konfliktes ist jedoch nicht hinreichend für die Veränderung von Konzepten. Als weitere Bedingung beschreiben Posner et. al. (vgl. ebd.), dass die neue Vorstellung den Schülern verständlich, plausibel und in ihrer Anwendung fruchtbar sein muss, um vorhandene Konzepte erfolgreich zu verändern.

Diese als sog. klassischer, „kalter" Conceptual Change-Ansatz bekannt gewordene Theorie wurde in den letzten zwanzig Jahren in verschiedener Hinsicht revidiert und differenziert. Die Conceptual Change-Forschung hat gezeigt, dass der beschriebene Integrationsprozess kein plötzlicher Wechsel von einem alten zu einem neuen wissenschaftlichen Konzept ist, sondern eher als ein gradueller, kontextabhängiger und häufig langwieriger Prozess der Umstrukturierung betrachtet werden muss. Hewson und Hewson (1992) beschreiben konzeptuelle Veränderungen deshalb als Statusveränderungen, wobei die Lernenden im Verlaufe des Lernprozesses den wissenschaftlichen Vorstellungen einen höheren Status zubilligen als den Alltagsvorstellungen, ohne dass jedoch diese ihre Bedeutung völlig verlieren.

„Heiße" Theorien zum Konzeptwechsel betonen in Abgrenzung zu den sog. „kalten" Conceptual Change-Theorien die Bedeutung der Motivation, des sozialen Status und der Randbedingungen für konzeptuelle Veränderungen (vgl. Pintrich, Marx & Boyle 1993).

Auch Vosniadou und Brewer (1992) wenden sich aufgrund von Untersuchungen gegen die klassischen Konzeptwechselmodelle, nach denen konzeptuelle Entwicklung aus der Ablösung inkonsistenter Fehlvorstellungen bestehen soll. Ihre Studien zu Schülervorstellungen über die Form der Erde zeigen, dass auf den ersten Blick inkonsistente Vorstellungen eine hohe Kohärenz aufweisen. Wie Carey (1985) vermuten sie, dass Präkonzepte aus theorieähnlichen Strukturen bestehen, die im Conceptual Change-Prozess durch Neuinterpretation von Alltagswissen und Integration von Wissensbestandteilen weiterentwickelt werden.

In Anknüpfung an Vygotskijs Theorie (1978) und an sozial-konstruktivistisch orientierte Ansätze wird in jüngster Zeit verstärkt die soziale Genese von Conceptual Change-Prozessen hervorgehoben. Kooperative Denkprozesse in problemhaltigen, möglichst authentischen Lernsituationen, die zum Aufstellen und Diskutieren von Vermutungen herausfordern und Möglichkeiten bieten, gemeinsam nach Überprüfungen und Lösungen zu suchen, geben Anstöße und Unterstützung für die individuelle konzeptuelle Entwicklung (vgl. Palincsar 1998). Auch Theorien zur situierten Kognition werfen ein „neues" Licht auf Conceptual-Change-Prozesse, indem die Kontextabhängigkeit von Konzeptentwicklungen betont wird (vgl. Stark 2003). So kann es sein, dass Vorstellungen, die im Verlauf von Lernprozessen erworben wurden, zwar im Kontext des Lernzusammenhangs genutzt werden, nicht aber auf neue Situationen übertragen werden können.

4 Genetisches Lernen im Sachunterricht – aus kognitionstheoretischer Perspektive betrachtet

Auch wenn die beiden vorgestellten theoretischen Ansätze aus unterschiedlichen Domänen und Traditionen stammen, so weisen sie doch eine Reihe gemeinsamer Grundideen auf. Beide Ansätze gehen davon aus, dass Lernen eine Veränderung vorhandener Vorstellungen bedeutet. Sie messen deshalb den Präkonzepten große Bedeutung bei. Der genetische Sachunterricht greift die Vorstellungen der Schüler in der Alltagssprache auf und arbeitet im Unterricht an der Weiterentwicklung dieser Vorstellungen. Conceptual Change-orientierter Unterricht macht die Unzulänglichkeit vorhandener Vorstellungen bewusst bzw. greift ausbaufähige Vorstellungen auf, um diese weiter zu differenzieren.

Die aktive Umstrukturierung vorhandener sachunterrichtsrelevanter Vorstellungen hin zu wissenschaftlich angemesseneren Vorstellungen ist gemeinsames Ziel beider Ansätze. Beide Ansätze gehen dabei von der Grundannahme aus, dass Wissen nicht vermittelbar ist, sondern aktiv durch den Lernenden erworben werden muss. Die Förderung der kognitiven Aktivität der Lernenden ist deshalb ein wichtiges Unterrichtsprinzip sowohl des genetischen als auch des Conceptual Change-orientierten Unterrichts.

Im Hinblick auf sozial-konstruktivistische Gedanken könnte man Wagenschein geradezu als einen Wegbereiter bezeichnen: Im sokratischen Dialog bemühen sich alle Beteiligten gemeinsam um Klärung der Sache und um ein Vorantreiben des Verstehensprozesses. Dabei fördert die Interaktion der Lernenden untereinander – im Verbund mit dem Lehrer – den Aufbau individuellen Wissens.

Auch Wagenscheins Gedanken zur Einwurzelung des Gelernten finden eine lerntheoretische Entsprechung: Das neu Erlernte soll zum Verstehen alltäglicher Phänomene beitragen; es soll ein Stück Alltagswelt erhellen und in verschiedenen Kontexten anwendbar sein – eine Forderung, die im Umfeld der Theorien zur situierten Kognition und ebenso in der Didaktik des Sachunterrichts erhoben wird.

5 Die Aufgabe der Lehrkraft im genetisch orientierten Sachunterricht

In der Tradition des genetischen Unterrichts wird die Rolle der Lehrkraft im sokratischen Dialog als zurückhaltend beschrieben: Die Lehrkraft gibt prozessorientierte Lernhilfen, um das Denken der Lernenden im Sachunterricht zu stimulieren und den Aufbau adäquater Vorstellungen zu unterstützen. Der von Berg (1995) im Kontext des genetischen Unterrichts verwendete Begriff „Lehrkunst" verdeutlicht, dass es sich hierbei um eine sehr anspruchsvolle Kompetenz handelt.

Diese unterstützende, aber nicht vorwegnehmende Rolle der Lehrkraft wird unter dem Stichwort „scaffolding" im Rahmen sozial-konstruktivistischer Ansätze, in Anknüpfung an Vygotskij, in jüngster Zeit auch international verstärkt in den Blick genommen. Das Hervorheben und Problematisieren von Aussagen, das Fokussieren auf bestimmte Fragen, das Strukturieren von Ergebnissen, das Provozieren und das Herausfordern von Begründungen sind wichtige Merkmale eines Unterrichts, der Kindern eine aktive Rolle im Lernprozess zuerkennt, ohne aber die Lernenden sich selbst zu überlassen. In einem jüngeren Artikel wies Mayer (2004) in diesem Zusammenhang auf Probleme eines Unterrichts hin, der das eigenständige Konstruieren fördern möchte: Wenn Aufgaben zu komplex sind und Lernende zu stark sich selbst überlassen bleiben, besteht die Gefahr, dass konzeptuelle Veränderungen und eine Integration neuen Wissens nicht erreicht werden. Die Kunst scheint darin zu bestehen, soviel Hilfe wie notwendig und so wenig Unterstützung wie möglich anzubieten, um Raum für individuelle, sachunterrichtsbezogene Wissenskonstruktionen zu geben und Veränderungen vorhandener Vorstellungen zu unterstützen (vgl. Hardy, Jonen, Möller & Stern in Druck).

6 Zur Wirksamkeit eines genetischen bzw. Conceptual Change-orientierten Unterrichts

Mit Hilfe einer Reihe von Einzelfallstudien konnten Vertreter des genetischen Lernens zeigen, dass bereits Grundschulkinder in der Lage sind, Vermutungen zu präzisieren, Überprüfungen von Vermutungen als notwendig zu empfinden, einfache Überprüfungen zu entwickeln, entsprechende Schlussfolgerungen zu ziehen und ihr Vorverständnis in Richtung eines wissenschaftlich adäquateren Verständnisses hin zu verändern (vgl. Möller 2001b). Ein genetisch-sokratisches Vorgehen erwies sich zudem in Untersuchungen zur Unterrichtsqualität als Prädiktor für Leistung, Schulfreude und Fähigkeitsselbstkonzept (vgl. Gruehn 1995). Das Merkmal der kognitiven Aktivierung, das für einen Conceptual Change-fördernden Unterricht kennzeichnend ist, zeigte sich im Mathematikunterricht der Sekundarstufe für Schülerleistungen und für das von den Schülern selbst wahrgenommene Verständnis als bedeutsam (vgl. Lipowsky, Rakoczy, Vetter, Klieme, Reusser & Pauli 2005). Obwohl es einige Belege für die Überlegenheit eines Conceptual Change-orientierten Unterrichts gegenüber einem traditionellen Unterricht gibt (vgl. z.B. Christianson und Fisher 1999), bleibt in vielen Untersuchungen offen, welche einzelnen Merkmale des Unterrichts für diese Effekte verantwortlich sind. Videostudien, die Unterricht mit kognitiven und motivationalen Zielkriterien in Beziehung setzen, lassen diesbezüglich in der Zukunft Aufschluss erwarten. Gut belegt ist dagegen die Notwendigkeit der Strukturierung von Lernprozessen in kognitiv anspruchsvollen Themengebieten durch eine unterstützende Gesprächsführung wie auch durch eine Einschränkung der Komplexität des Inhaltsbereiches (vgl. Einsiedler 1996). So konnten Hardy et. al. (in Druck) und Möller, Hardy, Jonen & Stern (2002) z.b. zeigen, dass in einem strukturierteren, genetisch orientierten Sachunterricht ein nachhaltigeres naturwissenschaftliches Verständnis erreicht wurde als in einem offenen Werkstattunterricht, insbesondere bei leistungsschwächeren Grundschulkindern.

7 Offene Fragen

Conceptual Change-orientierte Ansätze wie auch Merkmale genetischen Unterrichts finden inzwischen in der Didaktik des Sachunterrichts, auch über naturwissenschaftliche Inhaltsfelder hinaus, breite Akzeptanz. Dennoch tauchen eine Reihe von Fragen und Problemen auf, wenn die zugrundeliegenden Ideen genetischer und Conceptual Change-orientierter Ansätze in die Praxis umgesetzt werden sollen. Wie viel Hilfe ist für welche Lernenden bei welchen Themen notwendig? Zu welchem Zeitpunkt sollten Hilfen gegeben werden? Müssen Kinder wirklich *alle* Umwege machen oder sollte die Lehrkraft auf das Ziel hin führen? Sind *alle* Kinder motiviert, eigenaktiv Wissen zu konstruieren oder gibt es Kinder, die eine traditionelle Wissensvermittlung bevorzugen? Ist die Idee des selbsttätigen Konstruierens überhaupt mit den inhaltlichen Ansprüchen unserer Curricula vereinbar? Wie ermittele ich die „Zone der nächsten Entwicklung" nach Vygotskij, in der das Kind mit Hilfe der Lehrkraft konzeptuelle Fortschritte erreichen kann? Überfordert ein derart anspruchsvoller Unterricht nicht die Kompetenzen von Lehrkräften, vor allem in einem inhaltlich so breiten Gebiet wie dem Sachunterricht?

Die Umsetzung der beschriebenen Ideen erfordert eine normativ-pädagogische Diskussion über Zielkriterien wie auch die Berücksichtigung bereichsspezifischer Forschungsergebnisse zum Lernen und Lehren, wobei insbesondere differentielle Effekte Aufmerksamkeit verlangen. Aufgabe der weiteren Forschungen ist es, Merkmale eines genetischen und Conceptual change-orientierten Unterrichts präziser als bisher zu operationalisieren und in ihrem Zusammenhang mit dem

Lernen von Schülerinnen und Schülern zu untersuchen. Ein weiteres Feld der Forschung ist die Untersuchung der Kompetenzen, die Lehrkräfte für die Durchführung eines entsprechenden Sachunterrichts benötigen, und die Konzeption effektiver Aus- und Fortbildungsmodule für die Entwicklung dieser sehr anspruchsvollen Kompetenzen.

Literatur

Berg, H. C. (1995): Genetische Methode. In: Berg, H.C. & Schulze, T. (Hrsg.): Lehrkunstwerkstatt II. Lehrkunst und Schulvielfalt. Neuwied u.a., S. 349-360. – Carey, S. (1985): Conceptual change in childhood. Cambridge. – Christianson, R. G. & Fisher, K. M. (1999): Comparison of student learning about diffusion and osmosis in constructivist and traditional classrooms. In: International Journal of Science Education 21, H 6, S. 687-698. – Duit, R. (1996): Lernen als Konzeptwechsel im naturwissenschaftlichen Unterricht. In: Duit, R. & Rhöneck, Chr. von (Hrsg.): Lernen in den Naturwissenschaften. Beiträge zu einem Workshop an der Pädagogischen Hochschule Ludwigsburg. Kiel, S. 145-162. – Duit, R. (2006): Bibliography – STCSE Students" and Teachers" Conceptions and Science Education. (Formerly: Helga Pfundt & Reinders Duit). – Einsiedler, W. (1996): Wissensstrukturierung im Unterricht. Neuere Forschung zur Wissensrepräsentation und ihre Anwendung in der Didaktik. In: Zeitschrift für Pädagogik 42, H. 2, S. 167-192. – Gruehn, S. (1995): Vereinbarkeit kognitiver und nichtkognitiver Ziele im Unterricht. In: Zeitschrift für Pädagogik 41, H. 4, S. 531-553. – Hardy, I., Jonen, A., Möller, K. & Stern, E. (in Druck): Effects of Instructional Support within Constructivist Learning Environments for Elementary School Students" Understanding of „Floating and Sinking". In: Journal of Educational Psychology. – Hewson, P.W. & Hewson, M.G. (1992): The status of students" conceptions. In: Duit, R., Goldberg, F. & Niedderer, H. (Hrsg.): Research in physics learning. Theoretical issues and empirical studies. Kiel, S. 59-73. – Köhnlein, W. (1996): Leitende Prinzipien und Curriculum des Sachunterrichts. In: Glumpler, E. & Wittkowske, S. (Hrsg.): Sachunterricht heute. Zwischen interdisziplinärem Anspruch und traditionellem Fachbezug. Bad Heilbrunn, S. 46-76. – Köhnlein, W. (1998): Martin Wagenschein, die Kinder und naturwissenschaftliches Denken. In: Köhnlein, W. (Hrsg.): Der Vorrang des Verstehens. Beiträge zur Pädagogik Martin Wagenscheins. Bad Heilbrunn, S. 66-87. – Lipowsky, F., Rakoczy, K., Vetter, B., Klieme, E., Reusser, K. & Pauli, Ch. (2005): Quality of geometry instruction and its impact on the achievement of students with different characteristics. Tagungsbeitrag zum Annual Meeting of the American Educational Research Association (AERA). Montreal. – Mayer, R. (2004): Should there be a three-strikes rule against pure discovery learning? The case for guided methods of instruction. In: American Psychologist 59, H 1, S. 14-19. – Möller, K. (2001a): Genetisches Lehren und Lernen – Facetten eines Begriffs. In: Cech, D., Feige, B., Kahlert, J., Löffler, G., Schreier, H., Schwier, H.-J. & Stoltenberg, U. (Hrsg.): Die Aktualität der Pädagogik Martin Wagenscheins für den Sachunterricht. Walter Köhnlein zum 65. Geburtstag. Bad Heilbrunn, S. 15-30. – Möller, K. (2001b): Lernen im Vorfeld der Naturwissenschaften – Zielsetzungen und Forschungsergebnisse. In: Köhnlein, W. & Schreier, H. (Hrsg.): Innovation Sachunterricht – Befragung der Anfänge nach zukunftsfähigen Beständen. Bad Heilbrunn, S. 275-298. – Möller, K., Jonen, A., Hardy, I. & Stern, E. (2002): Die Förderung von naturwissenschaftlichem Verständnis bei Grundschulkindern durch Strukturierung der Lernumgebung. In: Prenzel, M. & Doll, J. (Hrsg.): Bildungsqualität von Schule: Schulische und außerschulische Bedingungen mathematischer, naturwissenschaftlicher und überfachlicher Kompetenzen. Weinheim, Basel, S. 176-191. – Palincsar, A. S. (1998): Social constructivist perspectives on teaching and learning. In: Annual Review of Psychology 49, S. 345-375. – Pintrich, P. R., Marx, R. W. & Boyle, R. A. (1993): Beyond cold conceptual change: The role of motivational beliefs and classroom contextual factors in the process of conceptual change. In: Review of Educational Research 63, H. 2, S. 167-199. – Posner, G. J., Strike, K. A., Hewson, P. W. & Gertzog, W. A. (1982):

Accommodation of a scientific conception: Toward a theory of conceptual change. In: Science Education, Jahrgang 66, S. 211-228. – Stark, R. (2003): Conceptual Change: kognitiv oder situiert? In: Zeitschrift für Pädagogische Psychologie 17, H. 2, S. 133-144. – Vosniadou, S. & Brewer, W. F. (1992): Mental models of the earth: a study of conceptual change in childhood. In: Cognitive Psychology 24, S. 535-585. – Vygotskij, L. (1978): Mind and society: The development of higher psychological processes. Cambridge. – Wagenschein, M. (1976): Die pädagogische Dimension der Physik. 4. Aufl. Braunschweig. – Wagenschein, M. (1991): Verstehen lehren. Genetisch, sokratisch, exemplarisch. 9. Aufl. Weinheim und Basel. – Wodzinski, R. (1996): Untersuchungen von Lernprozessen beim Lernen Newtonscher Dynamik im Anfangsunterricht. Münster.

41| Vielperspektivischer Sachunterricht
Bernd Feige

Der vielperspektivische Sachunterricht geht ursprünglich auf Arbeiten von W. Köhnlein (vgl. Köhnlein 1990) zurück. Köhnlein selbst und J. Kahlert (vgl. Kahlert 1994) schreiben diese Konzeption bis heute fort und entwickeln sie weiter (vgl. Kahlert 2005). Schreier fügte ihr die Erweiterung des „Philosophierens mit Kindern" hinzu (vgl. Schreier 1999), das im vorliegenden Zusammenhang jedoch nicht erläutert werden kann. Erstmals bündig und geschlossen beschrieben wurde der vielperspektivische Sachunterricht auch unter Einbezug des zuletzt genannten Aspekts in einem Beitrag von Feige (vgl. Feige 2004a). Aneignungstheoretisch bezieht sich der vielperspektivische Sachunterricht auf den *moderaten Konstruktivismus*.

1 Vorläuferkonzeptionen und Anregungsfelder

Systematisch hängt der vielperspektivische Sachunterricht mit *zwei Vorläuferkonzeptionen* zusammen:
– Dabei fällt der Blick zunächst auf das *Komponentenmodell* nach Hartwig Fiege, das dieser in der Übergangszeit von der Heimatkunde zum Sachunterricht entwickelte (vgl. Fiege 1967 ff.). Als Komponenten oder Aspekte wurden darin aufgeführt: die erdkundliche, die technologische, die wirtschaftliche, die biologische, die sozialkundliche, die geschichtliche und die volkskundliche Komponente. Da Fiege in seinen Ausführungen immer wieder dazu neigte, bestimmte Themen mit entsprechenden Komponenten zu verknüpfen – z.B. die Schleuse als Thema für die technische Komponente – begünstigte dieser Ansatz den damaligen Trend zur Verfachlichung des Sachunterrichts. Zumindest lässt sich

feststellen, dass sich das Komponentenmodell dem frühen fachorientierten Sachunterricht nicht widersetzte.

– Als weitere Vorläuferkonzeption ist der *integrativ mehrperspektivische Unterricht (MPU)* der Reutlinger Arbeitsgruppe um Klaus Giel zu nennen (vgl. Giel u.a. 1975; Köhnlein & Schreier 2001). Dabei ging es darum, Unterrichtsgegenstände unter vielfältigen Perspektiven zu vermessen. Dies sollte einer übereilten didaktischen Schlichtheit vorbeugen und auf diese Weise helfen, den selbstauferlegten Anspruch nach freisetzender Aufklärung durch Unterricht einzulösen. Der MPU wird als „lohnende Spur" (Köhnlein 1999, S. 13) bezeichnet, die der vielperspektivische Sachunterricht wieder aufgenommen hat.

Neben diesen Vorläuferkonzeptionen werden für den vielperspektivischen Sachunterricht *vier Anregungsfelder* benannt. Zum einen wird auf die *13 Grundsätze zur Gestaltung des alltäglichen Schullebens* verwiesen (vgl. Köhnlein 1999), die von Hentig unter dem Leitgedanken „Die Menschen stärken und die Sachen klären" vorgeschlagen hat, wie etwa „Arbeit mit Sinn", „dem Therapismus widerstehen" oder „für Kinder erwachsen sein" (von Hentig 1985, S. 106 – 124).

Zum anderen dienen die von Klafki ausdrücklich auf den Sachunterricht bezogenen *epochaltypischen Schlüsselprobleme* als Orientierung. Als solche, denen bereits in der Grundschule Bedeutsamkeit zukommt, bezeichnet Klafki: die Frage nach Krieg und Frieden, die ökologische Frage, das Problem des schnellen Bevölkerungswachstums in den ärmeren Ländern, die gesellschaftlich produzierte Ungleichheit, die Gefahren und Möglichkeiten des technologischen Fortschritts und das Verhältnis der Geschlechter im Verantwortungsfeld zwischenmenschlicher Beziehungen (vgl. Klafki 1992). Hinzu kommen lebensweltlich bezogene Inhalte und Inhalte, die den Interessen von Kindern entsprechen bzw. diese fördern oder stiften.

Als weiteres Anregungsfeld gelten die *Funktionsziele* des Sachunterrichts, die Köhnlein (vgl. Köhnlein 1996) in Verarbeitung der Pädagogik Martin Wagenscheins formuliert hat. Unter Funktionszielen sind demnach Einsichten zu verstehen, die, über den konkreten Sachunterricht hinaus, übergreifende Einstellungen und Haltungen bei den Kindern grundlegen und anbahnen. Dies geschieht beispielsweise, wenn Kinder lernen, in Gruppen kooperativ und erfolgreich zusammenzuarbeiten oder etwa, wenn es ihnen gelingt, mit Hilfe von Messungen, Beobachtungen, Versuchen oder Befragungen selbst Erkenntnisse zu gewinnen und sie so den Unterschied zwischen bloßem Meinen und abgesichertem Wissen erfahren.

2 Dimensionen des Sachunterrichts

Das vierte Anregungsfeld stellt das Kernstück des vielperspektivischen Sachunterrichts dar, weshalb es im Folgenden eigenständig zu bearbeiten ist. Es handelt sich dabei um die inhaltlichen *Dimensionen,* die immer in Verbindung mit den Anliegen, Interessen, Grenzen und Möglichkeiten der Kinder zu sehen sind, was in der nachfolgenden Übersicht in *Doppelkategorien* ausgedrückt wird (vgl. Köhnlein 1996; Köhnlein & Schreier 2001):

lebensweltliche Bezüge	Dimensionen
Kind und Heimat	die lebensweltliche Dimension
Kind und Geschichte	die historische Dimension
Kind und Landschaft	die geographische Dimension
Kind und Wirtschaft	die ökonomische Dimension
Kind und soziales Umfeld	die gesellschaftliche und politische Dimension
Kind und physische Welt	die physikalische und chemische Dimension
Kind und konstruierte Welt	die technische Dimension
Kind und lebendige Welt	die biologische Dimension
Kind und Umwelt	die ökologische Dimension

Acht der genannten Dimensionen verweisen auf mögliche fachliche Bezüge, während die erste Dimension – die lebensweltliche – gewissermaßen quer zu den anderen liegt. Sie verweist darauf, dass die stärker auf Fachbezüge hin orientierten Dimensionen die *lebensweltlichen Umstände der Kinder* zu berücksichtigen haben. Auf diese Weise soll im vielperspektivischen Sachunterricht ein abgehobener Fachegoismus von vornherein vermieden werden. Ebenso soll durch einen angemessenen Lebensweltbezug eine missverstandene, über die Köpfe der Kinder hinweggehende Wissenschaftsorientierung, wie sie am Anfang des Sachunterrichts in den 1970er Jahren festzustellen war, verhindert werden.

Auf der anderen Seite betonen die Dimensionen den *Anspruch der Sache,* der auf fachliche Bezüge verweist und damit einfordert, dass es im vielperspektivischen Sachunterricht auch um anspruchsvolle, anstrengende und lohnende Arbeit an Sachzusammenhängen geht. Die Dimensionen dienen als Vermessungs- und Entfaltungsraster für denkbare Inhalte des Sachunterrichts. Im Gegensatz zu dem Komponentenmodell nach Hartwig Fiege werden ihnen nicht bestimmte Inhalte zugeordnet, wie es dort vorwiegend geschah, vielmehr werden sie auf einen Gegenstand bezogen und entfalten so dessen ganzen inhaltlichen Aspektreichtum. Dies wirkt einer vorzeitigen Verfachlichung entgegen und befördert stattdessen eine *multidimensionale Sicht der Dinge,* die zu einem vielperspektivischen Sachunterricht entscheidend beiträgt.

2.1 Ein Beispiel

Als Beispiele für multidimensionale Vermessungen und Entfaltungen möglicher Inhalte eines vielperspektivischen Sachunterrichts liegen vor allem Beiträge von Köhnlein (vgl. Köhnlein 1996), z.B. „Hafen" und Kahlert (vgl. Kahlert 1999), z.b. „Feuer und Flamme" vor. Überaus differenziert ausgearbeitet und dem Ansatz des Dimensionsmodells nicht unähnlich, hat Kahlert für seinen Zugriff der „didaktischen Netze" die Beispiele „Wünschen und Brauchen" und „Wasser und Wasserversorgung" vorgelegt (vgl. Kahlert 2005). Als eigene Beispiele wurden an anderer Stelle Dimensionierungsvorschläge zu den Themen „Teich" und „Wald" vorgestellt (vgl. Feige 2000; 2004a).

Das folgende Beispiel ist aus dem Bereich der *„Großen Themen"* des Sachunterrichts gewählt, die für eine vielperspektivische Bearbeitung offenkundig besonders lohnend sind. Als solche werden Themen bezeichnet, denen neben Lebensweltbezug und fachlicher Relevanz auch eine überdauernde Bedeutung zukommt – womit ausdrücklich auf die drei Merkmale *grundlegender Bildung* nach Glöckel Bezug genommen wird (vgl. Glöckel 1988). Mit „Großen Themen" sind demnach Bereiche gemeint, die für unser *Welt- und Selbstverständnis* von außerordentlicher Bedeutung sind. Die dabei in den Blick kommenden Zusammenhänge lassen sich Wissensgebieten wie der Astronomie, Erdgeschichte, Evolution, der menschlichen Stammesgeschichte oder der Technikentwicklung zuordnen.

Am Beispiel der „stammesgeschichtlichen Entwicklung des Menschen" soll das Dimensionsmodell in einem ersten Zugriff zur Anwendung kommen, wobei nicht sofort an eine Unterrichtstauglichkeit der ausgemachten Bezüge zu denken ist. Im vorliegenden Zusammenhang können jeweils nur wenige Aspekte für einige Dimensionen herausgehoben werden:

Die *lebensweltliche Dimension*, die sich auf Kind und Heimat bezieht, lenkt die Aufmerksamkeit zunächst auf uns selbst, als ein aus der Naturentwicklung hervorgegangenes Wesen. Vielleicht gibt es darüber hinaus in der Nähe des Schulortes Gegenden früherer menschlicher Besiedlungen, die die Kinder kennen, wie z.B. bronzezeitliche Gräberfelder.

Die *historische Dimension* eröffnet die zeitliche Retrospektive: Die ersten Menschenartigen traten vor etwa dreieinhalb Millionen Jahren auf. Wann ging der Mensch zur sesshaften Lebensweise über? Wann und wo gab es die ersten Menschen? Daraus lässt sich eine allgemeine Übersicht über die Stammesgeschichte entwickeln.

Mit der Frage nach der Besiedlungsgeschichte wird bereits die *geographische Dimension* berührt. Sie macht auf Afrika als Ausgangspunkt der menschlichen Besiedlung aufmerksam und verweist auf den geographischen Verlauf der Eroberung des Erdballs: von Afrika über den Nahen Osten nach Asien bzw. nach Europa hinein, von Asien nach Australien und nach Nordamerika und Südamerika. Schließlich erfolgte noch die Besiedlung der nördlichen Polarregionen.

Die *ökonomische Dimension* rückt wirtschaftliche Entwicklungen in den Mittelpunkt: Durch die Sesshaftwerdung des Menschen vollzog sich eine erste Arbeitsteilung, was frühe Formen des Handels mit sich brachte. Der aufkommende Ackerbau lässt Fragen des Grundbesitzes dringlich werden. Diese Ursprungssituationen lassen auch für Kinder sonst häufig vernachlässigte wirtschaftliche Zusammenhänge durchschaubar werden, da sie sich hier in ihrem geschichtlichen Gewordensein erschließen. Im Sinne einer „Didaktik der Zugangswege" – wie Klaus Giel es nannte (vgl. Thiel 2001, S. 192 f.) – lassen sich heute komplex geworden Vorgänge durch das Aufsuchen ihres jeweiligen Entstehungszusammenhanges auch für Kinder im Grundschulalter enträtseln. Verstehen kann angebahnt, erste *Kristallisationskerne des Verstehens* können aufgebaut werden (vgl. Wagenschein 1976, S. 211).

Die *biologische* und die *ökologische Dimension* rücken die verschiedenen Menschenarten in das Zentrum des Interesses. Grob gezeichnet verläuft die Entwicklungslinie vom Australopithecus über den Homo habilis und Homo erectus bzw. Homo ergaster zum Neandertaler und – unabhängig von diesem – zum modernen Menschen, dem Homo sapiens. Mit der Sesshaftwerdung begannen auch Naturveränderungen und -verbrauch. Während Jäger und Sammler die Natur wenig beeinflussten, kam es nun zu Brandrodungen, Tierzucht, Uferbefestigungen und Wegebau.

An diesem Beispiel wird einsichtig, dass bereits mit Hilfe nur einiger Dimensionen des Modells rasch eine erstaunliche Vielfalt aufgezeigt werden kann. Die Dimensionen des vielperspektivischen Sachunterrichts können dazu beitragen, das didaktische Potential möglicher Unterrichtsinhalte zu verdeutlichen, so dass im Folgenden die *didaktischen Funktionen* der Dimensionen zu untersuchen sind.

2.2 Didaktische Funktionen der Dimensionen

Die Dimensionen tragen wesentlich zur Gestaltung des vielperspektivischen Sachunterrichts bei, denn sie:

(1) eröffnen *vielfältige Bezüge* eines Inhalts,
(2) erschließen *unterschiedliche Sichtweisen* auf ein Ganzes,
(3) helfen bei der *Auswahl* von Zielen und Inhalten des Sachunterrichts,
(4) verhelfen zu einer *bewussten Schwerpunktsetzung* für die sachunterrichtliche Arbeit, da erst eine freigelegte Vielfalt eine begründete Auswahl ermöglicht,
(5) können auf diesem Wege dazu beitragen, dass inhaltliche Einseitigkeiten vermieden werden. Galt für die Heimatkunde lange Zeit die Erdkunde als „Leitfach" (vgl. Höcker 1968), so gibt es mittlerweile deutliche Befunde dafür, dass für den Sachunterricht Biologie an deren Stelle getreten ist (vgl. Koch 2000). Beide Tatsachen kennzeichnen aber Fehlentwicklungen. Daher bemüht

sich der vielperspektivische Sachunterricht immer darum, die *Fachbezüge möglichst ausgewogen* zu berücksichtigen,

(6) vermeiden demzufolge die Eindimensionalität des Sachunterrichts, wenn es gelingt, über die vier (sechs) Grundschuljahre hinweg alle Dimension etwa *gleichmäßig* zu bedienen,

(7) müssen auf keinen Fall immer alle (gar an einem Thema) abgearbeitet werden, was andernfalls unweigerlich zu einer Überfrachtung führen würde,

(8) verweisen auf eine *curriculare Perspektive* und ermöglichen die Anordnung der Inhalte z.B. nach spiralcurricularen Gesichtspunkten. Nicht immer werden alle gefundenen Inhalte für nur eine Jahrgangsstufe bedeutsam sein. Andere Aspekte haben vielleicht weiterführenden Charakter und weisen in ihrer Bearbeitung über die Grundschule hinaus,

(9) meinen auf *keinen Fall eine interne fachliche Aufgliederung* des Sachunterrichts,

(10) entfalten die Vielperspektivität eines Inhaltes und verweisen damit auf dessen *Ergiebigkeit,*

(11) verdeutlichen die Ergiebigkeit eines Inhalts, wodurch auch auf sein *exemplarisches Potential* aufmerksam gemacht wird. In diesem Zusammenhang darf es als einleuchtend angenommen werden, dass ein ergiebiger Inhalt eher exemplarische Qualität aufweisen kann, als ein nur wenig ergiebiger Inhalt,

(12) bringen Kind und Sache in ein *produktives Verhältnis.*

Die Dimensionen des vielperspektivischen Sachunterrichts leisten insgesamt ihren Beitrag dazu, dass sich Inhalte des Sachunterrichts, die zunächst als Fragen, Phänomene, Alltagserfahrungen oder Medienereignisse Eingang in den Unterricht finden, strukturiert erschließen lassen. Dadurch werden sie auch einer angemessenen methodischen Erschließung zugeführt, indem sach- und fachgemäße Arbeitsweisen zur Anwendung kommen.

3 Dimensionen und Perspektiven

Mit seinem Vorschlag der „didaktischen Netze" leistet Kahlert (vgl. Kahlert 2005) einen weiteren Beitrag zur Ausgestaltung des vielperspektivischen Sachunterrichts. Begrifflich wird dabei zwischen *Dimensionen* und *Perspektiven* unterschieden. Während Köhnlein unter Dimensionen lebensweltliche und fachliche Gesichtspunkte zusammenführt und Perspektiven im Sinne einer Auffächerung der Sachunterrichtsbezüge erst am Ende der Grundschulzeit ansetzt (vgl. Köhnlein 2001), unterscheidet Kahlert von Anfang an zwischen Dimensionen und Perspektiven (vgl. Kahlert 2005). Der Begriff der Dimension wird in diesem Zusammenhang auf die lebensweltliche Orientierung bezogen, wonach Grundakte menschlichen Zusammenlebens beschrieben werden, wie z.B. „Mit anderen zusammenleben", „Kaufen, Tauschen, Herstellen und Handeln" oder „Natürliche

Gegebenheiten". Diesen lebensweltlichen Dimensionen werden nun fachlich orientierte Perspektiven zugeordnet, wobei es aber keine Eins-zu-Eins-Zuordnungen geben kann. So können „natürliche Gegebenheiten" auf naturwissenschaftliche Perspektiven verweisen, desgleichen ist aber auch z.b. an geographische oder historische Zusammenhänge zu denken. Die fachlich ausgerichteten Perspektiven führen aus der individuellen, unmittelbaren und ausschnitthaften Weltbegegnung heraus und tragen dazu bei, übergreifende Wissensbestände aufzubauen. *Lebensweltbezogene Dimensionen* und *fachlich ausgerichtete Perspektiven* werden demzufolge in Beziehung gesetzt – es entstehen also „didaktische Netze" –, um auf diese Weise vielfältige Inhalte zu gewinnen. Unter Berücksichtigung der Lernvoraussetzungen und -bedürfnisse der Kinder, der vorhandenen oder aufzubauenden Interessen und ggf. regionaler und aktueller Bezüge können nun unter Ausrichtung auf eine oder mehrere Perspektiven aus den auf diesem Wege gefundenen Inhalten Themen für den Sachunterricht gewonnen werden – ähnlich wie mit dem obigen Dimensionsmodell. Dass es dabei keine erkenntnistheoretischen Notwendigkeiten geben kann, liegt auf der Hand. Es wird in diesem Zusammenhang immer um argumentative Aushandlungsprozesse gehen, die das Interesse der Beteiligten – auch der Gesellschaft und der Fächer – zu berücksichtigen haben. Auch der *Perspektivrahmen der Gesellschaft für Didaktik des Sachunterrichts* (vgl. GDSU 2002) nennt verschiedene fachlich bezogene Perspektiven, um einen inhaltlich anspruchsvollen Sachunterricht zu gewährleisten. Insofern kann er konzeptionell dem *vielperspektivischen Sachunterricht* zugeordnet werden. Alle drei Ausprägungen des vielperspektivischen Sachunterrichts – Köhnlein, Kahlert und GDSU – liegen trotz unterschiedlicher Entstehungszusammenhänge und gradueller begrifflicher Differenzen eng beieinander, was besonders an dem hohen Stellenwert ablesbar ist, der jeweils der *konsequenten Vernetzung* der vielfältigen Bezüge des Sachunterrichts zugemessen wird.

4 Konstruktivismus als Aneignungstheorie

Als neurobiologisch, lern- und entwicklungspsychologisch rückgebundene aneignungstheoretische Grundauffassung bevorzugt der vielperspektivische Sachunterricht den *Konstruktivismus*. Dieser betont wesentlich stärker als andere lerntheoretische Vorstellungen (z.B. Behaviorismus, Kognitivismus) *den Eigenanteil des Individuums am Lernprozess*. Erkenntnistheoretisch bildet der Konstruktivismus den Gegenbegriff zum *Objektivismus*, didaktisch-lerntheoretisch zum *Instruktivismus*. Die philosophisch-erkenntnistheoretische Position des „radikalen Konstruktivismus" verneint weitgehend äußere Einflüsse auf das sich vor allem selbststeuernde Individuum (vgl. Roth 2003). Wird jedoch der „objektiven" Umwelt ein größerer Einfluss zugestanden als im radikalen Konstruktivismus, neigt sich diese Position dem „moderaten Konstruktivismus" zu. Es liegt auf der

Hand, dass sich Didaktiker eher diese Position zu Eigen machen, da sie sich notwendigerweise auch mit der Wirkung von Unterricht – also mit der Einflussnahme der „objektiven" Welt auf das Individuum – befassen. Möller stellt dazu fest: „Weitgehende Einigkeit besteht darin, daß die radikal konstruktivistische Position wegen ihrer erkenntnistheoretischen Prämissen als Paradigma für die Lehr-Lernprozessforschung nicht geeignet ist" (Möller 1999, S. 126). Aus der Sicht der Didaktik ist daher der *moderate Konstruktivismus* eindeutig zu bevorzugen, da er neben der eigentätigen Konstruktion auch die angeleitete Instruktion in sozialen Zusammenhängen zulässt und somit aus konstruktivistischer Perspektive didaktische Fragestellungen überhaupt erst bedeutsam werden lässt. Allerdings sind die Positionen innerhalb des moderat konstruktivistischen Lagers über das angemessene Verhältnis von Instruktion und Selbstregulierung durchaus unterschiedlich. Auf der einen Seite wird der Selbstregulierung der Vorrang eingeräumt, andererseits wird vor einer Überschätzung der Selbstlernprozesse gewarnt (vgl. Gerstenmaier & Mandl 1995, Dubs 1995). Besonders mit Blick auf Schülerinnen und Schüler im Grundschulalter ist eine vorsichtigere Einschätzung der Möglichkeiten von Selbstlernprozessen zu teilen. Instruktive Anteile sind im Lernprozess von Grundschulkindern und besonders für lernlangsamere Kinder geboten (vgl. Möller 2002). Beide Positionen – *Instruktivismus* und *Konstruktivismus* – sind in der nachstehenden Tabelle einander idealtypisch gegenübergestellt (vgl. Feige 2004b):

Instruktivismus	Konstruktivismus
Schule als Belehrungsstätte	Schule als Lernstätte
isoliertes Faktenwissen	selbständige Wissensaneignung in Zusammenhängen
Lehren mit dem Ausgangspunkt didaktisch aufbereiteter und didaktisch reduzierter Zugriffe	Lernen mit dem Ausgangspunkt in einer komplexen und realen Gegebenheit, situiertes Lernen
angeleitetes, methodisch in kleinen Schritten arrangiertes Lernen	Lernen in hinreichend komplexen Situationen, authentisches Lernen
Lehrer als Anleiter des Lernens	Lehrer als Wegbereiter des Lernens
„Input" im Sinne einer einkanaligen Vermittlung	„Intake" im Sinne einer mehrkanaligen Informationsverarbeitung
lineare und monomediale Wissensvermittlung	multimedialer Wissenserwerb, z.B. durch entsprechend eingerichtete Hypermedia-Arbeitsumgebungen

Im konkreten Sachunterricht wird ein Hin- und Hergleiten zwischen beiden hier idealtypisch gekennzeichneten Positionen stattfinden. Zweifelsohne ist es aus pädagogischer und sachunterrichtsdidaktischer Sicht sehr wünschenswert, dass Schülerinnen und Schüler möglichst in der Gemeinschaft aktiv, selbständig, entdeckend, erfindend und problemlösend lernen, wie dies der moderate Konstruktivismus fordert. Grundlegend neu ist diese Sicht jedoch nicht (vgl. Terhart 1999). Spätestens seit der Reformpädagogik sind gleich- oder ähnlichlautende Forderungen immer wieder formuliert worden, so z.b. von John Dewey mit dem „problemlösenden Unterricht" und der „Projektmethode", von Georg Kerschensteiner mit dem „Arbeitsunterricht" in der „Arbeitsgemeinschaft" oder durch Hugo Gaudig mit der „freien geistigen Arbeit".

Der *vielperspektivische Sachunterricht* will unter Betonung des selbstgesteuerten Lernens instruktive und konstruktive Anteile in ein lohnendes Verhältnis bringen, wobei es gilt, die Kinder zunehmend zur Eigenständigkeit zu befähigen. Insofern verbindet der vielperspektivische Sachunterricht aktuelle konstruktivistische Forderungen mit bewahrenswerten Beständen der Reformpädagogik.

Literatur

Dubs, R. (1995): Konstruktivismus. Einige Überlegungen aus der Sicht der Unterrichtsgestaltung. In: Zeitschrift für Pädagogik, 41, S. 889-903. – Feige, B. (2000): Integrativer und fächerübergreifender Sachunterricht – historische, fachdidaktische und allgemeindidaktische Orientierungen. In: Löffler, G., Möhle, V., von Reeken, D. & Schwier, V. (Hrsg.): Sachunterricht – Zwischen Fachbezug und Integration. Bad Heilbrunn, S. 63-79. – Feige, B. (2004a): Der Sachunterricht und seine Konzeptionen. Historische, aktuelle und internationale Entwicklungen. Bad Heilbrunn. – Feige, B. (2004b): Konstruktivismus. In: Keck, R. W., Sandfuchs, U. & Feige, B. (Hrsg.): Wörterbuch Schulpädagogik. Ein Nachschlagewerk für Studium und Schulpraxis. 2. Aufl. Bad Heilbrunn, S. 245-247. – Fiege, H. (1967): Der Heimatkundeunterricht. 2. Aufl. 1969, 3. Aufl. 1973 & 4. Aufl. 1976 (die Auflagen 3 und 4 erschienen unter dem Titel „Sachunterricht in der Grundschule"). Bad Heilbrunn. – Gerstenmaier, J. & Mandl, H. (1995): Wissenserwerb unter konstruktivistischer Perspektive. In: Zeitschrift für Pädagogik, 41, S. 867-888. – Gesellschaft für Didaktik des Sachunterrichts (GDSU) (2005): Perspektivrahmen Sachunterricht. Bad Heilbrunn. – Giel, K. (1975): Vorbemerkungen zu einer Theorie des Elementarunterrichts. In: Giel, K. u.a. (Hrsg.): Stücke zu einem mehrperspektivischen Unterricht. Aufsätze zur Konzeption. 2. Aufl. Stuttgart, S. 8-181. – Giel, K. (2001): Zur Revision des „Mehrperspektivischen Unterrichts" (MPU). In: Köhnlein, W. & Schreier, H. (Hrsg.): Innovation Sachunterricht – Befragung der Anfänge nach zukunftsfähigen Beständen. Bad Heilbrunn, S. 201-216. – Glöckel, H. (1988): Was ist grundlegende Bildung? In: Schorch, G. (Hrsg.): Grundlegende Bildung. Erziehung und Unterricht in der Grundschule. Bad Heilbrunn, S. 11-33. – Hentig, H. von (1985): Die Menschen stärken die Sachen klären. Stuttgart. – Höcker, G. (1968): Inhalte des Sachunterrichts im 4. Schuljahr. Eine kritische Analyse. In: Die Grundschule. Beiheft zu Westermanns Pädagogischen Beiträgen, H. 3, S. 10-14. – Kahlert, J. (1994): Ganzheit oder Perspektivität? Didaktische Risiken des fächerübergreifenden Anspruchs und ein Vorschlag. In: Lauterbach, R., Köhnlein, W., Koch, I. & Wiesenfarth, G. (Hrsg.): Curriculum Sachunterricht. Kiel, S. 71-85. – Kahlert, J. (1999): Die historische Dimension und der Heimat- und Sachunterricht. In: Schreiber, W. (Hrsg.): Erste Begegnungen mit Geschichte. Grundlagen historischen Lernens, Band 1. Neuwied, S. 77-103. – Kahlert, J. (2005): Der Sachunterricht und seine Didaktik. 2. Aufl. Bad Heilbrunn. –

Klafki, W. (1992): Allgemeinbildung in der Grundschule und der Bildungsauftrag des Sachunterrichts. In: Lauterbach, R., Köhnlein, W., Spreckelsen, K. & Klewitz, E. (Hrsg.): Brennpunkte des Sachunterrichts. Kiel, S. 11-31. – Koch, C. (2000): Fachbezüge und Dimensionen des Sachunterrichts: Wie spiegeln sie sich im Unterricht wider? Eine Auswertung von Lehrberichten aus Klassenbüchern von zweiten, dritten und vierten Schuljahren. Hildesheim 2000. – Köhnlein, W. (1990): Grundlegende Bildung und Curriculum des Sachunterrichts. In: Wittenbruch, W. & Sorger, P. (Hrsg.): Allgemeinbildung und Grundschule. Münster, S. 107-125. – Köhnlein, W. (1996): Leitende Prinzipien und Curriculum des Sachunterrichts. In: Glumpler, E. & Wittkowske, S. (Hrsg.): Sachunterricht heute. Zwischen interdisziplinärem Anspruch und traditionellem Fachbezug. Bad Heilbrunn, S. 46-76. – Köhnlein, W. (1999): Vielperspektivisches Denken – eine Einleitung. In: Köhnlein, W., Marquard-Mau, B. & Schreier, H. (Hrsg.): Vielperspektivisches Denken im Sachunterricht. Bad Heilbrunn, S. 9-23. – Köhnlein, W. (2001): Innovation Sachunterricht – Auswahl und Aufbau der Inhalte. In: Köhnlein, W. & Schreier, H. (Hrsg.): Innovation Sachunterricht – Befragung der Anfänge nach zukunftsfähigen Beständen. Bad Heilbrunn, S. 299-329. – Möller, K. (1999): Konstruktivistisch orientierte Lehr-Lernprozeßforschung im naturwissenschaftlich-technischen Bereich des Sachunterrichts. In: Köhnlein, W., Marquardt-Mau, B. & Schreier, H. (Hrsg.): Vielperspektivisches Denken im Sachunterricht. Bad Heilbrunn, S. 125-191. – Möller, K. (2002): Naturwissenschaftliches Lernen im Grundschulalter. Neue Ergebnisse und Perspektiven. Öffentlicher Vortrag, Universität Hildesheim 8.2.2002. – Roth, G. (2003): Aus Sicht des Gehirns. Frankfurt/M. – Schreier, H. (1999): Vielperspektivität, Pluralismus und Philosophieren mit Kindern. In: Köhnlein, W., Marquardt-Mau, B. & Schreier, H. (Hrsg.): Vielperspektivisches Denken im Sachunterricht. Bad Heilbrunn, S. 24-59. – Terhart, E. (1999): Konstruktivismus und Unterricht. Gibt es einen neuen Ansatz in der Allgemeinen Didaktik? In: Zeitschrift für Pädagogik, 45, S. 629-647. – Thiel, S. (2001): Sachunterricht genetisch. In: Köhnlein, W. & Schreier, H. (Hrsg.): Innovation Sachunterricht – Befragung der Anfänge nach zukunftsfähigen Beständen. Bad Heilbrunn, S. 181-199. – Wagenschein, M. (1976): Die pädagogische Dimension der Physik. 4. Aufl. Braunschweig.

42| Sachunterricht in Reform- und Alternativschulen
Johannes Jung

1 Definitorische Abgrenzung

Als Reform- oder Alternativschulen werden in diesem Beitrag alle konzeptionellen Versuche bezeichnet, die sich selbst als Gegenmodelle zur staatlich organisierten, budgetierten und kontrollierten Regelschule definieren. Dabei können sie sich auf der einen Seite lediglich durch ein alternatives Materialarrangement und offenere Arbeitsweisen in unterrichtsmethodischer Hinsicht (wie z.B. viele *Freie Alternative Schulen*) von der Staatsschule absetzen oder aber auf der anderen Seite

ganz grundsätzlich als weitgehend autarker pädagogischer Neuentwurf mit elabo-
riertem weltanschaulichem und gesellschaftlichem Hintergrund (wie z.b. *Waldorfschulen*) konstituieren (vgl. Jung 2005). Entsprechend groß ist demnach die
Spannweite der Ziele, Inhalte und Methoden innerhalb der alternativen Schul-
topographie, die sich mehr oder weniger mit dem allgemein akzeptierten System
von Wissenschaft und Lehrplanverbindlichkeit in Einklang befinden oder aber
auch an einem völlig differenten, parallel dazu existierenden Erkenntnis- und
Verständnissystem orientieren können.
Speziell im Sachunterricht sollte der generelle Anspruch alternativer und reformorientierter Schulen auf größere Lebensnähe und sensualistische Vielfalt
besonders intensiv zur Geltung kommen, da dieser schulische Lernbereich tendenziell eher mit dem Anspruch einer unmittelbaren Sachbegegnung und Lebens-
welterschließung antritt, die eben nicht, wie im Deutsch- oder Mathematikunterricht, schwerpunktmäßig durch abstrakte Symbolsysteme wie Schrift oder
Zahlen gebrochen und transportiert wird.

2 Historischer Rückblick

Gerade wegen dieser propagierten Lebensnähe, in Opposition zur traditionellen
Buch- und Paukschule, maßten die zu Beginn des 20. Jahrhunderts zahlreich
entstehenden reformorientierten Schulmodelle dem Sachunterricht große Bedeutung bei. Kurz hingewiesen sei daher auf *Fritz Gansbergs* (1871 – 1950) narrative,
erlebnishafte Heimatkundedidaktik in Bremen, deren Kristallisationspunkt die
kindlichen Welterfahrungskerne und ihre unterrichtliche Durchdringung bildeten. Vor allen auf lebenspraktische Relevanz zielte der Werkstätten- und Labor-
unterricht *Georg Kerschensteiners* (1854 – 1932) in München, ebenso die Arbeits-
ateliers *Célestin Freinets* (1896 – 1966), die daneben einen starken Akzent auf das
selbstständige Erlernen sachunterrichtlicher Arbeitstechniken setzten (vgl. Jung
2004). *Hugo Gaudig* (1860 – 1923) suchte in seiner freien geistigen Arbeit gerade
im Sachunterricht primär das Prinzip der Selbsttätigkeit durch die eigenständige
Wahl von Arbeitsziel und Arbeitsweise zu verwirklichen (vgl. Müller 2004). Unter dem übergreifenden Signet der Erziehung zur und in der organischen Gemeinschaft stand das gesamte Schulleben der Jena-Plan-Schulen *Peter Petersens* (1886
– 1952), was den ansonsten durchaus konventionell erteilten Heimatkundeunterricht durch die angestrebte enge Einbindung des Schülers in das Volksganze beeinflusste (vgl. Benner & Kemper 1991).
Diese methodischen Vorgehensweisen, Organisationsformen und Zielsetzungen
wurden von den ab den 1970er Jahren entstehenden *Freien Alternativen Schulen*
(FAS) selektiv übernommen und mit neuen Begründungskontexten versehen, an
internationale Vorbilder angebunden, in einen veränderten gesellschaftlichen
Rahmen eingefügt oder mit demokratisch-emanzipatorischen Aufgaben synkre-

tistisch zusammengebunden. Mündigkeit und Partizipation an gesellschaftlichen Prozessen stellen daher prinzipielle Ziele etwa der 1974 gegründeten Laborschule Bielefeld oder der Freien Schulen etwa in Frankfurt (1970 *Rödelheimer Projekt*) oder Bochum (1981) dar. Der Sachunterricht konzentrierte sich folgerichtig auf sozialpolitische, ökonomische und ökologische Inhalte. Diese inzwischen rund 70 deutschen FAS stehen aber in aller Regel in grundsätzlichem Einklang mit den standardisierten natur- und gesellschaftswissenschaftlichen Welterklärungsmodellen und unterscheiden sich von der Regelschule in erster Linie durch ein offeneres Methodenrepertoire, weniger verbindliche, stärker schülerorientierte Vorgaben und flexiblere Organisationsformen. Eher marginale Unterschiede finden sich bei der grundlegenden Zielsetzung der Welterschließung, die Frage nach der Auswahl relevanter Stoffe und Inhalte wird mit dem Verweis auf lebensnahe Erfahrungsoffenheit und situative Konkretisierung eher zweitrangig. In der Laborschule Bielefeld werden diese möglichen Weltzugänge allerdings in verschiedenen Erfahrungsbereichen vorstrukturiert.

Im Folgenden soll daher, nach diesem kurzen historischen Abriss zur Entwicklung reformorientierter Schulen, das Hauptaugenmerk auf den Alternativschulen liegen, deren Sachunterricht und grundlegende Schulkonzeption sich gravierend und prinzipiell von dem der Regelschule unterscheidet. Paradigmatisch seien dafür die Montessori- und die Waldorfschulen anskizziert. Allgemein muss allerdings darauf hingewiesen werden, dass für diese Schulen, wie dies auch bei den FAS der Fall ist, kein allgemein verbindlicher Lehrplan mit detaillierten Vorgaben existiert und sich die Unterrichtspraxis der einzelnen Schulen demnach durchaus unterscheiden kann.

3 Sachunterricht an Montessorischulen

Die nach der italienischen Ärztin und Pädagogin Maria Montessori (1870 – 1952) benannten Schulen orientieren sich grundsätzlich an einem endogen bestimmten und einen immanenten Bauplan voraussetzenden Entwicklungsverlauf des Kindes. Dieser gibt die lern- und entwicklungswirksamen sensiblen Perioden individuell für jedes Kind und allgemein die Hauptzielsetzung der Schule für drei- bis sechsjährige Zeitspannen vor. Diese entwicklungspsychologischen Paradigmen erfordern konsequenterweise einen sehr stark individualisierten, aber wegen fixer Entwicklungsabschnitte klar vorgegebenen Unterricht in einer durch zahlreiche didaktische Materialien vorbereiteten Umgebung. Dieses Material ist für einen didaktisch klar definierten Zweck konzipiert, muss also spezifisch und bestimmungsgemäß verwendet werden und ist in fünf Gruppen aufgeteilt: (1.) Übungen des täglichen Lebens, (2.) Sinnesmaterial, (3.) Sprachmaterial, (4.) Mathematikmaterial, (5.) Material zur kosmischen Erziehung.

Für den sachunterrichtlichen Verwendungszusammenhang sind vor allem die Materialien zu den Übungen des täglichen Lebens und zur kosmischen Erziehung maßgeblich. Bei den Übungen des täglichen Lebens, deren ursprüngliche Ausrichtung auf die Erfordernisse benachteiligter und entwicklungsverzögerter Kinder offensichtlich wird, stehen die Verrichtungen des Alltags im Mittelpunkt: Schuhe zubinden, Knöpfe schließen oder Schnallen öffnen. Wichtiger und für den Sachunterricht aufschlussreicher erscheinen die Materialien zur kosmischen Erziehung. Der Begriff *Kosmische Erziehung* wurde von Montessori in zwei Bedeutungen verwendet. Zum einen stellt sie neben den basalen Sinnes- und Alltagsübungen und der Sprach- und Mathematikarbeit die sachunterrichtliche Komponente des Unterrichts dar, zum anderen steht sie als Bezeichnung für den gesamten Unterricht zwischen dem 6. und 12. Lebensjahr, zwischen der Periode des Kinderhauses und der Zeit des Erdenkinderplans (vgl. Eckert 2001).

Übergeordnetes Ziel der Kosmischen Erziehung ist es, die Stellung des Menschen im nach göttlichem Schöpfungsplan geordneten Kosmos zu erkennen, Natur und Supra-Natur (also Kultur) zu erfassen und zu gestalten und schlussendlich eine umfassende Liebe zum ganzen Universum zu gewinnen. Methodisch soll dabei in deduktiver Weise von einer einführenden *Kosmischen Erzählung* ausgegangen werden, die zunächst einen panoramaartigen Überblick beispielsweise über die Entstehung der Erde mit der Möglichkeit phantasievollen, imaginativen Erlebens zu geben habe. Die paradigmatisch ausgearbeiteten „cosmic tales" etwa zur Schöpfungsgeschichte *„Gott, der keine Hände hat"* stammen wohl weitgehend aus der Feder Mario Montessoris, der das Werk seiner Mutter ab den 1940er-Jahren weiterführte und didaktisch klein arbeitete (vgl. www.montessori-baden-württemberg.de). An diese Erzählung schließt sich dann die individuelle Arbeit mit verschiedenen biologischen, historischen oder geographischen Materialien wie der Pflanzenkommode, dem Zeitleistenband oder den Länderpuzzles an. Diese durchwegs traditionellen Inhalte fügen sich aber stets dem Hauptgedanken der Kosmischen Erziehung unter, nämlich der liebenden Einbindung der Einzelheiten in ein harmonisches Ganzes.

Die Diskrepanz zwischen dieser apodiktischen, universell eingeforderten und emotional verwurzelten Harmonie und den nur punktuell, simplifizierend und formalistisch einsetzbaren Materialien bleibt dabei offensichtlich.

4 Sachunterricht an Waldorfschulen

Die auf Rudolf Steiners (1861 – 1925) anthroposophischer Weltanschauung basierenden Waldorfschulen stellen mit über 150 Schulen in der Bundesrepublik Deutschland den größten geschlossenen Bereich alternativer Schulen dar. Auch bei ihnen wird eine feste Entwicklungsstufe der Kinder, allerdings in Jahrsiebten, zu Grunde gelegt, was bis in die Auswahl und Anordnung der Unterrichtsinhalte und -stoffe hinein wirkt, auch wenn der Aufbau eines fixen Lehrplanes nicht angestrebt wird (vgl. Heydebrandt 1983); ein vergleichender Blick in die aktuellen Lehrpläne verschiedener Waldorfschulen zeigt allerdings eine umfassende strukturelle Übereinstimmung (vgl. z.b. www.waldorfsuedost.de). Als grundlegendes Ziel des gesamten Sachunterrichts darf sicher gelten, die Kinder mit ihrer Umgebung und der Arbeit der Menschen bekannt zu machen und sich mit ihr verbunden zu fühlen, wobei dies durchaus umfassend als Vorbereitung „auf die Erdenreife" (Richter 2003, S. 200) verstanden werden darf. „Die Heimatkunde hat die Aufgabe, das träumende Kind allmählich für seine Umgebung aufzuwecken, so dass es sich bewusster verbinden lernt mit seiner Umgebung" (Heydebrandt 1983, S. 17). Die den ersten beiden Schuljahren angemessene methodische Vorgehensweise kann dabei nur die anthropomorphisierend-moralische Erzählform des Märchens sein, später treten reflektiertere, vor allem aber praktisch-handelnde Zugangsweisen hinzu. Häufig gewählte Inhalte sind hier Ackerbau und Feldbestellung, Hausbau und Ur-Berufe (vgl. www.waldorf-schule-frankfurt.de). In aller Regel wird der Unterricht in thematisch oder fachlich vereinheitlichten Epochen zusammengefasst.

Gemeinsam ist allen Waldorfschulen ein zivilisationskritischer Unterton, aus dem heraus sich die methodischen und inhaltlichen Anachronismen und Widersprüche zu aktuellen wissenschaftlichen Erklärungsmodellen verstehen lassen.

5 Resümee

Als unbestritten notwendig und fruchtbar kann sicher das innovative und provokative Potential jedes reformorientierten Schulentwurfs gelten, ebenso die positiven, identitätsstiftenden Auswirkungen einer engagierten und vorselektierten Lehrer-, Schüler- und Elternschaft; dies allerdings macht ernsthafte und redliche Vergleiche mit der Regelschule beinahe unmöglich. Gerade bei der Welterschließung im Sachunterricht bergen die kosmischen Zugänge alternativer Konzeptionen sowohl Faszination wie auch Gefahren, da sie positive Antworten und sinnstiftende Ordnung auch dort geben können, wo das aktuelle Wissenschaftsverständnis und damit die gesamte postmoderne Gesellschaft nur offene Fragen anzubieten hat.

Bei der Auswahl möglicher Stoffe und Themen allerdings bleibt das Angebot der Reform- und Alternativschulen denn aber entweder ernüchternd konventionell oder wird überwiegend an das momentane Schülerinteresse delegiert, womit die sachunterrichtsdidaktische Gretchenfrage nach den Inhalten letztlich ungeklärt bleibt.

Literatur

Benner, D. & Kemper, H. (1991): Vorwort zur Neuherausgabe des Kleinen Jena-Plans. Weinheim, Basel. – Eckert, E. (2001): Maria und Mario Montessoris Kosmische Erziehung. Bad Heilbrunn. – Heydebrand, C. v. (1983): Vom Lehrplan der Freien Waldorfschule. 7. Aufl. Stuttgart. – Jung, J. (2004): Georg Kerschensteiner (1854 – 1932) und die Münchner Arbeitsschulbewegung. In: Kaiser, A. & Pech, D. (Hrsg.): Basiswissen Sachunterricht. Bd. 1. Hohengehren, S. 102-105. – Jung, J. (2005): Reform und Alternativschulen. In Einsiedler, W., Götz, M., Hacker, H., Kahlert, J., Keck, R. W. & Sandfuchs, U. (Hrsg.): Handbuch Grundschulpädagogik und Grundschuldidaktik. 2. Aufl. Bad Heilbrunn, S. 68-76. – Müller, K. (2004): Die Bedeutung der Selbsttätigkeit in der Arbeitsschule Hugo Gaudigs. In: Kaiser & Pech D. (Hrsg.): Basiswissen Sachunterricht. Bd. 1. Hohengehren, S. 110-113. – Richter, T. (Hrsg.) (2003): Pädagogischer Auftrag und Unterrichtsziele – vom Lehrplan der Freien Waldorfschule. Stuttgart. – www.montessori-baden-württemberg.de/508.html vom 23.06.2006. – www.waldorfsuedost.de/faq/Lehrplan.htm vom 23.06.2006. – www.waldorfschule-frankfurt.de/druckversionen.php?ref=klassenstufen.php vom 28.06.2006.

2.5 Konzeptionen und Entwicklungen im Ausland

43| Sachunterricht in den EU-Staaten – ein Überblick
Beate Blaseio

1 Der Sachunterricht und seine Internationalität

„Was wissen wir vom Sachunterricht in Europa? In Italien, Schweden, England, Ungarn?" fragt Wolf Engelhardt in der Online-Zeitschrift *Widerstreit Sachunterricht* (www.widerstreit-sachunterricht.de) und übt damit offene Kritik an der Situation, dass die bundesdeutsche Sachunterrichtsdidaktik traditionell stark national ausgerichtet ist. Impulse aus anderen Ländern sind in der Geschichte des wissenschaftlichen Diskurses der Didaktik des Sachunterrichts bis heute kaum eingeflossen: Lediglich in der Phase des frühen Sachunterrichts zu Beginn der 1970er Jahre wirkten einzelne anglo-amerikanische naturwissenschaftliche Konzeptionen durch Adaption bis in die bundesdeutsche Sachunterrichtsdidaktik (u.a. S-APA und SCIS; vgl. Feige 2004; Köhnlein & Schreier 2001). Die Diskussion über *science literacy* (vgl. Marquardt-Mau 1996) ist von der Sachunterrichtsdidaktik zwar wahrgenommen worden, stärkere Einflüsse sind bisher aber nicht zu verzeichnen.

Zudem liegen der Sachunterrichtsdidaktik nur wenige und verstreut publizierte Berichte über länderspezifische Konzeptionen zum Sachlernen in unteren Klassenstufen vor. Diese sind überwiegend durch persönliche Kontakte einzelner deutscher Wissenschaftler zu ausländischen Didaktikern oder durch deren eigene Auslandsaufenthalte entstanden. Auf eine systematisch-umfassende Dokumentation der verschiedenen Länderkonzeptionen kann bislang jedoch nicht zurückgegriffen werden. Einen Überblick über die vorliegenden internationalen Konzeptionen, die von der deutschen Sachunterrichtsdidaktik bereits wahrgenommen wurden, hat aber Bernd Feige (2004) zusammengetragen und klassifiziert.

Auch die Gesellschaft der Didaktik des Sachunterrichts (GDSU) ist eine primär nationale Gesellschaft: Lediglich 5% ihrer Mitglieder stammen aus anderen Ländern, wobei diese sich auf 6 Staaten (Österreich, Schweiz, Luxemburg, Niederlande, Japan, VR China) verteilen (vgl. Mitgliederverzeichnis der GDSU; Stand: 1. Juli 2006). Aber nicht nur in Deutschland werden überwiegend national gebundene Diskussionen geführt, auch in anderen Staaten finden entsprechende Forschungsdiskurse primär innerstaatlich statt. Diese monostaatliche Fokussierung ist auch auf die starke Verwobenheit des frühen Sachlernens in die unterschiedlichen, national geprägten und historisch gewachsenen Grundschulstrukturen zurückzuführen: Bei einer Isolierung und Diskussion praktizierter Ansätze sachbezogenen Lernens anderer Staaten muss deshalb stets der Rahmen des dort vorhandenen Gesamtkonstrukts mitberücksichtigt werden; ebenso müssen Überlegungen für eine stets notwendige nationale Adaption über die enge Sicht der Sachunterrichtsdidaktik hinausreichen und in das Gesamtsystem eingebettet werden. Aus diesem Grund gibt es auch zwischen den deutschsprachigen Staaten (Österreich, Schweiz, Liechtenstein) und den deutschsprachigen Landesteilen europäischer Staaten (Südtirol, Deutsche Gemeinschaft Belgien, Luxemburg, Deutsche Minderheit in Süddänemark) keinen systematischen Austausch über didaktische Konzeptionen schulischen Sachlernens, obwohl – wie man zunächst denken könnte – Sprachprobleme ein Hauptgrund für die primär national geführten Diskurse sein könnten.

Durch die hohe Konzeptionsdiversität von deutschen Fachdidaktikern, Lehrplänen und Lehrkräften liegt innerhalb Deutschlands bereits ein sehr breites Spektrum von Ansätzen vor, wie Sachunterricht in der Grundschule unterrichtet und wie das Fach didaktisch betrachtet werden kann. Die Kulturhoheit der 16 Bundesländer forciert dabei die Vielfältigkeit der Ansätze durch länderspezifische Verordnungen sowie durch die individuell vorgenommene Einbettung des Sachunterrichts in regionale Ländervorgaben der Grundschule.

International bieten etwa die EU und die OECD gegenwärtig keine speziell aufgearbeiteten Informationen und Untersuchungsergebnisse für das frühe schulische Sachlernen an. Stattdessen bearbeiten sie bevorzugt andere schulbezogene Themen wie den Fremdsprachenunterricht oder die Lehrerbildung (vgl. www.eurydice.org; www.oecd.org).

Vergleichende internationale Untersuchungsergebnisse liegen lediglich durch die deutsche IGLU-E-Studie vor, die jedoch nur den naturwissenschaftlichen Bereich des Sachunterrichts berücksichtigt. Auch wurden die Ergebnisse dieser Untersuchung erst nachträglich in das bereits bestehende Ranking der internationalen TIMSS-Studie eingearbeitet (vgl. Bos, Lankes, Prenzel, Schwippert, Walther & Valtin 2003). Aber auch daraus ist bislang keine verstärkte Beschäftigung mit internationalen Sachunterrichtskonzeptionen hervorgegangen.

2 Systematische Erfassung aktueller Konzeptionen

Weltweit existieren vielfältige, dabei durchaus divergente Ansätze zum sachbezogenen Lernen in unteren Klassenstufen. Um diese Konzeptionen darstellen und vergleichen zu können, muss zunächst eine komparatistische und systematische Aufarbeitung der jeweiligen länderspezifischen Rahmenbedingungen für das frühe Sachlernen erfolgen. Ein solcher Vergleich ist gerade für solche Länder sinnvoll, die über grundlegend vergleichbare Schulstrukturen verfügen (u.a. Schulpflicht, lehrplanbasierter Unterricht, öffentlich-staatliche Schulaufsicht). Dabei sind aus deutscher Perspektive neben den OECD-Staaten (u.a. USA, Japan) vor allem die Staaten der Europäischen Union von besonderer Relevanz, kann so doch den Bedürfnissen einer zukünftig stärker europaweit agierenden Bildungspolitik begegnet werden.

Im Folgenden werden daher grundlegende Informationen zum frühen schulischen sachbezogenen Lernen in den verschiedenen Staaten der EU (Stand 1. Mai 2004) zusammengetragen. Berücksichtigt wird der sachbezogene Unterricht der 6- bis 12-jährigen, vergleichbar den deutschen Klassenstufen 1 bis 6. Bedingt durch das international differente Einschulungsalter wird aus Gründen der Vergleichbarkeit lediglich die adäquate deutsche Klassenstufe genannt, die die deutschen Kinder in diesem Alter besuchen würden; z.b. Klassenstufe 4 im Alter von 9-10 Jahren. Dabei gehe ich über die in Deutschland vierjährige Grundschulzeit hinaus und beziehe mich auf den Standard der OECD einer sechsjährigen Primarstufe, wie sie auch in Berlin und Brandenburg umgesetzt ist.

Drei grundlegende Aspekte werden in diesem Beitrag komparatistisch für die EU-Länder bearbeitet: Besonders interessant sind zunächst die organisatorischen Fächerstrukturen, in denen in den EU-Ländern sachbezogenes Wissen erworben wird. Darüber hinaus ist es für die Einschätzung des jeweils national beigemessenen Bildungswerts des sachbezogenen Lernens wichtig, auch seinen Anteil am gesamten Schulunterricht zu ermitteln und zu vergleichen. Eine Gegenüberstellung der konkreten Inhaltsbereiche ermöglicht zudem einen Einblick in die inneren Strukturen der Konzeptionen zum frühen schulischen Sachlernen.

Für die Ermittlung der Daten und Informationen wurden Lehrpläne, Stundentafeln und -pläne sowie verschiedene weitere offizielle Vorgaben der einzelnen Staaten berücksichtigt. Vor allem erwiesen sich Internetrecherchen als besonders ergiebig für die Informationsbeschaffung, darunter nationale Internetpräsenzen der Kultusministerien sowie internationale Bildungsportale wie die EU-Plattform *Eurybase* (www.eurydice.org). Ergänzend wurden auch die Bände von Döbert, Hörner, Kopp & Mitter (2002) und Schmitt (2001) zu den europäischen Bildungssystemen herangezogen.

3 Fächerstrukturen sachbezogenen Lernens

In den EU-Staaten können 5 Hauptvarianten von Fachstrukturen für das frühe
sachbezogene Lernen isoliert werden.

3.1 Ein sachintegratives Unterrichtsfach

Die Variante, ein integratives Unterrichtsfach für sachbezogenes Lernen in unteren Klassenstufen mit Schulbeginn anzubieten, wird in 16 der 25 untersuchten
Staaten (sowie Schottland) gewählt und ist damit der am häufigsten vertretene
Ansatz in der EU. Sachintegrative Fächer sind hier so definiert, dass sie mindestens
naturwissenschaftliche, historische und geographische Inhalte in einem Unterrichtsfach beinhalten müssen. Ein Teil dieser Fächer integriert darüber hinaus
auch soziale Inhalte.

Die Dauer der sachintegrativen Unterrichtsfächer ist in Europa jedoch sehr unterschiedlich; sie liegt zwischen 2 und 6 Jahren. Spätestens ab Klassenstufe 7 wird
jedoch in allen EU-Ländern sachbezogenes Lernen in Einzelfächern oder Fächer-
verbünden unterrichtet.

Auch die Fachbezeichnungen für das sachintegrative Unterrichtsfach variieren:
Teilweise wurden additive Bezeichnungen von Einzelfächern gewählt (z.b. Irland,
Spanien). Analog zur deutschen Fachbezeichnung sind aber auch spezifische Kurz-
bezeichnungen gebildet worden (z.b. Niederlande, Portugal, Ungarn).

Länder	Fachbezeichnung - Landessprache -	Fachbezeichnung - deutsche Übertragung -	Dauer
Belgien (niederl.)	Wereldoriëntatie	Weltorientierung	6 Jahre
Irland (Republik)	SESE: Social, Environmental, and Scientific Education	Sozial-, Umwelt- und Naturwissenschaftliche Erziehung	6 Jahre
Niederlande	Oriëntatie op jezelf en de wereld	Orientierung Ich und die Welt	6 Jahre
Schottland (GB)	Environmental studies	Umweltstudien	6 Jahre
Spanien	Conocimiento del Medio Natural, Social y Cultural	Kenntnisse der natürlichen, sozialen und kulturellen Umwelt	6 Jahre
Deutschland	Sachunterricht	Sachunterricht	4 Jahre
Griechenland	Melete Periwallontos	Umweltstudien	4 Jahre
Litauen	Pasaulio pažinimas	Wahrnehmung und Verstehen der Welt	4 Jahre
Luxemburg	Eveil aux sciences, à l'histoire et à la géographie	Start in die Naturwissenschaften, in die Geschichte und in die Geographie	4 Jahre
Österreich	Sachunterricht	Sachunterricht	4 Jahre
Portugal	Estudo do Meio	Umweltstudien	4 Jahre
Ungarn	Környezetismeret	Umweltstudien	4 Jahre
Belgien (franz.)	Éveil: Éveil Scientifique, Éveil Historique, Éveil Géographique	Start in die Naturwissenschaften, in die Geschichte und in die Geographie	3 Jahre
Slowenien	Spoznavanje narave in družbe	Natur- und Gesellschaftswissenschaften	3 Jahre
Tschechische Rep.	Prvouka	Grundlegendes Sachlernen	3 Jahre
Frankreich	Découvrir le monde	Entdeckung der Welt	2 Jahre
Slowakische Rep.	Prvouka	Grundlegendes Sachlernen	2 Jahre
Zypern (gr.)	Patridognosia	Heimatkunde	2 Jahre

Abb. 1: EU-Staaten mit einem sachintegrativen Unterrichtsfach

3.2 Ein teilintegratives Unterrichtsfach

Drei der 25 EU-Länder verfügen über ein teilintegratives Sachfach. In diesem werden jeweils nur naturwissenschaftliche einschließlich geographischer Inhalte unterrichtet. Historische und soziale Inhalte bleiben unberücksichtigt.

Länder	Fachbezeichnung - Landessprache -	Fachbezeichnung - deutsche Übertragung -	Dauer
Dänemark	Natur/teknik	Natur/Technik	6 Jahre
Finnland	Ympäristö- ja luonnontieto (F) Miljö- och naturkunskap (S)	Natur- und Umweltfach	4 Jahre
Lettland	Dabaszinibas	Grundlagen der Naturwissenschaften	4 Jahre

Abb. 2: EU-Staaten mit einem teilintegrativen Sachfach

3.3 Zwei teilintegrative Unterrichtsfächer

Die dritte Hauptvariante bilden die Länder, die über zwei teilintegrative Unterrichtsfächer verfügen.

Länder	Fachbezeichnung - Landessprache -	Fachbezeichnung - deutsche Übertragung -	Dauer
Estland	Loodusõpetus Inimeseõpetus	Naturwissenschaften- Gesellschaftswissenschaften	6 Jahre
Malta	Science Social Studies (engl.)	Naturwissenschaften- Gesellschaftswissenschaften	6 Jahre
Schweden	Naturorienterande ämnena Samhällsorienterande ämnena	Naturwissenschaften- Gesellschaftswissenschaften	9 Jahre

Abb. 3: EU-Staaten mit zwei teilintegrativen Sachfächern

In Schweden sind den zwei teilintegrativen Sachfächern zusätzlich ab der 1. Klassenstufe auch Einzelfächer zugeordnet. Den Naturwissenschaften werden beispielsweise die Fächer Biologie, Chemie und Physik zugewiesen. Im Lernzielkatalog für die ersten 5 Schuljahre sind deshalb neben teilintegrativen Zielen auch einzelfachspezifische Intentionen aufgeführt (vgl. Regler för målstyrning Grundskolan 2002).

3.4 Einzelfächer

Zwei EU-Staaten unterrichten die Kinder in sachbezogenen Einzelfächern.

Länder	Fachbezeichnung - Landessprache -	Fachbezeichnung - deutsche Übertragung -
Italien	Scienze Storia Geografia	Naturwissenschaften Geschichte Geographie
Großbritannien (England, Wales und Nordirland)	Science History Geography	Naturwissenschaften Geschichte Geographie

Abb. 4: EU-Staaten mit sachbezogenen Einzelfächern

In beiden Ländern wird in den Lehrplänen jedoch betont, dass eine besondere Zusammenarbeit der 3 Einzelfächer stattfinden soll.

3.5 Keine Einteilung in Fächer

Nur in Polen startet der Unterricht in den ersten 3 Schuljahren ohne eine Zergliederung in Unterrichtsfächer. In diesen Jahren werden die Kinder ausschließlich von einem Klassenlehrer in allen 10 im Lehrplan ausgewiesenen Lernbereichen unterrichtet. Der Bereich *Beobachten und Experimentieren* (polnisch: *Obserwacja i doświadczenie*) integriert naturwissenschaftliche, geographische und historische Aspekte und weist damit inhaltliche Überschneidungen mit dem deutschen Sachunterricht auf.

4 Zeit für Sachlernen

Mit einer Gegenüberstellung der Zeit, die für Sachlernen in den einzelnen EU-Staaten zur Verfügung gestellt wird, kann bestimmt werden, welcher Stellenwert dem sachbezogenen Lernen in den unteren Klassenstufen der verschiedenen Länder beigemessen wird. Dabei wird zum einen die absolute Unterrichtszeit für das Sachlernen der 6- bis 12-jährigen ermittelt, andererseits auch der Prozentanteil bezogen auf die gesamte schulische Unterrichtszeit. Als Datengrundlage wurden offizielle Stundentafeln herangezogen; wenn diese für einzelne Staaten nicht existieren, wurden stattdessen mehrere Stundenpläne nationaler Schulen ausgewertet. Mitberücksichtigt sind bei der Erfassung der Daten auch die unterschiedliche Anzahl der Schultage im Schuljahr sowie die differierende Dauer der Unterrichtsstunden.

In der Abb. 5 sind die Länder nach dem durchschnittlichen Prozentanteil für sachbezogenes Lernen geordnet. Bei den ermittelten 60-Minuten-Stunden für sachbezogenes Lernen sowie der gesamten Unterrichtszeit sind bei einigen Ländern Minimal- und Maximalstunden ausgewiesen.

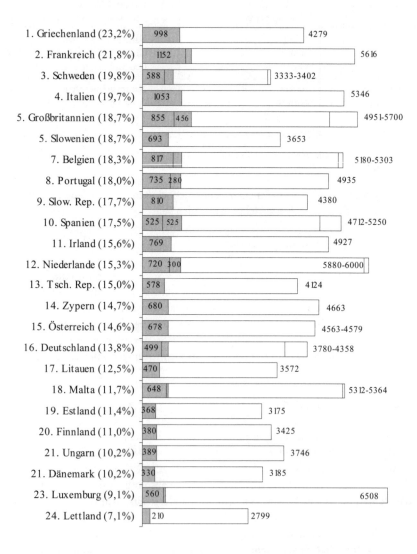

1. Griechenland (23,2%) — 998 — 4279
2. Frankreich (21,8%) — 1152 — 5616
3. Schweden (19,8%) — 588 — 3333-3402
4. Italien (19,7%) — 1053 — 5346
5. Großbritannien (18,7%) — 855 | 456 — 4951-5700
5. Slowenien (18,7%) — 693 — 3653
7. Belgien (18,3%) — 817 — 5180-5303
8. Portugal (18,0%) — 735 | 280 — 4935
9. Slow. Rep. (17,7%) — 810 — 4380
10. Spanien (17,5%) — 525 | 525 — 4712-5250
11. Irland (15,6%) — 769 — 4927
12. Niederlande (15,3%) — 720 | 300 — 5880-6000
13. Tsch. Rep. (15,0%) — 578 — 4124
14. Zypern (14,7%) — 680 — 4663
15. Österreich (14,6%) — 678 — 4563-4579
16. Deutschland (13,8%) — 499 — 3780-4358
17. Litauen (12,5%) — 470 — 3572
18. Malta (11,7%) — 648 — 5312-5364
19. Estland (11,4%) — 368 — 3175
20. Finnland (11,0%) — 380 — 3425
21. Ungarn (10,2%) — 389 — 3746
21. Dänemark (10,2%) — 330 — 3185
23. Luxemburg (9,1%) — 560 — 6508
24. Lettland (7,1%) — 210 — 2799

Abb. 5: Stunden- und Prozentanteile des sachbezogenen Lernens am gesamten Unterricht der 6-12-jährigen in den EU-Staaten

Mit durchschnittlich 13,8% belegt Deutschland Platz 16 der 24 hier berücksichtigten EU-Länder – ein Platz im unteren Bereich des zweiten Drittels (für Polen konnte wegen der fehlenden Fächerung kein Wert ermittelt werden). Der Stundenumfang in den ersten 6 Jahren nimmt für das Sachlernen mindestens 499 Stunden (Bayern) ein und kann insgesamt bis zu 683 Stunden (Berlin) in den ersten 6 Schuljahren betragen.

Die Graphik veranschaulicht, dass der Anteil des sachbezogenen Lernens in den EU-Staaten sehr unterschiedlich ist: In Lettland (Platz 24) beträgt der Anteil nur 7,1%; beim Spitzenreiter Griechenland mit 23,2% ist er hingegen mehr als dreimal so hoch. Bei der absoluten Unterrichtszeit fällt die Differenz noch gravierender aus: In Lettland werden lediglich 210 Stunden sachbezogenen Lernens angeboten, während es in den ersten 6 Schuljahren z.B. in Frankreich 1152 Stunden sind. Die Untersuchung zeigt auch, dass die notwendige Zeit für das Erlernen von Fremdsprachen – gerade in kleineren Ländern ohne eigene überregionale Landessprache bzw. mit mehr als einer offiziellen Landessprache – Unterrichtsanteile für sachbezogenes Lernen verdrängt (z.B. Luxemburg, Lettland).

5 Inhaltsstrukturen

Um Inhaltsstrukturen gegenüber stellen zu können, wurde als Vergleichsfolie der Perspektivrahmen Sachunterricht herangezogen (vgl. GDSU 2002). Abweichend davon wurde jedoch die naturwissenschaftliche Perspektive zusätzlich in zwei Fächerbereiche (unbelebte Natur; belebte Natur) unterteilt (vgl. Schreier & Michalik 2003) und die technische Perspektive wegen unterschiedlicher Ansätze von Sachbezogenheit unberücksichtigt gelassen.

5.1 Naturwissenschaftliche Perspektive (belebte Natur)

Für den biologischen Bereich liegt eine sehr große Übereinstimmung vor. Alle Staaten beginnen ab dem Schulstart mit der Thematisierung biologischer Inhalte. Tiere, Pflanzen und natürliche Lebensräume gehören somit zu den festen Lerninhalten der 6- bis 12-jährigen in Europa. Lediglich Lettland bietet zwischen dem Ende des teilintegrativen Sachfachs *Grundlagen der Naturwissenschaften* und dem Start des Faches *Biologie* ausschließlich das Fach *Gesundheitserziehung* an und richtet damit den Fokus in diesem Schuljahr auf die Humanbiologie.

5.2 Naturwissenschaftliche Perspektive (unbelebte Natur)

Alle 25 EU-Staaten beginnen ab dem Schulstart mit naturwissenschaftlichen Inhalten der unbelebten Natur. In vielen deutschen Bundesländern sowie in Österreich kommt es nach der Auflösung des Sachunterrichts und des zeitgleichen Schulwechsels jedoch zu einer Anschlusslücke dieser Inhalte im 5. und teilweise auch im 6. Schuljahr. Diese Lücke gibt es auch in Frankreich, Lettland und in Slowenien im 6. Schuljahr, sowie in der Slowakischen Republik im 5. Schuljahr. Ab Klassenstufe 7 werden Inhalte der unbelebten Natur aber wieder in allen EU-Staaten unterrichtet.

5.3 Geographische Perspektive

Der für den biologischen Bereich beschriebene Konsens liegt auch für die geographischen Inhalte vor: Alle EU-Staaten beginnen ab Schulstart mit diesen Inhalten. In Lettland und Litauen kommt es jedoch nach der Aufhebung des (teil)integrativen Sachfachs zu einer einjährigen Fachlücke.

5.4 Historische Perspektive

Für den historischen Bereich zeichnet sich ein deutlich uneinheitlicheres Bild ab. In Österreich und in vielen deutschen Bundesländern kommt es nach der Grundschule zu einer einjährigen Anschlusslücke zwischen historischem Lernen im Sachunterricht und dem Fach *Geschichte* in den weiterführenden Schulen. Dänemark, Finnland und Lettland beginnen bei Schulstart nicht mit historischen Inhalten, da sie über ein teilintegratives, naturwissenschaftlich orientiertes Sachfach verfügen. Dänemark bietet ab Klassenstufe 4 *Geschichte* als eigenständiges Fach an. Finnland und Lettland starten hingegen erst nach Auflösung des teilintegrativen Sachfachs mit geschichtlichen Inhalten.

5.5 Soziale Perspektive

Die größten Unterschiede innerhalb der EU sind jedoch bei den sozialen Inhalten zu verzeichnen. 7 Länder beginnen nicht beim Schulstart mit sozialen Inhalten im Rahmen eines Unterrichtsfachs. Dänemark, Italien, Lettland und Luxemburg bieten keine sozialen Inhalte im Rahmen eines Unterrichtsfachs für die 6- bis 12-jährigen an. Anschlusslücken gibt es in Österreich im 5. Schuljahr und in Deutschland teilweise im 5. und 6. Schuljahr. Unterrichtslücken zwischen dem sachintegrativen Unterrichtsfach mit sozialen Inhalten und dem Beginn eines eigenständigen sozialen Sachfachs entstehen auch in Litauen, in der Slowakischen Republik, in Slowenien, in der Tschechischen Republik sowie in Zypern. Die französische Gemeinschaft Belgiens startet mit Klassenstufe 4; Finnland und Großbritannien (außer Schottland) beginnen erst im letzten hier berücksichtigten Schuljahr mit sozialen Inhalten im Rahmen eines Unterrichtsfaches. Luxemburg hingegen hat kein soziales Fach im Rahmen der Pflichtschulzeit, sondern begreift soziales Lernen ausschließlich als fächerübergreifende Aufgabe.

6 Ausblick

Die Zusammenstellung grundlegender Informationen über den Sachunterricht in den EU-Staaten legt viele interessante Fragen offen, die ansonsten nicht als Desiderate erkannt worden wären. Für eine international ausgerichtete Forschung ergibt sich für die Sachunterrichtsdidaktik eine Vielzahl von zu bearbeitenden Fragen, darunter: Warum werden in Finnland, Dänemark und Lettland ausschließlich naturwissenschaftliche Sachfächer integriert? Wie hat sich dies historisch entwickelt und politisch durchgesetzt? Gibt es in Lettland und Luxemburg aktuelle Bestrebungen, sachbezogenes Lernen zu erweitern? Wie wird in Polen im Rahmen des Klassenlehrerunterrichts sachbezogen gelernt – und welche Chancen und Probleme ergeben sich dadurch für das frühe Sachlernen? Dieser Blick über die Bundesgrenzen kann auch dem Diskurs der deutschen Sachunterrichtsdidaktik interessante Impulse verleihen.

Literatur

Bos, W., Lankes, E.-M., Prenzel, M., Schwippert, K., Walther, G. & Valtin, R. (Hrsg.) (2003): Erste Ergebnisse aus IGLU. New York, München, Berlin. – Döbert, H., Hörner, W., Kopp, B. v. & Mitter, W. (Hrsg.) (2002): Die Schulsysteme Europas. Baltmannsweiler. – Feige, B. (2004): Der Sachunterricht und seine Konzeptionen. Bad Heilbrunn. – Gesellschaft für Didaktik des Sachunterrichts (GDSU) (Hrsg.) (2002): Perspektivrahmen Sachunterricht. Bad Heilbrunn. – Köhnlein, W. & Schreier, H. (Hrsg.) (2001): Innovation Sachunterricht - Befragung der Anfänge nach zukunftsfähigen Beständen. Bad Heilbrunn. – Marquardt-Mau, B. (1996): Neue Curricula für primary science education aus den USA – Anregungen für den Sachunterricht und die Lehrerbildung? In: Marquardt-Mau, B., Köhnlein, W., Cech, D. & Lauterbach, R. (Hrsg.): Lehrerbildung Sachunterricht. Bad Heilbrunn, S. 69-88. – Michalik, K. & Schreier, H. (2003): Das Hamburger Kompetenzraster zum Sachunterricht. In: www.die-grundschule.de. – Regler för målstyrning (2002): Grundskolan: Skollagen, Grundskoleförordning, Läroplan, Kursplaner, Betygskriterier. Stockholm. – Schmitt, R. (2001): Grundlegende Bildung in und für Europa. Frankfurt.

2.5.1 Integrative Zugänge zu sachunterrichtlichen Inhalten

44| Integrative Zugänge im Lebenskundeunterricht Japans
Nobuyuki Harada

1 Einleitung

Die Primarschule in Japan umfasst die Klassenstufe 1 bis 6. Sie vermittelt allen Schülerinnen und Schülern eine gemeinsame Grundbildung, nimmt sie mit ihren unterschiedlichen Begabungen, Fähigkeiten und Fertigkeiten an, fordert und fördert sie ohne frühere Einschulung oder Zurückstellung sowie grundsätzlich ohne das Sitzenbleiben oder das Überspringen von Klassen. In der Primarschule gibt es die Schulfächer Japanisch, Sozialkunde (ab 3. Klasse), Mathematik, Naturkunde (ab 3. Klasse), Lebenskunde (1./2. Klasse), Musik, Bildende Kunst/ Werken, Hauswirtschaft (5./6. Klasse), Sport und die Bereiche Moralerziehung und Extra-Aktivitäten. Bei der Revision der einheitlichen Rahmenrichtlinien Japans (National Curriculum Standards Reform) im Jahr 1989 ist der Lebenskundeunterricht (kurz: Lebenskunde) als neues Schulfach statt Sozialkunde und Naturkunde in der 1./2. Klasse eingeführt worden, obwohl die Auflösung der beiden Schulfächer in diesen Klassen zu hitzigen Diskussionen in den Fachgesellschaften führte.

Die Einführung der Lebenskunde, die Lernen an konkrete Tätigkeiten und Erlebnisse bindet, wurde in Japan zum Symbol dafür, wie das Schulsystem einen pädagogischen anthropologischen Auftrag in der Wissensgesellschaft wahrnimmt bei der Orientierung darauf, konventionelle Schulbildung zu verändern.

In diesem Beitrag wird das revidierte Konzept der Rahmenrichtlinien zur Entwicklung der Lebenskunde im Jahr 1998 sowie die Hervorhebung des vernetzten Lernens betrachtet. Dann werden ergänzende Maßnahmen im Rahmen des neuen

Konzeptes der Lebenskunde „kognitive Wahrnehmung" (chiteki kizuki) erläutert, durch die die Entwicklung von Tätigkeiten und Erlebnissen hin zu Wahrnehmen und Erkennen, vom Anschauen zum symbolischen (sprachlich-abstrakten) Erfassen gefördert werden kann. Schließlich geht der Aufsatz auf die Verbindung von Anleitung und Evaluation in Bezug auf die Diagnosefähigkeit ein.

2 Das revidierte Konzept der Rahmenrichtlinien von 1998

Das Gutachten der Zentralen Bildungskommission im Jahr 1996 führt das zentrale Konzept „Entfaltung der Lebenskraft" (ikiru chikara no ikusei) der Revision wie folgt aus: Lebenskraft enthält „die Fähigkeiten und Fertigkeiten, von selbst Aufgaben zu finden, subjektiv zu lernen, zu denken, zu urteilen, zu handeln und vernünftige Problemlösungen zu suchen, um subjektiv und kreativ in der sich stark verändernden Gesellschaft zu leben" (Monbusho 1996). Denn der Auftrag der Schule in einer lebenslangen Lerngesellschaft besteht darin, selbstständig Lernende sich zu einem sich bildenden Menschen zu entwickeln, damit der Mensch sein Schulwissen und seine Fertigkeiten von selbst erneuern, erweitern und vertiefen kann. Allerdings hat die sich die veränderte Kindheit, die von Mangel an Sozial- und Naturerfahrungen geprägt ist, es erforderlich gemacht, das Lernen in Form von aktiven Tätigkeiten und Erlebnissen, insbesondere in den Anfangsklassen, als Antithese zum herkömmlichen Mitteilungsverfahren von Wissen und zum „Lernen am grünen Tisch" in den Vordergrund zu stellen.

Von der Vorschule bis hin zum Hochschulbereich verliert das Prinzip des Erkennens durch konkrete Tätigkeiten an Bedeutung, und wird abgelöst durch gegenständlich-begriffliches Erkennen, d.h. der wiederholende Umgang mit konkreten Dingen wird stetig weniger, im Gegenzug dazu nimmt das Lernen durch Beobachtung, Experiment und Diskussion zu.

Der nachhaltige Einfluss und der Lerneffekt von (Natur-)Erlebnissen kann z.b. als „Ur-Erlebnis" (gen taiken; engl. proto experience) bezeichnet werden (vgl. Harada 1999 u. 2005). Aber auch wenn die Selbstständigkeit und Entwicklung der Kinder von aktiven Tätigkeiten und Erlebnissen abhängen kann, soll ihre pädagogische Relevanz nicht nur als bloße Anhäufung von Handlungen verstanden, sondern mit ihrem Erfolg im Bildungsprozess begründet werden. Es gibt auch Erlebnisse, aus denen sich das Erlernen von Erkenntnissen, Verfahren und Fertigkeiten ergibt, die nicht vom Vorwissen und bereits erworbenen Fertigkeiten des Kindes ausgehen und die das Kind z.B. anwenden, neu denken und darstellen kann. Es geht dabei um die Transformation des Lernens (vgl. ebd. 2001) vom Erleben zum intellektuell-abstrakten Erkennen. Bei der Revision der Lebenskunde 1998 wurde die „kognitive Wahrnehmung" als ein leitendes Konzept der Transformation, mit dem die Vermittlung von Kind- und Sachgemäßheit angestrebt wird, aufgezeigt.

Für die Entfaltung der Lebenskraft wird durch das Konzept einer „profilierenden Schule" auch mehr Eigenverantwortung erwartet. Seit mehreren Jahrzehnten werden schulinterne Curricula auf der verbindlichen Grundlage der *Rahmen*richtlinien gestaltet, die allerdings nur Aussagen für alle Fächer und Bereiche enthalten und die als Standards (kijun) für die curriculare Arbeit einzelner Primarschulen und für die Gestaltung des Unterrichts gelten, wobei bis zur nächsten Revision gerade die Angabe noch konkreterer Ziele und Kompetenzen weiterhin stark diskutiert wird. Die mit einem hohen Maß an Eigenverantwortung zu gestaltenden schulinternen Curricula berücksichtigen die Besonderheiten des Standortes sowie den Entwicklungsstand und die jeweilige Situation der Kinder. In Bezug auf das überfachlich-integrative Verfahren wurde der „Zeitrahmen des Gesamtlernens" (sogotekina gakushu no jikan) ab der 3. Klasse eingeführt, dem besondere Aufmerksamkeit geschenkt werden soll. Dafür gilt nun die Fächer verknüpfende und verbindende Leitung nicht nur in den 1. und 2. Klassen, sondern auch ab der 3. Klasse, damit an mehrere Fächer und Bereiche einer Unterrichtseinheit oder -stunde angeknüpft und vernetztes Lernen ermöglicht werden kann. Diese Erweiterung überfachlicher und integrativer Verfahren müsste auch auf die Aufgaben von Bildungsnetzwerk, Netzwerk des Wissens und auch von der kooperativen Unterrichtsdurchführung in Bezug auf ein Thema angewandt werden.

Das Gesamtlernen wird nur durch einige einführende Konzepte und den verbindlichen Zeitrahmen z.B. von je 105 Unterrichtsstunden in der 3. und 4. Klasse bestimmt. Deshalb soll ein schulinternes Curriculum von der Konzeptarbeit bis zur Unterrichtsplanung und Entwicklung von Merkmalen für die Leistungsbewertung vollständig und autonom durch die einzelne Schule erstellt werden. Die Vernetzungsplanung der Fächer verknüpfenden und verbindenden Leitung gehört auch dazu.

Es geht sowohl um die Selbstständigkeit der Schule als auch um die planmäßige Zirkelarbeit in der Abfolge von Zielsetzung, Planen, Durchführen, Diagnosen erstellen (Evaluation), Verbessern und wieder Planen, die die Qualitätssicherung und -entwicklung zum Ziel hat.

3 Zur Entwicklung der Lebenskunde

Im Vergleich der Rahmenrichtlinien von 1989 mit denen von 1998 wurde eine nur geringe, konzeptionelle und inhaltliche Revision der Lebenskunde vorgenommen. Das heißt, dass die Erlebnis- und Handlungsorientierung beibehalten wurde.

Im Schlussbericht der Lehrplankommission (Juli 1998) wurde jedoch die Lage und Aufgabe der Lebenskunde wie folgt beschrieben: „Es geht um Erlebnisse und Tätigkeiten, so dass Schülerinnen mit den Menschen ihrer Umgebung, der Gesellschaft und der Natur direkt umgehen und auch ihre *chiteki kizuki* hervortreten kann" (Monbusho 1999, S. 3). Während die direkten Erlebnisse und Tätigkeiten in der letzten Version der Rahmenrichtlinien nach wie vor hoch eingeschätzt werden, damit Lernmotivation und Lernvoraussetzungen als Basis des Lernens gebildet werden können, wird das Konzept von *chiteki kizuki* als Neuerung aufgenommen.

„Die vielfältigen *chiteki kizuki* können in den aktiven und subjektiven Tätigkeiten der Schülerinnen und Schüler wie Begegnen, Sehen, Berühren, Spielen erscheinen und äußern sich u.a. indem sie Menschen, Gesellschaft und Natur mit Erstaunen begreifen und subjektiv durchdenken. Sie ist eine gute Möglichkeit, noch weitere Tätigkeiten und Erlebnisse hervorzurufen und zu vertiefen, die Freude des Entdeckens zu erleben sowie noch klarere Erkenntnisse zu bekommen. Sie ist auch eine Basis dafür, dass die Kinder mit Motivation und Selbstvertrauen das eigene Lernen erleben können und auch ein Prozess, kognitive Erkenntnisse zu verstehen" (ebd., S. 3f.).

Diese Annahme zu *chiteki kizuki* ist langfristig betrachtet als sehr positiv für den Lernprozesses einzuschätzen, so dass sie Ausschnitte vorangegangener Erfahrungen hervortreten lassen und Erkenntnisse im weiteren Lernprozess hervorrufen können.

Dieser Optimismus spiegelt sich auch in der inhaltlichen Änderung bzw. Reduzierung wider: Aus zwölf Themen sind acht Themen (Schule und Alltagsleben, Familie und Alltagsleben, Umkreis und Alltagsleben, Nutzung öffentlicher Gegenstände und Einrichtungen, Wandel der vier Jahreszeiten und Alltagsleben, Spiel mit der Natur und mit Gegenständen, Zucht und Pflege von Tieren und Pflanzen, die eigene Entwicklung/das Wachstum) geworden. Dabei wurde die inhaltliche Gestaltung pro Schuljahr nicht mehr vorgegeben, sondern stattdessen der Schule selbst überlassen.

In den Rahmenrichtlinien ist die kognitive Wahrnehmung des Kindes als „Ansatz des Erkennens", „Ausgangspunkt von Denken und Urteilen" und als „Brücke zur Darstellung und zum Verstehen" dargestellt. Wie kann diese Vermittlungsrolle gekennzeichnet werden? Nobuko Uchida unterscheidet das sinnliche Erkennen und das intellektuelle Erkennen. Das erste ist das Erkennen der Phänomene, das dadurch erreicht werden könne, Dinge und Sachen mit den Augen zu sehen, mit den Ohren zu hören, mit den Händen zu tasten u.a. Das zweite ist das intellektuelle Erkennen, das sich daraus ergeben könne, eine Analogie zwischen Substanz und Wesen und den Phänomenen mehrerer Dinge zu ziehen und zu abstrahieren. Nobuko Uchida hebt dabei diese Transformation vom sinnlichen zum intellektuellen Erkennen hervor (vgl. Uchida 1997). Sie wird durch sprachliches Überprüfen von Dialogen über Sachen und andere (hidden dialogically) auch kooperative Dialoge angetrieben (vgl. Harada 2001). Nobuko Uchida führt dazu weiter aus: „Dabei nur reale Erlebnisse einzuführen, Kinder in der Wirklichkeit sehen, hören und suchen zu lassen, ist ungenügend, um die Substanz zu erfassen. Es geht nicht um diese Erlebnisse allein, auch wenn die Wahrnehmung durch sie immer im sinnlichen Erkennen bleibt, (...) selbst wenn sie zwar wahrgenommen würde, aber nicht sprachlich geäußert werden könnte. Sie soll zur Erkenntnisebene emporgehoben werden und symbolisch dargestellt werden können" (Uchida 1997, S. 81-83). Es liegt am aktiv-erlebenden und darüber hinaus am dialogischen Lernen, ob das Konzept „kognitive Wahrnehmung" zu einer Weiterentwicklung beiträgt.

Literatur

Harada, N. (1997): Curriculare Entwicklungen und Forschungsaufgaben für den Sachunterricht in Japan. In: Marquardt-Mau, B. et al. (Hrsg.): Forschung zum Sachunterricht. Bad Heilbrunn. – Harada, N. (1998): Lebenskunde als Schulfach der Anfangsklassen in Japan. Berichte aus dem IADS an der Universität Dortmund, H. 22. – Harada, N. (1999): Umwelterziehung in der Primarschule in Japan. In: Baier, H. et al. (Hrsg.): Umwelt, Mitwelt, Lebenswelt im Sachunterricht. Bad Heilbrunn. – Harada, N. (2000): Lern- und Leistungsförderung sowie Evaluation in der Primarschule Japans. In: Kahlert, J. et al. (Hrsg.): Grundschule: Sich Lernen leisten. Neuwied. – Harada, N. (2001): Die Vielfalt kindlicher Darstellungen von Fragestellungen als Ansatzpunkt fruchtbaren Lernens. In: Cech, D. et al. (Hrsg.): Die Aktualität der Pädagogik Martin Wagenscheins für den Sachunterricht. Bad Heilbrunn. – Harada, N. (2004): Neuere Konzeptionen und Perspektiven im Lebenskundeunterricht Japans. In: Kaiser, A. & Pech, D. (Hrsg.): Neuere Konzeptionen und Zielsetzungen im Sachunterricht. Hohengehren. – Harada, N. (2005): Aktiv erlebter Umgang des Menschen mit der Natur. In: Gebauer, M. & Gebhard, U. (Hrsg.): Naturerfahrung. Zug/Schweiz. – Ito, K. & Asakura, J. (2004): Grundlegende Forschung der kognitiven Wahrnehmung in der Lebenskunde (Japanisch). In: Seikatsuka & Sogo, Vol. 11. – Monbusho (Kultusministerium) (1996): Das erste Gutachten der Zentralen Bildungskommission der 15. Periode (Japanisch). Tokyo. – Monbusho (1999): Erläuterung der Rahmenrichtlinie für die Lebenskunde (Japanisch). Tokyo. – Uchida, N. (1997): Sprache im Anschluss von Sinnlichkeit und Vernunft (Japanisch). In: Takahashi, S. (Hrsg.): Sinnliche Erziehung. Modern Esprit, Vol. 365.

45| Das Modell der frühschulischen Edukation in Polen
Wiesława Leżańska

1 Geschichtliche Entwicklung

Im polnischen Bildungssystem bildet die *frühschulische Edukation* die erste Etappe der Allgemeinbildung. Sie umfasst Unterrichten und Erziehen der Kinder im jüngeren Schulalter und erfüllt eine zum weiteren Unterricht einführende und vorbereitende Funktion.

Fragen der *frühschulischen Edukation* rückten erst in der Epoche der Aufklärung (18. Jhd.) in den Mittelpunkt des öffentlichen Interesses und fanden in Polen einen besonders fruchtbaren Boden. Die erste Bildungskommission im Parlament in Europa, unter dem Namen Komisja Edukacji Narodowej (Kommission der Nationalen Edukation; verbreitete Abkürzung: KEN, 1773-1794) unternahm Aktivitäten zum Aufbau eines frühschulischen Schulwesens, das die Bezeichnung Pfarr-Schulen trug, da es bei den Kirchengemeinden lokalisiert war. Innerhalb von drei bis vier Jahren eigneten sich die Schüler das Elementarwissen und die im Alltag und in der weiteren Ausbildung nötigen Fertigkeiten (Lesen, Schreiben, Rechnen, Elemente der Garten- und Landwirtschaftskunde) an. Dies war mit der Doktrin des Physiokratismus verbunden, die voraussetzte, dass die Landwirtschaft die Quelle für den Reichtum der Völker ist. Das beste pädagogische Werk im Bereich der frühschulischen Bildung war damals *„Die Fibel für nationale Pfarrschulen" (1785),* bearbeitet von Onufry Kopczyński, Andrzej Gawroński und Grzegorz Piramowicz. Inhaltlich enthielt diese Fibel alle Kenntnisse, die von KEN einem Bauern- und Plebejer-Kind als notwendig anerkannt wurden.

Die moderne Methodik der frühschulischen Bildung beginnt mit Johann Heinrich Pestalozzi. Gerade er machte den Lehrern und Eltern die Bedeutung der Elementarbildung des Kindes für seine weitere richtige geistige und moralische Entwicklung bewusst. Unter dem Einfluss von Pestalozzi wuchs das Interesse an der frühschulischen Edukation in Polen. 1808 erschien die Abhandlung *Gründung von Stadt- und Dorfelementarschulen (Urządzenie szkół miejskich i wiejskich elementarnych)*, in der man eine volle Verbreitung des elementaren Unterrichts und die Sättigung der Schulprogramme mit pragmatischen Inhalten, geeignet für die Unterrichtsziele der Stadt- und Dorfschule, forderte.

Einen wichtigen Beitrag zur Entwicklung der frühschulischen Bildung in Polen leisteten weiterhin: *Ewaryst Estkowski* (1820-1856, ein Diesterweg-Schüler),

Konstanty Pruszyński (1851-1908), *Jan Władysław Dawid* (1859-1914), der als Gründer des Konzeptes der *polnischen* Sachkunde gilt (*„Die Sachkunde",* 1892). Ziel der Sachkunde war es, Kindern *elementare Kenntnisse über die Gegenstände* zu vermitteln. Hauptelemente dieser Erkenntnis sollten Teile, Merkmale und Typen von konkreten, meist realen Sachen sein (z.b. Alltagsgegenstände, Kleidung, Elemente der natürlichen Umgebung). Ihr Kennenlernen hatte zum Ziel, die Sinne, die Beobachtungsgabe und das Denkvermögen des Kindes wie auch seine Vorstellungskraft und seinen Wortschatz zu entwickeln und auch das Kind mit den im späteren (Arbeits-)Leben nützlichen Kenntnissen auszustatten. Mit dieser Sachkunde sollte, nach Meinung von *Jan Władysław Dawid*, sich die Moralerziehung und die sprachliche Vorbereitung verbinden, erst danach sollte der Lese- und der Schreibunterricht erfolgen.

In der Folgezeit entwickelten die polnischen Verfechter der sog. Neuen Erziehung (*Henryk Rowid, Ludwika Jeleńska, Josefa Joteyko, Janina* und *Antoni Maćkowiak* u.a.) ein heimatkundliches Konzept des Anfangsunterrichts. Sie schlugen vor, auf den Fächerunterricht zugunsten eines ganzheitlichen Unterrichts zu verzichten, der um die Lebenszentren konzentriert und auf die Erfahrungen der suchenden Schüler gestützt war.

Gegenwärtige Konzepte des integrierten Unterrichts haben ihre Wurzeln in vielen Variationen des *holistischen* Unterrichts. Dieser Begriff wird auf vielen Ebenen und perspektivisch von vielen Pädagogen aufgefasst. Verschiedene Konzepte des ganzheitlichen Unterrichts haben zur Verbreitung aktivierender Methoden im Anfangsunterricht beigetragen, die Rolle der Beobachtung und der selbstständigen Arbeit sowie die Verbindung des Denkens mit dem Handeln und Erleben des Kindes unterstrichen. Im Ertrag der holistischen Lehre wertvoll waren: der Gedanke hinsichtlich der Integration von Inhalten diverser Unterrichtsfächer sowie solcher Organisation des Bildungsgeschehens, die die Bedürfnisse des Kindes und sein selbständiges Lernen berücksichtigen. Viele wertvolle Ideen und Lösungen aus unterschiedlichen Konzepten der holistischen Lehre haben die Entwicklung der Methodik des Anfangsunterrichts beeinflusst (vgl. Jeleńska 1927; Krahelska 1934; Nawroczyński 1930; Linke 1933; Rowid 1958; Maćkowiak 1970). In der Zeit zwischen den beiden Weltkriegen (1918-1939) verwendete man in der polnischen Pädagogik einige Namen für die Bezeichnung dieser innovativen Strömungen im Anfangsunterricht, wie der vereinte Unterricht (*Krahelska*), der synthetische Unterricht (*Nawroczyński*), der ganzheitliche Unterricht (*Sośnicki*). Alle diese Konzepte gründeten auf der Auffassung, dass der Unterricht sich nicht nach der logischen Struktur des Wissens richten sollte, sondern nach konkreten, geistigen Lebensproblemen und Interessen des Kindes, dem ein zentraler Platz im Unterrichtsprozess gebührt (vgl. Leżańska 2004).

Die Innovativität der polnischen Pädagogen und Lehrer-Praktiker im Bereich der frühschulischen Bildung bewirkten, dass man nach dem 2. Weltkrieg im gewissen

Grade an den integrierten Unterricht anknüpfte. Im Unterrichtsprogramm für die 8-jährige Grundschule aus dem Jahre 1947 wurde empfohlen, den Lese- und Schreibunterricht möglicherweise mit der Bearbeitung der Themen zu vereinen, die im Zentrum der Interessen der jeweiligen Klasse stehen. In den darauf folgenden Programmen aus den Jahren 1959 und 1962 wurde die Tendenz zum vereinten Unterricht aufrechterhalten, aber vorwiegend in den Klassen 1/2, in den Klassen 3/4 hat man die Einteilung in die Schulfächer empfohlen mit besonderer Berücksichtigung des Prinzips der Korrelation zwischen den Fächern. Die polnische Schulreform vom 1978 verkürzte die Dauer des Anfangsunterrichts von 4 auf 3 Jahre, gleichzeitig aber erweiterte und komplizierte sie das Unterrichtsprogramm.

2 Das aktuelle Modell der Edukation in Polen

Die Schulreform vom 1999 führte im Bereich der Struktur des Schulsystems in Polen wesentliche Änderungen ein. Dieses umfasst nun:
– Vorschulanstalten – eine einjährige obligatorische Schulvorbereitung von 6-jährigen Kindern;
– 6-jährige Grundschulen mit interner Einteilung in zwei Unterrichtsetappen: den integrierten Unterricht in Klassen 1-3 und den Blockunterricht in Klassen 4-6;
– differenzierte Typen weiterführender Schulen.
Das Grunddokument für die Organisation des Schulunterrichts ist der Unterrichtsplan. In der 1. Bildungsetappe, in den Klassen 1-3 der Grundschule, werden keine einzelnen Unterrichtsfächer bestimmt, der Unterricht ist völlig integriert. Die Unterrichtseinheiten werden nach dem von dem jeweiligen Lehrer bestimmten Plan durchgeführt. Der Lehrende bestimmt die Stunden- und Pausendauer je nach der Aktivität der Schüler. Es wird eine solche Organisation des didaktisch-erzieherischen Prozesses empfohlen, die an jedem Tag Bewegungsbeschäftigungen vorsieht, im Umgang von mindestens 3 Stunden pro Woche. Die gesamte wöchentliche Stundenzahl beträgt: für die erste Klasse 20, die zweite Klasse 21 und für die dritte Klasse 23. Der Unterrichtsplan für die 2. Etappe der Grundschule (Klassen 4-6) führt einen teilweise integrierten Blockunterricht ein. Die detaillierte Stundenzahl für einzelne Fächer bestimmt die Schule selbst. Die gesamte, wöchentliche Zahl beträgt 26 Stunden in jeder Klasse. Ein relevantes Novum ist auch die Ersetzung von dem numerischen Benotungssystem von Schülerleistungen mit einer beschreibenden Benotung. Diese Note umfasst eine allgemeine Charakteristik der Entwicklung und Fortschritte des Schülers im Verlauf des Lernprozesses, wobei sie anstelle eines selektiven einen Motivationscharakter hat, der die Richtlinien für die Arbeit an der Entwicklung des jeweiligen Schülers aufzeigt.

3 Charakterisierung der integrierten Edukation

Die Hauptideen der integrierten Edukation bestehen darin, dass:
– der Schüler wahrgenommen wird als eine einmalige Ganzheit mit seinem individuellen Entwicklungstempo
– und seiner Entwicklungslogik, individuellen Entwicklungsbedürfnissen und Lernstil;
– der Entwicklungsprozess des Kindes als Person als eine aktive Rekonstruktion seiner persönlichen Erfahrungen aufgefasst wird;
– die Entwicklungsstimulation des Kindes hauptsächlich durch Aufnahme von attraktiven und verschiedenartigen Aufgaben erfolgt, die über aktuelle, gut von ihm beherrschte Verhaltensnormen hinausgehen;
– das Lernen in einem sozialen und für den Schüler natürlichen Kontext erfolgt, alltagsnahe Aktivität;
– dem Kinde möglichst günstige Bedingungen für den aktiven Aufbau und Entwickeln diverser Kompetenzen im Bereich aller Aspekte seiner Persönlichkeit geschaffen werden (Michalak 2004, S. 21).

Die Annahme der Integration als eine Voraussetzung des Arbeitssystems mit Kindern in Anfangsklassen hat bestimmte Konsequenzen für die schulische Praxis. Eine an die Realisierung der integrierten Edukationsprojekte vorbereitete Klasse erinnert an den offenen Unterricht, der sich dadurch kennzeichnet, dass:
– die Klasse einen Werkstattcharakter hat, mit Leseecken, Computer mit Drucker, Bastelecken, Natur-Ecke;
– die Schüler handeln – also praktisch arbeiten, etwas herstellen usw.
– ihre Leistungen in Form von Wandzeitungen, Gedichten, Erzählungen, Produkten sichtbar sind;
– praktische Methoden angewandt werden, entdeckendes Lernen es wird in freier Weise über die Zusammenarbeit entschieden, oft ist das eine Arbeit im Kreis (Szymaniak 1977).

Die Realisierung von obigen Voraussetzungen ändert völlig den Charakter und die Organisation des Edukationsprozesses. Es wird auf das System verzichtet, in dem der Unterricht nach Fächern und Stundeneinheiten geteilt wurde, also auf eine starre Einteilung der kindlichen Aktivität in getrennte, künstliche Formen der muttersprachlichen, mathematischen, artistischen und anderen Beschäftigungen, die von den 45-minütigen Intervallen bestimmt werden. Der Tag des Kindes in der Schule ist keine lose Sammlung von Unterrichtsfächern und -stunden mehr. Dies verursacht, dass die Organisation des Unterrichts und Aktivität des Schülers modifiziert werden. Es findet den Ausdruck darin, dass die Organisationsgrundstruktur des Unterrichtsprozesses thematische Einheiten bilden, in einem integrierten Themenblock oder Edukationsprojekt enthalten.

Die Organisation der Aktivität im Bereich eines Problemblocks, -gebiets oder eines Projekts kann realisiert werden (je nach Bedürfnissen, individuellen Möglichkeiten des Kindes, Interesse des Kindes für jeweilige Fragen, aber auch der Lehrerinitiative) in einem sehr unterschiedlichen Zeitraum, also an einem Tag, mehreren Tagen, oder sogar einem Monat.

Die Flexibilität bei der Inhaltswahl und beim Planen lässt es zu, die vorgeschlagenen Bildungsangebote an die Individualität des Kindes anzupassen. Dem Lehrer sichert es einen größeren Freiraum und mehr Autonomie zu. Der zentrale Akzent wird auf die eigene, vielseitige Aktivität des Kindes gesetzt, also auf sein erkenntnisgewinnendes, artistisches, kreatives, innovatives, wirtschaftliches, konsumptionsgerichtetes, gesellschaftliches oder produktives Handeln.

4 Resümee

Die Aufgabe eines gefächerten Unterrichtssystems zugunsten eines integrierten verursachte viele radikale Veränderungen im Schulleben. Die Organisation des Lernprozesses des Kindes und selbst die Aktivitäten des Kindes und des Lehrers haben sich völlig und grundsätzlich verändert. Die mit Edukation verbundenen Erfahrungen zeigen ein nicht nur reiches sondern auch ein sehr differenziertes Bild der Bildungswirklichkeit. Das Konzept der integrierten Edukation erweckt weiterhin viele sehr ambivalente Emotionen sowohl unter den Theoretikern als auch unter den Praktikern der frühschulischen Edukation. Nach wie vor lässt sich ein großes terminologisches Chaos und Fehlen an Einmütigkeit in dem Verständnis des Wesens der integrierten Edukation selbst und ihrer praktischen Implikationen beobachten. Die durchgeführten Untersuchungen (Michalak u. Misiorna 2003) zeigen, dass die Veränderungen in der Edukation des kleinen Schülers oft nur oberflächig und extern sind und lediglich kosmetische Modifikationen einführen. Die sichtbarste Veränderung in der Anfangsbildung ist das Verzichten auf eine starre Einteilung des Unterrichts in 45-minütige Unterrichtseinheiten zugunsten des integrierten Unterrichts. In vielen untersuchten Schulen wird weiterhin die Edukationsstrategie bevorzugt, in deren Zentrum das Unterrichtsprogramm steht und die Lehrer sich eigentlich vorwiegend um die Realisierung von Programminhalten bemühen.

Die gesammelten Lehrermeinungen weisen auch darauf hin, dass die Arbeit nach dem Integrationsprinzip eine interessante, aber zugleich auch eine schwierige Herausforderung ist, was sie oft mit dem Fehlen an entsprechender Vorbereitung zur Einführung dieser Veränderung erklären. Das Bild der alltäglichen Edukationsrealität zeigt viele darin stattfindenden Veränderungen, aber auch viele Scheinhandlungen, Widersprüche und Paradoxien.

Literatur

Brzezińska, A. (1998): Misja edukacji elementarnej. Edukacja i Dialog nr 2. – Cackowska, M. (1992): Nowa koncepcja integralnego systemu nauczania początkowego. – Encyklopedia pedagogiczna XXI wieku (2004), (Red.) Pilch, T. – Galant, J. (1994), (Red.) Integracja międzyprzedmiotowa w klasach początkowych. – Jeleńska, L. (1927): Metodyka pierwszych lat nauczania. – Krahelska, J. (1934): Dydaktyka nauki łącznej, [in:] Encyklopedia Wychowania. – Kujawiński, J. (2004): Integralna koncepcja metodyczna w klasach początkowych, [in:] Leżańska, W. (Red.): Współczesne i historyczne konteksty wczesnej edukacji. – Leżańska, W. (2004): Prekursorzy kształcenia zintegrowanego w Polsce, [in:] Leżańska, W. (Red.): Współczesne i historyczne konteksty wczesnej edukacji. – Linke, K. (1933): Nauczanie łączne i nauczanie języka ojczystego w szkole powszechnej. – Maćkowiak, A. (1970): Nauczanie łączne dawniej i dziś. – Misiorna, E. i Michalak, R. (2003): Zało ony a rzeczywisty model edukacji zintegrowanej, [in:] Gaweł-Luty, E. (Red.): Mo liwe-niemo liwe. Jakościowy wymiar pedagogiki aktualnej. – Nawroczyński, B. (1930): Zasady nauczania. – Rowid, H. (1958): Szkoła twórcza. – Szymaniak, J. (1997): Tendencje w dydaktyce współczesnej. ycie Szkoły Nr. 6.

2.5.2 Teilintegrative und einzelfachliche Zugänge zu sachunterrichtlichen Inhalten

46| Sachunterricht in den USA
Simone Gutwerk

Der Sachunterricht, als ein Fach, das stark von gesellschaftlichen und kulturellen Bedingungen eines Landes geprägt ist, lässt sich aufgrund der daraus folgenden inhaltlichen Diversität nur schwer unter eine ländervergleichende Analyse stellen. Im Falle der USA ist diese Diversität bereits in der Benennung des Grundschulfaches zu erkennen. Sachunterricht wird bereits in der *elementary school* in zwei Schulfächer, nämlich dem Fach *Science* und dem Fach *Social Science* aufgegliedert. Damit kann der Sachunterricht in den USA als eine teilintegrative Fachkonzeption ausgewiesen werden. Die Zweiteilung wird in der *middle- und high-school* fortgeführt, folglich gibt es ein schulstufenspezifisches Fach, wie den Sachunterricht im deutschen Schulsystem an US-amerikanischen Grundschulen nicht.

1 Vorgängerfächer von *Science* und *Social Science*

Die Einführung sachunterrichtlicher Inhalte in den ersten *elementary school* Curricula des angehenden 20. Jahrhunderts ist unter dem Einfluss des amerikanischen Zeitgeistes und der amerikanischen Pädagogik (Pragmatismus und *progressive education*) zu sehen. So verfolgte das an biologisch-botanischen Inhalten orientierte Fach *Nature Study* (vgl. Rapeer 1917) u.a. das pragmatische Ziel: *„healthful out-of-door living"* (ebd. S. 342). Im Schulfach *Civic* sollten John Deweys Auffassungen des demokratischen Zusammenlebens vermittelt werden, die Fächer *Household-Arts, Agriculture oder Hygiene* hatten lebenstaugliche Fertigkeiten zum Ziel. Einblicke in die damalige unterrichtspraktische Umsetzung der Sachunterrichtsfächer gewährt Erich Hylla (1928). Aus zeitdiagnostischer Sicht der 1920er

Jahre stellt er drei markante Unterschiede zum Heimatkundeunterricht in Deutschland fest. Erstens lernen die Schüler in ausgeprägter Weise durch tätiges Auseinandersetzen (*learning by doing*). Zweitens besteht gleichzeitig eine starke Abhängigkeit des Unterrichts von vorgefertigten Lehrbüchern, welche die Aktionen der Lehrenden und Lernenden rigide kanalisieren. Und drittens vermisst Erich Hylla den im deutschen Heimatkundeunterricht so tragenden Bezug zur Heimat. Damit werden hier bereits konzeptionelle Merkmale ersichtlich, die sich bis heute in den Fächern *Science und Social Studies* niederschlagen.

Um etwa 1930 begannen erste Curricula die sozialwissenschaftlichen Einzelfächer unter dem Begriff *Social Studies* zu subsumieren, womit der Grundstein der Fächerzweiteilung gelegt wurde. Meistens bestand der Fächerverbund aus den Fächern *History, Geography, Health* und *Civics*. Naturwissenschaftliche Einzelfächer sind dagegen mit Ausnahme des Faches *Nature Study* noch nicht auszumachen, eher wurden physikalische Lernbereiche hierin integriert (vgl. ebd. S. 33).

Dennoch gibt es bereits Hinweise auf das Anbahnen wissenschaftsorientierter Arbeitsweisen in naturwissenschaftlichen Unterrichtsinhalten: Louis Win Rapeer fordert „*The Scientific Method of Thinking*" (Rapeer 1917, S. 344) als das wichtigste Ziel des Faches „*Nature Study*". Erich Hylla berichtet von einem neu entworfenen Lehrplan, der „sich von jedem Schema, von jeder Anlehnung an die systematische Anordnung des Stoffes vollkommen frei macht, und (…) überall auf Betätigung d.h. auf Bericht über Gesehenes, Führung von Tabellen, Ausführung von Versuchen, (…) hindrängt, während der Gedanke an ein für die Dauer festzuhaltendes, abfragbares Wissen gänzlich zurücktritt" (Hylla 1928, S. 33).

2 Curriculare Implementierung der Fächer *Science* und *Social Studies*

Um die 1950er Jahre sind deutliche Tendenzen hin zu einer Wissenschaftsorientierung in den Curricula der USA auszumachen. Deren Erstellung übernahmen nicht nur schulinterne Personen, auch hochrangige Wissenschaftler aus den naturwissenschaftlichen Fachdisziplinen zeigten anders als in Deutschland Bereitschaft, sich „für die Elementarisierung ihrer Disziplin zu engagieren" (Tütken 1971, S. 10). In den Curricula wurde die bestehende Trennung zwischen *Science* und *Social Studies* beibehalten, beide Fächer sollten jedoch ihre wissenschaftsinterne Binnengliederung auflösen und ein „*interdisciplinary curriculum design*" darstellen (Longstreet 1973, S. 262).

Adaptionen US-amerikanischer *Science*-Curricula beeinflussten auch die deutsche Fachdiskussion merklich (vgl. Tütken & Spreckelsen 1973). Die Fülle der in den einzelnen Bundesstaaten der USA entwickelten Konzeptionen (vgl. Cook & Doll 1973, S. 303) wurde allerdings in der Folgezeit kaum rezipiert. Interessanterweise finden sich hierunter wiederum Curricula, die Tendenzen zu neueren *Science*-

Konzeptionen anbahnten, z.B. das *Minnesota Mathematics and Science Teaching Project* (MINNEMAT) (ebd. S. 303), oder das Projekt *Inquiry Development Program* (IDP) (ebd. S. 306).
Eine ähnlich große Vielzahl von Unterrichtskonzeptionen wurde für den Bereich der *Social Studies* entworfen. Sie orientieren sich ebenso stark an wissenschaftlichen Fachinhalten und legen wiederum großen Wert auf wissenschaftsorientierte Arbeitsweisen (vgl. Gutwerk 2004, S. 209). Allerdings stößt die Konzipierung der *Social Studies* bis heute auf größere inhaltliche Schwierigkeiten. Um 1960 kamen mit den sog. *„New Social Studies"* Fächer, wie z.b. Kulturanthropologie, Soziologie und Ökonomie hinzu (vgl. Mitter 1969, S. 38), wobei insbesondere hier eine interdisziplinäre Strukturierung und zugleich eine Orientierung an den wissenschaftlichen Mutterdisziplinen an Grenzen des Grundschulunterrichts stieß. Aus heutiger Sicht lässt sich keine erfolgreiche Implementierung der in dieser Zeit entwickelten Sachunterrichtscurricula festmachen. Ähnlich wie in Deutschland wird dies mit der Überforderung der Lehrkräfte durch qualitativ und quantitativ hohe stoffliche Vorgaben begründet (vgl. Cook & Doll 1973, S. 302). Anders dagegen wurde in den USA der Misserfolg im weiteren Verlauf der Sachunterrichtsentwicklung eher als Ansporn genommen, die begonnene wissenschaftsorientierte Curriculumsrevision weiterzuentwickeln und sich „on the road to scientific literacy" zu begeben (Loucks-Horsley nach Marquard-Mau 1996, S. 73).

3 *Literacy* als aktuelle Zielperspektive

Das bereits grundgelegte Prinzip der Wissenschaftsorientierung wird in aktuellen Konzeptionen fortgesetzt und weitergeführt. Neu ist der hierfür herangezogene Begriff der *scientific literacy,* dessen eindeutige terminologische Bestimmung allerdings noch aussteht. Marquard-Mau gibt vier grundsätzliche Merkmale der *scientific literacy* an, die sie durch eine Analyse anglo-amerikanischer Ansätze gewonnen hat: „Danach umfasst *scientific literacy* insbesondere Vorstellungen zu und Kenntnisse von
– naturwissenschaftlichen Basiskonzepten, -theorien und -modellen,
– Prozessen des (natur)wissenschaftlichen Wissenserwerbs,
– der Bedeutung der Naturwissenschaften als kulturelle Errungenschaft,
– dem Zusammenhang der Naturwissenschaften mit sozialen und gesellschaftlichen Fragen" (Marquard-Mau 2004, S. 71).
Im Unterschied zur bisherigen Entwicklung der Fächer *Science* und *Social Science* werden die Reformbestrebungen unter dem Anspruch der *scientific literacy* seit den 1980er Jahren auch von staatlicher Seite getragen, wodurch die aktuelle Curriculumsentwicklung eine stärkere Zentralisierung auf nationalstaatlicher Ebene aufweist.

3.1 Science

Die Zentralisierung, aber auch eine deutliche Aufwertung des Faches *Science* zeigt sich beispielsweise in der Einrichtung nationalstaatlicher Institute innerhalb des *Department of Education:* Seit 1980 ist das *National Science Resources Center* (NSRC) damit betraut, bestehende Curricula zu überarbeiten. Das *Institute of Education Sciences* übernimmt die Prüfung und Evaluation von Schülerleistungen. Gleichermaßen eine intensive staatliche Unterstützung erfuhr das im Jahre 1993 gegründete *National Committee on Science Education Standards and Assessment* (NCSESA), das beauftragt wurde, ein national standardisiertes *Science*-Curriculum zu erstellen. Ähnlich wie in den 1960er Jahren wirkten hierbei US-amerikanische Forscher und Wissenschaftler aus den Naturwissenschaften bereitwillig mit. Das Ergebnis, die National *Science Education Standards* (NSES) liegt seit 1995 vor. Die Konzeption des Werkes beinhaltet methodische wie auch inhaltliche Standards. So legen die Vorgaben insbesondere Wert auf die Methodik des *„Science as Inquiry"*-Verfahrens (NRC 2001, S. 23), also dem „fragenden, forschenden und kritisch reflektierenden Zugang zu Unterrichtsthemen" (Milhoffer 2004, S. 195). Ebenso werden als Methodengrundsätze *„hands-on"* und zugleich *„minds-on activities"* (ebd., S. 2) genannt und die Fähigkeit des Beschreibens, Erklärens und Voraussagens (ebd., S. 22). Überdies gibt das Werk einen jahrgangsdifferenzierten Inhaltskatalog, einschließlich Konkretisierungen einzelner Beispiele als Vorbildfunktion an, nach denen sich Lehrkräfte für einen Unterricht im Sinne der *scientific literacy* richten können. Als Orientierung für Evaluation und Bewertung der Unterrichtsergebnisse wird zudem eine Beispielsammlung von Schüleräußerungen wiedergegeben, die verschiedene Antwortniveaus – ähnlich dem Kompetenzmodell der TIMSS-Studie – aufzeigen. Insgesamt ähneln auch die NSES-Aufgabentypen der den in TIMSS gestellten Testaufgaben. Ein, im zwei Jahresrhythmus durchgeführter nationaler *science achievment test* orientiert sich ebenfalls an den hier aufgestellten Standards, was für deren Implementierung in der Praxis förderlich sein dürfte.

3.2 Social Studies

Ungleich schwieriger scheint sich die Konzipierung eines einheitlichen *social studies* Curriculums zu gestalten. Zwar wurde im Jahre 1994 von der *National Council for the Social Studies* (NCSS) ein solches entworfen, welches das Fach als ein interdisziplinär angelegtes, „coherent school subject" (Brophy et.al. 2000, S. 256) vorsieht. Dennoch bestehen weiterhin Einwände seitens der wissenschaftlichen Disziplinen – besonders des *National Center for History.* Die Kritik richtet sich auf die Vernachlässigung bzw. das Verschwinden von Einzelfächern, weshalb eher eine Fächersplitterung unter dem *„umbrella term"* social studies (vgl. ebd.) gewünscht wird. Zudem wird angeführt, dass Inhalte und Methode an den Mutterdisziplinen ausgerichtet werden könnten. In der aktuellen Diskussion wird der interdisziplinäre Fächerverbund jedoch bekräftigt, indem als verbindendes Ziel eine *„cultural literacy"* (ebd., S. 265) angedacht wird. Mit diesem neuen *literacy*-Begriff soll das Fach *Social Science* für aktuelle Literalitätskonzepte anschlussfähig gemacht werden, sicherlich ist er aber auch als Versuch zu sehen, ein Gegengewicht zum verbreiteten Konzept der *scientific literacy* zu schaffen.

Dass das Fach *social studies* auch bei den für eine Implementierung der Standards so wichtigen nationalen Leistungstests eine geringere Rolle als das Fach *science* einnimmt, ist an deren Anzahl zu erkennen:

„During the past decade (1989-1998), national NAEP main assessments were administered in eight different areas (…) But there has been more emphasis on mathematics and science (five tests altogether) and on reading and writing (seven tests altogether) than on civics, geography, and history (three tests altogether)" (http://www.nagb.org/pubs/95222.pdf, S. 60).

Trotz dieser Einschränkungen werden die NCSS-Standardvorgaben in etlichen *social science*-Curricula umgesetzt, wie z.b. im Curriculum des Staates Virginia (vgl. http://www.pen.k12.va.us/VDOE/Instruction/History/ hist_ss_framework. html).

4 Synopse

Der historische Rückblick auf die Curriculumsentwicklungen in den USA zeigt Ähnlichkeiten zur geschichtlichen Progression des Sachunterrichts in Deutschland. In US-amerikanischen Curricula sind Entwicklungseinschnitte allerdings stets zeitlich früher zu verzeichnen, was für eine beispielgebende Funktion dieser Curricula spricht. Insgesamt scheinen die Fächer *Science* und *Social Studies* auch eine stärkere Kontinuität in ihrer wissenschaftsorientierten Ausrichtung aufzuweisen, die wiederum früher, nämlich noch vor dem 2. Weltkrieg, einsetzte. In Deutschland nimmt die Phase der Wissenschaftsorientierung dagegen nur einen vergleichsweise kurzen Zeitraum ein; und erst in jüngerer Zeit werden derartige Tendenzen in Deutschland wieder aufgegriffen. Ein weiterer Unterschied liegt im schulübergreifenden Profil der Fächer *Science* und *Social Studies*. Ihre Zweiteilung bleibt über die Jahre hinweg auch für den Unterricht in der *elementary school* unumstritten, Variationen treten lediglich in der Gewichtung der Einzelfächer auf. Die Kohäsion im Fächerprofil spiegelt sich in der schulübergreifenden Standardisierung US-amerikanischer Curricula wieder, die einheitlich ab dem Kindergarten bis zur 12. Jahrgangsstufe (K-12) geplant werden. Damit stellt sich die in Deutschland auftretende Problematik der Anschlussfähigkeit des Sachunterrichts an die Einzelfächer der Sekundarstufe in den USA nicht.

Literatur

Brophy, J., Alleman, J. & Mahony, C. (2000): Elementary School Social Studies. In: Good, Th. (Hrsg.): 99th Yearbook of the National Society for the Study of Education. Chicago. S. 256-313. – Cook, R. & Doll, R. (1973): The Elementary School Curriculum. Boston. – Gutwerk, S. (2004): Sachunterricht in den US-amerikanischen elementary schools. In: Kaiser, A. & Pech, D. (Hrsg.)(2004): Basiswissen Sachunterricht. Band 2, S. 205-209. – Hylla, E. (1928): Die Schule der Demokratie. Langensalza, Berlin, Leipzig. – Kaiser, A. & Pech, D. (Hrsg.) (2004): Basiswissen Sachunterricht. Band 2. Hohengehren. – Longstreet, W. (1973): The School's Curriculum. In: Richey, H. (Hrsg.): 77th Yearbook of the National Society for the Study of Education. Chicago, S. 243-271. – Maquard-Mau, B. (1996): Neue Curricula für primary science education aus den USA – Anregungen für den Sachunterricht und die Lehrerbildung? In: Maquard-Mau, B., Köhnlein, W., Cech, D.& Lauterbach, R. (Hrsg.): Lehrerbildung Sachunterricht. Band 6, Bad Heilbrunn, S. 69-88. – Maquard-Mau, B. (2004): Ansätze zur Scientific Literacy. In: Kaiser, A. & Pech, D. (Hrsg.)(2004): Basiswissen Sachunterricht. Band 2, S. 67-83. – Millhofer, P. (2004): Der „Inquiry Approach" – übergreifendes curriculares Prinzip in den USA und Kanada. In: Kaiser, A. & Pech, D. (Hrsg.)(2004): ebd., S. 195-204. – Mitter, W. (1969): „Social Studies" in der amerikanischen Elementarschule. In: Die Grundschule, 1, H. 4, S. 37-47. – National Research Council (NRC) (2000): National Science Education Standards. 4. Aufl. Washington. – Rapeer, L. (1917): Teaching Elementary School Subjects. New York, Chicago, Boston. – Tütken, H. (1971): Einleitende Bemerkungen. In: Tütken, H. & Spreckelsen, K. (Hrsg.): Zielsetzung und Struktur des Curriculums. Frankfurt, S. 7-29.

47| Sachunterricht in Schweden
Beate Blaseio

1 Die schwedische Grundschule

Seit der Veröffentlichung der internationalen Schulleistungsvergleichsstudien blickt man mit Interesse in die skandinavischen Länder: So wird, wenn grundlegende Probleme des deutschen Schulsystems diskutiert werden, neben Finnland auch gerne Schweden als Vorbild herangezogen. Immerhin hatte es sich die schwedische Bildungsministerin Beatrix Ask 1992 vorgenommen, die beste Schule Europas zu schaffen (vgl. Holz 1999, S. 60). In der Tat nimmt Schweden in der Lese-Studie IGLU den ersten Rang unter den 35 teilnehmenden Staaten ein (vgl. Bos, Lankes, Prenzel, Schwippert, Walther & Valtin 2003, S. 102). Bei PISA 2003 belegt Schweden in den Bereichen Lesen, Mathematik und Naturwissenschaften zwar keinen Spitzenplatz, jedoch schneidet das Land durchgängig besser als Deutschland ab (vgl. http://pisa.ipn.uni-kiel.de/Ergebnisse_PISA_2003.pdf). Seit 1962 erfolgt die Pflichtschulbildung der 7 bis 16-jährigen an der als integrative

Gesamtschule konzipierten 9-jährigen Grundschule *(grundskolan)*. Dieser Schulform ist eine einjährige Vorschule *(förskoleklass)* vorgeschaltet, die von fast allen 6jährigen Kindern besucht wird (vgl. Werler 2002, S. 452). In die Grundschule gehen etwa 98% aller schulpflichtigen Kinder; es gibt nur wenige Privat- und Sonderschulen (vgl. Schmitt 2001, S. 99).

Den Gemeinden wurde im Jahr 1991 vom schwedischen Reichstag die zentrale Verantwortung für die örtlichen Grundschulen übertragen (vgl. Holz 1999, S. 43). Seither kommen die kommunalen Träger für sämtliche Schulkosten während der Pflichtschulzeit auf (Unterrichtsmaterialien, Schulmahlzeiten, Gebäudekosten, Lehrergehälter etc.). Im Rahmen der Dezentralisierung wurde ihnen auch die Schulaufsicht übertragen, was die Verpflichtung einschließt, einen Schulplan aufzustellen. Dieser beschreibt, wie die zugeordneten Schulen organisiert und weiterentwickelt werden sollen. Jede Schule erstellt zudem einen Arbeitsplan, der auch eine Konkretion der zentral festgelegten nationalen Lehrpläne *(kursplaner)* beinhaltet, so dass detaillierte Stoffverteilungspläne für die einzelnen Jahrgangsstufen und Fächer erstellt werden müssen (vgl. Werler 2002, S. 456). Damit die Bildungsqualität trotz der Schulprofilbildungen gleichwertig ist, sind die Gemeinden und Schulen verpflichtet, jährlich Rechenschaft über ihre Arbeit abzulegen. Darüber hinaus führt die nationale Bildungsagentur Skolverket *(www.skolverket.se)* landesweite Leistungsstandtests durch.

Der Staat gibt jedoch auch einen verbindlichen gesetzlichen Rahmen vor. So ist u.a. festgelegt, dass in den ersten 7 Grundschuljahren keine Noten vergeben werden dürfen; an ihre Stelle treten Entwicklungsgespräche. Zudem ist landesweit gesetzlich geregelt, dass keine leistungsdifferenzierenden Kurse eingerichtet werden dürfen (vgl. Regler för målstyrning 2002).

2 Geschichte des Sachlernens

Auch in Schweden sind Sachfachbezeichnung und -konzeptionen im 20. Jahrhundert wiederholt verändert worden. Dabei sind zeitliche und auch strukturelle Parallelen zu deutschen Konzeptionen des frühen Sachlernens zu erkennen. Im Lehrplan von 1919 hieß das Fach Heimatunterricht *(hembygdsundervisning)*, es handelte sich um eine gesamtunterrichtliche Konzeption für die unteren 3 Klassenstufen (vgl. Schaack 1982, S. 67). Der 1955er-Lehrplan verwendete als neue Bezeichnung Heimatkunde *(hembygdskunskap)* und intendierte durch diesen Begriffswechsel, den Schülern eine aktive Rolle bei der Sacherkundung zuzuweisen. Neben Geschichte, Geographie und Naturkunde kamen gesellschaftskundliche Inhalte neu hinzu (vgl. Schaack 1982, S. 67). Mit dem Lehrplan des Jahres 1969 verlor die Heimatkunde ihre gesamtunterrichtliche Leitfunktion und wurde von dem Fach Orientierung *(orientering)* abgelöst. Für die Konzeption war nun eine wissenschaftsorientierte Ausrichtung leitend. Natur- und gesellschaftswissenschaftliche Inhalte, aber auch heimatkundliche und umweltbezogene Aspekte kenn-zeichneten dieses Sachfach (vgl. Schaack 1982, S. 67). 1980 wurde dann eine Zweiteilung festgelegt: „Orientierung Natur" und „Orientierung Gesellschaft". Zugleich wurden heimatkundliche Inhalte eliminiert und die Zweiteilung der Unterstufe auch auf höhere Klassenstufen übertragen (ebd., S. 68).

3 Rahmenbedingungen für sachbezogenes Lernen

Für die gesamte Grundschulzeit stehen seit dem Lehrplan aus dem Jahr 1994 zwei teilintegrative Sachfächer durchgehend auf dem schwedischen Stundenplan. Den beiden Fachbereichen Naturwissenschaften *(Naturorienterande ämnen; NO)* und Gesellschaftswissenschaften *(Samhällsorienterande ämnen; SO)* sind zusätz-lich Einzelfächer zugeordnet: Der naturwissenschaftliche Bereich schließt die Fä-cher Biologie *(Biologi)*, Physik *(Fysik)* und Chemie *(Kemi)* ein; der gesellschafts-wissenschaftliche Bereich umfasst Geographie *(Geografi)*, Geschichte *(Historia)*, Sozialkunde *(Samhällskunskap)* und Religionskunde *(Religionskunskap)*. Eine Ver-bindung einzelfachlicher Aspekte innerhalb der beiden Bereiche sowie eine Ver-zahnung von natur- und gesellschaftswissenschaftlichen Inhalten wird angestrebt. Da in den ersten 5 Schuljahren zumeist Klassenlehrer in den grundlegenden Fä-chern unterrichten, kann eine phänomenorientiert-sachintegrative Herangehens-weise in den unteren Klassenstufen organisatorisch leicht hergestellt werden.

Laut Bildungsgesetz beträgt die garantierte Unterrichtszeit für alle 9 Grund-schuljahre insgesamt 6665 Zeitstunden. Davon sind für die Naturwissenschaften mindestens 800 und für die Gesellschaftswissenschaften mindestens 885 Stun-den verbindlich vorgesehen (vgl. Regler för målstyrning 2002, S. 52), so dass 25% des Grundschulunterrichts auf das Sachlernen entfällt. Jede Schule ist ver-pflichtet, die garantierten Unterrichtszeiten auf die einzelnen Jahrgangsstufen zu verteilen. Beispielsweise hat die Grundschule Torpaskolan in Göteborg im Schul-jahr 2004/05 folgende Stundenverteilung vorgenommen (diese Information ver-danke ich dem Rektor Sven Svensson):

	NO Zeitstunden/ Schuljahr	SO Zeitstunden/ Schuljahr	Sachlernen gesamt	Zeitstunden/ Schuljahr gesamt	Prozentanteil Sachlernen
Kl. 1	60	60	120	528	23%
Kl. 2	60	60	120	528	23%
Kl. 3	72	84	156	720	22%
Kl. 4	96	96	192	816	24%
Kl. 5	84	120	204	816	25%
Kl. 6	96	96	192	828	23%
Kl. 7	120	120	240	828	29%
Kl. 8	108	120	229	852	27%
Kl. 9	120	132	252	852	30%
GESAMT	816	888	1704	6768	25%

Der Anteil des Sachlernens nimmt in jeder Klassenstufe zwischen 20% und 30% der Unterrichtszeit ein und liegt damit deutlich über den Vergleichswerten bundesdeutscher Länder. Dabei ist eine leichte Tendenz zur Erhöhung des Anteils bei zunehmender Klassenstufe zu erkennen, jedoch fällt sie nicht so deutlich aus wie in den deutschen Stundentafeln. In der Göteborger Schule liegt der Anteil des Sachlernens in den ersten 4 Jahrgangsstufen mit insgesamt 588 Zeitstunden deutlich über einem von mir errechneten deutschen Vergleichswert (351 Zeitstunden der Stundentafel Grundschule Schleswig-Holstein). In Schweden wird dem Sachlernen in den unteren 4 Jahrgängen damit eine höhere Priorität im Fächerkanon eingeräumt als dem Sachunterricht in Deutschland.

4 Lehrplan für das Sachlernen

Der gültige schwedische Lehrplan (1994) legt sowohl allgemeine Bildungsziele als auch Ziele für die einzelnen Unterrichtsfächer fest, dabei ist er output-orientiert: Es werden konkrete Ziele formuliert, die nach der 5. bzw. nach der 9. Klassenstufe erreicht sein müssen (vgl. Regler för målstyrning 2002). Dadurch können die Lehrplanformulierungen auch unmittelbar für die Evaluation verwendet werden. Jede Schule ist auf der Grundlage des Lehrplans verpflichtet, Stoffverteilungspläne aufzustellen. Diese Pläne werden üblicherweise nicht separat für die Einzelachfächer verfasst, sondern entsprechend der Zweiteilung integrativ je einmal für die Natur- und für die Gesellschaftswissenschaften (vgl. www.eurydice.org). Dies entspricht auch der organisatorischen Einheit, denn eine Lehrkraft übernimmt in der Regel den gesamten Unterricht eines teilintegrativen Sachfachs. Folgende Ziele müssen am Ende der 5. Klassenstufe (vgl. www3.skolverket.se/ki/eng/comp.pdf, S. 42; 60) erreicht sein (Übers. aus dem Engl. durch die Verf.; teilw. in Anlehnung an Kunskapens Träd 2004):

4.1 Lehrplan Naturwissenschaften

„Die Schüler sollen ...
im Bereich Natur und Mensch
– in verschiedenen wissenschaftlichen Bereichen Wissen erworben haben.
– mit dem Naturverständnis bei uns und in anderen Kulturen vertraut sein.
im Bereich wissenschaftlichen Handelns
– einfache systematische Beobachtungen und Experimente durchführen und dabei ihre eigenen Vermutungen mit den Ergebnissen vergleichen können.
– mit verschiedenen Epochen der Naturwissenschaftsgeschichte vertraut sein und dabei Einblick in verschiedene Arten der Naturerklärung erhalten haben.
– Einblicke in unterschiedliche Konzeptionen von Natur erlangt haben: einerseits naturwissenschaftliche, gekennzeichnet durch systematische Beobachtungen, Experimente und Theoriebildungen; andererseits in Kunst, Literatur, Mythen und Erzählungen vertretene Konzepte.
im Bereich Anwendung des Wissens
– wissen, inwieweit die menschliche Neugier auf wissenschaftliche Phänomene zu sozialem Fortschritt geführt hat.
– wissen, wie man mit Ressourcen im täglichen Leben umzugehen hat und Verfahren kennen, Ressourcen zu schonen.
– erfahren haben, inwieweit Positionen in aktuellen Diskussionen zu Umwelt- und Gesundheitsfragen durch den Einsatz eigener Erfahrungen und wissenschaftlicher Kenntnisse vertreten werden können."

4.2 Lehrplan Gesellschaftswissenschaften

„Die Schüler sollen ...
– mit den Grundlagen des demokratischen Systems vertraut sein und es in Diskussionen vertreten können. Darüber hinaus sollen sie demokratische Verhaltensweisen in alltäglichen Situationen praktizieren können.
– mit Ereignissen und Verhältnissen vertraut sein, die die regionale Gesellschaft und Umwelt geprägt haben und auch zukünftig beeinflussen.
– in der Lage sein, die eigenen Lebensbedingungen mit denen in anderen Umgebungen und anderen Zeiten zu vergleichen.
– fähig sein, Gespräche über wichtige Lebensfragen zu führen, die sowohl den Einzelnen als auch zwischenmenschliche Beziehungen betreffen.
– Informationen suchen, bearbeiten und zusammenstellen können, um damit Erklärungen über die Menschheit und ihre Handlungen abgeben zu können."

Im Vergleich zu deutschen Lehrplänen sind die anspruchsvollen Zielformulierungen des frühen Sachlernens stärker anwendungsorientiert. Gleichrangig werden aber auch grundlegende wissenschaftliche Kenntnisse gefordert. Der Erwerb von lebensweltlichem *und* fachbezogenem Wissen ist in Schweden ebenso zentral wie beispielsweise im Perspektivrahmen Sachunterricht (vgl. Gesellschaft für Didaktik des Sachunterrichts, GDSU 2002) und in neueren deutschen Sachunterrichtslehrplänen (vgl. Blaseio 2005). In Schweden werden beide Aspekte jedoch nicht als Spannungsfeld begriffen und didaktisch diskutiert, sondern stellen ganz selbstverständlich die einander ergänzende Basis für das frühe Sachlernen dar.

Literatur

Blaseio, B. (2005): Der Perspektivrahmen in den neuen Lehrplänen des Sachunterrichts. In: Grundschulunterricht H. 7/8, S. 43-46. – Bos, W.; Lankes, E.-M.; Prenzel, M.; Schwippert, K.; Walther, G.; Valtin, R. (Hrsg.) (2003): Erste Ergebnisse aus IGLU. New York, München, Berlin. – Gesellschaft für Didaktik des Sachunterrichts (GDSU) (Hrsg.) (2002). Perspektivrahmen Sachunterricht. Bad Heilbrunn. – Holz, O. (1999): Zur Situation der schwedischen Grundschule. Hamburg. – Kunskapens Träd – Der Baum der Erkenntnis (2004): Bearbeitet von M. Berger; L. Berger; G. Frisk. 2. Aufl. Halmstad. – Regler för målstyrning (2002): Grundskolan: Skollagen, Grundskoleförordning, Läroplan, Kursplaner, Betygskriterier. Stockholm. – Schaack, E. (1982): Sachunterricht in der Unterstufe der schwedischen Grundschule. In: Grundschule H. 2, S. 66-68. – Schmitt, R. (2001): Grundlegende Bildung in und für Europa. Frankfurt. – Werler, T. (2002): Schweden. In: Döbert, H.; Hörner, W.; Kopp, B. v.; Mitter, W. (Hrsg.): Die Schulsysteme Europas. Hohengehren, S. 452-469.

48| Sachunterrichtsbezogenes Lernen in England
Kornelia Möller

1 Sachunterrichtliches Lernen im Primarbereich heute – Das Nationale Curriculum in England

Seit 1989 regelt ein Nationales Curriculum (www.nc.uk.net) in England, was in den einzelnen Fächern von key stage 1 bis key stage 4, von 5- bis 16-jährigen Schülern während der Pflichtschulzeit gelernt werden soll. Mit der Einführung dieses verbindlichen Curriculums endete die Phase der sog. „open education". Das Nationale Curriculum umfasst die Beschreibung des zu erlernenden Wissens und der zu erreichenden Standards für jedes Schulfach in den Jahrgangsgruppen 1-11. Der Primarbereich bezieht sich dabei auf die key stages 1 und 2, also auf 5- bis 11-jährige Schüler in den Jahrgangsgruppen 1 bis 6 (unserem Vorschuljahr und den ersten fünf Schuljahren entsprechend), der Sekundarbereich auf die key stages 3 und 4, also auf 11- bis 16-jährige Schüler in den Jahrgangsgruppen 7 bis 11 (unserem sechsten bis zehnten Schuljahr entsprechend). Hauptfächer im Primarbereich sind Mathematik, Englisch und Naturwissenschaften (science). Sachunterrichtliches Wissen wird nicht nur im Hauptfach „Science", sondern auch in den Fächern Geschichte, Erdkunde, Technik und Design, Information und Kommunikationstechnologie sowie im (allerdings im Primarbereich nicht verbindlichen) Fach „citizenship" vermittelt. Verknüpfungen zwischen den Fächern sind – so das nationale Curriculum – ausdrücklich erwünscht.

Das National Curriculum gliedert sich in „Programme of study" und „attainment targets". Das „Programme of study" beschreibt, welche Inhaltsbereiche von key stage 1 bis key stage 4 im jeweiligen Fach gelehrt werden sollen. Die Inhaltsbereiche beziehen sich auf zu erlernendes Wissen, auf Fähigkeiten wie auf das zu erreichende Verständnis („knowledge, skills and understanding"). Sachunterrichtsbezogenes Lernen wird aufeinander aufbauend von Jahrgang 1 an im Hauptfach „Science" sowie in den sachunterrichtsbezogenen Nebenfächern unterrichtet (vgl. Abb.). Für den Bereich Science ist das sachunterrichtsbezogene Lernen deshalb als integrativ, für den gesellschaftswissenschaftlichen und technischen Bereich des Sachunterrichts dagegen als einzelfachlich zu charakterisieren. Die Inhaltsbereiche der einzelnen sachunterrichtsbezogenen Fächer sind am Beispiel des key stage 2

Science	*Scientific enquiry* (Ideas and evidence in science and investigative skills) - *Life processes and living things* (Life processes, humans and other animals, green plants, variation and classification and living things in their environment) - *Materials and their properties* (Grouping and classifying materials, changing materials and separating mixtures of materials) - *Physical processes* (Electricity, forces and motion, light and sound and the Earth and beyond)
Geography	Geographical enquiry and skills - Knowledge and understanding of places - Knowledge and understanding of patterns and processes - Knowledge and understanding of environmental change and sustainable development
History	Chronological understanding - Knowledge and understanding of events, people and changes in the past - Historical interpretation - Historical enquiry - Organisation and communication
Design and technology	Developing, planning and communicating ideas - Working with tools, equipment, materials and components to make quality products - Evaluating processes and products - Knowledge and understanding of materials and components
Information technology	Finding things out - Developing ideas and making things happen - Exchanging and sharing information - Reviewing, modifying and evaluating work as it progresses

Abb. 1: Inhaltsfelder der einzelnen sachunterrichtsbezogenen Fächer (Auszug aus dem National Curriculum zum sachunterrichtsbezogenen Lernen für key stage 2, year groups 3-6 unter http://www.qca.org.uk/2812_2120.html)

in der folgenden Abbildung aufgeführt. Sie gliedern sich – der Idee des Spiral-curriculums entsprechend – in der Regel in Lernfelder, die auf (fast) jedem key stage wiederkehren und eine abgestufte Abfolge von Lerninhalten von der ersten bis zur elften Jahrgangsstufe umfassen.

Die „attainment targets" beschreiben für jeden Inhaltsbereich des Curriculums das erwartete Verhalten bzw. Wissen der Schüler auf abgestuften Leveln von 1 bis 8, ergänzt um einen Level mit außerordentlicher Leistung. Am Ende der Primarschulzeit wird für die Mehrheit der Schüler in einem Alter von 11 Jahren das Erreichen des Levels 4 erwartet (vgl. Science. National Curriculum, 1999, www.nc.uk.net/nc_resources/html/download/ Sci.rtf). Für den Inhaltsbereich *„Materials and their properties" wird am Ende der Primary school z.b. folgendes Verhalten bzw. und Wissen als wünschenswert beschrieben:*

"Pupils demonstrate knowledge and understanding of materials and their properties drawn from the key stage 2 or key stage 3 programme of study. They describe differences between the properties of different materials and explain how these differences are used to classify substances [for example, as solids, liquids, gases at key stage 2, as acids, alkalis at key stage 3]. They describe some methods [for example, filtration, distillation] that are used to separate simple mixtures. They use scientific terms [for example, evaporation, condensation] to describe changes. They use knowledge about some reversible and irreversible changes to make simple predictions about whether other changes are reversible or not." (ebd., p.42).

2 Leistungsevaluation in England („statutory assessment")

Mit dem verbindlichen Inhalts- und Zielkanon wurde 1989 auch eine Evaluation der erreichten Leistungen eingeführt. Die verbindliche Beurteilung (statutory assessment) besteht aus individuellen Bewertungen durch Lehrkräfte wie auch aus nationalen, externen Tests. Im externen Test unterziehen sich sämtliche englische Kinder zum Ende der Primarschulzeit in einer festgelegten Woche im Früh-sommer – unter strengsten Bedingungen – gleichzeitig im gesamten Land einem externen schriftlichen Prüfung im Hauptfach Science, der von externen Personen bewertet wird. In Englisch und in Mathematik finden diese externen Tests zum Abschluss von key stage 1 und zum Abschluss von key stage 2 statt.

Die Ergebnisse der erreichten Leistungen werden nicht nur auf individueller Ebe-ne zurückgemeldet, sondern auch klassen- und schulbezogen veröffentlicht. El-tern haben die Möglichkeit, auf Webseiten die Leistungen ihrer Schule einzuse-hen (http://www.dfes.gov.uk/performancetables/). Werden gesetzte Ziele nicht erreicht, so sind (negative) Konsequenzen für Lehrkräfte und Schulen möglich. Auch richten sich immer mehr Eltern bei der freigestellten Wahl der Grundschule danach, welchen Rang die Schule in den Leistungstabellen (performance tables) einnimmt. Alle diese Maßnahmen tragen dazu bei, dass England zu den Ländern gehört, in denen externen Testverfahren bereits im Primarbereich ein „high stake status" zukommt.

Inwieweit diese externen Tests wirklich geeignet sind, die Qualität von Unterricht zu verbessern, wird jedoch kontrovers diskutiert. Ein Ansteigen des Scores im Science Test bedeutet z.b. nicht unbedingt, dass Schülerinnen und Schüler seit dem letzten Test ihre Leistungen verbessern konnten – unter Umständen hat lediglich eine Gewöhnung an bisher unbekannte Testbedingungen stattgefunden (vgl. Harlen 2005). Robert Linn konnte z.b. zeigen, dass eine Änderung des bisher üblichen Tests mit einem dramatischen Abfall in den Testleistungen einherging. Auch das bekannte Problem des „teaching to the test", verbunden mit einer Zunahme der Vermittlung von Faktenwissen, wird als Folge externer Tests diskutiert (vgl. Gordon & Reese 1997). In einer Metastudie belegten Wynne Harlen und Ruth Deakin Crick zudem negative Einflüsse von externen Tests auf Motivation und Selbstwertgefühl bei leistungsschwächeren Kindern.

Aufgrund dieser negativen Begleiterscheinungen der summativen, extern durchgeführten, national verbindlichen Tests wird bereits seit einigen Jahren an einer Revision der Tests in England gearbeitet. Eine neue, „intelligentere" Testgeneration soll den negativen Auswirkungen auf Lernende, auf den Inhalt des unterrichteten Curriculums wie auch auf die Qualität des Unterrichts entgegenwirken. Ebenso wird gefordert, formative, lernprozessbegleitende Evaluationen zu verstärken und – unter dem Stichwort „Assessment for learning" – Lehrkräfte wieder stärker in das Monitoring einzubeziehen (Harlen 2005, S. 36).

3 Mit welchen Problemen ist das sachunterrichtliche Lernen in England konfrontiert?

Anders als in Deutschland regelt das englische Curriculum das sachunterrichtsbezogene Lernen in aufeinander aufbauenden Lernsequenzen von der ersten bis zur elften Klasse, was in unserem Schulsystem einer Regelung für die erste Vorschulklasse bis hin zum Ende der 10. Klasse entspräche. Diese durchgängige Regelung ermöglicht bzw. erfordert eine Abstimmung der Lerninhalte zwischen dem Primar- und dem Sekundarbereich, sodass eine potentielle Anschlussfähigkeit der Lernprozesse gegeben ist.

Standards und vorgeschriebene Inhaltsfelder für Unterricht werden im Grundschulbereich in Deutschland ausgesprochen kontrovers diskutiert. Sie erhöhen die Wahrscheinlichkeit, dass Kinder kontinuierliche Lernprozesse in ihrer Schulbiographie durchlaufen können; sie verstärken aber durch ihre hohe Regelungsdichte auch das Risiko, durch eine zu starke Engführung Interessen der Lernenden und situative Lerngelegenheiten zu vernachlässigen. Betrachtet man unter diesem Aspekt das englische „National Curriculum" im Bereich „Science", so fällt auf, dass zwar die groben Inhaltsbereiche verbindlich angegeben sind, aber dennoch Spielräume für Lehrkräfte und Lernende vorhanden sind. Das Curriculum an sich scheint eine Engführung des Unterrichts deshalb nicht zwingend nahe zu legen.

Dennoch ist in vielen Schulen Englands ein ausgesprochen konformer, zielorientierter Unterricht zu beobachten, in dem eigene Ideen der Schüler (und Lehrkräfte) nur noch wenig Raum haben. Dieses Problem wird aber nicht durch das Curriculum, sondern durch die von vielen Lehrkräften benutzten, mit detailliert ausgearbeiteten Unterrichtsvorschlägen versehenen „scheme of works" bedingt, die allen Lehrkräften vom department of education and skills (dfes) auf einer Webseite (vgl. http://www.standards.dfes.gov.uk/schemes3/) zur Verfügung gestellt werden. Auch viele der auf dem Markt erhältlichen Materialien orientieren sich primär am Erreichen guter Testergebnisse. Man kann deshalb von einem heimlichen Lehrplan ausgehen, der durch Materialien gespeist wird, die Lehrkräften bei der Erreichung guter Testergebnisse helfen sollen.

Dieser heimliche Lehrplan ist umso wirksamer, als die meisten Primarschullehrkräfte in England keine spezielle Ausbildung für sachunterrichtsbezogene Fächer erhalten, sondern Generalisten sind. Die sachunterrichtsbezogenen Nebenfächer Geography, History usw. gehören neben den Hauptfächern Mathematik, Englisch und Science zu den zehn obligatorischen Fächern, die im Rahmen des häufig nur ein Jahr dauernden Lehramts-Studiums (im Anschluss an ein nahezu beliebiges, fachwissenschaftliches Studium) zu bewältigen sind. Vielen Lehrkräften fehlt deshalb das notwendige Hintergrundwissen zum Unterrichten anspruchsvoller sachunterrichtsbezogener Themen, so dass sie bereitwillig auf die zur Verfügung gestellten Unterrichtsmaterialien zurückgreifen.

Trotz guter Bedingungen wegen eines sinnvoll aufeinander aufbauenden, spiralförmigen Curriculums und trotz des hohen Stellenwertes, den zumindest der Bereich „Science" in englischen Schulen genießt, ist der sachunterrichtsbezogene Unterricht in England deshalb mit vielen Problemen konfrontiert. Im Bereich Science z.B. mehren sich in den letzten Jahren Stimmen, die einen Conceptual Change im Testsystem verlangen, um Unterricht stärker auf die Förderung des Denkens von Kindern auszurichten anstatt sich auf Wissensvermittlung zu beschränken (vgl. Adey et al. 2001). Inwieweit dieses Ziel durch eine Revision der bisherigen Testkonzeptionen erreicht werden kann, sollte aufmerksam beobachtet werden.

Literatur

Adey, P., Shayer, M. and Yates, C. (2001): *Thinking Science: The curriculum materials of the CASE project* (3rd ed.).London: Nelson Thornes. – Davies, J., and Brember, I. (1998): National Curriculum testing and self-esteem in year 2 the first fife years: a cross-sectional study. In: Educational Psychology, 18, S. 365-375. – Gordon, S., and Reese, M. (1997): High stakes testing: worth the prize? In: Journal of School Leadership, 7, S. 345-368. – Harlen, W. (2005): The role of assessment in the implementation of science in the primary school. In: Ellermeijer, T., and Kemmers, P. Science is Primary. Proceedings of the European Conference on Primary Science and Technology Education. Amstel Institute. University of Amsterdam. Amsterdam, p. 27-48. – Harlen, W., and Deakin Crick, R. (2003): Testing and motivation of learning. In: Assessment in Education, 10(2), S. 169-208. – Linn, R. (2000): Assessment and accountability. In: Educational Researcher, 29(2), S. 4-16. – Paris, S. et al. (1991): A developmental perspective on standardized achievement testing. In: Educational Researcher, 20, S. 12-20. – http://www.dfes.gov.uk/performancetables/ – http://www.nc.uk.net – http://www.nc.uk.net/nc_resources/html/download/Sci.rtf – http://www.qca.org.uk/2812_2120.html – http://www.standards.dfes.gov.uk/schemes3.

3 Sachunterrichtsspezifische Lernvoraussetzungen

49| Anthropologische Lernvoraussetzungen
Klaudia Schultheis

1 Begriffliche Klärungen

Erkenntnisse über das kindliche Lernen sind für alle Erziehungs- und Vermittlungsprozesse, sei es im familialen Umgang oder im schulischen Unterricht, relevant. Ohne fundiertes Wissen über Lernvoraussetzungen kann weder über die Ziele noch über die Formen und Wege erzieherischen und didaktischen Handelns sinnvoll und begründet entschieden werden. Insofern setzt auch erfolgreiches und kindgemäßes Unterrichten in der Grundschule voraus, sich ein „Bild" der Lernenden zu machen. Es geht dabei nicht um den Rekurs auf Wesensaussagen über Kinder, sondern darum, die Kinder so genau wie möglich zu kennen.

Eine eigene Pädagogik und Didaktik der Grundschule haben sich unter anderem deshalb ausgebildet, weil sich das pädagogische Handeln in der Grundschule an den besonderen Lernvoraussetzungen ausrichten muss, die Grundschulkinder mitbringen. Es stellt sich deshalb die Frage, welches Wissen die Grundschulpädagogik über Lern- und Erfahrungsprozesse der Kinder im Grundschulalter hat und wie sie dieses Wissen pädagogisch und didaktisch deutet und umsetzt. Für den Sachunterricht mit seiner Aufgabe, die Kinder bei der sachlich-theoretischen Aneignung ihrer materiellen, sozialen und medialen Lebenswelt durch die Vermittlung von Kenntnissen, methodischen Fertigkeiten und die Anbahnung von Haltungen zu unterstützen, kommen dabei andere Lernvoraussetzungen in den Blick als für die Lernbereiche der Mathematik und des Schriftspracherwerbs. Zum Wissen über die kindlichen Lernvoraussetzungen tragen nicht nur die Ent-

wicklungs- und Lernpsychologie bei. Auch die Gehirnforschung, die Evolutionstheorie oder die Soziologie leisten heute einen wichtigen Beitrag zur Erforschung
kindlichen Lernens. Für die Grundschulpädagogik erwächst dabei die Aufgabe,
die Wissensbestände anderer Disziplinen kritisch im Hinblick auf die besonderen
Aufgaben und Bedingungen des Lernens und Lehrens in der Grundschule zu
interpretieren. Hier stellt sich insbesondere die Frage, was die Bildsamkeit, oder
moderner gesprochen: die Lernfähigkeit und damit die Erziehbarkeit des Kindes
ausmacht. Aus pädagogisch-anthropologischer Sicht gehört die Lernverfassung
zur Natur des Menschen: Nur weil der Mensch lernen kann, kann er auch erzogen werden. Die Frage nach der kindlichen Lernfähigkeit wäre dabei mit dem
Verweis auf kognitive, emotionale oder physiologische Lernvoraussetzungen zu
eng gefasst. Ein solches psychologisch inspiriertes Verständnis von Lernen würde
aus der pädagogischen Perspektive nicht weit genug greifen. Vielmehr ist pädagogisch gesehen von Bedeutung, dass der Mensch ein von Geburt an leiblich ver-
fasstes, auf Sozialität hin angelegtes und nach Sinn suchendes Wesen ist, das zwar
zunächst auf Erziehung angewiesen ist, sich aber zunehmend selbst bestimmen
kann.

Was das Grundschulkind als „homo discens", also als lernfähiges Wesen, im anthropologischen Sinn zum „homo educabilis" macht, worin also aus pädagogischer Sicht die Voraussetzungen seines Lernens und seiner Erziehbarkeit liegen,
soll im Folgenden erläutert und im Hinblick auf den Lernbereich des Sachunterrichts spezifiziert werden. Ausgegangen wird dabei von einem historischen Rückblick auf das Verständnis kindlichen Lernens in der Entwicklung des Sachunterrichts (2), bevor dann die leiblichen Voraussetzungen kindlicher Umwelterfahrung
im allgemeinen (3) und schließlich für den Sachunterricht im Besonderen (4)
erläutert werden. Entwicklungsorientierte und soziokulturelle Voraussetzungen
des kindlichen Lernens hingegen werden in den nachfolgenden Beiträgen behandelt.

2 Das Verständnis kindlichen Lernens im Spiegel der Geschichte des Sachunterrichts

Konzeptionen des Sachunterrichts liegt stets eine Auffassung des kindlichen
Lernens und damit der Lernvoraussetzungen des Kindes zugrunde. Der heimatkundliche Gesamtunterricht der Weimarer Grundschule wie auch der kindgemäße Sachunterricht der 1950er und 1960er Jahre sahen ihre Aufgabe in der theoretischen Erfassung und geistigen Durchdringung der vom Kind erlebten Umwelt
sowie der Erziehung zur Heimatverbundenheit. Nur was im Erleben des Kindes
eine Rolle spielte, konnte demnach zum Gegenstand des Unterrichts werden.
Dahinter stand die Auffassung, dass Kinder „echte Anschauungen" und Einsichten nur über die unmittelbare und sinnlich-leibliche Begegnung mit den Dingen

gewinnen könnten. Da dem Kind eine ganzheitliche Auffassungs- und Erlebensweise zugeschrieben wurde, gewährleistete die Konzeption des ungefächerten Gesamtunterrichts, dass die Erlebnisgrundlage des Kindes nicht zerstückelt wurde. Gestützt wurde diese Sichtweise durch die Ganzheitspsychologie, die Denken, Fühlen und Wollen in einen engen Zusammenhang stellt und von der Grundannahme ausgeht, dass das Ganze mehr als die Summe seiner Teile sei und der Mensch in seiner Wahrnehmung defekte Strukturen immer zu einer Ganzheit ergänze.

Besonders prägten die reformpädagogischen Ansätze der Jahrhundertwende die in jener Zeit vorherrschende Auffassung über das kindliche Lernen. Man ging wie Rousseau von der Annahme aus, dass das Kind von sich aus gut sei und dass seine Kräfte ausreichen würden, sich ein Bild der Welt aufzubauen. Dazu müsse man es allerdings in Ruhe wachsen und reifen lassen, wobei man Entwicklung als Reifung des Kindes nach einem endogenen Bauplan verstand. Der Reformpädagoge Berthold Otto schrieb dem Kind einen immanenten Erkenntnistrieb zu, der sich für ihn in spontanen Kinderfragen äußerte. Die Kunsterziehungsbewegung sah die kindliche Wesensart mit der künstlerischen verwandt und würdigte die Spontaneität und Originalität des Kindes. Vor dem Hintergrund allgemeiner psychologischer Theorien bemühte sich besonders auch die aufblühende phänomenologische Kinderpsychologie zu Beginn des Jahrhunderts (vgl. W. Stern, W. Hansen, Ch. Bühler und H. Werner) um die Beschreibung und Deutung der besonderen Eigenart der kindlichen Erfahrungsweise. Den leiblich-ästhetischen Aspekten der kindlichen Welterfahrung kam hier noch eine bedeutende Rolle zu: So verwies Wilhelm Preyer in seinem Buch über „Die Seele des Kindes" auf die kindliche Fähigkeit zur Mitbewegung, Charlotte Bühler auf das anthropomorphisierende Denken oder Wilhelm Hansen auf das kindliche Raum- und Zeit*erleben* oder das „magisch-mythische Denken" des Kindes.

In der Grundschule veränderte sich die Auffassung kindlichen Lernens erst mit der etwa in der zweiten Hälfte des 20. Jahrhunderts einsetzenden Ablösung des reifungstheoretischen Entwicklungs- und Begabungsbegriffs und der Phasenlehren der menschlichen Entwicklung. Mit dem Auftrieb der psychologischen Lernforschung rückte die kindliche Lernfähigkeit vor allem in kognitiver Hinsicht in den Vordergrund. Man untersuchte das Wahrnehmungsvermögen, die Kategorisierungssysteme, die kognitiven Stile und Problemlösungsstrategien der Kinder und versuchte ihre natürliche Neugier im Rahmen entdeckenden und problemlösenden Lernens für den Unterricht fruchtbar zu machen. Der Strukturplan für das deutsche Bildungswesen des Deutschen Bildungsrates (1970) forderte, die Neugier des Kindes in „Wissbegierde" zu verwandeln, da deren Betätigung und Erfüllung Kinder glücklich mache, wobei das Lernen an den Wissenschaften orientiert werden sollte. Dies führte insgesamt dazu, dass die kognitive Seite des kindlichen Lernens im Vordergrund stand und zum Teil überbetont wurde, was seinen Niederschlag in den Sachunterrichtskonzepten und -curricula sowie in den damaligen Lehrplänen fand.

Noch in den 1970er Jahren entstanden Bemühungen, das Lernen im Sachunterricht wieder an den unmittelbaren Erfahrungen des Kindes zu orientieren und seine emotionalen Bezüge zu berücksichtigen. Sachunterrichtskonzeptionen wie der genetische Ansatz von Wagenschein/Thiel versuchten, das Kind, ausgehend von Phänomenerfahrungen, auf den Weg zur Wissenschaft zu führen. In den Blick rückte wieder, dass Kinder über eine natürliche Fragehaltung verfügen und spontanes Interesse an Sachen und Sachverhalten haben. Die neuere Lernpsychologie verwies darauf, dass Kinder Begriffe und Zusammenhänge aktiv aufbauen und konstruieren und dabei auf ihre Vorerfahrungen Bezug nehmen und Neues mit Bekanntem in Beziehung setzen. Dies, aber auch die These, dass die Kinder im Zuge der Medialisierung der Lebenswelt ein Defizit an Primärerfahrungen und Eigentätigkeit erlitten, führte dazu, dass auch im Sachunterricht offene Unterrichtsformen Bedeutung gewannen, die dem Bedürfnis des Kindes nach Aktivität, Handeln und Selbsttätigkeit Rechnung trugen (z.B. als erfahrungs-, problem-, handlungs- und projektorientierter Unterricht).

In den 1990er Jahren verbreitete sich auch die Forderung, dass die Kinder „mit allen Sinnen" und wieder „ganzheitlich" lernen müssten. Der Einbezug der Sinne in den Sachunterricht und die Schulung der Sinneswahrnehmung durch Riech- und Hörmemories, Fußfühlwege o. ä. sollten den aus dem Medienkonsum resultierenden Mangel an unmittelbarer Erfahrung des Kindes ausgleichen. Hier ist kritisch anzumerken, dass die These von den sinnlichen Erfahrungsdefiziten angesichts der Erkenntnisse der modernen Kindheitsforschung über das kompetente und seine Wirklichkeit aktiv konstruierende Kind kaum zu halten ist. So kann im „Lernen mit allen Sinnen" allenfalls eine Ergänzung des unterrichtlichen Prinzips der Anschauung liegen, damit der Sachunterricht seiner Aufgabe der kognitiven Erschließung der kindlichen Lebenswelt wie auch den Sachinteressen der Kinder gerecht werden kann (vgl. Schultheis 1995, Götz 2000). In der Forderung nach einem „Lernen mit allen Sinnen" kehrt das Ideal des „ganzheitlichen Lernens" wieder – jener reformpädagogischen Lösungsformel, die vor allem die Kluft zwischen der „ganzheitlichen" kindlichen Erfahrungsform und dem fachlich zersplitterten und lebensweltfremden Lernen in der Schule überwinden wollte. Die in der Reformpädagogik verbreitete und auch die Weimarer Grundschule prägende Auffassung, dass das Kind seine Umwelt zunächst völlig undifferenziert, d.h. ganzheitlich wahrnehmen würde, und dass sich seine Sinne erst entwickeln und differenzieren müssten, ist nach heutigem Forschungsstand nicht mehr haltbar (vgl. unten). Die Forderung nach ganzheitlichem Lernen kleidet sich auch in die sich auf Pestalozzi berufende Formel vom Lernen mit „Kopf, Herz und Hand". Auch sie bleibt theoretisch und auch bei Pestalozzi letztlich unbegründet (vgl. Kahlert 1997).

Gleichwohl macht die Forderung nach einem Lernen mit allen Sinnen, nach ganzheitlichem Lernen oder dem Lernen mit Kopf, Herz und Hand auf ein grundlegendes Defizit der grundschulpädagogischen Perspektive auf kindliches Lernen
aufmerksam. Die verbreitete und sich an die psychologische Lernforschung an-
lehnende Unterscheidung von kognitivem, sozialem und emotionalem Lernen
scheint dem kindlichen Lernen nicht in jeder Hinsicht gerecht werden zu können. Die darin liegende Aufspaltung wird im Blick auf das Lernen des Grund-
schulkindes als künstlich empfunden. Der Grund dafür liegt aber nicht darin,
dass Kinder in diesem Alter irgendwie „ganzheitlich" lernen würden, sondern
dass in der Grundschule aufgrund des Alters und des Entwicklungsstandes der
Kinder die leibgebundene Dimension des Lernens in ganz besonderer Weise zum
Tragen kommt. Bis ins Grundschulalter sind leiblich-ästhetische und kognitive
Aspekte des Lernens noch nicht geschieden, sondern spielen viel stärker zusammen als beim Erwachsenen.

3 Leibliche Aspekte kindlicher Umwelterfahrung

Den leiblichen Voraussetzungen kommt bei Kindern wie bei Erwachsenen eine
grundlegende Rolle für das Lernen zu (vgl. Schultheis 2004). Das merkt man
zuallererst daran, dass der Leib ein Störfaktor beim Lernen sein kann, den man
unter Kontrolle halten muss. Lärm, Hunger, Schmerzen, Müdigkeit, Ängste, aber
auch Vorfreude und schöne Erlebnisse können uns ablenken und unsere Konzentration beeinträchtigen. Fehlende Ordnungen, Regeln oder Gewohnheiten können das Lernen genauso behindern wie eine trostlose Raumgestaltung oder problematische soziale Atmosphären. Erwachsene haben in der Regel gelernt, von
situativen und momentanen Bedürfnissen abzusehen. Kindern fällt das schwer;
sie können die Anforderungen ihres Leibes noch nicht ignorieren oder überhö-
ren. Das liegt daran, dass den Kindern bis in das Grundschulalter ein stark
pathisches Verhältnis zur Umwelt eigen ist. Damit ist gemeint, dass sie von der
Umwelt direkt angesprochen und aufgefordert werden, etwas zu tun, dass sie von
Dingen unmittelbar in Bann gezogen und ihre Erfahrungen noch stark von Gefühlen und durch Erlebnisse geprägt werden. Sie leben noch, wie M. J. Langeveld
es formuliert hat, in offener Kommunikation mit einer „ansteckenden Welt" (1968,
S. 89) und machen auf der Basis eigener Aktivitäten vielfältige Lernerfahrungen.
Von zentraler Bedeutung ist, dass bestimmte leibliche Voraussetzungen naturgegeben sind und uns überhaupt erst ermöglichen zu lernen. Die moderne Säuglingsforschung spricht vom „competent infant". Nach ihren Erkenntnissen verfügen
Neugeborene nicht nur über eine funktionsfähige Sinnesausstattung, sondern auch
über angeborene Handlungsschemata und Reflexe wie Greifen, Schauen, Saugen
oder Horchen. Sie haben die Fähigkeit, Differenzen und Muster wahrzunehmen
und bringen genetische Voraussetzungen zur sozialen Interaktion und zum Sprach-

erwerb mit (vgl. Schultheis 2004, S. 103ff.). Insofern vollziehen schon jüngste Kinder differenzierte Lernprozesse, für die der Begriff des „ganzheitlichen Lernens" verfehlt ist.

Die Leibphänomenologie hat in der ihr eigenen Terminologie auf weitere Kompetenzen des Kindes verwiesen, die für das elementare Lernen von Bedeutung sind. Bereits das Neugeborene, dessen kognitive Kompetenzen sich erst entwickeln müssen, kann Geborgenheit und damit Bindung im Umgang mit den Eltern am eigenen Leib spüren und erfahren. Es besitzt von Geburt an die Fähigkeit, mit seiner Umwelt leiblich zu kommunizieren und leiblich betroffen zu sein. Auch die Erfahrung des Raumes, atmosphärischer Bedingungen und Bewegungsmuster ist leiblich grundgelegt und basiert auf dem angeborenen eigenleiblichen Spüren. Dazu kommt auch die Erfahrung von Richtung im räumlichen Sinn, die schon das Neugeborene durch seine angeborene Motorik erlebt (vgl. Schmitz 1998, Schultheis 1998, S. 92ff.). Darin liegen leibliche, naturgegebene Kompetenzen, die den Kindern vielfältige Lernerfahrungen im Umgang mit ihrer materiellen und sozialen Umwelt und den Aufbau neuer und auch komplexerer Kompetenzen ermöglichen.

Die elementaren Lernerfahrungen sind integriert in den Familienalltag, in die alltäglichen Verrichtungen, in den Umgang von Kindern und Erwachsenen oder in das Spiel des Kindes und vollziehen sich beiläufig und mitgängig. Beim elementaren Lernen steht nicht – wie später im schulischen Lernen – das sprachlich-kognitive Erfassen einer Sache oder eines Sachverhaltes im Vordergrund, sondern das unmittelbar-spontane Wahrnehmen und Erleben, bei dem bestimmte Verlaufsstrukturen und Rhythmen, aber auch Gefühle, Stimmungen und Atmosphären unmittelbar aufgefasst werden. Noch das Grundschulkind ist stark durch diese leiblichen Lernvoraussetzungen geprägt, auch wenn es zunehmend die kognitiven Voraussetzungen entwickelt, die ihm ermöglichen, sich von der leiblichen Unmittelbarkeit zu lösen.

Im Spielen und im arbeitenden Tätigsein liegen dabei „natürliche" Grundformen des kindlichen Lernens, auf die sich vielfältige lernrelevante Aktivitäten des Kindes zurückführen lassen (vgl. Schultheis 2004, S. 125ff.). Im *Spielen* kann das Kind selbstbestimmt und zweckfrei neue Erfahrungen machen, aufnehmen und integrieren; es erprobt Fertigkeiten, entwickelt Lösungen und Regeln, entdeckt Zusammenhänge und macht grundlegende Erfahrungen zur eigenen Wirksamkeit und Urheberschaft. Nicht alles, was das Kind tut, lässt sich jedoch unter den Oberbegriff des Spielens subsumieren. Es gibt auch kindliche Aktivitäten, die dem nahe stehen, was wir im Erwachsenenleben als Arbeit bezeichnen: das *arbeitende Tätigsein*. Gemeint ist die zielgerichtete und gegenstandsbezogene Tätigkeit, mit der Menschen nicht nur ihre Umwelt verändern, sondern auch sich selbst, indem sie sich zunehmend ihrer selbst als Subjekte bewusst werden. Auch Kinder orientieren ihr Handeln an bestimmten Zwecken und müssen sich dazu den Dingen gegenüber sachlich verhalten und sich ihren Anforderungen unterwerfen (z.B. die Schere).

Aus der leibphänomenologischen Perspektive betrachtet zeigen sich in den beiden kindlichen Formen der Welterschließung die beschriebenen leiblichen Kompetenzen, die dem Kind von Geburt an Lernen ermöglichen, wie zunächst die Fähigkeit, rhythmische Gestaltverläufe und leibliche Gerichtetheit aufzufassen. So finden sich sowohl im Spielen als auch im arbeitenden Tätigsein rhythmische Wiederholungen und Ritualisierungen. Im Spiel zeigen Kinder eine starke Freude an wiederkehrenden Abläufen und erfinden sogar selbst Rituale und Regeln. Zum arbeitenden Tätigsein gehört, etwas durch Wiederholung zu üben, um darin zu einer gewissen Fertigkeit zu gelangen. Auch das Phänomen des kindlichen Sammelns (vgl. Duncker 1996, S. 87f.) sowie die kindliche Nachahmung (Mimesis) verweisen auf das kindliche Bedürfnis nach Wiederholung, Rhythmisierung, Ritualisierung, aber auch nach Ordnung und Strukturierung.

Die Wiederholung von Bekanntem oder die Ritualisierung von gewohnten Abläufen schaffen für das Kind Verlässlichkeit, Überschaubarkeit und die Erwartbarkeit kommender Situationen und Umweltbedingungen und sind damit ein zentrales Moment emotionaler Stabilisierung. Auf der Basis verlässlicher und erwartbarer Strukturen können Kinder ihre Umwelt erkunden und explorieren. Entsprechend hat auch die psychologische Bindungstheorie nachgewiesen, dass Kinder von Geburt an ein grundlegendes Bedürfnis nach Bindung und Geborgenheit besitzen, dessen Befriedigung eine wesentliche Voraussetzung für das kindliche Explorationsverhalten bildet (vgl. Grossmann 1997).

Eine weitere natürlich-leibliche Kompetenz der Kinder zeigt sich darin, dass sie zielgerichtet auf die Dinge, die sie umgeben, zugehen und ihre Aufmerksamkeit und ihre Aktivitäten auf Neues und Unbekanntes richten. Wie auch wir Erwachsenen unsere Umwelt wahrnehmen, indem wir darin Handlungsmöglichkeiten entdecken (im Sinn von „affordances", vgl. Gibson 1979), so wird auch das Kind durch die Dinge zu Handlungen herausgefordert. Im handelnden Umgang erhalten die Dinge Sinn und Bedeutung: Dieser kann offen und selbst gewählt sein wie im Phantasiespiel. Der handelnde Umgang mit den Dingen kann aber auch durch konventionelle Bedeutungen geprägt sein, die das Kind durch die Erwachsenen beiläufig und mitgängig erfährt. Schließlich lernt das Kind im erkundenden Umgang mit seiner materiellen Umwelt auch, sich den Anforderungen und dem Anspruch der Sache zu unterwerfen und macht z.B. die Erfahrung, dass man auf dem Ball nicht stehen kann oder dass er wegrollt, weil er rund ist. So bieten sowohl das Spiel als auch das arbeitende Tätigsein dem Kind die Möglichkeit zur freien Exploration und Erkundung der Umwelt. Neugier, Interesse und Phantasie bilden dabei wesentliche Parameter der kindlichen Aktivität und seines explorativen Lernens (vgl. vertiefend Duncker 1996, S. 91ff.).

4 Sachunterrichtsrelevante leibliche Lernvoraussetzungen des Kindes

Für W. Popp (1994, S. 61) ergibt sich für die Didaktik des Sachunterrichts „die Notwendigkeit einer Polarität von Behütung, Orientierung, Lenkung, Bindung, Belehrung und Beistand einerseits und Offenheit, Ermutigung, Herausforderung, Freiraum, Erfahrung und Wagnis andererseits". Diese „zweipolige Sichtweise von Kindern" (Kaiser 1997, S. 123) findet sich auch bei W. Soll, der von einer Ambivalenz zwischen dem Bedürfnis nach Geborgenheit und dem Drang nach Aneignung und Aktivität spricht: „Das Kind braucht offensichtlich beides, das Zu-Hause-sein und das Weg-von-Daheim-sein, Sicherheit und Weltoffenheit" (Soll 1988, S. 16). Die Sachunterrichtsdidaktik bringt damit die oben erläuterten grundlegenden leiblichen Bedürfnisse des Kindes in Anschlag: das Bedürfnis nach Bindung, Geborgenheit, Rhythmisierung und Strukturierung und das Bedürfnis nach Exploration und aktiver Erkundung seiner Umwelt, der es sich zielgerichtet, neugierig und interessengeleitet zuwendet.

Darin liegen Lernvoraussetzungen, die zunächst nicht nur für die Sachunterrichtsdidaktik leitend sind, sondern für die Pädagogik und Didaktik der Grundschule überhaupt. Eine ideale und kindgemäße Grundschule trägt den leiblichen Lernvoraussetzungen und Bedürfnissen des Kindes bereits durch äußere organisatorische Bedingungen Rechnung, z.B. durch eine helle und ansprechende Atmosphäre, eine offene Raumgestaltung und rhythmisierte Zeitstrukturen, die auf die Bedürfnisse der Kinder nach Geborgenheit, aber auch nach Exploration und neuen Erfahrungen abgestimmt sind. Sie kommt dem Bewegungs- und Kommunikationsbedürfnis der Kinder entgegen und ermöglicht den Kindern, selbstbestimmt zu lernen und dem eigenen Lernrhythmus zu folgen.

Die leiblichen Voraussetzungen der Kinder haben in der Schule nicht nur Bedeutung bei der Vermittlung von Inhalten und Sachwissen, sondern auch in den Bereichen, in denen beiläufig und mitgängig gelernt wird. Die Kinder sind nicht nur mit ihren Köpfen anwesend, sondern als Mädchen und Jungen, die lernen, mit der Geschlechterdifferenz umzugehen, als soziale Wesen, die lernen, mit anderen zu kommunizieren, Konflikte auszutragen, Gefühle zu kontrollieren, Formen des Umgangs miteinander zu erproben und sich zu vergleichen, um durch die anderen etwas über sich selbst zu lernen. Grundschulkinder werden durch Mitschüler mit anderen Kulturen konfrontiert und lernen andere Wertvorstellungen, Verhaltensweisen und Lebensgewohnheiten kennen, die über Kleidung, Essen, Gesten, d.h. einen spezifischen kulturellen Habitus leibhaft erfahrbar werden. Durch die Begegnung mit neuen Medien bringen die Kinder neue Wahrnehmungsgewohnheiten mit in die Schule. Verhalten und Umgang der Grundschulkinder werden auch von sich verändernden Konsumhaltungen und Freizeiterfahrungen geprägt, die mit in die Schule gebracht werden. Dies betrifft

Moden in der Kleidung, Körperkulturen bis hin zu besonderen Sprach- und Kommunikationsformen.

Dass das Kind aufgrund seines leiblichen Zur-Welt-Seins schon eine Fülle an Erfahrungen mit seiner Umwelt gemacht hat und als Lernender kein unbeschriebenes Blatt ist, ist besonders für die Didaktik des Sachunterrichts von Bedeutung. An die elementaren Lernerfahrungen des Kindes kann der Sachunterricht beispielsweise anknüpfen, indem er ein Arrangement der kindlichen Lebensumwelt bietet, das dem Kind durch Regeln und Rituale Verhaltenssicherheit ermöglicht und ihm dadurch auch soziale Umgangs- und Verhaltensmuster zugänglich macht. Zum anderen können vielfältige Materialangebote und offene Lernformen dem kindlichen Bedürfnis nach Exploration Rechnung tragen, indem sie Staunen hervorrufen, Interesse wecken, zu Fragen motivieren und Problemlösungen provozieren. Der Sachunterricht schafft damit eine produktive und sachliche Arbeitsatmosphäre, lässt aber auch den spielerisch-erprobenden Lernformen und spezifischen kindlichen Ausdrucksformen, die durch Phantasie und Kreativität geprägt sind, Raum. Auch das Üben ist dem Kind aus seinen elementaren Lernprozessen vertraut. Das Einüben gerade fachspezifischer Arbeitsweisen kann im Sachunterricht nur durch Wiederholung und Übung gesichert werden.

K. Meiers (1994, S. 41f.) fordert für den Sachunterricht, dass den Kindern alle Tätigkeiten, die sie vor und außerhalb der Schule praktizieren und die für ihre Entwicklung notwendig seien, auch in der Schule ermöglicht werden. Er nennt das sinnhafte Erfassen, Vergleichen, Wundern, Fragen, Sammeln, Staunen, Gestalten und Machen. Der Sachunterricht müsse dazu außerschulische Lernorte aufsuchen, Handeln ermöglichen sowie die erlebte Welt rekonstruieren und bewusst machen.

Gerade in diesem letzten Aspekt liegt der Kern und die Besonderheit des schulischen Lernens begründet, in dem sich dieses vom elementaren Lernen unterscheidet. Im Sachunterricht lernen die Kinder, ihre leiblichen Lernvoraussetzungen zu transzendieren und sich „sachlich" zu verhalten. Das bedeutet, von sich und dem eigenen Erleben abzusehen, sich den Dingen objektiv gegenüberzustellen und dabei die eigene Beziehung und Perspektive zu relativieren. Der Sachunterricht zeigt dem Kind den theoretischen und kognitiv geleiteten Umgang mit der Welt, er lehrt zu beobachten, zu analysieren und zu reflektieren. Damit konstituiert der Sachunterricht für das Kind eine neue Weise, der Wirklichkeit zu begegnen.

Literatur

Duncker, L. (1996): Zeigen und Handeln. Studien zur Anthropologie der Schule. Langenau-Ulm. – Gibson, J.J. (1982): Wahrnehmung und Umwelt. Der ökologische Ansatz in der visuellen Wahrnehmung. München u.a. – Götz, M. (2000): Lernen mit allen Sinnen. Kritische Überlegungen zu gegenwärtigen Tendenzen (etwa ab 1980). In: Hinrichs, W. & Bauer, H. F. (Hrsg.): Zur Konzeption des Sachunterrichts. Donauwörth, S. 208-220. – Grossmann, K. (1997): Die Bindungstheorie. In: Keller, H. (Hrsg.): Handbuch der Kleinkindforschung. 2. Aufl. Bern u.a., S. 51-95. – Kahlert, J

(1997): Vielseitigkeit statt Ganzheit. Zur erkenntnistheoretischen Kritik an einer pädagogischen Illusion. In: Duncker, L. & Popp, W. (Hrsg.): Über Fachgrenzen hinaus. Chancen und Schwierigkeiten fächerübergreifenden Lehrens und Lernens. Heinsberg, S. 92-118. – Kaiser, A. (1997): Einführung in die Didaktik des Sachunterrichts. 4. Aufl. Baltmannsweiler. – Kaufmann-Hayoz, R. & Leeuwen, L. v. (1997): Entwicklung der Wahrnehmung. In: Keller, H. (Hg.): Handbuch der Kleinkindforschung. 2. Auflage. Bern u.a., S. 483-507. – Langeveld, M. J. (1968): Studien zur Anthropologie des Kindes. 3. Aufl. Tübingen. – Meiers, K. (1994): Sachunterricht. 2. Aufl. Zug. – Popp, W. (1994): Zur anthropologischen Begründung eines handlungsorientierten Sachunterrichts. In: Duncker, L. & Popp, W. (Hg.): Kind und Sache. Zur pädagogischen Grundlegung des Sachunterrichts. Weinheim und München, S. 57-78. – Schmitz, H. (1998): Der Leib, der Raum und die Gefühle. Ostfildern. – Schultheis, K. (1995): Vom Sinn der Sinne im Sachunterricht der Grundschule. In: Pädagogische Welt 49, H. 11, S. 492-496. – Schultheis, K. (1998): Leiblichkeit – Kultur – Erziehung. Zur Theorie der elementaren Erziehung. Weinheim. – Schultheis, K. (2004): Leiblichkeit als Dimension kindlicher Weltaneignung. Leibphänomenologische und erfahrungstheoretische Aspekte einer Anthropologie kindlichen Lernens. In: Duncker, L., Scheunpflug, A.. & Schultheis, K.: Schulkindheit. Zur Anthropologie des Lernens im Schulalter. Stuttgart, S. 93-171. – Soll, W. (1988): Heimat – modischer Begriff oder aktuelle Aufgabe? In: Beck, G. & Soll, W. (Hg.): Heimat, Umgebung, Lebenswelt. Regionale Bezüge im Sachunterricht. Frankfurt am Main, S. 9-23.

50| Kognitive Entwicklung
Hartmut Giest

1 Einleitung

Lässt sich die kognitive Entwicklung des Kindes im Unterricht beeinflussen und wenn ja, auf welche Weise? In welchem Verhältnis stehen die der Reifung unterliegenden Entwicklungsvoraussetzungen zu denen, die durch Sozialisation bedingt werden? Welche Rolle spielt die Kultur im Verhältnis zur Natur des Menschen? Was kann ein Kind lernen und wo liegen die Grenzen des kindlichen Lernens und in welchem Zusammenhang stehen Unterricht und Lernen? Diesen Fragen wird im Folgenden nachgegangen.

Um das Verständnis des Textes zu erleichtern, sollen grundlegende Begriffe vor deren Verwendung im Text knapp erläutert werden:

Entwicklung bezeichnet generell die Veränderung als Funktion der Zeit, in unserem Kontext der individuellen Entwicklung die regelhafte Veränderung der Erlebnis- und Handlungsmöglichkeiten des Kindes (vgl. Weinert 2001);

Kognition umfasst die Arten von Informationen, die wir in unserem Gedächtnis haben, und die Vorgänge, die sich auf die Aufnahme, das Behalten und Verwenden solcher Informationen beziehen (Kognition ist also weit mehr als das Denken, welches eine für den Menschen typische Form der Kognition darstellt); *Kultur* wird hier verstanden als Gesamtheit der im sozialen Verkehr der Menschen durch deren Tätigkeit geschaffenen ideellen und materiellen Tätigkeitsprodukte (Dinge, Werte, Vorstellungen...), die das Leben in der menschlichen Gesellschaft ausmachen (und nicht die für bestimmte Kulturkreise relevanten Besonderheiten);

Lernen bezeichnet die habitualisierte Verhaltensänderung als Folge der kognitiven Verarbeitung von Informationen aus der Umwelt (und nicht nur das einsichtige Lernen);

Reifung kennzeichnet (in unserem Zusammenhang neuroanatomische und neurophysiologische) Entwicklungsprozesse, die genetische Ursachen haben, also in den Genen festgelegt sind und auf denen artspezifisches Verhalten basiert;

Sozialisation bezeichnet die Entwicklung des Menschen zu einer sozio-kulturellen Persönlichkeit im Prozess des Erlernens der durch die Kultur bestimmten und geschaffenen Verhaltensweisen und Tätigkeiten;

Unterricht schließlich kennzeichnet die institutionalisiert organisierte und auf die Aneignung von menschlicher Kultur gerichtete Wechselwirkung von Lernen und Lehren.

2 Die kognitive Entwicklung des Kindes

2.1 Entwicklungsphasen nach Piaget

Einen sehr bedeutenden Beitrag zur Erforschung und vor allem zur Beschreibung der kognitiven Entwicklung im Kindesalter hat Piaget geleistet (Oerter & Montada 2002). Er stellte vier Hauptstadien der geistigen Entwicklung des Kindes fest, die sich in unserem Kulturkreis auch heute noch nachvollziehen lassen: sensumotorisches, manipulatives Stadium, voroperationales Stadium, konkret-operationales Stadium, formal-operationales Stadium. Zunächst erfolgt die *sensumotorische* Entwicklung des Kindes als Voraussetzung zur Entwicklung seines Handelns und Denkens. Bereits mit der Geburt verfügen die Kinder über eine Reihe von Reflexen (Saugen, Greifen, Schlucken, Schauen, Hören), die Grundlage der Ausbildung von Aktionen sind. Schließlich beginnen die Kinder jene Aktionen, die zu einem angenehmen Ergebnis führen, zu wiederholen und wenden diese auf immer mehr Umweltgegenstände an. Sie beginnen Mittel und Zweck zu differenzieren, daher kann der Säugling nun bestimmte Aktionen zweckhaft ausführen. Die Kinder beginnen dann, die erworbenen Aktionsschemata auf neue Situationen anzuwenden, es sieht so aus, als wolle das Kind alles *manipulativ* ausprobieren (z.B. in den Mund stecken). Und in der Tat ist zu beobachten, wie Kinder (z.B. mit Bauklötzern) dann mehr oder weniger systematisch ausprobieren, um ein bestimmtes

Aktionsziel zu erreichen. Spätestens ab Mitte des zweiten Lebensjahres kann das Kind Ergebnisse seines Handelns antizipieren, d.h. geistig vorwegnehmen. Damit ist eine neue Qualität der Entwicklung erreicht, nämlich der Übergang zum Denken.

Zwischen dem sechsten und achten Lebensmonat erkennt das Kind, dass Dinge auch noch existieren, wenn sie nicht sichtbar sind. Es beginnt, einfache Handlungen und Sätze innerlich zu repräsentieren und kann diese auf dieser Grundlage nachahmen und wird auch fähig, Symbolhandlungen durchzuführen (so zu tun, „als ob" – Grundlage des Spielens).

Im Kleinkindalter (3-5 Jahre) neigen Kinder zu unangemessenen Generalisierungen und animistischen Naturerklärungen (das Kind betrachtet alle Dinge als belebt und mit eigenem Willen ausgestattet, z.B. urteilt es: „Der Wind ist böse."). Die Dinge werden als Lebewesen angesehen, haben Wille, Motive und Ziele und werden daher auch moralisch bewertet. Naturgegebenheiten werden aus ihrem Zweck heraus erklärt, den sie für menschliches Handeln haben: Sie sind so und so, weil der Mensch sie so braucht (Bäume werfen Schatten, damit wir uns vor der Sonne schützen können). Das Kind hat Mühe, sich in andere Personen hineinzuversetzen, d.h. über sich selbst hinaus zu denken, seinem Denken selbst reflektierend gegenüber zu treten und setzt in der Regel voraus, dass alle anderen genauso denken, wie es selbst (Egozentrismus). Kinder in diesem Alter können auch nicht mehrere Merkmale eines Gegenstandes gleichzeitig im Auge behalten, sondern konzentrieren ihre Aufmerksamkeit auf ein Merkmal ohne Beachtung weiterer, wechseln dann aber je nach Situation das hervorgehobene Merkmal (Zentrierung – es sei an den klassischen Versuch erinnert, bei dem Kleinkindern es nicht gelingt zu verstehen, dass die Flüssigkeitsmenge unabhängig ist von der Form der Flasche, in die sie gegossen wird, oder dass zwei Geldscheine zum halben Wert nicht mehr sind als einer zum ganzen). Ferner stellte Piaget fest, dass Kinder nicht reversibel denken, d.h. eine gedankliche Operation nicht umkehren können (Beispielsweise ist das Kind zwar in der Lage zu urteilen, dass 5 Jungen und 5 Mädchen 10 Kinder in einer Klasse ausmachen, kann aber nicht entscheiden, ob mehr Mädchen oder Kinder in dieser Klasse sind. Es versteht, dass Kinder aus Mädchen und Jungen bestehen, kann aber diese Unterteilung nicht rückverfolgen, umdrehen, d.h. sich gedanklich nicht von der Unterklasse zur Oberklasse bewegen.). Diese und weitere Besonderheiten zeichnen das *voroperationale* Stadium der Denkentwicklung aus.

Zwischen dem 5. und dem 6. Lebensjahr beginnt das Kind *konkrete Operationen* vollständig zu vollziehen, wobei Piaget besonders das Modell der mathematischen Gruppe (Gruppentheorie) den Untersuchungen zugrunde gelegt hat. Allerdings können die gedanklichen Operationen nur dann vollzogen werden, wenn dem Kind konkret-anschaulich oder sprachlich die erforderlichen Informationen präsentiert werden. Dabei können Kinder, wenn diese Informationen z.B. durch

Beobachtung verfügbar gemacht werden, durchaus mehrere Merkmale integrieren. Sie sind in der Regel aber auf das Vorhandensein der zur Problemlösung erforderlichen Informationen angewiesen.

Erst im Stadium der *formalen Operation* gelingt Kindern (beginnend mit dem 10.-11. Lebensjahr) das hypothetische und formal-logische Denken. Nun sind sie in der Lage, systematisch Hypothesen zu bilden und planvoll zu experimentieren. Sie urteilen anhand intern repräsentierter Denkschemata (z.B. logischer Schlussfiguren) und versuchen auch, nicht präsentierte Informationen (z.B. durch logisches Schließen) zielgerichtet zu suchen.

Inzwischen wurden die hier dargestellten Erkenntnisse hinsichtlich der Altersspezifik kognitiver Entwicklung, der Tatsache, dass die Stufe der formalen Operation nicht von allen Kindern und nicht einmal von allen Erwachsenen erreicht wird, dass kognitive Entwicklung nicht im Alter von 11 Jahren ihren Höhe- und Abschlusspunkt erreicht, sondern bis zum Tod des Menschen weitergeht, in etlichen Untersuchungen widerlegt bzw. hinsichtlich des Einflusses kultureller Faktoren relativiert. Viele der von Piaget gemachten Beobachtungen sind aber auch heute noch wiederholbar. Wie sind diese aber zu erklären?

3 Theorien zur Erklärung kognitiver Entwicklung

3.1 Reifungstheorien

Im Gefolge der Entwicklung der Naturwissenschaften und Darwins Evolutionstheorie wurde am Anfang bis Mitte des vorigen Jahrhunderts angenommen, dass Entwicklung natürliche Ursachen hat, endogen, d.h. durch innerlich angelegte Reifungsvorgänge im Organismus, bedingt bzw. verursacht ist. Daher wurden in Analogie zur Biologie die Begriffe Wachstum, Reifung und Entwicklung aufgegriffen.

Im Rahmen der damals üblichen Reifungs- und Stufentheorien ging man von einer synchronen körperlichen und geistigen Entwicklung des Kindes aus, da die Entwicklung offenbar in gewisser Weise mit der körperlichen Reifung parallel, in Phasenfolgen und alterskorreliert verläuft (alle Kinder lernen in etwa im gleichen Lebensalter das Sitzen, Laufen, Sprechen, beginnen zu zählen, werden eingeschult). Beispielsweise wurden körperliche Reifezeichen als Indikatoren für die Schulreife angenommen (z.B. das „Philippinermaß", das Ausfallen der Milchzähne, die Knochenentwicklung, z.B. der Handwurzel). Der damals präferierte Begabungsbegriff ging davon aus, dass unterschiedliche Begabungen (vgl. Klauer 2001) hauptsächlich auf genetische Anlagen zurückzuführen seien und mehr oder weniger unabhängig von pädagogischer Beeinflussung heranreifen würden. Bezogen auf schulisches Lernen bedeutet dies, dass es nur die Möglichkeit gibt, Kinder entsprechend ihrer Begabung zu beschulen und zu unterrichten. Eine pädagogisch begründete Entwicklungsförderung wäre unmöglich, weil Entwicklung eben reifungsabhängig ist.

Psychologen, deren Arbeiten und Theorien zur Begründung der hier beschriebenen Position herangezogen werden können, sind Bühler, Jung, Adler, Freud, Hall, Meumann, Preyer, Eysenck. Zu beachten ist allerdings, dass die Zuordnung entwicklungspsychologischer Arbeiten und ihrer Autoren zu den hier und weiter unten diskutierten Theoriesträngen sehr vorsichtig erfolgen muss. In der Regel unterscheiden sich die Ansichten der Autoren in vielen Details und es werden nur bestimmte Aspekte ihrer Theorien im hier gekennzeichneten Zusammenhang zu erwähnen sein. Einen Überblick über eine Auswahl bedeutsamer Entwicklungstheorien gibt Baumgart (1998).

3.2 Sozialisationstheorien

Unter anderem auf der Basis tierexperimenteller Verhaltensforschung und klassischer Lernforschung auf verhaltenstheoretischem Hintergrund wurde die Bedeutung des Lernens und der Erfahrung für die Veränderung des Verhaltens (Entwicklung) betont (Behaviorismus). Auch kulturvergleichende Untersuchungen wiesen auf so gravierende Unterschiede in den kognitiven Leistungen und Eigenschaften der Menschen hin, dass diese nicht mit dem Reifungsmodell zu erklären waren.

Man nahm daher an, dass die (soziale) Umwelt hauptsächlich das Verhalten des Kindes formt (vgl. Weinert 2001). Kinder, so die damalige Auffassung, kommen gewissermaßen als „Tabula rasa" auf die Welt und haben von daher zunächst gleiche Entwicklungsmöglichkeiten. Durch die Umwelt, vor allem die soziale Umwelt bedingt, wird Unterschiedlichkeit in der Entwicklung erzeugt. Diese Auffassung stiftete einen großen pädagogischen Optimismus und erweckte sogar die Hoffnung, über Bildung die Veränderung der Gesellschaft zu erreichen. Im Zusammenhang mit dem durch den Sputnikschock (1957) ausgelösten Druck auf gesellschaftlichen Fortschritt, der u.a. durch die Erhöhung der Qualität naturwissenschaftlicher Bildung erzeugt werden sollte, entstand auch eine Reihe von optimistischen Entwicklungsauffassungen getragener Konzepte für den Grundschulunterricht.

Die hier gekennzeichnete theoretische Strömung führte auch zur Ablösung des Begriffes der *Schulreife* und zu seiner Ersetzung durch den Begriff *Schulfähigkeit*. Vor allem aber der lernzielorientierte Unterricht fußte auf psychologischen Argumenten solcher Auffassungen, die mit Theorien zusammen hängen, die dem Behaviorismus nahe stehen. In diesem Zusammenhang wären Watson, Cattell, Thorndike, Skinner, Tolman, Hull und Bandura zu nennen (vgl. Baumgart 1998).

3.3. Konstruktivistische Theorien

Die wichtigste neue Perspektive, welche entwicklungspsychologisches Denken (vor allem mit Blick auf die kognitive Entwicklung) gegenüber den Reifungstheorien und behavioristischen Ansätzen auszeichnete, war der Konstruktivismus. Die Kernannahme dieser Perspektive, die u.a. Piaget mit seiner Entwicklungstheorie begründete, besagt, dass kognitive Entwicklung durch einen Prozess der progressiven Konstruktion von Erkenntnismöglichkeiten durch *aktive Auseinandersetzung des Subjekts* mit der Objektwelt gekennzeichnet ist (Piaget 1967, Oerter & Monatda 2002).

Lernen wird hier als aktives, vom Lernenden ausgehendes internes Konstruieren betrachtet, während der Behaviorismus den Lernenden selbst als black box behandelte und Lernen als mehr oder weniger passive (associatives Lernen, Verstärkungs-, Modelllernen u.a.), dem Reiz-Reaktions-Schema folgende Anpassungsleistung an die Umwelt ansah.

Dieser Grundposition vom aktiven, konstruktiven Charakter der kognitiven Entwicklung folgen alle modernen Konzeptionen. Sie unterscheiden sich jedoch in den in ihrem Rahmen entwickelten Auffassungen zum Zusammenhang von Unterricht, Lernen und Entwicklung (Weinert 2001).

3.3.1 Unterricht folgt der kognitiven Entwicklung

Piaget (1896-1980) selbst ging davon aus, dass Entwicklung vor allem von der Aktivität des sich entwickelnden Kindes in der handelnden Auseinandersetzung mit seiner Umwelt abhängt, über die es ein dynamisches Gleichgewicht zwischen seinen inneren Modellen und der Umwelt herstellt (Äquilibration). Die Veränderung allgemeiner mentaler Leistungsbereitschaften (z.B. die oben beschriebenen Phasen kognitiver Entwicklung) läuft bei ihm aber überwiegend spontan, d.h. reifungsbedingt ab und korreliert deshalb mit dem Alter. Ergebnis dieser spontan ablaufenden Entwicklungsprozesse ist das Herausbilden allgemeiner Denkstrukturen (genereller Operationsmodi), von denen vor allem abhängt, was ein Kind lernen kann. Die zentrale These seiner Lernauffassung ist, dass es hauptsächlich von dem eigenen internen Denksystem des Kindes abhängt, was dieses von den Lernangeboten der externen Wirklichkeit aufnimmt, und weniger von den Lernangeboten selbst.

Für den Unterricht und die Möglichkeiten pädagogischer Einwirkung auf die kognitive Entwicklung hat dies eine eher pessimistische Perspektive: Der Unterricht hat der Entwicklung zu folgen.

Beispielsweise ist es nach dieser Auffassung nicht sinnvoll, mit Kindern das Problem des Schwimmens und Sinkens im Unterricht zu behandeln, bevor sie das egozentrische Denken überwunden haben und mehrere Merkmale zugleich beachten können.

Eine sicher oft vereinfachende, verkürzende Interpretation der piagetschen Theorie hat allerdings zu einer Unterschätzung der kognitiven Möglichkeiten der Schüler geführt und hat bis heute einen entsprechenden Einfluss auf curriculare Entwicklungen in der Grundschule.

3.3.2 Unterricht moderiert die kognitive Entwicklung

Inzwischen gibt es eine Unmenge an Forschungsarbeiten, die versucht haben, die Auffassungen von Piaget weiter zu entwickeln bzw. zu korrigieren und zu relativieren. Vor allem zeigte sich (im Rahmen einer Vielzahl von Untersuchungen in den 1960er bis 1980er Jahren) die besondere Bedeutung der Wahrnehmung und der Sprache sowie der Kultur für die kognitive Entwicklung der Kinder, so dass man die Kulturabhängigkeit der Entwicklung auch in struktureller Hinsicht nicht mehr übersehen konnte (vgl. Oerter & Montada 2002). Beispielsweise entdeckte man, dass der Handlungs- bzw. Tätigkeitskontext einen wichtigen Einfluss auf die sich in ihm entwickelnden kognitiven Funktionen hat: Brasilianische Straßenkinder, die keine Schule besuchten, beherrschten die Alltagsmathematik, versagten aber, wenn sie, wie in der Grundschule üblich, formale Rechenaufgaben lösen sollten.

Die Entdeckung der *Kontextabhängigkeit der Kognition* (vgl. Mandl & Spada 1988) führte zur Erkenntnis, dass kognitive Funktionen und Strukturen sich nicht weitgehend unabhängig vom umgebungsbezogenen Lernen entwickeln. Sprache und Kultur, welche durch Lernen erworben werden, beeinflussen die kognitive Entwicklung nachhaltig. In gewisser Weise den erkenntnistheoretischen Postulaten des Konstruktivismus folgend, wird hier eine Parallelität zwischen dem äußeren Handeln und der kognitiven Entwicklung angenommen: Sozialisation und Kultur werden als die kognitive Entwicklung moderierende Faktoren angesehen.

Deshalb versuchte man, im Sinne einer Konsequenz für den Unterricht, diesen strukturell an die Besonderheiten der Entwicklung kognitiver Strukturen anzupassen (z.B. Lehrstoff direkt auf die von Piaget beschriebenen Strukturniveaus oder auch auf Modelle der internen Repräsentation von Wissen bezogen zu strukturieren und zu unterrichten).

3.3.3 Unterricht stimuliert die kognitive Entwicklung

Auch der russische Psychologe *Wygotski* (1896-1934) setzte sich mit der Theorie Piagets auseinander, interpretierte aber kultur- und sozialisationsbedingte Unterschiede in Wahrnehmung, Sprache und im Denken sowie in der Intelligenzentwicklung anders: Er unterschied die Entwicklung durch Kultur und Sozialisation verursachter „höherer" bzw. sekundärer psychischer Funktionen von reifungsbedingten „niederen" bzw. primären psychischen Funktionen.

Wygotski (vgl. 2002) betrachtete die Entwicklung höherer kognitiver Funktionen, die sekundäre kognitive Entwicklung, phylogenetisch als Ergebnis der kulturhistorischen Entwicklung der menschlichen Gesellschaft (deshalb nennt man die durch ihn begründete Theorie „kultur-historische Theorie") und ontogenetisch als Resultat der im Rahmen individueller Tätigkeit vollzogenen Aneignung von Kultur. Der wesentliche Modus dieser Aneignung ist Lernen, welches als ziel-gerichtete, bewusste, nur dem Menschen mögliche (und kultur-historisch bedingte) Lerntätigkeit vollzogen wird (vgl. zur Theorie der Lerntätigkeit Giest & Lompscher 2006).

Wygotski folgerte daher, dass Unterricht selbst der entscheidende Entwicklungs-faktor für die kognitive Entwicklung des Schulkindes ist. Anders als bei Piaget, wo Lernen und Unterricht der kognitiven Entwicklung folgen, und ebenso anders als bei seinen Nachfolgern, wo Lernen und Unterricht die kognitive Entwicklung begleiten, moderieren, gehen hier Lernen und Unterricht der Entwicklung vor-aus: Kognitive Entwicklung, sobald sie kulturelle Ursachen hat, wird durch Un-terricht erzeugt.

Dies kann aber, anders als es bekanntermaßen Bruner einmal annahm, nicht be-liebig erfolgen, sondern vollzieht sich auf der Grundlage der genetisch bedingten, primären psychischen Funktionen und Strukturen und folgt einer eigenen Entwicklungslogik, die durch verschiedene Entwicklungszonen gekennzeichnet ist. Ausgehend von der Zone der aktuellen Leistung (dem, was das Kind bereits kann) verläuft die Entwicklung zur Zone der nächsten Entwicklung (zu dem, was es gemeinsam mit einem kompetenteren Partner in der Lage ist zu bewältigen). Diese wird infolge der individuellen Aneignung der entsprechenden Kompeten-zen (durch Verinnerlichung der in der Kooperation mit dem kompetenten Part-ner gemeinsam vollzogenen Handlungen) wiederum zur Zone der aktuellen (nun aber höheren) Leistung, auf deren Basis ein weiterer Entwicklungszyklus begin-nen kann.

4 Die kognitive Entwicklung aus aktueller Sicht

Entwicklungspsychologie sieht heute weder die Reifung noch die Sozialisation, sondern die Aktivität des Kindes als Ursache seines Lernens und seiner Entwick-lung an, wobei sowohl Reifung als auch Sozialisation moderierende Variablen der Entwicklung darstellen (Fend & Stöckli 1997). Deshalb ist beispielsweise Schul-fähigkeit nicht in erster Linie als Voraussetzung, sondern vor allem als Entwick-lungsprodukt der Tätigkeit des Kindes in der Schule und dessen Förderung durch den Pädagogen anzusehen.

Aktuell geht man (ähnlich wie Wygotski) auf einem evolutionstheoretischen Hin-tergrund (Weinert 2001) davon aus, dass neurobiologische Systeme reifungs-bedingte Grundlagen bereichsspezifischer Informationsverarbeitung bilden. Die-se wiederum sind strukturelle Voraussetzungen für den Aufbau primärer kogniti-ver Fähigkeiten und Fertigkeiten durch Lernen (z.B. Erwerb grundlegender sprach-

licher Kompetenz, sensumotorischer Koordinierungsleistungen, elementare nu-
merische Informationsverarbeitung, mentale Repräsentation der physischen und
sozialen Umwelt und die daraus abgeleiteten Handlungsorientierungen). Davon
werden kulturelle, in höherer Kultur wurzelnde Fähigkeiten (z.b. Lesen, arithme-
tische Operationen und andere) unterschieden, welche an explizites Lernen gebunden sind und gezielter soziokultureller Unterstützung bedürfen.

Während Piaget vor allem die kognitive Entwicklung auf das Überwinden der
strukturellen Differenz kindlichen Denkens zu dem des Erwachsenen bezieht,
sieht die aktuelle kognitive und Entwicklungspsychologie es dagegen als gesichert
an, dass Unterschiede im Denken zwischen Kindern und Erwachsenen weniger
durch reifungsbedingte strukturelle, sondern durch folgende vier Faktoren bedingt sind (vgl. Weinert & Helmke 1997, Giest & Lompscher 2006):

4.1 Kontext

Wissen wird dann besonders effektiv gelernt, wenn es in einem sinnstiftenden,
für den Lerner bedeutsamen Anwendungsbezug (Kontext) angeeignet wird. Oft
ist dieser an praktisches Handeln gebunden, weil hier die persönliche Bedeutung
unmittelbar erlebt werden kann. Wenn Wissen für den Lernenden im Handeln
persönlich bedeutsam ist, bekommt es den Stempel „für mich wichtig" und wird
so als bedeutsam bewertet, besonders leicht abrufbar gespeichert. Unser mentales
System arbeitet nach dem Grundsatz: Wenn Wissen für mich wichtig ist, dann
muss es für mich auch leicht verfügbar sein, wenn nicht, kann ich es vergessen.

4.2 Kognitive Entwicklung erfolgt domänenspezifisch

Kinder sind universelle Novizen und verfügen auf nahezu allen Gebieten über
geringere Vorerfahrungen und Vorwissen als Erwachsene. Dem Vorwissen der
Lernenden kommt aber eine Schlüsselstellung zu, weil dieses die entsprechenden
Konstruktionsleistungen maßgeblich beeinflusst. Wo das entsprechende Wissens-
fundament fehlt, kann kein Wissensgebäude errichtet werden. Kinder verfügen
zwar über Vorwissen, dieses stammt jedoch oft aus dem Alltag, der den Sinn
dieses Wissens stiftet. Alltagswissen unterscheidet sich in Aufbau, Struktur und
Verwendung grundlegend vom wissenschaftlichen Wissen. Da das Kind in der
Grundschule in der Regel noch nicht über diese Wissensstrukturen verfügt, wird
gehörtes, gelesenes, im Unterricht erfahrenes wissenschaftliches Wissen in die
Strukturen des Alltagswissens eingebaut (assimiliert). Dies führt dann zu den u.a.
von Piaget so anschaulich beschriebenen kindlichen Fehlleistungen (Fehlbegriffe
– „misconceptions", Fehlverständnis – „misunderstanding", Wortwissen – Verbalismus). Um ein richtiges Verständnis wissenschaftlichen Wissens zu erreichen,
müssen vorhandene Wissensstrukturen sowie das diese erzeugende Denken (kog-

nitives Operieren) verändert, neu aufgebaut bzw. umgebaut werden. Dieser Prozess wird gemeinhin als begrifflicher Wandel („conceptual change") bezeichnet. „Conceptual change" charakterisiert den Neuaufbau von Wissen bzw. die Reoder Umstrukturierung früheren Wissens, welche maßgeblich durch Unterricht und Schule beeinflusst werden müssen und nicht spontan entstehen (heranreifen) (Schnotz 2001).

4.3 Kognitive Kapazität

Kinder verfügen über eine geringere Kapazität der internen Verarbeitung (z.b. können sie nicht soviel gleichzeitig im Arbeitsgedächtnis behalten wie Erwachsene). Dadurch bedingt haben sie Probleme, komplizierte Handlungen zu koordinieren, gleichzeitig verschiedene Aspekte an einer Sache oder Person wahrzunehmen, mehrdeutige oder mehrere Aufgaben gleichzeitig zu bearbeiten.

4.4 Metakognition

Kinder haben eine geringere metakognitive Kontroll- und Verarbeitungsaktivität. Das Denken über das Denken fällt schwer – erkennbar an der Schwierigkeit von Kindern, laut zu denken oder zu erklären, wie sie auf eine bestimmte Lösung gekommen sind. Sie beschreiben dann in der Regel nicht ihre Gedanken, sondern das, was sie praktisch gemacht haben, also ihr Handeln, und nicht die Begründung, die gedankliche Vorarbeit für dieses Handeln.

5 Fazit

Die wichtigsten Botschaften der kognitiven Entwicklungspsychologie lauten: Die kognitive Entwicklung erfolgt kontextuiert und domänenspezifisch, Unterricht ist ein wichtiger Entwicklungsfaktor, wenn das Lernen des Kindes in seinem Zentrum steht, wenn Lehren sich auf dieses Lernen bezieht und Instruktion (Lehren) und Konstruktion (Lernen) eine Einheit bilden (gemäßigter oder moderater Konstruktivismus). Diese Grundaussagen vertragen sich sehr gut mit der Entwicklungsauffassung Wygotskis und den auf dieser Basis durchgeführten Forschungen (vgl. Giest & Lompscher 2006). In jüngster Zeit wurde (auf dem Hintergrund der Konstruktivismusdebatte in den 1990er Jahren) zuerst in den USA und nun auch in Deutschland (vgl. Möller in diesem Band, Nr. 40) in Unterrichtsversuchen erneut nachgewiesen: Kinder können im Grundschulalter durch Unterricht in ihrer kognitiven Entwicklung entscheidend gefördert werden, wenn u.a. durch Gestaltung geeigneter Lernumwelten ein spezifischer Lernkontext geschaffen, die domänenspezifischen Vorkenntnisse und Erfahrungen der Kinder (ihre Entwicklungsvoraussetzungen) konkret aufgegriffen und geeignete (die kognitive

Kapazität und die metakognitiven Fähigkeiten beachtende und fördernde) Strukturierungs- und Lernhilfen gegeben werden.

Literatur

Baumgart, F. (1998): Entwicklungs- und Lerntheorien. Bad Heilbrunn. – Fend, H. & Stöckli, G. (1997): Der Einfluss des Bildungssystems auf die Humanentwicklung: Entwicklungspsychologie der Schulzeit. In: Weinert, F.E. (Hrsg.): Psychologie des Unterrichts und der Schule. Göttingen u.a., S. 1-36. – Giest, H. & Lompscher, J. (2006): Lerntätigkeit – Lernen aus kultur-historischer Perspektive. Berlin: Lehmanns Media. – Klauer, K.J. (2001): Intelligenz und Begabung. In: Rost, D. H. (Hrsg.), Handwörterbuch Pädagogische Psychologie. Weinheim, S. 280-285. – Mandl, H. & Spada, H. (Hrsg.) (1988): Wissenspsychologie. München, Weinheim. – Oerter, R. & Montada, L. (Hrsg.)(1995²⁰⁰²): Entwicklungspsychologie. Weinheim. – Piaget, J. (1967): Psychologie der Intelligenz. Stuttgart. – Schnotz, W. (2001): Conceptual change. In: Rost, D. (Hrsg.): Handwörterbuch Pädagogische Psychologie. Weinheim, S. 75-81. – Weinert, F. E. & Helmke, A. (Hrsg.)(1997): Entwicklung im Grundschulalter. Weinheim. – Weinert, F.E. (2001): Entwicklung, Lernen, Erziehung. In: Rost D. H. (Hrsg.): Handwörterbuch Pädagogische Psychologie. Weinheim, S. 121-131. – Wygotski, L.S. (2002): Denken und Sprechen. Weinheim und Basel.

51| Entwicklung von Zeit- und Geschichtsbewusstsein
Markus Kübler

1 Einführung

Zeit und Geschichte haben Konjunktur: Historienfilme und Videospiele, Jubiläen und Gedenkfeiern boomen. Diese mediatisierte Geschichte orientiert sich weniger an wissenschaftlichen Kriterien, sondern besteht aus einer Mischung von Action und historischer Kulisse mit einem Schuss Esoterik. Kinder werden schon früh mit dieser Form von Narration konfrontiert – bevor in der Schule die fachlich systematische Unterweisung beginnt. Für die Geschichte als Schulfach hat der fachdidaktische Diskurs seit zwanzig Jahren zu einem breiten Konsens geführt. Nach der Theorie von Jeismann und Pandel beinhaltet Geschichtsbewusstsein drei Basiskompetenzen (*Temporal-, Wirklichkeits- und Historizitätsbewusstsein*) sowie vier gesellschaftliche Dimensionen (*Politisches und ökonomisch-soziales Bewusstsein, moralisches Bewusstsein* und *Identitätsbewusstsein).* Einige Autoren fügen noch das *Geschlechts-* und das *Raumbewusstsein* hinzu.

Die Frage nach der Entwicklung von Zeit- und Geschichtsbewusstsein weist zusätzlich eine gesamtpädagogische Dimension auf. Zeit als soziales Konstrukt prägt unsere Gesellschaft in hohem Maße: Zeit ist ein knappes Gut und besitzt damit einen ökonomischen Wert. Der Tag von Erwachsenen verläuft heute nicht selten im Minutentakt geplant. Pünktlichkeit ist zudem ein sozialer Wert. Schule erzieht unsere Kinder deshalb zu zeitlicher Verlässlichkeit und zur effizienten Nutzung von Zeitressourcen. Kinder üben Zeitplanung, die Gestaltung ihrer Freizeit und sie werden zur Zukunftsorientierung angehalten. Zeitkompetenz setzt Zeitbewusstsein voraus, welches wiederum als zentrale Voraussetzung für geschichtliches Denken gilt. Ob jedoch eine Sukzession – wie in den Lehrplänen und in Lehrmitteln häufig angenommen – oder eine Gleichzeitigkeit im Erwerb von Zeit- und den weiteren Dimensionen des Geschichtsbewusteins vorliegt, bleibt empirisch noch zu klären.

2 Die Entwicklung von Zeit- und Historizitätsbewusstsein

Zeit ist ein komplexes und heterogenes Konstrukt. Da wir uns im Bereich der Geschichtswissenschaft und ihrer Didaktik, der Kognitions- und Entwicklungspsychologie sowie der Sprachwissenschaft bewegen, kann es kaum einen einheitlichen theoretischen und begrifflichen Zugriff geben. Unter dem Begriff Zeitbewusstsein können verschiedene Teilkompetenzen subsumiert werden: *Zeitwissen* (Uhr, Kalender, Jahreszeiten); *Zeitkonzepte* (lineare und zyklische Zeitverläufe); *Zeitgefühl* und Zeitschätzung (Fähigkeit, angenommene und tatsächliche Zeitdauern in Deckung zu bringen); *Zeithorizont* (Perspektive in die Zukunft und Vergangenheit); *Zeitnutzungsstile* (Grad der Effizienz und Strukturiertheit). Die Vorstellungen über die Entwicklung des Zeitbewusstseins von Kindern sind stark vom Genfer Entwicklungspsychologen Jean Piaget (1896 - 1980) geprägt. Er beschreibt in seinem Buch „*Le développement de la notion de temps chez l'enfant*" (1946, dt. 1955/74) vier Entwicklungsstufen: den *sensomotorischen Zeitbegriff* bis zum dritten Lebensjahr; den *anschaulichen Zeitbegriff* vom dritten bis zum siebten Lebensjahr; den *konkret-operatorischen Zeitbegriff* vom siebten bis zum 10. Lebensjahr und den *metrischen Zeitbegriff* ab dem 10. Lebensjahr. Die Arbeiten von Heinrich Roth „*Kind und Geschichte*" (1955/1961), lange prägend für den geschichtsdidaktischen Diskurs, bauen auf Piaget auf: Er schrieb den Kindern im 1. - 2. Schuljahr ein naives und unreflektiertes Zeiterleben, ein *Leben in der Gegenwart* zu. Im 3.-4. Schuljahr eignen sich die Kinder ein elementares *Zeitwissen* an. Erst im 5. und 6. Schuljahr erwerben Kinder durch vermehrtes Zeiterleben ein *Bewusstsein von Dauer*.

Auch die jüngsten Modelle im geschichtsdidaktischen Diskurs knüpfen an Piaget an: Laut *Holger Viereck* verfügt ein Kleinstkind (bis 1,5 Jahre) zuerst über einen *Zeitsinn* und entwickelt bis zum Eintritt in den Kindergarten ein *Zeiterleben* (anschaulicher Begriff). Grundschulkinder bauen zwischen 7 und 11 Jahren ein erstes explizites *Zeitwissen* (gegliederter Zeitbegriff) auf. In der Pubertät wächst die *Zeiterfahrung* (11 – 15 Jahre) und die Reifung eines *Zeitbewusstseins* (operativer Zeitbegriff) beginnt, welches in der Adoleszenz (16 – 19 Jahre) voll verfügbar wird (vgl. Kübler 2004).

Die bislang einzige, breit angelegte empirische Studie zum Zeitbewusstsein ist diejenige von Rost, Schorch und Kalb, die 690 Grundschulkinder (1. bis 4. Klasse) zu Zeitwissen, Zeitgefühl und Zeitdauerschätzung untersuchten. Dabei kommen die Autor/innen zum Schluss, dass in der 1. Klasse das *Tagedenken* überwiegt; in der 2. Klasse kann bereits *ein Jahr* gedacht werden, was in der 3. Klasse weiter ausgedehnt wird; in der 4. Klasse nähert sich die überblickte *Zeitdauer* derjenigen der Erwachsenen an. Die Streuung innerhalb der Jahrgangsstufen ist jedoch enorm. *Schorch* stellt fest, dass sich das Zeitwissen markant schneller entwickelt als das Zeitgefühl (Schorch 1982, S. 151). Als Faktoren für die Erweiterung der kindlichen Zeitperspektive werden Lebensalter, Intelligenz, Geschlecht, psychische Reife, Realitätsbewusstsein sowie der Sozialstatus der Eltern angeführt. Ben-Baruch hingegen hält das Alter für einen vernachlässigbaren Indikator. In Prä-Post-Tests bei Vorschulkindern im Süden Israels stellte er fest, dass Kinder aus unterprivilegierten Familien (z.B. Beduinen) weitaus mehr von schulischen Angeboten zum Thema Zeit profitierten als Kinder aus bildungsnahen Milieus, die bereits ein größeres Vorwissen mitbrachten (vgl. Ben-Baruch 1989/1995). Eigene laufende Untersuchungen in der Schweiz konnten jedoch weder den Einfluss des sozio-ökonomischen Status der Eltern noch das Lebensalter der Kinder, sondern die generelle Leistungsfähigkeit der Kinder als gewichtige Variablen belegen.

Die Studien mit reifungstheoretischem Hintergrund gehen von einer relativ späten Entwicklung eines elaborierten Zeitbewusstseins aus. In der Entwicklungspsychologie finden wir allerdings widersprüchliche Resultate sowohl bezüglich der Entwicklung des Zeitbewusstseins von Kindern wie auch hinsichtlich der angeführten Ursachen. So kommt Zur Oeveste in einer Replikationsstudie von Piaget zum Ergebnis, dass bereits Vorschulkinder über Vorstellungen einer zeitlichen Sukzession, über die zeitliche Dauer und deren räumliche Folgen verfügen. (Zur Oeveste 1987, S. 107, 155). Zu ähnlichen Befunden kommt Bischof-Köhler, die mit einem Sanduhr- und einem Vorhang-Experiment zeigen konnte, dass bereits fünfjährige Kinder über weit entwickelte Vorstellungen zeitlicher Dauer verfügen. Ebenso kommt Friedman in seinen Untersuchungen zum Schluss, dass Vorschulkinder Alltagsroutinen bereits vor- und rückwärts einordnen und die richtige Einordnung von Wochen, Monaten und Jahreszeiten in diesem Alter bereits beginnt (vgl. Friedman 2003).

Besonders interessant ist die Frage, wie Kinder eine Vorstellung zeitlicher Sukzession erwerben. Friedman geht davon aus, dass Kinder bis zu einem Alter von 12 Jahren Zeit als „*verbal list system*" konzeptualisieren. Erst in einem Alter von 15

Jahren gelingt eine bildlich-räumliche Vorstellung längerer Zeiträume. Demnach ist die Aussage, dass die Dinosaurier vor 66 Millionen Jahren ausgestorben seien, für Kinder keine Zahl, sondern eine schlichte Wortmarke. Andere Autoren kommen bezüglich der Entwicklung des autobiografischen Gedächtnisses zu vergleichbaren Aussagen, indem Kinder ihre Geschichte um Zeitmarken („time marker") herum organisieren (vgl. Schreiber 1999). Inwiefern Kinder die Gerichtetheit von Zeit (*„arrows of time"*) verstehen, untersuchte Friedman an 4- bis 6-jährigen Kindern und stellte eine Zunahme von 70% auf 92% richtiger Antworten fest (vgl. Friedman 2003). Dem gegenüber fand Carey bei der Befragung von 4- bis 10-jährigen Kindern zum Thema „Tod", dass die meisten Kinder erst mit 10 Jahren die Irreversibilität einer zeitlichen Entwicklung verstehen können (Carey 1985, S. 57ff.).

3 Entwicklung von Geschichtsbewusstsein

Wenn Geschichte als eine Rekonstruktion von Vergangenheit in Form einer mentalen Repräsentation verstanden wird, ergibt sich eine Vielzahl begrifflicher, theoretischer und methodischer Probleme: Diese Rekonstruktion setzt die Fähigkeit zur zeitlichen Strukturierung (zur Narration) voraus und sie ist gleichzeitig ein Akt historischer Sinnbildung. Deshalb werden Kinder als eigenständige Rekonstrukteure ihres Geschichtsbewusstseins begriffen werden müssen. Dies wurde empirisch bislang hauptsächlich bei Jugendlichen untersucht (vgl. Rüsen 2001). Ob Grundschulkinder aufgrund ihrer jeweiligen Lernvoraussetzungen überhaupt einen Zugang zur Geschichte haben und ob sie spezifisch historisches Denken nachvollziehen können, ist empirisch ungeklärt. Von Reeken erklärt diesen Umstand damit, dass die Lern- und Entwicklungstheorien von konkreten Lerninhalten abstrahieren, die Geschichtsdidaktik noch kaum empirisch arbeitet und die Sachunterrichtsdidaktik sich wenig für das historische Lernen interessierte (von Reeken 1999, S. 15).

Unsere Überschrift impliziert zudem eine reifungstheoretische Vorstellung; besonders die geschichtsdidaktische Literatur und die Lehrpläne gehen von einer solchen Annahme aus. Ob dies tatsächlich der Fall ist, kann aufgrund der empirischen Daten abschließend weder bejaht noch verneint werden. Die Forschungsergebnisse sind durchaus heterogen: So gehen Reifungstheorien beispielsweise davon aus, dass Kinder erst ab einem Alter von etwa 9 Jahren zu einer Perspektivenübernahme fähig sind, während andere Forscher glauben, dass Kinder diese Fähigkeit bereits mit 4 Jahren entwickeln.

Der *theoretische Diskurs* über Geschichtsbewusstsein und dessen Entwicklung ist viel weiter fortgeschritten als die empirische Erforschung. Dies mag auch damit zu tun haben, dass einerseits eine Operationalisierung sehr komplex ausfallen wird und andererseits die Erforschung kindlicher Vorstellungen methodisch sehr aufwändig ist. Aus geschichtsdidaktischer Perspektive befragte El Darwich Kinder von 5 bis 14 Jahren zu ihrem Geschichtsbewusstsein. Sie fand eine mit Piaget und Roth vergleichbare Entwicklung, da 5-jährige über kein eigentliches Zeitkonzept verfügten, während ab 12 Jahren Zeitkonzept und Historizität keine Probleme bereiteten. Piaget folgend kommt El Darwich zum Schluss, dass die Überwindung des kindlichen Egozentrismus den entscheidenden Schritt zur Entwicklung des Geschichtsbewusstseins darstelle (vgl. El Darwich 1991). Diese reifungstheoretische Hypothese untersuchte Hodkinson und kommt für 8- bis 11-jährige Kinder zum Schluss, dass eine stufengerechte methodische Schulung die gewichtigere Variable als das Lebensalter darstelle („accelerated learning instead of maturation") (vgl. Hodkinson 2004). Beilner stellte bei 82 Kindern der 4. Klasse fest, dass sie sich sehr für geschichtliche Inhalte (insbesondere die Urgeschichte) interessieren und weit gehend über ein Realitätsbewusstsein verfügen, ja einzelne Schüler bereits den narrativen Charakter von Geschichte erkennen (vgl. Beilner 1999).

Einen interessanten Ansatz verzeichnet die narrative Psychologie, welche den Aufbau *narrativer Kompetenz* untersucht. Diese (also die temporale Strukturierung und Inbedeutungssetzung von Ereignissen in Form von Plots) wurde mittels des „Bielefelder Geschichtenschemas" von Schülein, Boueke und Wolf erhoben. Die Forscher unterscheiden vier Ebenen des Erzählens: Die erste Ebene beinhaltet *isolierte Texttypen* mit zufälligen, emotionalisiert genannten Elementen. Die zweite Ebene ist gekennzeichnet durch einen *linearen Texttyp* mit temporalen und skriptmäßigen Verknüpfungen („Und-dann-und-dann"-Erzählung). In der dritten Ebene gelingt es, Geschichten durch einen Anfang, eine Mitte und ein Ende *episodisch zu strukturieren*. Erst in der vierten Ebene wird der Text durch die *Kontextualisierung* der Erzählelemente narrativ strukturiert (z.B. durch Vor- und Rückgriffe). Vorschulkinder sind noch dem ersten und zweiten Texttyp verhaftet, während im vierten Schuljahr der vierte Texttyp deutlich überwiegt. Dabei werden den vier Texttypen die vier Sinnbildungsvarianten nach Rüsen und die reifungstheoretischen Annahmen von Piaget und Kohlberg unterlegt (vgl. Rüsen 2001).

4 Forschungsbedarf

Die Vielfalt der empirischen Ansätze wie auch die Diversität der Forschungsergebnisse sind bemerkenswert und verwirrend zugleich. Eine Antwort auf die Frage, wann Kinder die Voraussetzungen für selbstständiges Lernen haben (Zeitkompetenz) und ob Kinder schon im Kindergarten bereit sind fürs historische Lernen oder erst mit dem Eintritt in die Sekundarstufe 1, muss offen bleiben. Es ist sicher zu früh eine „endgültige Abkehr von Piaget" zu postulieren (Krieger 2005, S. 46). Turk hält jedenfalls fest, dass die Vorstellungen, die Kinder von historischen Zeiträumen haben, noch kaum erforscht sind (Turk 1999, S. 292).

Ob die *Reifungstheorien* gültige Erklärungsmodelle liefern oder das *Konzept des bereichsspezifischen Wissens* (domain specific knowledge) für die Grundschule als Basis dienen kann, muss im jetzigen Zeitpunkt offen bleiben. Letzteres beinhaltet aber einige viel versprechende Ansätze. Forschungsarbeiten, die künftig sozial-ökonomische Variablen, methodische Zugänge und Prä-Post-Ansätze berücksichtigen, könnten zu weiteren Klärungen beitragen.

Literatur

Beilner, H. (1999): Empirische Erkundungen zum Geschichtsbewusstsein am Ende der Grundschulzeit, in: Schreiber, W. (Hrsg.): Erste Begegnungen mit Geschichte. Grundlagen historischen Lernens. Bd. 1. Neuried, S. 117-151. – Ben-Baruch, E. & Melitz, Z. (1989/1995): Ha Zman be'Olamam schel Jeladei-ha Gan. Teaching and Learning Activities for Kindergarten Children. University of Ben-Gurion. Beer Sheva. – Bischof-Köhler, D. (2000): Kinder auf Zeitreise. Theory of mind. Zeitverständnis und Handlungsorganisation. Bern. – Carey S. (1985): Conceptual change in childhood. Boston. – El Darwich, R. (1991): Zur Genese von Kategorien des Geschichtsbewusstseins bei Kindern im Alter von 5 bis 14 Jahren. In: Borries, B. von, Pandel, H. & Rüsen, J. (Hrsg.): Geschichtsbewusstsein empirisch. Pfaffenweiler, S. 24-52. – Friedman, W.J. (2003): Arrows of Time in Early Childhood. In: Child Development, January/February 2003, Volume 74, Number 1, p. 155-167. – Hodkinson, A. (2004): Maturation and the Assimilation of the Concepts of Historical Time. Chester UK. In: International Journal of Historical Learning, Teaching and Research, Volume 4, Number 2, p. 23-36. – Krieger, R. (2005): Mehr Möglichkeiten als Grenzen – Anmerkungen eines Psychologen. In: Bergmann, K. & Rohrbach, R. (Hrsg.): Kinder entdecken Geschichte. 2. Aufl. Schwalbach/Ts., S. 32-50. – Kübler M. (2004): Zeit – Zeitgefühl – Zeitbewusstsein. In: Mensch + Umwelt. ZEIT. Zeitschrift für die Primarschule. Heft Nr. 4/2004. Kehrsatz. S. 4-8. – Reeken, D. von (1999): Historisches Lernen im Sachunterricht. Seelze. – Rüsen, J. (Hg.) (2001): Geschichtsbewusstsein. Köln. – Schorch, G. (1982): Kind und Zeit. Entwicklung und schulische Förderung des Zeitbewusstseins. Bad Heilbrunn. – Straub, J. (Hrsg.) (1998): Erzählung, Identität und historisches Bewusstsein. Frankfurt a. M. – Turk, M. (1999): Überlegungen zum zeitlichen Ordnungs- und Einordnungsvermögen bezüglich historischer Sachverhalte aus kognitionspsychologischer Sicht. In: Schreiber, W. (Hrsg.): Erste Begegnungen mit Geschichte. Grundlagen historischen Lernens. Bd. 1. Neuried, S. 253-273. – Zur Oeveste, H. (1987): Kognitive Entwicklung im Vor- und Grundschulalter. Eine Revision der Theorie Piagets. Göttingen.

52| Moralische Entwicklung
Hans-Joachim Müller

Eng mit der kognitiven Entwicklung von Kindern verbunden ist die moralische. Wie kaum ein anderes Fach bietet der Sachunterricht mit seinen lebensweltlichen und ethischen Bezügen Möglichkeiten, moralische Entwicklungen zu fördern oder zu behindern.

Kinder erreichen einen höheren Stand der moralischen Entwicklung, wenn die
Ausbildung im kognitiv-reflexiven Sinne mit der Förderung moralischer Sensibilität auf einer eher affektiven Ebene einhergeht.

1 Entwicklung des moralischen Selbst

In dem Augenblick, wo einem Kind bewusst wird, dass die eigenen Handlungen
negative Auswirkungen auf andere haben, wird der erste Schritt zum Aufbau des
moralischen Selbst gegangen. Durch die Fähigkeit zur Perspektivübernahme und
Empathie nimmt das Kind an diesen Auswirkungen stellvertretend teil. Auf diese
Weise entsteht eine Motivation, Normen „aus sich heraus" einzuhalten. Gleichzeitig werden aber auch Bewertungen durch andere bewusst, die wiederum Folgen für die Selbstbewertung einschließen.

Der Inhalt kindlicher Wertvorstellungen speist sich in seiner Entwicklung bis hin
zum Erwachsenenalter aus verschiedenen Quellen: Autoritäten in Gestalt von
Eltern, Erzieherinnen oder Lehrkräften vermitteln erste Konturen eines Werte-
systems und zeigen gleichzeitig auf, welche Werteskala für die Integration in unterschiedliche soziale Gruppen notwendig ist. Dabei spielt das Vorbild dieser
Autoritäten im Vorleben eines bestimmten Wertekodex eine bedeutende Rolle.

Mit dem Eintritt in die Grundschule beginnt jene Phase, in der die persönliche
Präferenz als Kriterium für Werteauswahl zunehmend an Bedeutung verliert und
die Kinder unterscheiden lernen, was ein Mensch tun „sollte" oder „muss" und
welche Dinge einer neigungsbetonten, persönlichen Unterscheidung des einzelnen überlassen bleiben.

Angesichts von Dilemmata mit ihrer Ambivalenz von Konfliktlagen wird zwischen Eigeninteresse und ethischer Verpflichtung (zum Beispiel „Freundschaft")
abgewogen, ohne dass es jeweils zu einer eindeutigen Entscheidung kommt.

In der weiteren Entwicklung könnte eine Dilemmasituation durch Abwägung
zwischen verschiedenen Wertvorstellungen und den daraus abgeleiteten Verpflich-
tungen gekennzeichnet sein: Einerseits fühlt sich ein Kind verpflichtet, zu Gunsten
seines Freundes zu handeln, andererseits möchte es einem Kind beistehen, das in
der Klasse noch nicht über Freunde verfügt. Freundschaft steht in diesem Falle
gegen Altruismus.

Eine Entscheidung zugunsten einer altruistischen Handlung zu Lasten der
Freundschaftsverpflichtung markiert ein neues Stadium von moralischer Entwicklung.

Mit zunehmendem Alter stimmen moralisches Urteil und die bevorzugte
Handlungsentscheidung überein. Bei jüngeren Kindern differieren noch häufig
die Kenntnis darüber, was in einer bestimmten Situation richtig wäre, und dem,
wofür sich das Kind letztlich entscheidet.

Die Entwicklung des moralischen Selbst bedeutet deshalb immer die Fähigkeit, norm- und wertorientiertes Handeln auch unter dem Druck von Schwierigkeiten oder Belastungen aufrecht zu erhalten. Wenn Werte und moralische Normen wichtige Bestandteile des Selbstbildes geworden sind, ist ihre handlungsleitende Funktion gewährleistet. Das Kind fühlt sich dann mit seinen Wertvorstellungen in Übereinstimmung, wenn diese auch gegen konkurrierende Bedürfnisse und Interessen eingehalten werden.

1.1 Heteronomie und Autonomie

Spätestens mit dem Eintritt in die Grundschule beginnt die Auseinandersetzung mit Normen als Teil der moralischen Entwicklung:
Es wird nach ihrer Herkunft und Begründung gefragt. Es geht nicht mehr – wie im Kleinkindalter – um die Einhaltung oder Nicht-Einhaltung von Normen, sondern um deren Sinn und Begründung. Die Auseinandersetzung mit moralischen Regeln hat eine andere Dimension gewonnen. Legitimität und Gerechtigkeit werden zu Themen des Diskurses.
Piaget unterschied in diesem Zusammenhang bekanntlich zwei Stadien der moralischen Entwicklung: Heteronomie und Autonomie.
Im Stadium der Heteronomie setzen Autoritäten (Eltern, Erzieherinnen) die Regeln. Sie allein sind berechtigt Abweichungen zu bestrafen.
Die Deutung dessen, was unter gut, böse, gerecht oder ungerecht zu verstehen ist, obliegt ausschließlich diesen Autoritäten.
In der moralischen Entwicklung wird dieses Stadium abgelöst durch das der Autonomie. Die Kinder bzw. Heranwachsenden entscheiden zunehmend selbst, was gut und richtig ist, sie vereinbaren Gebote, Verbote, Spielregeln und andere Regeln. Als „Basiswert" wird sich dabei auf die Kardinaltugend der Gerechtigkeit bezogen (vgl. Piaget 1954).

1.2 Stufenmodell der moralischen Entwicklung

Auf der Grundlage dieser Thesen hat Lawrence Kohlberg eine ebenso einflussreiche wie umstrittene Theorie der moralischen Entwicklung beim Kinde vorgelegt. Moralische Entwicklung im Sinne der Ausbildung einer Gerechtigkeitsphilosophie vollzieht sich demnach im Wesentlichen über Regelwissen und Umgang mit Regeln. Kinder entwickeln eine ihren Fähigkeiten und ihrem Verständnis entsprechende Gerechtigkeitsvorstellung. Diese bauen sie schrittweise aus. Das vollzieht sich im langsam sich entwickelnden Perspektivwechsel.
Mit Hilfe moralischer Zweifelsfälle, sogenannter Dilemmata, mit denen er seine ausschließlich männlichen Probanden konfrontiert hat, konstruierte Kohlberg ein sechsstufiges Modell der moralischen Entwicklung. Die Qualität der Reak-

tionen seiner Versuchspersonen auf die vorgestellten Dilemmata, die Begründungen für ihre Lösungen der jeweiligen Zweifelsfälle dienen ihm als Maßstab, um die jeweils erreichte Stufe der moralischen Entwicklung innerhalb seines Modells zu markieren.

Vereinfacht ausgedrückt, beschreibt die Stufe eins ein Verständnis von Gerechtigkeit, wonach jede Handlung gerecht ist, für die eine Belohnung erfolgt.

In Stufe zwei meint Gerechtigkeit die Bereitschaft, etwas für einen anderen zu tun, wenn dieser bereit ist, etwas für ersteren zu machen.

In der dritten Stufe werden Handlungen als gerecht empfunden, die in der eigenen sozialen Gruppe gut geheißen werden.

In der vierten Stufe werden alle Handlungen als gerecht ausgewiesen, die den vereinbarten Regeln der Gesellschaft folgen.

In der fünften und sechsten Stufe bedeutet Gerechtigkeit, dass Menschen ihre fundamentalen Rechte wahrnehmen können.

Kohlberg behauptet, dass die Rangreihenfolge dieser Entwicklung insoweit feststeht, dass niemand die nächsthöhere Stufe erreichen kann, ohne nicht das vorher gehende Stadium durchlaufen zu haben. Umgekehrt gäbe es kein Zurück zu einem früheren Stadium (vgl. Kohlberg 1996).

1.3 Moralische Entwicklung als Lernprozess

Kindliche Entwicklung vollzieht sich jedoch in Phasen und Stufen und korrespondiert dabei mit verschiedenen Formen der Erschließung von Welt (vgl. den Beitrag von Müller in diesem Band, Nr. 27).

Neben der Wahrnehmung seiner dinglichen Außenwelt und der Entwicklung seiner Innenwelt braucht das Kind einen seinem Entwicklungsniveau entsprechenden Umgang mit Regeln und Normen um an seiner sozialen Mitwelt teilhaben zu können. Es entwickelt ein sich sukzessiv vergrößerndes Verständnis von Gerechtigkeit und Zusammenleben.

Alle drei Zugänge sind untrennbar miteinander verbunden. Je mehr ein Kind in der Lage ist, seine Umwelt durch vielfältige Erfahrungen zu kategorisieren und ihr einen Sinn zu verleihen, desto eher kann es sich in der Welt verorten, desto sicherer kann es sich positionieren, desto eher gelingt sozialer Kontakt und desto differenzierter kann es im sozialen Kontext über Regeln nachdenken, Perspektiven übernehmen und komplexer über sich und seine Welt nachdenken.

Inwieweit Kohlbergs Stufenmodell der moralischen Entwicklung dabei hilfreich wirkt, bleibt umstritten (vgl. Nunner-Winkler 1998).

Damit ein Individuum überhaupt moralisch urteilt und handelt, muss es Situationen als solche begreifen können, in denen moralisches Handeln notwendig ist. Die Ausbildung einer entsprechenden moralischen Sensitivität und ausreichender kognitiver Strukturen ist eine notwendige Voraussetzung für die Entwicklung von Moral.

Bei der moralischen Entwicklung handelt es sich um einen besonderen Lernprozess, auf den nicht einfach Erwartungen aus anderen Lernbereichen übertragen werden dürfen (ebd.).

Im Unterschied zu Kohlbergs Vorgehen mit der Verwendung hypothetischer Dilemmata plädieren andere Wissenschaftler für die Auseinandersetzung mit Konfliktsituationen aus dem realen Lebenskontext von Kindern, von denen sich diese mehr angesprochen fühlen und somit auch eher zu einer Verhaltensänderung bereit sind (vgl. Matthews 1995).

Weiterhin wird die Gültigkeit und Überprüfbarkeit der Invarianzannahme (jede Stufe folgt der nächsten, eine Umkehr ist nicht möglich) ebenso in Zweifel gezogen wie der Universalitätsanspruch Kohlbergs für sein Modell, das praktisch in allen Kulturen Gültigkeit beansprucht (ebd.).

Zu hinterfragen ist auch Kohlbergs Auffassung, wonach jeder Handlung ein moralisches Urteil vorausgehe. Bereits die Alltagserfahrung zeigt, dass nicht selten das Urteil der Handlung folgt.

Möglichkeiten des situationsspezifischen moralischen Urteils finden in Kohlbergs Modell keinen Platz. Empirische Befunde und Alltagserfahrungen deuten jedoch darauf hin, dass situative Faktoren durchaus Auswirkungen auf moralisches Urteilen haben können (vgl. Nunner-Winkler 1998).

In der Auseinandersetzung mit Kohlberg hat Carol Gilligan (vgl. Gilligan 1982) eine an Gerechtigkeit orientierte „männliche" Moral, die sie in Kohlbergs Modell erkennt, von einer auf Fürsorge orientierten „weiblichen" Moral unterschieden. Damit wurde ein wesentlicher Anstoß für das Entstehen einer feministischen Ethik gegeben.

2 Konsequenzen für den Sachunterricht

Wenn letztlich nach Begründungen und Möglichkeiten moralischen Argumentierens im Sachunterricht auf dem Hintergrund unterschiedlicher Konzeptionen für die moralische Entwicklung von Kindern gefragt wird, ist zunächst zu klären, wonach genau gefragt wird:

Geht es darum Argumente zu finden, warum Menschen Moral haben oder moralische Wesen sind?

Steht die Frage nach einer letzten Rechtfertigung des moralischen Handelns zur Diskussion, also die Frage, worin unsere Moral begründet ist?

Oder handelt es sich um die Begründung konkreter, moralischer Handlungen?

Wenn nicht die Erziehung zur Anerkennung und Reflexion allgemeiner Werte und Normen im Mittelpunkt steht, zumal Sachunterricht kein Ethikunterricht ist, sondern die Bildung von Sensibilität und Bewusstsein darüber, dass Menschen überhaupt moralische Wesen sind und aus dieser Einsicht heraus konkrete Entscheidungen zu treffen haben, dann müssen kognitive Kompetenzen im Bereich von Zielangaben für konkrete Themenfelder ergänzt werden durch Begriffe wie etwa „Gefühl", „Motivation" oder „Erleben".

Auf diese Weise gewinnt der jeweilige Stand der moralischen Entwicklung eines Kindes für zwei wesentliche Prozesse zur Entwicklung von Lernkompetenz, nicht nur im Sachunterricht, an Bedeutung:

– Informationen aus der Umwelt aufnehmen und sie entsprechend eigener Vorkenntnisse interpretieren zu können (Assimilation).

– Wissen auf Grund von Unzulänglichkeiten und Widersprüchen zu neuen Erfahrungen zu modifizieren (Akkomodation).

Literatur

Gilligan, C. (1982): Die andere Stimme. München. – Kohlberg, L. (1996): Die Psychologie der Moralentwicklung. Frankfurt. – Kohlberg, L. (1976): Moralstufen und Moralerwerb. Der kognitiventwicklungstheoretische Ansatz. In: Edelstein, W. (2001): Entwicklungspsychologie und pädagogische Praxis. Weinheim. – Matthews, G. B.(1995): Die Philosophie der Kindheit. Weinheim, S. 35-61. – Nunner-Winkler, G. (1998): Zum Verständnis von Moral–Entwicklungen in der Kindheit. In: Weinert, F. E. (1998): Entwicklung im Kindesalter. Weinheim, S. 142-152. – Piaget, J. (1954): Das moralische Urteil beim Kinde. Zürich.

53| Entwicklung des naturwissenschaftlichen Denkens
Beate Sodian und Susanne Koerber

1 Zwei Komponenten naturwissenschaftlichen Denkens

Die Entwicklungspsychologie befasst sich mit inhaltlichen und mit formalen Aspekten des naturwissenschaftlichen Denkens: zum einen mit der begrifflichen Erschließung von Naturphänomenen durch das Kind, also mit dem physikalischen, biologischen, chemischen Denken und seiner Entwicklung, und zum anderen mit der Entwicklung der Fähigkeit, Theorien und Hypothesen systematisch zu prüfen und zu revidieren und über diesen Prozess zu reflektieren. Als Beispiele sollen im Folgenden Aspekte der Entwicklung eines wichtigen Inhaltsbereiches, des physikalischen Wissens, und Aspekte des formal wissenschaftlichen Denkens vorgestellt werden.

In der älteren, an Piaget orientierten Entwicklungspsychologie galt die Entwicklung systematischer Strategien der Hypothesenprüfung und der Interpretation von Daten als ein Merkmal des formal-operatorischen Denkens, also der kognitiven Entwicklung in der Adoleszenz. Piaget nahm ferner an, dass formal-operatorische Strukturen Voraussetzung für den Erwerb domänenspezifischer wissenschaftlicher Konzepte seien. Defizite im Verständnis von Inhaltsbereichen wurden auf domänenübergreifende strukturelle Limitationen des kindlichen Denkens zurückgeführt.

Diese Annahme globaler Stadien der Denkentwicklung wurde von neueren Entwicklungstheorien in Frage gestellt. Die Domänenspezifität menschlicher Kognition und die frühe Entwicklung von Kernelementen unseres biologischen, physikalischen oder numerischen Wissens stehen im Vordergrund der aktuellen entwicklungspsychologischen Forschung. Neue Methoden zur Untersuchung des Wissens junger Kinder, u.a. Blickzeitmethoden in der Säuglingsforschung, haben zur vermehrten Beschäftigung mit frühen Kompetenzen und Entwicklungsinvarianten beigetragen.

2 Entwicklung physikalischen Wissens

2.1 Anfänge physikalischen Wissens

Schon lange vor dem ersten naturwissenschaftlichen Unterricht machen Kinder Erfahrungen mit ihrer physikalischen Umwelt und bilden Intuitionen über physikalische Phänomene wie Objekteigenschaften, Materie, Kraft oder Gewicht. Beispielsweise erwarten schon wenige Monate alte Säuglinge, dass ein Ball – hält man ihn über eine Tischplatte und lässt ihn los – auf der Tischplatte liegen bleibt und nicht einfach hindurchfällt. Manche Forscher nehmen daher an, dass das Prinzip der *Solidität* (Objekte sind solide, kontinuierlich existierende Entitäten), ebenso wie z.B. das des *Kontaktes* (ein Objekt veranlasst die Bewegung eines anderen Objektes nur über physischen Kontakt) und das der *Kohäsion* (Objekte bewegen sich als physisch zusammenhängende, begrenzte Entitäten) Kernelemente eines angeborenen intuitiv-physikalischen Wissens sind.

2.2 Physikalisches Wissen im Vor- und Grundschulalter

Unklarheit herrscht darüber, ob auch spezifischere Prinzipien, wie die der Trägheit und Gravitation, schon so früh verstanden werden. Eine schon sehr früh entwickelte Annahme zur Wirkung der Schwerkraft besteht in der Überzeugung, dass ein Objekt, wenn es losgelassen wird und nicht durch etwas anderes gebremst wird, *senkrecht* zu Boden fällt *(„straight down belief")*. Es konnte gezeigt werden, dass diese Vorstellung sehr robust ist und Urteile über die Fallrichtung eines Objektes leitet, selbst wenn diese dem Prinzip der Solidität widersprechen und zu Fehlinterpretationen führt.

Trotz einiger früher Kernelemente physikalischen Wissens weicht unser intuitiv-physikalisches Verständnis in vielen Aspekten von der wissenschaftlichen Physik ab. Hartnäckige Fehlvorstellungen, die zu systematischen Fehlern bei der Prognose von Objektbewegungen führen, sind bei Kindern, aber auch bei Erwachsenen, oft nach mehreren Jahren Physikunterricht demonstriert worden. Dies zeigt sich in Aufgaben, in denen die Prinzipien der Gravitation und Trägheit wechselseitig zusammen spielen Dies ist zum Beispiel der Fall, wenn deren Wirkung auf die Falllinie eines Balles beschrieben werden soll, der aus einem fahrenden Wagen fällt. Ein häufiger Fehler – sogar noch von Erwachsenen – ist die Prognose, dass der Ball senkrecht in einer vertikalen Linie nach unten fallen würde (dabei nur das Prinzip der Schwerkraft berücksichtigend), statt eine parabelförmige Falllinie zu bilden (korrekt das Prinzip der Schwerkraft und das der Trägheit berücksichtigend). Allerdings zeigt sich, dass die Lösung der Aufgaben kontextspezifisch ist. So sind Kinder besser darin, korrekte und falsche Varianten des Fallverlaufs auf einem Video hinsichtlich ihrer „Natürlichkeit" zu beurteilen, als korrekte Prognosen des Fallverlaufs zu erstellen. Auch verbessert sich mit zunehmendem Alter die korrekte Vorhersage für die Falllinie des Balls, wenn ein Ball von einer Tischplatte geschoben wird, nicht aber, wenn der Ball von einer fahrenden Spielzeugeisenbahn heraus fällt.

2.3 Theoretische Erklärungen

Nach Spelke (1994) sind einige Prinzipien, wie die der Solidität/ Kontinuität, das der Kohäsion und das des Kontaktes angeborene, fundamentale, hoch reliable Prinzipien, die die rudimentäre Basis für den Wissenserwerb in der Physik bilden. Durch zunehmende Ausdifferenzierung und Verfeinerung werden diese Repräsentationen dann weiter entwickelt.

Wie aber sind teils hartnäckige Fehlvorstellungen zu erklären, die häufig sehr resistent gegen Instruktion sind (wie z.B. die falsche Beschreibung der Falllinie eines Objektes aus einem fahrenden Zug)? Eine Erklärung dafür ist, dass die physikalischen Vorstellungen von Kindern und Laien möglicherweise in (alternative) intuitive Theorien eingebettet sind, deren Erklärungsapparat und Begriffssystem von korrekten wissenschaftlichen Theorien so verschieden ist, dass einzelne falsche Vorstellungen nicht einfach durch einmalige Erfahrung oder Information korrigierbar sind. Carey (1991) vergleicht den Wechsel von diesen intuitiven Theorien zu korrekten physikalischen Theorien mit dem Wandel von Rahmentheorien in der Wissenschaftsgeschichte, der die Restrukturierung ganzer Begriffssysteme fordert.

3 Entwicklung formaler Aspekte des naturwissenschaftlichen Denkens

Die Entwicklung formaler Aspekte des wissenschaftlichen Denkens gilt traditionell als ein Zeichen intellektueller Reife, die in der Adoleszenz erreicht wird. Stellt man beispielsweise Kindern und Jugendlichen die Aufgabe herauszufinden, welcher Faktor die Schwingungsfrequenz eines Pendels beeinflusst (Länge des Pendels oder Gewicht daran) so versuchen die Kinder häufig nur einen bestimmten Effekt zu *produzieren,* statt die einzelnen Variablen hinsichtlich ihres Effektes systematisch zu *testen.* Bei der Durchführung von Experimenten wird häufig beobachtet, dass Kinder *gleichzeitig mehrere Variablen* verändern (z.B. Länge des Fadens und Gewicht des Pendels) anstatt eine Variable isoliert zu manipulieren (Variablenisolation) und alle anderen konstant zu halten (Variablenkontrolle). Und schließlich haben Kinder häufig Probleme, empirische Daten *korrekt zu interpretieren,* besonders wenn die Daten ihren eigenen Hypothesen widersprechen. Jugendliche hingegen setzen zunehmend adäquate Experimentierstrategien systematisch ein und ziehen valide Schlussfolgerungen aus den Ergebnissen ihrer Experimente. Neuere Forschung weist jedoch auf große interindividuelle Unterschiede im Erwerb von Strategien der Hypothesenprüfung hin. So setzten in einer Längsschnittstudie bereits ca. 50% der 11jährigen Grundschüler vor dem Übertritt ins Gymnasium die Variablenkontrollstrategie ein, während nur ca. 20% der späteren Hauptschüler dies taten. Das Niveau der 17jährigen Haupt- und Berufsschüler entsprach dem, das die Gymnasiasten bereits mit 11 Jahren erreicht hatten (Bullock & Sodian 2003).

3.1 Effekte produzieren oder Hypothesen testen?

Die begrifflichen Grundlagen des wissenschaftlichen Denkens bestehen im Verständnis der Logik des Experimentierens, d.h. dem Verständnis von Begriffen wie „Hypothese", „Theorie" und „Experiment". Häufig wurde argumentiert, dass Kindern ein Grundverständnis der Hypothesenprüfung fehle, da sie nur an der Produktion von Effekten interessiert seien und nicht verstünden, was es bedeutet, eine Hypothese zu testen. Stellt man jedoch Grundschulkindern einfache Aufgaben, wie die zu entscheiden, welches Maushäuschen mit Käse man aufstellen muss, wenn man herausfinden möchte, ob eine dicke oder eine dünne Maus in einem Keller ist, dann entscheidet sich schon die Mehrheit der Zweitklässler korrekt für das Haus mit der schmalen Türe. Denn nur dann kann aus dem Vorhandensein oder Nicht-Vorhandenseins des Käses auf die Dicke der Maus geschlossen werden. Zudem entschieden sich die Kinder aber für das Haus mit der breiten Türe, wenn man *sicherstellen wollte,* dass die Maus auf jeden Fall den Käse bekommt (Sodian, Zaitchick, & Carey 1991). Dies zeigt, dass Kinder in der Grundschule in einfachen Aufgaben durchaus schon zwischen dem Testen einer Hypothese und dem Produzieren eines Effektes unterscheiden können.

3.2 Systematisches Experimentieren

Auch Kompetenzen im systematischen Experimentieren sind schon gegen Ende des Grundschulalters sichtbar, zumindest wenn die Kinder gute von schlechten (kontrollierte von konfundierten) Experimenten unterscheiden müssen (Bullock & Sodian 2003). Viertklässler wählten hier mehrheitlich nicht nur den korrekten (kontrollierten) Test, sondern sie konnten ihre Wahl auch begründen. Den Kindern fiel es wesentlich leichter, ein korrektes Experiment zu beurteilen als eines selber zu erstellen.

3.3 Evidenzevaluation

Es konnte sogar gezeigt werden, dass schon vierjährige Kindergartenkinder Hypothesen/Vermutungen über Zusammenhänge zwischen Variablen bilden (z.B. rote Kaugummis machen schlechte Zähne), wenn sie entsprechende Daten sehen. Viel wichtiger ist aber, dass diese Kinder auch verstehen, dass eine Person, die eine bestimmte Überzeugung hat, diese aufgrund gegenteiliger (perfekt kovariierender) Daten revidiert (Koerber, Sodian, Thoermer & Nett 2005). Diese Befunde sind interessant, zeigen sie doch, dass schon Kindergartenkinder Kovariationsevidenz nicht nur nutzen, um eigene Schlussfolgerungen zu ziehen, sondern auf einer höheren Ebene darüber reflektieren können und dies zur Bestätigung oder Widerlegung einer Kausalhypothese nutzen.

3.4 Wissenschaftsverständnis

Wissenschaftsverständnis (*Nature of Science*) geht über das Verständnis der Logik der Hypothesenprüfung hinaus und umfasst erkenntnis- und wissenschaftstheoretische Aspekte. Zentral für ein adäquates Wissenschaftsverständnis ist Einsicht in die Rolle von Theorien im wissenschaftlichen Erkenntnisprozess. Studien zum Wissenschaftsverständnis von Grund- und Sekundarschülern zeigten eine weitgehende Vernachlässigung von Theorien: Wissenschaft wird als konkrete Aktivität oder als Suche nach korrekten Fakten verstanden, nicht als Prozess der Suche nach Erklärungen und der Prüfung und Revision von Theorien und Hypothesen. Jedoch ist es möglich, durch wissenschaftstheoretisch orientierten Unterricht bereits in der Grundschule Ansätze eines konstruktivistischen Verständnisses von Wissenschaft zu vermitteln (Sodian, Thoermer, Kircher, Grygier & Günther 2002).

4. Zusammenfassung

Naturwissenschaftliches Denken umfasst die begriffliche Erschließung von naturwissenschaftlichen Domänen sowie den Erwerb von domänenübergreifenden Strategien der Hypothesenprüfung und Evidenzevaluation und metabegriffliches Verständnis des wissenschaftlichen Erkenntnisprozesses. Die neuere Entwicklungspsychologie hat frühe Kompetenzen schon im Vor- und Grundschulalter in domänenspezifischen und -übergreifenden Aspekten des wissenschaftlichen Denkens demonstriert. Veränderungen im Entwicklungsverlauf betreffen die Restrukturierung intuitiver Theorien, die spontane Produktion von Strategien und den Erwerb von metabegrifflichem Verständnis der Wissenskonstruktion.

Literatur

Bullock, M. & Sodian, B. (2003): Die Entwicklung des wissenschaftlichen Denkens. In: Schneider, W. & Knopf, M. (Hrsg.): Entwicklung, Lehren, Lernen. Göttingen, S. 75-92. – Carey, S. (1991): Knowledge acquisition: Enrichment or conceptual change? In: Carey, S. & Gelman, R. (Eds.): The epigenesis of mind: Essays on biology and cognition. Hillsdale, NJ, S. 257-291. – Koerber, S., Sodian, B., Thoermer, C., & Nett, U.(2005): Scientific reasoning in young children: Preschoolers' ability to evaluate covariation evidence. In: Swiss Journal of Psychology, 64(3), S. 141-152. – Sodian, B., Thoermer, C., Kircher, E., Grygier, P., & Günther, J. (2002): Vermittlung von Wissenschaftsverständnis in der Grundschule. In: Zeitschrift für Pädagogik, 45, S. 192-206. – Sodian, B. Zaitchik, D., & Carey, S., (1991): Young children's differentiation of hypothetical beliefs from evidence. In: Child Development, 6, S. 753-766. – Spelke, E. (1994): Initial knowledge. Six suggestions. In: Cognition, 50, S. 431-445. – Wilkening, F., Huber, S., & Cacchione, T. (in Druck): Intuitive Physik. In: Schneider, W. & Sodian, B. (Hrsg.): Enzyklopädie der Psychologie, Serie Entwicklungspsychologie, Band 2.: Kognitive Entwicklung.

54| Soziale Entwicklung
Jürgen W. L. Wagner

1 Soziale Kompetenz, soziale Fertigkeiten

Unter sozialer Entwicklung versteht man den Erwerb sozialer Kompetenz bzw. sozialer Fertigkeiten. Sofern zwischen beiden Begriffen unterschieden wird, ist soziale Kompetenz der übergeordnete Begriff für eine Reihe konkreter Verhaltensweisen (sozialer Fertigkeiten, wie z.B. Kontakt zu anderen anknüpfen, Hilfe erbitten, einen Vorschlag zur Konfliktlösung machen), „die Kinder dazu führen, soziale Aufgaben zu lösen oder sozialen Erfolg zu erreichen" (Rubin, Bukowski & Parker 1998, S. 644; übers. v. Verf.). Die Abgrenzung beider Termini voneinander bereitet insofern Schwierigkeiten, als die vorhandenen Begriffe zur Beschreibung sozialen Verhaltens auf verschiedenen Abstraktionsebenen liegen: Einem anderen Kind eine Aufgabe zu erklären, lässt sich als Form von Hilfe verstehen, die ihrerseits eine Form prosozialen Verhaltens darstellt (eine ausführliche Begriffserörterung bietet Kanning 2003).

Im Folgenden wird übergreifend von sozialer Kompetenz gesprochen, von Fertigkeiten hingegen im Hinblick auf konkretere Verhaltensweisen.

2 Soziale Entwicklung im sozialen Kontext

Soziale Kompetenz entwickelt sich in Beziehungen zu Eltern und Geschwistern, Gleichaltrigen (Peers) und Freunden und äußert sich in sozialen Interaktionen mit ihnen sowie mit unvertrauten anderen. Spätestens seit Beginn der 80er Jahre geht man davon aus, dass Eltern und Peers aufgrund ihrer strukturell andersartigen Beziehung zum Kind auf verschiedene, aber gleichermaßen bedeutsame Weise komplementär zu seiner sozialen Entwicklung beitragen (Youniss 1980). Erst im Umgang mit Peers wird es möglich, im Elternhaus gelernte Verhaltensweisen anzuwenden, ihre Effektivität zu erfahren, sie daraufhin beizubehalten oder abzuändern und auch ganz neue soziale Fertigkeiten aufgrund der „symmetrischen Reziprozität" (Youniss) der Beziehungen zu entwickeln. Das bedeutet u.a., die soziale Beziehung gemeinsam zu definieren („Ko-Konstruktion") und sich mit den daraus erwachsenden Anforderungen auseinanderzusetzen (Kompromiss, Einfühlung, Respekt etc.).

3 Soziale Entwicklung im Grundschulalter

3.1 Soziale Fertigkeiten und sozial-kognitive Fähigkeiten

Bei Schuleintritt verfügen Kinder bereits über ein breites Repertoire sozialer Fertigkeiten: Sie können anderen helfen, sie trösten, mit ihnen Regel- und Rollenspiele spielen, Konflikte austragen, Beziehungen anknüpfen, kooperieren u.a.m. Soziale Fertigkeiten stehen in engem Zusammenhang mit sozial-kognitiven Fähigkeiten wie Perspektivenübernahme, Empathie, Regelverständnis, der Fähigkeit, Emotionen bei anderen zu erkennen und die eigenen zu regulieren, der Selektion angemessener Verhaltensweisen und der Fähigkeit, das Verhalten anderer angemessen zu interpretieren. Von ihnen vor allem hängt es ab, wie soziale Fertigkeiten während der Schulzeit weiter entwickelt werden, wobei entsprechende Entwicklungsimpulse wesentlich stärker von Freunden als von Peers ausgehen dürften (Krappmann & Oswald 1995).

Es hat sich gezeigt, dass sich der Umfang des Repertoires an sozialen Strategien von der zweiten bis zur sechsten Klasse nicht verändert, wohl aber die Komplexität der von den Kindern angegebenen Strategien. In dieser Zeit nimmt auch die Fähigkeit zu, angemessene soziale Strategien auszuwählen und ihre Effektivität genauer einzuschätzen (zumindest bei sozialen Dilemmata; s. Rubin & Rose-Krasnor 1992). Des Weiteren lernen Kinder mit zunehmendem Alter, dass auch bei symmetrischen Beziehungen (mit Freunden und Peers) Konflikte nicht gelöst werden können, wenn jeder – als gleichberechtigter Partner – auf seinem Standpunkt beharrt. Dies wird erst möglich, wenn eine symmetrische Beziehung kooperativ gestaltet wird (Youniss) oder wenn die Perspektive des Anderen übernommen wird. Die Koordination sozialer Perspektiven (bzgl. des hier relevanten Freundschaftsverständnisses) vollzieht sich gemäß Selman (1984) in fünf Stufen: Während Kinder auf Stufe 0 (3-7 Jahre) noch keine Perspektiven unterscheiden (Freunde sind momentane Spielpartner, die in der Nähe wohnen) und Konflikte physisch lösen (durch Abwendung oder Gewalt), sind Kinder auf Stufe 1 (4-9 Jahre) zwar dazu in der Lage, orientieren sich aber einseitig an eigenen Bedürfnissen. Konflikte werden daher einseitig gelöst (man hört auf oder entschuldigt sich). Auf Stufe 2 (6-12 Jahre) wird die Sichtweise des Anderen (und seine Wünsche und Gefühle) zumindest teilweise mit der eigenen koordiniert. Konflikte sind beigelegt, wenn beide Freunde mit der Lösung einverstanden sind. Ab Stufe 3 (9-15 Jahre) gelingt es, die Beziehung aus der Sicht eines Dritten zu betrachten und individuelle Interessen ihr unterzuordnen. Konflikte finden erst dann eine Lösung, wenn jeder Partner an Stelle des Anderen damit zufrieden wäre. Stufe 3 und 4 (Freundschaft als Autonomie und Interdependenz) werden auch von vielen Erwachsenen nicht erreicht. Da das Freundschaftsverständnis von sozialen Erfahrungen mit Freunden und Peers beeinflusst wird (Oswald & Krappmann 1991), vermag es auch „Defizite" in sozialen Beziehungen zu erklären.

Die im Vorschulalter noch häufige instrumentelle Aggression wird in der Schule eher abgelehnt und zunehmend durch verbale Aggression (Beschimpfen, Bedrohen, Verspotten) ersetzt.

Als letztes Beispiel sei Helfen genannt: Mit wachsendem Alter erkennen Kinder nicht nur, dass ein anderer Hilfe benötigt, sie ziehen auch zunehmend situative Umstände in Betracht (das Zustandekommen der Hilfesituation, die Anwesenheit potentieller Helfer) und entwickeln ein differenzierteres Verständnis der Reziprozitätsnorm: Während Freunden geholfen wird, wenn sie Hilfe benötigen (was eine Ablösung von zeit- und situationsgebundener Reziprozität bedeutet), sind Nichtfreunde zu stärkerer Einhaltung direkter Reziprozität verpflichtet (Wagner 2004).

3.2 Gruppenstatus als Indikator sozialer Kompetenz

Der bei Untersuchungen an Schülern am häufigsten eingesetzte Indikator sozialer Kompetenz ist der soziale Status innerhalb der Schulklasse. Er bemisst sich nach dem Umfang von Akzeptanz und Zurückweisung seitens der Mitschüler bzw. nach dem Grad entgegengebrachter Zuneigung und Abneigung. In der angloamerikanischen Literatur ist vor allem die Typologie von Coie, Dodge und Coppotelli (1982) vielfach verwendet worden, die anhand beider Dimensionen folgende Statustypen unterscheidet: beliebt (viele Wahlen, wenige Ablehnungen), abgelehnt (wenige Wahlen, viele Ablehnungen), unbeachtet (wenige Wahlen, wenige Ablehnungen), durchschnittlich (durchschnittlich viele Wahlen wie Ablehnungen), kontrovers (viele Wahlen, viele Ablehnungen). (Vgl. auch die relativ ähnliche Typologie von Petillon 1978).

Verhaltenskorrelate. Beliebte Kinder werden als freundlich, umgänglich, sensibel, kooperativ und hilfsbereit wahrgenommen. Sie haben Führungsqualitäten und Durchsetzungsfähigkeit, ohne die Handlungen und Ziele anderer zu beeinträchtigen. Abgelehnte Schüler lassen sich (über die o. a. Typologie hinausgehend) danach unterscheiden, ob sie aggressiv sind oder sich zurückziehen. Abgelehnt-aggressive Kinder zeigen Verhaltensprobleme (sie stören, sind hyperaktiv und physisch aggressiv) und Unaufmerksamkeit sowie einen Mangel an sozialer Sensibilität und prosozialem Verhalten. Abgelehnt-zurückgezogene Kinder hingegen haben stärker soziale Ängste und verhalten sich wenig kooperativ und prosozial. (Während bei jüngeren Kindern Sichzurückziehen nicht mit sozialem Problemverhalten verbunden ist, wird es in der Schule zunehmend als soziale Abweichung wahrgenommen und mit Ablehnung sanktioniert.) Unbeachtete interagieren seltener mit Peers, sind weniger umgänglich, weniger störend und aggressiv und vermeiden aggressive Situationen. Dieses Verhalten ist nicht sehr stark ausgeprägt, auch ist dieser Status über kürzere Zeitintervalle hinweg relativ instabil. Sofern untersucht, sind kontroverse Kinder aggressiv und störend, neigen zu Ärger und Regelverletzungen, zeigen andererseits aber starke Hilfsbereitschaft, Kooperation, Führungsqualität sowie soziale Sensibilität.

Ob ein Verhalten negativ mit dem Sozialstatus korreliert (z.B. Aggression), hängt nicht nur von dem gleichzeitigen Vorhandensein sozialer Fertigkeiten ab, sondern auch davon, ob es innerhalb der jeweiligen Gruppe normativ ist: Negativ sanktioniert werden Abweichungen von der Gruppennorm.

Verschiedene Subgruppen bzw. Typen bedürfen weiterer Forschung: aggressiv-nicht abgelehnte Kinder, nichtaggressiv-abgelehnte sowie kontroverse Kinder.

Sozial-kognitive Korrelate. Abgelehnt-aggressive Kinder sind in ihren Urteilen oft impulsiv, unvollständig und ungenau. Sie achten mehr auf aggressive Hinweisreize, interpretieren uneindeutiges Peerverhalten eher als feindselig und schreiben anderen eher böswillige Absichten zu. Ihr Repertoire sozial-kognitiver Strategien (bei hypothetischen sozialen Problemen) ist stärker eingeschränkt als bei beliebten, außerdem produzieren sie mehr agonistische und weniger prosoziale Lösungen. Hinzu kommt, dass sie glauben, mit feindseligen, verletzenden Strategien ihre Ziele wirkungsvoller zu erreichen, und seltener bemerken, dass ihr Verhalten von anderen negativ wahrgenommen wird. Für soziale Misserfolge machen sie vor allem andere verantwortlich.

Abgelehnt-zurückgezogene Kinder haben demgegenüber keine Schwierigkeiten, soziale Motive zu verstehen. Sie finden kompetente Lösungen für soziale Probleme, präferieren aber submissive Lösungsstrategien, da sie von durchsetzungsfähigen Strategien negative Reaktionen erwarten. Sozialen Misserfolg attribuieren sie auf interne, stabile Merkmale.

Beide Gruppen weisen somit eine Reihe kognitiver Defizite auf, die ihr Verhalten nachhaltig und nachteilig beeinflussen (Bierman & Welsh 1997, Rubin et al. 1998).

3.3 Prädiktoren und Interventionsmöglichkeiten

In Längsschnittstudien wurden vor allem ungünstige Bedingungen sozialer Entwicklung untersucht. Sie belegen, dass verschiedene Aspekte sozialer Interaktion und sozialer Beziehungen im Grundschulalter die Ausbildung sozialer Kompetenz hemmen oder verhindern können, mit den Folgen späterer Schulprobleme, antisozialen Verhaltens und der Beeinträchtigung physischer und psychischer Gesundheit (vgl. von Salisch 2006). Als Risikofaktoren, wie sie auch in den zitierten Befunden aus Querschnittuntersuchungen identifiziert wurden, kommen in Betracht: fehlende Freunde, qualitativ schlechte Freundschaft, Freundschaft mit asozialen und antisozialen Peers, Ablehnung seitens der Mitschüler, Aggression, gehemmtes und passives Verhalten. Der häufig gefundene Zusammenhang mit sozial-kognitiven Defiziten legt entsprechende Interventionen nahe, etwa durch Förderung des Freundschaftverständnisses (vgl. Selman 1984) oder durch ein Reattributionstraining, das eine realistischere Zuschreibung von Gründen für Ablehnung sowie für die Folgen von Aggression und Sichzurückziehen herbeiführt (s. auch die Vorschläge von Petermann, 1999, zum Training sozialer Kompetenzen; zur Diagnostik sozialer Kompetenzen s. Kanning 2003).

Literatur
Bierman, K.L. & Welsh, J.A. (1997): Social relationships deficits. In: Mash, E.J. & Terdal, L.G. (eds.): Assessment of Childhood Disorders. New York, S. 328-365. – Coie, J.D., Dodge, K.A. & Coppotelli, H. (1982): Dimensions and types of social status: A cross-age perspective. In: Developmental Psychology 18, S. 557-570. – Kanning, U.P. (2003): Diagnostik sozialer Kompetenzen. Göttingen. – Krappmann, L. & Oswald, H. (1995). Alltag der Schulkinder. Beobachtungen und Analysen von Interaktionen und Sozialbeziehungen. Weinheim. – Oswald, H. & Krappmann, L. (1991). Der Beitrag der Gleichaltrigen zur sozialen Entwicklung von Kindern in der Grundschu-

le. In: R. Pekrun & H. Fend (Hrsg.): Schule und Persönlichkeitsentwicklung. Ein Resümee der Längsschnittforschung. Stuttgart, S. 201-216. – Petermann, F. (1999). Training sozialer Kompetenzen bei Kindern und Jugendlichen. In: Margraf, J. & Rudolf, K. (Hrsg.): Soziale Kompetenz – Soziale Phobie. Anwendungsfelder, Entwicklungslinien, Erfolgsaussichten. 2. Aufl. Baltmannsweiler, S. 129-144. – Petillon, H. (1978): Der unbeliebte Schüler. Theoretische Grundlagen, empirische Untersuchungen, pädagogische Möglichkeiten. Braunschweig. – Rubin, K.H., Bukowski, W. &. Parker, J.G. (1998): Peer interactions, relationships, and groups. In: Damon, W., Series Ed., Eisenberg, N., Vol. Ed., Handbook of Child Psychology, Vol. 3: Social, Emotional, and Personality Development. New York, S. 619-700. – Rubin, K.H. & Rose-Krasnor, L. (1992): Interpersonal problem solving and social competence in children. In: Van Hasselt, V. B. & Hersen, M. (eds.): Handbook of Social Development. A Lifespan Perspective. New York, S. 283-323. – Salisch, M. von (2006): Freundschaften und ihre Folgen. In: Hasselhorn, M.& Schneider, W. (Hrsg) Handbuch der Entwicklungspsychologie. Göttingen. – Selman, R. L. (1984): Die Entwicklung des sozialen Verstehens. Entwicklungspsychologische und klinische Untersuchungen. Frankfurt am Main. – Wagner, J.W.L. (2004): Angemessen Helfen – Sozialkognitive Voraussetzungen im Grundschulalter. Sache-Wort-Zahl 65, S. 4-9. – Youniss, J. (1980): Parents and Peers in Social Development. Chicago.

55| Entwicklung des ökonomischen Denkens
Eva Gläser

„Also, meine Mama, die, die arbeitet, Dings – wie heißt denn das? – in Dings, die Sonne, – wenn Leute reinkommen, die sonnen sich denn". Die achtjährige Julia weiß, wo ihre Mutter arbeitet, da sie den Arbeitsplatz, das Sonnenstudio, bereits besucht hat. Julia kennt ebenso den Beweggrund für die Erwerbstätigkeit ihrer Mutter: *„Weil die Geld verdienen musste"*, denn ihre Eltern, so erzählt sie weiter, *„müssen ja auch das Haus fertig kriegen".* Während die Zweitklässlerin mit der Arbeitsstelle ihrer Mutter und dem Grund für die Tätigkeit, dem Gelderwerb, vertraut ist, hat sie hinsichtlich der Erwerbstätigkeit ihres Vater keine konkrete Vorstellung: *„Mein Papa – , des weiß ich nicht"* (vgl. Gläser 2002, S. 222).

Zu hinterfragen ist, ob Julias Vorstellungen typisch für ihr Alter sind. Wissen auch andere Achtjährige bereits, dass Arbeit, insbesondere Erwerbsarbeit, entlohnt wird? Im Folgenden wird der Forschungsstand zum ökonomischen Denken von Kindern zu einzelnen inhaltlichen Bereichen näher dargestellt. Zuvor werden die theoretischen Rahmungen, die Forschungsarbeiten zum ökonomischen Wissen und Verstehen von Kindern aufweisen, aufgezeigt. Auch die grundsätzliche Frage, ob altersgemäße Zuordnungen von ökonomischem Denken überhaupt sinnvoll bzw. möglich sind, gilt es zu thematisieren.

1 Theoretische Annahmen zur Entwicklung des ökonomischen Denkens

Jahrzehntelang dominierte in der kognitiven Entwicklungspsychologie die Theorie Piagets (vgl. Giest in diesem Band, Nr. 50). Nach dieser gibt es bereichsübergreifende, strukturelle Merkmale des Denkens, die sich in vier aufeinander folgende Hauptstadien der geistigen Entwicklung aufteilen lassen, die jeweils aus dem vorherigen Stadium hervorgehen. Erst mit dem Alter von etwa 10 Jahren befindet sich ein Kind nach dieser Theorie im Stadium der formalen Operationen, die das letzte Stadium der geistigen Entwicklung darstellt. Diese fundamentalen Entwicklungsveränderungen kindlicher Konzepte beinhalteten auch die Annahme, dass Kinder und Erwachsene unterschiedliche Begriffsstrukturen aufweisen, da sie sich in unterschiedlichen Entwicklungsphasen befinden. Neuere Forschungsergebnisse bestätigen dies nicht. Sie zeigen, dass entgegen der klassischen Entwicklungstheorie davon ausgegangen werden kann, dass auch jüngere Kinder bereits Konzepte besitzen, die wissensbasiert sind und nicht nur an die Anschauung gebunden sein müssen (vgl. Sodian 2002, S. 446). Seit über zwanzig Jahren steht demzufolge die domänenspezifische Veränderung von Begriffssystemen im Zentrum aktueller Entwicklungstheorien des begrifflichen Wissens. Die Wissensentwicklung vollzieht sich nach neueren Erkenntnissen in einigen wenigen grundlegenden Domänen (beispielsweise dem biologischen, physikalischen, numerischen oder auch psychologischen Wissen). Vereinzelt wird als eine wichtige Domäne, die für das „Realitätsverständnis" von Bedeutung ist, auch die Ökonomie benannt (vgl. Sodian 1998, S. 634).
Während ältere Forschungsarbeiten zum gesellschaftlichen und ökonomischen Wissen von Kindern eine theoretische Rahmung im Sinne der Stadientheorie Piagets erkennen lassen, basieren Forschungsarbeiten der letzten zwanzig Jahre vor allem auf einer der drei folgenden theoretischen Annahmen: dem Modell des Expertiseerwerbs, den Modularitätstheorien oder der Theorie-Theorie (vgl. Sodian 2002, S. 447ff.). Beim Modell des Expertiseerwerbs wird das Kind als „universeller Novize" begriffen: „Es werden weder Annahmen über einen (angeborenen) Ausgangszustand noch über domänenspezifische Mechanismen gemacht. Vielmehr genügen domänenübergreifende Informationsverarbeitungsfähigkeiten und domänen-spezifischer Input zur Erklärung des Expertiseerwerbs" (S. 448). Die Modularitätstheorien gehen davon aus, dass die Informationsverarbeitung bei Kindern und Erwachsenen identisch ist und dass es „spezialisierte Systeme" der Informationsaufnahme gibt, die jeweils spezifische Informationen repräsentieren und verarbeiten können. Die Theorie-Theorie erklärt kognitiven Fortschritt nicht als stetig, sondern als „Prozess der Um-strukturierung begrifflicher Systeme" in einer jeweiligen Domäne. Kindliches Wissen sei ebenso wie bei Erwachsenen „theorieähnlich organisiert", auch wenn sich kindliche, „intuitive" Theorien von denen der Erwachsenen unterscheiden (vgl. S. 449).

Nach wie vor weisen die meisten Studien zum ökonomischen Wissen einen theoretischen Bezug zum Stadienmodell Piagets auf (vgl. Berti 2002). Darin erkennt Hutchings zahlreiche Forschungsprobleme: 1. Soziale Interaktionen der Kinder werden in die Untersuchungen nur bedingt einbezogen. 2. Unklar bleibt häufig, wie Forschende ihre unterschiedlichen Stadien festgelegen (z.B. Normierung einer vermeintlichen Erwachsenensicht auf ökonomische Begriffe). 3. Durch die Festlegung von Stadien wird eine vermeintliche Norm bzw. Normalität definiert, die alle, die diesen Vorstellungen nicht entsprechen, ausschließt (vgl. 2002, S. 52f.).

Einen Überblick über die bisherigen Forschungsergebnisse zur Entwicklung des ökonomischen Wissens präsentieren diverse Autoren: Feldmann (1987), Berti und Bombi (1988), Claar (1990) sowie Kiper und Paul (1995). Allerdings stellen diese Autoren lediglich Untersuchungen vor, die konzeptionell bereichsübergreifende Stadien zugrunde legten. Publikationen, die darüber hinaus auch Studien beinhalten, die einen bereichsspezifischen Ansatz befürworten, liegen nur begrenzt vor (Claar 1996; Berti 2002; Gläser 2002).

2 Ökonomisches Wissen von Kindern

Nach Berti (2002) zeigen Kinder erst ab einem Alter von ungefähr sechs Jahren ein Verständnis für Ökonomie und politische Institutionen (S. 93). Dies wird damit begründet, dass arithmetisches Wissen für das ökonomische Denken notwendig ist (Wissen über den Wert von Geld bzw. über den Verkauf und Kauf von Waren). Diese Altersangabe sollte jedoch nicht als Zuschreibung verstanden werden, sondern lediglich als „grober Durchschnitt" (ebd.). Berti und Bombi (1988), die sich theoretisch an Piaget anlehnen, gehen davon aus, dass sich Kinder zuvor, im Alter von drei bis sechs Jahren in einer Periode des „prä-operationalen Denkens" befinden. Die Kinder wissen um die Bedeutung von Geld und wissen, dass es Läden gibt, in denen gegen Bezahlung eingekauft werden kann. Die Verteilung bzw. die Produktion von Gütern ist ihnen ebenso wie der Gewinn, der dabei erzielt werden kann, jedoch noch nicht verständlich.

Untersuchungen zum Verständnis des Arbeitsbegriffes bei Kindern und Jugendlichen zeigen, dass Kinder ungefähr im Alter von fünf bis sieben Jahren zu verstehen beginnen, „dass die Arbeit ihrer Eltern mit einer Bezahlung verbunden ist" (vgl. Claar 1996, S. 216). Die Erklärungen, woher das Geld für die Gehälter stammt, zeigen deutlich, dass Kinder noch keine „Einsicht in die Vorgänge, durch die ein Arbeitgeber dieses Geld erwirtschaftet", besitzen. Vielmehr werden als Geldquelle zumeist generalisierend Banken oder auch „Geldfabriken" genannt. Zum Teil werden aber auch die Abnehmer der Leistungen, z.B. die Kundin in einem Bäckerladen, als direkte Geldgeber für den Lebensunterhalt der Verkäuferin gesehen (vgl. ebd.). Die Verknüpfung „Arbeit gegen Geld", die Kinder bereits sehr früh vornehmen, ist als ein wichtiger Schritt zu sehen: Sie konstruieren damit ein komplexeres begriffliches System und vollziehen „einen wesentlichen Schritt hin zum Verständnis der Zirkulation von Geld in der Gesellschaft" (vgl. S. 219). Jüngere Kinder erkennen die Bedeutung des Begriffes Arbeitnehmer noch nicht, erst ab dem achten Lebensjahr erfassen Kinder Hierarchien in der Arbeitswelt. Begriffe wie „der Boss" bzw. „der Eigentümer" werden vermehrt angewandt. Die Vorstellungen über einzelne Berufe machen Kinder am Konkreten und Äußerlichen fest, d.h. sie zählen einzelne Tätigkeiten, wie Briefe schreiben oder telefonieren, auf, wenn sie Berufe erklären. „Der Aufbau spezifischer Vorstellungen über die einzelnen Berufe, insbesondere von den Arbeitstätigkeiten, die mit ihnen verbunden sind, aber auch von den erforderlichen Fertigkeiten und Kenntnissen, erfolgt nur ganz allmählich und erstreckt sich bis ins Erwachsenenalter hinein" (Claar 1996, S. 218).

Auch Furth (1978) erkennt, in theoretischer Anlehnung an Piaget, ein Stufenkonzept des gesellschaftlichen Wissens. Er untersuchte vor allem die ökonomischen Aspekte Geld, Berufe und Vorstellungen des Kauf-Verkauf-Prozesses. Kinder auf der Stufe 1 (mit 5 bis 7 Jahren) verstehen „die Funktion des Bezahlens überhaupt nicht. Sie halten es für ein Ritual, bei dem der Kunde Geld gibt und Waren sowie Wechselgeld zurückbekommt". Erst auf der Stufe 4 (vor allem ab 10 bzw. 11 Jahren) haben Kinder nach Furth ein Verständnis für Profit. Der Gewinn, den der Kaufmann macht, wird nun beschrieben und verstanden (vgl. S. 194f.). Ebenso erkennen Strauss (1976) und Böge (1976) Stadien bei der Entwicklung des gesellschaftlichen Wissens, was nicht verwundert, da sie sich ebenso auf die Entwicklungstheorie Piagets beziehen.

Kritisch anzumerken ist, dass viele dieser Untersuchungen, so auch beispielsweise Berti und Bombi (1988), lediglich Kinder ähnlicher sozialer Herkunft in ihren Untersuchungen befragten. Zudem kann eine Normierung in vielen Studien herausgelesen werden, die Arbeit mit Erwerbsarbeit in Vollzeitbeschäftigung definitorisch gleichsetzt (vgl. Hutchings 2002, S. 43ff.). Moderne Arbeitswelt, die gekennzeichnet ist durch prekäre Arbeitsverhältnisse und flexible Arbeitszeiten, spiegelt sich in den Normierungen der Forschenden nicht immer wider. Hausarbeit, Arbeits-losigkeit, ehrenamtliche Arbeit bzw. Selbstständigkeit von Arbeitenden werden nicht unter den festgelegten Arbeitsbegriff subsumiert. Dies kann bedeuten, dass einige Aussagen der Kinder nicht richtig gedeutet werden (vgl. Gläser 2004). Neuere Untersuchungen widersprechen der Auffassung von einer linearen Entwicklung des ökonomischen Denkens. Vielmehr erkennen sie in den Vorstellungen der Kinder erste soziologische Interpretationen bzw. Konstrukte, die eng mit ihrer jeweiligen Lebenswirklichkeit verbunden sind. Die Deutungen sind somit als subjektorientierte Konstruktionen von gesellschaftlicher Wirklichkeit zu interpretieren, die medial bzw. personal vermittelt wurden (vgl. Gläser 2002).

Literatur

Berti, A. E. & Bombi, A. S. (1988): Child's Construction of Economics. Cambridge. – Berti, A. E. (2002): Children's understanding of society: psychological studies and their educational implications. In: Näsman, E., Ross A. (Hrsg.): Chrildren's understanding in the new Europe. Stoke on Trent, Sterling, S. 89-107. – Böge, K. (1976). Arm und Reich vom kindlichen Standpunkt gesehen. In: Wacker, A. (Hrsg.): Die Entwicklung des Gesellschaftsverständnisses bei Kindern. Frankfurt, S. 17-36. – Claar, A. (1990): Die Entwicklung ökonomischer Begriffe im Jugendalter. Eine struktur-genetische Analyse. Berlin, Heidelberg, New York. – Claar, A. (1996): Was kostet die Welt. Wie Kinder lernen, mit Geld umzugehen. Berlin. – Feldmann, K. (1987): Die Entwicklung des ökono-mischen Bewusstseins von Kindern und Jugendlichen. Hannover. – Furth, H. G. (1980): Das Gesellschaftsverständnis des Kindes und der Äquilibrationsprozess. In: Edelstein, W., Keller, M. (Hrsg.): Perspektivität und Interpretation. Frankfurt am Main, S. 188-215. – Gläser, E. (2002): Arbeitslosigkeit aus der Perspektive von Kindern. Eine Studie zur didaktischen Relevanz ihrer Alltags-theorien. Bad Heilbrunn. – Gläser, E. (2004): Modernisierte Arbeitsgesellschaft im Sachunterricht. Didaktisch-methodische Überlegungen zum ökonomischen Lernen. In: Richter, D. (Hrsg.): Gesell-schaftliches und politisches Lernen im Sachunterricht. Bad Heilbrunn, Braunschweig, S. 173-188. – Hutchings, M. (2002): Towards an anti-developmental view of children's social and economics understanding. In: Näsman, E., Ross, A. (Hrsg.): Children's understanding in the new Europe. Stoke on Trent, Sterling, S. 33-62. – Kiper, H., Paul, A. (1995): Kinder in der Konsum- und Arbeits-welt: Bausteine zum wirtschaftlichen Lernen. Weinheim, Basel. – Sodian, B. (2002): Entwicklung begrifflichen Wissens. In: Oerter, R., Monatada, L. (Hrsg.): Entwicklungspsychologie. 5. vollst. überarb. Aufl. Weinheim, Basel, Berlin, S. 443-468. – Sodian, B. (1998): Entwicklung bereichs-spezifischen Wissens. In: Oerter, R., Montada, L: (Hrsg.): Entwicklungspsychologie. 4. korrigierte Aufl. Weinheim, S. 622-653. – Strauss, A. (1976): Die Entwicklung und Transformation der Bedeu-tung des Geldes beim Kind. In: Wacker, A. (Hrsg.): Die Entwicklung des Gesellschaftsverständnisses bei Kindern. Frankfurt am Main, S. 169-190.

56| Entwicklung von Raumbewusstsein
Jürgen Hasse

„Raumbewusstsein" ist ein schillernder Begriff. Sowohl der Begriff des Raumes als auch der des Bewusstseins werden in verschiedenen Kontexten mit je eigenen Bedeutungen verwendet. In einem Raum ist man, (a) wenn man sich in einem Zimmer befindet. In einem ganz anderen Raum ist man, (b) wenn man sich im Geltungsbereich eines souveränen Staates befindet oder (c) im Raum einer gro-ßen Stadt nach dem richtigen Weg sucht. Schließlich spricht man u. a. von (d) Denkräumen, (e) Zeiträumen und (f) gefühlsmäßig spürbaren Räumen. Raum, dessen man sich bewusst sein kann, wird also auf die jeweilige Besonderheit einer Raum-*Situation* bezogen werden müssen. Ähnliches gilt für den Begriff des „Bewusstseins". Dies schon aufgrund des Umstandes, dass man sich auf höchst unterschiedliche Weise etwas bewusst „sein" kann (u.a. kognitiv und affektiv).

1 Den Raum *denken* können

Raumbewusstsein fordert räumliches Denken. Dies wird in den verschiedenen fachdidaktischen Diskursen auf den dreidimensionalen (mathematischen) Raum der euklidischen Geometrie bezogen. Raumbewusstsein schließt dann die Fähigkeit zur Orientierung in der (Heimat-) Stadt oder das Wissen um die Ent–fernung des Flusses vom eigenen Wohnhaus ein. Gefordert sind kognitive Fähigkeiten, abstrakte Lagebeziehungen zueinander in Beziehung setzen zu können. Raum gilt es unter Absehung vom eigenen Selbst als relationales Abstandsgefüge von Objekten „verstehen" zu können. Raumbewusstsein i.d.S. ist vom Stand der Entwicklung eines Kindes abhängig. Entwicklungspsychologische Studien zum „räumlichen Denken" hat Piaget schon in den 1940er Jahren unternommen. Piaget hat die folgende altersspezifische Differenzierung räumlichen Denkens vorgenommen: (a) 0 – 2 Jahre: sensomotorische Phase (Greif- und Laufraum); (b) 2 – 7 Jahre: präoperationale Phase (topologisch; nichtmetrische Relationen); (c) 7 – 11 Jahre: Phase konkreter Operationen (Aufkommen projektiver Vermögen, Perspektiven); (d) ab 11 Jahre: Phase formaler Operationen (euklidische Raumvorstellung, abstraktes Denken). Noch heute haben die Befunde in Grundzügen Bedeutung. Als Folge veränderter Bedingungen der (räumlichen und medialen) Sozialisation sind aber auch Aktualisierungen angezeigt. Strittig dürfte vor allem die Definition der Zeitfenster sein (u.a. wegen soziokultureller Differenzen).

Als Konsequenz aus diesem Stufenmodell hat sich in der Didaktik des Heimat- und Erdkundeunterrichts das Konzept der „konzentrischen Kreise" bis in die Gegenwart behauptet. Danach soll Unterricht vom Raum der eigenen Wohnung kreisförmig in die weite Welt voranschreiten. Wagner sprach von „Raumkreisen": (1) Haus und Hof, (2) nähere Umgebung des Heimatortes, (3) engere und weitere Heimat, (3) Vaterland und die Länder um uns, (4) der eigene Kontinent, (5) die übrigen Erdteile und schließlich (6) Weltraum (vgl. Wagner 1955, S. 29f.). Als Folge der Rolle, die Massenmedien und massentouristische Reiseerfahrungen heute im Sozialisationsprozess (soziokulturell hoch differenziert) spielen, hat dieses Modell an Bedeutung eingebüßt.

Räumliches Denken variiert geschlechtsspezifisch (vgl. Hempel in diesem Band, Nr. 58). Die Gründe für bessere Leistungen räumlich abstrakten Denkens bei Jungen (und vergleichsweise bessere u.a. sprachliche Leistungen von Mädchen) werden auf verschiedene Gründe zurückgeführt (Genetik, biographischer Zeitpunkt des Eintritts in die frühe Pubertätsphase, Gender, kulturelle Einflüsse).

Raumbewusstsein schließt das Vermögen ein, *insgesamt* in perspektivischen Differenzen denken zu können, d.h. die Fähigkeit, sich auch im sozialen (und politischen) Bereich in die Perspektive anderer hineinversetzen zu können (vgl. Lohaus, Schuhmann-Hengsteler & Kessler 1999). Offen dürfte die Frage sein, ob die Fähigkeit zur raumrelationalen Distanznahme der Fähigkeit zur sozialen Distanznahme vorausgeht oder umgekehrt.

2 Den Raum *erleben* können

Kein Raum*denken* ohne Raum*erleben*! Dass die Schule beträchtlichen Unterrichtsaufwand zur Entfaltung und Differenzierung von Raumdenken betreibt, sich aber um die Alphabetisierung von Raumerleben beinahe gar nicht bemüht, zeigt, dass fachdidaktische Präferenzen kulturell imprägniert sind (vgl. Schmitz 2003, Kap. 8). Bis heute gilt die mehr praktizierte als bildungstheoretisch und anthropologisch legitimierte Hierarchisierung, wonach die Schule ein Ort des Kognitiven ist, während das Emotionale in Sonderräumen wie Familie, Kirche, Therapie (inoffiziell aber auch politischer Ideologiebildung) gepflegt werden möge. In besonderer Weise setzte sich Dürckheim mit dem Raumerleben auseinander. Raum sah er als *gelebten Raum,* als „leibhaftige Herumwirklichkeit", als Medium der „leibhaftigen Verwirklichung" des Selbst. Dieser *konkrete* Raum ist mit einer Fülle erlebter Bedeutsamkeiten aufgeladen (vgl. Dürckheim 2005, S. 14ff.) und lässt sich auch als Kehrseite des euklidischen und „objektiven" Raumes der Geodäten und Kartographen auffassen. Dürckheim hat in ihm die Erfüllungsorte des eigenen Lebens angesiedelt.

Neben kognitivem kommt affektivem Raumbewusstsein fundamentale Lebensbedeutsamkeit zu. Zur Unterscheidung differenziert Erwin Straus zwischen einer gnostischen und einer pathischen Seite der Raumwahrnehmung. Während auf der Seite des Gnostischen die Welt nach gegenstandsbezogenen und erkenntnisvermittelnden Kategorien (begrifflich) geordnet wurde, erschließt die pathische Seite die subjektive Welt leiblichen Im-Raum-Seins (vgl. Straus 1930, S. 151). Mit dem Begriff des Pathischen setzt Straus einen Kontrapunkt gegen die philosophisch-cartesianische Vorstellung von Erkenntnis, wonach es zwar Empfin-*dungen* gibt, aber kein Empfin-*den*.

Diese Kritik ist aktuell. Der Sachunterricht lehrt die begriffliche Definition von Dingen, Phänomenen und Verhältnissen. Als struktureller Preis „verkappten" Lernens vernachlässigt er die Seite des Empfindens und damit die Alphabetisierung der Fähigkeit zur Aufmerksamkeit gegenüber dem Ereignischarakter der räumlichen (Um-/Mit-) Welt. Pathisches Raumbewusstsein schärft die Wahrnehmung gegenüber dem „Herandrängenden", dem „Berührenden" und „Anmutenden" im Raum. *Bewegungen* im Raum spielen hier eine Rolle. Vom absoluten Ort des momentanen Hier erschließt sich das Individuum die leiblichen Richtungen seiner Orientierung (oben, unten, vorne, hinten usw.). An der Schnittstelle des eigenleiblichen Spürens schälen sich Beziehungen zwischen *Selbstraum* und *Weltraum* heraus, die in räumlichen „Vitalqualitäten" (evaluativ) erlebt werden. Auf dem gesellschaftlichen Hintergrund sich schnell ausbreitender (technischer) Medien (TV, Video, PC) folgt pathisches Lernen in räumlichen Umgebungen dem Ziel, den archaischen Erdraum an sinnlich konkreten und wirklichen Orten der Erfahrung zu sichern. Eine Anthropologie des Lernen im hypertechnologischen Zeitalter setzt deshalb auf eine progressive Regression der Wahrnehmung. Darin liegt eine vordringliche *emanzipationsorientierte* Aufgabe (vgl. Schultheis 2004).

Das Verstehen atmosphärisch „gestimmter Räume" – die es im Alltag der Grundschule zahlreich gibt – fordert ein integrales Vermögen kognitiver und emotionaler Intelligenz. Die schulische Umgebung wird nie als spannungsfreier Raum erlebt, sondern in der Spanne von Lust und Unlust zwischen dem Gefühl der Weite und der Enge. Der Begriff der „Atmosphäre" meint solches Mitsein in räumlichen Umgebungen. Jenseits einer plappernden Esoterik sinnlichen Lernens, das nichts will, außer Zeugnis von der bloßen Existenz des Sinnlichen abzulegen, stellt sich die Bildungsaufgabe, über (atmosphärisches) Raumerleben in der *Sache* der Empfindungen genau sprechen zu lernen. Schon Bollnow diskutierte die Ansprüche an eine „pädagogische Atmosphäre" (vgl. Bollnow 1964). Pathisches Raumbewusstsein bewährt sich in Situationen leiblicher Kommunikation (vgl. Schmitz 1998) mit anderen Menschen, Haustieren, Gegenständen oder Architektur.

Wie kein anderes Unterrichtsfach entwickelt der Sachunterricht eine Kultur des inter-, trans- und hyperdisziplinären Fragens; dies mit der Konsequenz, die herrschende (Verstandes-) Rationalität durch die Mobilisierung ästhetischer Rationalität zu überschreiten, um über die *Sache* menschlichen Raumerlebens und Befindens im Raum sprechen und nach–denken zu können.

3 In hybriden Räumen *denken* und *leben* können

Wo die Dinge, Bilder, Werte und Informationen (als Folge der Globalisierung) schneller zirkulieren, büßen die Orte an Originalität ein. Die Suche nach Heimat steht vor der Aufgabe, kürzer werdende Zyklen der Mobilität in ein Orientierung vermittelndes Raumbild einzugliedern. Die Stabilität von Selbst und Ort schwindet. Sloterdijk sieht einen Trend zum multilokalen Selbst wie zum polyethnischen und denationalisierten Ort (vgl. 2005, S. 233ff). Der individuell authentische Ort muss unter solchen Bedingungen individuell gefunden, d.h. kreiert und erarbeitet werden. Es stellt sich deshalb die Aufgabe, die objektive Kartographie der Erd- und Heimat-*Kunde* durch eine erlebbar gemachte Orts-Poesie anzureichern. Nicht im mathematischen, sondern im gelebten Raum werden sich Kinder ihrer selbst gewahr. Sie müssen deshalb die Erfahrung machen können, sich den realen

Weltraum als atmosphärisch gestimmten Selbstraum mit Vitalqualitäten anzueignen. Sachunterricht muss an seinem Grundsatz der Wissenschaftsorientierung festhalten. Als Folge seiner wissenschaftstheoretisch hybriden Struktur stellt sich diese Wissenschaftsorientierung als etwas Verdautes dar (i.d.S. vgl. Serres 1985, S. 456), in dem man wohnt, das man sich zueigen gemacht hat und deshalb immer wieder neu *ein*-zuwohnen in der Lage ist. Ein Beispiel für die Befunde solchen Denkens liefert Michelets „Meer" aus dem Jahre 1861. Den Raum des Meeres erschließt er auf zwei Ebenen: der des wissenschaftlichen Wissens und der einer poetisch-sinnlich-ästhetischen, pathischen Teilhabe am Geschehen des Meeres. Das Wissen um die kartierbaren Dinge wird so durch ein Wissen um Berührungen im gelebten Raum angereichert. Jenseits sicher geglaubten Wissens werden Denk- und Fragwürdigkeiten generiert, das Vertraute wird ins Wieder-Fremde zurückgesetzt.

Literatur

Bollnow, O. F. (1964): Die pädagogische Atmosphäre. Essen 2001. – Dürckheim, Graf Karlfried von (2005): Untersuchungen zum gelebten Raum. Hgg. von Jürgen Hasse (= Natur – Raum – Gesellschaft, Bd. 4) Frankfurt/Main. – Lohaus, A., Schuhmann-Hengsteler, R. & Kessler, Th. (1999): Räumliches Denken im Kindesalter. Marburg. – Michelet, J. (1861): Das Meer; deutsche Übersetzung hgg. von Rolf Wintermeyer, Frankfurt/M./New York/Paris 1987. – Schmitz, H. (1998): Der Leib, der Raum und das Gefühle. Edition tertium. Ostfildern. – Schmitz, H. (2003): Was ist Neue Phänomenologie? LYNKEUS. Studien zur Neuen Phänomenologie, Bd. 8. Rostock. – Schultheis, K. (2004): Leiblichkeit als Dimension kindlicher Weltaneignung. In: Duncker, L., Scheunpflug, A. & Schultheis, K.: Schulkindheit. Anthropologie des Lernens im Schulalter. Stuttgart (Teil 2), S. 93-171. – Serres, M. (1985): Die fünf Sinne. Eine Philosophie der Gemenge und Gemische. Frankfurt/M. 1994. – Sloterdijk, P. (2005): Im Weltinnenraum des Kapitals. Frankfurt/M. – Straus, E. (1930): Die Formen des Räumlichen. Ihre Bedeutung für die Motorik und die Wahrnehmung. In: Ders. (1960): Psychologie der menschlichen Welt. Gesammelte Schriften. Berlin u.a., S. 141-178. – Wagner, J. (1955): Der erdkundliche Unterricht. Berlin u.a.

57| Heterogene Lernvoraussetzungen
Sabine Martschinke und Bärbel Kopp

1 Lernvoraussetzungen und ihre Bedeutung für den Sachunterricht

Lernvoraussetzungen eines Kindes kennzeichnen all das, was es auf den kommenden Unterricht bezogen mitbringt. Begriffe wie Vorkenntnisse, Vorwissen, Einstellungen, Vorerfahrungen, Präkonzepte oder Alltagstheorien werden zum Teil synonym gebraucht. Es geht dabei aber nicht um Alters- oder Entwicklungszuschreibungen, sondern um erworbene Kenntnisse, Fähigkeiten, Verstehensleistungen, Interesse und Haltungen. Im Gegensatz zu bisherigen, eher eindimensionalen Vorstellungen von Lernvoraussetzungen erweitert Kaiser (1997) das Spektrum auf kognitive, emotionale, ethische, soziale und praktisch-handelnde Dimensionen und tritt damit einem verkürzten Verständnis von Lernvoraussetzungen als rein kognitive Strukturen entgegen. Damit umfasst der Begriff Lernvoraussetzungen die gesamte *individuelle Perspektivität* von Kindern auf sachunterrichtliche Themen (Gläser 2005), die durch Erfahrungen aus dem familialen, sozialen, kulturellen und lokalen Umfeld beeinflusst sind. Folglich sind diese Voraussetzungen für sachunterrichtliche Themen in hohem Maße soziokulturell bedingt und deswegen interindividuell verschieden. Aber auch intraindividuell unterscheiden sich Lernvoraussetzungen in Abhängigkeit von Domäne oder spezifischem Thema.

Die Prognosekraft von Lernvoraussetzungen und ihre Bedeutung für die zukünftige Leistungs- und Persönlichkeitsentwicklung ist unbestritten. Speziell für den Sachunterricht konnte Franz (2006) hochsignifikante Zusammenhänge zwischen dem *Vorwissen* zum Thema Strom und den Leistungsergebnissen nach dem Unterricht nachweisen. Diese Stabilität zeichnet sich bei der Lernvoraussetzung *Interesse* sogar noch etwas deutlicher ab. Die zunehmende Bedeutsamkeit, die man kognitiven Lernvoraussetzungen im Sachunterricht beimisst, zeigt sich auch an der wachsenden Zahl von Studien zu Schülervorstellungen im Sachunterricht, wobei Untersuchungen aus dem naturwissenschaftlichen Bereich im Vergleich zum sozialwissenschaftlichen Bereich dominieren. Die Heterogenität der Lernvoraussetzungen von Grundschulkindern wird aber meist nur implizit oder am Rande thematisiert. Verschiedene Arbeiten zu naturwissenschaftlichen Lerninhalten (wie z.B. zu Licht und Schatten, Schall und Ton, Magnetismus usw.) zeigen, dass es eine Vielfalt an Erklärungs- und Interpretationsmustern zu den jeweiligen Phänomenen gibt (vgl. Schmeinck 2004), ohne allerdings darzulegen, welche verschiedenen Konkretisierungen der Perspektivität im Unterricht genutzt werden müssen. Es wird eher darauf abgezielt, was von Kindern einer bestimmten Altersgruppe zu erwarten ist.

Exemplarisch sollen im Folgenden ausgewählte Studien das vorfindbare *Spektrum an Heterogenität* beispielhaft *in verschiedenen Lernbereichen* dokumentieren und Möglichkeiten eines angemessenen Umgangs mit Heterogenität aufgezeigt werden.

2 Forschung zur Heterogenität von Lernvoraussetzungen

Die bereits angeführte Untersuchung von Franz (2006) mit insgesamt 417 Drittklässlern zeigt für das *naturwissenschaftliche* Thema Strom, dass bei einer maximal erreichbaren Punktzahl von 44 das Testergebnis zum Vorwissen von 8 Punkten bis 36,5 Punkten erheblich streut. Die Heterogenität im Interesse zu diesem Thema vor dem Unterricht offenbart sich in einer Spannweite von 1,2 bis 3,9 auf einer Skala von eins bis vier.

Möller (1998) belegt für den *naturwissenschaftlich-technischen* Bereich, dass neunjährige Grundschüler den Funktionszusammenhang zwischen Pedal, Kette, Zahnrädern und Hinterrad an einem Fahrrad unterschiedlich darstellen. Die Ergebnisse reichen von einer additiven, unverbundenen Aneinanderreihung der einzelnen Teile über die Darstellung der Verbindung von Kette und Zahnrad bis hin zur zutreffenden Erläuterung des Prinzips der Übersetzung. Verantwortlich für diese große Bandbreite werden einerseits unterschiedlich ausgeprägte Handlungsmöglichkeiten und andererseits geschlechtsspezifisch verschiedene Sozialisationserfahrungen gemacht.

Gebauer und Harada (2005) zeigen für den *biologischen* Bereich, dass Grundschulkinder grundsätzlich verschiedene Zugänge zur Natur haben, die vermutlich auf der Basis von unterschiedlichen, hier durch kulturelle Differenzen zu erklärenden Erfahrungen zustande gekommen sind. Je nach dominierendem Naturkonzept herrschen eher positive oder negative affektive Einstellungen zur Natur vor. Erfahrungen auf der einen Seite und kognitive Konzepte und affektive Einstellungen auf der anderen Seite scheinen dabei in enger Wechselbeziehung zu stehen.

Für die in diesem Forschungsbereich eher unterrepräsentierten *sozialwissenschaftlichen* Themen konnte Gläser (2005) in einer qualitativen Interviewstudie mit 16 Grundschulkindern exemplarisch zum Schlüsselproblem Arbeitslosigkeit vier unterschiedliche Theorien über Ursachen identifizieren. So stehen sich Ansichten gegenüber, die Arbeitslosigkeit als Konsequenz gesamtgesellschaftlicher und struktureller Probleme sehen, und solche, die Arbeitslosigkeit als Folge von Nichtanstrengung und Nichtkönnen bewerten. Die Unterschiede können durch persönliche Betroffenheit und individuelle Ängste der Kinder erklärt werden.

Dass auch für die Erarbeitung *geografischer* Sachverhalte im Sachunterricht der Grundschule die soziokulturell beeinflussten Lernvoraussetzungen eine Rolle spielen können, zeigt Holl-Giese (2005): Eine Studie mit 922 Zweit- und Viertklässlern über erdkundliche Informationsquellen belegt, dass Länderkenntnisse von Kindern hauptsächlich durch Reisen oder bei Migrantenkindern durch Erlebnisse und Erfahrungen in ihrer Heimat gewonnen werden und Erzählungen eine größere Rolle als Fernsehen spielen. Weitere Informationsquellen sind die Schule, Medien wie Karten, Atlas und Globus oder Bücher und Reisekataloge. Damit wird deutlich, dass Kinder mit unterschiedlichen Sozialisationsbedingungen auch unterschiedliche Voraussetzungen für das Erlernen geografischer Sachverhalte mitbringen. Allerdings sind diese außerschulischen Vorerfahrungen häufig als Klischees, einseitige Vorstellungen oder Vorurteile aufzufinden. Ein Erfahrungsvorsprung bedeutet daher nicht automatisch einen Vorsprung in geografischem Faktenwissen, so dass entweder geringere Erfahrungen durch Lernangebote in der Schule kompensiert werden bzw. Vorerfahrungen umstrukturiert und angereichert werden müssen.

Für den *thematischen Bereich „Zeit"* erhebt Seitz (2005) Sichtweisen von Kindern einer integrativen zweiten Jahrgangsstufe: Die Stichprobe zeichnet sich durch ein besonders breites Spektrum an Heterogenität aus, das von hochbegabten Kindern bis hin zu Kindern mit besonderem Förderbedarf reicht. Die empirisch nachgewiesenen Sichtweisen der Kinder auf das Thema „Zeit" sind stark durch das Erleben von Zeit (Fragen nach der eigenen Lebenszeit, besonderes Interesse an Geburt, früherer Lebenszeit und Tod) sowie durch emotionale Aspekte des Zeitverständnisses geprägt, wodurch ganz unabhängig von Begabungsunterschieden ein individualbiografisches – und damit heterogenes – Profil als gegenstandsspezifische Lernvoraussetzung vorliegt. Seitz betont vor allem die Vernachlässigung eben dieser individuellen und emotionalen Zugangsweisen der Kinder zum Thema in den Lehrplänen aller Schularten, welche sich wiederum eher auf kognitive und funktionelle Inhalte wie das Ablesen der Uhr, die Kenntnis des Kalenders usw. stützen, und spricht sich dafür aus, diese Aspekte im Sachunterricht stärker zu berücksichtigen.

3 Konsequenzen für den Sachunterricht

Aktuell lenken *moderat-konstruktivistische Ansätze* (z.B. Duit 1997) erstmals systematisch den Blick auf das, was Kinder in den Sachunterricht einbringen. Wissen wird eigenständig konstruiert, indem Alltagserfahrungen umstrukturiert, angereichert oder modifiziert werden. Ko-Konstruktionen, in denen Kinder ihre Vorstellungen austauschen, diskutieren und anreichern, führen zu unterschiedlichen Vorstellungen von der „Welt". Mit diesem konsensfähigen Lernbegriff rücken Lernvoraussetzungen verstärkt in den Blick der Didaktik. Sachunterricht muss demnach an Vorwissen, Erfahrungen und Interessen anknüpfen, um vertieftes Verstehen und ergiebiges Lernen zu erreichen.

Alle *adaptiven Unterrichtsformen*, wie auch Individualisierung und Differenzierung (Wember 2001) unterstützen die Idee, Unterricht nach Maßgabe der aufgefundenen Lernvoraussetzungen zu gestalten. Oft besteht jedoch die Gefahr, beispielsweise durch die Bildung fester und homogener Gruppen, das Gedankengut eines adaptiven Unterrichts verkürzt anzuwenden.

Gemeinsamer Unterricht für alle Kinder sollte deswegen ein „Miteinanderarbeiten" aller an einem gemeinsamen Rahmenthema ermöglichen. Für diesen gemeinsamen Unterricht sind damit alle Zugangsweisen der beteiligten Kinder gleichberechtigt, auch die von Kindern mit geistigem Förderbedarf oder mit Hochbegabung. Erst dann ist die Verschiedenheit der Lernenden wirklich erfasst und es können lernförderliche Strukturen für gemeinsames Lernen aller Kinder im Sachunterricht entwickelt werden.

Als Hilfestellung für solche lernförderlichen Strukturen von Unterricht kann das aus dem naturwissenschaftlich-fachdidaktischen Bereich stammende *Modell der didaktischen Rekonstruktion* (Kattmann, Duit, Gropengießer & Komorek 1997) angesehen werden, das die Wechselwirkung zwischen fachlicher Klärung, der Erfassung von Lernerperspektiven und didaktischer Strukturierung beachtet. Fachliche Vorstellungen und Schülerperspektiven werden in einem iterativ voranschreitenden Prozess in eine sich gegenseitig erhellende Verbindung gebracht, ohne dass Lerngegenstände simplifiziert oder zu stark reduziert werden. Die Vorstellungen und Zugangsweisen der Schüler werden dabei als Ergebnis ihrer bisherigen Lerngeschichte in ihrer soziokulturellen Bedingtheit ernst genommen und als Anknüpfungspunkte für die weitere Gestaltung von Lernwegen gesehen (für das Beispiel Wasser im Fachunterricht der Sekundarstufe vgl. ebd. S. 5). Seitz (2005) konkretisiert das Modell der didaktischen Rekonstruktion für die Grundschule exemplarisch am Phänomen „Zeit" und schlägt vor, die Auseinandersetzung mit der eigenen Lebenszeit mit all ihren vielfältigen biografischen und affektiven Bezügen zum gemeinsamen Gegenstand zu machen. Dazu tragen alle Lerner ungeachtet ihrer Begabungen bei und können sich vom gemeinsamen Thema aus ihren Möglichkeiten gemäß weiter entwickeln (ebd. S. 184*)*. Diese Art des Umgangs mit heterogenen Lernvoraussetzungen, die auf das Gemeinsame in der Vielfalt zielt, scheint vor allem für einen produktiven Umgang mit unterschiedlichen Begabungen vielversprechend.

Damit Unterricht an Lernvoraussetzungen anknüpfen kann, stellt sich der Lehrkraft als wesentliche Aufgabe, diese *Lernvoraussetzungen* zunächst zu *erheben*. Dazu können informelle oder systematische Beobachtungen herangezogen werden. Befragungen, seien sie mündlich oder schriftlich, offen oder geschlossen, können helfen, sowohl kognitive als auch affektive Lernvoraussetzungen zu erfassen. Aber auch schulnahe Methoden, z.B. das Protokollieren von längeren Gesprächsreihen, die Analyse von Gesprächen im Morgenkreis oder das Clustern zu einem Stichwort sind Methoden, die einen Einblick in die aktuellen Lernvoraussetzungen des einzelnen Kindes erlauben. Ebenso können ganze Unterrichtsstunden der Erhebung von Lernvoraussetzungen dienen (vgl. dazu Kaiser 1997).

4 Ausblick

Strukturell bietet das Bildungssystem weiterhin selektive Maßnahmen für den Umgang mit Unterschieden zwischen den Kindern an. Hochbegabte Kinder werden oft nicht erkannt und entsprechend gefördert, „Problemkindern" wird durch Wiederholung, Zurückstellung oder Überweisung in besondere Fördereinrichtungen eine Anpassung an bestehende Strukturen und Verfahren zugemutet. Der Unterricht und das Handeln Lehrender hingegen wird selten verändert und solchen Kindern angepasst. In einem gemeinsamen Unterricht, der die Vielfalt der Lernvoraussetzungen bewusst wahrnimmt, akzeptiert und aufgreift, gilt es, adaptive Lernarrangements so zu gestalten, dass jedes Kind gemäß seinem individuellen Interesse, seiner Lerngeschichte und seinem Vorwissen Anknüpfungspunkte finden kann.

Dass ein solcher Unterricht gelingt, setzt weitere empirische Bestätigungen für den Erfolg eines solchen Unterrichts voraus, aber auch, dass Studierende in der Ausbildung erfahren, heterogene Lernvoraussetzungen nicht nur als Belastung, sondern auch als Bereicherung für den Unterricht anzusehen.

Literatur

Duit, R. (1997): Alltagsvorstellungen und Konzeptwechsel im naturwissenschaftlichen Unterricht – Forschungsstand und Perspektiven für den Sachunterricht in der Primarstufe. In: Köhnlein, W., Marquardt-Mau, B. & Schreier, H. (Hrsg): Kinder auf dem Wege zum Verstehen der Welt. Bad Heilbrunn, S. 233-246. – Franz, U. (2006): Die Bedeutung von Unterrichts- und Lehrervariablen für den Wissenserwerb und die Interessenförderung im naturwissenschaftlichen Sachunterricht - Eine empirische Studie zum Thema „Strom". Unveröff. Dissertation. – Gebauer M. & Harada, N. (2005): Naturkonzepte und Naturerfahrung bei Grundschulkindern – Ergebnisse einer kulturvergleichenden Studie in Japan und Deutschland. In: Cech, D. & Giest, H. (Hrsg.): Sachunterricht in Praxis und Forschung. Bad Heilbrunn, S. 191-206. – Gläser, E. (2005): Perspektivität als eine Leitlinie didaktischen Denkens und Handelns – Eine Studie zum ökonomischen Wissen und Verstehen von Grundschulkindern. In: Hartinger, A. & Kahlert, J. (Hrsg.): Förderung des wissenschaftlichen Nachwuchses im Sachunterricht. Bad Heilbrunn, S. 69-83. – Holl-Giese, W. (2005): Das geographische Weltwissen der Sieben- bis Zehnjährigen. In: Grundschule 11, 2005. S. 44-45. – Kaiser, A. (1997): Forschung über Lernvoraussetzungen zu didaktischen Schlüsselproblemen im Sachunterricht. In: Marquardt-Mau, B., Köhnlein W. & Lauterbach, R. (Hrsg.): Forschung zum Sachunterricht. Bad Heilbrunn, S. 190-207. – Kattmann, U., Duit, R., Gropengießer, H. & Komorek, M.(1997): Das Modell der Didaktischen Rekonstruktion. Ein Rahmen für naturwissenschaftsdidaktische Forschung und Entwicklung. In: Zeitschrift für Didaktik der Naturwissenschaften, 3, S. 3-18. – Möller, K. (1998): Kinder und Technik. In: Brügelmann, H. (Hrsg) (1998): Kinder lernen anders vor der Schule – in der Schule. Lengwil am Bodensee, S. 89-106. – Schmeinck, D. (Hrsg)

(2004): Forschungen zu Lernvoraussetzungen von Grundschulkindern. Wie Kinder die Welt sehen. Karlsruhe: Karlsruher pädagogische Schriften. – Seitz, S. (2005): Zeit für inklusiven Sachunterricht. Hohengehren. – Wember, F. B. (2001): Adaptiver Unterricht. In: Sonderpädagogik.31, H. 3, S. 161-181.

58| Geschlechtsspezifische Differenzen
Marlies Hempel

Der Gebrauch der Bezeichnung „geschlechtsspezifisch" ist in der Praxis wie auch im wissenschaftlichen Diskurs durchaus üblich, muss theoretisch aber als problematisch angesehen werden. Der Begriff unterstellt, dass es eindeutige Differenzen zwischen den Geschlechtern gäbe und damit die Möglichkeit, Fähigkeiten, Fertigkeiten, Verhaltensweisen, Eigenschaften u. ä. jeweils einem der beiden Geschlechter genau zuzuordnen. Dennoch ist es übliche Praxis, die Kinder nach Mädchen und Jungen zu differenzieren und ihnen oft unreflektiert Eigenschaften qua Geschlecht zuzuordnen. Prozesse der sozialen Konstruktion von Geschlecht verlaufen in der Schule eher subtil und „heimlich". Der „heimliche Lehrplan der Geschlechtererziehung", ein Begriff aus der kritischen Bildungstheorie der 70er Jahre, ist ein System von unbeabsichtigten, unbemerkten Auswirkungen der Geschlechterinteraktionen und der Weitergabe sozialer und ideologischer Normen. Lehrerinnen und Lehrer, aber auch die Schülerinnen und Schüler sind „verstrickt" in den gesellschaftlichen Prozess der symbolischen Rekonstruktion einer Kultur der Zweigeschlechtlichkeit. Das schränkt die Entfaltungsmöglichkeiten sowohl von Mädchen als auch von Jungen ein. Obwohl sich seit einigen Jahren Dauer und Qualität der Schulbildung von Mädchen und Jungen immer stärker angeglichen haben, unterlaufen Geschlechterstereotypisierungen die Gleichberechtigung. Die z.T. unscharfen Ergebnisse der empirischen Geschlechterforschung sind ebenfalls vor dem Hintergrund des eigenen Eingebundenseins der Forscherinnen und Forscher in das zweigeschlechtliche Kultursystem und die damit verbundenen Denktraditionen zu sehen. Forschung zu Geschlechterunterschieden (vgl. Hempel 1997) kann erst dann wirklich brauchbare Hinweise liefern, wenn sie die hochkomplexe Bedeutung und das Funktionieren von stereotypisierenden Beeinflussungen versteht und in ihre Konzeptionen mit aufnimmt (vgl. Rendtorff & Moser 1999, S. 76).

Lassen sich trotz dieser Einschränkungen unterschiedliche Lernvoraussetzungen bei Mädchen und Jungen im Grundschulalter nachweisen? In welchen Bereichen sind solche unterschiedlichen Fähigkeiten und Verhaltensweisen bei Mädchen bzw. Jungen empirisch belegt? Wie sollte aus fachdidaktischer Perspektive mit diesen Unterschieden umgegangen werden?

1 Sozialisation, Bildung, Erziehung und die Binarität der Geschlechter

Der Erwerb von Wissen und Einstellungen über sich selbst und die Welt ist eine besondere Aufgabe des Sachunterrichts. Das schließt die Entwicklung des Selbstwertgefühls und der Lebenszuversicht jedes Mädchens und jedes Jungen ein. Dabei spielen das Geschlecht und die Geschlechtsidentität eine nicht zu unterschätzende Rolle. Belegt ist, dass Sozialisationsprozesse geschlechterspezifisch verlaufen. Die Aneignung der Werte und Normen wie auch die Wahrnehmung der sozialen Welt erfolgen in Abhängigkeit vom eigenen Geschlecht. Man kann davon ausgehen, dass das Kind selbst und nicht in erster Linie der soziale Druck von außen – dem man sich allerdings nicht entziehen kann – die Geschlechtsrollenidentifikation vorantreibt. Das Kind erkennt, dass es zwei Geschlechter gibt, und ordnet sich einem der beiden Geschlechter zu. Aus Untersuchungen ist bekannt, dass dies bereits zu Beginn des zweiten Lebensjahres geschieht. Das Kind wählt dann die Verhaltensweisen aus seiner Umwelt aus, die zu seinem Geschlecht passen. Es imitiert Rollenträger, die Geschlechtsrollenmerkmale besonders anschaulich repräsentieren. Selbst die Wahl von Spielsachen folgt diesem Muster. Dieser Prozess ist durch viele Untersuchungen belegt. Ebenfalls empirisch gut belegt ist die unterschiedliche Einstellung der Geschlechter zur eigenen Leistungsfähigkeit. Bereits im Grundschulalter ist das Selbstkonzept bei Jungen und Mädchen unterschiedlich ausgeprägt – Mädchen neigen dazu, sich zu unterschätzen, Jungen überschätzen sich dagegen oft (vgl. z.B. Faulstich-Wieland & Horstkemper 1995, Giest 1996). Das hat nachgewiesene Auswirkungen auf geschlechtsspezifische Unterschiede in der kognitiven Leistung. Unabhängig von den Inhaltsbereichen ist für den Sachunterricht daher entscheidend, diese Differenzen unter dem Individualisierungs- und Differenzierungsaspekt zu berücksichtigen, aber nicht als „naturgegeben" und unveränderlich zu betrachten oder gar zu verstärken. Die Kinder bei der Selbstaneignung der Welt unterstützend zu begleiten heißt aus fachdidaktischer Perspektive, den mit der Geschlechterrolle verbundenen geschlechtsspezifischen gesellschaftlichen Erwartungs-, Zuweisungs- und Zumutungshorizont aufzudecken und die „geschlechtertypischen" Verhaltens- und Denkmuster als Resultat dieses Prozesses zu verstehen. Bildung im Sachunterricht wird so zur „Aufklärung über die Bedingungen der eigenen Existenz und Konkretisierung der Individualität" (Mollenhauer 1970, S. 65).

Es liegen viele Forschungsergebnisse vor, die auf Besonderheiten der Geschlechter z.B. im Gesprächsverhalten, im Raumverhalten, beim Spiel, im Bewegungsverhalten, in den Interaktionen etc. (vgl. Kaiser/ Milhoffer 1997) verweisen. Im Folgenden werden exemplarisch solche ausgewählten Lernvoraussetzungen von Mädchen und Jungen etwas ausführlicher dargestellt, die für die didaktischen und methodischen Überlegungen im Sachunterricht besonders bedeutsam sind, wie die sprachliche Kompetenz, die naturwissenschaftlich-technischen Lernprozesse und das soziale Lernen der Kinder.

2 Bereichsspezifische Lernvoraussetzungen von Mädchen und Jungen

Im Großen und Ganzen kann davon ausgegangen werden, dass sich empirisch keine Fähigkeits- und Intelligenzunterschiede zwischen Mädchen und Jungen in den ersten Lebensjahren nachweisen lassen. Da mit zunehmendem Alter die Unterschiede offensichtlich werden, stärkt das die Annahme, dass die Sozialisationsinstanzen erheblichen Anteil an dieser Entwicklung haben (vgl. Hagemann-White 1984). Im *Bereich der Sprach- und Lesekompetenz* ist dagegen in mehreren Studien die höhere Empathiefähigkeit von bereits dreijährigen Mädchen im Vergleich zu den gleichaltrigen Jungen belegt. Hier wird das geschlechtsspezifische Verhalten mit genetischen bzw. evolutionsbiologischen Determinanten begründet (vgl. Bischof-Köhler 2002, S. 348ff.). Damit wird häufig die Präferenz der Mädchen für literarische Texte erklärt. In der IGLU-Studie erzielten Mädchen auch die etwas besseren Werte beim Lesen literarischer Texte (vgl. Bos et al. 2003, S. 114). Insgesamt sind hier die Mädchen den Jungen signifikant überlegen. In allen OECD-Ländern ist dieser Geschlechterunterschied konsistent. Auch die Überlegenheit der Mädchen im verbalen Bereich ist vielfach belegt. Jungen gelingt es offenbar weniger gut, das Gelesene mit eigenen Erfahrungen, dem eigenen Vorwissen zu verbinden. Die Befunde zur Leseleistung zeigen, dass sich die Geschlechterdifferenz mit zunehmendem Alter erhöht. Studien belegen, dass nicht das Alter, sondern Fragen der Motivation, des Interesses, des Entwicklungsstandes, der familialen und schulischen Lesesozialisation, der Bildung und auch der verfügbaren Zeit die wirksamen Faktoren sind. Die Leseleistungen von Mädchen und Jungen gleichen sich in Abhängigkeit von Interesse und Motivation schließlich an (vgl. Grütz 2004). Auch im Schriftspracherwerb zeigen Mädchen bessere Leistungen als Jungen. Richter (1996) konnte nachweisen, dass Wörter aus dem eigenen Interessensbereich öfter gelesen und geschrieben, also besser gekonnt werden. Fibeltexte würden häufiger den Mädcheninteressen entsprechen. Sie folgert, dass Jungen mehr Gelegenheit brauchen, mit für sie subjektiv bedeutsamen Wörtern umzugehen, um die Schriftsprachleistung zu erhöhen.

Im *Bereich des naturwissenschaftlich-technischen Lernens* zeigen sich deutliche Interessensunterschiede und unterschiedliche Wahrnehmungsmuster bereits im Grundschulalter. Studien von Kaiser belegen, dass hausarbeitsnahe Tätigkeiten bei Mädchenzeichnungen von Fabrikarbeit stark hervortreten, während die Fabrikbilder der Jungen deutliche Merkmale „männlicher Arbeitserfahrungen" aufweisen (vgl. Kaiser 1987). Bezogen auf den Bereich Technik (vgl. Biester 1992) schätzen Mädchen ihre Kompetenz geringer ein als Jungen und fallen deshalb zurück, während Jungen Überlegenheit demonstrieren. Technisch-praktische Tätigkeiten mit Werkzeugen und Baukästen sowie Tätigkeiten, die einen gewissen Kraftaufwand erfordern, werden von Jungen bevorzugt. Jungen haben hier oft einen nicht unerheblichen Vorsprung, weil der Nachvollzug technischer Lösungen auf die Fähigkeit angewiesen ist, sich Bewegungen räumlich vorstellen zu können. Diese Fähigkeit wird aber durch die oben genannten Aktivitäten erst ausgebildet. Auf die unterschiedlichen Vorerfahrungen von Mädchen und Jungen verweisen auch die Untersuchungen von Hoffmann. Sie führt die Unterschiede in den naturwissenschaftlich-technischen Fächern der weiterführenden Schulen auf die geringeren Erfahrungen der Mädchen im Basteln, Hantieren mit Werkzeugen und den Umgang mit technischem Spielzeug im Grundschulalter zurück (vgl. Hoffmann 1993). Bei der naturwissenschaftlichen Grundbildung älterer Kinder finden sich in 24 von 32 getesteten Länderpopulationen der PISA-Vergleichsländer allerdings keine statistisch signifikanten geschlechtsspezifischen Unterschiede (vgl. Schneeberger & Petanovitsch 2004, S. 10). Die Autoren dieser Vergleichsstudie verweisen auch hier auf das in unterschiedlichem Maß bei Jungen und Mädchen vorliegende Interesse. Unterschiede wurden in Bezug auf die Lernstrategien und die Selbstkonzepte sichtbar. Mädchen greifen auf Memorierstrategien, Jungen häufiger auf Elaborationsstrategien zurück. Jungen haben auch in diesem Zusammenhang ein höheres Selbstkonzept als die Mädchen. Bis auf die USA gab es in allen Ländern signifikante Unterschiede in der Selbsteinschätzung der Mädchen und Jungen. Die Jungen bewerten sich (besonders im Fach Mathematik) durchgehend besser als die Mädchen (vgl. ebenda). Die TIMS-Grundschulstudie hat dagegen für elf Länder signifikante Leistungsunterschiede konstatiert. Die Autoren unterstreichen, dass diese Differenz keine „naturwüchsige" Größe ist, da es Länder mit geringen Unterschieden gibt, bzw. (z.B. in Neuseeland) Mädchen tendenziell besser abschneiden als Jungen (vgl. Bos, Lankes, Prenzel, Schwippert, Walther & Valtin 2003, S. 175). Auch bei IGLU-E sind die Geschlechterunterschiede beträchtlich. Sachunterricht sollte daher „eine besondere Herausforderung" darin finden, die Entwicklung naturwissenschaftlicher Kompetenz „an den Schülerinnen orientiert zu unterstützen" (Bos et al. 2003, S. 175). Nach wie vor zeigen Mädchen und Jungen ein geschlechtsspezifisches Berufswahlverhalten, trotzdem ist eine Tendenz zur Überwindung relativ festgefügter Geschlechterrollen, besonders in den Lebensentwürfen, zu konstatieren (vgl. Hempel 1999).

Im Bereich des *sozialen Lernens* erwerben Kinder sehr früh Vorstellungen über die angeblich einem Geschlecht angemessenen Verhaltensweisen. Gerade bei vielen Jungen werden im Verlaufe des Vor- und Grundschulalters körperliche Stärke, Durchsetzungsvermögen, Risikobereitschaft, Lautstärke, Gewaltbereitschaft, Coolness etc. zu den „wahren" Werten erfolgreicher Männlichkeit, aus denen sie vorwiegend ihr Selbstwertgefühl schöpfen. Unterschiede zeigen sich im unterschiedlichen Konfliktverhalten von Mädchen und von Jungen (vgl. u.a. Krappmann & Oswald 1995, Biskup, Brink & Pfister 1996). Eine deutliche Bevorzugung körperlich-aggressiver Konfliktlösungen bei Jungen steht dem Kooperieren, Koalieren, Kritisieren, aber auch Petzen der Mädchen gegenüber.

3 Konsequenzen für Unterricht und Fachdidaktik

Um die Lebenssituationen von Kindern zu berücksichtigen und die Kompetenzentwicklung angemessen anregen und begleiten zu können, muss im Hinblick auf die Kategorie „Geschlecht" die fachdidaktische Arbeit im Sachunterricht immer im Spannungsfeld von Geschlechtertypisierung und geschlechterdifferenter Subjektivität gesehen werden. Die Forderung nach Individualisierung von Unterricht kann aber nur erfolgreich sein, wenn Kinder in ihrer Identitätsentwicklung nicht durch Männlichkeits- und Weiblichkeitsstereotype unangemessen beeinflusst werden. Die durch das kulturelle System der Zweigeschlechtlichkeit geprägte Lebenswelt der Kinder erfordert eine entsprechende Sensibilisierung der Lehrkräfte. Die Mädchen in ihrem Selbstbewusstsein zu stärken und Jungen zu selbstkritischer Reflexion der eigenen Arbeit anzuhalten sowie das Interesse der Mädchen und Jungen vor allem in den traditionell vom anderen Geschlecht bevorzugten Inhaltsbereichen des Sachunterrichts zu wecken, sollte ein wichtiges didaktisches Auswahlkriterium sein. Möglicherweise brauchen die Mädchen im Grundschulalter – wegen der immer noch nicht so häufigen weiblichen Vorbilder – auch noch mehr Wissen über Frauen, die Entscheidendes zur Kulturentwicklung durch Erfindungen, Entdeckungen, politische Entscheidungen, menschliches Handeln etc. beigetragen haben, um Beispiele und Ziele für die selbstbewusste Gestaltung des eigenen Lebens zu finden. Der Sachunterricht ist dafür ein guter Ort, er wird von den Kindern sehr geschätzt. Mädchen wie Jungen haben diesbezüglich ein sehr positives bereichsspezifisches Selbstkonzept und damit positive Voraussetzungen für das Lernen im Sachunterricht. Hier gibt es keine Hinweise auf ausgeprägte Unterschiede zwischen Mädchen und Jungen (vgl. Bos et al. 2003, S. 177).

Literatur

Biester, W. (1992): Mädchen und Technik. Beobachtungen und Untersuchungen im 3. und 4. Schuljahr. In: Lauterbach, R., Köhnlein, W., Spreckelsen, K. & Klewitz, E. (Hrsg.): Brennpunkte des

Sachunterrichts. Kiel, S. 156-168. – Biskup, C., Brink, J. & Pfister, G. (1996): Konflikte aus der Sicht von Schülerinnen und Schülern. In: Hempel, M. (Hrsg.): Grundschulreform und Koedukation. Weinheim, S. 155-172. – Bos, W., Lankes, E. M., Prenzel, M., Schwippert, K., Walther, G. & Valtin, R. (Hrsg.) (2003): Erste Ergebnisse aus IGLU. Münster. – Faulstich-Wieland, H. & Horstkemper, M. (1995): „Trennt uns bitte, bitte nicht!" Koedukation aus Mädchen und Jungensicht. Opladen. – Giest, H. (1996): Kognition und Geschlecht beim sachbezogenen Lernen. In: Hempel, M. (Hrsg.): Grundschulreform und Koedukation. Weinheim, S. 141-154. – Grütz, D. (2004): Der geschlechtsspezifische Zugriff auf Lesestrategien – Ergebnisse einer Untersuchung im Rahmen unterrichtsdidaktischer Forschung. In: Linguistik online, 21, 4/2004 (www.linguistik-online.de/21_04/gruetz.html). – Hageman-White, C. (1984): Sozialisation: weiblich – männlich? Alltag und Biographie von Mädchen. Opladen. – Hempel, M (1997): Geschlechterforschung in der Grundschule. In: Glumpler, E. & Luchtenberg, S. (Hrsg.): Jahrbuch Grundschulforschung. Band 1. Weinheim, S. 81-88. – Hempel, M. (1999): Familie und Beruf in den Lebensentwürfen ostdeutscher Mädchen und Jungen. In: Horstkemper, M. & Kraul, M. (Hrsg.): Koedukation. Erbe und Chancen. Weinheim, S. 229-249. – Hoffmann, L. (1993): Mädchen und Naturwissenschaften/Technik – eine schwierige Beziehung. In: Pfister, G. & Valtin, R. (Hrsg.): MädchenStärken. Frankfurt/Main, S. 114-123. – Kaiser, A. (1987): Verschiedene Vorstellungen von der Arbeitswelt bei Mädchen und Jungen. In: Prengel, A. (Hrsg.): Schulbildung und Gleichberechtigung. Frankfurt/Main. – Kaiser, A. & Milhoffer, P. (1997): Mädchen und Jungen – ihre Selbstwahrnehmung und ihr Zugang zur Welt. In: Köhnlein, W., Marquardt-Mau, B. & Schreier, H. (Hrsg.): Kinder auf dem Wege zum Verstehen der Welt. Bad Heilbrunn, S. 90-109. – Krappmann, L. & Oswald, Hans (1995): Alltag der Schulkinder. Beobachtungen und Analysen von Interaktionen und Sozialbeziehungen. Weinheim. – Mollenhauer, K. (1970): Erziehung und Emanzipation. München. – Rentdorff, B. & Moser, Vera (Hrsg.) (1999): Geschlecht und Geschlechterverhältnisse in der Erziehungswissenschaft. Eine Einführung. Opladen. – Richter, S. (1996): Geschlechtsspezifische Aspekte des Schriftspracherwerbs im Rahmen einer ökologischen Grundschuldidaktik. In: Hempel, M. (Hrsg.): Grundschulreform und Koedukation, Weinheim, S, 219-230. – Schneeberger, A. & Petanovitsch, A. (2004): Geschlechtsspezifische Aspekte des Zugangs zu technisch-naturwissenschaftlichen Bildungsgängen und Berufen. International vergleichende Analyse. IBW-Bildung&Wirtschaft Nr. 28, Wien.

59| Kulturelle Differenzen
Angelika Speck-Hamdan

In deutschen Grundschulklassen sitzen Kinder potenziell aller Nationalitäten, mit insgesamt mehr als hundert Herkunftssprachen, die unterschiedlichen Religionen angehören und deren Eltern alle denkbaren weltanschaulichen Überzeugungen vertreten. Die Grundschule als Schule für alle Kinder spiegelt die gesamte Heterogenität unserer Gesellschaft wider. Wenn von kulturellen Differenzen gesprochen wird, ist damit etwas gemeint, das mit dieser sehr unterschiedlichen

Herkunft der Kinder zusammenhängt. Einher geht damit auch die Vorstellung, dass die damit verbundenen kulturellen Voreinstellungen für das Lernen in der Schule eine Rolle spielen. In diesem Zusammenhang stellen sich drei entscheidende Fragen:
– die Frage nach dem zugrunde liegenden Kulturbegriff,
– die Frage nach der Bedeutung der Kultur für das (gemeinsame) Lernen in der Schule, und
– die Frage nach dem pädagogisch-didaktischen Umgang mit Differenzen im Unterricht.

1 Kultur – eine brauchbare Kategorie zur Unterscheidung?

Im bildungspolitischen und pädagogischen Sprachgebrauch hat es sich eingebürgert, von kulturellen Differenzen oder von kultureller Heterogenität zu sprechen. Erstaunlicherweise wird zur näheren Beschreibung dieser Unterschiede in der Regel lediglich eine Angabe zu Staatsangehörigkeiten gemacht; d.h. es wird der Eindruck erweckt, als sei Staatsangehörigkeit mit Kultur gleich zu setzen und als sei Kultur immer auch nationale Kultur. Beide Annahmen erweisen sich bei näherem Hinsehen als obsolet. Die Bildungsstatistik wird diesbezüglich von Experten in einem breiten Konsens als unbefriedigend und revisionsbedürftig eingestuft (vgl. Söhn & Özcan 2005). Vor allem der für das Bildungsmonitoring entscheidend wichtige Migrationshintergrund ist so nur zum Teil erfassbar. Auf Wanderungsbewegungen und gesellschaftliche Ausdifferenzierungstendenzen ist indes die kulturelle Vielfalt zurück zu führen.

Der Rede von den kulturellen Differenzen liegt die Annahme zugrunde, als sei Kultur ein unterscheidendes Merkmal für verschiedene Gruppen von Menschen. Für H.-J. Roth war und ist Kultur ein „zwar wesentlicher, aber unreflektiert verwendeter, sozusagen übersehener, Grundbegriff der Pädagogik" (Roth 1998, S. 163), der weitgehend ungeklärt verwendet und innerhalb der Disziplin auch noch theoretisch unterschiedlich untermauert wird. In der Teildisziplin der interkulturellen Pädagogik wurde auf den Kulturbegriff der Ethnologie bzw. Kulturanthropologie zurück gegriffen, der Kulturen als Ausdrucksweisen verschiedener Lebensformen begreift. Kultur ist demnach das Gesamt an Orientierungs- und Deutungsmustern, das sich in beschreibbaren Formen der alltäglichen Lebensführung ausdrückt. Ein „kultureller Code" verbindet die Angehörigen einer kulturellen Gruppe. Er ermöglicht es, sich im Alltag ohne langes Überlegen sicher zu bewegen. In welcher Sprache verständigt man sich? Wie groß ist der angemessene Abstand zwischen zwei sich unterhaltenden Personen? Wie begrüßt man sich am Telefon, auf der Straße? Diese und andere Fragen sind kulturell geregelt. Die Mitglieder der Gruppe halten sich mehr oder weniger unbewusst daran. Über diesen Code erfolgt auch die kulturelle Selbstdefinition, deren Kehrseite die Abgrenzung gegen das „Fremde" ist. Begriffe man nun Kulturen als starre, abgeschlossene Systeme, wäre Abschottung die unausweichliche Folge; bestenfalls käme es zu einem Nebeneinander. Nun sind aber Kulturen – wie die Geschichte eindrucksvoll zeigt – in der Regel offen und dynamisch. Sie beeinflussen sich gegenseitig und verändern sich immer wieder. Das gilt für Kulturen im klassischen Sinn ebenso wie für die hier angesprochenen Alltagskulturen. Abgrenzungen und Identifikationen unterliegen damit einem Wandel.

Kulturelle Differenzen lassen sich in diesem Sinn als Linien fassen, an denen entlang Selbst- und Fremddefinitionen verlaufen. Sie treten in einer ausdifferenzierten, offenen Gesellschaft naturgemäß gehäufter auf. Kultureller Pluralismus, der übrigens auch ohne die Anwesenheit von Migranten gegeben ist (Barth 1998, S. 14), prägt das gesellschaftliche Leben vor allem in Ballungsgebieten. Sozialdienste, Schulen, Kindergärten, Sportvereine und auch die lokalen Wirtschaftsbetriebe haben sich längst auf diese Realität eingestellt. Allerdings verlaufen die kulturellen Grenzen nicht notwendigerweise an ethnischen oder auch nationalen Trennlinien, wenngleich es Überschneidungen gibt. Ein Blick auf die Vielfalt an Jugendkulturen genügt, um kulturelle Heterogenität anders zu verstehen als es der alltägliche Sprachgebrauch nahe legt. Klar wird dabei aber auch die identitätsstiftende und -stärkende Kraft von Kulturen. Als „Herausforderung kollektiver Selbstbestimmungsprozesse" (Roth 1998, S. 178) bleibt der Kulturbegriff bei aller Widersprüchlichkeit und Angreifbarkeit von Bedeutung. Er muss allerdings immer wieder auf seine Tragfähigkeit im jeweiligen Zusammenhang geprüft werden.

2 Kulturelle Differenz und das Lernen in der Schule

Das Lernen in der Schule wird in zweierlei Hinsicht durch kulturelle Differenzen tangiert. Zum Einen sind es die differenten Erfahrungen der einzelnen Schülerinnen und Schüler, die es zu berücksichtigen gilt. Zum Andern ist es die Bestimmung des konsensuellen Kerns der Allgemeinbildung.

Ein Großteil der Leistungsunterschiede in der Grundschule ist auf die unterschiedliche Lernausgangslage der Schülerinnen und Schüler zurück zu führen. In diese Ausgangslage gehen insbesondere auch das Vorwissen und die Vorerfahrungen ein, die zum überwiegenden Teil im familiären und außerschulischen Kontext erworben werden. Sehr deutlich zeigt sich dies am Beispiel des sprachlichen Verständnisses. Die Schule ging dabei bisher von einer Basis aus, die sich an der Erfahrung eines monolingualen, deutsch sprechenden „Durchschnittskindes" orientierte. Die wachsende Heterogenität der sprachlichen Vorerfahrungen entzieht dieser Erwartung zunehmend den Boden. Lehrerinnen und Lehrer können nicht mehr selbstverständlich erwarten, dass wesentliche Grundbegriffe von allen Kindern verstanden werden und dass vor allem die für die Schule so bedeutsame konzeptionell schriftliche Sprache von allen Kindern beherrscht wird (siehe Speck-

Hamdan 2005, S. 105 f.). Kulturelle Differenz zeigt sich am offenkundigsten an der Sprache.

Sachunterrichtliches Lernen zielt auf ein Verstehen der Welt und baut auf Vorerfahrungen, aber auch auf vorhandenen Alltagstheorien auf. Kulturelle Differenz kann sich auch hier bemerkbar machen. Die einer möglichen Erfahrung zugänglichen Gegenstände sowie der Radius möglicher Erfahrungen sind in hohem Maße vom kulturell geprägten Lebensumfeld abhängig. Zudem werden Erfahrungen stets bewertet, wobei kulturelle Maßstäbe zum Tragen kommen. Ob beispielsweise ein Hund in erster Linie als niedlich oder als schmutzig empfunden wird, hängt mit kulturell geprägten Einstellungen zusammen. Lehrerinnen und Lehrer können angesichts kultureller Differenzen nicht davon ausgehen, dass alle Kinder dieselben Erfahrungen gemacht haben. Sie können auch nicht davon ausgehen, dass die Dinge, die Kinder kennen, für alle dieselbe Bedeutung haben. Die Erfahrungsbasis für unterrichtliches Lernen ist mit hoher Wahrscheinlichkeit in den meisten Klassen nicht einheitlich.

Nun ist aber Unterricht – und vor allem auch Sachunterricht – ein Mittel, individuelle Erfahrungen und individuelles Wissen an allgemeines Wissen und allgemeine Bewertungen anzuschließen. Bildung im Sinne von Allgemeinbildung setzt einen Konsens über zu tradierende Wissensbestände, über wünschenswerte Einstellungen und notwendige Kompetenzen voraus. Allgemeinbildung als Ziel schulischer Bildungsprozesse geht von einem verbindlichen Kern des Allgemeinen aus. Bei zunehmend differenten Deutungs- und Orientierungsmustern ist die Definition dieses Kerns eine keineswegs triviale Aufgabe. Leicht gerät man hier zudem in die bekannte Kontroverse zwischen Kulturrelativismus und Universalismus, die sich pädagogisch nur über den Weg des interkulturellen Dialogs und eine Haltung des Respekts und der Toleranz bearbeiten lässt. Dass dabei auch ein Mehrheits- und Minderheitenproblem und damit eine Machtfrage berührt ist, sollte nicht ausgeblendet werden. Bildungstheoretisch muss also das anerkannte Konzept der Allgemeinbildung auch auf den Aspekt der kulturellen Differenzen hin neu befragt werden.

3 Konsequenzen für einen Unterricht unter der Perspektive kultureller Differenz

Unterricht kann immer nur an dem ansetzen, was Kinder bereits in die Schule mitbringen. Unter der Perspektive kultureller Differenz sind sprachliche Unterschiede, ungleiche Erfahrungen und unterschiedliche Muster der Weltdeutung entscheidende Ausgangsbedingungen für Unterricht. Sprachliche Unterschiede machen eine präzise Klärung notwendig; neben der sachlichen Erschließung ist immer auch der sprachlich-begrifflichen Arbeit genügend Raum zu geben. Ungleiche Erfahrungen lassen sich teilweise kompensieren, indem Handlungs- und

Erfahrungselemente in den Unterricht integriert werden und damit eine kollektive Erfahrungsbasis gelegt wird. Unterschiedliche Muster der Weltdeutung müssen vor allem bewusst gemacht werden, damit über sie kommuniziert werden kann und so die Perspektivenvielfalt der Lerngegenstände deutlich wird. Damit wird das Verstehen vertieft und erweitert. Gleichzeitig gewinnt der Unterricht eine zusätzliche Dimension: Er unterstützt die in einer pluralen Welt zu entwickelnde Haltung gegenseitigen Respekts und ein gesundes Misstrauen gegenüber absolut formulierten Wahrheiten.

Denn neben fachlichen Kompetenzen strebt Grundschulunterricht auch immer soziale Handlungskompetenzen und ethische Orientierungen an. Die multikulturelle gesellschaftliche Realität erfordert solche in spezifischer Weise. Sie verlangt interkulturelle Kompetenz, die sich mit Auernheimer (1998, S. 24) in der Trias „Verständnis" – „Verstehen" – „Verständigung" auf eine prägnante Formel bringen lässt. Dazu gehört das vorurteilsfreie Zugehen auf Menschen mit anderer kultureller Orientierung und das respektvolle Anerkennen anderer Lebensentwürfe, ebenso die Fähigkeit zur Kommunikation unter der Bedingung der kulturellen Differenz. Diese Kompetenz entwickelt sich wie andere Kompetenzen auch nach und nach im Zusammenspiel von geeigneten Erfahrungen und pädagogisch sinnvoller Unterstützung. Die Bedingung der kulturellen Differenz ist in diesem Sinne eine besondere Chance. Sie im Unterricht konstruktiv aufzugreifen kann beispielsweise heißen, die Erfahrungsvielfalt zur Generierung bedeutsamer Fragen zu nutzen oder die Deutungsvielfalt in eine Lösungsvielfalt überzuführen. In nicht zu groß bemessenen Schritten kann interkulturelle Handlungskompetenz im Unterricht aufgebaut werden. Voraussetzung dafür ist allerdings eine stärkere Sensibilität auf Seiten der Lehrerinnen und Lehrer dieser durchaus nicht trivialen Aufgabe gegenüber.

In einer Welt, in der die simple Grundfigur eines so genannten „Kulturkonflikts" breite Zustimmung findet und politisch auch instrumentalisiert wird, ist die notwendige Haltung des gegenseitigen Respekts zugegeben einer besonderen Belastungsprobe ausgesetzt. Sie ist auch nicht zu verwechseln mit einer Relativierung all dessen, was die Basis unseres Zusammenlebens bildet, nämlich die demokratische Grundeinstellung, die Rechtsstaatlichkeit und die Verpflichtung auf die Menschenrechte. Erziehung zu interkultureller Handlungskompetenz heißt immer auch, das in der Verfassung niedergelegte, klare Fundament für das Zusammenleben bewusst zu machen, gewissermaßen die Spielregeln dafür einzuüben und so mit Leben zu füllen.

Literatur

Auernheimer, G. (1998): Grundmotive und Arbeitsfelder interkultureller Bildung und Erziehung. In: Dovermann, U. & Reiberg, L. (Red.): Interkulturelles Lernen. Arbeitshilfen für die politische Bildung. Bonn, S. 18-28. – Barth, W. (1998): Multikulturelle Gesellschaft. In: Dovermann, U. &

Reiberg, L. (Red.): Interkulturelles Lernen. Arbeitshilfen für die politische Bildung. Bonn, S. 10-17. – Roth, H.-J. (1998): Zum Wandel des Kulturbegriffs. In: Apeltauer, E., Glumpler, E. & Luchtenberg, S. (Hrsg.): Erziehung für Babylon. Baltmannsweiler, S. 163-183. – Söhn, J. & Özcan, V. (2005): Bildungsdaten und Migrationshintergrund. Eine Bilanz. In: Bundesministerium für Bildung und Forschung (BMBF) (Hrsg.): Migrationshintergrund von Kindern und Jugendlichen: Wege zur Weiterentwicklung der amtlichen Statistik. Bonn, Berlin, S. 117-128. – Speck-Hamdan, A. (2005): Nahtstelle Übergang vom Elementar- zum Primarbereich. In: Bartnitzky, H. & Speck-Hamdan, A. (Hrsg.): Deutsch als Zweitsprache lernen. Frankfurt, S. 100-109.

60| Sozioökonomische Differenzen
Susanne Miller

Bildung und Erziehung haben neben individuellen auch gesellschaftliche Voraussetzungen. Auf die soziokulturellen Bedingungen wies bereits Schleiermacher in seinen Vorlesungen aus dem Jahr 1826 hin, als er fragte, ob die Erziehung den äußeren Verhältnissen, die den einen mehr begünstige als den anderen, entgegen wirken solle. Dies entspreche dem demokratischen Prinzip (Schleiermacher 1957, S. 37). Inhaltlich ähnlich formuliert Kahlert (1999, S. 72): „Die soziokulturell orientierte Perspektive lenkt den Blick auf bedeutsame Entwicklungsbedingungen in der Umwelt. Sie informiert über den kulturell geschaffenen Raum für Anforderungen, Lernmöglichkeiten, Erfahrungen, Interessen und über unterschiedliche Chancen von Kindern, an den gesellschaftlich zur Verfügung stehenden Lern- und Entwicklungsmöglichkeiten teilzuhaben". Obwohl in diesem Beitrag der Ausgangspunkt der Betrachtung auf den sozioökonomische Differenzen liegt, besteht – wie sich zeigen wird – ein enger Zusammenhang zwischen den ökonomischen, kulturellen und sozialen Ressourcen. Die theoretische und empirische Grundlage, die sozioökonomische Perspektive grundlegend in der Pädagogik und in den Fachdidaktiken zu verankern, ist in den 1960er und 70er Jahren durch die schichtspezifische Sozialisationsforschung geschaffen worden. Die Unterrepräsentanz in weiterführenden Bildungseinrichtungen hatte sich in sozialer Hinsicht vor allem bei Kindern aus Arbeiterfamilien, bei Kindern wenig gebildeter Eltern und bei Kindern aus einkommensschwachen Familien gezeigt (vgl. Hradil 1998, S. 164). Die schichtspezifische Sozialisationsforschung versuchte die gesellschaftspolitisch zentrale Frage der Bildungsungleichheit einerseits durch die ungleichen Sozialisationsbedingungen der verschiedenen sozialen Schichten in Bezug auf das Erziehungsverhalten, die Sprache, die Werthaltungen, die Bildungsaspiration und andererseits durch die sog. Mittelschichtorientierung der Schule und der Lehrerinnen und Lehrer zu erklären und empirisch zu belegen. Als ein zentrales Werk, ist „Sozialisation und Auslese durch die Schule" von Rolff zu nennen, das seit 1967 in vielen Auflagen erschienen und 1997 neu aufgelegt ist. In Folge der Kritik am Schichtbegriff und am angeblich kausalanalytischen Modell der schichtspezifischen Sozialisationsforschung wurden bis zur Gegenwart differenziertere Modelle entwickelt, „von Klassen und Schichten zu Lagen und Milieus" (Hradil 2001, S. 36ff.). Für die Bildungs- und auch für die Armutsforschung hat sich die Theorie von Bourdieu als recht belastbar erwiesen, wonach sich die Position im sozialen Raum durch das ökonomische, kulturelle und soziale Kapital einer Person bestimmt. Die Aktualität, sich gegenwärtig verstärkt schulpädagogisch und fachdidaktisch mit den sozioökonomischen Differenzen auseinandersetzen zu müssen, ergibt sich aus der nachfolgend umrissenen Problemlage.

1 Zur Problemlage

Die internationalen Bildungsvergleichsstudien haben für Deutschland einen besonders engen Zusammenhang zwischen sozialer Herkunft und Bildungserfolg belegt. Bei Kontrolle einzelner Faktoren bestätigt sich in verschiedenen Studien eine Bildungsbenachteiligung besonders von Kindern aus einkommensschwachen Familien: Im Rahmen der später detaillierter vorgestellten AWO-Studie zeigt sich bei gleich hohem bzw. gleich niedrigem Bildungsniveau der Mutter, dass Kinder aus nicht-armen Familien eine viermal bzw. doppelt so hohe Chance haben, ein Gymnasium besuchen zu können (Holz, Richter, Wüstendorfer & Giering 2005, S. 86). In der AWO-Vorschulstudie erweist sich die Quote der Zurückstellungen vom Schulbesuch bei armen Kinder deutlich höher als bei den nicht-armen, selbst bei gleichen Voraussetzungen im kulturellen Bereich (Hock, Holz & Wüstendörfer 2000, S. 63).

Eine Stärkung der Ungleichheitsforschung im Bildungsbereich ist deshalb dringend erforderlich, weil in immer mehr Familien ungünstige sozioökonomische Situationen auftreten, die sich extrem bei Familien in relativen Armutslagen zeigt. Relative Armut bezieht sich auf das Versorgungsniveau in Bezug zur jeweiligen Gesellschaft, in den meisten Studien wird als „arm" bezeichnet, wem weniger als 50 bzw. 60 % des durchschnittlichen Nettoäquivalenzeinkommens zur Verfügung stehen. Insbesondere Kinderarmut wird mit laufend steigenden Daten beziffert, so meldet der Paritätische Wohlfahrtsverband im September 2005, in Deutschland lebe rund jedes 7. Kind in Armut. Ein besonders hohes Armutsrisiko haben folgende Bevölkerungsgruppen: Alleinerziehende, Familien in Ostdeutschland, Familien mit Migrationshintergrund, Familien mit drei und mehr Kindern, Arbeitslose. Obwohl Armutserfahrungen keineswegs unmittelbar und zwingend zu Entwicklungseinschränkungen und schlechten Bildungsprognosen für die Kinder führen, sind doch statistisch signifikant höhere Gefahren nachgewiesen, dabei spielt beispielsweise auch die Dauer und der Zeitpunkt des Auftretens der Armut eine bedeutende Rolle. Der Mehrdimensionalität von Armut wird durch den sog. Lebenslagenansatz in der empirischen Forschung Rechnung getragen, in dem neben dem Einkommen auch Unterversorgungen in den weiteren Dimensionen zentraler Lebensbereiche, wie beispielsweise Bildung, Gesundheit, Wohnen, Kontakt- und Kooperationsmöglichkeiten, berücksichtigt werden.

2 Konsequenzen für die Schule und den Sachunterricht

Aufgrund dieser Problemlage wird erstens nach den Herstellungsprozessen von Bildungsungleichheit durch das Schulsystem und zweitens nach Handlungsspielräumen und Umgehensweisen der Lehrerinnen und Lehrer gefragt. Da die erste Frage schwerpunktmäßig schulstrukturell diskutiert wird, soll hier sachunterrichtsbezogen eher die zweite Frage in den Blick genommen werden. Speziell für den Sachunterricht, dessen grundlegendes Ziel es ist, einen Beitrag zur Erschließung der Lebenswirklichkeit der Kinder zu leisten, erweitert sich der Handlungsspielraum für die entsprechende Unterstützung und Förderung von Kindern aus sozial unterprivilegierten Familien sicherlich durch das Ausmaß der Kenntnis der Lehrerinnen und Lehrer über die Lebenswelten insbesondere dieser Schülerinnen und Schüler. Der Sachunterricht hat außerdem die verschiedenen Bereiche kindlicher Lebenswelten zum expliziten Unterrichtsgegenstand, auch hieraus ergibt sich eine notwendige Auseinandersetzung mit den herkunftsspezifischen Lebenslagen. Die bisherigen Kenntnisse über die Lebenswelten sozial unterprivilegierter Kinder sind bei Lehrerinnen und Lehrern jedoch als defizitär zu bezeichnen, wie auch empirische Lehrerstudien sogar an Förderschulen für Lernhilfe (Nyssen, Stange 2003; Müller 2005) bestätigen. In einer eigenen Untersuchung zum Thema „Soziale Ungleichheit in der Grundschule aus der Sicht von Lehrerinnen und Lehrern" komme ich ebenfalls zu dem Ergebnis, dass die Chancen des Sachunterrichts im Bereich der Erfahrungs- und Handlungsorientierung nicht umfassend genutzt und die Lebenswelterfahrungen von armen Kindern teilweise sogar abgewertet, ignoriert oder nicht im Zusammenhang mit materieller Armut wahrgenommen werden (Miller 2004). Nachfolgend soll deshalb ein kleiner, aufgrund der gebotenen Kürze nur holzschnitthafter Überblick über die Lebenslagen von Kindern in Armut gegeben werden.

3 Folgen der Armut im Grundschulalter

Einen guten, auch internationalen Forschungsüberblick über die Auswirkungen von Armut und ökonomischer Deprivation auf die körperliche, psychische, soziale und intellektuelle Entwicklung von Kindern liefert Sabine Walper (1999).

Die Lebenswelten von Kindern in Armut erschließen sich außerdem über die qualitativ angelegten Studien von Karl August Chassé et al. (2003), von Antje Richter (2000) sowie in der vom Arbeiterwohlfahrtsverband in Auftrag gegebene Studie des Instituts für Sozialarbeit und Sozialpädagogik (kurz: AWO-Studie), die sowohl quantitativ als auch qualitativ angelegt ist und die Folgen der Armut vom Vorschulalter bis zum Ende der Grundschulzeit untersucht. Die Studie ist in mehreren Teilstudien veröffentlicht (Hock et al. 2000; Holz, Skoluda 2003; Holz et al. 2005). In allen genannten Studien wird Kinderarmut auch aus der Perspektive der Kinder selbst betrachtet.

Die Auswirkungen der familiären Armut auf Kinder werden trotz teilweise erheblicher Kompensationsbemühungen seitens der Eltern vor allem im *materiellen Bereich* festgemacht, der sich für die Kinder an einem fehlenden eigenen Kinderzimmer und an Einschränkungen bei der Kleidung, beim Essen und beim Spielzeug bemerkbar macht (vgl. Holz et al. 2005, S. 71). In der qualitativen Studie von Chassé et al. zeigt sich, dass die Versorgung in den Bereichen Ernährung, Kleidung, Wohnung auch sehr vom Haushaltsmanagement (soziale Netzwerke, Tauschmöglichkeiten etc.) abhängt. Bei den untersuchten Fällen werden häufig Engpässe und Unregelmäßigkeiten bei der Ernährung festgestellt: Kinder kommen ohne Frühstück zur Schule, oder sie veranschaulichen den Mangel im Bild „des leeren Kühlschranks" (Chassé et al. 2003, S. 116). Im Bereich der Kleidung unterscheiden sich die Perspektiven der Eltern und der Kinder erheblich, die Kinder äußern hier sehr viel häufiger Defizite, sie vergleichen sich mit Gleichaltrigen und wünschen sich „coole" Klamotten, während die Eltern die Funktionalität der Kleidung betonen (Chassé et al. 2003, S. 119). Das Wohnen ist der Bereich, in dem Kinder am häufigsten Defizite zum Ausdruck bringen, die Mehrzahl der von Chassé interviewten Kinder hat kein eigenes Zimmer, mehrere Kinder geben an, nicht ungestört lernen zu können.

Nach der AWO-Studie gilt jedes dritte arme Kind als *kulturell benachteiligt,* als Indikatoren werden Lern- und Erfahrungsmöglichkeiten (Besuch von Vereinen, Büchereien, Museum/Zoo, Teilnahme an Hausaufgabenbetreuung, Spielen eines Musikinstruments etc.) sowie Lernkompetenz und Schulerfolg genannt (Holz et al. 2005, S. 78). In der qualitativen Studie von Chassé et al. werden im kulturellen Bereich jene Lebenswelten in den Blick genommen, die Möglichkeiten zum Erwerb von Fähigkeiten und Interessen bieten, dazu zählen die häusliche Unterstützung kindlicher Lernprozesse, eine verlässliche Alltagsstruktur und die Ermöglichung von Freizeitaktivitäten. Zusammenfassend bilanzieren die Autoren, dass die Kinder wenig feste Termine am Nachmittag haben, selten von bildungsmäßigen Freizeitaktivitäten berichten und nur eine kleine Gruppe der Kinder gerne liest; die zeitlichen und monetären Ressourcen der Familien seien im kulturellen Bereich begrenzt (Chassé et al. 2003, S. 146ff.).

In Bezug auf das *Sozialverhalten* zeigen über 85 % der Kinder keine Auffälligkeiten. In Bezug auf Kontakte zu Gleichaltrigen in Schule und Nachbarschaft unternehmen Chassé et al. eine Dreiteilung: Kinder mit einem großen und dichten Beziehungsnetz, Kinder mit mittleren bis kleineren Beziehungsnetz und eher isolierte und einsame Kinder (Chassé et al. 2003, S. 172).

Je nach dem, in wie vielen Lebenslagenbereichen eine Unterversorgung vorliegt, werden in den verschiedenen Studien häufig unterschiedliche Armutstypen unterschieden. Die AWO Studie bildet bspw. die folgenden Kategorien „Wohlergehen", „Benachteiligung" und „Multiple Deprivation", die Gruppe der armen Kinder ist bei den beiden letztgenannten Lebenslagentypen stark überrepräsentiert. Diese Typenbildung ist selbstverständlich nur sehr grob, aber die Armutsforschung weist durch die Herausarbeitung unterschiedlicher Bewältigungsstrategien und durch die Einbeziehung weiterer Differenzkategorien wie Geschlecht, Familienform oder Migrationshintergrund sehr viel detailliertere Analysen aus.

4 Ausblick

Wenn zukünftig diese und weitere Ergebnisse der Armutsforschung breiter rezipiert und die Lebenswelterfahrungen von Kindern in Armut sensibler von den Lehrkräften wahrgenommen und reflektiert werden, trägt dies zum besseren Verstehen und zur besseren Berücksichtigung der heterogenen Lebensbedingungen aller Kinder bei. An die Lebenswelterfahrungen wären dann entsprechende Prinzipien der Unterrichtsgestaltung zu binden. Hierzu könnte sich beispielsweise eine systematische Ausrichtung an den von Deci und Ryan (1993) formulierten Grundbedürfnissen wie Autonomie, Kompetenzerfahrung und soziale Eingebundenheit als sinnvoll erweisen, wofür der Sachunterricht durch seine erfahrungs- und handlungsbezogenen Lernformen besondere Chancen bietet. Zur Etablierung von Unterrichtsthemen, die die sozioökonomische Differenzen systematisch berücksichtigen, ist der Sachunterricht bspw. in Richtung folgender Inhalte zu stärken: Konsum, Wünschen und Brauchen, Ernährung, Freizeitgestaltung, Arbeit und Arbeitslosigkeit etc. Insgesamt könnte bei einer konsequenten Lebensweltorientierung, auch und gerade an Kindern aus unterprivilegierten Elternhäusern, der Sachunterricht einen wesentlichen Beitrag zur Schulentwicklung der Grundschule leisten, indem eine Übertragung auf den gesamten Unterricht und das Schulleben erfolgt – insofern kann der Gedanke des Sachunterrichts als Innovation des Grundschulunterrichts (Hänsel 1980) unter dem Aspekt der Berücksichtigung der sozioökonomischer Vielfalt neu gedacht werden.

Auch in der sachunterrichtsdidaktischen Forschung sollten die sozioökonomischen Lernvoraussetzungen grundsätzlich eine zu berücksichtigende Querstruktur bilden, um für die vorgenannten zunächst vorläufig formulierten didaktischen Perspektiven eine empirische Basis zu schaffen. Vergleichbar mit der Frauen- und

Geschlechterforschung, die die Gefahr der eigenen Konstruktion von Geschlechterunterschieden durch eine zu starke Betonung der Differenzperspektive schon lange reflektiert, ist hierbei in forschungsmethodischer Hinsicht ebenfalls ein gleichzeitiges Ernstnehmen und Außerachtlassen zu fordern, um nicht möglicherweise ungewollt einen eigenen Beitrag zur Diskriminierung von Kindern aus unterprivilegierten Familien zu leisten.

Literatur

Chassé, K.-A., Zander, M., Rasch, K. (2003): Meine Familie ist arm. Wie Kinder im Grundschulalter Armut erleben und bewältigen. Opladen. – Deci, E., Ryan, R. (1993): Die Selbstbestimmungstheorie der Motivation und ihre Bedeutung für die Pädagogik. In: Zeitschrift für Pädagogik 39, S. 223-238. – Hänsel, D. (1980): Didaktik des Sachunterrichts: Sachunterricht als Innovation der Grundschule Frankfurt a. M. – Hock, B., Holz, G., Wüstendörfer, W. (2000): Frühe Folgen - langfristige Konsequenzen? Armut und Benachteiligung im Vorschulalter. Vierter Zwischenbericht zu einer Studie im Auftrag des Bundesverbandes der Arbeiterwohlfahrt. Frankfurt a. M. – Holz, G., Skoluda, S. (2003): Armut im frühen Grundschulalter. Abschlussbericht der vertiefenden Untersuchung zu Lebenssituation, Ressourcen und Bewältigungshandeln von Kindern im Auftrag des Bundesverbandes der Arbeiterwohlfahrt. Frankfurt a. M. – Holz, G., Richter, A., Wüstendörfer, W, Giering, D. (2005): Zukunftschancen für Kinder. Wirkung von Armut bis zum Ende der Grundschulzeit. Endbericht der 3. AWO-ISS-Studie im Auftrag der Arbeiterwohlfahrt Bundesverband e.V. Frankfurt a. M. – Hradil, S. (2001): Soziale Ungleichheit in Deutschland. 8. Aufl. Opladen. – Kahlert, J. (2001): Sachunterricht in der Grundschule. In: Fölling-Albers, M., Richter, S., Brügelmann, H. & Speck-Hamdan, A. (Hrsg.): Kindheitsforschung. Forschung zum Sachunterricht. Jahrbuch Grundschule III. Seelze/Velber, S. 64-88. – Miller, S. (2004): Kinderarmut – (k)ein Thema für die Grundschule? In: Kaiser, A. & Pech, D. (Hrsg.): Basiswissen Sachunterricht. Band 6. Baltmannsweiler, S. 137-144. – Müller, Th. (2005): Armut von Kindern an Förderschulen: Beschreibung und Analyse des Phänomens der Armut von Kindern an Förderschulen sowie empirische Untersuchung seiner Wahrnehmung bei Förderschullehrern. Hamburg. – Nyssen, E. & Stange, H. (2003): Lebenswelten von Schülerinnen und Schülern der Schule für Lernbehinderte - Bedeutung für Schule und Unterricht aus der Sicht von Lehrerinnen – Ein Werkstattbericht. In: Gehrmann, P. & Hüwe, B. (Hrsg.): Kinder und Jungendliche in erschwerten Lernsituationen. Aktuelle sonderpädagogische Forschungs- und Arbeitsfelder. Stuttgart, S. 38-55. – Richter, A. (2000): Wie erleben und bewältigen Kinder Armut? Eine qualitative Studie über die Belastungen aus Unterversorgungslagen und ihre Bewältigung aus subjektiver Sicht von Grundschulkindern einer ländlichen Region. Aachen. – Rolff, H.-G. (1967): Sozialisation und Auslese durch die Schule. Heidelberg. – Schleiermacher, F. (1957): Pädagogische Schriften. Bd.1. Düsseldorf/München.

4 Lehren und Lernen im Sachunterricht

4.1 Methoden, Prinzipien und Arbeitsformen

61| Methoden und Prinzipien des Sachunterrichts
Wolfgang Einsiedler

Die Methoden und Prinzipien des Unterrichts haben in der Sachunterrichts-didaktik traditionell ein großes Gewicht. Die methodischen Kompetenzen des Sachunterrichtslehrers zählen sozusagen zum Kern seiner Professionalität. In der Literatur gibt es eigene Monographien über Sachunterrichtsmethoden, z.B. über die Projektmethode, das Entdeckende Lernen, den Unterrichtsgang („Lernen vor Ort", „Erkundung", „Originale Begegnung"). Unterrichtsprinzpen werden als Kontrollkriterien eingesetzt („War der Unterricht anschaulich, motivierend...?"); in der Geschichte des Sachunterrichts wurden einzelne Prinzipien sogar zu eige-nen Konzeptionen ausgestaltet („Anschauungsunterricht", „Lebensweltorientierter Unterricht").

Man kann auch unglückliche Vermengungen feststellen, etwa wenn einerseits mit „Handelndem Lernen" eine Methode, andererseits mit „Selbsttätigkeit" ein Unterrichtsprinzip oder sogar mit „Handlungsorientiertem Unterricht" eine Unterrichtskonzeption bezeichnet wird.

Dabei sind Methoden und Prinzipien des Unterrichts wissenschaftstheoretisch betrachtet etwas völlig Unterschiedliches. *Methoden* lassen sich ziemlich genau erfassen und als äußere Form des Unterrichts beschreiben. Die empirische Forschung hat Methoden systematisch untersucht und eine Fülle von deskriptiven Ergebnissen hervorgebracht. Unterrichtsmethoden gelten nicht generell, sondern ziel-, adressaten- und situationsspezifisch. *Prinzipien* des Unterrichts sind eher unscharfe Leitideen (z.B. „Kindgemäßheit"), sie sind stark normativ ausgelegt, oft an programmatischen Vorstellungen ausgerichtet, und es handelt sich nicht um Deskriptionen, sondern um Präskriptionen mit generellem Anspruch (Handlungsanweisungen: „Unterrichte anschaulich!", „Unterrichte kreativitätsfördernd!"). Manchmal werden Prinzipien zu oberflächlichen Schlagwörtern oder zu Dogmen (vgl. Renkl 2005).

Im Folgenden werden Methoden und Prinzipien des Sachunterrichts getrennt abgehandelt. Zu den Methoden liegen viele theoretische Aussagen und empirische Forschungsergebnisse vor. Aber auch eine eigenständige Erörterung von Prinzipien rechtfertigt sich, u.a. weil sie für Lehramtsanfänger eine gute Hilfe und (z.B. in Checklisten) relativ leicht handhabbar sind.

1 Methoden des Sachunterrichts

1.1 Begriff

Der Begriff Methode kommt aus dem Griechischen und ist zu übersetzen als „Weg, um etwas zu erreichen", als „Gang der Untersuchung". Die Metapher vom Weg ist einerseits geeignet, um die praktische Seite im Unterricht zu verdeutlichen: Der Weg durch das Gestrüpp der Inhalte soll gebahnt, Schneisen sollen geschlagen werden. Das Bild legt die Arbeit des Bahnens auch nicht einseitig beim Lehrer fest, es kann ebenso die selbstständige Arbeit der Schüler, einen Weg zu spuren und die „Landschaft" zu entdecken, umfassen. Andererseits ist die Metapher abzulehnen, wenn Methode nur noch das „Wie?" des unterrichtlichen Ganges beschreiben soll, Methode nur noch Vermittlung von vorher festgelegten Inhalten sein soll. Diese Sichtweise ist erkenntnistheoretisch nicht haltbar: Die Art der Methode bringt bestimmte Strukturen der Erkenntnis erst hervor, die Wahl der Methode ist oft eine Vorentscheidung für einen Ziel- oder Inhaltsschwerpunkt. Auch bildungstheoretisch gesehen ist Methodik nicht eine nachgeordnete Vermittlungswissenschaft: Methoden und Entscheidungen über Bildungsziele bedingen sich gegenseitig, z.B. wenn mit einer Methode auch eine Einstellung/Haltung gefördert werden soll. Bei der Wahl der Methode (und ggf. des Inhalts) gilt es auch, die *Sinnhaftigkeit des Tuns* erlebbar zu machen. Wenn der Unterricht für die Schüler *Bedeutsamkeit* hat (und lebensnah ist), werden Motivationsprobleme reduziert (Kramis 1990).

Wenn man effektives Lernen als Gütekriterium des Unterrichts betrachtet, darf Methode nicht von anderen Bedingungsfaktoren abgetrennt werden, sondern ist in ein Gesamtmodell der Unterrichtsqualität (z.B. auch Art des Führungsstils) und der Schulqualität (z.B. Schulklima, Schulprogramm) einzuordnen (s. als umfassendstes Modell Creemers 1994, S. 119).

1.2 Historische Entwicklung

a) Direktiv-entwickelnder Unterricht
In der Vorläuferform des Sachunterrichts, der Heimatkunde, praktizierten engagierte Lehrer bereits eine Vielfalt von Unterrichtsmethoden, z.B. Unterrichtsgänge (zum Bäcker, zum Kieswerk), etwas herstellen (ein Burgmodell, eine Sonnenuhr). Publizierende Lehrer veröffentlichten Bücher zu einem wirklichkeitsnahen und handlungsorientierten Unterricht („Unterricht auf werktätiger Grundlage", „Schaffendes Schulvolk"). Dies alles darf aber nicht darüber hinwegtäuschen, dass die dominierende Unterrichtsmethode ein direktiv-entwickelndes Vorgehen war. Der Lehrer bestimmte fast ausschließlich die Richtung des Unterrichts; „entwickelnd" hieß, in kleinsten Schritten und mit Fragetechniken die Ergebnisse zu erarbeiten. Mitte des 19. Jahrhunderts war die entwickelnde Methode jedoch ein erheblicher Fortschritt. Diesterweg (1851, hier: 1958) setzte sie einem dogmatisch-belehrenden Unterricht entgegen und sprach sich für entwickelnden Unterricht als Weg zu demokratischer Einstellung und Mitwirkung aus. „Die entwickelnde Methode ist demokratischer Natur [...] sie ist ein Erzeugnis freidenkender, zur Freiheit erziehender, freie Zustände vorbereitender Menschen" (1851, hier 1958, S. 112f.). Gegenwärtig wird direktiv-entwickelnder Unterricht kritisiert und für schwache Schulleistungen in Deutschland mitverantwortlich gemacht. Das direktiv-gängelnde Vorgehen fördere so gut wie gar nicht die Fähigkeit zu eigenständigem Problemlösen und den Aufbau von Zusammenhangswissen. Das gleichschrittige Lehren für alle vernachlässige die individuellen Vorkenntnisse und den Abbau von individuellen „Misconceptions" (falsches Alltagswissen) (vgl. Seidel, Rimmele & Prenzel 2003). Ganz entscheidend ist, dass bei langen, gleichförmigen Frage-Antwort-Phasen das Kurzzeitgedächtnis überlastet wird und Motivation sowie Lerneffektivität erheblich beeinträchtigt werden.

b) Problem- und handlungsorientierter Unterricht
Lange vor der sog. „kognitiven Wende" der Psychologie in den USA (1960er Jahre) orientierten sich einige Didaktiker an Ergebnissen der (deutschen) kognitiven Psychologie (z.B. Gestalt-, Problemlösepsychologie) und forderten für den Sachunterricht ein verstehendes Lernen, bei dem Struktureinsichten erarbeitet und „in Beziehung setzende Denkprozesse" gepflegt werden. Der Schweizer Psychologe und Didaktiker Aebli erforschte etwa 1950/1960 problem- und handlungsorientierte Unterrichtsmethoden und machte auch Vorschläge für den Sachunterricht (hier: 1969). Der Gang des Unterrichts solle nicht so sehr vom Lehrer, son-

dern durch interessante Problemstellungen geleitet werden. Problemstellungen sind Antizipationen der folgenden Handlungen, „das Ziel der Arbeit ist bestimmt, die Richtung gewiesen" (1969, S. 68). Die Schüler entwickeln Hypothesen zum Problem und diskutieren sie („Was meint ihr zum Vorschlag von Peter?", „Hat jemand eine bessere Idee?"). Diese Didaktik war ein wichtiger Beitrag zur Denkförderung.

Aebli arbeitete auch differenziert die Zusammenhänge zwischen äußerem Handeln und inneren kognitiven Prozessen heraus (1969, S. 64ff.): Handlungsorientierter Unterricht ist eine gute Voraussetzung für innere Vorstellungen und für den Aufbau von Wissensnetzen. Der Handlungsablauf soll detailliert geplant und in einer „Arbeitsrückschau" noch einmal denkend durchdrungen werden (ein früher Hinweis auf die Bedeutung von Meta-Denkprozessen). Entscheidend ist nicht das Hantieren selbst, sondern das Verbalisieren des Tuns und der schrittweise Gang vom Handeln über die Vorstellungen zu abstrakten Denkinhalten und Denkoperationen.

c) Neuere Entwicklungen

Für ein Umdenken in Theorie und Methodik des Unterrichts sorgte u.a. der Begriff des „trägen Wissens" (z.B. Renkl 1996). Empirische Untersuchungen erbrachten den Befund, dass Schüler und Studenten zwar Faktenwissen lernten, aber das Wissen oft nicht auf praxisnahe Problemstellungen anwenden konnten. Das Wissen bleibt starres Schulwissen um seiner selbst willen, die Lernenden können nicht flexibel damit umgehen. Empfohlen wird deshalb eine Unterrichtsmethode, bei der Problemstellungen aus Alltagssituationen den Ausgangspunkt bilden, und der Transfer auf Praxisfragen geübt wird.

Neuerdings spricht man auch von einer Krise der älteren Lernkonzepte und entwickelt Grundlinien einer „Neuen Lernkultur" (Reusser 1995, Meyer 2005). Reusser fordert einen neuen Lernbegriff, in dessen Mittelpunkt das eigenständige und reflektierte Lernen der Schüler steht. Eigenständig heißt: Lehrer können den Schülern das Lernen nicht abnehmen, die Schüler müssen Wissen selbst aufbauen. Reflektiert heißt: Die Schüler sind in der Lage, über ihre Lern- und Denkprozesse nachzudenken (Metakognitionen); das ist mehr, als nur Lerntechniken zu beherrschen. Das Lernen muss unbedingt das Verstehen umfassen; beim Verstehen erwirbt man nicht nur Faktenwissen, sondern flexible innere Strukturmodelle, und die Schüler können die mentalen Modelle anwenden. Beispiele aus dem Sachunterricht sind: mit physikalischen Modellen das Kondensieren auf Brillengläsern, an Autoscheiben... erklären können; die Wärmeisolation bei Kleidung, bei Vogelfedern... erklären können.

Im Rahmen der Forschungen zum Konzept „Unterrichtsqualität" haben auch unterrichtsmethodische Aspekte ihren Stellenwert (Helmke 2003). In Effektivitätsuntersuchungen tauchen immer wieder die Merkmale „hohe Klarheit" (der Unterricht wird strukturiert, die Inhalte sind verständlich), „gute Klassenführung" (es gibt Regeln für geordnete Abläufe), Variabilität der Unterrichtsformen, Individualisierungshilfen u.a.m. auf. Detaillierte Merkmalsangaben guten Unterrichts sind weiterführender als pauschale Methodenvergleiche und -empfehlungen.

1.3 Gegenwärtige Methodenkonzepte

a) Direkte Instruktion
In der amerikanischen und deutschen Unterrichtsforschung hat das Methodenkonzept der „Direkten Instruktion" große Beachtung erhalten. Direkte Instruktion ähnelt dem fragend-entwickelnden Unterricht, ist aber in den Zielsetzungen anspruchsvoller. Das Konzept beinhaltet eine straffe Regelung des unterrichtlichen Vorgehens durch den Lehrer sowie die Merkmale effektiver Klassenführung (Reibungslosigkeit, Übergänge ohne Zeitverlust, Störungsprävention durch Regeln u.a.), strebt jedoch über Faktenwissen hinaus das Verstehen sowie geeignete Schwierigkeitsgrade für alle Schüler an (Weinert 1998). Die Lernwirksamkeit der Direkten Instruktion wurde empirisch vielfach nachgewiesen (vgl. im Überblick: Wellenreuther 2004).

In der Forschung zum Sachunterricht hat sich der Begriff nicht durchgesetzt. Sachunterrichtsmethodik ist durch eine breite Vielfalt von Unterrichtsformen gekennzeichnet, und meist wird stärker zu schülerzentrierten als zu lehrersteuernden Verfahren geraten. Trotzdem hat Direkte Instruktion wichtige Funktionen im Sachunterricht, z.B. beim Lernen der Regeln sachbezogener Klassengespräche oder bei Zusammenfassungen. Neuerdings subsumiert man unter das Konzept auch Erweiterungen wie Erproben vielfältiger Lösungswege, gelenktes Entdecken, Gruppenarbeit, Individualisierung; der Begriff wird dabei jedoch überdehnt, es wäre dann ein Konzept der „Methodenkombination" (vgl. Abschnitt d) vorzuziehen.

b) Das kognitionspädagogische Konzept
Das kognitionspädagogische Konzept der methodischen Unterrichtsgestaltung nimmt auf die ältere deutsche Kognitionspsychologie (Selz, Wertheimer), auf Schweizer Psychologen (Piaget, Aebli) und auf die amerikanische Lernpsychologie nach der „kognitiven Wende" (Bruner, J.R. Anderson) Bezug. Vor allem Bruner (1970) hatte großen Einfluss auf die Sachunterrichtsdidaktik: Er empfahl das Lernen von Strukturwissen, das Erklären mit Basiskonzepten und das Entdeckungslernen. In neuerer Zeit hat Reusser (1994, 1995) das kognitionspädagogische Konzept näher bestimmt und didaktisch ausgearbeitet; er versteht darunter, dass im Hinblick auf die Psychologie kognitiver Erwerbsprozesse Schüler mehr Verantwortung für ihr Lernen übernehmen und dass internalisierte Steuerungskompetenzen anstelle der Fremdsteuerung ausgebaut sowie aktivierende Metho-

den gefördert werden. Ähnliche Ansätze gibt es in der amerikanischen Unterrichtsforschung (vgl. zusammenfassend Shuell 1996, z.B. S. 744).

Das kognitionspädagogische Konzept ist hauptsächlich durch drei Aspekte gekennzeichnet:

- Im Unterricht ist man bestrebt, *semantische Netzwerke* aufzubauen; was man als Beziehungsnetz lernt, behält man besser. In Prozessen der Ausdifferenzierung werden relevante Einzelheiten gelernt, in Prozessen der Integration werden Oberbegriffe, Superzeichen, Systemkenntnisse vermittelt (z.B. „Nahrungskette", „Ökosystem Wald").
- Die Unterrichtsmethode ist als *kognitive Aktivierung* (Baumert, Klieme) angelegt: Der Lehrer aktiviert das Vorwissen, um anzuknüpfen und zu modifizieren; der Unterricht setzt *High-quality-Denkaktivitäten* in Gang, z.B. Erklären lassen, Schlussfolgern lassen, Argumentieren, anspruchsvolles Anwenden/Üben.
- Der Unterricht bleibt nicht bei den konkreten Details stehen, sondern *es wird abstrahiert*; „entschlacktes", „extrahiertes" Wissen ist besser anwendbar (J.R. Anderson 1988). Es wird *nicht Abstraktes gelehrt*, sondern im Unterricht *wird immer wieder abstrahiert*.

c) Das konstruktivistische Konzept

Das konstruktivistische Konzept von Unterricht geht einige Schritte weiter als das kognitionspädagogische. Ausgangspunkt für entsprechende Neuansätze in der Didaktik sind u.a. der erkenntnistheoretische und der hirnphysiologisch-biologische Konstruktivismus (für an theoretischen Grundlagen Interessierte ist empfehlenswert: von Glasersfeld 1985, von Foerster 1985). Hauptannahmen sind:

- Die Erkenntnis der Wirklichkeit ist nicht voraussetzungslos, sondern wird durch kognitive Aktivität konstruiert.
- Die Erkenntnisstrukturen sind höchst individuell.
- Durch Konstruktionen im Gehirn werden elementare Sichtweisen der Wirklichkeit (z.B. Formen, Bewegung) erst ermöglicht.
- Bedeutungen werden in sozialen Kontexten generiert.

Einige Didaktiker streiten ab, dass der Konstruktivismus eine neue didaktisch-methodische Sichtweise begründe. In jedem Unterricht, auch bei einem direktiv-entwickelnden Vorgehen, müssten Schüler Wissen und prozedurale Fähigkeiten selbst konstruieren. Außerdem seien aus einer Erkenntnistheorie keine didaktisch-methodischen Ableitungen möglich.

Hier wird jedoch die Gegenposition vertreten: Eine konstruktivistisch orientierte Unterrichtsmethodik stellt Bedingungen bereit, die den Merkmalen konstruktivistischer Erkenntnisbildung entgegenkommen. Die wichtigsten methodischen Ansätze, die frühere Unterrichtskonzeptionen nicht oder weniger berücksichtigten, sind dabei: Ermöglichung individueller Konstruktionen und Rekonstruktionen (z.B. Arbeit an Misconceptions) – Betonung des sozialen Aushandelns und dadurch bessere Förderung differenzierter und flexibler Kognitionen – direkte Auseinandersetzung mit Lernumgebungen anstelle von Lehrervorgaben. Für den Sachunterricht werden u.a. folgende konstruktivistisch orientierte Methoden-elemente empfohlen: Vorerfahrungen aufgreifen – die Schüler gehen explorie-rend mit Materialien um – Lerngemeinschaften bilden – Wertschätzung und Dul-dung individueller Lernwege mit Fehlern und Umwegen (vgl. Möller 2001).

d) Das kombinierte Methodenkonzept
Die Geschichte der Unterrichtsforschung lässt sich übergreifend als vergebliche Suche nach der idealen Methode, nach dem Königsweg des unterrichtlichen Vorgehens charakterisieren. Schon in den 1970er/1980er Jahren wurden Zusam-menhänge zwischen Lernerfolg und einem Lehrerhandeln festgestellt, das flexibel auf Lernsituationen eingeht und verschiedene Methoden variabel einsetzt (Brophy & Good 1986). Auch für den Sachunterricht ist bedeutsam, dass in mehreren Studien in der Wirtschaftspädagogik (mit entsprechenden Sachthemen), in de-nen konstruktivistische Unterrichtmethoden zum Einsatz kamen, jene Gruppen besser abschnitten, die zusätzlich Anleitungen und Lernhilfen erhielten (zusam-menfassend Wellenreuther 2004). Stärker grundschulbezogen sind die Untersu-chungen zum Entdeckenden Lernen. R.E. Mayer (2004) fasste Dutzende solcher Arbeiten zusammen und kam zu dem Ergebnis, dass fast immer eine Kombinati-on aus Entdeckungslernen und Anleitungen von Seiten des Lehrers am lern-wirksamsten war („guided discovery").
Durchgängig spricht man sich deshalb heute für ein kombiniertes Methoden-konzept aus. Die Rede ist von einer „Balance" zwischen selbstgesteuertem Lernen und Lehrerhilfen, von der Notwendigkeit der „Orchestrierung" des Unterrichts mit Hilfe verschiedener Methoden. Anstelle einer methodischen Monokultur wird zu Methodenpluralität und häufigem methodischem Wechsel geraten, um unter-schiedlichen Lernzielen und individuellen Vorkenntnissen gerecht zu werden. Es lassen sich zwei Wege der Methodenkombination unterscheiden: Zum einen geht es um Lernhilfen, die wie ein Gerüst („scaffolding") das selbstständige Lernen begleiten (Informationshilfen und methodische Hilfen). Zum anderen sollen Einzelmethoden, wie z.B. Erklären durch den Lehrer, Durcharbeiten in Klein-gruppen, gemeinsam Hypothesen und Lösungswege besprechen, systematisch gewechselt werden (Vorbild japanische Didaktik, vgl. Seidel et al. 2003).
In einer äußerst sorgfältigen Studie zum naturwissenschaftlichen Sachunterricht haben Hardy, Jonen, Möller & Stern (2006) die Effekte unterschiedlich vieler Lernhilfen bei einem konstruktivistisch orientierten Unterricht analysiert. Die HIS-Gruppen (High intensity support) erhielten viele Lernhilfen zur Strukturie-rung des Lehrstoffes (Gliederung in kleinere Einheiten) und zur kognitiven Aktivierung. Die LIS-Gruppen (Low intensity support) erhielten weniger Lern-hilfen und wählten relativ frei die Hands-on-Aktivitäten (Beobachtungen und

Experimente). Den HIS-Gruppen gelang es dabei sehr viel besser, Misconceptions abzubauen und physikalisch richtige Konzepte zu erwerben und anzuwenden. Ihnen standen auch noch nach einem Jahr komplexe Erklärungsmodelle zur Verfügung. Offensichtlich waren die Lernhilfen zum Bahnen des Lernweges und zur kognitiven Vertiefung entscheidend.

2 Prinzipien des Sachunterrichts

2.1 Begriff

Unter Prinzipien des Unterrichts versteht man Handlungsempfehlungen zur Methodik des Unterrichts mit generellem Geltungsanspruch. Für den Sachunterricht werden z.t. epochenübergreifend durchgängige Prinzipien postuliert (z.B. „Anschaulichkeit"), z.t. unterliegen die Prinzipien epochenspezifischen programmatischen Vorstellungen (z.B. „Sachgemäßheit" als Gegenprogramm zu einem zu kindertümelnden Unterricht). Unterrichtsprinzipien beruhen überwiegend auf Erfahrungen von Lehrern und Lehrerausbildern, erst in jüngerer Zeit kommen Aussagen der systematischen Unterrichtsforschung dazu.
Der Generalitätsanspruch der Unterrichtsprinzipien lässt sich heute nicht mehr halten. Dies zeigt schon das einfache Beispiel, dass im Sachunterricht „Anschaulichkeit" nicht ausreicht, sondern in bestimmten Phasen des Unterrichts das Abstrahieren angezeigt ist. In neueren Unterrichtstheorien geht man deshalb von der Spezifität unterrichtlicher Maßnahmen aus: Welche Lehraktivität ist unter den Randbedingungen A, B, C, D... angemessen? Solche Randbedingungen sind z.b. individuelle Lernvoraussetzungen, die Stufe des Lehr-Lern-Prozesses oder die Logik der Sache (eine abstrakte Sachstruktur erfordert eine abstrahierende Methode).
Man sollte sich auf Prinzipien beschränken, die tatsächlich der Unterrichtsmethodik zuzuordnen, die forschungsgesichert und die nicht trivial sind. Ansonsten kommt es zur Beliebigkeit einer unerschöpflichen Vielzahl von Prinzipien und damit zu einer Inflation von aussagearmen Regeln und Ratschlägen. „Zielorientierung" des Unterrichts ist z.B. eine Selbstverständlichkeit und gehört nicht zur Methodik. Sogar „Leistungsfeststellung" wurde schon zum Prinzip erhoben; Leistungsfeststellung erfolgt jedoch *nach* dem Lernprozess, die Vermengung von Lernen und von Bewerten der Leistung (z.B. im erarbeitenden Gespräch) wird als eine Ursache für mangelnden Einfallsreichtum der Schüler in Problemlöseprozessen angesehen.
Eine der wenigen empirischen Studien zu Unterrichtsprinzipien stammt von Kramis (1990). Er fand u.a., dass Lehrer und Lehrerstudenten die *Bedeutsamkeit des Unterrichts für die Schüler* als zentrales Gütekriterium für Unterricht betrachten.

2.2 Ausgewählte Prinzipien

a) Visualisierung

„Veranschaulichung" oder „Visualisierung" ist mit das bekannteste Gestaltungsprinzip des Sachunterrichts. Es ist unter verschiedenen Bezeichnungen, z.b. als „Originale Begegnung", als „Lernen mit konkreten Materialen", und unter dem Aspekt „Lernen mit Medien" umfassend abgehandelt worden. Am geeignetsten wäre der Begriff „Repräsentationsformen im Unterricht", weil es im Sachunterricht außer um visuelle Hilfen auch um Gegenstände und um das Nachbilden von Lebenswirklichkeit (z.b. im Rollenspiel) geht. Hier wird jedoch der Begriff „Visualisierung" vorgezogen, weil in der Kognitions- und in der Medienforschung vielfältige Resultate zum Zusammenhang von äußerlich visuell Dargestelltem und innerer kognitiver Verarbeitung vorliegen.

In Frühformen des Visualisierungsprinzips gab es bereits fälschliche Annahmen, wonach sinnlich Wahrgenommenes sich äquivalent in der kognitiven Struktur abbildet („Sensualismus"). Die Kognitionsforschung hat jedoch gezeigt, dass im Wahrnehmungsvorgang „top-down"-Prozesse erheblich bei der Selektion der Wahrnehmungsausschnitte und bei der Strukturbildung beteiligt sind (Neisser 1979). Leider wirken in Sachunterrichts-Publikationen häufig immer noch naive Annahmen zur Wahrnehmung und zur kognitiven Verarbeitung nach. So ist meist die Empfehlung „Lernen mit allen Sinnen" einseitig sensualistisch orientiert und wird der internen Begriffs- und Modellbildung nicht gerecht. Auch die „Realismus-these", wonach Lernen an der Wirklichkeit die größte Lerneffektivität habe, ist überholt (Weidenmann 1988). In der Kognitions- und Medienforschung wird heute nicht nur die konkrete Vorstellungsbildung empfohlen, sondern immer auch der Stellenwert innerer, abstrakter Strukturmodelle hervorgehoben (vgl. Martschinke in diesem Band, Nr. 77, im Überblick: Einsiedler 2002).

b) Aktivierung

Den älteren Begriffen der Prinzipien „Selbsttätigkeit" bzw. „Selbstständigkeit" wird häufig der Begriff „Aktivierung" vorgezogen. Unabhängig davon ist der ganze Bereich einer schüleraktivierenden Lerngestaltung durch konfundierte Begriffe gekennzeichnet. Manchmal wird Aktivierung auf Handtätigkeit bezogen, manchmal auf das Herausfinden von Erkenntnissen ohne Anleitung (Selbstständigkeit? Entdeckungslernen?). Die häufigste Vermengung ist die

– von Tätigkeit/handelndem Lernen/selbstständigem Lernen ohne Anleitung einerseits und

– von selbstbestimmtem Lernen/Autonomieorientierung/Selbstregulation als freiem Entscheiden über Inhalte, Lernwege usw. andererseits.

Hartinger (2005) hat diese Unterschiede klar herausgearbeitet und zu Recht empirische Forschung speziell zu letzterem Bereich ohne Konfundierungen durch

geführt. Danach haben Grundschüler deutliche Vorstellungen von Autonomie-
empfinden in Bereichen wie Themenwahl, Zeiteinteilung, Wahl des Lernweges
u.a.m. Der Autor macht Vorschläge zu einem mehr selbstbestimmten Sachunterricht und stellt Verbindungen zur Förderung von Interesse/Lernerfolg her.

Aktivierung wird nicht selten mit äußerem Tun, mit sichtbaren Aktivitäten, sei es
als Manipulieren mit Material, sei es als Diskutieren, gleichgesetzt. Renkl (2005)
bezeichnet dieses Verständnis von Aktivierung als Dogma. Er referiert Befunde,
wonach äußere Handlungen innere, mentale Prozesse sogar behindern können.
Gerade im Sachunterricht gibt es (auch veröffentlichte) Beispiele von äußerer
Betriebsamkeit und dem Produzieren von Gegenständen, das nichts zur Erkenntnisgewinnung beiträgt. Es ist trivial festzustellen, dass nicht die äußeren
Aktivitäten das Entscheidende sind, sondern die Initiierung und Aufrechterhaltung
kognitiver Prozesse. R.E. Mayer (2004) hat systematisch Varianten äußerer Aktivität und Varianten kognitiver Aktivität der Schüler einander gegenübergestellt.
Äußere Aktivität – häufig für den Sachunterricht empfohlen – muss durch geeignete Maßnahmen für anspruchsvolle Denkprozesse des In-Beziehung-Setzens,
Schlussfolgerns, Erklärens usw. ergänzt werden.
Wellenreuther (2004) hat ausführlich drei Beispiele von Unterrichtsforschung
nach lediglich äußerer und nach innerer, mentaler Aktivierung untersucht und
dabei eine Theorie des Langzeitgedächtnisses herangezogen, wonach zum einen
die aktiven Methoden die Schüler auch persönlich/erlebnishaft ansprechen sollen
und zum anderen nicht beliebige äußere Tätigkeiten, sondern nur „qualifizierte"
Aktivitäten, die zwischen Handlung und Kognition vermitteln, für den Wissensaufbau förderlich sind. Solche qualifizierte Bedingungen oder Absicherungs-
merkmale sind z.B.: herausfordernde Aufgaben, Zusammenhänge herstellen, Hypothesen und Untersuchungspläne entwickeln, mit Beobachtungsaufträgen Na-
tur- und Sozialphänomene untersuchen, strukturiert protokollieren.

c) Strukturierung
Strukturierung ist das in der Lernpsychologie und Unterrichtsforschung mit am
besten empirisch abgesicherte Prinzip. Durch Strukturierung werden Zusammen-
hänge zwischen Teilinhalten herausgestellt, der Aufbau der Teilinhalte zu einem
Gesamtkonzept/Gesamtsystem erarbeitet, Hinweise zu Wichtigem gegeben u.a.m.
Der lernpsychologische Effekt der Strukturierung wird plausibel, wenn man be-
denkt, dass damit für das Gedächtnis eine Ökonomisierung und eine verstärkte
Anwendung zu erreichen ist: Oberbegriffe fassen Einzelwissen zusammen, die
Oberbegriffe werden wegen der Relationen zum Detailwissen und zu verwandten
Oberbegriffen häufiger gebraucht.
Didaktisch gesehen ist es zweckmäßig, zwischen Makrostrukturierung und
Mikrostrukturierung zu unterscheiden. Bei der *Makrostrukturierung* werden die

Inhalte in Teileinheiten zerlegt, der Unterricht wird entsprechend den Zielen und gemäß lernpsychologischer Erkenntnisse in Phasen gegliedert. Als vorteilhaft haben sich „Previews" erwiesen: Bereits zu Beginn wird ein Überblick über die Struktur gegeben. Sehr sinnvoll für den Sachunterricht – und bei vielen Themen zwingend – sind „Post organizer" am Schluss von Unterrichtseinheiten: Der Systemzusammenhang wird aufgezeigt, z.B. in „Synthese-Bildern" (Wasserkreislauf, Lebensraum Hecke, Unterdrückung und Aufstand im Bauernkrieg). Konzepte und Regeln werden durch abschließende Vergleiche noch klarer: „Anpassung von Tieren" bei Ente, Maulwurf, Specht; warmes Wasser steigt, warme Luft steigt. Bei der *Mikrostrukturierung* werden im Verlauf der Problemlösung und des Gesprächs aufmerksamkeitsregulierende Hinweise (z.B. Was bedeutet der Pfeil? Denk' an die Schutzfarbe!...) und Aufforderungen zur kognitiven Vertiefung (z.B. Was hat das zur Folge?...) gegeben. Bei geringen thematischen Vorkenntnissen ist *Elaborieren* angebracht (Konkretisieren und Ausweiten des Wissens). Wegen der Gedächtnisökonomie und wegen des verstehenden Lernens (Erwerb innerer Modelle) ist aber auch das *Organisieren* erforderlich: Übergeordnete Gesichtspunkte erarbeiten, Wissen bündeln, Zusammenfassung der Einzelheiten (einschlägige Forschung von Dumke, Spreckelsen, Einsiedler & Treinies siehe im Überblick bei Einsiedler 1996).

3 Schluss

In diesem Beitrag wurde immer wieder für evidenzbasierte Entscheidungen zu Methoden und Prinzipien des Sachunterrichts plädiert, d.h. für methodische Handlungen, die durch empirische Forschung begründbar sind. Empirische Evidenz kann helfen, Handlungsempfehlungen zu identifizieren, die nur noch tradiert werden und nicht abgesichert sind. Sie trägt auch dazu bei, ideologische Ableitungen zu erkennen. So waren z.B. Prinzipien der Heimatkunde im Nationalsozialismus und in der DDR politisch eingefärbt („völkischer Unterricht", „Führung", „Parteilichkeit"). Gegen solche Vereinnahmungen sollte bei methodischen Entscheidungen immer auch ein subjektorientiertes Menschenbild mitbedacht werden. Die meisten Sachunterrichtslehrpläne vertreten heute das Bild vom Menschen als eines aktiven Wissenskonstrukteurs, nicht als eines passiven Reizempfängers. Zu evidenzbasierten Methodenentscheidungen sollten also durchaus auch wertbezogene Überlegungen treten, vor allem die Orientierung am demokratischen Ethos sowie an weiteren ethischen Standards.

Literatur

Aebli, H. (1969): Grundformen des Lehrens. 6. Aufl. Stuttgart. – Anderson, J.R. (1988): Kognitive Psychologie. Heidelberg. – Brophy, J.E. & Good, T.L. (1986). Teacher behavior and student achievement. In: Wittrock, M.C. (ed.): Handbook of research on teaching (3. edit.). New York, pp. 328-375. – Bruner, J. (1970): Der Prozess der Erziehung. Düsseldorf. – Creemers, B.P.M. (1994):

The effective classroom. London. – Diesterweg, F.A.W. (1851; 1958): Wegweiser zur Bildung für deutsche Lehrer. Paderborn. – Einsiedler, W. (1996): Wissensstrukturierung im Unterricht. In: Zeitschrift für Pädagogik, 42, S. 167-192. – Einsiedler, W. (2002): Empirische Forschung zum Sachunterricht. In: Spreckelsen, K., Möller, K. & Hartinger, A. (Hrsg.): Ansätze und Methoden empirischer Forschung zum Sachunterricht. Bad Heilbrunn, S. 17-38. – von Foerster, H. (1985): Das Konstruieren einer Wirklichkeit. In: Watzlawick, P. (Hrsg.): Die erfundene Wirklichkeit. München, S. 39-60. – von Glasersfeld, E. (1985): Einführung in den radikalen Konstruktivismus. In: Watzlawick, P. (Hrsg.): Die erfundene Wirklichkeit. München, S. 16-38. – Hardy, I., Jonen, A., Möller, K. & Stern, E. (2006): Effects of instructional support within constructivist learning environments for elementary school students' understanding of „Floating and Sinking". In: Journal of Educational Psychology, 98, pp. 307-326. – Hartinger, A. (2005): Verschiedene Formen der Öffnung von Unterricht und ihre Auswirkung auf das Selbstbestimmungsempfinden von Grundschulkindern. In: Zeitschrift für Pädagogik, 51, S. 397-414. – Helmke, A. (2003): Unterrichtsqualität. Seelze. – Kramis, J. (1990): Bedeutsamkeit, Effizienz, Lernklima. In: Beiträge zur Lehrerbildung, 8, S. 279-298. – Mayer, R.E. (2004): Should there be a three-strikes rule against pure discovery learning? In: American Psychologist, 59, S. 14-19. – Meyer, M.A. (2005): Stichwort: Alte oder neue Lernkultur? In: Zeitschrift für Erziehungswissenschaft, 8, S. 5-27. – Möller, K. (2001): Konstruktivistische Sichtweisen für das Lernen in der Grundschule? In: Roßbach, H.-G., Nölle, K. & Czerwenka K. (Hrsg.): Forschungen zu Lehr-Lernkonzepten für die Grundschule. Opladen, S. 16-31. – Neisser, U. (1979): Kognition und Wirklichkeit. Stuttgart. – Renkl, A. (1996): Träges Wissen: Wenn Erlerntes nicht genutzt wird. In: Psychologische Rundschau, 47, S. 78-92. – Renkl, A. (2005): Fünf Dogmen in der Diskussion zum Lernen und Lehren. In: Schilling, S.R., Sparfeldt, J.R. & Pruisken, C. (Hrsg.): Aktuelle Aspekte pädagogisch-psychologischer Forschung. Münster, S. 11-23. – Reusser, K. (1994): Kognitionspädagogische Anmerkungen zur „neuen Lernkultur". In: Beiträge zur Lehrerbildung, 12, S. 19-37. – Reusser, K. (1995): Lehr-Lernkultur im Wandel. In: Dubs, R. & Dörig, R. (Hrsg.): Dialog Wissenschaft und Praxis. St. Gallen, S. 164-190. – Seidel, T., Rimmele, R. & Prenzel, M. (2003): Gelegenheitsstrukturen beim Klassengespräch und ihre Bedeutung für die Lernmotivation. In: Unterrichtswissenschaft, 31, S. 142-165. – Shuell, Th.J. (1996): Teaching and learning in a classroom context. In: Berliner, D.C. & Calfee, R.C. (eds.): Handbook of educational psychology. New York, S. 726-764. – Weidenmann, B. (1988). Psychische Prozesse beim Verstehen von Bildern. Bern. – Weinert, F.E. (1998): Lehrerkompetenz als Schlüssel zur inneren Schulreform. In: Schulreport, o.Jg., H.2, S. 24-27. – Wellenreuther, M. (2004): Lehren und Lernen – aber wie? Baltmannsweiler.

62| Erfahrungsorientierter Sachunterricht
Klaudia Schultheis

1 Bedeutung in der aktuellen sachunterrichtsdidaktischen Diskussion

Für den Philosophen Hans-Georg Gadamer gehört der Begriff der Erfahrung „so paradox es klingt – zu den unaufgeklärtesten Begriffen […], die wir besitzen" (1986, S. 352). Das scheint für den Sachunterricht nicht zu gelten, denn in der Sachunterrichtsdidaktik nimmt der Begriff der Erfahrungsorientierung heute einen festen Platz ein. In vielen Lehrplänen für den Sachunterricht ist die Rede von vorschulischen Erfahrungen und der Erfahrungswelt der Kinder, von Sacherfahrungen oder sinnlichen Erfahrungen. In sachunterrichtsdidaktischen Publikationen wird Erfahrungsorientierung als ein grundlegendes Prinzip des Sachunterrichts (vgl. Frohne 1997) oder als Unterrichts- bzw. didaktisches Konzept bezeichnet (vgl. Kaiser 1997, S. 176). Dennoch bleiben die Konturen des Begriffs relativ unscharf: Dass, wie Kaiser es formuliert, mit dem Verweis auf Erfahrung „immer ein intensiverer Wirklichkeits-, Umgebungs- und Alltagsbezug des Lernens verbunden" sei oder dass Erfahrung im pädagogischen Alltagsverständnis dasjenige sei, „was die Kinder subjektiv erlebt haben, so dass sie von daher eher einen Zugang haben" (ebd.), belässt eher im Vagen, was mit Erfahrungsorientierung im Sachunterricht gemeint sein könnte.

In der sachunterrichtsdidaktischen Literatur wird darauf verwiesen, dass Erfahrungen durch den Sachunterricht nicht nur aufgegriffen und verarbeitet, sondern auch erweitert bzw. erst gestiftet werden müssen (vgl. Duncker & Popp 1994, S. 23). Schreier (1992, S. 47) betont, dass der Sachunterricht die individuellen Erfahrungsdispositionen mit der umfassenden menschlichen Erfahrung, die sich in unserer kulturellen und sozialen Umwelt, in Gesellschaft, Technik, Wissenschaft und Kunst abbilde, in eine Wechselwirkung zu bringen habe.

Eng verbunden ist der Begriff der Erfahrung im Sachunterricht mit den Begriffen des Handelns und des Erlebens. Nach Müller-Gäbele (1997, S. 20) ist es entscheidend für die Entfaltung des Verstehensprozesses, dass „erlebnisorientiertes und erfahrungs- und handlungsorientiertes Erfassen von Aspekten der Realität miteinander verbunden" würden. Wöll (1999, S. 14) sieht im Handeln der Lernenden „das zentrale und konstitutive Element des erfahrungsorientierten Unterrichts", weil Handlungen stets Erfahrungsbildungsprozesse konstituierten. Nähe besitzt der Begriff der Erfahrungsorientierung auch zum „Lernen mit allen Sinnen", sofern es nicht nur als Wahrnehmungsschulung, sondern als multisensorische

Sachbegegnung und/oder durch den Einbezug außerschulischer Lernorte als eine modernisierte Form des Anschauungsprinzips verstanden wird (vgl. Schultheis 1995, Götz 2000). Auch der Ansatz des „situierten Lernens" intendiert, einen Bezug zu authentischer Erfahrung herzustellen, indem Lehrerinnen und Lehrer bei der Unterrichtsplanung und der Gestaltung der Lernumgebung potentielle Anwendungssituationen des zu vermittelnden Wissens in realen Lebensbedingungen mitbedenken (vgl. Hartinger & Fölling-Albers 2002, S. 134ff).

Die Forderung nach Erfahrungsorientierung im Sachunterricht trägt schulkritischen Positionen und Reformbestrebungen insofern Rechnung, als damit ein Unterricht intendiert wird, der sich nicht auf die Präsentation von Bildern und Worten, sondern auf die anschauliche Wirklichkeit stützt und auch die subjektive Bedeutsamkeit von Lernprozessen berücksichtigt. Vor diesem Hintergrund, insbesondere aufgrund ihrer mangelnden Anschauungsgrundlage und Erfahrungsrückbindung, wurden gerade die stark an der Sache und der Wissenschaft und damit an kognitiven Lernzielen orientierten Sachunterrichtskonzeptionen der 1970er Jahre kritisiert. Verstärkt wurde die Forderung nach Erfahrungsorientierung des Sachunterrichts in jüngster Zeit durch Untersuchungen über die Lebens- und Aufwachsensbedingungen heutiger Kinder. Weil Medien nur noch eine aufbereitete Wirklichkeit aus zweiter Hand vermittelten, wird den Kindern eine gewisse Erfahrungsarmut attestiert, die auf den Verlust von Eigentätigkeit und sog. Primärerfahrungen zurückzuführen sei (vgl. Rolff & Zimmermann 1997). Demgegenüber steht aber auch eine Erfahrungsvielfalt, die von den Kindern bewältigt werden muss und den Sachunterricht vor didaktische und pädagogische Herausforderungen stellt, weil sie zu heterogenen und divergierenden Lernvoraussetzungen führt.

2 Der Begriff der Erfahrung im Kontext schulischen Lernens und Lehrens

Der Begriff der Erfahrung wird in der Sachunterrichtsdidaktik mit wenigen Ausnahmen stark am Alltagsverständnis orientiert und bezieht sich zum einen auf die vorhandenen Erfahrungen der Kinder: das konkret und subjektiv Erlebte sowie das Vorwissen in Bezug auf ein Thema, an das im Unterricht angeknüpft werden soll. Zum anderen ist auch der Einbezug der konkreten Wirklichkeit im Rahmen eines didaktischen Arrangements gemeint, wodurch gemeinsame anschauliche Erfahrungen entstehen, die im Prozess des Lernens die Basis für kindliche Wissens- und Verstehensprozesse bilden.

Ein an der Wissenschaft orientierter und zur Wissenschaft hinführender Sachunterricht muss sich mit dem Begriff der Erfahrung aber auch in wissenschaftstheoretischer Hinsicht auseinandersetzen. Dabei ist zunächst wichtig, dass mit dem Aufschwung der Naturwissenschaften ein neues Wissenschaftsverständnis entstand, das die Erfahrung durch die Sinne, die Empirie, zur Grundlage menschlicher und wissenschaftlicher Erkenntnis machte. Wissenschaftliche Erkenntnisse wurden nun durch methodisierte Erfahrung mittels neuer Forschungsmethoden wie Beobachtung, Experiment und Vergleich und durch Induktion gewonnen. Die Ableitung der Erkenntnis aus Sinneserfahrungen bestimmte zunächst die Naturwissenschaften, wurde aber zunehmend auch für die Psychologie und die Sozialwissenschaften bedeutend. Dabei gelten heute in den Sozialwissenschaften als Erfahrung und Tatsache nicht mehr nur das, was man quantitativ messen und zählen kann, sondern auch das, was sich qualitativ erfassen und beschreiben lässt, sich aber der genauen zahlenmäßigen Festlegung entzieht (wie z.B. Einstellungen, Werte).

Versuche einer theoretischen Fundierung des Erfahrungsbegriffs in der Sachunterrichtsdidaktik greifen vor allem auf die pragmatistische Philosophie John Deweys zurück, die sich aus dem klassischen Empirismus entwickelt hat. Der Pragmatismus stellt das Denken in engen Zusammenhang mit der Erfahrung. So gibt es nach Dewey „keinerlei sinnvolle Erfahrung, die nicht ein Element des Denkens enthielte" (Dewey 1964, S. 193). Seiner Auffassung nach sind solche Erfahrungen pädagogisch unfruchtbar, die weiterführende Erfahrungen blockieren oder in keinem Zusammenhang zueinander stehen. Für das Verständnis von Erfahrung in Lehr-/Lernprozessen lässt sich daraus ableiten, dass Erfahrungen immer im Verhältnis der Kontinuität und der Wechselwirkung zueinander stehen müssen: „Durch das Prinzip der Kontinuität wird es möglich, Erfahrungen von früheren Situationen auf folgende zu übertragen und die Erfahrung jeweils neu zu organisieren. Durch das Prinzip der Wechselwirkung wird die Erfahrung produktivoffen" (Popp 1985, S. 102). Die sachunterrichtsdidaktische Reflexion greift auch besonders Deweys Verweis auf die passive und aktive Seite der Erfahrung heraus. Demnach ist Erfahrung zum einen ein aktiver Zugriff, ein Ausprobieren oder Tun: Man macht Erfahrungen. Zum anderen ist Erfahrung auch ein Erleiden, ein Widerfahrnis, das Erwartungen durchkreuzt und hingenommen werden muss (vgl. a.a.O., S. 99).

Kaum beachtet wird in der didaktischen Diskussion, dass im Hinblick auf Lern- und Lehrprozesse Stufen und Weisen des Erfahrens unterschieden werden müssen. Hierin liegt gerade für die Didaktik eines modernen Sachunterrichts, der die Balance zwischen Kind- und Wissenschaftsorientierung sucht, Bedeutung. So lassen sich das von Dewey beschriebene Erfahren in der Bedeutung des Widerfahrens sowie das Erfahren als aktives Zugehen auf etwas als Stufen der Erfahrung verstehen, die sich bereits in der frühen Kindheit finden. So werden Kinder bis ins Grundschulalter von den Dingen unmittelbar in Bann gezogen, zu Aktivitäten und Erkundungen herausgefordert werden und machen in diesem Rahmen vielfältige Lernerfahrungen. Nach Heidegger (1989, S. 186ff.) folgt darauf eine dritte Stufe, bei der sich das gezielte Vorgehen um die Erprobung und Beobachtung des „wie" und „unter welchen Umständen" erweitert. Im nächsten Schritt stellt sich das Erfahren dann als werkzeugliches erprobendes Zugehen und Beobachten in einer bestimmten Absicht dar: Man sucht nach Regelmäßigkeiten, d.h. nach etwas, das bei gleichen Bedingungen wiederkehrt. Die vorläufig letzte Stufe ist das methodisch geleitete Experiment, das im mathematischen Sinn und messend das Vorgehen vorzeichnet. Der Weg zur Wissenschaft, d.h. zur methodisch geleiteten Erfahrung, stellt sich damit als eine Engführung der alltäglichen Erfahrung dar. Für die Sachunterrichtsdidaktik bedeutet dies, dass sich der Übergang zwischen Alltagserfahrung und wissenschaftlicher Erfahrung nicht von selbst vollzieht, sondern bewusst gemacht und als Lernaufgabe, die der didaktischen Hinführung und Begleitung bedarf, betrachtet werden muss.

3 Pädagogisch-didaktische Implikationen eines erfahrungsorientierten Sachunterrichts

Das Problem eines erfahrungsorientierten Sachunterrichts besteht folglich darin, die subjektive Umgangserfahrung des Kindes mit dem methodisch-instrumentellen Verständnis von Erfahrung, wie es die Wissenschaften prägt, zu vermitteln. Es geht dabei in jedem Fall um ein Transzendieren und Erweitern der kindlichen Alltagserfahrung, um den Sachunterricht nicht zugunsten des Anspruchs des Kindes und der Orientierung an seinen spontanen Interessen und Fragen in Trivialität abgleiten zu lassen. Damit ist aber keine reine Wissenschaftspropädeutik gemeint, die jeder nicht methodisch gewonnenen Erfahrung die bildende Bedeutung abspricht.

Schulisches Lernen löst vielmehr das Lernen aus der selbstverständlichen Lebenswelt und damit aus der mitgängig und beiläufig erworbenen Alltagserfahrung (vgl. Schultheis 2005), auch wenn es diese nicht ignoriert, sondern es sich darin „einwurzeln" (Wagenschein) lässt. Das kann, wie Wagenschein gezeigt hat, im exemplarischen Unterricht geschehen, der etwas aus seinem Kontext herausnimmt und zum expliziten Unterrichtsgegenstand macht. Sachunterricht zielt auf die theoretische Auseinandersetzung mit den Sachen, also darauf, etwas begrifflich und abstrakt zu durchdenken und zu eindeutigen, formalen Aussagen und Begriffen über die Wirklichkeit zu gelangen. Das meint keineswegs, dass die theoretischen Erkenntnisse nicht wieder praktisch werden können: Das genau liegt sogar in der Intention handlungsorientierter Unterrichtsformen. So hebt insbesondere die Theorie des Projektlernens, im Sinne von John Dewey, auf die aktive Seite der Erfahrung ab und zielt auf die Veränderung der Umwelt und die Übernahme von Verantwortung (vgl. Duncker & Popp 1994, S. 24). Hier bekommt der Erfahrungsbezug des Sachunterrichts eine weitere Bedeutung.

Heinrich Roth hat mit seinem Prinzip der originalen Begegnung die für schulisches Lernen und Lehren relevanten Aspekte der Erfahrung in einen didaktischen

Zusammenhang gebracht: „Das schulmäßige Lernen besteht in der Aufgabe, Erkanntes, Erforschtes, Geschaffenes wieder nacherkennen, nachforschen, nachschaffen zu lassen und zwar durch den methodischen Kunstgriff, Erkanntes wieder in Erkennen, Erfahrungen wieder in Erfahrnis, Erforschtes wieder in Forschung, Geschaffenes wieder in Schaffen aufzulösen, nicht wie der Forscher und Schöpfer selbst, sondern wie ein wahrhaft Verstehenwollender, Nachdenkender und Nachschaffender es tut" (Roth 1962, S. 125). Auch die in der Tradition Martin Wagenscheins stehende Phänomenorientierung geht von der Umgangserfahrung aus, die fragen und staunen macht, und theoretisch hinterfragt werden will. Die Formen des Zeigens im Sachunterricht sind dabei vielfältig und eröffnen den Lehrenden zahlreiche Möglichkeiten, die handelnde Aneignung von Kenntnissen, Fertigkeiten und Haltungen im Lernprozess der Schülerinnen und Schüler zu initiieren und zu begleiten. Walter Popp (1985, S. 103ff.) verweist auf informelle Arrangements von Lernmaterialien, die im Sachunterricht im *spielerisch-entdeckenden Umgang* und als *Probierhandeln* Sach- und Sozialerfahrungen ermöglichen und auch Grundlage für Selbsterfahrung sein können. Erfahrungsorientierte Problemlösungen können nach Popp durch *Analogiebildungen* erfolgen, wobei die Conceptual-Change-Forschung deutlich auf die Resistenz vorhandener Schemata hingewiesen hat. Die kindlichen Lernprozesse unterstützende, erfahrungsorientierte Zeigehandlungen sind auch das kreative *Umstrukturieren*, Verfremden oder die Konfrontation mit Widersprüchen. Erfahrung bedürfe, so Popp, immer auch der zeitweisen Verengung und Spezialisierung des Blickfelds durch bewusste, *selegierende Reduktion* der möglichen Vielzahl der Aspekte (ebd.), die sich auch wieder mehrperspektivisch ausweiten lässt. Schließlich kann durch methodisch angeleitetes *Experimentieren* im Sachunterricht die eingeschränkte individuelle Erfahrung erweitert, verallgemeinert und intersubjektiv nachprüfbar werden. Experimentieren, das Durchführen von Lerngängen, Expertenbefragungen, Genetisches Lehren, das Lernen in Projekten wie auch die Verknüpfung lebensweltlich orientierter und fachlich orientierter Perspektiven zu „Didaktischen Netzen" tragen, so Hartinger & Mörtl-Hafizović (2003), dazu bei, komplexe und authentische Problemsituationen im Sinne situierter Lernbedingungen zu schaffen, die den Erwerb flexibel anwendbaren Wissens unterstützen und so zur Erfahrungsorientierung im Sachunterricht beitragen können.

Literatur

Dewey, J. (1964): Demokratie und Erziehung. 3. Aufl. Braunschweig. – Duncker, L. & Popp, W. (1994): Der schultheoretische Ort des Sachunterrichts. In: dies. (Hg.): Kind und Sache. Zur pädagogischen Grundlegung des Sachunterrichts. Weinheim und München, S. 15-27. – Frohne, I. (1997): Erfahrungsorientierung. In: Kaiser, A. (Hg.): Lexikon Sachunterricht. Baltmannsweiler, S. 42. – Gadamer, Hans-Georg (1986): Wahrheit und Methode. Gründzüge einer philosophischen Hermeneutik. Gesammelte Werke, Bd. 1, Tübingen. – Götz, M. (2000): Lernen mit allen Sinnen. Kritische Überlegungen zu Tendenzen des Sachunterrichts der 1980er und beginnenden 1990er Jahre.

In: Hinrichs, W. & Bauer, H.F. (Hg.): Zur Konzeption des Sachunterrichts. Donauwörth, S. 208-220. – Hartinger, A. & Fölling-Albers, M. (2002): Schüler motivieren und interessieren. Ergebnisse aus der Forschung. Anregungen für die Praxis. Bad Heilbrunn. – Hartinger, A. & Mörtl-Hafizović, D. (2003): Lehren und Lernen in situierten Lernbedingungen. In: Reeken, D. v. (Hg.): Handbuch Methoden im Sachunterricht. Baltmannsweiler, S. 254-261. – Heidegger, M. (1989): Beiträge zur Philosophie. Werke Bd. 65. Frankfurt am Main. – Kaiser, A. (1997): Einführung in die Didaktik des Sachunterrichts. 4. Aufl. Baltmannsweiler. – Müller-Gäbele, E. (1997): Erleben-Erfahren-Handeln. Schlüsselbegriffe des Sachunterrichts. In: Meier, R., Unglaube, H. & Faust-Siehl, G. (Hg.): Sachunterricht in der Grundschule. Frankfurt am Main, S. 12-26. – Popp, W. (1985): Erfahren – Handeln – Verstehen. Zur Didaktik des Sachunterrichts. In: Deutsches Institut für Fernstudien an der Universität Tübingen (Hrsg.): Sachunterricht – Grundbaustein: Zur Pädagogik der Heimat- und Sachunterrichts. Tübingen, S. 63-122. – Rolff, H.-G. & Zimmermann, P. (1997): Kindheit im Wandel. 5. Aufl. Weinheim und Basel. – Roth, H. (1962): Pädagogische Psychologie des Lehrens und Lernens. 6. Aufl. Hannover. – Schreier, H. (1992): Sachunterricht und Erfahrung. In: Lauterbach, R., Köhnlein, W., Spreckelsen, K. & Klewitz, E. (Hg.): Brennpunkte des Sachunterrichts. Kiel, S. 47-65. – Schultheis, K. (1995): Vom Sinn der Sinne im Sachunterricht der Grundschule. In: Pädagogische Welt 49, Heft 11, S. 492-496. – Schultheis, K. (2005): Die Erfahrung der Schule – Skizzen zu einem grundschulpädagogischen Begriff kindlichen Lernens. In: Mühleisen, H.-O., Stammen, T. & Ungetüm, M. (Hg.): Anthropologie und Ästhetik. Lindenberg im Allgäu, S. 231-241. – Wöll, G. (1999): Handelndes Lernen und Erfahrungslernen. Grundbegriffe der reformorientierten Didaktik und eines veränderten Lernens. In: Hempel, M. (Hg.): Lernwege der Kinder. Baltmannsweiler, S. 12-26.

63| Problemorientierter Sachunterricht
Christina Beinbrech

1 Begriff und Zielsetzungen

Mit dem Begriff ‚problemorientierter Sachunterricht' wird ein Unterrichtskonzept beschrieben, in dem lebensweltbezogene Probleme den Ausgangspunkt für Unterricht bilden, im weiteren Verlauf des Unterrichts aufgegriffen, in Teilprobleme zerlegt und von den Schülerinnen und Schülern gelöst werden. Gespräche über die zu lösenden Probleme sowie eine handelnde Auseinandersetzung mit Materialien erhalten im Prozess des Problemlösens einen großen Stellenwert.

Die Ziele, die problemorientierten Sachunterrichts zugeschrieben werden, haben sich in den letzten 30 Jahren kaum geändert. So werden besonders zwei Bereiche hervorgehoben: erstens kognitive Ziele, die sich auf die Fähigkeit beziehen, selbstständig Probleme zu lösen, sowie zweitens emotional-motivationale Ziele, zu denen unter anderem die Bereitschaft gehört, sich auf Probleme einzulassen (vgl. Einsiedler 1985, S. 126; Soostmeyer 1978, S. 159f.). Ergänzend hat Einsiedler auf die Förderung einer Fragehaltung durch problemorientierten Sachunterricht hingewiesen (1994, S. 201).

Insbesondere mit den Begriffen des ‚entdeckenden Lernens' und ‚genetischen Lehrens' besteht in der sachunterrichtsdidaktischen Literatur eine enge Verknüpfung (vgl. Soostmeyer 1978). Allerdings ist ein problemorientierter Unterricht auch ohne Prozesse des Entdeckens denkbar; genauso muss er nicht mit einem sachlogisch aufgebauten Lehrgang einhergehen, wie es ein logisch-genetischer Unterricht vorsieht (vgl. Möller 2001).

2 Historische Entwicklung

Pädagogische Konzepte, die das Lösen von Problemen berücksichtigen, finden sich bereits zu Beginn des 20. Jahrhunderts wie beispielsweise bei John Dewey (vgl. Einsiedler 1985, S. 127).

Einen Aufschwung erhielten pädagogische Ansätze zum Problemlösen in den 1960er und 1970er Jahren. Aus bildungstheoretischer Perspektive hat Heinrich Roth die ‚originale Begegnung' des Kindes mit der Sache oder dem Problem hervorgehoben. Insbesondere die von Roth und – bereits zuvor – von Dewey entwickelten Stufenmodelle des Denkens wurden in der sachunterrichtsdidaktischen Diskussion um problemorientiertes Lernen aufgegriffen (vgl. Einsiedler 1994, S. 208; Soostmeyer 1978, S. 200).

Auch auf der Grundlage kognitions- und lernpsychologischer Erkenntnisse, die darauf hinwiesen, dass Lernen und Problemlösen aktive Prozesse des Lernenden sind, wurden verschiedene Ansätze entwickelt, die auf eine Auseinandersetzung mit Problemen zielten und eine Förderung des Problemlösens beabsichtigten. Diesen Ansätzen lag die Annahme zugrunde, dass eine Förderung des Problemlösens auf den Erwerb von allgemeinen, heuristischen Strategien begrenzt werden kann, die dann in unterschiedlichen Problemsituationen einsetzbar sind. Da Studien jedoch vielfach das Ausbleiben von Transferleistungen auf andere Inhaltsbereiche belegten, und Untersuchungen aus dem Experten-Novizen-Ansatz die besondere Bedeutung bereichsspezifischen Wissens zeigten, wurde der Fokus zunehmend auf den Aufbau bereichsspezifischer Fertigkeiten und Strategien sowie den Aufbau von Wissensstrukturen gerichtet (vgl. Friedrich & Mandl 1992). In diese Zeit fallen auch erste Empfehlungen für problemorientierte Verfahren im Sachunterricht der Grundschule durch den Deutschen Bildungsrat (vgl. 1970). Aufgrund ihrer Nähe zum Experimentieren wurden problemorientierte Verfahren besonders im naturwissenschaftlich-technischen Lernbereich des Sachunterrichts umgesetzt. Aber auch für gesellschaftswissenschaftliche Themen liegen bereits aus den 1970er Jahren problemorientierte Unterrichtsbeschreibungen vor (vgl. Einsiedler & Rabenstein 1985).

In neueren Ansätzen, die auf einem konstruktivistischen Lehr-Lernverständnis basieren, wird einer problemorientierten Unterrichtsgestaltung und der Anwendung des Wissens in neuen Situationen eine große Bedeutung beigemessen. Vertreter dieser Ansätze betonen, dass das Lösen von lebensnahen, komplexen Problemen durch aktive, selbstgesteuerte und konstruktive Prozesse des Lernenden dazu beiträgt, die Anwendung des erworbenen Wissens auf neue Situationen und Probleme zu unterstützen. Allerdings wird gerade für den Sachunterricht gefordert, dass eine Reduzierung der Komplexität durch angemessene Formen der Strukturierung und Lernhilfen erforderlich ist, um eine Überforderung der Kinder zu vermeiden (vgl. Möller, Jonen, Hardy & Stern 2002).

3 Ansätze problemorientierten Sachunterrichts

Während in verschiedenen Unterrichtsbeispielen ein problemorientiertes Vorgehen beschrieben wird, liegen nur wenige konzeptionelle Ansätze zu einem problemorientierten Sachunterricht vor.

Für den naturwissenschaftlichen Lernbereich hat Soostmeyer in den 1970er Jahren einen Ansatz entwickelt, in dem besonders das Verfahren des Experimentierens im Vordergrund steht (vgl. Soostmeyer 1978). Er unterscheidet dabei zwei Phasen: die Phase der Problemfindung, die vorwiegend auf entdeckenden Aktivitäten basiert und durch methodisch freie und offene Lern- und Denkprozesse bestimmt ist, sowie die Phase der Problemlösung, die vorwiegend mit 'forscherischen' Aktivitäten verbunden ist und sich an Prozessen des Hypothesenbildens und -prüfens orientiert (ebd. S. 173). Nach Soostmeyer ist es für die Lehrperson eine besondere Herausforderung, den Übergang von den spontanen individuellen Aktivitäten zu einer der Sache angemessenen Auseinandersetzung mit allen Schülerinnen und Schülern zu gestalten (ebd. S. 240).

Aus grundschulpädagogischen Überlegungen heraus hat Einsiedler (1985, 1994) einen Ansatz für den naturwissenschaftlichen und gesellschaftswissenschaftlichen Lernbereich des Sachunterrichts entwickelt. Auch wenn nach Einsiedler das Aufgreifen von Fragen und Problemen der Kinder den Idealfall eines kindgemäßen problemorientierten Sachunterrichts darstellt, weist er darauf hin, dass das Stellen von spontanen Fragen besonders in der Grundschule nicht vorausgesetzt werden kann. Daher sind auch geeignete Fragen und Probleme für den Unterricht durch die Lehrperson auszuwählen und aufzubereiten (1994, S. 205). In Anlehnung an Aebli hält Einsiedler Probleme mit Lücken oder Widersprüchen als besonders geeignet für den Sachunterricht (vgl. ebd.). Bei 'Problemen mit Lücke' ergeben sich Lücken für Handlungspläne oder Aussagen über die Wirklichkeit ('Vom Korn zum Brot'), bei 'Problemen mit Widerspruch' entstehen Widersprüche in Handlungsabsichten oder es liegen Widersprüche in Aussagen über die Wirklichkeit vor ('Wie kommt es, dass ein großes, schweres Schiff aus Eisen schwimmt, ein kleiner Nagel aus Eisen aber untergeht?'). Dabei sollten besonders solche Fragen und Probleme ausgewählt werden, die „Handlungsabfolgen nach sich ziehen, mit neuen Teilproblemen, die wiederum geklärt und ‚abgearbeitet' werden müssen" (ebd.). Für Gespräche über Probleme im Sachunterricht empfiehlt Einsiedler die sokratische Methode nach Wagenschein, die das Argumentieren zwischen den Kindern anregt und auf das Verstehen von Zusammenhängen zielt (vgl. ebd. S. 206).

In der sachunterrichtsdidaktischen Literatur wurde bisher kaum die internationale Diskussion um kooperatives Problemlösen berücksichtigt. Das Modell des ‚Gruppenpuzzles' ist nach Einsiedler dabei ein denkbares Modell für den Sachunterricht (vgl. ebd. S. 210).

4 Empirische Befunde

Auch wenn schon seit den 1970er Jahren ein problemorientiertes Vorgehen für den Sachunterricht gefordert wird und die damit verbundenen Ziele auch heute noch gültig sind, liegen für den Sachunterricht der Grundschule kaum empirische Studien vor. Zum einen fehlen Studien, die einen Überblick darüber geben, wie und in welcher Form problemorientierter Unterricht in der Unterrichtspraxis durchgeführt wird. Zum anderen gibt es kaum Hinweise dazu, inwiefern das Erreichen der aufgestellten Zielbereiche mit einem problemorientierten Unterricht einhergeht.

In den 1970er Jahren hat Einsiedler (1976) in einem Vergleich von vier Lehrmethoden festgestellt, dass die Methode ohne Lernhilfe – die ‚entdeckenlassende' Methode – weniger wirkungsvoll hinsichtlich der Transferleistung war als Methoden, die auf einem System von Lernhilfen beruhten.

Im Rahmen einer eigenen Interventionsstudie wurde untersucht, inwiefern sich der Grad an Selbststeuerung beim Problemlösen auf das Problemlöseverhalten auswirkt. Bei dem Vergleich von zwei Lehr-Lernumgebungen erwies sich die Bedingung als tendenziell überlegen, in der die Schülerinnen und Schüler die Möglichkeit zum individuellen Lösen von Problemen hatten, im Gegensatz zu der Bedingung, in der die Schülerinnen und Schüler kleinschrittig durch die Lehrperson angeleitet wurden. Dabei ist allerdings darauf hinzuweisen, dass in beiden Lehr-Lernumgebungen durch die Auswahl der Probleme und deren Aufbereitung eine Reduktion der Komplexität vorgenommen wurde (vgl. Beinbrech 2003).

Auch auf internationaler Ebene liegen besonders für den Grundschulbereich kaum Studien vor. Im Rahmen einer Meta-Analyse zum Problemlösen im naturwissenschaftlichen Unterricht fanden Taconis, Ferguson-Hessler & Broekkamp (2001) für den Zeitraum von 1980-1996 nur 22 Veröffentlichungen in international anerkannten Zeitschriften, die auf Zusammenhänge zwischen Maßnahmen von Lehrpersonen und einer Förderung des Problemlösens hinwiesen. Die Ergebnisse der Meta-Analyse deuten darauf hin, dass in erfolgreichen Treatments der Schwerpunkt auf dem Aufbau von konzeptuellem Wissen und weniger auf dem Erwerb von Strategiewissen lag.

5 Fazit

Auch wenn insgesamt nur wenige Studien einen problemorientierten Sachunterricht empirisch fundieren, gehören das Prinzip der Problemorientierung und die damit verbundenen Zielbereiche unumstritten zu den grundlegenden sachunterrichtsdidaktischen Prinzipien. Sachunterrichtsdidaktische Ansätze stellen dabei nicht nur Probleme an den Ausgangspunkt des Unterrichts, sondern messen auch dem Lösen von Problemen und den damit verbundenen Prozessen des Wissenserwerbs einen großen Stellenwert bei (vgl. dazu auch den Beitrag von Köhnlein in diesem Band, Nr. 11). Dabei gilt es, weniger den Erwerb von Strategiewissen als vielmehr den Aufbau von konzeptuellem Wissen in den Vordergrund des Unterrichts zu stellen. Der Lehrperson kommt dabei die Aufgabe zu, geeignete Probleme auszuwählen und aufzubereiten sowie die Schülerinnen und Schüler in ihren individuellen Problemlöseprozessen zu unterstützen.

Literatur

Beinbrech, C. (2003): Zur Förderung des Problemlöseverhaltens im technikbezogenen Sachunterricht. In: Cech, D. & Schwier, H.-J. (Hrsg.): Lernwege und Aneignungsformen im Sachunterricht. Bad Heilbrunn, S. 125-141. – Deutscher Bildungsrat (1970): Strukturplan für das Bildungswesen. Empfehlungen der Bildungskommission. Stuttgart. – Einsiedler, W. (1976): Lehrstrategie und Lernerfolg. Eine Untersuchung zur lehrziel- und schülerorientierten Unterrichtsforschung. Weinheim/Basel. – Einsiedler, W. (1985): Problemlösen als Ziel und Methode des Sachunterrichts. In: Einsiedler, W. & Rabenstein, R. (Hrsg.): Grundlegendes Lernen im Sachunterricht. Bad Heilbrunn, S. 126-145. – Einsiedler, W. (1994): Aufgreifen von Problemen – Gespräche über Probleme – problemorientierter Sachunterricht in der Grundschule. In: Duncker, L. & Popp, W. (Hrsg.): Kind und Sache. Weinheim, S. 199-212. – Einsiedler, W. & Rabenstein, R. (Hrsg.) (1985): Grundlegendes Lernen im Sachunterricht. Bad Heilbrunn. – Friedrich, H.F. & Mandl, H. (1992): Lern- und Denkstrategien – ein Problemaufriss. In: Mandl, H. & Friedrich, H.F. (Hrsg.): Lern- und Denkstrategien. Analyse und Intervention. Göttingen, S. 3-54. – Möller, K. (2001): Genetisch Lehren und Lernen – Facetten eines Begriffs. In: Cech, D., Feige, B., Kahlert, J., Löffler, G., Schreier, H., Schwier, H.-J. & Stoltenberg, U. (Hrsg.): Die Aktualität der Pädagogik Martin Wagenscheins für den Sachunterricht. Walter Köhnlein zum 65. Geburtstag. Bad Heilbrunn, S. 15-29. – Möller, K., Jonen, A., Hardy, I. & Stern, E. (2002): Die Förderung von naturwissenschaftlichem Verständnis bei Grundschulkindern durch Strukturierung der Lernumgebung. In: Prenzel, M. & Doll, J. (Hrsg.): Bildungsqualität von Schule: Schulische und außerschulische Bedingungen mathematischer, naturwissenschaftlicher und überfachlicher Kompetenzen. Weinheim (= Zeitschrift für Pädagogik, 45. Beiheft), S. 176-191. – Soostmeyer, M. (1978): Problemorientiertes Lernen im Sachunterricht. Paderborn. – Taconis, R., Ferguson-Hessler, M.G.M., & Broekkamp, H. (2001): Teaching Science Problem Solving: An Overview of Experimental Work. In: Journal of Research in Science Teaching 38, S. 442-468.

64| Handlungsorientierung im Sachunterricht
Kornelia Möller

Kaum ein Begriff innerhalb der Didaktik des Sachunterrichts ist so vielfältig wie der Begriff der Handlungsorientierung. Reformpädagogische, schulpädagogische wie auch kognitionspsychologisch orientierte Ansätze wurden mit Bezug auf diesen Begriff entwickelt, wobei Bezeichnungen wie handelnder Unterricht, handlungsbezogener sowie handlungsintensiver Unterricht wie auch die Bezeichnung „Lernen mit allen Sinnen" benutzt werden. Obwohl es keine einheitliche Definition für einen handlungsorientierten Unterricht gibt, soll damit in einer ersten Näherung nach Wopp (1995) ganz allgemein ein Unterricht bezeichnet werden, der Schülern einen handelnden Umgang mit Lerngegenständen ermöglicht.

1 Unterscheidung handlungsbezogener Ansätze

1.1 Handlungsbezogener Unterricht in der Reformpädagogik

In der Reformpädagogik finden sich bereits verschiedene Ansätze, die auf das Handeln Bezug nehmen: Während Handlungsorientierung bei Kerschensteiner (1854-1932) mehr auf handwerkliches Schaffen und dessen Bedeutung für den Erziehungsprozess ausgerichtet war, entwickelten John Dewey (1859-1952) und Kilpatrick (1871-1965) den Ansatz des „learning by doing", mit dem das Ziel der handelnden Erkundung und Veränderung der Wirklichkeit verknüpft war. Hugo Gaudig (1869-1923) betonte die freie geistige Schularbeit, die Schüler zur Selbsttätigkeit erziehen und das Lernen des Lernens vermitteln sollte. Bei Maria Montessori (1870-1952) sollte der handelnde Umgang mit besonderen Materialien über die Aktivierung der Sinne geistige Entwicklungsprozesse fördern.

1.2 Kognitionspsychologische Ansätze mit Bezug zum Handeln

Piaget kommt der Verdienst zu, auf die grundlegende Bedeutung des Handelns für das sich entwickelnde Denken bei Kindern aufmerksam gemacht zu haben. Auch wenn die Stadientheorie Piagets aufgrund einer Vielzahl neuerer Untersuchungen nicht mehr aufrecht zu erhalten ist, bleibt die Grundaussage der Theorie Piagets zur geistigen Entwicklung des Kindes weitgehend unangetastet; Anspruchsvolle geistige Operationen gelingen besser, wenn die Gegenstände, auf die sich die geistigen Operationen beziehen, anwesend sind oder wenn konkrete, zuvor im Handeln erworbene Vorstellungen vorhanden sind (Siegler 2001). Anknüpfend an Piagets Theorie der geistigen Entwicklung betont Aebli die Notwendigkeit von Handlungen beim Aufbau geistiger Operationen. Das handelnde Umgehen mit wichtigen Aspekten der aufzubauenden Operationen soll Schülern helfen, selbsttätig und aktiv geistige Operationen zu entwickeln. Sollen Kinder zum Beispiel ein Verständnis davon erwerben, wie eine Schleuse funktioniert, so soll im Unterricht die Schleuse im Modell nachgebildet und in ihrer Funktion erarbeitet werden. „Soweit als möglich", so Aebli, „muss man dem Schüler, der tastend nach Lösungen sucht, Gelegenheit geben, die Operation effektiv auszuführen." (Aebli 1976, S. 96) An die Lehrkraft stellt dieser Ansatz die Forderung, solche Aufgaben auszuwählen, die den Erwerb theoretischer Begriffe und Operationen unterstützen (ebd. S. 98). Methodisch entwickelte Aebli diesen Ansatz in seiner Theorie der Verinnerlichung weiter.

In seinem letzten großen Alterswerk (Aebli 1980, 1981) beschreibt Aebli das Denken als Ordnen des Tuns: Im Handeln werden Beziehungen zwischen den Objekten der Handlung und den Handlungsteilnehmern hergestellt. Das Handeln besteht dabei aus Teilhandlungen mit einem Gesamtablauf, der auf ein Ziel gerichtet ist. Das Tun ist der Quellbereich, aus dem sich Handlungsschemata, Operationen und schließlich Begriffe entwickeln. Für die Entwicklung des Denkens ist das Handeln deshalb unabdingbar.

1.3 Lernen mit allen Sinnen

Mit Verweis auf lernpsychologische und neurophysiologische Grundlagen wurden vor allem in der Grundschulpädagogik Ansätze entwickelt, die sich als Gegenentwurf zum verbal orientierten Unterricht verstehen und den Einsatz möglichst vieler Sinne im Lernprozess fordern. Viele dieser Ansätze sind jedoch – trotz des berechtigten Grundgedankens – naive Rezeptionen des Anspruches von Aebli, mit Hilfe von Handlungen die Entwicklung geistiger Prozesse zu fördern. So geht es häufig weniger um die Unterstützung von Denkprozessen als um kompensatorische Aktivitäten, die den Unterricht motivierender und weniger kopflastig erscheinen lassen. Besteht kein Zusammenhang zwischen den Handlungsstrukturen und den angestrebten Denkstrukturen, so handelt es sich eher um einen praktizistischen Unterricht, dem es nur vordergründig um Selbsttätigkeit der Lernenden geht.

1.4 Handlungsorientierter Unterricht im Rahmen schulpädagogischer Ansätze

Für Schulpädagogen wie Bönsch, Gudjons sowie Jank und Meyer ist handlungsorientierter Unterricht durch die Merkmale Schülerorientierung, Produktorientierung und Ganzheitlichkeit gekennzeichnet. Als ideale Form des handlungsorientierten Unterrichts gilt der Projektunterricht, mit dem emanzipatorische und politische Zielsetzungen verfolgt werden (vgl. zusammenfassend Möller & Tenberge 1997). Es handelt sich um präskriptive Ansätze, denen es um die Verwirklichung bestimmter normativer Zielsetzungen geht. Auch im Sachunterricht wurde dieser Ansatz – modifiziert im Hinblick auf das Alter der Lernenden – aufgegriffen. Ziel dieser Form von Unterricht ist es, verwertbare, gemeinsam erstrebte Handlungsergebnisse zu erreichen. Das Handlungsergebnis selbst ist Ziel des Unterrichts; die Förderung von Lern- und Denkprozessen durch Handlungen wird zumindest nicht explizit als Ziel genannt.

1.5 Handlungsorientierung im Grundschulunterricht

Verwandt mit dem vorgenannten Ansatz ist ein in der Grundschuldidaktik vorliegendes Konzept, das einen handlungsorientierten Grundschulunterricht über das angestrebte Ziel der „Handlungskompetenz" beschreibt (Hartinger 1997). Das motorische Ausgeprägt-Sein der Handlung, das Lernen vor Ort in möglichst authentischen Situationen, die Produktorientierung sowie Möglichkeiten zur Selbstbestimmung sind wesentliche Merkmale eines auf das Erreichen von Handlungskompetenz gerichteten Unterrichts. In einer Untersuchung konnte Hartinger (ebd.) zeigen, dass ein handlungsorientierter Unterricht, in dem Lernende die Möglichkeit haben, ihr Lernen in weiten Teilen selbst zu bestimmen, eine interessensfördernde Wirkung hat.

1.6 Ein entwicklungsorientierter Ansatz für den Sachunterricht

Unter Bezug auf entwicklungs- und lernpsychologische wie auch -physiologische Forschungsergebnisse entwickelte Möller (1991) einen Ansatz zum handlungsintensiven Lernen für den Sachunterricht, in dem die entwicklungsfördernde Wirkung von Handlungen begründet und genutzt wird. Neben der Förderung praktischer Fähigkeiten geht es dabei um die Förderung des Behaltens und Erinnerns, um den Aufbau kognitiver Strukturen, um die Entwicklung von Handlungskompetenz und Selbstvertrauen (Tenberge 2003) sowie um die Entwicklung von sozialen und kommunikativen Fähigkeiten durch handlungsintensive Lernprozesse. Handlungen werden in diesem Ansatz in vielfältiger Weise dazu genutzt, Entwicklungs- und Lernprozesse zu fördern.

2 Handlungsorientierung im Kontext neuerer lernpsychologischer Theorien

Lernen wird im Rahmen von Conceptual-Change-Theorien als ein Verändern, Erweitern oder Differenzieren vorhandener Vorstellungen betrachtet (vgl. den Beitrag von Möller in diesem Band, Nr. 40; vgl. zusammenfassend auch Möller 2006). Häufig fällt es Lernenden jedoch ausgesprochen schwer, bereits vorhandene, nicht belastbare Vorstellungen aufzugeben und adäquatere Vorstellungen zu entwickeln. Erst wenn gewisse Bedingungen erfüllt sind, wird das Verändern von Vorstellungen wahrscheinlicher. Handlungsintensive Lernprozesse haben in solchen Fällen die Potenz, günstige Bedingungen für die notwendige Veränderung von Konzepten zu schaffen:

– Sie unterstützen die für konzeptuelle Veränderungen notwendige Erkenntnis, dass bereits vorhandene Vorstellungen Grenzen haben: Kinder, die glauben, dass Salz beim Lösen verschwindet, kommen zum Beispiel ins Zweifeln, wenn sie die Lösung probieren. Geeignete Handlungen können so dazu beitragen, die Belastbarkeit von Vorstellungen in realen Situationen zu evaluieren.

– Die Unzufriedenheit mit alten Vorstellungen reicht aber nicht aus, um Umstrukturierungen auszulösen. Die zweite Bedingung besagt, dass die „neuen" Konzepte verständlich sein müssen. Wie kann Verständlichkeit erreicht werden? Handlungen können dazu beitragen, neue Konzepte verständlich zu machen, wenn – im Sinne Aeblis – Denkstrukturen mit Handlungsstrukturen verknüpft sind. Das Experimentieren mit wasserführenden und Wasser undurchlässigen Schichten im Sandkasten, das zum Verständnis einer Quelle beiträgt, ist hierfür ein Beispiel.

– Die dritte Konzeptwechselbedingung wird häufig vernachlässigt. Sie besagt, dass die neue Vorstellung von den Lernenden als wirklich überzeugend erkannt werden muss. Handlungen, die in reale Kontexte eingebettet sind, können überzeugende Erfahrungen vermitteln, wie z.B. die Erfahrung, dass Maschinen Arbeit erleichtern.

– Im Handeln können Lernende auch erfahren, dass ihr entwickeltes Konzept sich in der Anwendung bewährt und es sich „lohnt", dieses Konzept beizubehalten. Die Erfahrung von „Fruchtbarkeit" – eine vierte Bedingung für konzeptuelle Veränderungen – ist möglich, wenn Lernende Situationen aus ihrer Lebenswelt mit Hilfe erarbeiteter Vorstellungen verstehen können, z.B. wenn sie erklären können, warum ein im Wasser schwebender Mensch beim tiefen Einatmen nach oben getrieben wird.

– Konzeptuelle Veränderungen erfordern Mühe und Anstrengungsbereitschaft – das ist eine Botschaft sog. „heißer" Conceptual-Change-Theorien. Die Lernenden müssen motiviert sein, diese Anstrengung auf sich zu nehmen. Handlungen üben durch die Aussicht, etwas erforschen, untersuchen, erproben oder bewirken zu können, eine aktivierende Funktion aus. Die Aufmerksamkeit wird durch einen handlungsintensiven Unterricht vor allem bei jüngeren Lernenden gesteigert (Möller 1991).

– Handlungen finden zumeist in sozialen Gefügen statt. Der dabei vorhandene Austausch zwischen den Lernenden fördert das Prüfen und Entwickeln von Vorstellungen im gemeinsamen Diskurs, wodurch individuelle Denkprozesse stimuliert werden können. Der in der Theorie des Sozialen Konstruktivismus benutzte Begriff „shared cognition" kennzeichnet diesen Prozess treffend.

Die genannten Beispiele zeigen, dass Handlungen auf verschiedenartige Weise den Aufbau angemessenerer Vorstellungen begünstigen können. Ein handlungsintensiver Unterricht, der Handlung und Denken in Beziehung setzt, bietet Lernenden die Möglichkeit, bereichsspezifisches Wissen aktiv zu konstruieren und mit Hilfe von Handlungen zu evaluieren.

3 Zusammenfassung und Ausblick

Unter den verschiedenen Ansätzen zur Handlungsorientierung finden sich eher präskriptiv-normative Ansätze wie auch eher deskriptiv-analytische Ansätze, eher theoretisch elaborierte sowie eher einem Alltagsverständnis folgende Ansätze. Einige Ansätze betonen als Ziel des handlungsbezogenen Unterrichts, ein kompetentes Handeln der Lernenden zu erreichen. Diese Ansätze lassen sich als zielorientiert kennzeichnen und mit dem Begriff „Lernen zu Handeln" charakterisieren. Andere Ansätze, vor allem die entwicklungs- und kognitionstheoretisch orientierten Ansätze, verfolgen das Ziel, unter Zuhilfenahme verschiedener Formen des Handelns motivationale, selbstbezogene wie auch kognitive Prozesse zu fördern. Solche Ansätze sind eher methodisch geprägt und folgen dem Grundgedanken „Lernen durch Handeln". Für beide Richtungen gilt: Zum einen ist der Begriff der „Handlung" zu explizieren, um zu verhindern, dass ein rein manuelles Tun das Verständnis von Handlungsorientierung prägen kann (vgl. z.B. Hartinger 1997, S. 75ff). Zum anderen dürfen postulierte Wirkungen eines handlungsbezogenen Unterrichts nicht auf der Ebene appellativer Formulierungen stehen bleiben, sondern sind – stärker als bisher geschehen – empirisch zu überprüfen. Aufgabe einer empirischen Lehr-Lernforschung wird es sein zu untersuchen, inwieweit Unterricht zu einem kompetenten Handeln beitragen kann bzw. in welcher Weise Lern- und Entwicklungsprozesse durch Handlungen gefördert werden können. Welche Handlungen in verschiedenen Domänen des Sachunterrichts zur Förderung von Lern- und Entwicklungsprozessen genutzt werden könnten, welche Kompetenzen aufgebaut werden können, welche Wirkungen worüber vermittelt werden und wie sich unterschiedliche Lernvoraussetzungen auf die Nutzung von Handlungen für Lern- und Entwicklungsprozesse und auf den Aufbau von Kompetenzen auswirken, sind noch weitgehend offene Fragen in der Didaktik des Sachunterrichts.

Zu hoffen bleibt, dass in der Zukunft statt eines überwiegend normativ beherrschten Diskurses normativ begründete *und* empirisch überprüfte Entwürfe für einen handlungsbezogenen Sachunterricht vorgelegt werden. Nur so lässt sich vermeiden, dass das Thema „Handlungsorientierung" nach intensiven Diskussionen in den 1980er und 1990er Jahren schon bald zu den vergessenen Prinzipien des Sachunterrichts zählen wird.

Literatur

Aebli, H. (1976): Psychologische Didaktik. Didaktische Auswertung der Psychologie von Jean Piaget. 6. Auflage. Stuttgart. – Aebli, H. (1980): Denken: Das Ordnen des Tuns. Kognitive Aspekte der Handlungstheorie. (Band 1). Stuttgart. – Aebli, H. (1981): Denken: Das Ordnen des Tuns. Denkprozesse. (Band 2). Stuttgart. – Hartinger, A. (1997): Interessenförderung. Eine Studie zum Sachunterricht. Bad Heilbrunn. – Möller, K. (1991): Handeln, Denken und Verstehen. Untersuchungen zum naturwissenschaftlich-technischen Sachunterricht in der Grundschule. Naturwissenschaften und Unterricht - Didaktik im Gespräch. Essen. – Möller, K. (2006): Handlungsorientierung im naturwissenschaftlichen Sachunterricht mit dem Ziel, den Aufbau von Wissen zu unterstützen. In: Fritz, A., Klupsch-Sahlmann, R. & Ricken, G. (Hrsg.): Handbuch Kindheit und Schule. Neue Kindheit, neues Lernen – anderer Unterricht. Weinheim und Basel, S. 273-282. – Möller, K. & Tenberge, C. (1997): Handlungsintensives Lernen und Aufbau von Selbstvertrauen im Sachunterricht. In: Marquardt-Mau, B., Köhnlein, W. & Lauterbach, R. (Hrsg.): Forschung zum Sachunterricht. Bad Heilbrunn, S. 134-153. – Siegler, R. S. (2001): Das Denken von Kindern. München. – Tenberge, C. (2003): Zur Förderung der Persönlichkeitsentwicklung in handlungsintensiven Lernformen im naturwissenschaftlich-technischen Sachunterricht. In: Cech, D. & Schwier, H.-J. (Hrsg.): Lernwege und Aneignungsformen im Sachunterricht. Bad Heilbrunn, S. 109-124. – Wopp, Ch. (1995): Unterricht, handlungsorientierter. In: Lenzen, D. (Hrsg.): Enzyklopädie Erziehungswissenschaft. Handbuch und Lexikon der Erziehung. Band 3: Ziele und Inhalte von Erziehung und Unterricht. Hrsg. von Haller, H.-D. & Meyer, H.. Stuttgart.

65| Lehrerzentrierter Unterricht
Kurt Meiers

1 Begriff

Der Begriff Lehrerzentrierter Unterricht (LzU) bezeichnet – versteht man ihn wörtlich – einen Unterricht, in dem der Lehrer so im Zentrum steht, dass alle Interaktionen über ihn laufen: Er bestimmt das Thema, er definiert das Lernziel, er gibt die Impulse, er stellt die Fragen, er entscheidet, wer antworten oder etwas sagen darf, ob Fragen der Schüler oder deren Antworten zulässig sind oder nicht, lässt sie also gelten oder weist sie zurück. Man spricht auch von direktem Unterricht oder manifester Unterrichtsführung im Gegensatz zu indirektem Unterricht oder latenter Unterrichtsführung, bei der der Schüler für eine gewisse Zeitspanne eine Aufgabe selbstständig bearbeitet. Insofern wird der Lehrer im LzU zur dominanten Figur schlechthin. Der Zusammenhang mit dem autoritären Erziehungsstil ist offensichtlich. Andere dem semantischen Hof zugehörige Bezeichnungen sind Frontalunterricht und Klassenunterricht. Im weitesten Sinn wird der LzU zusammen mit dem Abteilungsunterricht, dem Gruppenunterricht, dem Einzelunterricht den Unterrichtsformen zugerechnet.

Mit dem tradierten Verständnis von lehrerzentriert und frontal sind zwei Wesensmerkmale unterschwellig verbunden. Auf den individuellen Lernprozess des Schülers wird nicht explizit-analytisch, sondern oft nur dezistionistisch-wertend (richtig – falsch) eingegangen, und es fehlt die Interaktion aller Mitglieder der Gruppe. Von einer Unterdrückung der Interaktion kann im heutigen Sachunterricht mit seinen vielfältigen Methodenformen nicht mehr die Rede sein. Instruktion und Interaktion werden eng aufeinander bezogen. Unter LzU soll deshalb im Folgenden jede Tätigkeit des Lehrers verstanden werden, bei der er unabhängig von Dauer und Fach eine führende Rolle im Sinne der Instruktion bei der Betreuung eines Einzelschülers oder einer Schülergruppe innehat, bei dem die Interaktion aller Beteiligten jedoch nicht ausgeschlossen ist. Sinnvoller wäre es, von lehrerzentrierten Unterrichts*phasen* statt von LzU zu sprechen, auch wenn hier weiterhin der Begriff LzU gebraucht wird.

2 Zur Geschichte

Historisch ist der LzU die älteste Lehr- bzw. Unterrichtsform. Sokrates z.B. führte seine mäeutischen Gespräche mit seinen Schülern in der Regel explizit magistrozentrisch, so dass diesen oft nichts anderes übrigblieb als „ja" oder „so ist es" zu sagen. Der klassische Kanon der Inhalte vom antiken Trivium (Grammatik, Rhetorik, Dialektik) und Quadrivium (Arithmetik, Geometrie, Astronomie, Musik) über den ordo discendi des Mittelalters und deren Kodierung in einer überschaubaren Zahl von Schulbüchern (vgl. Dolch 1965, S. 154ff) in Verbindung mit der Tatsache, dass diese bis zur Neuzeit ausschließlich in der Hand der Lehrer waren, ließ eine andere Unterrichtung als eine lehrerzentrierte gar nicht zu. Kerschensteiner war es, der in seinem Züricher Vortrag 1908 dann die Forderung formulierte, die Schule müsse eine Arbeitsschule werden statt weiterhin eine Buchschule zu sein. Als Hochform des LzU kann der katechetische (u.a. von Dinter, +1831) oder der fragend-entwickelnde Unterricht bezeichnet werden. Dass der Lehrer nur die seinem Ziel dienlichen Denkergebnisse aufgriff, um den Unterricht weiterzuführen, versteht sich von selbst. Die nicht brauchbaren Denkergebnisse, obwohl vielleicht interessanter und wertvoller, blieben unberücksichtigt.

Eine gewisse theoretische Begründung erhielt der LzU erstmals bereits durch Johann Amos Comenius (+1670). Die gemeinsame gleichzeitige Unterrichtung der Schüler durch einen Lehrer war der Kern seines Unterrichtsmodells. Auch in der Folgezeit (Philanthropen; Pestalozzi; Herbart) ging man bei der Erörterung didaktischer Fragen vom Modell des LzUs aus. Vor allem die Herbartianer (Ziller, Rein) stabilisierten durch die Formalisierung der Stufen des Unterrichts (Klarheit, Assoziation, System, Methode), wie sie Herbart formuliert hatte, aber so nicht verstanden haben wollte, den LzU. Die Reformpädagogik (Dewey; Reddie; Petersen; Kerschensteiner; Gaudig; Hahn u.a.) des In- und Auslandes rückte Unterrichtsformen in den Vordergrund, in denen der Lehrer weniger, das selbstgeleitete Lernen des Schülers mehr ins Zentrum des unterrichtlichen Geschehens stand. Gaudig (+1923) fasste diese Tendenz in die Formel: Der Schüler muss Methode haben. Damit hat er vor ca 90 Jahren das Thema auf den Punkt gebracht, das bis heute immer noch ein Problemfeld der Didaktik in Forschung (Wenzel 1987), Lehre (Beck, Guldimann & Zutavern 1995) und Unterrichtspraxis (Klippert & Müller 2003; Dorn, Eckart & Thieme 2002) ist.

3 Sinn und Grenzen

Seit der Reformpädagogik ist der LzU mit dem Ziel, die unmittelbare Einflussnahme des Lehrers zurückzudrängen, in der Diskussion; die Diskussion hat sich seit den 1960er Jahren verschärft. Die kritischen Bedenken gegen den LzU lassen sich im Pro und Contra heute aus der Distanz und auf der Grundlage neuerer Untersuchungen nüchterner betrachten. Giest z.B. (1997, S. 73) sieht eine ungute Polarisierung mit den Alternativen Freiarbeit und Frontalunterricht und vermisst weithin eine „zielgerichtete Ausbildung der entsprechenden Regulationskomponenten des Handelns" beim Schüler. Die frühere mediale Mangelsituation, die den LzU begünstigt hat, besteht aber heute nicht mehr; die neue Situation macht es jedoch erforderlich, dass dem Schüler die Strategien durch den Lehrer vermittelt werden, die er zur effektiven Nutzung der Medien braucht.
Unter zeitökonomischem Gesichtspunkt hat Johannes Sturm, Rektor der Lateinschule in Straßburg, bereits im 16. Jahrhundert erkannt, dass es bei wachsender Schülerzahl sinnvoll ist, viele bei gleichzeitiger Einschulung gleichzeitig zu unterrichten.
Die Vermittlung der von der Gesellschaft im Bildungsplan legitimierten Inhalte an Schüler aller sozialen Schichten und Ethnien als eine der Aufgaben der Allgemeinbildenden Schule rückt den Lehrer in die Position des Vermittlers dieser Inhalte und gibt ihm damit eine zentrale Rolle im Unterricht. Es ist seine Aufgabe, aktiv-führend und überzeugend Inhalte zu präsentieren, zu denen manche Schüler nicht von selbst finden. Für eine gewisse Zeit muss er deshalb im Zentrum stehen; für die weitere Arbeit sind alle anderen Unterrichtsformen denkbar.

Schüler, deren Selbstlernfähigkeit gering ist, sind auf eine stärkere Führung durch den Lehrer angewiesen, d.h. der Lehrer steht hier zwangsläufig stärker im Mittelpunkt des unterrichtlichen Geschehens. Der Schüler hat sogar einen Anspruch auf die direkte Zuwendung und Hilfen des Lehrers, um die ihm gestellte Aufgabe zu bewältigen und das anvisierte Ziel zu erreichen.

Auch die zahlreichen Untersuchungen zu Merkmalen der Unterrichtsqualität kommen durchweg zu dem Ergebnis, dass dem Lehrer eine zentrale Rolle im Unterricht zur Sicherung des Lernerfolgs zukommt. Effiziente Klassenführung, hohe Strukturiertheit des Lehrervortrags, sprachliche Klarheit, individuelle fachliche Unterstützung auch in sog. Phasen der Stillarbeit durch den Lehrer sind einige mit seiner Person gekoppelte Merkmale (Helmke & Weinert 1997, S. 248ff).

In Untersuchungen am Nürnberger Institut für Grundschulforschung speziell zum Sachunterricht in 4. Klassen konnten Treinies und Einsiedler zeigen, dass die Art der Lehrer-Schüler-Interaktion (die verbal-kognitive Interaktion) offensichtlich eine wesentliche Komponente des Lern- und Leistungserfolges ist, wenn der Lehrer sich nicht ausschließlich auf das leistungsfähigere Drittel der Schüler beschränkt (vgl. Einsiedler 1997, S. 238f). Hasselhorn und Mähler (1998, S. 85ff) unterstreichen aus psychologischer Sicht ebenfalls die Notwendigkeit der Unterrichtsführung durch den Lehrer, um „bei Grundschulkindern in kleinen Schritten ein realitätsgerechtes Weltbild aufzubauen".

Generell lässt sich sagen: Aus lerntheoretischen Gründen begünstigt ein Überblick über einen neuen Bereich durch den Lehrer im Sinne einer Orientierungshilfe (advanced organizer) das weitere selbstgeleitete Lernen der Schüler. Dies trifft umso mehr zu, als den Schülern der neue Bereich noch unbekannt ist. Die wohlstrukturierte, komprimierte Darstellung wichtiger Informationen durch den Lehrer im Sinne eines orientierenden Lernens ist ferner aus zeitökonomischen Gründen legitim. Nach Abschluss der Arbeit weisen Bewertung von Schülerarbeiten und konstruktive Kritik dem Lehrer ebenfalls eine zentrale Rolle zu. Kurz: Der LzU ist aus individual-psychologischen Gründen unverzichtbar. Er verliert seinen negativen Anstrich, wenn Interaktion und Kommunikation möglich sind. Leider wird der LzU – bis heute – theoretisch gestützt durch einen einseitigen Begriff von Didaktik. Die Einseitigkeit besteht darin, dass Didaktik weithin verstanden wird als Theorie vom Lehren. Dabei hätte schon Dolchs Bestimmung von Didaktik als Theorie und Lehre vom Lehren *und* Lernen reichen können, neben den LzU einen schülerzentrierten Unterricht als gleichwertigen Unterricht zu positionieren. Auch v. Hentigs Begriff „Mathetik" als komplementärer Begriff zur Didaktik ist selbst in Fachkreisen wenig bekannt. Hartmut von Hentig versteht darunter ein Verhalten des Lehrers, bei dem nicht mehr der Lehrer primär das Lernen der Kinder zu steuern versucht, sondern wo das Lernen der Kinder das Verhalten und Tun des Lehrers lenkt. Maria Montessori kann hierfür als Kronzeugin herangezogen werden. Da das selbstgeleitete Lernen des Kleinkindes ohnehin dem Belehrt-werden-können vorausgeht (Schäfer 1995), dürfte es kein Problem sein, die Unterrichtstheorie durch den Begriff Mathetik zu bereichern. Er könnte auch im Sachunterricht zum begrifflichen Sammelbecken aller unterrichtlichen Phänomene werden, bei denen Schüler eine führende Rolle einnehmen.

Zusammenfassend lässt sich feststellen, dass der LzU ein Gebilde ist, das historische Wurzeln hat, die individual-psychologische, mediale, schul- und unterrichtsorganisatorische, schulpolitische und begrifflich-theoretische Komponenten einschließen. Aus diesem Grunde muss eine Bewertung differenziert erfolgen, indem immer danach gefragt wird, in welchen konkreten Situationen der LzU noch eine zentrale Funktion im Unterricht hat.

Die Frage nach *Sinn und Grenzen des LzU* lässt sich für den Sachunterricht aus pädagogischer und didaktischer Sicht zusammenfassend so beantworten:

Pädagogische Aspekte sind:

– Die Förderung der Selbstständigkeit und des selbstgeleiteten Lernens sind bei allen unterrichtlichen Aktivitäten des Lehrers zu beachten.

– Der Lehrer trägt die Verantwortung für ein erfolgreiches Lernen seiner Schüler. Er vertraut darauf, dass die Schüler effektiv arbeiten. Auch wenn er nicht im Zentrum des unterrichtlichen Geschehens steht, ist er indirekt bzw. latent mit den Lernaktivitäten der Schüler beobachtend verbunden.

– Der Lehrer rückt ins Zentrum, wenn er vom einzelnen Schüler oder von einer Gruppe um Hilfe ersucht wird.

Die didaktische Leitfrage lautet: Unter welchen Bedingungen kann der LzU den Schülern beim Lernen helfen? Unter welchen Bedingungen haben andere Unterrichtsformen Vorrang? Hierzu einige kurze Anmerkungen.

– Bezüglich der Weckung des Interesses (nicht allein auf das evtl. vorhandene Interesse der Schüler setzen) bestehen einige Möglichkeiten, die gerade im Sachunterricht in Form kleiner Experimente oder Demonstrationen leicht zu realisieren sind: Etwas präsentieren, was die Neugier weckt, einen kognitiven Konflikt auslöst, zu einem Danach-Streben anregt. Wagenscheins Konzept hat dem LzU im Sachunterricht sowohl bzgl. der Interessen- als auch bzgl. der kognitiven Förderung der Schüler eine neue Tiefendimension verliehen.

– Die Grenzen des LzU sind dort zu sehen, wo er den Anspruch der alleinigen Gültigkeit erhebt (was heute wohl kaum noch der Fall ist) oder wo er zu dominant wird. Dadurch würden der Erwerb der Selbstlernkompetenz, das Lernen durch Versuch und Irrtum und das soziale Lernen zu kurz kommen.

– Wie die Unterrichtsforschung aber zeigt, gewinnt der Unterricht an Qualität durch emotionale Stabilität, zielorientiertes Lehrerhandeln, das Vertrauen des Lehrers in die Leistungsfähigkeit der Schüler und die Stärkung von deren Selbstvertrauen. Kommt auf Seiten des Lehrers zu diesen mehr pädagogischen Aspekten noch eine hohe Instruktionskompetenz mit den Merkmalen „Klarheit und

Eindeutigkeit, Anregungen und Anleitungen, Diagnose und Lernhilfe" hinzu (vgl. Apel 2000, S. 142), erfährt die Unterrichtsqualität nochmals eine Steigerung. Insbesondere die Fähigkeit des Lehrers zur Diagnose des aktuellen Lernprozesses und seiner eventuellen Schwierigkeiten gibt dem LzU eine Qualität, die durch kein noch so gutes Lernmedium erreicht wird.

Literatur

Apel, H. J. (2000): „Verständlich unterrichten – Chaos vermeiden". Unterrichtsmethode als strukturierende Lernhilfe. In: Seibert, N. (Hrsg.): Unterrichtsmethoden kontrovers. Bad Heilbrunn, S. 139-159. – Beck, E., Guldimann, T. & Zutavern, M. (Hrsg.) (1995): Eigenständig lernen. St. Gallen. – Dolch, J. (1965): Lehrplan des Abendlandes, 2. Aufl. Ratingen. – Dorn, M., Eckart, M. & Thieme, A. (2002): Lernmethodik in der Grundschule. Weinheim. – Einsiedler, W. (1997): Unterrichtsqualität und Leistungsentwicklung: Literaturüberblick. In: Weinert, F.E. & Helmke, A. (Hrsg.): Entwicklung im Grundschulalter. Weinheim, S. 225-240. – Giest, H. (1997): Wie handlungsorientiert ist der Sachunterricht? In: Marquardt-Mau, B., Köhnlein, W. & Lauterbach R.G. (Hrsg.): Forschung zum Sachunterricht. Bad Heilbrunn, S. 61-76. – Hasselhorn, M. & Mähler, C. (1998): Wissen, das auf Wissen baut. In: Kahlert, J. (Hrsg.): Wissenserwerb in der Grundschule. Bad Heilbrunn, S. 73-89. – Helmke, A. & Weinert, F.E. (1997): Unterrichtsqualität und Leistungsentwicklung: Ergebnisse aus dem SCHOLASTIK-Projekt. In: Weinert, F.E. & Helmke, A. (Hrsg.): Entwicklung im Grundschulalter. Weinheim, S. 241-251. – Klippert, H. & Müller, F. (2003): Methodenlernen in der Grundschule. Bausteine für den Unterricht. Weinheim. – Schäfer, G.E. (1995): Bildungsprozesse im Kindesalter. Weinheim & München. – Wenzel, H. (1987): Unterricht und Schüleraktivität. Probleme und Möglichkeiten der Entwicklung von Selbststeuerungsfähigkeiten im Unterricht. Weinheim.

66| Öffnung von Unterricht
Sabine Martschinke und Andreas Hartinger

1 Erscheinungsformen und Dimensionen der Öffnung von Unterricht

Der erste – und vermutlich einfachste – Zugriff, den komplexen und höchst unterschiedlich verwendeten Begriff „Öffnung von Unterricht" zu fassen, kann über seine *Erscheinungsformen* geschehen. So gelten Wochenplanarbeit, Freie Arbeit, Projektunterricht, Werkstattunterricht, Arbeiten an einer Lerntheke oder Stationenlernen als Formen einer solchen Öffnung von Unterricht. Häufig bleibt dabei unklar, welche Art von Öffnung jeweils geschieht und in welchem Umfang „geöffnet" wird. Die Wochenplanarbeit ist dafür ein gutes Beispiel: Typisch ist hier, dass die Schüler/innen die Möglichkeit haben, ihre Zeit frei einzuteilen. Ansonsten können sich solche Wochenpläne jedoch deutlich unterscheiden, z.b. im Hinblick darauf, ob sich in ihnen überwiegend Pflicht-, Wahl- oder Wahlpflichtaufgaben befinden.

Eine Alternative dazu ist, verschiedene *Dimensionen* der Öffnung zu unterscheiden. Inhaltliche Offenheit beschreibt die Möglichkeit, den Lernstoff auszuwählen, die methodische Dimension zielt ab auf die Bearbeitungsform. Bei organisatorischer Offenheit werden Freiheitsgrade bei der Wahl des Ortes, der Zeit und der Partnerwahl gegeben. Auch die Lernkontrolle kann in die Hand der Schüler/innen gelegt werden. Durch diese Dimensionierung wird offener Unterricht nicht nur als Gegenbegriff zu einem „geschlossenen" Unterricht verstanden, sondern es entstehen unterschiedliche Profile offenen Unterrichts (vgl. Einsiedler 1985), die sich dadurch unterscheiden, in welchen Dimensionen und in welcher Ausprägung je Dimension Öffnung stattfindet. Durchgängig dient dabei als zentrales Kriterium für Offenheit, inwieweit Entscheidungen über Elemente des Unterrichts von den Schüler/innen mitbestimmt werden bzw. inwieweit es Lehrer/innen gelingt, Freiheitsspielräume für selbstständiges Lernen zu eröffnen. Diese Selbstständigkeit ist dabei sowohl als Merkmal des Lernwegs als auch als Unterrichtsziel zu verstehen.

2 Begründungen für die Öffnung von Unterricht

Vorweg ist festzuhalten, dass es keine eigenständige sachunterrichtsdidaktische Begründungs- oder Forschungstradition zur Öffnung von Unterricht gibt. Insbesondere die Argumente für eine Öffnung des Unterrichts entstammen in erster Linie grundschulpädagogischen, motivations- und lernpsychologischen sowie allgemein anthropologisch-pädagogischen Denkmustern – nicht selten in Anlehnung an reformpädagogische Ideen. Allenfalls die Überlegungen und Studien zum genetischen Sachunterricht (vgl. den Beitrag von Möller in diesem Band, Nr. 40) oder zum freien Explorieren und Experimentieren können als sachunterrichtsspezifisch angesehen werden. Ausgewählte Argumentationslinien (vgl. im Überblick Hanke 2005; vgl. allgemeiner auch Jürgens 1998) lassen sich jedoch weitgehend direkt auf Ziele und Aufgaben des Sachunterrichts übertragen:

a) Wenn es das vorrangige Ziel sachunterrichtlichen Lernens und Lehrens ist, dass Kinder selbstbestimmt in der Lage sind, sich ihre *Umwelt zu erschließen* und sich in ihr zurecht zu finden (vgl. dazu den Beitrag von Köhnlein in diesem Band, Nr. 11), so ist es erforderlich, dass die Schüler/innen auch im Unterricht eigenständig Fragestellungen und Probleme bearbeiten. Dieses Argument zielt v.a. auf die Öffnung der Lernmethode und Organisationsform ab. Dabei zeigte sich, dass Kinder auch bei vergleichsweise komplexen naturwissenschaftlichen Fragestellungen gut in der Lage sind, selbsttätig und selbstbestimmt zu explorieren und zu experimentieren (Köster 2005). Es ist jedoch erforderlich, dass sie ausreichend Zeit dafür haben, da zunächst in einer Orientierungsphase das Angebot sondiert und die verschiedenen Eindrücke verarbeitet werden müssen. Der zielgerichtete Zugang ergibt sich danach, wobei sich in Klassen mit „Experimentiererfahrung" die Orientierungsphasen durchaus verringern (ebd.).

b) Die Forderung nach einer Öffnung der Lernmethode ergibt sich auch aus dem aktuellen, *moderat-konstruktivistischen Verständnis von Lernen*. Hier wird die Bedeutung aktiven Lernens für das Verstehen von Begriffen und Zusammenhängen betont. Es gibt Belege, dass eine konstruktivistische Orientierung der Lehrkraft und eine konstruktivistische Unterrichtsgestaltung zu besseren Schülerleistungen führen. Ergebnisse aus der mathematikdidaktischen Forschung (Kammermeyer & Martschinke 2004; Staub und Stern 2002) ließen sich inzwischen auch für den Sachunterricht nachweisen (Möller, Hardy, Jonen, Kleickmann & Blumberg 2006). Erfolgreiche Lehrer/innen verstehen Lernen als aktiven Konstruktionsprozess der Schüler/innen, machen freie Angebote für individuelle und soziale Konstruktionen und lassen Umwege und Fehler zu. Die Forschungslage speziell im Sachunterricht zeigt aber auch, dass ein solches aktives und selbstständiges Konstruieren von Wissen zwar wichtig ist für die Weiterentwicklung komplexer sachunterrichtlicher Konzepte, dass jedoch auch angemessene instruktionale Strukturierungen zu ergänzen sind (vgl. z.B. Jonen, Möller & Hardy 2003).

c) Die Grundschulforschung resümiert über die im Ergebnis grob übereinstimmenden nationalen und internationalen Studien zur Wirksamkeit offenen Unterrichts im Vergleich zu „geschlossenem" Unterricht hinweg, dass die Chancen offenen Unterrichts besonders in der *Entwicklung von nicht-kognitiven Zielsetzungen* bestehen, wie z.B. Selbstständigkeit, Kreativität, Sozialverhalten oder Interesse. Gerade das Interesse gilt dabei als wesentliche Bedingung dafür, dass das in der Schule gelernte Wissen auch im (außerschulischen) Alltag eingesetzt wird. Spezifische sachunterrichtliche Forschungsbefunde zeigen, dass das Empfinden von Selbstbestimmung eine Grundvoraussetzung für den Aufbau und Erhalt von Interesse und intrinsischer Motivation ist (vgl. dazu auch den Beitrag von Hartinger in diesem Band, Nr. 16). Formen der Öffnung des Unterrichts stellen eine Möglichkeit dar, dieses Selbstbestimmungsempfinden zu unterstützen. Hier können auch einfache, gegebenenfalls peripher wirkende Formen der Öffnung (wie z.B. durch die freie Wahl des Arbeitsortes oder der Unterrichtsmaterialien) ihre Wirkung erzielen (vgl. Hartinger 2005).

3 Öffnung von Unterricht in der Geschichte des Sachunterrichts

Es ist nicht möglich, im Rahmen dieses Beitrags die verschiedenen konzeptionellen Ansätze des Sachunterrichts und Umsetzungsvorschläge (vgl. z.b. Feige 2004, vgl. auch die Beiträge im Teil 2.4 dieses Handbuchs) umfassend auf die in ihnen angedachte oder umgesetzte Öffnung des Unterrichts zu analysieren. Man kann jedoch schnell feststellen, dass die Öffnung des Unterrichts in sehr unterschiedlichem Maße berücksichtigt wurde. Bei einigen Konzeptionen (wie z.b. bei S-APA, SCIS bzw. strukturbezogenem Unterricht) sind die klar vorgelegten Stundenentwürfe und damit das Fehlen der inhaltlichen Öffnung bzw. der Möglichkeit, auf die Fragen der Kinder einzugehen, aus heutiger Sicht ein Hauptkritikpunkt. Andere Konzeptionen betonen hingegen Offenheit, z.T. bzgl. der Methoden, z.T. mit Blick auf die Inhalte. Im situationsorientierten Curriculum sollen z.b. aktuelle Probleme und Lebenssituationen von Kindern die Grundlage des Unterrichts bilden. Ähnlich stark wird die inhaltliche Offenheit im Gesamtunterricht (insbesondere in der freien Form bei Berthold Otto) betont.

In der Konzeption des Mehrperspektivischen Unterrichts werden verschiedene Erwartungsfelder aufgespannt, in deren Rahmen Lehrer/innen und Schüler/innen den Unterricht gemeinsam gestalten sollten. Im Curriculum Science 5/13 werden zu vorgegebenen Rahmenthemen (wie z.b. „Zeit" oder „Holz und Bäume") verschiedene Vorschläge für selbstständige Erfahrungen, Erkundungen und Bearbeitungen der Schüler/innen gemacht, die dann von den Schüler/innen selbst gewählt werden sollten.

Die aktuellen Aussagen zum Sachunterricht müssen im Hinblick auf die Öffnung des Unterrichts differenziert betrachtet werden. Durchgängig findet sich die Forderung, Lernmethoden so zu wählen, dass ein eigenständiges, individuelles, gegebenenfalls entdeckendes Vorgehen der Schüler/innen möglich und gefordert ist. So wird z.B. im Rahmen des Vielperspektivischen Sachunterrichts (vgl. Feige 2004, S. 106ff) das Experimentieren bzw. allgemein „handlungsorientiertes Lernen" betont – beides ist nicht ohne eine gewisse Freiheit der Schüler/innen bezüglich ihrer Lernwege möglich. Auch der Ansatz des genetischen Lehrens (im Sinne Martin Wagenscheins) basiert darauf, dass die (nicht vorweg steuerbaren) Erklärungsversuche und -wege der Kinder den Gang des Unterrichts bestimmen. Aktuelle konzeptionelle Ansätze oder Lehrpläne zeigen im Hinblick auf die inhaltliche Offenheit des Unterrichts folgendes Erscheinungsbild: Es werden auf der einen Seite klar bestimmte zentrale Inhaltsfelder und Lernziele formuliert – dies geschieht, um die Lernchancen des Faches (auch in seinen verschiedenen Facetten, Dimensionen und Perspektiven) nicht aus den Augen zu verlieren. Durch das Knüpfen „didaktischer Netze" (Kahlert 2002, S. 241ff) zu einem Thema oder die Analyse dieses Themas anhand verschiedener Dimensionen (vgl. den Beitrag von Köhnlein in diesem Band, Nr. 11) wird diese Vielschichtigkeit deutlich. Damit sind die Inhaltsfelder jedoch so breit gefasst, dass die Umsetzung in den Unterricht auf der anderen Seite viele Spielräume für die Fragen, Wünsche und Anregungen der Kinder ermöglicht. Als weitere Versuche, das Risiko der Beliebigkeit einzudämmen, gelten auch die Bemühungen, Kerncurricula und Bildungsstandards zu formulieren. Der Perspektivrahmen Sachunterricht kann unter dieser Perspektive als gelungener Versuch angesehen werden, so viele Festlegungen wie nötig, aber auch so wenige wie möglich zu treffen, eine Chance, die für die (inhaltliche) Öffnung des Sachunterrichts genutzt werden kann.

4 Ausblick: Die Suche nach Qualitätsmerkmalen offenen Sachunterrichts

Wir wissen heute, dass mit Klarheit der Lehreräußerungen, Klassenführung, Strukturierung, Motivierungsqualität und individueller fachliche Unterstützung entscheidende Kriterien für die Unterrichtsqualität gefunden worden sind (Einsiedler 1997). Diese Ergebnisse können aber nicht unreflektiert auf offenen Unterricht übertragen werden. Die noch junge Forschung zum offenen Unterricht und speziell zum offenen Sachunterricht sollte theoriegeleitet nach Unterrichtsmerkmalen offenen Unterrichts suchen und sie in ihrer Wirkung auf eine erfolgreichen Leistungs- und auch Interessenentwicklung prüfen.

Unter Umständen müssen hier aber je nach Erscheinungsform und Ausmaß an Öffnung spezifische Kriterien identifiziert werden. Kammermeyer und Schlief (1999) konnten z.B. bei einem vergleichsweise freien Stationenlernen zum Thema „Anpassung des Maulwurfs" zeigen, dass neben der Auswahl und Gestaltung der einzelnen Stationen, dem Gesamtaufbau und der Lernorganisation auch die Beobachtung der Lernprozesse, die Reflexion über den eigenen Lernweg und insbesondere die qualitätvolle Verbindung mit geschlossenen, lehrergelenkten Phasen von großer Bedeutung sind.

Bei der Beobachtung einer kleinen Stichprobe von je fünf leistungsstarken bzw. leistungsschwachen Schüler/innen in Freiarbeit mit Lernangeboten aus Deutsch, Mathematik und Sachunterricht fiel Wagner und Schöll (1992) auf, dass die Lernmittel aus dem Sachunterricht insgesamt nur in geringem Umfang gewählt wurden, und besonders die leistungsschwächeren Schüler/innen die Sachunterrichtsangebote sehr wenig nutzten. Erklärungen für die sehr geringe Nutzung und Akzeptanz speziell durch leistungsschwache Schüler/innen bieten unter Umständen die niedrige Vorstrukturiertheit sachunterrichtlicher Lernangebote oder aber auch die Lernberatung durch die Lehrer/innen. Gerade bei leistungsschwächeren Schüler/innen rät die Lehrkraft vielleicht vorrangig zu Angeboten aus Deutsch und Mathematik.

Die wünschenswerte Weiterentwicklung der Öffnung von Sachunterricht macht es zum Einen erforderlich, dass man nicht bei dem sehr undifferenzierten Vergleich „offene" versus „geschlossene" Unterrichtsformen stehen bleibt. Zukünftig sollten sowohl Forschung als auch Didaktik die Qualität der verschiedenen Erscheinungsformen separat betrachten und in ihren Wirkungsmöglichkeiten vergleichen. Zum Anderen muss die Mikroebene der Interaktion des einzelnen Kindes mit Lernangebot, Mitschülern bzw. Lehrer/in verstärkt beachtet werden (Lipowsky 2002). Nur wenn es gelingt, dass das sachunterrichtliche Angebot nicht nur äußere Freiheiten einräumt, sondern das einzelne Kind herausfordert, interessiert, es vor (lösbare und) lebensweltlich bedeutsame Probleme stellt, werden die Chancen einer Öffnung wirklich genutzt. Dazu ist es sicherlich erforderlich, offene mit lehrergelenkten Unterrichtsmethoden zu kombinieren, wobei es um eine sinnvolle und reflektierte Verbindung gehen muss und nicht um eine bloße Mischung aus offenen und „geschlossenen" Phasen. Dass der Lernweg dabei indirekt und direkt begleitet werden muss, steht außer Frage.

Literatur

Einsiedler, W. (1985): Offener Unterricht: Strukturen – Befunde – didaktisch – methodische Bedingungen. Westermanns Pädagogische Beiträge, S. 20-22. – Einsiedler, W. (1997): Unterrichtsqualität und Leistungsentwicklung: Literaturüberblick. In: Weinert, F. E. & Helmke, A. (Hrsg.): Entwicklung im Grundschulalter. Weinheim, S. 225-240. – Feige, B. (2004): Der Sachunterricht und seine Konzeptionen. Bad Heilbrunn. – Hanke, P. (2005): Öffnung des Unterrichts. In: Einsiedler, W., Götz, M., Hacker, H., Kahlert, J., Keck, R.W. & Sandfuchs, U. (Hrsg.): Handbuch Grundschulpädagogik und Grundschuldidaktik. 2. Aufl. Bad Heilbrunn, S. 439-448. – Hartinger, A. (2005): Verschiedene Formen der Öffnung von Unterricht und ihre Auswirkungen auf das Selbstbestimmungsempfinden von Grundschulkindern. Zeitschrift für Pädagogik, 51, S. 397-414. – Jonen, A., Möller, K. & Hardy, I. (2003): Lernen als Veränderung von Konzepten – am Beispiel einer Untersuchung zum naturwissenschaftlichen Lernen in der Grundschule. In: Cech, D. & Schwier, H.-J. (Hrsg.): Lernwege und Aneignungsformen im Sachunterricht. Bad Heilbrunn, S. 93-108. – Jürgens, E. (1998): Die 'neue' Reformpädagogik und die Bewegung Offener Unterricht. Theorie, Praxis und Forschungslage. 4. Aufl. Sankt Augustin. – Kahlert, J. (2002): Der Sachunterricht und seine Didaktik. Bad Heilbrunn. – Kammermeyer, G. & Martschinke, S. (2004): KILIA – Selbstkonzept- und Leistungsentwicklung im Anfangsunterricht. In: Faust, G., Götz, M., Hacker, H. & Rossbach, H.-G. (Hrsg.): Anschlussfähige Bildungsprozesse im Elementar- und Primarbereich. Bad Heilbrunn, S. 204-217. – Kammermeyer, G. & Schlierf, B. (1999): Wovon hängt erfolgreiches Lernen an Stationen ab? unterrichten & erziehen, 18, S. 137-139. – Köster, H. (2005): Freies Explorieren. Hildesheim: Unveröffentlichte Dissertation. – Lipowsky, F. (2002): Zur Qualität offener Lernsituationen im Spiegel empirischer Forschung – Auf die Mikroebene kommt es an. In: Drews, U. & Wallrabenstein, W. (Hrsg.): Freiarbeit in der Grundschule. Frankfurt a. M., S. 126-159. – Möller, K., Hardy, I., Jonen, A., Kleickmann, T. & Blumberg, E. (2006): Naturwissenschaften in der Primarstufe – Zur Förderung konzeptuellen Verständnisses durch Unterricht und zur Wirksamkeit von Lehrerfortbildungen. In: Prenzel, M. & Allolio-Näcke, L. (Hrsg): Untersuchungen zur Bildungsqualität von Schule. Abschlussbericht des DFG-Schwerpunktprogramms BiQua. Münster. – Staub, F. C. & Stern, E. (2002): The nature for teacher´s pedagogical content beliefs matters for students´achievement gains: Quasi-experimental evidence from elementary mathematic. Journal of Educational Psychology, 93, S. 144-155. – Wagner, G. & Schöll, G. (1992): Selbstständiges Lernen in Phasen freiere Aktivitäten – Entwicklung eines Beobachtungsinventars und Durchführung einer empirischen Untersuchung in einer 4.Klasse. Berichte und Arbeiten aus dem Institut für Grundschulforschung, Nürnberg.

67| Lehren und Lernen in Projekten
Brunhilde Marquardt-Mau

Der Begriff „Projekt" lässt sich vom lateinischen Wort *„projectum"* ableiten und bedeutet „das nach vorne Geworfene". Projekte finden in unterschiedlichen Kontexten der Wissenschaft, Politik, Wirtschaft und Technik ebenso ihre Anwendung wie in pädagogischen Handlungsfeldern. Eine Vielzahl von Begriffen wie *„Projekt", „Projektunterricht", „Unterrichtsprojekt", „Projektmethode", „projektorientiertes Lernen", „Projektarbeit", „Projektwochen"* oder *„Projekttag"* belegt, dass Projekte offensichtlich Eingang in die Praxis gefunden haben; sie zeugt gleichzeitig aber auch von einer Verwässerung der zugrundeliegenden ursprünglichen pädagogischen und gesellschaftspolitischen Dimensionen der Projektidee zu methodischen Spielarten mit „innovativem Anstrich".

1 Was ist ein Projekt?

Bis heute gibt es keine allgemein anerkannte Theorie, Konzeption oder präzise Definition dessen, was unter einem Projekt oder unter Projektunterricht zu verstehen ist. Es wird versucht, ein Projekt zu beschreiben durch einen Rückbezug auf dessen *pädagogischen Wurzeln* insbesondere bei Dewey, durch *Merkmalskataloge*, oder durch die Benennung von *Projektstufen*, die einen idealen Projektverlauf charakterisieren (vgl. Wöll 2004).

1.1 Anleihen bei der Erziehungsphilosophie Deweys und Merkmale eines Projekts

Denkende Erfahrung als tätige und bildende Auseinandersetzung mit der Welt: In der Sichtweise des Pragmatismus sind Mensch und Welt grundlegend aufeinander bezogen, sie konstituieren einander in einem gemeinsamen Prozess. In diesem Erkenntnisprozess nimmt die tätige Auseinandersetzung mit Welt einen zentralen Stellenwert ein. Erfahrungen ergeben sich nicht durch gedankenloses Tun, sondern das „Erfahren (wird) zu einem Versuchen, zu einem Experiment mit der Welt zum Zwecke ihrer Erkennung" (Dewey 1964, S. 187). Denken als eine besondere Form der Erfahrung bezeichnet Dewey auch als die „bildende" Methode der Erfahrung.
Erziehung und Demokratie als Ziele der Höherentwicklung von Individuen und der Gesellschaft: Dewey vertritt einen emanzipatorischen Ansatz von Erziehung. Die Rekonstruktion von Erfahrung zielt sowohl auf die Höherentwicklung des Indi-

viduums durch Erziehung als auch die Weiterentwicklung bzw. Demokratisierung der sozialen Umwelt ab. Die Erziehung in der Schule dient gleichzeitig als Modell der künftigen demokratischen Gesellschaft und als Mittel zur Realisation dieser Gesellschaft. Das Ziel, die denkende Erfahrung, ist bei Dewey Ziel und Methode zugleich.

Konsequenzen für Inhalte und Methoden des Unterrichts: Mit den folgenden Stufen des Denkens soll die Erziehung und Bildung des Menschen erreicht werden: Eine für den Erwerb von Erfahrung geeignete Sachlage oder ein Problem bildet den Ausgang für eine zusammenhängende Tätigkeit, um sinnvolle Lösungen entwickeln und durch praktische Anwendung überprüfen zu können (vgl. Dewey 1964, S. 218). Aus diesen Stufen des Denkens ergibt sich keine Beliebigkeit der Lehrstoffe, sondern diese müssen von Lehrenden sorgfältig analysiert werden, um „die Erfahrung der Schüler auf das fortzuentwickeln, was der sachkundige Wissenschaftler bereits weiß" (Dewey 1964, S. 244). Die Verknüpfung von Erfahrungsinhalt (Was?) und Vorgang des Erfahrens (Wie?) wird deutlich, in deren Trennung Dewey einen unzulässigen Dualismus sieht.

Hänsel (1995, S. 33) bezieht sich auf die Erziehungsphilosophie Deweys und beschreibt Projektunterricht „inhaltlich [...] als Unterricht, in dem Lehrer und Schüler ein echtes Problem in gemeinsamer Anstrengung und in handelnder Auseinandersetzung mit der Wirklichkeit zu lösen suchen, und zwar besser als dies in Schule und Gesellschaft üblicherweise geschieht" und „methodisch [...] als geplante(n) Versuch, als pädagogisches Experiment, das von Lehrern und Schülern in Form von Unterricht unternommen wird und das zugleich die Grenzen von Unterricht überschreitet, indem es Schule und Gesellschaft durch praktisches pädagogisches Handeln erziehlich zu gestalten sucht". In einem „Handlungsfahrplan" für den Projektprozess werden diese beiden Dimensionen durch inhaltsbezogene und methodenbezogene Aufgaben näher differenziert.

Gudjons (1997, S. 74ff.) bestimmt den Projektunterricht über einen *Merkmalskatalog* und bezieht sich wie Hänsel auf die Erziehungsphilosophie Deweys:

1. Auswahl einer problemhaltigen Sachlage mit den Merkmalen Situationsbezug (reale Lebenssituationen), Interessen der Beteiligten und gesellschaftliche Praxisrelevanz (lokal, regional oder global),
2. gemeinsame Planung der Problemlösung mit den Merkmalen zielgerichtete Projektplanung und Selbstorganisation und Selbstverantwortung,
3. handlungsorientierte Auseinandersetzung mit dem Problem unter Berücksichtigung der Merkmale Einbeziehen vieler Sinne und soziales Lernen und
4. Überprüfung der Problemlösung an der Wirklichkeit durch die Merkmale Produktorientierung (z.B. Gestaltung einer Ausstellung), Interdisziplinarität und Grenzen des Projektunterrichts (z.B. Anschlussfähigkeit zum lehrgangsorientierten Lernen berücksichtigen).

1.2 Projekt als Methode

Unter Projektmethode versteht Frey (2002) „eine Form der lernenden Betätigung, die bildend wirkt" (a.a.O. S. 14) und den „Weg, den Lehrende und Lernende gehen, wenn sie sich bilden wollen" (a.a.O. S. 15). Grundlage bildet die von ihm entwickelte allgemeine Curriculumtheorie, nach der Bildung nicht über einen als allgemeingültig anerkannten Satz von Inhalten und Zielen stattfindet, sondern nur dann, wenn die Betroffenen zur „curricularen Instanz" ihres eigenen Bildungsweges werden und an der Entstehung und Gestaltung der Vorhaben und Pläne selbst entscheidend beteiligt sind. Nach Frey kann jedes Thema, Ereignis oder Phänomen zu einem Projektinhalt werden. Er identifiziert fünf Komponenten, die einen idealisierten Projektablauf darstellen: Projektinitiative (1), Auseinandersetzung mit der Projektinitiative (Projektskizze) (2), Gemeinsame Entwicklung des Betätigungsgebietes (Projektplan) (3), Projektdurchführung (4), Beendigung des Projekts (5). Die Komponenten Fixpunkte und Metainteraktionen werden immer dann eingeschoben, wenn die Lernenden aus persönlichen, organisatorischen oder inhaltlichen Gründen eine Phase des Nachdenkens oder Reflektierens für den Fortlauf des Projektes als notwendig erachten. Von Projekten, die alle Komponenten umfassen, unterscheidet Frey sogenanntes *„projektartiges Lernen"*, das nicht in vollem Umfang der Projektmethode entspricht, weil es nur einige der Komponenten einbezieht.

2 Sachunterricht und Projekte

Die Diskussion um den Stellenwert von Projekten ist innerhalb der *Didaktik des Sachunterrichts* nicht so „heikel" wie in anderen Schulfächern zu führen, ist doch die Forderung nach „Projekten" nicht zuletzt aus der fundamentalen Kritik an einem überwiegend fachsystematisch begründeten Unterricht entstanden. Gestützt wird diese Kritik auch in unserer Zeit durch aktuelle und zukünftige gesellschaftliche und individuelle Anforderungen, wie sie sich aus zentralen Leitbildern wie dem der *Wissensgesellschaft* und der *Nachhaltigen Entwicklung* ergeben. Exponentiell zunehmende Wissensbestände einerseits und globale Probleme wie z.B. die Umweltbedrohung andererseits, sprengen den Rahmen traditioneller Disziplinorientierung. Wissenschaftsorientierte Kompetenzen im Sinne einer umfassenden *scientific literacy*, *interdisziplinäre* und *problemorientierte* Zugänge im Sinne einer nachhaltigen Entwicklung sowie *personale, soziale und ethische Kompetenzen* erlangen stattdessen eine herausragende Bedeutung für die Bewältigung der anstehenden Aufgaben und müssen bereits früh angebahnt werden. Der Sachunterricht, als eines der Kernfächer der Grundschule, bietet dazu einen geeigneten Rahmen, gehört doch die Lernbegleitung der Kinder bei so bedeutsamen Fragen wie nach *„Wie funktioniert die Welt?"* und *„Wie wollen wir einmal* *leben?"* zu dessen zentralem Erziehung- und Bildungsauftrag. Es verbietet sich dabei von selbst, dass diese „Welt" den Kindern in „Fachschubladen" begegnet; vielmehr muss ein Wechselspiel zwischen den Fragen, Interessen und Lernbedürfnissen der Kinder und dem in Fachkulturen erarbeiteten und weiter zu entwickelnden Wissen entstehen, alles Anforderungen, die Ähnlichkeiten zur Erziehungsphilosophie Deweys aufweisen. Was liegt also näher, als dieses Wechselspiel im Rahmen von Projekten im Sachunterricht deutlich werden zu lassen. Projekte sind aber auch das Mittel der Wahl, wenn es darum geht, fächerübergreifende und Handlungskomponenten (individuell, gesellschaftlich) implizierende Erziehungs- und Bildungsaufgaben wie beispielsweise die Gesundheitsbildung, Umweltbildung oder Bildung für nachhaltige Entwicklung im Sachunterricht zu realisieren. Anders als im herkömmlichen Sachunterricht, bei dem die Handlungsaufgaben primär auf dem Erkunden und Kennenlernen einer Sache beruhen, erschließt man sich in Projekten ein Praxisfeld, das zusätzlich aktives Eingreifen der Kinder erfordert. Sie „werden in ihrer Kompetenz beansprucht, Probleme zu erkennen, zu bewältigen und dabei ihre Fähigkeiten zur Übernahme von Verantwortung und Engagement zu entfalten. Methodische Phantasie und soziale Kompetenz sind deshalb in Projekten unlösbar miteinander verbunden" (Duncker 1994, S. 150). Projekte bieten ferner einen organisatorischen und zeitlichen Rahmen, neben den im Sachunterrichts-Lehrplan vorgegebenen Inhalten, der im Grundschulalter noch ausgeprägten Fragelust und Neugierhaltung der Kinder nachgehen zu können.

Zu bedenken ist jedoch, dass die komplexe Form des Projektlernens so unterschiedliche Teilfähigkeiten wie in Gruppen arbeiten, sich Informationen erschließen, Ergebnisse präsentieren, organisieren oder sich „öffentlich" verhalten zu können umfasst. All diese Fähigkeiten müssen in der Grundschule erst noch schrittweise erlernt werden, damit am Ende eines gemeinsamen Weges von Lehrkräften und Kindern alle Ansprüche an den Projektunterricht realisiert werden können (vgl. Duncker 1994). Das bedeutet aber nicht, auf Projekte im Anfangsunterricht zu verzichten. Kaiser (1992) ordnet ihnen bereits in dieser Phase eine bedeutsame Rolle zu, um dem *„Primat der Kulturtechniken"* ein *„Primat der Sache"* gegenüberzustellen. Insbesondere in den ersten Wochen sollen danach sachunterrichtliche Projekte das Zentrum des Grundschulunterrichts bilden.

3 Möglichkeiten und Grenzen

Auch wenn die beschriebenen Merkmale projektorientierten Unterricht überzeugend erscheinen, so steht ein empirischer Nachweis noch weitgehend aus. Weder eine zu offene noch eine zu vorgegebene Projektstruktur wird von den Lernenden als hilfreich angesehen. Nicht alle Schülerinnen und Schüler sind mehrheitlich von dieser Form des Lernens begeistert. Genutzt werden die entstehenden Freiräume, um sich dem anstrengenden Lehr-Lernprozess zumindest kurzfristig entziehen zu können (vgl. Apel & Knoll, 2001). Dies scheint bei Grundschulkindern noch anders zu sein, wenn man den Ergebnissen einer Studie von Bieberbach (2000) folgt. Die meisten der befragten Kinder beurteilen die Erfahrungen mit einem Projekt zum Thema „Lebensraum Bach" positiv und geben als Gründe dafür die authentische Lernsituation am Bach, die direkte und handlungsorientierte Auseinandersetzung mit dem Lerngegenstand und die im Unterschied zum herkömmlichen Unterricht selbstbestimmtere Arbeit während des Projektverlaufs an. Empirisch belegt ist der noch immer geringe Anteil an „echten" Projekten im schulischen Alltag, deren Durchführung eher auf einzelne, jährlich durchgeführte Projekttage oder Projektwochen beschränkt bleibt. Wie die Ergebnisse einer Untersuchung von Schümer (1996) an Grund- und Hauptschulen zeigen konnte, scheint der geringe Einsatz von Projekten aber weniger von organisatorischen Bedingungen der schulischen Arbeit abzuhängen, sondern offensichtlich von den Kompetenzen und Vorstellungen der Lehrkräfte vom Lehren und Lernen. Offensichtlich unterrichten vor allen Dingen solche Lehrkräfte projektorientiert, die auch im traditionellen Unterricht durch einen größeren Medieneinsatz, durch Methodenvielfalt und durch umfangreiche Unterrichtsvorbereitung auffallen und einen handlungsorientierten, schülerzentrierten Unterricht nicht als Risiko einschätzen.

Wenn sich bereits die Kriterien dessen, was einen Projektunterricht gegenüber anderen Unterrichtsformen ausmacht, nicht eindeutig klären lassen, so dürfte sich auch eine Überprüfung der Effizienz dieser Unterrichtsform erheblichen Problemen gegenüber sehen. Mit diesem Vorbehalt sind auch die Ergebnisse der Studie von Bieberbach (2000) in acht Grundschulklassen zu betrachten. Sie hat die langfristigen Auswirkungen eines nach Merkmalen eines Projektes durchgeführten Unterrichts zum Thema „Lebensraum Bach" hinsichtlich der Bereiche *Wissen, Interesse* und *Einstellung* untersucht. Unmittelbar nach Abschluss des Unterrichts lag das von den Kindern erworbene Wissen auf einem hohen Niveau. Im Unterschied zu den Pflanzenkenntnissen blieben die Tierkenntnisse signifikant länger im Gedächtnis. Hinsichtlich der langfristig erhaltenen Tierkenntnisse schneidet der projektorientierte Unterricht besser ab als die Behaltensleistung von biologischen Inhalten im herkömmlichen Unterricht. Durch den projektorientierten Unterricht konnte das Interesse an biologischen Themen langfristig gefördert werden; ein bereits zu Beginn bei den Kindern vorhandenes Interesse stieg während des projektorientierten Unterrichts signifikant an und blieb auch noch nach einem Jahr auf diesem hohen Niveau. Die während dieses Unterrichts signifikant gestiegene schützende Einstellung der Kinder gegenüber den Lebewesen des Lebensraums Bach blieb ebenfalls langfristig erhalten.

Aufschluss können ferner Studien geben, die die Auswirkungen einiger auch für das Projektlernen charakteristischer Merkmale untersuchen. Hartinger (1997) kommt nach einer Studie zu den Wirkungen eines *handlungsorientierten* und die *Autonomie der Kinder* unterstützenden Unterrichts ebenfalls zum Thema „Leben am Gewässer" zu dem Ergebnis, dass beide Merkmale bedeutsam für den bereichsspezifischen Aufbau von *Interessen* sind. Ein gutes Zusammenspiel von selbstgesteuerter Aktivität der Kinder etwa bei der Planung des Unterrichts und der reflexiven Vergewisserung über den jeweiligen Stand wirken sich offensichtlich positiv auf die Motivation der Kinder aus.

Generell gilt als relativ gesichertes Ergebnis, dass solche Unterrichtsformen, in denen Schülerinnen und Schüler selbstbestimmt arbeiten können, positiver eingeschätzt werden. Offensichtlich hat Projektlernen dagegen dort seine Grenzen, wo es um einen raschen Erwerb vorgegebener Inhalte und um kurzfristig abfragbare Lernleistungen geht (vgl. Frey 2002).

4 Ausblick

Zusammenfassend lässt sich ein Projekt als eine offene Lehr- Lernform beschreiben, deren Ziel die Erziehung zur Selbstständigkeit und Eigenverantwortung der Lernenden ist, wobei die gemeinsame Planung, Durchführung und Auswertung durch die Lehrenden und Lernenden eine zentrale Rolle spielen. Schüler-, Handlungs- und Produktorientierung werden ferner als zentrale Merkmale genannt. In einigen Konzeptionen dienen Projekte auch der Anbahnung demokratischen Lernens. Eine Verkürzung des Projekts auf eine Unterrichtsmethode neben anderen Lehr-Lernformen im Sachunterricht, lässt die Chancen des Projektlernens als umfassendes didaktisches Konzept außer acht. Die Rückbindung dieses didaktischen Konzepts an konkrete Projektmerkmale gelingt nicht immer stringent. Auch die Hoffnungen in Projekte als Mittel zur Veränderung schulischer bzw. gesellschaftlicher Bedingungen scheinen nicht kurzfristig einlösbar. Gleichwohl kann eine Auseinandersetzung mit den unterschiedlichen Konzeptionen dazu beitragen, die teilweise in der Schulpraxis zu beobachtende Verwässerung der Projektidee wahrzunehmen. Es handelt sich nicht um eine für Freizeitinteressen offene soziale Lernform, sondern um einen zentral notwendigen anderen Modus von Sachunterricht.

Angesichts der Diskussion um die Festlegung von Bildungsstandards auch für den Sachunterricht und die Erhebung von Kompetenzen am Ende der Grundschulzeit zeichnet sich jedoch eine Gefahr für das Projektlernen ab, entziehen sich doch zentrale Merkmale dieser Lehr-Lernform einer einfachen Operationalisierung. Für die Zukunft von Projekten im Sachunterricht ist aber auch entscheidend, inwieweit es in der *Lehrer/innenbildung* gelingt, den Studierenden Erfahrungen mit dieser anderen Lehr-Lernform in Sachunterrichtsprojekten zu ermöglichen.

Literatur

Apel, H.J. & Knoll, M. (2001): Aus Projekten lernen. Grundlegung und Anregungen. München. – Bieberbach, M. (2000): Effizienz von Projektunterricht. Empirische Untersuchungen über den langfristigen Lernerfolg von Projektunterricht hinsichtlich Wissen, Interesse und Einstellung am Beispiel des Themas „Lebensraum Bach" in der 3. Jahrgangsstufe der Grundschule. Herdecke. – Dewey, J. (1964): Demokratie und Erziehung. Weinheim & Basel. – Duncker, L. (1994): Projekte im Sachunterricht – Didaktische Etüden für Schüler und Lehrer. In: Duncker, L. & Popp, W. (Hrsg.): Kind und Sache. Weinheim, S. 145-160. – Frey, K. (2002): Die Projektmethode. 9. Auflage, Weinheim & Basel. – Gudjons, H. (1997): Handlungsorientiert Lehren und Lernen. Schüleraktivierung – Selbsttätigkeit – Projektarbeit. 5. Auflage, Bad Heilbrunn. – Hänsel, D. (1995): Was ist Projektunterricht, und wie kann er gemacht werden? In: Hänsel, D. (Hrsg.): Das Projektbuch Grundschule. 2. Aufl. Weinheim, S. 15-47. – Hartinger, A. (1997): Interessenförderung. Eine Studie zum Sachunterricht. Bad Heilbrunn. – Kaiser, A. (1992): Mit den Sachen beginnen. In: Schlömerkemper, J. (Hrsg.): Die Schule gestalten. Weinheim, S. 62-70. – Schümer, G. (1996): Projektunterricht in der Regelschule. Anmerkungen zur pädagogischen Freiheit des Lehrers. In: Zeitschrift für Pädagogik, 34. Beiheft, S. 141-158. – Wöll, G. (2004): Handeln: Lernen durch Erfahrung. Handlungsorientierung und Projektunterricht. Hohengehren.

68| Lehren und Lernen in außerschulischen Lernorten
Christian Salzmann

1 Zur Geschichte des außerschulischen Lehrens und Lernens

1.1 Vor der Zeit der Reformpädagogik

Das außerschulische Lehren und Lernen hat eine lange Vorgeschichte. Schule ist bei aller Vielfalt ihrer historischen Erscheinungsformen immer ein institutionell relativ abgeschlossener Bereich gewesen, dessen zentrale Aufgabe der Unterricht war und ist. Die Abgeschlossenheit von Schule als Unterrichtsanstalt verschaffte einer sich ständig weiter ausdifferenzierenden Kultur zwar die Chance, umfangreiche und oft rational strukturierte Wissensbestände, die nicht mehr in traditioneller Weise vermittelt werden konnten, methodisch gezielt an die nachwachsende Generation weiter zu geben. Sie führte aber auch zu einer Entfremdung von der außerschulischen Realität (Schule als Buchschule).

Hier interessiert die Frage, unter welchen Einflüssen und Bedingungen die Schule begann, ihre institutionelle Geschlossenheit aufzubrechen und sich für den

Bereich außerschulischer Erfahrungen zu öffnen. Dieser Prozess vollzog sich – auf der Grundlage historisch weiter zurückliegender Impulse durch Jean-Jacques Rousseau (1712-1778), J.H. Pestalozzi (1746-1827), Christian Gotthilf Salzmann (1744-1811) u.a. – besonders intensiv in der Reformpädagogik der ersten drei Jahrzehnte des 20. Jahrhunderts.

1.2 Die Epoche der Reformpädagogik

Einige Grundmotive der Reformpädagogik (Heimatorientierung, Lebensnähe, Anschauung, Selbsttätigkeit und Arbeit, Vorhaben und Projekt u.a.m.) führten zu einer institutionellen Öffnung der Schule. Reformpädagogen, in deren Konzept sich mehrere dieser Prinzipien miteinander verbanden, haben das Lernen an außerschulischen Lernorten gezielt in die schulische Arbeit integriert. Für John Dewey (1859-1952), einem der Begründer der Projektmethode, war das Lernen draußen vor Ort potentieller Bestandteil von Projekten. Diese sollten nach Dewey (im Sinne des amerikanischen Pragmatismus) ein aktives und demokratisch-gesellschaftliches Engagement ermöglichen, bei dem das „learning by doing" ebenso wichtig war wie das gemeinsame Einüben in Verhaltensformen der Demokratie. Für Hermann Lietz (1868-1919), dem Begründer der Schullandheimbewegung, hatte – wie auch für andere Vertreter dieser Pädagogik – das außerschulische Lehren und Lernen einen hohen Stellenwert. Vor allem die älteren Schüler hatten an der Errichtung der Bauten, an handwerklichen, gärtnerischen oder landwirtschaftlichen Anlagen seiner Schullandheime in Planung und Ausführung verantwortlich teilzunehmen und sollten dabei im außerschulischen Bereich neben kognitiven und praktischen Kompetenzen vor allem charakterliche Tugenden entwickeln, die insgesamt auch der Schule und dem Unterricht zugute kamen.

Célestin Freinet (1896-1966) griff Anregungen von Kerschensteiner, Makarenko, Blonskij u.a. hinsichtlich der Bedeutung der Arbeit für Bildung und Erziehung auf und entwickelte ein Schulkonzept, in dem das Lehren und Lernen an außerschulischen Lernorten in unverwechselbarer Weise zum Bestandteil seiner Schule wurde (Schule im Milieu). Erfahrungen und Beobachtungen im Nahraum der Schule waren zentral wichtig. Die Kinder vertieften die gewonnenen Eindrücke und Erfahrungen im Klassenraum, dessen spezielle Ausstattung mit Ateliers und Funktionsecken der aktiven Verarbeitung der Erfahrungen besonders entgegenkam.

Peter Petersen (1884-1952) betonte in seinem Jena-Plan die Bedeutung der Pädagogischen Situation: Die in dem Problemgehalt dieser Situation begründete Spannung sollte von den SchülerInnen aufgenommen, übernommen und „gelöst" werden. Der Lebens- und Erfahrungsraum im Einzugsbereich der Schule – das „Schulleben" – war ein ergiebiges Feld für Pädagogische Situationen. Hier lagen die Chancen für das oft gruppenunterrichtlich durchgeführte außerschulische

Lehren und Lernen (z.B. Besuch von Handwerksbetrieben, Feuerwehr, Polizei usw.). Auch für Adolf Reichwein (1898-1944) war das außerschulische Lehren und Lernen ein wesentliches Element seiner Schulkonzeption. Die einklassige Schule in Tiefensee (bei Berlin) bezog das Umfeld der Schule mit in den Unterricht ein. So schufen die Kinder in Kooperation mit Erwachsenen z.B. das für biologische Versuche gedachte Gewächshaus aus Ziegelsteinen, die aus einem Fabrikabriss im Dorf stammten. Reichwein, der mit den Kindern seiner Schule auch das Völkerkundemuseum in Berlin besuchte, entwickelte dafür erste Grundgedanken der Museumspädagogik, die später aufgegriffen und weitergeführt wurden. Aus den skizzierten Konzepten haben sich besondere Ansätze des Lehrens und Lernens in außerschulischen Lernorten mit z.T. eigenständigen methodischen Formen entwickelt.

2 Formen und Konzepte des Lehrens und Lernens in außerschulischen Lernorten

2.1 Zum Begriff „außerschulischer Lernort"

Die Bildungskommission des Deutschen Bildungsrates definierte in den 60er Jahren des vorigen Jahrhunderts Lernorte als anerkannte (mitunter privat getragene) Einrichtungen, die im Rahmen des öffentlichen Bildungswesens Lernangebote organisieren. Im Anschluss daran wurde zwischen primären und sekundären Lernorten unterschieden. *Primäre Lernorte* sind eigens für das Lernen eingerichtet, während in *sekundären Lernorten* zwar auch gezielt und gewollt gelernt wird, sie aber vorrangig andere Aufgaben erfüllen, wie Jugendwohnheime, Sportzentren u.a. Bei dieser Art der Definition kommt eine Gruppe außerschulischer Lernorte nicht vor, die in der Schulpraxis eine große Rolle spielen: Bestimmte Orte werden zum Zwecke des Lernens aufgesucht – ihre Funktion und Struktur wird aber weder primär noch sekundär von Lernzwecken her definiert. Wenn als Unterscheidungsmerkmal für Lernorte zugrunde gelegt wird, ob ein solcher eigens für Lernzwecke geschaffen wurde und entsprechende institutionalisierte Strukturen aufweist oder ob das nicht der Fall ist, so liegt es nahe, zwischen außerschulischen *Lernorten* und außerschulischen *Lernstandorten* bzw. *Lernzentren* zu unterscheiden. *Lernorte* sind alle Orte, die für Lernzwecke vorübergehend aufgesucht werden, etwa im Rahmen von Unterrichtsgängen und Exkursionen. Vom *Lernstandort* sprechen wir, wenn ein Lernort durch gezielte pädagogisch-didaktische und methodische Bemühungen für aktive Erkundungs- und Lernprozesse adressatengerecht aufbereitet wird und auf Dauer zur Verfügung steht. Das trifft heute für viele zoologische und botanische Gärten, Naturparks, Lehrpfade und Museen zu, manchmal auch für Theater und andere kulturelle Einrichtungen (vgl. Salzmann 1999, S. 12).

2.2 Die Arbeit an außerschulischen Lernorten durch Unterrichtsgänge, Erkundungsvorhaben und Exkursionen

Unterrichtsgänge, Erkundungsvorhaben und Exkursionen sind unterrichtsrelevante Veranstaltungen, die außerhalb des Klassenzimmers konkrete Sacherfahrungen (-erkenntnisse) vermitteln sollen (vgl. Burk & Claussen 1980; 1982; Härle 1987). Sie sind – etwa im Rahmen des Sachunterrichts – besonders dann erforderlich, wenn die betreffenden Objekte bzw. Objektbereiche unverfälscht nur an Ort und Stelle wahrgenommen werden können, weil ihr jeweiliges Umfeld für die Objekterfahrung, ja für das Objekt selbst, konstitutiv ist. Ein Vogelnest mit Jungen und ihre Fütterung lassen sich nur in der natürlichen Umgebung beobachten. Sie sind auch notwendig, wenn komplexe Sachverhalte in ihrer qualitativen Eigenart erfahren werden sollen, weil sie mit Hilfe von Abbildungen, Schemata und Modellen allein nicht angemessen erfasst werden können wie z.b. das Moor, der Wald, die Wiese, das Gewässer, Steinbrüche, handwerkliche und industrielle Betriebe, Hafenanlagen, Kläranlagen, Bergwerke, Superläden, Dienstleistungsbetriebe, historische Stätten u.a.m.

Unterrichtsgänge, Erkundungsvorhaben und Exkursionen müssen methodisch in den jeweiligen Unterricht *integriert* werden. Sie können etwa eine Unterrichtseinheit einleiten, um damit eine gemeinsame Ausgangsbasis für die nachfolgende Arbeit zu schaffen. In der Regel sollten sie erst nach einer vorbereitenden Phase durchgeführt werden, in der Fragen formuliert und Gesichtspunkte für die Beobachtung (etwa für bestimmte Gruppen) entwickelt werden. Das erhöht die Neugier und Konzentration vor Ort und steigert den inhaltlichen Gewinn für den Unterricht. Am Ende der Unterrichteinheit haben sie die Funktion einer zusammenfassenden Bestätigung. Es kann sich auch als sinnvoll erweisen, eine Stätte (einen Lernort) zweimal, etwa zu Beginn und zum Schluss, aufzusuchen.

Doch unabhängig vom didaktischen Ort bedürfen Unterrichtsgänge, Erkundungsvorhaben und Exkursionen einer guten Vor- und Nachbereitung.

2.3 Außerschulisches Lehren und Lernen an Lernstandorten

Lernstandorte pflegen für verschiedene Lern- und Aktivitätsbereiche bestimmte Programme vorzuhalten. Diese können sich wie bei Lehr- und Erkundungspfaden in aktivierenden Informationstafeln (mit oder ohne Handlungsanweisungen), in der Gestaltung und räumlichen Anordnung von Lern-Stationen, z.B. den Gehegen im Zoo, oder in der adressaten- und themengerechten Zusammenstellung von Ausstellungsstücken zu Dioramen oder anderen musealen Szenen niederschlagen, möglicherweise verbunden mit zoo- oder museumspädagogischen Unterrichtsangeboten usw. Solche Programme sollten aber die Aktivitäten nur in einem Maße vorstrukturieren, das einem produktiven und entdeckenden Lernen nicht entgegensteht. An der *Geschichte der Lehrpfade* kann man den allmählichen Wandel von der Informations- zur Aktionsdidaktik beobachten. Nach ersten Anfängen (1930) kam es seit 1950 zu einem sprunghaften Anstieg der Zahl der Waldlehrpfade. Neben der Information über den Wald dienten sie primär dem Ziel, im Sinne des Naturschutzes Spaziergängerströme mit Hilfe interessant gestalteter Tafeln gezielt zu lenken. Im Lauf der Zeit entstanden Lehrpfade auch zu anderen thematischen Schwerpunkten: geologische, kulturhistorische, ökologische Lehrpfade (Agenda-Pfade), Wasser- und Bodenlehrpfade u.a. Seit den 1980er Jahren begegnet man immer häufiger Pfaden, bei denen die Besucher durch Broschüren mit Arbeitsanleitungen und Aufgabenstellungen zu eigener Aktivität angeregt werden. Die „Rucksackschule" (Trommer 1991) sieht für Untersuchungen an den jeweiligen Stationen Werkzeuge und Geräte vor, die im Rucksack transportiert werden. Lehr und Lernpfade werden durch die Einbeziehung von Naturerlebnis- und Sinneswahrnehmungselementen immer mehr auch zu touristisch interessanten Freizeit- und Erlebnisobjekten.

Im Rahmen des *Osnabrücker Konzepts des Regionalen Lernens* wurde ein besonderer Typ eines Lernstandort bzw. Lernzentrums mit einem integrativen Ansatz entwickelt und erstmals ausdrücklich als *Lernstandort* bezeichnet, das vor allem dem umweltbezogenen außerschulischen Lernen besondere Chancen eröffnet (vgl. Salzmann, Gebbe, Gregorius & Wenzel 2003). Es handelt sich dabei um Animations-, Informations- und Aktionszentren in einem anregenden außerschulischen Milieu, das mit interessanten Modellen und Medien, mit Diskussions- und Arbeitsräumen, Labors und Werkstätten, mit eigenen Kommunikationsräumen – nach Möglichkeit mit Nutzung des Internet –, mit einer Bibliothek, Übernachtungsräumen und einer eigenen Küche ausgestattet ist. Lernstandorte dieser Art sind ideale Plattformen für umweltbezogene außerschulische Aktivitäten von Schulklassen und anderen interessierten Gruppen (Lehramtstudenten, Lehrerfortbildung), in denen es neben der fach- und sachbezogenen Arbeit auch zur sozialen Begegnung zwischen Jung und Alt, zwischen Menschen der eigenen Region und fremder Regionen, zwischen Schulen und nicht schulischen Institutionen kommen soll.

Didaktisch liegt dieser Arbeit an Lernstandorten das Strukturmuster der polaren Entgegensetzung von Grundmotiven zugrunde. Authentisches, identitätsbildendes und nachhaltiges Lernen ereignet sich im Spannungsfeld von Polen, die zueinander in einer produktiven Spannung stehen, sich gegenseitig bedingen, aber auch relativieren und korrigieren. So erhält das Lernen mit dem konkreten Bezug zur eigenen Region, zum heimatlichen Nahbereich, seine besondere Qualität erst durch den bewussten Bezug zu fremden Regionen und umgekehrt. Regionalität und

Globalität/Universalität, Vertrautheit und Fremdheit, Nähe und Distanz, bedürfen der ausgleichenden Vermittlung ebenso wie die Prinzipien Rezeptivität und Produktivität (Eindruck und Ausdruck), Erleben und Erkennen, Erkennen und Handeln, ganzheitliches Erfassen und Detailanalyse, Individuum und Gemeinschaft, Original und Modell u.a.m. (vgl. Salzmann 2003, S. 28-37).

Außerschulisches Lehren und Lernen sollte so gestaltet werden, dass es möglichst viele solcher Vermittlungsprozesse realisiert. Die Ergebnisse der Lern- und Arbeitsprozesse draußen vor Ort müssen jeweils am Lernstandort vorgestellt, gedeutet, reflektiert und anschließend in der Schule vertieft und in größere Zusammenhänge eingeordnet werden. Auch die künstlerische Umsetzung der Eindrücke in Formen des sprachlichen oder bildnerischen Ausdrucks ist bei dieser Art des außerschulischen Lernens möglich und sinnvoll. Gleiches gilt für (gesellschaftlich relevante) Projekte, die wohl anspruchsvollste Form des außerschulischen Lehrens und Lernens. Besonders für sie bieten Lernstandorte eine ideale Plattform (vgl. z.B. die Beispiele in Salzmann u.a. 2003).

Zur Nachbereitung solcher und anderer außerschulischer Lehr- und Lernprozesse gehört auch die kritische Reflexion über deren Effektivität. Generell kann man feststellen, dass heute eine Qualitätskontrolle des Unterrichts zunehmend mit den Methoden der Evaluation erfolgt. Das ist vor allem für Projekte obligatorisch, die mit öffentlichen Mitteln gefördert werden. Eine breiter angelegte systematisch-empirische Untersuchung der Effektivität des außerschulischen Lehrens und Lernens etwa durch den Vergleich mit Kontrollgruppen gehört bislang jedoch eher zu den Desideraten der einschlägigen Unterrichtsforschung.

Literatur

Burk, K. & Claussen, C. (1980/1982): Lernorte außerhalb des Klassenzimmers I. u. II. Frankfurt am Main. – Härle, H. (1987): Die Bedeutung außerschulischer Lernorte für ein pädagogisch gestaltetes Schulleben. In: Blätter für Lehrerfortbildung, S. 275-284. – Salzmann, C. (1993): Lernorte – Lernorttheorie. In: Heckt, D. & Sandfuchs, U.: Grundschule von A bis Z, S. 161-163. – Salzmann, C. (1999): Regionales Lernen im Spannungsfeld von Heimatbindung und Welterfahrung. In: zeitnah, H. 6/7, S. 9-14. – Salzmann, C., Gebbe J., Gregorius, F. & Wenzel, S. (2003): Aktiver und nachhaltiger Naturschutz – gemeinsame Aufgabe von Schulen einer Region. Frankfurt am Main. – Trommer, G. (Hrsg.) (1991): Natur wahrnehmen mit der Rucksackschule. Braunschweig.

69| Den Sachen begegnen
Andreas Nießeler

1 Die „originale Begegnung" im Sachunterricht

Die Sachbegegnung ist in sachunterrichtlichen Lernprozessen nicht nur deswegen ein entscheidendes Moment, weil damit das Lernsubjekt in Beziehung zu einem Objekt gesetzt wird und ein intensiver Kontakt mit dem Unterrichtsgegenstand entsteht, sondern auch, weil bereits mit der anfänglichen Gegenstandskonstitution wichtige Erkenntnismodifikationen grundgelegt werden und den weiterführenden Lernprozess prägende Vorstellungen von der Sache entstehen. In diesem Kontext kommen Einflüsse der existenzialistisch und personalistisch geprägten Begegnungsphilosophie zur Geltung, welche die Sachbegegnung nicht nur auf einen, etwa wissenschaftspropädeutisch vorgegebenen oder fachsystematisch vorgesehenen Aspekt festlegen, vielmehr unterschiedliche individuelle und vielsinnige Zugänge initiieren will, die auch unstetige und überraschende Momente der Sachbegegnung zulassen (vgl. Bollnow 1959). Martin Wagenschein charakterisiert diese Hinwendung zu den Dingen als „Fühlung" um zu zeigen, dass am Anfang der Sachauseinandersetzung die Sache selbst stehen und dass man den Lernenden die Gelegenheit geben sollte, sich noch unvoreingenommen dieser Sache zu nähern, d.h. sich selbst ins Bild zu setzen und sich selbst ein Bild zu machen (vgl. Wagenschein 1967).

Die Abgrenzung einer *originalen Begegnung* (Roth 1957) von einem nur auf Überlieferung abzielenden Lernen anhand symbolischer Repräsentanten von Wirklichkeit und die Forderung nach möglichst lebensnahen Lernsituationen (vgl. Reichen 1991) gehört zu den Beständen der Sachunterrichtsdidaktik und findet sich bereits in der *Didactica magna* des Comenius: „Die Menschen müssen soviel wie möglich ihre Weisheit nicht aus Büchern schöpfen, sondern aus Himmel und Erde, aus Eichen und Buchen, d.h., sie müssen die Dinge selbst kennen und erforschen und nicht nur fremde Beobachtungen und Zeugnisse darüber. Und das heißt wieder in die Fußstapfen der alten Weisen treten, wenn man die Kenntnis der Dinge nirgends anders her als aus dem Original (archetypus) selbst schöpft" (Comenius 1993 [1657], S. 113).

Die Sachbegegnung hat nicht nur eine für die spätere Wissensvermittlung motivierende, sondern bereits bildende Funktion, die Horst Rumpf im Anschluss an Wagenschein, Piaget, Aebli, Merleau-Ponty und Meyer-Drawe als Kultivierung einer sich vielseitig ins Spiel setzenden Weltaufmerksamkeit bestimmt hat (vgl.

Rumpf 1991). Diese phänomenologische Ausrichtung einer integrativen Unterrichtskonzeption stellt vielfältige Wirklichkeitserfahrungen ins Zentrum der lernenden Auseinandersetzung. Der Bezug zum Gegenstand muss also von einer gewissen Autonomie geprägt sein, die es dem Lernenden erlaubt, selbsttätig Wahrnehmungen, Eindrücke, Empfindungen und Erfahrungen zu strukturieren, womit der Zusammenhang zwischen der Sachbegegnung und sachunterrichtlichen Arbeitsformen bzw. Methoden deutlich wird (vgl. Einsiedler 1971).

2 Methoden der Sachbegegnung

Es gibt unterschiedliche Möglichkeiten der Situierung und Inszenierung der unterrichtlichen Begegnung mit Sachen, welche jeweils mit verschiedenen Zielsetzungen verbunden sind. Die Methoden der Sachbegegnung soll im Folgenden nach der Art der jeweils intendierten Aufmerksamkeit in Formen kategorisiert werden, die eine mehr willkürliche, zielgerichtete und mit einer bestimmten Erkenntnisabsicht verbundene Aufmerksamkeit erfordern, und in Formen, welche eine mehr unwillkürliche, kontemplative Hinwendung zu den Dingen zulassen (vgl. Nießeler 1997). Damit ist keine unausgleichbare Polarität beabsichtigt, vielmehr sollen Tendenzen der Weltaneignung angedeutet werden, die noch vor der Erkenntnisbildung und dem Erschließen der Sache liegen, daher aber konstitutiv für den Lern- und Erkenntnisprozess sind.

2.1 Erkunden und Erleben

Das Erkunden des heimatlichen Nahraumes gehört zu den traditionellen Methoden des Sachunterrichts. So steht in der Heimatkunde eine erlebnisbetonte, ganzheitliche Erfassung des Unterrichtsgegenstandes im Mittelpunkt. Hier soll in Form eines Gelegenheitsunterrichts die Sache bereits durch die erste Begegnung erschlossen werden, beispielsweise auf einem Unterrichtsgang in den Wald oder beim Aufsuchen einer Wiese (vgl. etwa Harnisch 1893 [1839]).

Erkundungen bieten Möglichkeiten zum eigenständigen Entdecken und Erforschen von Räumen und Sachverhalten (vgl. Laux 1999). Dabei ergibt sich die „Kunde" von der Welt nicht als Übernahme vorgefertigten Wissens, sondern aus dem eigenständigen Fragen und Beobachten von Wirklichkeit bzw. aus dem systematischen Sammeln vielfältiger Gegenstände und Wirklichkeitseindrücke. Wissenschaftshistorisch kann die Kunde mit Bezug auf die Anfänge der Disziplinbildung im weitesten Sinne zu den empirisch-forschenden Wissenschaften gezählt werden. Für Schleiermacher erlangen Kultur- und Naturwissenschaften daher erst insofern ihre volle wissenschaftliche Stringenz, als Empirie, also Kenntnisreichtum und Kunde auf der einen, und Philosophie, also Spekulation und Reflexion auf der anderen Seite, vereint werden (vgl. Hinrichs 2002).

Einsiedler (1971, S. 54ff.) bestimmt die Erkundung als eine Arbeitsform, d.h. als Lernverfahren, das dazu dient, selbsttätig ein Problem zu lösen und Wissen und Denkweisen zu erwerben. Dabei unterscheidet er zwischen Unterrichtsgängen und Objekterkundungen. Beim Unterrichtsgang wird der Gegenstand an Ort und Stelle aufgesucht, was vor allem dann sinnvoll ist, wenn die Gegenstandsstruktur am tatsächlichen Erscheinungsort am besten durchschaut werden kann, wie dies vor allem bei erdkundlichen Strukturen, biologischen Lebenszusammenhängen oder wirtschaftlich-technischen Abläufen der Fall ist. Die Objekterkundung zieht die Loslösung des Gegenstandes aus der ihn umgebenden Wirklichkeit nach sich, so dass dieser als Einzelexemplar im Sitzkreis bzw. an einer anderen Stelle im Klassenzimmer behandelt wird. Durch diese didaktische Isolation kann die Aufmerksamkeit effektiv auf die zu behandelnden Merkmale und Funktionen der Gegenstände gelenkt werden. Im Gegensatz zur „bloß anschauenden" Objektbetrachtung ist nach Einsiedler bei der Objekterkundung das aktive Erschließen der Gegenstandsstruktur für den Lernprozess wichtiger als das passive Betrachten, da durch den Sachunterricht übertragbare Einsichten in Funktionszusammenhänge vermittelt und die Theoriebildung angestoßen werden soll. Allerdings besteht hier die Gefahr der Reduktion der Sache zum Lerngegenstand, wenn die Phänomenebene zu schnell zugunsten begrifflich-rationaler Kategorisierungen verlassen wird.

Dem gegenüber stehen beim Erlebnisunterricht mit verschiedenen Sinnen wahrgenommene Eindrücke im Mittelpunkt, die auf individuelle Weise zum Ausdruck gebracht werden können – etwa in Form von Erzählungen oder Zeichnungen. Dabei stellt die Unverfügbarkeit der situativen Ereignisse und die Unplanbarkeit der subjektiven Verarbeitung der Erlebnisse ein Problem dar, das in der Sachunterrichtsdidaktik kontrovers diskutiert wurde und zur Abwendung von einem, auch durch gesamtunterrichtliche Konzeptionen geprägten erlebnisorientierten Heimatkundeunterricht geführt hat zugunsten eines an wissenschaftlicher Rationalität ausgerichteten modernisierten Sachunterrichts. Inzwischen wurden zwar aufgrund neuerer erlebnispädagogischer Ansätze Einzelaspekte jener reformpädagogischen Traditionen wiederbelebt (vgl. Müller-Gäbele 1997); ihr pädagogisch-didaktischer Wert ist jedoch aus historischer Perspektive mit Blick auf die belastete Erbschaft dieser Prinzipien (vgl. Götz 2002) sowie aus erkenntnistheoretisch-systematischer Perspektive nach wie vor umstritten (vgl. Kahlert 1997).

2.2 Beobachten und Betrachten

Die Methode der Beobachtung gehört in der Tradition des Anschauungsunterrichts zum Standardrepertoire der Heimatkundedidaktik. Sie muss aber ebenso zu den grundlegenden wissenschaftlichen Methoden gezählt werden und findet von daher in wissenschaftsorientierten Sachunterrichtskonzeptionen besondere Berücksichtigung. Besonders deutlich wird dies im am amerikanischen S-APA-Modell orientierten naturwissenschaftlichen Curriculum der AfU-Göttingen, welche die Beobachtung als grundlegendes Verfahren an die erste Stelle der naturwissenschaftlichen Elementarbildung setzte (vgl. von Reeken 2003).

Mit dem Beobachten ist immer eine bestimmte Absicht verbunden, weshalb diese Tätigkeit drei Aspekte umfasst: das zweckhafte Vorgehen, die Selektion bestimmter Aspekte und die Ausrichtung auf die Auswertbarkeit der beobachteten Daten. Demnach ist das Beobachten ein aktiver Vorgang, in den Vorannahmen und Interessen des Beobachters eingehen. Die Gegenstandswahrnehmung ist also durch die Ausrichtung auf eine Erkenntnisabsicht im Voraus auf bestimmte Aspekte festgelegt, so dass sich die Aufmerksamkeit auf Identifikation und Kontrolle dieser Aspekte fixieren kann. Weiterhin kann man unterscheiden zwischen Kurzzeitbeobachtungen und Langzeitbeobachtungen sowie Beobachtungen und Untersuchungen mit Hilfsmitteln (Lupe, Mikroskop, Fernglas, Teleskop u.a.). Sinnvoll sind auch vorstrukturierte, möglichst zusammen mit den Schülerinnen und Schülern entwickelte Beobachtungsbögen, die Beobachtungskriterien enthalten und damit die Aufmerksamkeit auf die anvisierten Ergebnisse lenken. Ebenso können diese zur Dokumentation des Beobachteten eingesetzt werden. Die Dokumentation, etwa in Form von Zeichnungen, Notizen, Sachtexten oder Tabellen ist die Voraussetzung für die weitere vertiefende Sacherschließung. Hier hat der Einsatz moderner Dokumentationsmedien wie Videokamera oder Photoapparat bzw. Digitalkamera auf der einen Seite den Vorteil der Wiederholbarkeit und zeitenthobenen Speicherung des Datenmaterials, das systematisch ausgewertet werden kann. Auch können Detailaufnahmen bzw. Standbilder angefertigt werden, anhand derer vorher eventuell unbemerkte Aspekte deutlich werden. Auf der anderen Seite wird durch die technische Medialität die Unmittelbarkeit der Sachbegegnung verstellt und die Wirklichkeit verfremdet (vgl. von Reeken 2003, S. 43f.).

Beobachtungen beziehen sich im Sachunterricht vor allem auf den naturwissenschaftlichen Bereich. Studien und Modelle zu sozialwissenschaftlich orientierten Beobachtungen, die in elementarisierter Form auch Methoden der qualitativen Sozialforschung wie teilnehmende Beobachtung oder Videographie einbeziehen, bilden noch die Ausnahme und sollten, ebenso wie empirische Forschungen zur Umsetzung und Effektivität der Beobachtung im Sachunterricht forciert werden. Im Gegensatz zum fokussierten Beobachten stellt die Betrachtung mehr den kontemplativen Aspekt der Wahrnehmung in den Vordergrund und ist demgemäß mit einer anderen Zielsetzung verbunden, insofern es um das genaue Hinsehen und Verweilen bei den Phänomenen in ihrer Erscheinungsfülle geht und nicht um das verarbeitende Einordnen und Klassifizieren. Der Ausgang von Phänomenen bietet die Möglichkeit, sich auf unerwartete, überraschende und beeindruckende Erscheinungen einzulassen, deren Unbestimmtheit zum Nachdenken und Nachfragen anregt und damit einen Lernprozess in Gang setzt, welcher die Interpretationsgenese von Wahrnehmung und Erkenntnis berücksichtigt. Entgegen dem routinierten und selbstverständlichen begrifflichen Fixieren von Welteindrücken soll der Blick auf das Fremd- und Neuartige der Erscheinungen gelenkt werden, um die Sache selbst zum Vorschein zu bringen (vgl. Rumpf 2005).

2.3 Befragen

Während bei Erkundung und Beobachtung die Sache im Fokus der Aufmerksamkeit steht, ist bei der Befragung diese nur in einer durch eine Person vermittelten, also bereits sprachlich und subjektiv repräsentierten Form zugänglich. Bei sachunterrichtlichen Befragungen geht es um die Erhebung von Sachwissen zu einem bestimmten Thema, wenn Experten aufgesucht oder in die Schule eingeladen werden, die neben der größeren Kenntnis reiner Sachinformationen auch über einen Bestand an alltagspraktischem Wissen verfügen, der durch die Informationsaufnahme mittels Büchern oder anderen Medien nicht in dieser Originalität zugänglich wäre. Vor allem die Befragung im unmittelbaren Arbeits- und Wirkfeld der jeweiligen Experten bietet vielfältige, auch sinnliche und emotionale Zugänge.

Im Sachunterricht gibt es verschiedene Möglichkeiten Befragungen durchführen zu lassen (vgl. Michalik 2003). Michalik nennt hier die Klärung technischer Sachverhalte aus dem Alltagsleben (z.B. Wasseraufbereitung und Müllverbrennung) oder die Erkundung von Berufen (Feuerwehr, Polizei, Tierpflege). Befragungen können weiterhin Bestandteil von Realbegegnungen und Exkursionen sein (Fabrikbesichtigungen, Waldlehrpfad) oder eine wichtige Informationsquelle für die Untersuchung gesellschaftlich relevanter Probleme aus dem Erfahrungshorizont der Kinder (Obdachlosigkeit, Umweltschutz, Stadtplanung, Migration, Asyl). Darüber hinaus können Vertreter von Institutionen und öffentlichen Einrichtungen (Polizei, Gericht, Sportverein, Kirche, Stadtverwaltung) oder Vertreter politischer Interessengruppen befragt werden (Parteien, Bürgerinitiativen, Umweltorganisationen u.a.). Insbesondere steht nach Michalik durch die Realbegegnung mit Fachexperten und Betroffenen politischer Prozesse die Förderung von Primärerfahrungen im Zentrum, so dass die Kinder einen Einblick in Bereiche gewinnen, die über den Erfahrungsraum von Schule und Familie hinausgehen.

Im Bereich des historischen Lernens im Sachunterricht hat sich die Zeitzeugenbefragung (*oral history*) als besonders effektiv erwiesen, welche als Methode zur Erforschung der Alltags- und Zeitgeschichte in den Geschichtswissenschaften etabliert ist. Für jüngere Kinder wird durch die Erzählung die Vergangenheit lebendig anschaulich und vorstellbar, so dass die für das historische Denken besonders relevante Erkenntnis von Zusammenhang, aber auch von der Differenz zwischen Vergangenheit und Gegenwart in der Person des Zeitzeugen anschaulich und konkretisiert wird. Michalik weist in diesem Zusammenhang zu Recht darauf hin, dass die Ergebnisse von Befragungen aufgrund der subjektiven Betroffenheit jedoch immer auch der kritischen Prüfung und Ergänzung durch Angaben aus weiteren Informationsquellen bedürfen, sollen sachadäquate Lernergebnisse erarbeitet werden (vgl. ebd., S. 34ff.).

2.4 Versuchen und Explorieren

Eine weitere Möglichkeit der didaktischen Inszenierung von Sachbegegnungen stellt die Gestaltung einer Lernumgebung (*learning environment*) dar, die zur eigenen Auseinandersetzung mit Phänomenen und Sachverhalten anregt. Hier steht der handelnd-entdeckende Umgang mit den Sachen im Vordergrund, der auch zu überraschenden, vorher nicht geplanten Einsichten führen kann, weshalb man diese Explorationsformen vom Experiment abgrenzen sollte, das als bewusst eingesetzte und zielgerichtete empirische Methode zur Bestätigung bzw. Falsifikation einer vorher aufgestellten Hypothese dient. Es gibt Demonstrationsversuche, die zur Veranschaulichung eines Sachzusammenhangs und zum besseren Verständnis des Gelernten dienen sollen, sowie eigenständig-explorative Formen des entdeckenden Lernens. In Lernwerkstätten, an Experimentiertischen oder Forscherecken haben Schülerinnen und Schüler vielfältige Möglichkeiten, mit Materialien zu hantieren und deren Zusammensetzung bzw. Zusammenwirkung auf eher spielerische Weise auszuprobieren, so dass Wirklichkeitserfahrungen gemacht werden können, die wiederum Anlass für Hypothesenbildung, für Nachdenken und Nachfragen, aber auch für systematische Informationsbeschaffung bieten. Die Bildungswirksamkeit dieser Arbeitsformen liegt darin, dass weitgehend selbstständig Versuche erdacht, durchgeführt und ausgewertet werden müssen, womit Ansprüche der Fachwissenschaften mit kindlichen Bedürfnissen, Interessen und Fragehaltungen verknüpft werden können (vgl. Hartinger 2003). Durch den tastenden Umgang mit der Wirklichkeit werden darüber hinaus leiblich-körperlich vermittelte Sachbegegnungen und Erfahrungen initiiert (vgl. Rumpf 1991).

2.5 Sammeln

Vor allem phänomenologische Analysen und Studien aus den Bereichen der Kinderforschung haben aufgezeigt, dass im Sammeln der Kinder Formen des Erkennens und Handelns entdeckt werden können, in denen deutlich wird, wie Erkenntnistätigkeit mit Sinngebungsarbeit einhergeht und wie in der Begegnung mit der Realität ein Weg zurück zu den Sachen gefunden und herstellt werden kann (vgl. Duncker 2003). Beim Sammeln lassen sich variantenreiche methodische Aktivitäten beobachten wie Formen des Entdeckens und Untersuchens, des Ordnens und Findens, des Analysierens und Systematisierens sowie des Vergleichens und Erkundens. Duncker nennt vier bildungstheoretisch und didaktisch relevante Dimensionen des Sammelns (vgl. ebd., S. 79ff.):

Die ästhetische Dimension: Diese gründet auf einen sinnhaften Umgang mit den Dingen und erschließt damit eine sinnlich dichte Begegnung mit einer Vielfalt interessanter Phänomene, die ausgewählt und aufbewahrt werden, weil sie die Neugier wecken und aufgrund ihrer Besonderheiten ein staunendes Verweilen auslösen, das durch die Sammlung wiederholt werden und eventuell mit anderen geteilt werden kann. Zwar steht damit die Oberfläche der Dinge, nicht ihre Struktur im Mittelpunkt. Die Oberflächlichkeit und fast manische Betroffenheit der Sammelleidenschaft ist so von verschiedener Seite kritisiert worden. Sammlungen können aber für die Erweiterung und Vertiefung von Wahrnehmungsfähigkeit sensibilisieren und zur differenzierten Betrachtung der Wirklichkeit anstiften, worin man einen wesentlichen Anspruch einer ästhetisch-phänomenologischen Grundbildung sehen kann.

Die historiographische Dimension: Sammeln ist ein in hohem Maße bedeutungsstiftender Akt, wobei ein besonderer Verweisungszusammenhang darin liegt, dass Sammlungen sowohl auf die private Lebensgeschichte des Sammlers deuten als auch kulturelle Formen der Erinnerung eröffnen können, die etwa in Museen, Galerien und Bibliotheken zugänglich werden.

Die journalistische Dimension: Das Sammeln erweist sich bei der Genese von Wissen als konstitutiv für dessen Konstruktionsprozess, insofern Informationen gesammelt, gesichtet und gewertet werden müssen, bevor sie zur Erkenntnisbildung beitragen. Diese Tätigkeiten können auch um die Aspekte Auswertung und Präsentation ergänzt werden.

Die wissenschaftspropädeutische Funktion: Eine Didaktik des Sammelns soll nach Duncker schließlich die Aufmerksamkeit wieder auf die Vielfalt und Erscheinungsfülle der Phänomene lenken und damit Defizite kompensieren, welche die Abstraktionstendenzen des Modernisierungsprozesses und die einseitige Orientierung am Deutungskonzept wissenschaftlicher Rationalität nach sich gezogen haben ohne deswegen das Prinzip der Wissenschaftsorientierung in Frage zu stellen. Schließlich birgt das Sammeln im Zusammenstellen und Erweitern, Untersuchen und Analysieren, Auswählen und Ordnen, Aufbewahren und Ausstellen Grundelemente eines methodischen Verhältnisses zur Wirklichkeit, welche zu den Strukturelementen von Wissenschaft gehören und beispielsweise in der Tradition der naturkundlichen Fächer und Disziplinen im Vordergrund des Erkenntnisinteresses stehen. Dabei besteht nach Duncker bei der Systematisierung und Ordnung von Dingen eine entscheidende Bildungserfahrung darin, dass die Schülerinnen und Schüler die Perspektivität und Konstruktivität dieser Ordnungen erkennen und ihnen bewusst wird, dass Ordnungen nicht den Dingen selbst anhaften, vielmehr variables Ergebnis eines kreativen Aktes und einer Entscheidung für die eine oder andere Weise der Zusammenstellung der Dinge sind (vgl. ebd., S. 89).

3 Originalität und Medialität

Insgesamt impliziert die pädagogisch-didaktische Gestaltung der Sachbegegnung das Arrangement einer Lernumgebung, die durch irritierende, provozierende und unerwartete Momente Aufmerksamkeit weckt, und die Schülerinnen und Schüler zu eigenen Fragen anregt. Dabei kann gerade das Unscheinbare, im Alltag Verborgene, das Kleine und Unspektakuläre Auslöser für derartige Sachbegegnungen sein: „Das Leben im Bienenstock oder im Ameisenhaufen, die Spinne, die ihr Netz baut, das Leben auf einem Quadratmeter Waldboden unter dem Laub oder einem Stein, der Wassertropfen unter dem Mikroskop, die Wirbel im Wasserstrom, die Flugkünste des Mauerseglers, der junge Vogel, der sich aus dem Ei zur Welt bringt u.ä." (Popp 1999, S. 95). Diese Orientierung an aus dem *Erstaunen* angesichts der Rätselhaftigkeit der Wirklichkeit erwachsenden Kinderfragen und die Etablierung einer *Fragekultur* im Unterricht bilden demnach wesentliche Prinzipien der Grundschulpädagogik und -didaktik, die insbesondere im Sachunterricht Berücksichtigung finden (vgl. Duncker 2005).

Erkundungen und Unterrichtsgänge, aber auch Formen handlungsintensiven Lernens durch Ausprobieren, Versuchen und Explorieren gehören entsprechend zum methodischen Repertoire des aus dem Realienunterricht und der Heimatkunde sich entwickelnden Sachunterrichts. Dabei steht das Sachlernen mit Hilfe von Medien in einem komplementären Verhältnis zur originalen Begegnung, insofern Phänomene dem Menschen zumeist medial vermittelt begegnen, d.h. erst durch Sprache, Wissenschaft, Kunst und andere symbolische Formen verständlich werden. Kulturwissenschaftliche und kulturanthropologische Forschungen belegen in diesem Kontext die grundsätzliche Medialität der menschlichen Weltorientierung, der gemäß bereits das Wahrnehmen als hermeneutischer und damit als ein kulturell geformter Akt zu verstehen ist (vgl. Nießeler 2005). Andererseits bietet der Ausgang von den Phänomenen ein notwendiges Korrektiv zu den Entfremdungsprozessen der Moderne, insofern das *Kleid der Symbole* nicht dazu verleiten darf, „dass wir für *wahres Sein* nehmen, was eine *Methode* ist" (Husserl 1962[2], S. 52).

Literatur

Bollnow, O.F. (1959): Existenzphilosophie und Pädagogik. Versuch über unstetige Formen der Erziehung. Stuttgart. – Comenius, Johann Amos (1993 [1657]): Große Didaktik. Übersetzt u. hrsg. von A. Flitner. 8. Aufl. Stuttgart. – Duncker, L. (2003): Methodisches Lernen im Sammeln und Ordnen. In: Hempel, M. (Hrsg.): Lernwege der Kinder. Subjektorientiertes Lernen und Lehren in der Grundschule. Hohengehren, S. 76-93. – Duncker, L. (2005): Vom Ursprung des Philosophierens. Kinderfragen in anthropologischer Sicht. In: Duncker, L. & Nießeler, A. (Hrsg.): Philosophieren im Sachunterricht. Imagination und Denken im Grundschulalter. Münster, S. 13-28. – Einsiedler, W. (1971): Arbeitsformen im modernen Sachunterricht der Grundschule. Begründung – Beschreibung – Unterrichtsgestaltung. Donauwörth. – Götz, M. (2002): Der unterrichtliche Umgang mit Heimat in der Geschichte der Heimatkunde der Grundschule. In: Engelhardt, W. & Stoltenberg, U. (Hrsg.): Die Welt zur Heimat machen? Bad Heilbrunn, S. 51-56. – Harnisch, W. (1893 [1839]): Handbuch für das deutsche Volksschulwesen, hrsg. von F. Bartels. Langensalza. – Hartinger, A. (2003): Experimente und Versuche. In: Reeken, D. von (Hrsg.): Handbuch Methoden im Sachunterricht. Hohengehren, S. 68-75. – Hinrichs, W. (2002): Heimat-Kunde zwischen Wissenschaft und Vorhaben. In: Engelhardt, W. & Stoltenberg, U. (Hrsg.): Die Welt zur Heimat machen? Bad Heilbrunn, S. 57-62. – Husserl, E. (1962): Die Krisis der europäischen Wissenschaften und die transzendentale Phänomenologie. In: Husserliana Band VI. 2. Aufl. Den Haag. – Kahlert, J. (1997): Vielseitigkeit statt Ganzheit. Zur erkenntnistheoretischen Kritik an einer pädagogischen Illusion. In: Duncker, L. & Popp, W. (Hrsg.): Über Fachgrenzen hinaus. Schwierigkeiten des fächerübergreifenden Lehrens und Lernens. Band I. Heinsberg, S. 71-92. – Laux, H. (1999): Lernen durch Erkunden. In: Hempel, M. (Hrsg.): Lernwege der Kinder. Subjektorientiertes Lernen und Lehren in der Grundschule. Hohengehren, S. 132-145. – Michalik, K. (2003): Befragung und Zeitzeugenbefragung. In: Reeken, D. von (Hrsg.): Handbuch Methoden im Sachunterricht. Hohengehren, S. 30-39. – Müller-Gäbele, E.H. (1997): Erleben – Erfahren – Handeln. Schlüsselbegriffe des Sachunterrichts. In: Meier, R., Unglaube, H. & Faust-Siehl, G. (Hrsg.): Sachunterricht in der Grundschule. Frankfurt am Main, S. 12-26. – Nießeler, A. (1997): Die anthropologische Bedeutung der Aufmerksamkeit. Anmerkungen zu einer zentralen Leistungskategorie schulischer Bildung. In: Neue Sammlung, 37, S. 459-474. – Nießeler, A. (2005): Kulturelles Lernen im Sachunterricht. Zur Bedeutung kulturtheoretischer und kulturanthropologischer Ansätze. In: Cech, D. & Giest, H. (Hrsg.): Sachunterricht in Praxis und Forschung – Erwartungen an die Didaktik des Sachunterrichts. Bad Heilbrunn, S. 73-86. – Popp, W. (1999): Lernen durch Staunen und Fragen. In: Hempel, M. (Hrsg.): Lernwege der Kinder. Subjektorientiertes Lernen und Lehren in der Grundschule. Hohengehren, S. 94-101. – Reeken, D. von (2003): Beobachtung. In: Reeken, D. von (Hrsg.): Handbuch Methoden im Sachunterricht. Hohengehren, S. 39-46. – Reichen, J. (1991). Sachunterricht und Sachbegegnung: Grundlagen zur Lehrmittelreihe MENSCH UND UMWELT. Zürich. – Roth, H. (1957): Die „originale Begegnung" als methodisches Prinzip. In: Roth, H.: Pädagogische Psychologie des Lehrens und Lernens. Berlin u.a., S. 116-126. – Rumpf, H. (1991): Erlebnis und Begriff. Verschiedene Weltzugänge im Umkreis von Piaget, Freud und Wagenschein. In: Zeitschrift für Pädagogik, 37, S. 329-346. – Rumpf, H. (2005): Hinschauen – Hinspüren. Neue Aufmerksamkeiten für sinnliche Erfahrungen. In: www.widerstreit-sachunterricht.de (Ebene I/Superworte/Sachbegegnung – 31.05.2005). – Wagenschein, M. (1967): Über die Aufmerksamkeit. In: Flitner, A. & Scheuerl, H. (Hrsg.): Einführung in pädagogisches Sehen und Denken. München, S. 159-172.

70| Die Sachen erschließen
Roland Lauterbach

1 Sachen und Sachverhalte

Was unter „Sache" im Zusammenhang mit dem Sachunterricht zu verstehen sei, behandelt Walter Köhnlein in diesem Band, Nr. 4. Sein Beitrag sollte daher vor diesem gelesen sein. Ich beginne in erster Näherung mit dem Verständnis, dass mit dem Begriff der „Sache" nicht bloß der konkrete Gegenstand, das beobachtete Phänomen oder die erlebte Situation gemeint ist, sondern das, was Kindern an diesen fragwürdig, interessant und attraktiv erscheint. Im Idealfall handelt es sich um Zusammenhänge von allgemeiner Bedeutung, um das, was sie erzeugt und erhält, beschreibt und klärt.

2 Erschließen

2.1 Erschließen und wechselseitige Erschließung

Der didaktische Gebrauch des Wortes „Erschließen" impliziert einen Begriff mit höherem Anspruch. Er ist auf Welt- und Selbstbildung gerichtet. Er behält die methodische Unbestimmtheit in den Wendungen der Welterschließung und Wirklichkeitsbildung bei, fordert sie geradezu als notwendiges Moment für ein möglichst freies Interpretieren, Explorieren und Ausprobieren verschiedener Bedeutungen, Ordnungen und Verwendungen. Die frühe Einschränkung auf bestimmte Methoden, eine einzig „richtige" Lesart, einen spezifischen Bestimmungsschlüssel, eine tradierte kulturelle Pflicht reduziert das Entwicklungspotenzial für Erkenntnis, Urteil und Handeln, bevor es seine Qualitäten im Bildungsprozess entfalten und deren Tauglichkeit ausformen kann. Erschließen ist auf Erkenntnis aus. Erkenntnis bezeichnet die durch geistige Verarbeitung gewonnene Einsicht zu wissen oder nicht zu wissen, was meine Eindrücke, Erfahrungen und Vorstellungen bedeuten. Darin unterscheidet sie sich vom Orientieren, Bewerten, Vermitteln, Planen und Realisieren. Erkenntnis ist bewusst und als solche individuell. Erkenntnis wird intersubjektiv und gesellschaftlich, wenn das individuell Erkannte öffentliche Geltung erhält. Die Qualität dieses Wissens ist erkenntnismethodisch bestimmt und muss deshalb auch methodisch reflektiert werden, um bildungswirksam zu werden.

Im sachunterrichtlichen Kontext werden Redewendungen mit „erschließen" vornehmlich im Zusammenhang mit „Sachen" und „Sachverhalten", mit „Wirklichkeit" oder in unterschiedenen Begriffsverknüpfungen mit „-welt" verwendet. Da hierbei kategorial Unterschiedliches bezeichnet wird und sich dadurch erhebliche Konsequenzen für die Inhalts-, Ziel-, Methoden- und Themenentscheidungen ergeben, bedarf es der Vergewisserung des jeweils Gemeinten. So machte z.B. Rainer Rabenstein (1985, S. 13) darauf aufmerksam: „Der unabweisbare Auftrag der Grundschule, Kindern Hilfestellung zur Daseinsbewältigung zu bieten, kann sich nicht in der Vorbereitung künftigen Lernens erschöpfen, selbst wenn damit eine Anbahnung fachlicher Weltsicht verbunden ist. Vielmehr sollen Grundschulkinder befähigt werden, ihre gegenwärtige – anthropologisch und historisch-gesellschaftlich bedingte – Lebenssituation besser zu durchschauen, zu verstehen und zu meistern". Vergleichbare Positionen finden sich bei anderen Vertretern des Sachunterrichts.

Walter Köhnlein und Joachim Kahlert haben sich ausdrücklich mit dem Begriff des „Erschließens" im Sachunterricht befasst. Bei Köhnlein (u.a. 2000) steht er in enger Verbindung mit dem Verstehen und ist wiederkehrende Leitidee in seinen Ausführungen zur Grundlegenden Bildung: „Seine individuelle Bildung entwickelt der Mensch durch die gestaltende Erschließung der Welt, in der er den Widerstand der »Gegenstände« erfährt, die er – z.B. im Sachunterricht – nicht allein nach seinen aktuellen oder subjektiven Interessen bestimmt, sondern die in gewissem Sinne auch Universalität repräsentieren, das heißt die in einer Kultur dominierenden oder sogar einen Kulturkreis überschreitenden Objektivationen des menschlichen Geistes" (Köhnlein 2000, S. 59).

Kahlert (2005, S. 25f.) identifiziert das Erschließen als Leitbild des Sachunterrichts und versieht es mit vier Ansprüchen: „über Bestehendes aufklären – Verstehen unterstützen", „für Neues öffnen – Interessen entwickeln", „sinnvolle Zugangsweisen zu Wissen und Können aufbauen – Sachlichkeit fördern" und „zum Handeln und Lernen ermutigen – Kompetenzerfahrung ermöglichen". Diese Ansprüche können weder unabhängig voneinander umgesetzt, noch immer gleichsinnig realisiert werden (Kahlert 2005, S. 26).

Wolfgang Einsiedler (2005) erinnert sachunterrichtsnah an Klafkis bildungstheoretisches Elementarparadigma, um auf die wechselseitige Bedingtheit von Bildungsinhalt und Bildungsgeschehen im Individuum hinzuweisen. So zitiert er ihn auch mit dem Kerngedanken: „Bildung ist kategoriale Bildung in dem Doppelsinn, dass sich dem Menschen eine Wirklichkeit erschlossen hat und dass eben damit er selbst – dank der selbstvollzogenen kategorialen Einsichten, Erfahrungen, Erlebnisse – für diese Wirklichkeit erschlossen worden ist" (Klafki 1963, S. 44, zitiert nach Einsiedler 2005, S. 187). Erschlossen werden Sachen und Sachverhalte hinsichtlich der Grundkategorien des Weltverstehens.

Aufschließende Funktion haben Elementares und Fundamentales. Vor Klafki haben das vor allem Spranger („die Fruchtbarkeit des Elementaren") und Copei („der fruchtbare Moment im Bildungsprozess") hervorgehoben. Im geistigen Bearbeitungsprozess des Inhalts wird der Zugang „zu einer ganzen Reihe von Phänomenen und Problemen und zugleich zu Methoden und Arbeitsweisen, mit deren Hilfe man sich strukturverwandte Inhalte zugänglich machen kann" (Klafki 1961, S. 128). Klafki nennt in diesem Zusammenhang auch „elementares Wissen und Können" sowie „elementare ästhetische und sittliche Erfahrung" (ebd.).

Im Folgenden wird von einem bildungstheoretischen Erschließungsbegriff ausgegangen, der im Sinne Klafkis den Prozess der kategorialen Bestimmung eines Inhalts, genauer, eines Bildungsinhalts, meint und über den konkret vorliegenden Sachverhalt hinaus dessen exemplarisches Potenzial offen legt. Diese Offenlegung, Sichtbarmachung des Allgemeinen im Besonderen, umfasst im Sachunterricht auch die Repräsentanz eines Falles für andere Fälle. Das Gemeinte findet sich in den Hinweisen zur Unterrichtsvorbereitung für Anfänger von Wolfgang Kramp gut fassbar erläutert:

„Bildende Wirkung vermag ein Unterrichtsgegenstand nur dann auszuüben, wenn durch seine geistige Bewältigung und Aneignung zugleich der Sinn eines größeren Gegenstandsbereiches für den Schüler einsichtig gemacht, der Sinn des Schülers damit für jenen Gegenstandsbereich aufgeschlossen wird. [Hier erfolgt der Verweis auf Klafkis grundlegendes Werk zur kategorialen Bildung.] Diese »doppelseitig erschließende« Wirkung eignet vorzugsweise solchen Gegenständen, an denen sich das Allgemeine (die Grundstruktur, -methode, -haltung, das Grundprinzip, -gesetz, -problem usw.) eines umfassenden Sinn- oder Sachzusammenhanges relativ einfach und prägnant erfassen läßt." (Kramp 1969, S. 43)

Daraus folgert er, dass „grundsätzlich jeder Unterrichtsgegenstand auf jenes Allgemeine hin […], das in ihm enthalten oder wirksam und an ihm zu gewinnen ist" untersucht werden muss (ebd). Der Gegenstand wird zur Sache, zum wirklichkeits- und weltbildenden Allgemeinen durch dessen thematische Bestimmungen (vgl. auch Tänzer 2006).

Die didaktische Frage lautet dann nach Kramp (und Klafki): „Welchen größeren Sinn- oder Sachzusammenhang vertritt und erschließt dieser Gegenstand? Welches Urphänomen, welches Grundprinzip (Gesetz, Kriterium, Problem, Methode, Technik, Haltung usw.) lässt sich in der Auseinandersetzung mit ihm ‚exemplarisch' erfassen?" (Kramp 1969, S. 43)

Nun steht diese Frage im Sachunterricht nicht am Anfang, sie wird auch nicht in allen Fällen gestellt. Die Frage nach dem Allgemeinen übergeht leicht die Wertschätzung des Besonderen und die Nicht-Austauschbarkeit des Einmaligen. Das betrifft nicht nur Kunstwerke in ihrer unverwechselbaren Einzigartigkeit. Jedes Kind ist wie seine Eltern und Verwandte, Freunde, Haustiere, besondere Spielzeuge, Kleidungsstücke unverwechselbar einmalig.

Auch die wechselseitige Erschließung wird im Tripel der Begegnung von Kind und Welt am Gegenstand – in der Sache – und im Verhältnis zur Welt keine leichte Aufgabe:

1. als vorliegender, vorgefundener „natürlicher" Gegenstand des Alltags, z.b. Mutter
2. als didaktisch vorgelegter Gegenstand, z.b. „Mutter" zum Inhalt (und Thema) machen
3. als allgemeiner Sachverhalt, z.B. „Mütter" (mehrfach verwendbar – Menschen, Tiere, etc.)
4. als einmaliger Gegenstand und Sachverhalt, z.b. meine Mutter für mich; deine Mutter für dich
5. mein Verhältnis zu meiner Mutter, zu Müttern usw.

2.2 Welt- und Lebenswelterschließung

Entgegen der geläufigen Formulierungen von Welterschließung ist nicht geklärt, weil nicht untersucht, ob Welten in den Fokus kindlicher Aufmerksamkeit kommen. „Welt" ist ein gängiges Wort der Alltagssprache. Ebenso selbstverständlich wird es in den Fachsprachen gebraucht. An definitorische Annäherungen versuchen sich vor allem Philosophie und Soziologie. Mit „Welt" bezeichnen Philosophen nicht klar umrissen die räumlich, geschichtlich oder bedeutungsmäßig verstandene größtmögliche Ganzheit in ihrer Totalität, übergreifend die Allgesamtheit, den Kosmos mit allem, was sich drin befindet. Ebenso wird der Begriff für die Kennzeichnung von Partialwelten verwandt: Arbeitswelt, Kunstwelt, Tierwelt u.ä. Gesprochen wird auch von Konsum-, Mode- und Scheinwelten. Verstanden wird auch, wer von der Welt der Familie, der Schule oder des Fußballs redet.

In theoretischer Absicht gebraucht ihn die verstehende Soziologie seit Alfred Schütz (1974) zur Bezeichnung sozialer Ganzheiten: die Totalität von Lebens-, Funktions- oder Gemeinschaftswelten. Geläufig ist die Gleichsetzung von Erde und Welt, individuelle oder gemeinschaftliche Partialwelten (meine Welt und deine Welt, unsere Welt, usw.)

Das Problem ist nun: Welten müssen ganzheitlich, sowohl von innen als auch von außen, strukturiert und systemisch, grenzsetzend und durchlässig gedacht werden. Wo und wie ist dann eine Welterschließung zu beginnen? Zum Beispiel mit dem ersten Gang in einen unbekannten Wald? Im Sachunterricht bietet sich nach historischem Vorbild das Erkunden an.

Alfred Schütz versteht *Lebenswelt* in der Nachfolge von Edmund Husserl als die „alltägliche Lebenswelt". Er charakterisiert sie wie folgt: „Unter alltäglicher Lebenswelt soll jener Wirklichkeitsbereich verstanden werden, den der wache und normale Mensch in der Einstellung des gesunden Menschenverstandes als schlicht gegeben vorfindet. Mit schlicht gegeben bezeichnen wir alles, was wir als fraglos erleben, jeden Sachverhalt, der uns bis auf weiteres unproblematisch ist." Und weiter: „In der natürlichen Einstellung finde ich mich immer in einer Welt, die für mich fraglos und selbstverständlich »wirklich« ist" (Schütz & Luckmann 1979, S. 25).

Der Übergang vom Fraglosen zum Fraglichen, zum Problematischen schafft die Eingangsvoraussetzung für die Erschließung, denn erschlossen werden kann nur das, was in Frage gestellt, was problematisiert worden ist – und Aufmerksamkeit erhält. Kinder haben vieles, was uns als vorhanden erscheint, noch nicht erlebt und erfahren, sie haben es noch nicht einmal wahrgenommen und davon dann auch kein Bewusstsein. Es kann somit trotz physischen Vorhandenseins für sie auch nicht als gegeben vorausgesetzt werden. Sie verfügen nicht nur über einen kleineren Wissensvorrat in einem engeren Horizont als Erwachsene, viele Bereiche der Lebenswelt, der sie angehören, müssen erst noch erschlossen, d.h. erkannt und mit Zusammenhängen ausgestattet werden

Die Erschließung der Lebenswelt hat daher auch Alltägliches hervorzuheben und neu zu betrachten, vor allem jene Sachen und Sachverhalte, die an der Konturierung und Strukturierung des lebensweltlichen Alltags, dem Aus- und Aufbau von Lebenswelt beteiligt sind. In der Terminologie der bildungstheoretischen Didaktik gehört die Lebenswelt des Sachunterrichts zu den Fundamentalia und die sie konstituierenden Sachen und Sachverhalte zu den Elementaria. Unter dem Gesichtspunkt der Inhaltsauswahl käme es demnach darauf an, auch Sachen und Sachverhalte von (lebens-)weltbildender Qualität zu identifizieren, sie mit Kindern aufzusuchen, sie ihnen zugänglich zu machen und Kinder zu befähigen, sie welt- und wirklichkeitsbildend zu verwenden. Die notwendige Erweiterung auf relevante Funktionswelten wäre auf ähnliche Weise herzustellen. Deren Erschließung setzt allerdings den Weltbegriff bereits voraus und hätte die doppelte Funktion von Sachanalyse und Weltbildung.

Nach dem Vorherigen ist es zweckmäßig, zwischen der Sacherschließung für individuelle Wirklichkeiten („ich verstehe für mich"), in der Lebenswelt des gemeinsamen Alltags („ich verstehe wie ihr"), in den spezifischen relativ geschlossenen gesellschaftlichen „Sinnbereichen" („ich verstehe wie die anderen, die dazu gehören") oder „Funktionswelten" („ich verstehe wie die Funktion es erfordert"), und in den auf Allgemeingültigkeit und Universalität gerichteten Sinnbereichen wissenschaftlicher Theorien bzw. den Welten der Wissenschaften („ich verstehe wie die jeweilige Theorie und Methode es erfordern") zu unterscheiden.

2.3 Sacherschließung

Nach den bisherigen Ausführungen kommt es darauf an, die generisch prägende Aufgabenstellung des Sachunterrichts in die Mitte der Aufmerksamkeit und der didaktischen Reflexion zu rücken. Unter der Prämisse, dass Sachunterricht zugleich pragmatisch und bildend sein solle, ist es erforderlich, für das Verständnis dessen, was mit dem Auftrag „Sachen zu erschließen" gemeint sei, mindestens sieben Komplexe zu berücksichtigen:

1. Ziel der Erschließung ist die Freilegung einer Sache im Sinne ihrer prinzipiell vollen Erkennbarkeit, Erklärbarkeit und Bedeutsamkeit. Diese umfassen a) die Erscheinung des vorliegenden (vorgefundenen oder vorgelegten) Phänomens, Problems oder Gegenstandes und seine phänomenologische Vollständigkeit, b) seine Strukturen, Organisation und Entwicklung, c) sein Vorkommen in Raum und Zeit, d) seine Beziehungen und Vernetzungen, seine Einbettung in übergreifende Zusammenhänge, e) seine weltbildende und welterhaltende Funktion, f) seine einmalige, je besondere Existenz und Geschichte, g) seine Exemplarität und h) seine Thematisierungen.

2. Die Themen im Sachunterricht sind Schlüsseln gleich, die den Zugang eröffnen zu den lebensnotwendigen und bildungswirksamen Inhalten, jenen Erkenntnissen, Feststellungen, Hypothesen und Vermögen, deren Aneignung Selbst und Welt bilden, Lebenssituationen bewältigen und eigene wie gemeinsame Lebensperspektiven verantwortungsvoll ausgestalten helfen. Bildungstheoretisch sind damit vor allem Bildungsinhalte gemeint. Deren Gehalt soll erschlossen werden auf jene Ziele hin, die als Kompetenzen formuliert, Kinder befähigen, ihre Bildungsentwicklung und die Verantwortung für ihr Handeln selbst zu übernehmen.

3. Die Bezeichnung „Sache" wird mehrschichtig verwendet. Sie bezeichnet manchmal schlicht das Vorgefundene (Schütz), manchmal das, was gerade zum Gegenstand des Unterrichts gewählt wurde, manchmal das in dem Gegenstand Verborgene, das ans Licht gebracht werden soll. Es bezeichnet das, worum es gehen soll, und zeigt, wie es ist: an sich, für sich und in sich, für andere und anderes, für die Welt als Ganzes, aber auch für die diversen in ihr präsenten Lebens- und Funktionswelten.

4. Die Qualität der Sacherschließung, die Kahlert mit seinen vier Ansprüchen einfordert, darf als unstrittig gelten. Sein für Kinder und Alltag pragmatischer, unterrichtspraktischer und zugleich lebensgeeigneter Vorschlag, das Leitziel des Sachunterrichts mit dem Idiom der Umwelterschließung zu versehen, wird für didaktische Differenzierungen und Perspektivwechsel, die in den Begriffen der Nahwelt, Lebenswelt, Lernwelt, Wirklichkeit enthalten sind, jedoch noch offen bleiben müssen..

5. Es ist notwendig, zwischen dem Gegenstand, der vorliegt, dem Phänomen, das betrachtet wird, der Situation, die zu bewältigen und zu gestalten ist, und der Sache, um die es im Unterricht gehen soll bzw. gehen wird, zu unterscheiden. Zu Beginn des Unterrichts ist das zu Erschließende für die Kinder schlicht noch nicht Thema. Benötigt wird die Zuversicht stiftende Spannung, dass der Gegenstand, das Phänomen, die noch nicht gekannte Sache in sich birgt und sie in der unterrichtlichen Bearbeitung eröffnet und zugänglich wird.

6. Indem sich ein Kind eine Sache erschließt, erschließt es zugleich sich selbst –
„dank der selbstvollzogenen kategorialen Einsichten, Erfahrungen, Erlebnisse"
(Klafki 1963, S. 44). Damit konkretisiert sich die wechselseitige Erschließung
der kategorialen Bildung als Elementarparadigma für Sachunterricht. Dessen
Entwicklung benötigt förderliche Bedingungen und geeignete Arrangements
für selbstbestimmtes Lernen und Methoden, mit denen die Kinder zur Sache
gelangen und bei ihr bleiben.

7. Sachen und Sachverhalte werden im Allgemeinen methodisch erschlossen, nicht
naiv gefunden. Die Kinder müssen lernen, sich dabei auf die sachgeeignete
Methode einzulassen, d.h. sowohl sich ihr zu fügen und sich ihr gemäß zu
disziplinieren, als sich auch in und mit ihr zu bewegen. Das „freie" Explorieren
bereitet darauf ebenso vor wie das „spielerische" Entdecken (Köster 2006).
Sachunterricht erfordert darüber hinaus, dass das Methodische von den Kindern verstanden und selbstverantwortlich vollzogen werden kann.

3 Erschließungsmethoden

3.1 Grundformen

Mit Zeigen, Vergleichen, Ordnen, Benennen und Beschreiben beginnt die
Sacherschließung im *Orbis sensalium pictus* des Johann Amos Comenius (1658).
Das sind auch heute noch die klassischen Methoden, die in gefundene und gegebene Ordnungen einführen, sie darstellen und ihr Verständnis sichern sollen.
Doch dies sind nur die Lehrformen. Komplementär wird von Schülerinnen und
Schülern gefordert, dem Zeigen aufmerksam und verständig zu folgen, das Ge-
zeigte zu erkennen und als das Gemeinte zu verstehen. Das sind die Grundformen des Alltags. Sachunterricht hat sie aufzunehmen, zu entwickeln und über sie
hinauszugehen. An ihnen lässt sich zudem schon mit Kindern ein erstes Verständnis von Erschließung erarbeiten.
Sachunterricht hat in der zweifachen, komplementären Bedeutung von Erschließen zum einen Kindern Sachen und Sachverhalte von bildendem Wert zu zeigen,
Elementares hervorzuheben, zum anderen Kinder zu befähigen, selbst etwas herauszufinden und das Herausgefundene anderen zu zeigen. In der ersten Bedeutung hat die inhaltsdidaktische Bestimmung dessen, was gezeigt werden soll, Priorität, in der zweiten die methodendidaktische, die ermittelt und vorführt, *wie*
etwas herausgefunden und anderen gezeigt werden kann, und nach der die Kinder dann methodisch befähigt werden, dies eben selbst tun zu können. Bildungstheoretisch gilt das erste als material, das zweite als formal. Kategorial gehören sie
allerdings zusammen. Die gewählte Methode wird nicht aufgesetzt, sondern aus
der Sache, aus dem Erschließungsziel ermittelt. Das gilt prinzipiell.

Didaktisch wohlbegründete Aufgaben des Sachunterrichts wären dann solche, bei denen Kinder etwas von bildendem Wert, die Sache nämlich, um die es gehen soll, mit sachgeeigneten Methoden und Verfahren ermitteln und klären. Und sie sollten offene Probleme bearbeiten, um so fähig zu werden, die für sie relevanten Probleme und Fragen selbst zu identifizieren und methodisch wirksam zu lösen bzw. zu beantworten. Darüber hinaus stellt Sachunterricht sicher, dass die Methoden und Verfahren selbst zu Bildungsinhalten werden (Lauterbach 2005).

In den Blick genommen werden im Folgenden Methoden systematischer Sacherschließung, die Erkenntnis eröffnen und Verstehen einleiten. Die Kulturtechniken gehören dazu (ausführlich in Lauterbach 2004).

Eine kategoriale Unterscheidung zwischen Erschließungstypen ermöglicht die von Rupert Riedl (2000) vorgenommene Gegenüberstellung von Erkennen und Erklären. Sacherschließung, die Eigenheiten, Ähnlichkeiten, Unterschiede, Besonderheiten ermitteln will, sei es zum Wiedererkennen, Ordnen oder genügsam zur Freude an Mustern, ordnet er dem Erkennen zu. Benötigt werden methodisch geübtes Wahrnehmen, Zeigen, Vergleichen, Benennen und Beschreiben. Sacherschließung, die Zusammenhänge verstehen, Gegenstände herstellen oder Regeln aufstellen will, zielt auf Erklären oder sie benötigt die Erklärung zur Realisierung oder Durchsetzung. Zu beidem sind wir gut ausgestattet. So fällt uns das auf Erkennen gerichtete Betrachten nicht schwerer als das auf Erklären gerichtete Beobachten. In beiden Fällen benötigen wir eine ähnliche Sinnesaufmerksamkeit. Im ersten rekurrieren wir auf unsere naturgeschichtlich bereitliegenden Potenziale, im zweiten ergänzen wir es mit methodisch entwickeltem Wissen und Können.

3.2 Methodenbeispiele

Im Folgenden wird eine Auswahl von sieben „Erkenntnismethoden" vorgestellt. Sie sollen zugleich sach- und erkenntnisgeeignet eingesetzt werden, d.h. mit ihnen müssen Kinder zu den Sachen und die Sachen zu den Kindern gelangen können. Die Grundlage bildet das Problematisieren. Es leistet zugleich die methodische Problembestimmung für jede der anderen Methoden.

Über den Aufbau erschließungsmethodischer Kompetenz liegen wenige Forschungsergebnisse vor. Dagegen lässt sich die Entwicklungslogik einzelner Methoden hinsichtlich Differenzierung und Komplexität aufgabenspezifisch gut beschreiben. Außerdem wissen wir, dass je besser sich jemand in einem Gebiet auskennt, desto leichter fällt die gebietsinterne Erkenntnisentwicklung (u.a. Weinert & Helmke 1993), und je dynamischer das Wissen in einem Gebiet ist, desto besser wird mit seiner Komplexität umgegangen (Dörner 1989). Wir wissen auch, dass das Methodenbewusstsein später auftritt, als der wirksame Gebrauch einer Methode sich in einem Gebiet ausbildet (Sodian 1995).

Problematisieren / Befragen:

Es geht darum festzustellen, was an Ungereimtheiten, Widersprüchen, Unklarem, Widerständen zu dem, was gewollt wird, unverstanden ist, und dies durch Fragen zu beschreiben, die für eine Klärung bzw. Überwindung zu beantworten wären.

Gefragt wird u.a.: Was ist das Problem? Welche Fragen wirft es auf? *Gefördert werden soll die Kompetenz, Probleme zu erkennen und dazu Fragen formulieren zu können.*

Dabei gilt: Je gezielter und handlungsbezogener gefragt wird, desto wirksamer können nachher Antworten gesucht werden. Dabei wären W-Fragen in einfachen Formen zu stellen und zwar jeweils zweimal:

1. zur Erfassung des Ist-Standes: Was ist (geschehen)? Wie ist es (geschehen)? Wer hat was getan? ...

2. zur Ermittlung der Soll-Werte: Was soll sein? bzw. Was soll geschehen? Wie könnte es erreicht werden? Wer könnte was tun? ...

Anspruchsvoller ist die als Mäeutik („Hebammenkunst") bezeichnete Methode, die durch geschicktes Fragen die in der Person „schlummernden", ihr aber unbewussten Erkenntnisse weckt und ins Bewusstsein holt. Die Kunst des „richtigen" Fragens wird den Dialogen des Sokrates zugesprochen. Sie verdeutlichen, dass das problemerkennende Fragen zu den Erkenntnismethoden gehört. Martin Wagenschein (1997, 11. Aufl.) hat diese Art des Fragens in seine Konzeption des „exemplarisch-genetisch-sokratischen" Lehrens übernommen.

Entdecken / Beobachten / Spuren sammeln:

Es geht darum, Spuren (Beobachtbares) zu suchen, zu sammeln und zu ordnen (Reihenfolge, Struktur), um etwas, was verborgen scheint oder unbekannt ist, herauszufinden.

Gefragt wird: Was wird beobachtet? Was bedeutet es? Welches sind Spuren des Gesuchten? *Gefördert werden soll die Kompetenz, empirische Gegebenheiten erkennen und ihnen durch Beobachten und Spurensuche nachspüren zu können.*

Nach verbreiteter Auffassung reicht sorgfältiges Beobachten aus, um die Wahrheit über die Welt, über andere und über sich selbst zu entdecken. Hinter dieser Auffassung verbirgt sich das Programm der Reduktion allen empirischen Wissens auf eine Beobachtungsbasis. Entdecken wird so leicht zur grundlegenden Methode aller Erkenntnis erhoben – historisch wie entwicklungsbedingt. Entdeckt wird Beobachtbares. Methodisch liegt der Schwerpunkt auf der Sammlung von Daten, Details, die zu einem „Bild", zu einer Ordnung bzw. einem Strukturentwurf zusammengefügt werden. Die jeweiligen Entwürfe leiten dann wieder die Suche nach weiteren Daten an, die zur Ausarbeitung, Umstrukturierung oder zum Verwerfen des Entwurfs führen.

Man muss hierbei nur wissen und berücksichtigen, dass Ordnungen von Menschen gemacht sind und alle Evidenz hypothetisch ist.

Nachforschen / Nachlesen:
Es geht darum, sich Erkenntnisse aus Texten, Bildern, Symbolen und anderen Lebensäußerungen zu verschaffen – durch sinnverstehendes „Lesen", nacherlebendes Einfühlen, nachdenkendes Interpretieren – und durch Vergleich und „ideologiekritisches Hinterfragen" deren Geltung festzustellen.
Gefragt wird u.a.: Wie ist/ war das, was dokumentiert/ geäußert wird/ wurde, gemeint? *Gefördert werden soll die Kompetenz, geäußerte Erkenntnisse nachzuvollziehen und durch Vergleich mit anderen überprüfen zu können.*
Als Basiskompetenz gilt das sinnverstehende und sachentnehmende Lesen. Es geht um die Geschichtlichkeit der Interpreten bzw. der Interpretationsgemeinschaft und die daraus entstehende Problematik der Erkennbarkeit, was das Geäußerte „tatsächlich" bedeutet hat und noch bedeutet.

Experimentieren:
Es geht darum, eine Regel bzw. ein Naturgesetz zu behaupten, die Behauptung (Vermutung/Hypothese) als nicht entschiedene Frage durch eine methodische Anordnung zu prüfen und die Ergebnisse der Prüfung in einem Erklärungszusammenhang zu bewerten.
Gefragt wird: Welche Aussagen/Regeln/Gesetze beschreiben (erklären) einen Sachverhalt? Ist die Behauptung/ Annahme/ Hypothese zutreffend oder nicht? Welche Zusammenhänge bestehen? *Gefördert werden soll die Kompetenz, Aussagen experimentell prüfen zu können.*
Pathey und Wahl (1966) nennen die Vorform des Experimentierens schlicht Probieren. Das Experimentieren ist demgegenüber methodisch entwickelt: Nach definierten Regeln greift es auf bereits vorhandene Kenntnisse zurück und sucht sie zu vertiefen. Im Experiment verändern die Menschen bewusst aufgrund von Vorstellungen und Theorien die Gegenstände und Prozesse ihrer Umgebung und vergleichen das Ergebnis mit der Erfolgsabsicht (als Voraussicht) ihres Handelns. Es ist sachdifferenzierend, Experimente im Entdeckungskontext, die auf der Suche nach einer Hypothese/ Erklärung sind, anders zu bezeichnen als diejenigen im Bestätigungskontext, die die Gültigkeit einer Hypothese prüfen, d.h. bekräftigen oder widerlegen sollen. Die schulgebräuchlichen Bezeichnungen entstammen der unterrichtlichen Tradition und decken sich nicht in jedem Fall mit der wissenschaftstheoretischen. (Zum Experimentieren im Sachunterricht vgl. u.a. Köhnlein & Spreckelsen 1992, Lauterbach 2005, Soostmeyer 2002, Hartinger 2003.) Sofern ein theoretischer Zusammenhang zwischen Entdeckung und Überprüfung im Sinne von naturgesetzlicher Begründung beabsichtigt ist, wird vom Experimentieren gesprochen.

Paradigmen wären die Untersuchung für eine Erklärung, der Versuch der Bestätigung, der Versuch der Widerlegung, das theoriegeleitete (materielle) Experiment, das (logische) Gedankenexperiment.

Herstellen / Entwerfen / Erproben / Verwirklichen:

Es geht darum, etwas, was für möglich gehalten wird, zusammenzufügen, zu bauen bzw. zu entwerfen und danach zu verwirklichen, um festzustellen, ob und wie das Gemeinte/ Gedachte machbar ist, wie es gebraucht werden kann und wie es wirkt.

Gefragt wird: Wie kann etwas, was für möglich gehalten wird, verwirklicht werden? Wie wirkt es beim Gebrauch? *Gefördert werden soll die Kompetenz, das Machbare und Brauchbare zu erkennen, herzustellen und auf Eignung zu überprüfen.*

Herstellen und Gebrauch gehören zusammen. Im Herstellen wird vergegenständlicht, was vorher als verwirklichbar im Hier und Jetzt angenommen wurde. Im Gebrauch wird geprüft, ob die funktionsbezogenen Annahmen zutreffen und welche Wirkungen (insbesondere auch Nebenwirkungen) auftreten. Insofern gehören Herstellen und Gebrauchen des Hergestellten zu den basalen Erkenntnistätigkeiten des Menschen.

Rollen spielen:

Es geht darum, etwas, was für möglich gehalten wird, vorbereitend oder stellvertretend für die gültigen Handlungen (bzw. Prozessverläufe) zu erproben, um antizipierend erkennen zu können, wie die tatsächlichen Handlungen auszuführen wären und wie sie wirken.

Gefragt wird: Wie kann das angezielte Verhalten ausgeführt werden / der für möglich gehaltene Prozess ablaufen? Wie wirken sie sich jeweils aus? *Gefördert werden soll die Kompetenz, soziale Prozesse zu erkennen, zu verstehen und an ihnen selbstbestimmt teilzunehmen.*

Die Grundlage des Rollenspiels ist die Nachahmung von Verhaltensweisen anderer Personen. Für die Erkenntnisentwicklung scheinen die sprachliche Fassung und Bearbeitung des modellierten Verhaltens günstig. Sie erleichtern, einen Handlungsplan zu entwerfen und ggf. zu verabreden. Die vorgesehene Handlung wird dadurch vor ihrer tatsächlichen (sozial verpflichtenden) Ausführung antizipierend vorweggenommen und zeigt so zum Beispiel, welche Wirkungen (auch unbeabsichtigte) eintreten können. Der Handlungsplan kann hiernach korrigiert werden.

Diskutieren:

Es geht darum, im Gespräch (auch Selbstgespräch) Gedanken über ein Thema oder ein Problem zu formulieren, auszutauschen und durch Gegenrede und Kritik weiterzuentwickeln.

Gefragt wird: Sind meine Annahmen/ Antworten/ Erkenntnisse für andere verstehbar und kann ich sie geltend machen? Wie sind sie weiterzuentwickeln? *Gefördert werden soll die Kompetenz, Fremd- und Selbsterkanntes durch Widerspruch, Kritik und aufhebender Konsistenz weiterzuentwickeln.*

Diskutieren meint umgangssprachlich „ein Gespräch führen"; selten verknüpft man damit die Entwicklung der Erkenntnis. Zu unrecht! Der Diskurs dient der Begründung problematisierter Geltungsansprüche, das sind solche, gegenüber denen ein Existenzvorbehalt angemeldet wurde. Nach Jürgen Habermas diskutieren wir dann „a) über Sachverhalte, die der Fall, aber auch nicht der Fall sein können, und b) über Empfehlungen und Warnungen, die richtig, aber auch nicht richtig sein können" (Habermas 1971, S. 117). Zum Normalfall des Diskurses gehört die wissenschaftliche Diskussion, zu einer speziellen Form zählt Habermas das innovatorisch gezielte Lernen durch Diskurs (z.B. die Seminardiskussion; ebenso ließe sich aber auch die Unterrichtsdiskussion nennen).

Beide sind erkenntnismethodisch von Bedeutung, weil es hierbei nicht nur um den praktischen Geltungsanspruch von Normen geht, sondern immer auch um den kognitiven Geltungsanspruch von Meinungen. Dabei setzen wir prinzipiell auf die Zustimmung der Personen, denen diese Kompetenz zugesprochen wird. Wahr wird danach das, was in der Kompetenzgemeinschaft gilt. Selbstständigkeit im Denken und das Sehen auf einen Gegenstand von den Standpunkten der anderen sind Voraussetzungen für das Gelingen eines Dialogs und zugleich für die Weiterentwicklung dessen, was bisher erkannt wurde.

4 Mit Freude bei der Sache sein

Die neurologische Forschung konfrontiert unser Selbstbewusstsein mit der Feststellung, dass „der Bauch", als beunruhigendes Gefühl im Sonnengeflecht, unseren Kopf trotz vernünftigen Nachdenkens daran hindert, selbstständig, d.h. ohne dessen Zustimmung zu handeln. Es ist wohl der Mandelkern (Amygdala), der sich hier mal antreibend, mal blockierend durchsetzt. Ebenso kann er uns drängen, etwas zu unternehmen, das wir „von Herzen wünschen" und vom Bauch aus wollen, obwohl der Vollzug des Gewollten gegen alle Einsicht wenig sinnvoll ist oder uns gar schadet.

Das trifft auch zu, wenn wir über das erforderliche Können zum Handeln verfügen. Während spezifisches Können als spezifisches Handlungsvermögen eine bestimmte Sacherschließung begünstigt, kann mangelndes Wollen sie verhindern. Ohne bei der Sache zu sein und längere Zeit engagiert (mit Leidenschaft) auch bei ihr zu bleiben, erschließt sie sich nicht. Die Bereitschaft, sich auf etwas Besonderes einzulassen, und das Interesse, die sich dann zeigenden Probleme und auftauchenden Fragen bearbeiten zu wollen, sind unabdingbar und müssen bei Bedarf entwickelt werden. Erfreulicherweise gibt es für Kinder im Grundschulalter (wie auch für etwas jüngere und ältere Kinder) hierbei keine ernsthaften Schwierigkeiten.

Literatur

Comenius, J. A. (1991/1658): Orbis sensalium pictus. Die bibliophilen Taschenbücher Nr. 30. Dortmund. – Dörner, D. (1989): Logik des Mißlingens. Reinbek. – Einsiedler, W. (2005): Grundlegende Bildung. In: Einsiedler, W., Götz, M., Hacker, H., Kahlert, J., Keck, R.W. & Sandfuchs, U. (Hrsg.): Handbuch Grundschulpädagogik und Grundschuldidaktik. 2. Aufl. Bad Heilbrunn, S. 217-228. – Habermas, J. (1971): Vorbereitende Bemerkungen zu einer Theorie kommunikativer Kompetenz. In: Habermas, J. & Luhmann, N.: Theorie der Gesellschaft oder Sozialtechnologie – Was leistet die Systemforschung? Frankfurt/M., S. 101-141. – Hartinger, A. (2003): Experimente und Versuche. In: von Reeken, D. (Hrsg.): Handbuch Methoden im Sachunterricht. Hohengehren, S. 68-75. – Kahlert, J. (2005): Der Sachunterricht und seine Didaktik. 2. Aufl. Bad Heilbrunn. – Klafki, W. (1961): Die didaktischen Prinzipien des Elementaren, Fundamentalen und Exemplarischen. In: Blumenthal, A., Guthmann, J., Horney, W., Seilnacht, F. & Stöcker, K. (Hrsg.): Handbuch für Lehrer. Bd. 2: Die Praxis der Unterrichtsgestaltung. Gütersloh, S. 120-139. – Klafki, W. (1963): Didaktische Analyse als Kern der Unterrichtsvorbereitung. In: Klafki, W.: Studien zur Bildungstheorie und Didaktik. Weinheim. – Köhnlein, W. (2000): Wirklichkeit erschließen und rekonstruieren – Herausforderungen für den Sachunterricht. In: Kahlert, J., Inckemann, E. & Speck-Hamdan, A. (Hrsg.): Grundschule: Sich lernen leisten: Theorie und Praxis. Neuwied, S. 59-70. – Köhnlein, W. & Spreckelsen, K. (1992): Werkstatt Experimentieren. In: Hameyer, U., Lauterbach, R. & Wiechmann, J. (Hrsg.): Innovationsprozesse in der Grundschule. Bad Heilbrunn, S. 156-167. – Köster, H. (2006): Freies Explorieren und Experimentieren – Eine Untersuchung zur selbstbestimmten Gewinnung von Erfahrungen mit physikalischen Phänomenen im Sachunterricht. Berlin. – Kramp, W. (1969): Hinweise zur Unterrichtsvorbereitung für Anfänger. In: Roth, H. & Blumenthal, A. (Hrsg.): Grundlegende Aufsätze aus der Zeitschrift Die Deutsche Schule. Auswahl A. Hameln. – Lauterbach, R. (2004): Kulturtechniken im Sachunterricht. In: Hempel, M. (Hrsg.): Sich bilden im Sachunterricht. Bad Heilbrunn, S. 163-186. – Lauterbach, R. (2005): Naturwissenschaftlich-technischer Lernbereich. In: Einsiedler, W., Götz, M., Hacker, H., Kahlert, J., Keck, R.W. & Sandfuchs, U. (Hrsg.): Handbuch Grundschulpädagogik und Grundschuldidaktik. 2. Aufl. Bad Heilbrunn, S. 572-588. – Pathey, H. & Wahl, D. (1966): Die experimentelle Methode in Natur- und Gesellschaftswissenschaften. Berlin. – Rabenstein, R. (1985): Aspekte grundlegenden Lernens im Sachunterricht. In: Einsiedler, W. & Rabenstein, R. (Hrsg.): Grundlegendes Lernen im Sachunterricht. Bad Heilbrunn, S. 13-19. – Riedl, R. (2000): Strukturen der Komplexität. Eine Morphologie des Erkennens und Erklärens. Berlin, Heidelberg & New York. – Schütz, A. (1974): Der sinnhafte Aufbau der sozialen Welt. Eine Einleitung in die verstehende Soziologie. stw 92, Frankfurt/M. – Schütz, A. & Luckmann, T. (1979): Strukturen der Lebenswelt. Band 1. stw 284. Frankfurt/M. – Sodian, B. (1995): Entwicklung bereichsspezifischen Wissens. In: Oerter, R. & Montada, L. (Hrsg.): Entwicklungspsychologie. Weinheim, S. 622-635. – Soostmeyer, M. (2002): Genetischer Sachunterricht. Hohengehren. – Tänzer, S. (2006): Die Thematisierung im Sachunterricht der Grundschule – oder: wie notwendige Bildungsinhalte zu Unterrichtsthemen einer Klasse werden. Berlin. – Wagenschein, Martin (1997): Verstehen lehren. Genetisch – Sokratisch – Exemplarisch. 11. Aufl. Weinheim & Basel. – Weinert, F.E. & Helmke, A. (1993): Wie bereichsspezifisch verläuft die kognitive Entwicklung? In: Duit, R. & Gräber, W. (Eds.), Kognitive Entwicklung und Lernen der Naturwissenschaften. Kiel, S. 27-44.

71| Die Sachen mitgestalten
Hartmut Giest und Steffen Wittkowske

1 Vorsätze

Bei Hartmut von Hentig („Die Schule neu denken", 1993) lässt sich folgende
Erinnerung finden: „Vor etwa 15 Jahren hat Urie Bronfenbrenner, einer der wenigen Wissenschaftler, die wirklich wissen, was Aufwachsen in unseren verschiedenen technisierten und bürokratisierten Gesellschaften heißt, die amerikanischen
Pädagogen mit einer mich tief beunruhigenden Überlegung herauszufordern gesucht. Er sagte (ich zitiere aus dem Gedächtnis): ‚Wenn wir jetzt eine Erhebung
unter amerikanischen Jugendlichen im Alter von 18 machten, halb Jungen, halb
Mädchen, ich vermute, sie hätte etwa das folgende Ergebnis: daß 80 Prozent von
ihnen nie ein Baby auf dem Arm getragen, 85 Prozent nie einen Kranken ver-
sorgt, 90 Prozent nie einem Sterbenden bis ans Ende beigestanden und 95 Prozent nie einen Gegenstand ihres eigenen Gebrauchs selber gemacht haben.' Wenn
das so ist – und ich fürchte, man muß diese Untersuchung gar nicht erst vornehmen –, dann hat unsere pädagogische Kultur versagt mit all ihren Kosten, all
ihren Anstrengungen, all ihren großen Worten und Gedanken. Dann muß mehr
als nur die Schule neu gedacht werden" (S. 264).
Bereits Comenius forderte in seiner *Mutterschul* (1636), dass Kinder sich ‚Handwerkliche Geschicklichkeit' – ‚etwas schneiden, zubinden, schaben, zusammen-
falten können' – aneignen und ordnet dies als Bildungsanforderung den Künsten
(*Artes*) zu. Knapp 400 Jahre später formuliert Donata Elschenbroich auf der Grundlage von 150 Gesprächen „mit Fachleuten aller Art" (2001, S. 51) ein Panorama
des Weltwissens von Siebenjährigen, in dem sehr deutlich akzentuiert wird, dass
Heranwachsende gewisse Erfahrungen und Grundkompetenzen beim praktischen
Gestalten in ihrer Lebenswelt erworben haben sollen. Die Kinder sollen bestimmte
Anforderungen des Alltages bewältigen können (nach Kochrezepten für sich und
für einige Freunde kochen, Blumen gießen, eine Wunde versorgen, Geräte anschließen und umstecken, einen Nagel einschlagen, eine Schraube eindrehen und
eine Batterie auswechseln können), Erfahrungen beim ästhetischen Gestalten haben
(einmal ein Musikinstrument gebaut haben, drei Gestalten oder Phänomene in
Pantomime darstellen können, einmal auf einer Bühne gestanden haben und einem Publikum mit anderen etwas Vorbereitetes vorgetragen haben u.a.) sowie
erkenntnisorientierte Grunderfahrungen gemacht haben (wissen, wie man drei
verschiedene Tiere füttert, ein chinesisches Schriftzeichen geschrieben [gestaltet]

haben, eine Frucht bewusst geschält, „freigelegt", einen Kern gespalten haben u.a. – S. 22f. bzw. 28ff.).

Erfahrungen in der praktischen Gestaltung, im praktischen Mitgestalten des täglichen Lebens zu besitzen, das hat offenbar in den Augen der genannten Autoren einen hohen Bildungswert. Da aber offenbar die zugrunde liegenden Anforderungen heute im täglichen Leben so nicht mehr vorkommen, kann ihre Bewältigung nur schwer im „Learning by doing" im Alltag erlernt bzw. können die entsprechenden Erfahrungen nur selten gemacht werden. Genau das haben Bronfenbrenner und v. Hentig wohl vermutet. Und in der Tat hat sich in den letzten 50 Jahren der Lebensalltag der Familien und daher auch der Kinder gewaltig verändert: Merkmale dieser Veränderung sind u.a. die Berufstätigkeit der Eltern bzw. des (nunmehr nicht nur eine Ausnahme darstellenden) alleinerziehenden Elternteils, der Rückgang an Geburten und damit auch an Geschwistern, die Technisierung der Umwelt und die Zunahme der Bedeutung der Medien und gleichzeitig, wenn auch sehr differenziert, die relative Zunahme an materiellem Wohlstand (Fölling-Albers 1997, 2001, Lange 2003, Krappmann 1999, Erdmann, Rückriem & Wolf 1996). Gleichzeitig ist mit der Veränderung im Leben der modernen Gesellschaft ein Wandel tradierter Normen und Werte im Zusammenleben der Menschen und innerhalb der Familien verbunden (Edelstein 2004, Hurrelmann & Bründel 2003).

Obwohl mit diesen Veränderungen durchaus positive Bedingungen kindlicher Entwicklung verbunden sind (Dollase 2001), stiften sie aber auch eine Reihe von Problemen: Vor allem die o.g. Basiserfahrungen des praktischen Gestaltens können heute nur schwer gemacht werden: Der Alltag ist technisiert, von Dienstleistungen aller Art bestimmt, die auch in Anspruch genommen werden, Dinge im Haushalt, auch Spielzeug, werden nicht mehr repariert, sondern neu gekauft (siehe Handys); die (sitzende) Beschäftigung mit neuen Medien, neue Kommunikations- und Spielformen besonders unter Kindern, gepaart mit einer ständig steigenden Kaufkraft führen dazu, dass praktische Handarbeit, manuelles Gestalten, die körperliche Arbeit unter Kindern häufig nahezu keine Bedeutung mehr hat. Kinder, wenn sie denn im Haushalt praktisch helfen, tun dies in der Regel nicht den Zwängen des Lebens, sondern den erzieherischen Absichten der Eltern folgend. Hinzu kommt, dass sich aus der Wegwerfgesellschaft, egal ob sie das Wegzuwerfende zum Zwecke des Recyclings getrennt sammelt, die unmittelbare Arbeit unsichtbar gemacht hat. Sie ist in die Roboterhallen der modernen Industrie verbannt worden. Alles wird dadurch künstlich und die Künstlichkeit zur Normalität bis dahin, dass es Kinder gibt, die wenn sie erfahren, dass die Milch nicht von einer Maschine hergestellt, sondern von einer lebenden Kuh stammt, diese nicht mehr trinken wollen.

Die moderne Gesellschaft entfremdet den Menschen aber nicht nur von der Natur sondern auch von sich selbst, denn zusätzlich verstärkt durch das Problem der

Arbeitslosigkeit erscheint Arbeit nur noch im Gewande der Erwerbsarbeit. Kinder sehen vor allem, dass Arbeit dazu dient, Geld zu verdienen, um sich die Dinge für das tägliche Leben kaufen zu können (vgl. Giest 2003), nicht aber das Wesen menschlicher Arbeit: die menschlichen Bedürfnissen folgende praktische Gestaltung der (Um-)Welt. Und gerade weil im täglichen Leben die Basiserfahrungen des praktischen Gestaltens, der manuellen Arbeit (Brot selbst backen, Mahlzeiten selbst zubereiten und sich bewusst gesund ernähren, das Fahrrad selbst reparieren usf.) immer weniger gemacht werden können, hat Bildung die Aufgabe, hier einen Ausgleich zu schaffen. Die genannten Basiserfahrungen hängen daher eng mit einer modernen Arbeitserziehung zusammen.

Was angesichts der geschilderten gesellschaftlichen Situation erforderlich ist und u.E. bislang pädagogisch uneingelöst blieb, ist eine Arbeitserziehung in dem Sinne, dass Kinder in geeigneter Weise einbezogen werden, wenn es um die Gestaltung der Umwelt und des konkreten Zusammenlebens der Menschen geht (vgl. Stoltenberg 1998). Das aber bedeutet, es geht um mehr Lebensnähe in allen, auch in den hinter der Fassade der modernen Technik und Bürokratie bzw. den virtuellen Medienwelten verborgenen Bereichen des Alltags. Nach wie vor findet sich in der pädagogischen und fachdidaktischen Auseinandersetzung zum Sachunterricht die Kritik fehlender Alltags- und Lebensbezüge als Folge der Fokussierung auf begriffliche Repräsentationen. Demgegenüber heißt es dann, dass das Mitgestalten der Sachen (und Situationen) ein Lernen mit und durch diese selbst ermöglichen und vertiefen kann.

2 Gestaltungskompetenz als Bildungsziel des Sachunterrichts

Leben und Lernen zu verbinden, für das Leben zu lernen – das sind alte, aber stets aktuell gebliebene Forderungen an Schule und Unterricht. Diese Verbindung hat zwei Seiten: Zum einen geht es darum, dass das Leben in der Welt des Kindes Eingang in den Unterricht, in die Schule findet, zum anderen geht es darum, dass der Unterricht zum Leben in der Welt befähigt, im weitesten Sinne zur Lebensertüchtigung beiträgt. Bildung soll Kinder und Jugendliche in den Stand setzen, als Menschen in der menschlichen Gemeinschaft ihr Leben zu gestalten. In diesem Sinne trägt Bildung zur Kulturaneignung durch die Kinder maßgeblich bei. Das Charakteristikum eines jeden Menschen ist seine Gestaltungskraft. Menschen sind tätige Lebewesen, ihr Leben ist an ihre Gestaltungskraft gebunden. Die Fähigkeit, gemeinsam mit anderen Menschen zu arbeiten, die Lebensumstände selbst zu gestalten, das macht sein Wesen aus, wodurch er sich von anderen Lebewesen unterscheidet. Da die menschliche Kultur wesentlich Ergebnis menschlicher Gestaltungskräfte und hier besonders Resultat der Arbeit ist, sollte die Arbeit, das Gestalten der Sachen mit Blick auf Bildung und Erziehung eine wichtige Rolle spielen.

Mit Gestaltungskompetenz wird das nach vorn weisende Vermögen bezeichnet, die Zukunft von Sozietäten, in denen man lebt, in aktiver Teilhabe im Sinne nachhaltiger Entwicklung modifizieren und modellieren zu können. Mit der Gestaltungskompetenz kommt so etwas wie offene Zukunft, Variation des Möglichen, aktives Modellieren in den Blick. Denn diese Kompetenz zielt nicht allein auf unbestimmbare zukünftige Lebenssituationen ab, sondern auf die Fähigkeit zur Modellierung dieser Zukunft durch das Individuum in Kooperation mit anderen.

Im Begriff der Gestaltungskompetenz wird ein zutiefst humanistisches Verständnis von Arbeit zum Ausdruck gebracht. Deutlich wird daran, dass der Erwerb von Gestaltungskompetenz als Ziel der Bildung Ausdruck einer modernen Arbeitserziehung sein kann (vgl. Hengst & Zeiher 2000).

Dieser Gedanke ist nicht gänzlich neu. Viele Reformpädagogen bis in die Gegenwart hinein haben Arbeit in der Erziehung von Kindern, die sie (aus pädagogischer Sicht) nicht prinzipiell vom Lernen und Spiel trennen, stets als produktives Moment der Verbindung von Leben (das ist aus dieser Perspektive eigentlich Arbeit) und Schule gesehen. Einen qualifizierten Ausdruck findet dies in der Projektmethode, der Methode der bildenden (eben vor allem auch praktisch gestaltenden) Erfahrung (vgl. Dewey & Kilpatrick 1935). Diese Methode ist prädestiniert dazu, dass Kinder Gestaltungskompetenz in den verschiedensten Dimensionen (praktisch, sozial, kognitiv, ästhetisch-emotional) erwerben.

Astrid Kaiser (1996, S. 224) benennt in diesem Zusammenhang sog. „übergreifende Handlungsformen" („Produkte selbst herstellen", „Pflege planen, praktizieren und auswerten", „Zusammenleben problematisieren, planen, verändern, praktizieren, reflektieren, erleben, genießen"), die – oft als Elemente von Projekten oder Vorhaben – Kindern Gelegenheiten zum Mitgestalten (bei ihr „ganzheitlichem Handeln") geben. Die diese „Handlungsformen" erläuternde Aufzählung praktischer Gestaltungsanforderungen und potenzieller Projektthemen kann problemlos ergänzt werden (vgl. Giest 1994).

Pädagogisch bedeutsam und sachunterrichtlich relevant indes ist, dass Gestaltungsanforderungen zum Anlass genommen werden, um kindliche Denkmuster zu verändern, Kindern den Weg vom spontanen zum planvollen Handeln zu bahnen.

3 Gestaltungskompetenz erwerben

Praktisches Gestalten als Bestandteil einer anzueignenden Gestaltungskompetenz zeichnet sich durch planvolles Vorgehen aus. Die Besonderheit menschlicher Arbeit besteht darin, dass die Arbeit erst im Kopf getan werden muss, bevor es an die praktische Umsetzung geht. Dies gilt im Übrigen auch für die Arbeit im pädagogischen Zusammenhang, von der Kerschensteiner (1925, S. 43) schreibt: „Eine manuelle Betätigung mag mit noch so viel Interesse, Eifer, Anstrengung, Übung verbunden sein, Arbeit im pädagogischen Sinne kann sie erst werden, wenn sie Ausfluss einer geistigen Vorarbeit ist, die schon in dieser Vorarbeit zu einem bündigen Abschluss kommt" (vgl. auch Giest 2004).

3.1 Von der Planung zur Kontrolle

Ein erster Schritt, der zur Änderung von Denkmustern und hier besonders vom spontanen zum reflektierten und planvollen Handeln führt, ist das Verabreden von Handlungsregeln. Dies ist Kindern aus dem Spiel bekannt und sehr vertraut, denn kein Spiel kommt ohne Spielregeln aus. Spielregeln sind eine Art Metawissen und müssen bewusst eingehalten werden. Sie lenken das sonst eher spontane Handeln der Kinder im Spiel in ihre Bahnen. Auf das praktische Gestalten übertragen bedeutet dies, zunächst die Rahmenbedingungen des beabsichtigten Projekts zu vereinbaren.

Mit Blick auf die konkrete Aufgabenstellung bedeutet dies beispielsweise, folgende Fragen zu stellen und entsprechend zu beantworten:

• Was soll aus welchem Grund gestaltet werden?	Zielstellung
• Welches und wie viel Material muss verwendet werden?	Planung
• Welche weiteren Materialien bzw. Werkzeuge sind erforderlich?	
• Welche Besonderheiten und Regeln im Umgang mit diesen Materialien und Werkzeugen sind einzuhalten?	
• Wie genau, d.h. in welcher Reihenfolge muss gehandelt werden? Wie kann man dabei arbeitsteilig vorgehen bzw. zusammen arbeiten?	
• Wie kann die Zielerreichung während des Handelns und als Abschluss gesichert und kontrolliert werden.	Kontrolle

Das muss zwischen den Kindern bzw. zwischen Lehrkraft und Kindern ausdiskutiert werden und sollte zu zweckmäßigen, gemeinsam getragenen Entscheidungen führen.

3.2 Kooperationsfähigkeit als wesentlicher Teil von Gestaltungskompetenz

Eine besonders bedeutsame Realisierungsform des praktischen Gestaltens ist die *Kooperation*. Arbeitsteilung ist jenes Moment, das die Entwicklung menschlichen Arbeitens erst möglich gemacht hat. Besonders heute ist die Fähigkeit zur Kooperation eine entscheidende Schlüsselqualifikation und Bestandteil jeder entfalte

ten Gestaltungskompetenz. Viele, insbesondere komplexe Gestaltungsanforderungen (Arbeiten) erfordern zu ihrer Bewältigung die Arbeitsteilung oder
Kooperation, das abgestimmte Zusammenwirken der gestaltenden Individuen im
Hinblick auf das Erreichen eines gemeinsamen Zieles. Kooperation bedarf stets
eines gemeinsamen Gestaltungszieles, welches nicht oder nur sehr schwer im individuellen Handeln erreicht werden kann, einer geeigneten Gruppenstruktur
(Notwendigkeit und Möglichkeit der Kooperation) und bestimmter bereits an-
geeigneter Grundfähigkeiten. Damit diese im Rahmen der Kooperation angeeignet werden können, hat sich das Vereinbaren geeigneter Orientierungsgrundlagen
bewährt (vgl. Giest & Lompscher 2006). Folgende Beispiele, die das Aneignen
kooperativen Lernhandelns erleichtern, zeigen das:

- Ich höre meinem Partner aufmerksam zu.
- Ich vergleiche das Gesagte mit meinem Wissen.
- Ich überlege, was der Partner mir sagen will und ob es uns zum Ziel führt.
- Ich sage dem Partner ehrlich meine Meinung.
- Ich ergänze, erkläre, helfe meinem Partner.
- Ich bin nicht verletzt, wenn mir mein Partner etwas sagt, was mir nicht gefällt.
- Ich spreche leise und freundlich mit meinem Partner.

4 Weitere Formen des praktischen Gestaltens

Im Folgenden soll eine *Auswahl* weiterer Formen des praktischen Gestaltens (und
ihrer entsprechenden inhaltlichen Konkretisierungen) dargestellt werden. Vor dem
Hintergrund unseres Ansatzes und mit Blick auf den „Perspektivrahmen Sachunterricht" (2002) der Gesellschaft für Didaktik des Sachunterrichts (GDSU)
kann das allerdings nur exemplarisch geschehen:

– Gestalten des Lernens und Zusammenlebens in der Grundschule:
Will Grundschule ein pädagogisch gestalteter *Lebens-, Lern- und Erfahrungsraum*
sein, der kognitive Erkenntnisprozesse über handelnde Erfahrung und eigentätiges
Handeln initiiert, soziale Kompetenzen entwickeln hilft, sinnliche Erfahrungen,
kreative Gestaltung und soziale Begegnungen ermöglicht und unter Achtung der
individuellen Persönlichkeit des Kindes die Entwicklung von Selbständigkeit,
Individualität und Selbstbestimmung unterstützt, muss sie ein Feld für aktives
Handeln und für die Mitwirkung der Schülerinnen und Schüler bereitstellen sowie zur Entwicklung sozialer Umgangsformen und zur Erfahrung demokratischer
Grundformen (vgl. Holtappels 1998, S. 62) beitragen. Dazu gehört die Möglichkeit, demokratisches Entscheiden und Mitwirken zu erfahren, zu trainieren und
es aktiv auszuüben, beispielsweise als Streitschlichter, als Konfliktlotse, im Klassenrat oder der Schülervertretung. Ebenso wichtig ist die Partizipation im Unterricht, beispielsweise in der Auswahl und Mitbestimmung bei Unterrichtsthemen

und Unterrichtsmaterialien, bei der Festlegung und Strukturierung von Projektvorhaben. Die Erfahrung des Perspektivwechsels durch ein Helfersystem in der Freiarbeit oder beim altersgemischten Lernen gehört ebenso dazu. Mit der Verabredung von Diensten und Aufgaben in der Klasse übernehmen Kinder Verantwortung, für sich und andere.

Schüler und Lehrer sollten Möglichkeiten erhalten und Kompetenzen erwerben, schulische Räume (Klassenzimmer, Pausenhalle, das Schulhaus an sich, aber auch den Schulaußenraum) nach ihren Wünschen neu gestalten und re-inszenieren zu können. Durch die Gestaltung der Lernumgebung und in der Dokumentation ihrer (Lern-)Aktivitäten bringen sie sich und ihre Entwicklung stets von neuem zum Ausdruck (vgl. Knauf 2001, S. 31f.).

– Technisches Gestalten:
Wenn man unter *Konstruieren* mehr als das Zeichnen, Variieren und Optimieren versteht, wenn Konstruieren ein kreativer Prozess ist, dann kann das entstehende Konstrukt und die Art und Weise, wie es entsteht, eine zentrale Rolle im Sachunterricht einnehmen. In dieser Weise und unmittelbar damit verbunden ist die sachgerechte *Auswahl und der sichere Gebrauch von geeigneten Materialen und einfachen Werkzeugen* und das *Bauen* (mit Naturmaterialien, wie Steinen, Zapfen, Holzresten; mit recycelten Materialen und Bauteilen; mit Papier und Pappe – z.b. Brücken, Papierschiffe; mit Holz – Gebrauchsgegenstände, Spielzeugautos; mit dem Metallbaukasten – Kräne, Fahrzeuge; mit dem Elektrobaukasten – zum Nachbauen einfacher Schaltkreise, einer Taschenlampe, der Fahrradbeleuchtung; zur Beleuchtung und Inbetriebnahme der Modelleisenbahn, des Puppenhauses und der Anwendung von Photovoltaik zum Antrieb von Modellautos oder -flugzeugen). Das vorsichtige *Testen* und das sichere *In-Gebrauch-Nehmen*, das sachgerechte *Verwenden* sowie das permanente *Pflegen* technischer Konstruktionen und Produkte gehören ebenso dazu, wie das (einfache) *Reparieren* (Batteriewechsel, Fahrradbereifung und -beleuchtung) und *Demontieren* selbstgebauter Geräte, Funktionsmuster und Modelle. Technisches Gestalten bedeutet auch die *Anbahnung der Nutzung und des Einsatzes elektronischer Geräte und neuer Medien* (Handys, digitaler Fototechnik, des Personalcomputers mit seinen peripheren Geräten, des Internets). Schließlich ist das *Anfertigen, Schreiben, Lesen, Interpretieren* und *Umsetzen* von Rezepten, Gebrauchs- und Sicherheitsanweisungen, von Schaubildern und Funktionsskizzen sowie der schonende *Umgang mit natürlichen Ressourcen* unverzichtbarer Bestandteil des technischen Gestaltens.

– Gestalten in der Natur:
Umgehen mit Natur, Gärtnern und Pflegen charakterisieren die wesentlichen Gestaltungsaktivitäten in der Grundschule. In besonderem Maße bietet das *Schulgelände (der Schulgarten)* wertvolle Möglichkeiten, *Anbau, Pflege* und aktives *Gestalten von Natur* zu erfahren. Nicht nur der abgegrenzte Gartenbereich an der

Schule, der mehr oder weniger intensiv gärtnerisch bearbeitet wird, sondern der gesamte mit dem Schulbetrieb im Zusammenhang stehende Außenraum einer Schule wird heute als Schulgarten bezeichnet.

Die aktive Mitgestaltung des Schulaußenraumes kann exemplarisch für das Gestalten in der Natur stehen. Es bieten sich hier Möglichkeiten
– handwerkliche (z.b. Graben, Schneiden), gärtnerische (z.b. Säen, Pflanzen, Ernten) und ökologische Fähigkeiten zu erwerben, zu kombinieren und zu üben,
– durch körperliche Arbeit (Gärtnern) die Umwelt zu gestalten,
– durch Anlage (z.b. Beete, Spielflächen, Experimentierecken) und Ausgestaltung (z.b. Grünes Klassenzimmer, Lesezelt, Weidentunnel und -tipi, Rasenbank, Amphitheater) bestimmter Bereiche kreativ-künstlerische Fähigkeiten entwickeln,
– verantwortlichen (ressourcenschonenden) und pflegerischen Umgang (gegenüber Tieren, Pflanzen, Menschen) einzuüben,
– eigene Handlungsmöglichkeiten auszuprobieren (z.b. Feste, Feiern) und kommunal- und umweltpolitisch zu agieren (z.b. Gestaltung von Ausstellungen zu Pflanzen- und Tierarten, zum Natur- und Umweltschutz).

In der Schule gestatten neben den Aktivitäten im oder in Kombination mit dem Schulgarten verschiedene Formen der Haltung von Tieren und Pflanzen (Einrichtung und Betreuung von Aquarien, Terrarien, Insektarien, auch die Imkerei sowie die Pflege und Anzucht von Zimmerpflanzen) vergleichbare Gelegenheiten.

Außerhalb des Schulgeländes sind die Möglichkeiten, dass Schülerinnen und Schüler Gestaltungskompetenz in der Natur erwerben, sehr eingeschränkt.

Möglichkeiten bieten beispielsweise
– außerschulische Lernstandorte, an denen u.a. die Kultivierung von Nutzpflanzen erlernt und wichtige Positionen des Verbraucherschutzes herausgebildet werden können. In diesem Zusammenhang bietet sich die Einbeziehung solcher Themenfelder wie „Gesunde Ernährung", „Gesundheitsbewusste Lebensweise" und „Ethische Fragen zu Natur und Umwelt" an;
– Neueinrichtungsprojekte (Baumpflanzungen, Dünenbefestigung, Fischbesatz);
– Pflegepatenschaften (für Tiere – in Zoologischen Gärten, auf Bauernhöfen, in Tierheimen; für Pflanzen – in Botanischen Gärten, auf Friedhöfen/ Ehrenhainen; für Lebensräume – Bach-, Wald-, Parkpatenschaften);
– Natur- und Umweltschutzaktivitäten (Aktionen zum Vogel- und Gewässerschutz, Säuberungsaktionen von Biotopen).

5 Fazit

Im Sachunterricht sollte den Kindern Gelegenheit gegeben werden zum Selber-machen, Selbstgestalten und Selbstverändern von, mit und durch die Sachen. Das konkret-praktische Tun, das Kooperieren, das spielerische bzw. von Vermu-tungen geleitete Probieren, das Konstruieren, Gestalten, Pflegen, (An-)Bauen, Testen und In-Gebrauch-Nehmen, Produzieren und Demontieren gehören beispielsweise dazu. Die (Mit-)Gestaltung von Sachen ist neben der Herausforde-rung von anspruchsvoller Fachgerechtigkeit stets auch mit Sinnhaftigkeit, Bedeutsamkeit, Motivation, Aktivität und Gebrauchswertorientierung verbun-den.

Über einen anschaulichen, handlungsorientierten und lebenspraktischen Sachunterricht kann Kreativität entfaltet und Kompetenz für die Mitgestaltung von Sachen erworben werden (vgl. Baier & Wittkowske 2001, S. 97). Das bedeu-tet vor allem ein Umdenken, ein „Neu-Denken" (vgl. von Hentig 1993) und ein mehr an handelnder Erfahrung – und stellt ein Plädoyer für eine Veränderung in der Bewertung sinnlicher Wahrnehmungen im Kindesalter (vgl. Elschenbroich 2001) dar.

Literatur

Baier, H. & Wittkowske, St. (Hrsg.) (2001): Ökologisierung des Lernortes Schule. Bad Heilbrunn. – Comenius, J. A. (1987/1636): Informatorium maternum. [Informatorium skoly materské]. (Re-print der Orig.-Ausg., Nürnberg, Endter 1636/ mit einem Nachw. von F. Hofmann). Stuttgart. – Dewey, J. & Kilpatrick, W. H. (1935): Der Projektplan, Grundlegung und Praxis. Weimar. – Doll-ase, R. (2001): Veränderte Kindheit. In: Rost, D.H.: Handwörterbuch Pädagogische Psychologie. Weinheim, S. 741-749. – Edelstein, W. (2004): Verantwortungslernen als Kernbestand schulischer Bildung? Bedingungen und Chancen schulischer Transformation. In: Sliwka, A., Petry, Ch. & Kalb, P.E.: Durch Verantwortung lernen: Service Learning. Etwas für andere tun. Weinheim, S. 58-77. – Elschenbroich, D. (2001): Weltwissen der Siebenjährigen. Wie Kinder die Welt entdecken können. München. – Erdmann, J., Rückriem, G. & Wolf, E. (1996): Kindheit und Schule heute. Bad Heil-brunn. – Fölling-Albers, M. (1997): Kindheitsforschung im Wandel – Eine Analyse der sozial-wissenschaftlichen Forschung zur „Veränderten Kindheit". In: Köhnlein, W., Marquardt-Mau, B. & Schreier, H. (Hrsg.): Kinder auf dem Wege zum Verstehen der Welt. Bad Heilbrunn, S. 39-54. – Fölling-Albers, M. (2001): Soziokulturelle Bedingungen der Kindheit. In Einsiedler, W., Götz, M., Hacker, H., Kahlert, J., Keck, R.W. & Sandfuchs, U. (Hrsg.): Handbuch Grundschulpädagogik und -didaktik. Bad Heilbrunn, S. 123-133. – Gesellschaft für Didaktik des Sachunterrichts (GDSU) (2002): Perspektivrahmen Sachunterricht. Bad Heilbrunn. – Giest, H. (1994): Projektarbeit – An-sätze für einen fächerübergreifenden Unterricht in der Grundschule. Berlin: Volk und Wissen. – Giest, H. (2003): Der Einfluss der Variablen Unterricht und Alltag auf die Entwicklung des Begrif-fes „Arbeit" im Grundschulalter. In: Panagiotopoulou, A. & Brügelmann, H. (Hrsg.): Grundschul-forschung meets Kindheitsforschung. Opladen, S. 74-78. – Giest, H. (2004): Handlungsorientiertes Lernen. In: Pech, D. & Kaiser, A.: Basiswissen Sachunterricht Bd. 2. Baltmannsweiler, S. 90-98. – Giest, H. & Lompscher, J. (2006): Lerntätigkeit – Lernen aus kulturhistorischer Perspektive. Ein Beitrag zur Entwicklung einer neuen Lernkultur im Unterricht. Berlin. – Hengst, H. & Zeiher, H. (Hrsg.) (2000): Die Arbeit der Kinder. Kindheitskonzept und Arbeitsteilung zwischen den Generationen. Weinheim und München. – Hentig, H. v. (1993): Die Schule neu denken. Eine Übung in pädagogischer Vernunft. München. – Holtappels, H.G. (1998): Lebenswelt von Kindern – Sozialwissenschaftliche Erkenntnisse und Orientierungen für die Grundschule. In: Kahlert, J. (Hrsg.): Wissenserwerb in der Grundschule. Bad Heilbrunn, S. 47-71. – Hurrelmann, K. & Bründel, H. (2003): Einführung in die Kindheitsforschung. Weinheim u.a. – Kaiser, A. (1996): Einführung in die Didaktik des Sachunterrichts. Baltmannsweiler. – Kerschensteiner, G. (1925): Begriff der Arbeitsschule. Leipzig & Berlin. – Knauf, T. (2001): Einführung in die Grundschuldidaktik. Stuttgart. – Krappmann, L. (1999): Der Zehnte Kinder- und Jugendbericht – der erste Kinderbericht. Neue Sammlung 39, S. 331-342. – Lange, A. (2003): Kindsein im Übergang von der fordistischen zur postfordistischen Gesellschaft. Merz, 47, S. 7-17. – Stoltenberg, U. (1998): Ein zukunftsfähiger Begriff von Arbeit als Orientierung für grundlegende Bildung im Sachunterricht. In: Marquardt-Mau, B. & Schreier, H. (Hrsg.): Grundlegende Bildung im Sachunterricht. Bad Heilbrunn, S. 198-210.

72| Die Sachen darstellen und reflektieren
Hans-Joachim Fischer

1 Darstellen und reflektieren – Formen, im Unterricht an einer Sache zu arbeiten

Wie kommen die Sachen in den Unterricht? Dadurch, dass eine Begegnung stattfindet, dass wir – Lernende wie Lehrende – der Sache selbst gegenübertreten. Wir können uns dann – jeder auf seine Weise – ein Bild machen. Tatsächlich können wir nicht eins werden mit einer Sache, sie vollständig und ein für allemal gewinnen. Wir können ihr immer nur von außen gegenübertreten, können sie als etwas Gegenüberstehendes, als einen Gegenstand nehmen, aus dieser oder jener Richtung, immer nur perspektivisch und eingeschränkt, nie umfassend. Eine Sache als Gegenstand zu nehmen ist immer ein aktiver, konstruktiver, selektiver Prozess. Was wir nach außen in unsere Ansicht der Sache bringen, hängt auch davon ab, wie wir innerlich darauf eingestellt sind. Lernen, Unterricht können wir verstehen als einen Prozess der Vergegenständlichung von Sachen, als einen Dialog zwischen Innen und Außen, den wir auch intersubjektiv kommunizieren.

Wenn hingegen eine Sache *dargestellt* wird, tritt sie uns nicht mehr objektiv, sondern subjektiv gegenüber. Die Darstellung gibt uns ein Bild der Sache, gibt nicht etwa die Sache selbst. Natürlich lassen sich Bilder und Darstellungen daran bemessen, wie ähnlich sie einer Sache sind. Aber auch, wenn Darstellungen sich um Ähnlichkeit bemühen, so bleiben sie doch Ansichten, Empfindungen, Deutungen, Begriffe, Modelle. Bilder eines Objektiven, sind sie doch in den Farben des Subjekts gemalt. Nähme man die Farben weg, bliebe nichts übrig. Eine lange Tradition hat das Argument, immer dann müsse der Unterricht sich mit Darstellungen begnügen, wenn die Sachen selbst fremd und unzugänglich sind (vgl. Glöckel 1992, S. 67). Das Argument ist stichhaltig. Nicht alles ist unmittelbar erreichbar. Unterricht muss auch vermitteln. Aber die Darstellung ist für den Unterricht nicht nur deshalb nützlich, weil sie indirekt objektive Welten erschließt. Sie hat überdies den Vorteil, subjektive Welten zu eröffnen. In Darstellungen werden subjektive Zugänge, Möglichkeiten offenbar, sich mit Sachen auseinanderzusetzen, sie auf das eigene Leben zu beziehen, sie zu ordnen. Nicht nur von den Sachen selbst, auch von anderen Ansichten kann man lernen. Das gelingt natürlich am besten, wenn die Darstellungen vielfältig sind und am eigenen Blick auf die Sache überprüft werden können. Darstellungen sind nicht nur subjektive Inszenierungen der Sachen, sie sind – weil niemand nur aus sich selbst ist – zugleich gesellschaftliche und kulturelle Inszenierungen. Dass wir die Welt in Darstellungen Anderer erfahren, eröffnet uns zugleich einen Zugang zu Gesellschaft und Kultur.

Unterricht ist Interaktion von Lehren und Lernen. Eine Sache darzustellen kann sowohl als ein Akt des Lehrens eingebracht, aber auch als ein Akt des Lernens herausgefordert werden. Dass *Lehrende als Sachdarsteller* auftreten (vgl. Ausubel 1974), hat in unserer Unterrichtskultur eine lange und noch immer dominante Tradition. Dabei kommt es darauf an, zu zeigen, was Sache ist, also objektiv sachgerecht, nicht etwa subjektiv beliebig oder gar falsch darzustellen. Aufgabe von Lehrenden als Repräsentanten der Sachwelt ist es, sich sachkundig zu machen. Spezialisten für Sachkundigkeit sind die Wissenschaften. Sie sind beständig dabei, unser Wissen über die Sachen methodisch zu überprüfen, weiterzuentwickeln und systematisch geordnet darzustellen. Lehrende haben Teil an solchen wissenschaftlichen Fachkulturen. Zu ihrer Professionalität gehört jedoch auch, Sachen in den Bildungszusammenhang von Kindern hineinzudenken. Es gilt, Sachen als Gegenstände von Unterricht begründet auszuwählen und so zu fassen, dass sie Lernen sinnvoll anregen und herausfordern.

Wenn die Darstellung hingegen *Teil des Lernens* ist, müssen sich Lernende vorher ein eigenes Bild von der Sache gemacht haben. Die Darstellung des Bildes kann am Ende den Lernweg dokumentieren und überprüfen. Sie kann dem Lernen ein Ziel geben, kann es motivieren und fokussieren. Sie stellt eine neue, die Durchdringung der objektiven Sachstruktur erweiternde und zugleich übersteigende Herausforderung zu lernen dar. Die Sache muss „genetisch" gedacht, entwickelt werden. Das Bild soll nicht nur die Sache, es soll auch den Betrachter aufschließen. Als Teil des Lernens verändert die Darstellung das soziale Beziehungsgefüge von Lehren und Lernen. Unterricht wird zur Stätte wechselseitigen Gebens und Nehmens, Lehrens und Lernens.

Darstellungen zeigen subjektive Bilder objektiver Sachen. Dabei können sie sich einerseits um *Objektivität und Sachgerechtigkeit* bemühen. Was immer das Bild zeigt, es muss der Sache entsprechen. Der Abstand zur Sache sollte variiert werden, so dass man sowohl Details erkennt, als auch Überblick gewinnt. Solche Standpunkte sollten bezogen werden, von denen aus sich wesentliche Einblicke ergeben. Die Sache ist hier Kriterium der Darstellung. Wenn Kinder von einem Naturgang Blätter und Früchte mitbringen, um sie zu Baumsteckbriefen zusammenzustellen, wenn sie übers Jahr hinweg gesammelte Temperaturen und Sonnenstände in ein Diagramm geben, um Jahreszeiten zu überblicken, wenn sie einen Streit stichwortartig in seinen wichtigen Etappen rekonstruieren, dann geht es vor allem darum zu zeigen, was Sache ist. Andererseits können Darstellungen sich darauf konzentrieren, das *subjektive Erleben* einer Sache zum Ausdruck zu bringen. Wie eine Sache sich anfühlt, welche Eindrücke sie hinterlässt, welche Empfindungen sie auslöst, was sie innerlich anregt, bewegt, in welchem inneren Echo sie nachklingt, welche Farben und Phantasien sie weckt, ist hier von Bedeutung. Kriterium der Darstellung ist das Erleben: eine Collage, die in allen Formen und Farben des Herbstwaldes schwelgt, ein Tanzspiel, in dem Wind und Regen, Bäume und Blätter als Akteure auftreten, um die Atmosphäre des Herbstes einzufangen, ein Gedicht Rilkes – „Die Blätter fallen, fallen wie von weit … Sie fallen mit verneinender Gebärde … Wir alle fallen …" – ein Bild, ein Kind in einer leeren, zerstörten Welt, das die Verlassenheit und Verletztheit des Streitenden ausdrückt.

Im Kern mag es im Sachunterricht darum gehen, subjektive Ansichten von objektiven Sachen zu gewinnen und sie darstellend auszutauschen. Sie können sich dann gegenseitig ergänzen und bereichern. Aber wo Darstellungen und Ansichten nicht zusammenpassen, bleibt uns – wenn wir weiterkommen wollen – nur übrig, sie zu „zerschlagen" und „in Trümmer zu legen" – in der Hoffnung, aus den Bruchstücken ein besseres, passendes Bild zusammenzusetzen. Das lateinische Wort *discutio* (diskutieren) beschreibt drastisch diesen unvermeidlichen Vorgang. In Diskussionen stoßen wir auf objektive Grenzen unserer subjektiven Ansichten. Sie veranlassen uns, die Wahrheitsfrage zu stellen, kritisch zu prüfen und ggf. zu korrigieren. Nicht nur auf die Sachen, auch auf unsere Ansichten und Darstellungen müssen wir uns dabei „zurückbeugen" *(reflektieren),* um diese Prüfung vornehmen zu können. Gelegentlich stoßen wir in solchen Diskussionen aber auch auf subjektive Grenzen unseres Erlebens, Grenzen, der Objektivität der Sachwelt in inneren Bildern und ausdrucksvollen Darstellungen überhaupt habhaft zu werden. Solche Grenzbetrachtungen nennen wir seit je „Philosophieren". Dass das *Philosophieren* aus den zentralen Lehr- und Lernakten des Darstellens und Diskutierens im Sachunterricht erwächst, ist heute unbestritten.

Der Zusammenhang von Darstellen und Reflektieren ist für den Sachunterricht von zentraler, unverzichtbarer Bedeutung. Traditionell wird das Darstellen als eine

Form des Lehrens begriffen. Wenn jedoch der Unterricht dominiert wird von den Bildern und Deutungen des Lehrenden, verkümmert das Lernen. Es bleibt dann nur wenig Platz dafür, dass Lernende ihr eigenes Bild der Sache gewinnen und darstellend austauschen können. Darunter leidet dann auch die Reflexion, die kritische Auseinandersetzung über die dargestellten Ansichten der Sache. Mehr denn je wird deshalb heute die Darstellung als eine Form eines auf Selbstorganisation bedachten Lernens begriffen. Diese kann freilich nur gelingen, wenn sie aus „originaler Begegnung" (vgl. Roth 1957) kommt und in einen Prozess der kritischen Auseinandersetzung mündet. Lehren beschränkt sich dann mehr darauf, das Darstellen und Reflektieren anzuregen und herauszufordern – auch wenn es die Funktion der Darstellung weiterhin erfüllen muss.

2 Präsentieren als Grundform des Lehrens und Lernens im Sachunterricht

Statt vom „Darstellen" sprechen wir heute gerne vom „Präsentieren" (vgl. Apel 2002): *Präsentieren* – vor die Sinne stellen, etwas in die Gegenwart geben, so dass man es bemerkt, seiner gewahr wird, so dass es Aufmerksamkeit und Wahrnehmung auf sich zieht. Darstellen, Präsentieren sind Akte des Zeigens (vgl. Prange 1983). Nach Wundt hat sich das Zeigen vom Greifen abgelöst. Unsere Zeichen, vor allem unsere Sprache, haben – worauf Heidegger hinweist – das Zeigen noch weiter zurück genommen, abstrahiert. Das Zeigen hat also einerseits einen (nahen oder fernen) Gegenstand. Andererseits stellt es eine Beziehung zu anderen Menschen her. Daraus ergibt sich, welche Formen und Funktionen es annehmen kann und woran es sich bemessen muss.

Formen: Auch das Präsentieren ist, wie jedes Darstellen, grundsätzlich als Akt des Lehrens und als Akt des Lernens vorstellbar. Sowohl Lehrer/innen als auch Schüler/innen können als Präsentatoren auftreten. Traditionell wird dabei zwischen dem Vortragen und dem Vormachen unterschieden (vgl. etwa Stöcker 1970). A) Das *Vortragen* stützt sich vor allem auf die Sprache und kann sich dabei medialer Hilfsmittel bedienen. Der Rezipient ist aufgefordert, die Zeichen zu deuten. Je nach Sach- oder Erlebnisbezug lassen sich Erzählungen, Berichte, Schilderungen und Beschreibungen voneinander unterscheiden. Wer vorträgt, sollte sich um Verständlichkeit bemühen, Spannung aufbauen, die Sache deutlich machen, sich selbst dabei authentisch zum Ausdruck bringen. B) Das *Vormachen* zeigt, wie etwas getan wird. Damit fordert es ein Nachmachen heraus. Für den Sachunterricht erweist sich dabei der Ansatz des Cognitive Apprenticeship (vgl. Kohler 2000) und das Konzept des situierten Lernens (vgl. Hartinger & Mörtl-Hafizović 2003) als bedeutsam. Experten zeigen unter möglichst authentischen Bedingungen, wie sie ein Problem lösen. Begleitend kommunizieren sie, wie sie Situationen deuten und Lösungsstrategien entwickeln. Anschließend setzen sich Lernende mit ähnlichen Problemen auseinander, wobei sie auf (dosierte, abnehmende) Unterstützung und Rückmeldung durch den Experten bauen können. C) Apel (2002) unterscheidet vom Vortragen und Vormachen das *Vorführen* als eine dritte, komplexe Form der Präsentation, welche die beiden anderen einschließt, im Besonderen aber die Mediatisierung von Sachen und Sachverhalten betrifft. Dabei kann die (subjektive) Vermittlung verschiedene Formen und Grade annehmen. In der geführten Sachbegegnung löst sie sich nahezu auf. In abstrakten (Modellen, Diagrammen, Tabellen etc.) oder ästhetisch-mimetischen Darstellungen tritt sie in den Vordergrund. Dazwischen liegen Formen der Simulation (Spiel) und der Abbildung (Zeichnung, Foto, Film) von Wirklichkeit.

Funktionen und Kriterien: A) Präsentationen sollen von außen das Lernen unterstützen. Das ist ihre erste Aufgabe. Lernen ist Konstruktion, Präsentation hingegen Instruktion. Tatsächlich vermag aber eine klare Instruktion das konstruktive Lernen zu fördern, indem es aufmerksam macht, zur Auseinandersetzung anregt und dazu wichtige Informationen bereitstellt. Dazu muss sie jedoch in einen intensiven, auch individuellen Dialog mit dem Lernenden treten. Klarheit als Kategorie der Unterrichtsqualität wird heute durch eine reiche Forschungstradition in seiner Bedeutung für die Optimierung des Lernens herausgestellt. Dabei kommt es vor allem auf die Präzision und Korrektheit der Lehrersprache im Fachunterricht, auf fachliche Kohärenz und die Strukturiertheit des Unterrichts und des Lehrervortrags an. (vgl. zusammenfassend Helmke 2003, S. 60f.). Andererseits ist die Klarheit des Unterrichts nicht unabhängig von den Vorkenntnissen der Schüler (vgl. Weinert, Schrader & Helmke 1990). Inhalte müssen also kommuniziert werden. Gelingt es, dabei alle Schüler einzubeziehen, kann gerade ein intellektuell herausfordernder und kognitiv anspruchsvoller Unterricht dazu beitragen, bei guten Lernerfolgen auch die Leistungsschere zwischen stärkeren und schwächeren Lernern zu schließen (vgl. Treinies & Einsiedler 1996). B) Präsentationen sind Teil (Phase, Aktivität, Kompetenz) des selbst organisierten Lernens (vgl. Schwier 2003). Ansichten, Problemlösungen, die Lernende in individueller Auseinandersetzung, in Gruppenarbeit (Gruppenpuzzle u.a.) oder in projektartigen Formen des Lernens gewonnen haben, werden ausgetauscht. Ob dieser Austausch gelingt, hängt vermutlich ab von Voraussetzungen, an denen im Unterricht langfristig gearbeitet werden sollte: Kompetenzen, dem objektiven Anspruch der Sachen, dem authentischen subjektiven Ausdruck des Selbst und den Maßstäben intersubjektiver Kommunikation gerecht zu werden. Wahrheit, Wichtigkeit und Wesentlichkeit in der Sache, Klarheit, Transparenz und Authentizität in der Darstellung, Verständlichkeit, Bedeutsamkeit und Verhandelbarkeit im intersubjektiven Dialog sind wichtige Qualitätsmerkmale einer gelungenen Präsentation. Welche große Bedeutung sachspezifisches „intelligentes Wissen" (vgl. Weinert 1996), oder Fähigkeiten und Bereitschaften der Kommunikation (vgl. Petillon 1993, S. 112) für gelingende Schülerpräsentationen haben und damit auch für die „Mikroebene" (Lipowsky 2002, S. 126) der Qualität offener Lernsituationen, liegt auf der Hand, auch wenn empirische Bestätigungen dazu noch ausstehen.

3 Grundformen der Darstellung im Prozess kindlicher Weltaneignung

Ästhetische Darstellung: Neuere Lehrpläne stellen bewusst die Formen ästhetischer Darstellung in den Zusammenhang der Welterkundung. Lernen, das aus der Begegnung, aus dem Erleben der Welt kommt, geht zunächst in ein ästhetisches Ordnen. Im Plastizieren und im bildnerischen Gestalten, in der Musik, im Tanz oder im darstellenden Spiel, auch in der Poesie finden Kinder Ausdrucks- und Darstellungsmittel, ihre Begegnung, ihr Erleben zu ordnen. Die Bilder, die Kinder in solchen Darstellungen entwickeln, bringen keine Ordnung in die wirklichen äußeren Verhältnisse. Die ästhetische Darstellung geht eher auf die inneren Verhältnisse. Sie ordnet Stimmungen, Bewegungen, Emotionen, Eindrücke und Empfindungen, Wahrnehmungen, Phantasien. Bilder, Tänze, Melodien, die aus der Nähe des Erlebens und der Begegnung kommen, ordnen und sensibilisieren darstellend das Selbst. Sie betreffen die innere Seite dessen, was uns in der Welt wahr und wesentlich ist. Ohne diesen inneren Bezug könnten wir uns beliebig nach außen strecken. Wir würden dennoch nichts fassen können, was uns wirklich etwas bedeutet.

Modellierung: Aus der Nähe, aus der Begegnung kommend, fordert das Lernen Kinder heraus, sich zu lösen, Abstand zu suchen. Schon wenn sie eine Sache sprachlich fassen, wenn sie etwas benennen, identifizieren, unterscheiden, gewinnen sie diesen Abstand, der erforderlich ist, um etwas geistig ordnend zu überblicken. Modelle, die wir anfertigen, um die Verhältnisse der Welt so darzustellen, dass sie sich überblicken lassen, müssen sich zwangsläufig ablösen von der Welt. Deshalb sind solche Darstellungen auch frei von allen Bewegungen und Empfindungen. Sie enthalten nichts mehr von besonderen Erlebnissen und Begegnungen. Sie sind allgemein. Eine Wetterkarte, ein Baumsteckbrief, ein Modell des Wasserkreislaufs zeigen, wie die Welt im Allgemeinen aussieht. Indem Kinder die Welt in solchen abstrakten Modellen überblickend zur Darstellung bringen, gewinnen sie sie als Sache und Gegenstand, um sich dabei zugleich selbst als Subjekte hervorzubringen. Darin liegt die Kernaufgabe des Sachunterrichts. Sie kann nur so gelingen, dass man Kinder herausfordert, die Welt in eigenen Modellen zur Darstellung zu bringen, ihre Darstellungen zu vergleichen und kritisch in Frage zu stellen und ggf. umzubauen. Bauen muss jeder selbst. Das Lernen lässt sich nicht etwa dadurch abkürzen, dass man ihm die schon fertigen Modelle verabreicht (vgl. ausführlicher auch den Beitrag von Spreckelsen in diesem Band, Nr. 75).

Spielen: Das Kinderspiel entfaltet sich als eine Bewegung, die in die Welt hinausgeht und wieder auf den Spieler zurückkommt. In die Bewegung gibt der Spieler einen „Formwillen" (Bühler), eine Gestaltungsabsicht, ein subjektives „Schema" (Piaget), eine „Ahmung" (Jünger), eine Regel, eine Ordnung. Außen trifft die Bewegung auf eine Welt, die ihre eigenen Gesetze hat. Deshalb kommt sie anders zurück, als sie hinaus gegeben wurde. Will die Bewegung außen weiterkommen, muss sie sich einspielen auf die äußere Welt. Spielen ist – so gesehen – ein mimetischer Prozess, ein Prozess der Anähnelung an äußere Verhältnisse. Innen baut das Spiel eine Welt, die es – tastend, probierend – nach außen zur Darstellung bringt. Auf diese Weise kann man ausprobieren, wie sich ein Frosch anfassen lässt, wie ein Streit gelöst werden kann oder wie eine Besorgung zu erledigen ist. Dieses Spiel kann sogar zur Kernaktivität eines Sachunterrichts werden, der sich darauf einlässt, darstellend die Verhältnisse der Welt zu erkennen (vgl. Giel 1974). Auch wenn das Spiel in seiner Darstellungsqualität empirisch noch wenig erforscht ist (vgl. Einsiedler 1999, S. 70f.), so ist es doch gerade diese Darstellungsqualität, die das Spiel zur Akkommodation (Piaget), d.h. zum Lernen herausfordert (vgl. Krappmann 1999, S. 55).

4 Erzählen als besondere Darstellungsform im Sachunterricht

In Erzählungen begegnet uns die wohl älteste Form der Darstellung. Erzählungen geben Geschichten. Sie geben sie nicht von außen, sondern von innen. Erzählungen leben Geschichten nach. Natürlich braucht es dazu ein Mindestmaß an Orientierung und Überblick. Aber vor allem gehen Erzählungen in die Bewegungen, Eindrücke und Empfindungen eines gelebten Lebens. Erzählungen leben nicht aus abstrakten Begriffen, sondern aus ausdrucksvollen Gesten. Wer eine Geschichte hört, lernt zugleich den kennen, der sie erzählt (vgl. Aebli 1983). Mehr noch: Wer sich auf eine Geschichte einlässt, wird selbst hineingezogen.

In Erzählungen werden die Sachen lebendig. Sie können damit eine Tiefe des Erlebens, auch des Verstehens, auch eine Qualität der Begegnung und der Kommunikation, ja der Humanität erreichen, die dem abstrahierenden, objektivierenden Lernen fehlt. Darin liegt ihre unverzichtbare Bedeutung für den Sachunterricht. Darin liegt aber auch ihr Risiko zu scheitern oder gar missbraucht zu werden. Beispielsweise können – wie Flader und Hurrelmann (1984) zeigen – subjektive, persönliche Erzählungen unter den Bedingungen einer Schule, die Leistung standardisiert und objektiviert, zu unklaren und widersprüchlichen Verhaltensweisen und Beziehungen führen. Deshalb kommt es beim Erzählen besonders darauf an, auch zu versachlichen, Abstand und Überblick zu gewinnen, sowie auf (selbst)kritische Distanz. Der Unterricht darf sich nicht im Erzählen verlieren, er muss aus ihm gewinnen: Fragen und Probleme, Anregungen und Anstöße – bei alledem auch die Gewissheit, dass Bildung sich nicht nur im Medium des Allgemeinen, sondern immer auch im Medium des Besonderen vollzieht.

Die Bremer Reformpädagogen Gansberg und Scharrelmann sind zu Beginn des 20sten Jahrhunderts wohl die bekanntesten Anreger, Kindern die Welt in „lebensvollen Geschichten" methodisch darzubieten. Solche Erzählungen spielen in anschaulichen Räumen, sind genau und konkret in den Einzelheiten, leben aus den Vorstellungen und Empfindungen der Akteure, individueller, unverwechselbarer Charaktere, suchen den Hörer in den Bann eines dramatischen Geschehens zu ziehen. Dabei sind sie darauf bedacht, Kindern die Welt in wichtigen Verhältnissen aufzuschließen. Ebeling ist in den 1950er und 1960er Jahren einer der bedeutendsten Didaktiker, der an diese Tradition der *Lehrererzählung* anknüpft. Dagegen sind die Bemühungen um ein Wiederaufleben einer *narrativen Unterrichtskultur* seit den 1980er Jahren auch darauf gerichtet, dem erzählenden Kind und seinen Lebensgeschichten im Unterricht Raum und Beachtung zu geben. Gegenwärtige Bemühungen um die Einrichtung von Erzählwerkstätten oder um die Übernahme des im angelsächsischen Bereich verbreiteten Ansatzes des *Storytellings* (vgl. Wright 1995) konzentrieren sich ganz darauf, die Erzählkompetenz des Kindes zu fördern. Diese entwickelt sich nach derzeitigem Verständnis als Stufenfolge „narrativer Schemata" von isolierten zu verbundenen, von linearen zu handlungslogisch strukturierten und ästhetisch qualifizierten ausdrucksvollen Darstellungen (vgl. Boueke & Schülein 1991). Dabei geht es aber nicht nur um den kompetenten Erzähler, sondern auch um den kompetenten Zuhörer. Geschichten Erzählen wird zum interaktiven Geschehen. Volkserzählungen lassen sich dabei auch als Schlüssel für die Erkenntnis natürlicher und sozialer Zusammenhänge nutzen.

5 Die Sachen und ihre Darstellungen reflektieren

Diskutieren im Sachunterricht: Darstellungen setzen ein Ende. Wer eine Sache darstellt, hat sich vorher mit ihr befasst. Er hat sich um ein subjektives Verstehen bemüht. Er hat seine Aufmerksamkeit, seine Neugierde, seine Geduld investiert, seine Überraschungen erlebt, seine Widerstände ausgehalten, seine Freude ausgekostet. Die Sache hat seine Erinnerungen geweckt, seine Vorstellungen angeregt, seine Bilder und Phantasien. Sie hat seine Bewegungen, seine Emotionen ausgelöst, hat seine Empfindungen berührt. Er hat sie in sein Erleben genommen, in seine Sprache, in seine Begriffe gekleidet, hat sie auf seine Weise gedeutet, gewichtet, gedacht, geordnet. Verstehen geht darauf, äußere Sachen innerlich möglichst vielfältig zu verknüpfen. Piaget nennt diesen Vorgang Assimilation. Wenn Darstellungen nicht aus diesem Verstehen kommen, können sie leicht blass und aufgesetzt wirken. Gelungene Darstellungen sind dagegen eher Endpunkte eines Verstehens.

Aber indem Darstellungen das subjektive Verstehen nach außen geben, setzen sie zugleich einen Anfang. Außen treffen sie auf andere Wahrnehmungen, Empfindungen, Bewegungen, andere Erinnerungen und Erwartungen, andere Sprachen, andere Bedeutungen und Gewichtungen, andere Beziehungen und Ordnungen. Darstellungen geben ein Produkt subjektiven Verstehens nach außen in einen Raum der Intersubjektivität. Dort trifft das Produkt auf ein anderes Verstehen. Das andere Verstehen kann bestätigen, neue Beziehungen hinzufügen, kann aber auch in Frage stellen, widersprechen, kann anders erleben, ordnen, gewichten. In jedem Falle profitiert davon das eigene Verstehen. Aus sich herausgehend, gewinnt es an Objektivität. Verstehen hat nicht nur eine subjektive, es hat auch eine objektive Seite. Diese macht das Verstehen anschlussfähig. Es geht im Verstehen nicht nur um subjektive Authentizität, es geht auch um objektive Verbindlichkeit. Deshalb mündet die Darstellung notwendig in ein Gespräch.

Das Gespräch ist im Sachunterricht der zentrale Ort, an dem Kinder ihr Erleben und ihre Ansichten der Welt darstellen und aushandeln können. In Gesprächen lässt sich das Leben wiederholen, ja sogar fortsetzen, lässt sich das Leben neu entwerfen, voraus leben, lassen sich Bewegungen und Empfindungen ausleben und mitteilen. Im Gespräch findet lebendige Begegnung statt. An diese Lebensfunktion des Gesprächs ist auch zu denken, wenn seine Bedeutung für den Sachunterricht bestimmt werden soll. Solche Gespräche knüpfen häufig an Erzählungen an. Aber in dem Maße, in dem der Sachunterricht Kinder dazu herausfordert, in ein objektivierendes Verhältnis zu den Sachen und zu seiner Welt zu treten, gewinnt die reflexive Funktion des Gesprächs als Ort intersubjektiven Austauschs an Bedeutung. Je mehr solche Gespräche sich aus lebendigen Gesten lösen, je mehr sie sich wenden, zurückwenden, um im Medium von Zeichen die Sachen, die Welt, das Leben, die subjektiven Ansichten und Bilder zu reflektieren, desto mehr sind sie daran zu bemessen, was sie zur Sachklärung beitragen. In solche Gespräche kommt – wenn sie diesem Anspruch genügen – eine Vorbehaltlosigkeit, die alle Beiträge gleich setzt. Alle sind gleich vor dem Anspruch, ein zutreffendes Bild von der Sache zu zeichnen. Jeder Beitrag ist gleich wichtig. Das Gewicht, die Beachtung gilt dem vernünftigen Subjekt. Habermas macht darauf aufmerksam, dass diese vorbehaltlose, kritisch prüfende Intersubjektivität nicht nur gute Voraussetzungen schafft, die Sachen zu klären. Sie ist auch ein Prinzip des guten, gerechten Lebens (vgl. Habermas 1971).

Der Sachunterricht muss langfristig an Strukturen arbeiten, die solche Gespräche stützen können. Otto, Gaudig, Petersen und viele andere haben dazu wichtige pädagogische Erfahrungen gesammelt. Im Anschluss an Nelson und Wagenschein nennen wir solche Gespräche heute „*sokratisch*". Sokratische Gespräche leben aus den Deutungen der Lernenden. Alle Aktivität des Lehrenden ist darauf gerichtet, den intersubjektiven Prozess der Generierung und des Austausches von Deutungen so zu fördern, dass er zur Sache kommt. Zu diesem Zweck wird er anregen und ermutigen, provozieren und mahnen, kritisch einwenden und konfrontieren, auch Akzente setzen oder gar informieren und – wo nötig – das Gespräch ins Nachdenken über seine eigenen Grundlagen bringen. Zu diesem Zweck wird er sich selbst nach Kräften sachkundig machen. Aber er wird sich hüten, an die Stelle der Deutungen Lernender seine eigenen maßgeblichen Deutungen zu setzen. Das schließt auch den Verzicht auf alle Kniffe ein, die eigene Deutung insgeheim durchzusetzen. In diesem Sinne ist das sokratische Gespräch Methode eines konstruktiv-genetischen Unterrichts: „Das ‚sokratische' Gespräch ist eine Schule des Denkens, der Imagination, der Sprachfähigkeit, des Erschließens und Findens im Austausch mit anderen und eine Übung der Urteilskraft. Das Genetische ist das zentrale anthropologische und lerntheoretische Prinzip des Verstehens und Verstehen-Lehrens: des operativen Nachkonstruierens von Sachverhalten, der Kontinuität des Verstehens als lebendiger Vorgang und des Rechtes der Lernenden auf Verstehen des Verstehbaren" (Köhnlein 2006, S. 35).

Philosophieren mit Kindern: Popper hat unser Wissen, insbesondere das der Wissenschaft, mit einem Bauwerk verglichen, dessen Pfeiler wir immer tiefer in einen Sumpf treiben, ohne freilich je auf Grund zu stoßen. Das Bild lässt sich erweitern: Wir können unserem Wissen beliebig viele Pfeiler hinzugeben, es wird dennoch nie vollständig. Die unabschließbare Frage nach den Gründen und dem Ganzen, dem Ende und Ziel unseres Wissens, Hoffens und Tuns und unserer Existenz in dieser Welt ist Philosophie. Es gibt – in Varianten – die Auffassung, die philosophische Frage stelle sich erst am Ende, setze tiefes und breites Wissen und Verstehen voraus. Dagegen spricht, dass die Philosophie am Anfang steht, vor aller Wissenschaft. Auch das anfängliche Wissen und Verstehen der Kinder sucht Halt und Orientierung, wenn es sich in eine noch unbekannte Welt vortastet. Auch wenn es bei dieser Suche erst recht keinen Grund und kein Ende findet, so gewinnt es doch möglicherweise an Rationalität, Autonomie und Humanität (vgl. Jablonski 2003).

In Deutschland wird dem Philosophieren mit Kindern, anknüpfend an Anstöße aus dem angelsächsischen Bereich (Lipman, Matthews) seit den 1980er Jahren Beachtung geschenkt. Dabei geht es darum, das Kommunizieren, Argumentieren und Nachdenken zu fördern. So wichtig es ist, dafür eigene Materialien und geeignete Themen zusammenzustellen, so sehr bedarf es doch der Integration philosophischen Fragens in die Lernzusammenhänge des Sachunterrichts. Hier – inmitten der Sachreflexionen der Kinder – mag es immer wieder aufbrechen, ungeplant, unplanbar, aber doch aus dem Reichtum des Erlebens realer, authentischer Sachbegegnungen und den Anregungen und Freiheiten einer sokratisch-genetischen Unterrichtskultur schöpfend.

Literatur

Aebli, H. (1983): Zwölf Grundformen des Lehrens. Stuttgart. – Apel, H.J. (2002): Präsentieren – die gute Darstellung. Baltmannsweiler. – Ausubel, D.P. (1974): Psychologie des Unterrichts. Weinheim. – Boueke, D. & Schülein, F. (1991): Kindliches Erzählen als Realisierung eines narrativen Schemas. In: Ewers, H.-H. (Hrsg.): Kindliches Erzählen – Erzählen für Kinder. Weinheim und Basel. S. 13-41. – Einsiedler, W. (1999): Spielförderung in der Schule – Einige Befunde aus der empirischen Forschung. In: Petillon, H. & Valtin, R. (Hrsg.): Spielen in der Grundschule. Frankfurt am Main. S. 67-73. – Fladerer, D. & Hurrelmann, B. (1984): Erzählen im Klassenzimmer. Eine empirische Studie zum ‚freien' Erzählen. In: Ehrlich, K. (Hrsg.): Erzählen in der Schule. Tübingen. S. 223-249. – Giel, K. (1974): Perspektiven des Sachunterrichts. In: Giel, K., Hiller, G.G. & Krämer, H.: Stücke zu einem mehrperspektivischen Unterricht. Aufsätze zur Konzeption. Stuttgart. S. 34-66. – Glöckel, H. (1992): Vom Unterricht. Bad Heilbrunn. – Habermas, J. (1971): Vorbereitende Bemerkungen zu einer Theorie der kommunikativen Kompetenz. In: Habermas J. & Luhmann, N.: Theorie der Gesellschaft oder Sozialtechnologie – Was leistet die Systemforschung? Frankfurt am Main. S. 101-141. – Hartinger, A. & Mörtl-Hafizović, D. (2003): Lehren und Lernen in situierten Lernbedingungen. In: Reeken, D. v. (Hrsg.): Handbuch Methoden im Sachunterricht. Baltmannsweiler. S. 254-261. – Helmke, A. (2003): Unterrichtsqualität erfassen, bewerten, verbessern. Seelze. – Jablonski, M. (2003): Philosophieren mit Kindern. In: Reeken, D. v. (Hrsg.): Handbuch Methoden im Sachunterricht. Baltmannsweiler. S. 196-205. – Köhnlein, W. (2006): Thesen und Beispiele zum Bildungswert des Sachunterrichts. In: Cech, D., Fischer, H.J., Holl-Giese, W., Knörzer, M. & Schrenk, M. (Hrsg.): Bildungswert des Sachunterrichts. Bad Heilbrunn. S. 17-38. – Kohler, B. (2000): Konstruktivistische Ansätze für den Sachunterricht. In: Löffler, G., Möhle, V., von Reeken, D. & Schwier, V. (Hrsg.): Sachunterricht – Zwischen Fachbezug und Integration. Bad Heilbrunn. S. 108-146. – Krappmann, L. (1999): Spielen, Lernen und Bildung. In: Petillon, H. & Valtin, R. (Hrsg.): Spielen in der Grundschule. Frankfurt am Main. S. 54-66. – Lipowsky, F. (2002): Zur Qualität offener Lernsituationen im Spiegel empirischer Forschungen – Auf die Mikroebene kommt es an. In: Drews, U. & Wallrabenstein, W. (Hrsg.): Freiarbeit in der Grundschule. Frankfurt am Main. S. 126-159. – Petillon, H. (1993): Soziales Lernen in der Grundschule. Frankfurt am Main. – Prange, K. (1983): Bauformen des Unterrichts. Bad Heilbrunn. – Roth, H. (1957): Pädagogische Psychologie des Lehrens und Lernens. Berlin, Hannover & Frankfurt. – Schwier, V. (2003): Präsentationen. In: Reeken, D. v. (Hrsg.): Handbuch Methoden im Sachunterricht. Baltmannsweiler. S. 206-216. – Stöcker, K. (1970): Neuzeitliche Unterrichtsgestaltung. 13. neubearb. u. erw. Aufl. München. – Treinies, G. & Einsiedler, W. (1996): Zur Vereinbarkeit von Steigerung der Lernleistungsniveaus und Verringerung von Leistungsunterschieden in Grundschulklassen. In: Unterrichtswissenschaft 24, S. 290-311. – Weinert, F.E. (1996): Lerntheorien und Instruktionsmodelle. In: Weinert, F.E. (Hrsg): Psychologie des Lernens und der Instruktion. Enzyklopädie der Psychologie. Göttingen, Bern, Toronto & Seattle. S. 1-48. – Weinert, F.E., Schrader, F.-W. & Helmke, A. (1990): Educational expertise: Closing the gap between educational research and classroom practice. School Pyschology International, 11, S. 163-180. – Wright, A. (1995): Storytelling with Children. Oxford u.a.

4.2 Medien – Repräsentationsformen und Arbeitsmittel

73| Originale Begegnung
Britta Kohler

1 Einleitung und Begriffsklärung

Der Begriff „original" leitet sich vom lateinischen „origo" ab, was soviel wie Ursprung, Entstehung oder Herkunft bedeutet, bzw. vom ebenfalls lateinischen „originale", das eine Urschrift oder einen Urtext meint. Kern der Bedeutung ist also das Ursprüngliche, das nicht Veränderte, das nicht Überformte, das nicht Kopierte, wie es auch für den Begriff des Originals in der Kunst gilt. Eine originale Begegnung im didaktischen Kontext meint nun, dass Lernende mit einem nicht überformten, nicht veränderten, nicht in seiner Schwierigkeit oder Komplexität reduzierten, also nicht didaktisch zubereiteten (Lern-)Inhalt zusammentreffen, wobei dieser (Lern-)Inhalt beispielsweise ein Gegenstand, ein Lebewesen oder ein Phänomen sein kann.

Bei einem Zusammentreffen von Lerninhalt und Lernenden ist es möglich, den Fokus auf die Prozesse zu legen, die sich bei den Lernenden abspielen oder die Lehrende für sie initiieren, sich also z.B. mit Verstehensprozessen bei Kindern oder mit problemorientiertem Sachunterricht auseinander zu setzen, oder es kann eine Konzentration auf den Lerninhalt und die Frage seiner Repräsentation erfolgen. Letzteres soll hier geschehen, um Überschneidungen innerhalb des Buches zu vermeiden und um seiner Systematik gerecht zu werden, ist aber keinesfalls zwangsläufig.

2 Kennzeichen und Begründungen originaler Begegnungen

2.1 Originale Begegnungen in der Geschichte der Pädagogik

Die Aufforderung, vom reinen Buchunterricht oder vom Lehren nur mit Tafel und Kreide wegzukommen, zieht sich wie ein roter Faden durch die Geschichte der Pädagogik. Bereits Jean-Jacques Rousseau (1712-1778) schrieb in seinem Erziehungsroman „Emile oder über die Erziehung": „Ihr wollt z.b. diesem Kind die Geographie beibringen und holt Erd- und Himmelsgloben und -karten herbei: welcher Apparat! Wozu alle diese Abbildungen? Warum zeigt ihr ihm nicht von Anfang an den Gegenstand selbst, damit es wenigstens weiß, wovon ihr mit ihm redet?" (Rousseau 1763/1998, S. 160). Nach Pädagogen wie z.b. Christian Gotthilf Salzmann (1744-1811) oder Adolf Diesterweg (1790-1866) waren es dann insbesondere Vertreterinnen und Vertreter der Reformpädagogik, die für originale Begegnungen plädierten, sei es innerhalb von Lehrgängen, Heimatgängen oder Exkursionen oder mit Hilfe der Arbeit in Küchen, Schulgärten und anderen Arbeitsstätten. Beispielhaft sei hier an den Leipziger Lehrerverein oder an Ellen Key (1849-1926) erinnert.

2.2 Originale Begegnungen aus heutiger Sicht

Für originale Begegnungen im Sachunterricht gibt es zahlreiche Begründungen, die sich im Wesentlichen zu zwei Begründungssträngen zusammenfassen lassen: Der erste Begründungsstrang bezieht sich auf die Art und Weise, wie Kinder lernen, während der zweite Begründungsstrang sich aus den Bedingungen herleitet, unter denen Kinder heute überwiegend aufwachsen. Im konkreten Fall kann eine Begründung jedoch beiden Seiten zugeordnet werden, so z.B. dann, wenn das Argument der sinnlichen Erfahrung genannt wird, welches sowohl allgemein bedeutsam für kindliche Lernprozesse ist als auch mit Blick auf die Bedingungen heutiger Kindheiten zunehmende Wichtigkeit erlangt.
Finden originale Begegnungen außerhalb des Klassenzimmers statt, indem Orte in der Natur (z.B. Wiese, Wald), Bauwerke (z.B. Fachwerkhaus, Stadtmauer), Handwerksbetriebe (z.B. Bäckerei, Schreinerei), Geschäfte (z.B. Supermarkt, Eine-Welt-Laden) oder kommunale Einrichtungen (z.B. Feuerwehr, Kläranlage) und auch sehr modern anmutende Orte (z.B. Postverteilungszentrum, Copyshop) aufgesucht werden, so zeichnen sich diese Begegnungen mit den jeweiligen Gegebenheiten zunächst einmal dadurch aus, dass sie in „echten", komplexen, ungefilterten, nicht didaktisch reduzierten oder nach Fächern vorstrukturierten Situationen stattfinden. Diese Echtheit und Lebensnähe macht das Lernen für die Kinder subjektiv bedeutsam. Zudem werden die Kinder in ihrer „Ganzheit", also auch in ihrer Emotionalität und Körperlichkeit, angesprochen, und es wer-

den ihnen vielfache Sinneserfahrungen ermöglicht. Besonders lernintensiv können originale Begegnungen in echten, authentischen Kontexten häufig dann werden, wenn Experten bei ihrer täglichen Arbeit mit all ihrem Strategiewissen beobachtet werden können und den Kindern die Möglichkeit eingeräumt wird, in möglichst sinnvoller, authentischer Weise tätig zu werden (Kohler 2001).

Diese Begründungen für originale Begegnungen sind sicher nicht neu. Sie werden aber deshalb zunehmend wichtig, weil Kinder heute mehr und mehr nicht nur ihre Schulzeit, sondern ihr gesamtes Leben in vorstrukturierten, reduzierten und eigens für sie inszenierten Umgebungen verbringen. Während die Schule beispielsweise vor 100 Jahren insbesondere im ländlichen Raum noch viele grundlegende und „ganzheitlich" gemachte Erfahrungen mit der Natur oder mit Haus und Dorf voraussetzen konnte, muss sie diese heute oftmals erst herstellen. Insbesondere das Wissen um Zusammenhänge und Abfolgen, aber auch um viele Details gerät heute leicht aus dem Blick. Kinder, die ihre Umgebung stark medial vermittelt erleben, nehmen zudem ihre Informationen nur über zwei Sinne und auch nur zweidimensional auf, ohne eigene Involviertheit und nicht im Tun und Austausch mit anderen. Für sie sind originale Begegnungen mit realen Objekten und Phänomenen von besonders großer Bedeutung.

2.3 Orte für originale Begegnungen

Originale Begegnungen mit Objekten oder Phänomenen an originalen Orten beinhalten die Kennzeichen und Vorteile originaler Begegnungen in der Regel in stärkerem Maße als Begegnungen, die im Klassenzimmer stattfinden. Die Erlebnisvielfalt im Klassenzimmer ist im Vergleich zu jener außerhalb deutlich eingeschränkter, und auch die Einbettung von Phänomenen oder Objekten in ihre eigentlichen Kontexte kann nicht erfahren werden. Dadurch können sich leicht unzureichende oder gänzlich falsche Vorstellungen aufbauen, so z.B. dann, wenn von Pflanzen immer nur oberirdische Teile mitgebracht werden oder Tiere in kleinen Schachteln ihre artspezifischen Verhaltens- und Fortbewegungsweisen nicht zeigen können.

Dennoch ist es nicht immer erforderlich und in manchen Fällen auch nicht ökonomisch, wenn Klassen sich immer zu originalen, authentischen Orten aufmachen. Oftmals genügt es auch, einen „mittleren Grad an Authentizität" anzubieten und beispielsweise Pflanzen mit Topfballen oder Tiere mit ihren Wirtspflanzen mitzubringen. Zudem können selbst ganz einfache originale Begegnungen ihren Stellenwert und ihre Bedeutung haben So kann beispielsweise auch der mitgebrachte Veilchenstrauß betrachtet und beschrieben werden und zum Riechen und Genießen einladen.

In vielen Fällen ist auch ein gestuftes Vorgehen denkbar, bei dem zunächst ein Lerngang an einen ursprünglichen, authentischen Ort unternommen wird, von dem dann einige Objekte mit ins Klassenzimmer gebracht werden. Diese Objekte können dann der Rekonstruktion des Lernganges dienen oder können noch einmal gründlich befragt, untersucht und beschrieben werden. An dieser Stelle haben dann oft auch andere Medien wie Modelle oder Schaubilder ihren Platz und ihre Bedeutung.

2.4 Lernen in authentischen Situationen aus kognitionspsychologischer Sicht

Anfang der 1990er Jahre wurden im deutschsprachigen Raum Forschungsergebnisse aus den USA zum sog. „trägen Wissen" bekannt. Sie zeigen u.a., dass das in der Schule im üblichen Unterricht erworbene Wissen nur schwer in anderen Situationen genutzt werden kann, weil es an die jeweilige Lernsituation oder Aufgabenstruktur gebunden bleibt und getrennt vom jeweiligen Alltagswissen abgespeichert wird. Auf diese Weise kommt es zu keinen Verbindungen eigentlich zusammengehörender Wissensbestände. Je nach Kontext gelangt entweder das Schul- oder das Alltagswissen zur Anwendung, während die andere Wissenskomponente ungenutzt – also träge – bleibt. Ein eindrückliches Beispiel zum Phänomen des trägen Wissens stammt von Striley (1988, zit. nach Mandl, Gruber & Renkl 1993): Es wird von Schülerinnen und Schülern berichtet, die im Physikunterricht problemlos Geschwindigkeit und Position bewegter Objekte bestimmen können, die aber nicht in der Lage sind, korrekt die Flugbahn eines Fußballs zu beschreiben, der über eine Klippe geschossen wird. Hier verwenden die Lernenden Modelle, die an Comicsequenzen erinnern: Sie nehmen an, der Ball würde zunächst geradlinig weiterfliegen, um dann plötzlich im rechten Winkel dazu zu Boden zu fallen (vgl. auch die Forschungen zum Konzeptwechsel von Möller, z.B. Jonen, Möller & Hardy 2003, oder zur situierten Kognition, z.B. Mandl & Gerstenmaier 2000; vgl. auch Stern 2003).

Im Hinblick auf die Frage, wie der Entstehung trägen Wissens in der Schule vorgebeugt werden kann, wird dann darauf hingewiesen, dass sich der Unterricht von kleinschrittigen, künstlichen und isoliert stehenden (Schulbuch-)Aufgaben lösen muss. Als eine Möglichkeit sinnvollen zukünftigen Lernens wird das Lernen in oder ausgehend von authentischen Situationen propagiert, also das Lernen in oder ausgehend von echten, komplexen, ungefilterten und didaktisch nicht reduzierten Situationen, in denen neben praktisch tauglichem Wissen gleichzeitig Strategien der Problembewältigung erworben werden können (z.B. Cognition and Technology Group at Vanderbilt 1992). Ein solches Lernen kann im Sachunterricht – zumindest ansatzweise – dann realisiert werden, wenn originale Begegnungen an authentischen Orten stattfinden, die sich nicht in einer Art Besichtigung erschöpfen, sondern die zum Lösen auch komplexer Probleme auffordern (Kohler 1998, 2000). Einige Autoren weisen bei diesen Überlegungen auch auf die Bedeutung von Lehrlingsverhältnissen hin (z.b. Collins, Brown & Newman 1989; Gardner 1996) und können so Lehrenden die Vorteile einer temporären Mitarbeit außerschulischer Experten aufzeigen.

3 Probleme und Grenzen originaler Begegnungen

Originale Begegnungen bedeuten für Lehrende häufig erst einmal einen höheren Vorbereitungs- und Organisationsaufwand und oftmals auch einen höheren Zeitaufwand bei der Durchführung. Doch neben eher unterrichtspraktischen Problemen oder Einschränkungen warten originale Begegnungen auch mit grundsätzlichen Problemen und Grenzen auf, v.a. dann, wenn sie an authentischen Orten stattfinden. Diese Probleme und Grenzen beginnen schon einmal damit, dass bei originalen Begegnungen wesentliche und unwesentliche Dinge nebeneinanderher existieren oder miteinander vermengt sind, und es keine Garantie dafür gibt, dass sich die Kinder auf das konzentrieren, was für die Lehrkraft im Zentrum steht. Auch ist manchmal nicht einmal sicher, ob es zu der anvisierten originalen Begegnung überhaupt kommt. So kann es beispielsweise bei einem Lerngang in den Wald durchaus geschehen, dass keines der eigentlich interessierenden Wildtiere zu beobachten ist. Auch sind außerschulische Experten, also z.b. ein Gärtner, Müller oder kommunaler Angestellter, die für eine originale Begegnung vielleicht als wichtig erachtet werden, zum Teil kaum in der Lage, sich auf die Sprach- und Verstehensebene der Kinder zu begeben. Zu bedenken ist außerdem, dass viele an und für sich interessante Orte für Kinder schwer zu durchschauen sind. Dies gilt insbesondere für Betriebe und Anlagen, die im Wesentlichen elektronisch gesteuert werden und deren Funktionsweise sich aus der direkten Beobachtung nicht erschließen lässt. Originale Begegnungen mit Objekten oder Lebewesen im Klassenzimmer sind sicher besser planbar und bringen auch keine langen Wege für die Lernenden mit sich. Sie bedeuten allerdings oftmals einen hohen Vorbereitungs- und Beschaffungsaufwand oder beinhalten den Nachteil, dass sich viele Kinder um ein einziges Objekt scharen müssen, was u.U. den Lerngewinn verringern und Disziplinprobleme verstärken kann.

Literatur

Cognition and Technology Group at Vanderbilt (1992): The Jasper series as an example of anchored instruction: Theory, program description, and assessment data. In: Educational Psychologist, 27, pp. 291-315. – Collins, A., Brown, J. S. & Newman, S. E. (1989): Cognitive apprenticeship: Teaching the crafts of reading, writing, and mathematics. In: Resnick, L. B. (Ed.): Knowing, learning, and instruction. Hillsdale, NJ, pp. 453-494. – Gardner, H. (1996): Der ungeschulte Kopf. Wie Kinder denken. 3. Aufl. Stuttgart. – Jonen, A., Möller, K. & Hardy, I. (2003): Lernen als Veränderung von Konzepten - am Beispiel einer Untersuchung zum naturwissenschaftlichen Lernen in der Grundschule. In: Cech, D. & Schwier, H.-J. (Hrsg.): Lernwege und Aneignungsformen im Sachunterricht. Bad Heilbrunn, S. 93-108. Kohler, B (1998): Problemorientierte Gestaltung von Lernumgebungen.

Weinheim. – Kohler, B. (2000): Konstruktivistische Ansätze für den Sachunterricht. In: Löffler, G., Möhle, V., Reeken, D. v. & Schwier, V. (Hrsg.): Sachunterricht. Zwischen Fachbezug und Integration. Bad Heilbrunn, S. 108-133. – Kohler, B. (2001): Lerngänge. Authentisches Lernen mit Experten. In: Grundschule, 33, H.5, S. 57-59. – Mandl, H. & Gerstenmaier, J. (Hrsg.) (2000). Die Kluft zwischen Wissen und Handeln. Hogrefe. – Mandl, H., Gruber, H. & Renkl, A. (1993): Lernen im Physikunterricht. Brückenschlag zwischen wissenschaftlicher Theorie und menschlichen Erfahrungen. In: Deutsche Physikalische Gesellschaft (Hrsg.): Didaktik der Physik. Esslingen, S. 21-36. – Rousseau, J.-J. (1763/1998): Emil oder über die Erziehung. Paderborn. – Stern, E. (2003). Kompetenzerwerb in anspruchsvollen Inhaltsgebieten bei Grundschulkindern. In: Cech, D. & Schwier, H.-J. (Hrsg.): Lernwege und Aneignungsformen im Sachunterricht. Bad Heilbrunn, S. 37-58.

74| Expertinnen und Experten
Gudrun Schönknecht

Die Forderung nach Integration von außerschulischen Experten in die Schule hat eine lange Tradition; sie wurde bereits in der Reformpädagogik gestellt und ist im Zusammenhang mit fächerübergreifendem Unterricht, Projektarbeit und der Öffnung der Schule aktuell. Expert/innen besitzen – meist durch ihre berufliche Tätigkeit – in einem Fachgebiet umfangreiches theoretisches und praktisches Wissen, sog. Expertise, die in den Unterricht eingebunden werden kann. Seit den 1980er Jahren setzt sich zusätzlich eine zweite Bedeutung von Experten im Unterricht durch: Hier geht es darum, dass Kinder im Unterricht die Rolle von Experten übernehmen.

1 Experten im Sachunterricht

Kernaufgabe des Sachunterrichts ist die Erschließung der Lebenswelt der Kinder und damit die Erkundung natürlicher, gesellschaftlicher und technischer Lebensbereiche. Durch Arbeit mit Experten vor Ort und Expertenbefragungen im Unterricht kann das Verständnis für komplexe Sachverhalte gefördert werden. Neben der Fachkompetenz von Experten ist deren Authentizität (Realitätsbezug, Lernen am Modell) hierbei ein wichtiger Aspekt. Experten haben vielseitiges theoretisches und praktisches Wissen in ihrem Gebiet, sie können aufgrund ihrer oft jahrelangen Berufs- und Lebenserfahrung auf die vielfältigen, oft sehr detaillierten Fragen und Interessen von Grundschulkindern fundiert eingehen. Lehrer/innen können sich zwar in die vielfältigen Themenbereiche des Sachunterrichts einarbeiten, i.d.R. aber keine Expertise erlangen (zu Besonderheiten des Expertenwissens s.3).

In der Grundschule ist ein durchaus *vielfältiger Einsatz von Experten* möglich. Experten können in viele Bereiche des Unterrichts und des Schullebens einbezogen werden (Schlüter 2005, Purmann 1998, Steinig 1995): In vielen Themenbereichen des *Sachunterrichts* bietet sich die Zusammenarbeit mit Experten an (Verkehrspolizist/in, Ärzt/innen, Rettungssanitäter/innen, Förster/in, Bäcker/in, Heimatpfleger/in, Experten aus der Gemeinde, z.b. im Bereich der Wasserversorgung, der Müllbeseitigung oder der Verwaltung) – v.a. bei Fragen, die mit den in der Schule zur Verfügung stehenden Quellen nicht zufrieden stellend beantwortet werden können.

Im *historischen Lernbereich* hat die Arbeit mit Experten einen besonders hohen Stellenwert. Sie führen z.b. als Mitarbeiter/innen von Museen oder Archiven in fachspezifische Arbeitsweisen, wie die Arbeit mit historischem Quellenmaterial, ein. Die Befragung von Zeitzeugen („oral history") gilt zudem als wichtige fachspezifische Methode (Popp 2005, Michalik 2003).

Experten aus dem engeren Schulumfeld werden in Unterricht und *Schulleben* einbezogen (Eltern, Senior/innen, auch ältere Schüler/innen, z.b. als Experten von weiterführenden Schulen). Experten bieten auch *Arbeitsgemeinschaften oder Kurse* für die Schule an (z.b. Schach-, Computer-, Sport- oder Bewegungsangebote). Auch in Klassen- oder Schulprojekte (z.b. Schulhofgestaltung, Gesunde Pause) werden Experten über meist ehrenamtliche Mitarbeit eingebunden.

Arbeit mit Experten sollte geplant werden, und es ist sinnvoll, dass Kinder sich in einem Gebiet bereits Wissen erarbeitet haben, bevor Kontakt mit Experten aufgenommen wird. Auf dieser Grundlage können sie eigene Fragen stellen und ihre Interessen einbringen. Die Aufgaben von Lehrer/innen sind somit vor allem in der gründlichen Vorbereitung zu sehen. Neben der Themenabsprache für Vorträge und Befragungen sollten auch sinnvolle Handlungsmöglichkeiten für Kinder mit den Experten abgesprochen werden: Geeignet sind dabei v.a. komplexe, authentische Problemstellungen, bei deren Bearbeitung die Kinder von Experten als Mentoren begleitet werden.

Im Sachunterricht ist die Arbeit mit Experten sowohl im Klassenzimmer als auch in außerschulischen Lernorten möglich (vgl. die Beiträge von Kohler und Salzmann in diesem Band, Nr. 73 bzw. Nr. 68). *Experten* stehen für Befragungen *in der Schule* zur Verfügung, bringen Anschauungsmaterial aus ihrem Arbeitsbereich mit. Bei manchen Themen ist es auch sinnvoll, längerfristig angelegte, kursartige Veranstaltungen anzubieten (z.b. Verkehrserziehung, Streitschlichtung, Schulsanitäterausbildung).

Bei *Lerngängen zu Experten* können Kinder zusätzlich zur Möglichkeit der Expertenbefragung in authentische Arbeitsprozesse im Sinne einer „Handwerkerlehre" integriert werden. Die Experten sollten hierbei nach dem Modell der „cognitive apprenticeship" (s.3) vorgehen. An möglichst authentischen Aufgabenstellungen (z.b. Gemeinderatssitzung) erwerben die Kinder – begleitet von

Experten, die ihnen auf ihren Lernfortschritt abgestimmte Hilfen und Hinweise anbieten – Wissen und Handlungskompetenzen. Sie erschließen sich somit Vorgehensweisen und Problemlöseverfahren in komplexen, lebensnahen Aufgabenstellungen.

Für *Befragungen von Experten* bieten sich verschiedene Möglichkeiten an: *Schriftliche Anfragen* (Briefe oder E-Mails), vor allem aber *Interviews und Befragungen vor Ort und in der Schule.* Fragen werden gesammelt und zusammengestellt, sinnvolle und handhabbare Möglichkeiten der Dokumentation ausgewählt und vorbereitet (Tonband oder digitale Aufnahmegeräte, freie Notizen, Protokolle, Fotos). Gesprächssituationen und verschiedene Fragetechniken sollten im Unterricht vorbereitet werden, z.b. durch Rollenspiele. Expertenbefragungen können als individuelle Hausaufgabe (z.b. Befragung von Familienmitgliedern), in Kleingruppen oder mit der ganzen Klasse durchgeführt werden. An die Dokumentation der Ergebnisse schließt sich die Auswertung an, bei der, je nach Art der Expertenarbeit, unterschiedliche sachunterrichtsspezifische Auswertungsmethoden genutzt werden (z.b. Sachzeichnungen, Tabellen, Grafiken, Sachtexte, biographische Texte).

2 Kinder als Experten

Etwa seit den 1980er Jahren wird in der Grundschulpädagogik auch die Bedeutung von Kindern als Experten im (Sach-)Unterricht thematisiert. Mit dieser Form der Expertenarbeit können die vielfältigen Interessensgebiete von Grundschulkindern, die sie oft auch neben der Schule verfolgen, in die Unterrichtsarbeit einbezogen und damit gewürdigt werden.

Viele Grundschulkinder haben vielfältige Expertisen in sachunterrichtsnahen Themengebieten, sie beschäftigen sich z.b. sehr intensiv mit Tieren oder Naturphänomenen, haben Freizeitbeschäftigungen in unterschiedlichen Gebieten oder interessieren sich für technische und gesellschaftliche Themen. Im Rahmen offener Unterrichtsarbeit können sie ihre Interessen z.b. in Form von Vorträgen (Garlichs 1990, S. 38ff.), Expertenrunden (Freudenberger-Lötz 1997) oder in Forscherheften (Altmann-Pöhnl 2003) dokumentieren und damit ihr Expertenwissen in den Unterricht einbringen.

Neben dieser Form der Expertenarbeit, die meist außerschulisch erworbene Kenntnisse und Fähigkeiten würdigt, sollte im Sachunterricht auch die Möglichkeit gegeben werden, eigene Interessen zu entwickeln und ihnen nachzugehen. In Unterrichtsprojekten oder in „Freien Forscherzeiten" können sich Kinder in sachunterrichtliche Themen vertieft einarbeiten (Purmann 1982). Die Lehrpläne einiger Bundesländer sehen die Arbeit an „eigenen" Themen der Kinder bereits explizit vor.

3 Forschungsergebnisse

Auf grundschul- und sachunterrichtsspezifische Forschung zum Lernen mit Experten in der Schule kann kaum zurückgegriffen werden. Wichtige Hinweise zur Gestaltung des Lernens mit Experten können jedoch aus der Lehr- Lernforschung abgeleitet werden, spezifische Wirkungen des Expertenlernens sind im Bereich der Interessenförderung zu vermuten.

Um den Aufbau „trägen Wissens" zu verhindern, sollte neues Wissen in komplexen, problemorientierten und authentischen Situationen angeboten und angewendet werden (Reinmann-Rothmeier & Mandl 1996, Lankes 1997). Der Aufbau von Wissen soll als aktiver, selbstgesteuerter, konstruktiver, sozialer und situativer Prozess gestaltet werden. Beim Lernen mit Experten können problem- und handlungsorientierte Lernsituationen geschaffen werden, das Lernen findet im sozialen Kontext mit Mitschüler/innen und Expert/innen statt, und durch die Anleitung von Experten kann der Aufbau metakognitiver Kompetenzen gefördert werden.

Die *Expertiseforschung* zeigt, dass bei Experten eine „besonders innige Verknüpfung von Wissen und Denken" (Gruber 1999, S. 194) existiert, die Grundlage für ihr kompetentes Handeln ist. Expertenwissen unterscheidet sich von Novizenwissen darin, dass Fakten- und Handlungswissen miteinander verknüpft sind. Es ist prozedurales Wissen, das in der praktischen Auseinandersetzung mit komplexen Problemsituationen aufgebaut wird.

Der *„cognitive apprenticeship"-Ansatz* (Collins, Brown & Newman 1989, Reinmann-Rothmeier & Mandl 1996) bietet für das Lernen mit Experten wichtige Hinweise. Ähnlich der traditionellen Handwerkslehre wird hierbei über authentische Aktivitäten und soziale Interaktion in eine Expertenkultur eingeführt. Komplexe Problemstellungen werden immer wieder variiert, um flexible Wissensanwendung zu gewährleisten. Zentral sind in diesem Ansatz die *gezielte Anleitung und Unterstützung der Lernenden durch Experten*. Dabei stellt sich der Experte zunächst als Modell zur Verfügung, bevor die Lernenden sich selbst mit entsprechenden Problemen beschäftigen – zunächst mit Hilfestellungen, die dann allmählich zurückgenommen werden. Die Lernenden werden immer wieder dazu angehalten, ihre Denkprozesse und Problemlösestrategien zu artikulieren, mit anderen zu diskutieren und zu reflektieren. Schließlich sollen die Lernenden Problemstellungen selbstständig erforschen und lösen. Mit diesem Vorgehen werden die Selbststeuerung des Lernprozesses und der Erwerb von anspruchsvollen kognitiven Strategien, Problemlösekompetenz und anwendungsbezogenem Wissen angeleitet und unterstützt. Thiel berichtet über positive Effekte hinsichtlich sozialer und motivationaler Aspekte des Lernens. Fachleistungen konnten jedoch nur verbessert werden bei flankierender gezielter systematischer Instruktion (Thiel 2006, S. 374).

In einer Studie an der Grundschule Lohfelden-Vollmarshausen kommt Oßwald zu dem Ergebnis, dass u.a. durch die sog. „Vortragsarbeit", Interessenentwicklung gefördert wird (Oßwald 1995). Die Vortragsarbeit ist ein fester Bestandteil des pädagogischen Profils dieser Schule. Die Kinder halten zu selbst gewählten Themen Expertenvorträge (vgl. 2). Von großer Bedeutung sind die Ergebnisse dieser Studie insofern, als vor allem bei Kindern aus anregungsarmem Milieu oder einseitig interessierten Elternhäusern die Schule durch diese Form der Arbeit zur vielseitigen Entwicklung von Interessen beitragen konnte. Lernsituationen, die Schüler/innen durch freie Themenwahl oder eigenständiges Arbeiten mitgestalten konnten, erschienen als besonders geeignet, Interessenentwicklung anzuregen.

Literatur

Altmann-Pöhnl, G. (2003). Warum dürfen wir nicht lernen, was uns interessiert? In: Sache – Wort – Zahl, 31, H.1, S. 50-53. – Collins, A., Brown, J.S. & Newman, S.E. (1989): Cognitive apprenticeship: Teaching the crafts of reading, writing and mathematics. In: Resnick, L.B. (Hrsg.): Knowing, Learning and Instruction. Hillsdale, S. 453-494. – Freudenberger-Lötz, P. (1997): Wo Selbständigkeit wachsen kann: Expertenrunden. In: Grundschule, 29 , H.10, S. 41-42. – Garlichs, A. (1990): Alltag im offenen Unterricht. Das Beispiel Lohfelden-Vollmarshausen. Frankfurt a.M. – Gruber, H. (1999): Wie denken und was wissen Experten? In: Gruber, H., Mack, W. & Ziegler, A. (Hrsg.): Wissen und Denken. Beiträge aus Problemlösepsychologie und Wissenspsychologie. Wiesbaden, S. 193-209. – Lankes, E.-M. (1997): Wissen aufbauen und anwenden. Was bedeuten die Ergebnisse der Lernforschung für den Unterricht. In: Grundschule, 29, H.10, S. 10-12. – Michalik, K. (2003): Befragung und Zeitzeugenbefragung. In: von Reeken, D. (Hrsg.): Handbuch Methoden im Sachunterricht. Hohengehren, S. 30-38. – Oßwald, C. (1995): Interessen fördern durch offene Lernsituationen. In: Grundschule, 27, H.6, S. 22-23. – Popp, S. (2005): Geschichte begegnen. Experten unterstützen das historische Lernen im Sachunterricht. In: Grundschule, 37, H.11, S. 14-17. – Purmann, E. (1982): Auch wir leben auf einem Vulkan? Wie meine Italienreise zum Lernanlass für meine Schüler wurde. In: Grundschule, 14, H.8, S. 358-360. – Purmann, E. (1998): Die Schule für Experten öffnen. In: Die Grundschulzeitschrift, 12, H.116, S. 59. – Reinmann-Rothmeier, G. & Mandl, H. (1996): Lernen auf der Basis des Konstruktivismus. In: Computer und Unterricht, 23, S. 41-44. – Schlüter, H. (2005): „Meine Oma, die kann das!" Eltern als Experten im Unterricht. In: Grundschule, 37, H.11, S. 12-13. – Steinig, W. (1995): Experten im Unterricht. Nicht Lehrer – Schüler stellen die Fragen. In: Pädagogik, 47, H.1, S. 41-45. – Thiel, F. (2006): Lernen mit Experten. In: Arnold, K.H., Sandfuchs, U. & Wiechmann, J. (Hrsg.): Handbuch Unterricht. Bad Heilbrunn, S. 370-375.

75| Modelle
Kay Spreckelsen

1 Beispiele des Arbeitens mit Modellen im Sachunterricht

Wenn es zu den zentralen Aufgaben des Sachunterrichts zählt, „Schülerinnen und Schüler darin zu unterstützen, sich die natürliche, soziale und technisch gestaltete Umwelt bildungswirksam zu erschließen" (GDSU 2002, S. 2), so ist es erforderlich, diese Umwelt soweit wie möglich in den Unterricht, und das heißt in der Regel, ins Klassenzimmer herein zu holen. Hierfür bilden Modelle ein geeignetes Mittel, wesentliche Charakteristika von Phänomenen und Dingen der Alltagswelt den Schülerinnen und Schülern transparent zu machen. Wir können dabei je nach ihrem Bezug zum abzubildenden Vorbild verschiedene Modelltypen identifizieren:

1. Modelle als Abbilder von Gegenständen
a) aus der Natur (vorgegeben)
b) aus der Technik (gemacht)

2. Modelle als Abbilder von Zusammenhängen
a) von systemischen Zusammenhängen
b) von Wirkungszusammenhängen

3. Modelle als Abbilder von Abläufen
a) in der Natur
b) in sozialen Feldern

Dabei hat sich in den einzelnen Teilbereichen (Perspektiven) des Sachunterrichts eine Vielfalt von Modellen herausgebildet. Im Folgenden sollen einige solcher Modelle kurz skizziert werden:
– Raumbezogene Perspektive: Um die Umwelt der Schülerinnen und Schüler in das Klassenzimmer herein zu holen, dienen konkrete Modelle in mehr oder minder starkem Verkleinerungsgrad: Dies beginnt mit dem früher gerne verwendeten Sandkasten im Klassenzimmer, in dem die nähere Umwelt (z.B. die Schule und ihre Umgebung) nachgestaltet werden konnte, und findet seine Fortsetzung über Schrägbild und Senkrechtbild zur Karte (es darf beispielsweise auf die äußerst instruktive (und ästhetisch gelungene) Schleswig-Holstein-Karte von Otto Wommelsdorff, Carl Schietzel und Walter Schröder verwiesen werden, die diesen Zusammenhang verdeutlicht). Endpunkt dieser Modell-Entwicklung ist dann der Erdball als Globus.

– Naturbezogene Perspektive: Die hier im Unterricht verwendeten Modelle über-streichen einen weiten Bereich: So können für biologische Themenstellungen ausgestopfte Tierpräparate eine anschauliche Hilfe leisten. Zur Veranschauli-chung und Verdeutlichung physikalischer und chemischer Zusammenhänge dienen einfache, auch von den Schülerinnen und Schülern ausführbare Experi-mente. So kann beispielsweise der Zusammenhang von *Schwimmen, Schweben, Sinken* am Experiment *U-Boot in der Flasche* untersucht werden, wobei man ein Apfelsinenschalenstück (als Cartesianischen Taucher) in einer voll mit Wasser gefüllten Flasche (durch mehr oder weniger starken Druck auf die Wasser-oberfläche im Flaschenhals) absinken und wieder auftauchen sowie „schweben" lassen kann (Spreckelsen 2006, S. 18).

– Technische Perspektive: Hier geht es häufig um Funktionsmodelle, bei denen der grundlegende Mechanismus eines technischen Gerätes (z.b. einer Bohrma-schine, eines Hammerwerkes) modellhaft dargestellt wird. Dazu dienen beispielsweise für die Hand von Kindern geschaffene technische Baukästen (wie Matador (Holz), Stabilbaukästen (Metall), Fischer-Technik (Kunststoff); auch werden großtechnische Verfahren, wie z.b. die Papierherstellung in Schöpf-technik in einfachen Arbeitsschritten simuliert.

– Historische Perspektive: Hier könnten modellhaft Verhaltensweisen in frühen Kulturen, z.b. Feueranzünden in der Steinzeit oder Ähnliches durchgespielt werden, beispielsweise um die Schwierigkeiten deutlich werden zu lassen, de-nen sich Menschen in anderen, insbesondere früheren Kulturen ausgesetzt sa-hen.

– Sozial- und kulturwissenschaftliche Perspektive: In diesem Feld können Zu-sammenhänge und Gegebenheiten modellhaft in Rollenspielen dargestellt und behandelt werden. Dabei wird hier unter dem Gesichtspunkt des Modellhaften weniger das methodische Verhalten zur Bewältigung spezieller Problemlagen (wie z.b. Mobbing) betrachtet als vielmehr Abbilder spezieller Alltagssituationen (z.b. Einkaufen im Supermarkt).

2 Charakteristika und Grenzen der Verwendung von Modellen im Sachunterricht

An den vorangegangenen Beispielen wird deutlich, dass es sich bei der unterricht-lichen Verwendung von Modellen im Sachunterricht in aller Regel um mehr oder weniger vereinfachte Abbilder von Dingen oder Abläufen in der Alltagswelt han-delt. Entscheidend dabei ist, dass wesentliche Züge des jeweiligen Vorbildes im Modell wieder zutage treten, soweit sie für die unterrichtliche Behandlung benö-tigt werden. So müssen identische sachstrukturelle Charakteristika der jeweiligen

Alltags-Realität im entsprechenden Modell wieder vorfindbar sein. In dem elementaren physikalischen Versuch zum Schwimmen, Schweben, Sinken müssen die Grundlagen des archimedischen Prinzips gegeben und auch veranschaulichbar sein, in diesem Falle also der Zusammenhang zwischen dem Volumen des im Wasser befindlichen Körpers und dem Auftrieb, den er dort jeweils erfährt. In diesem Versuch kann nämlich klar gemacht werden, inwieweit sich der von außen wirkende Druck auf das Wasser auf den Körper fortsetzt und diesen zusammendrückt, so dass sich sein Rauminhalt verkleinert und daher seine Dichte (bei gleich bleibender Masse) zunimmt, so dass er somit spezifisch schwerer wird. Er verdrängt nun weniger Wasser, was seinen Auftrieb verringert, so dass er zu sinken beginnt. Dieser Zusammenhang ist direkt beobachtbar, nämlich am Modell selbst zu untersuchen. Hier stimmen Alltags-Realität und Modelleigenschaften strukturell überein. Das Apfelsinenschalenstückchen dagegen ist per se natürlich kein „U-Boot" und bedarf damit einer gewissen Phantasieleistung, um als solches interpretiert zu werden.

Damit werden zugleich Grenzen sichtbar, die beim Arbeiten mit Modellen auftreten. Ein Modell kann immer nur in bestimmter Hinsicht ein „Vorbild" repräsentieren. Ein Beispiel, an dem sich diese Bewandtnis besonders deutlich explizieren lässt, ist das Wasserstrom-Modell des elektrischen Stromes. Dieses Modell wird zwar nur gelegentlich im Sachunterricht (vorzugsweise des vierten Schuljahres) eingesetzt, zeigt aber seine Grenzen besonders deutlich. Für einen normalen Stromkreis mit Widerständen etc. eignet es sich als Modell vorzüglich, aber für weiterführende Betrachtungen z.B. bei Halbleitern ist es gänzlich ungeeignet, da es hier auf die Kompressibilität des Elektronengases im elektrischen Leiter ankommt, und Wasser aber bekanntlich eine inkompressible Flüssigkeit ist. Daraus ergibt sich, dass gelegentlich auf die Begrenztheit eines Modells auch im Unterricht hinzuweisen ist, d.h. darauf hinzuarbeiten ist, dass ein Modell nicht schlicht für die Wirklichkeit selbst genommen werden darf, sondern eine Realität sui generis ist. Für jüngere Schulkinder können sich hieraus durchaus ernste Probleme ergeben. So empörte sich jüngst ein Vorschulkind angesichts einer im übrigen ausgezeichnet präsentierten Ausstellung ausgestopfter Tiere in einem winterlichen Umfeld: „Wer hat diese Tiere getötet?" und war nicht zu bewegen, die Schau in ihrem ästhetischen Reiz und informativen Charakter anzunehmen.

3 Zum Modellbegriff bei der Arbeit mit dem PC

Über das Arbeiten mit dem Computer im Sachunterricht existieren inzwischen beachtliche Erfahrungen und eine reichhaltige Literatur über diese (vgl. z.B. Mitzlaff & Speck-Hamdan 1998). In unserem Zusammenhang geht es dabei um die Gestaltung von Lernumgebungen, die einen modellhaften Charakter im Hinblick auf mögliche Erfahrungen von Schulkindern im Hinblick auf ihre alltägliche Umwelt besitzen. Inwieweit werden derartige Erfahrungen über das Arbeiten mit dem Computer modellhaft veranschaulicht? Inwieweit kommt der medialen Repräsentation ein in sich selbst liegender sinnstiftender Bezug zu? Diese Fragen sind insbesondere bereits vorliegenden Lernsoftware-Paketen vorzulegen (vgl. dazu auch Gervé 2003).

Als für die Diskussion entscheidend ist danach ein grundsätzlicher Perspektivenwechsel in der Einschätzung der Auseinandersetzung von Schülern mit Lerngegenständen. Medien werden dabei generell nicht als „Repräsentanten vermeintlich objektiver Wirklichkeit" interpretiert, „sondern repräsentieren in unterschiedlichen Formen und Abstraktionsgraden Perspektiven auf die Welt." (Gervé 2003, S. 202) Damit gelangt man zu einer Uminterpretation des Modellbegriffs im konstruktivistischen Sinne, nämlich zum Mittel einer „konstruktiven Welterschließung" (Gervé a.a.O.). Das „Modellhafte" zeigt sich dann in der gedanklichen Auseinandersetzung von Schülerinnen und Schülern mit dem ihnen medial zugänglichen Material auf dem Weg über die Lernsoftware. Diese also wäre zu bewerten unter Gesichtspunkten ihrer Erschließungsmächtigkeit in den entsprechenden Interaktionsprozessen von Schülerinnen und Schülern mit dem in der Lernsoftware enthaltenen und mit ihr gelieferten Materialangebot. Hier steht die Entwicklung speziell für den Sachunterricht konzipierter Lernsoftware noch in den Anfängen. Im Rahmen der Technischen Elementarbildung wurde beispielsweise zur Ergänzung der Radfahrausbildung im Schulalltag ein Projekt zum interaktiven Verkehrstraining mit dem Computer entwickelt (RMS-Fahrradwelt: Radfahren mit Multimedia-Software).

Es existiert allerdings eine ganze Reihe von Programmen allgemeineren Zuschnitts, mit denen Informationen vermittelt und anschließend abgefragt und ggf. weiter vertieft werden. Inwieweit derartige Programme Lernprozesse einleiten können, die einer konstruktivistischen Interpretation zugänglich sind, bedarf sicher noch genauerer Untersuchungen. Erst dann wäre es möglich, eine Repräsentanz von Perspektiven auf die Welt zu eruieren. So kann an dieser Stelle auch bezüglich des uminterpretierten Modellcharakters noch keine bündige Aussage getroffen werden.

4 Zusammenfassung

In den ersten beiden Abschnitten dieses Beitrages konnte eine Reihe von Modellen betrachtet werden, mit denen versucht werden kann, Alltagsrealität wenigstens partiell in den Unterricht hereinzuholen, um den Schülerinnen und Schülern ein Bild von Zusammenhängen in ihrer Lebenswelt zu vermitteln. Dabei ging es um eine Form von Modellen, bei denen es sich um gleichsam vorfindliche Repräsentanten real existierender Wirklichkeitsausschnitte handelte. Für die unterrichtliche Arbeit mit Lernsoftware am Computer bedarf diese Begriffsbestimmung allerdings einer Uminterpretation, da es sich hier – in konstruktivistischer Sicht – um die je subjektiven Interaktionen der Schülerinnen und Schüler mit ihrer jeweiligen Lernumgebung handelt. Im vorhergehenden Abschnitt konnte dazu nur auf das Desiderat entsprechender eingehender Analysen des Modellcharakters in den Begegnungssituationen hingewiesen werden.

Nach gegenwärtigem Kenntnisstand verbleiben als Forschungsdesiderat empirische Untersuchungen zum Arbeiten mit Modellen und dem PC im Sachunterricht.

Literatur

Gervé, F. (2003): Wissenserwerb mit neuen Medien: Lernsoftware für den Sachunterricht: In: Cech, D. & Schwier, H.-J. (Hrsg.): Lernwege und Aneignungsformen im Sachunterricht. Bad Heilbrunn, S. 199-216. – Gesellschaft für Didaktik des Sachunterrichts (GDSU) (2002): Perspektivrahmen Sachunterricht. Bad Heilbrunn. – Mitzlaff, H. & Speck-Hamdan, A. (Hrsg.) (1998): Grundschule und neue Medien. Beiträge zu Reform der Grundschule. Band 103. Frankfurt am Main. – RMS-Fahrradwelt: Radfahren mit Multimedia-Software, nur im Internet unter: www.rms-fahrradwelt.de – Spreckelsen, K. (2006): Das U-Boot in der Limoflasche. Frankfurt am Main. – Wommelsdorff, O., Schietzel, C. & Schröder, W. (o. J.): Schleswig-Holstein und die Hansestädte mit den angrenzenden Landschaften von Niedersachsen, Mecklenburg und Dänemark. Bergen II Obb.

76| Arbeitsmittel
Henning Unglaube

1 Sachunterricht als Gegenkonzept zur Heimatkunde und die Bedeutung der Arbeitsmittel

Vorweg: Obwohl es bislang keine differenzierten Untersuchungen zu der Wirksamkeit von Arbeitsmitteln für das Lernen der Kinder im Sachunterricht gibt, kommt der Frage nach der Bedeutung derselben in der nunmehr bald 40-jährigen Geschichte des Sachunterricht große Beachtung zu.

Der Begriff des Arbeitsmittels oder des Arbeitsmaterials gewinnt an Bedeutung Ende der sechziger, Anfang der siebziger Jahre des vergangenen Jahrhunderts. Er steht im engen Zusammenhang mit der Kritik an der Heimatkunde und der Diskussion um den Sachunterricht als alternatives Konzept.

Seine politisch-pädagogische Kraft bezog der Sachunterricht aus der Kritik der Heimatkunde, die das konservative Weltbild und dessen ideologische Grundlagen hinterfragte und kritisierte. Dabei wurden die Unterrichtsinhalte wie auch deren Vermittlung in den Blick genommen und als Kernstück der volkstümlichen Bildung in der Unterscheidung zur gymnasialen Bildung der Kritik unterworfen.

Diesem rezeptiven, an einem naiv-konservativen Weltbild ausgerichteten, Lernverständnis, setzte der an den Wissenschaften orientierte Sachunterricht didaktische Konzepte entgegen, die das selbstständige, entdeckende Lernen als didaktisches Prinzip einführten und den gezielten Aufbau methodenorientierter Verhaltensweisen zu einem Ziel erklärten. In diesem Zusammenhang gewinnt die „Einführung von kindgemäßen Experimenten zur Klärung nicht durchschauter Erscheinungen und Zusammenhänge und zur kritischen Durchleuchtung kindlicher Theorien; Suchen und Erproben experimenteller bzw. theoretischer Lösungen durch die Schüler", an Bedeutung (Beck & Claussen 1976, S. 10).

Auf der Suche nach geeigneten didaktischen Modellen orientierte man sich weitgehend an Curricula aus dem angloamerikanischen Raum. Diese favorisierten einen an Laborsituationen ausgerichteten Sachunterricht, der wissenschaftliche Methoden und deren Arbeitsmittel zur Problemlösung bereitstellte.

Das enthaltene Verständnis der Arbeitmittel im Sachunterricht zielte auf einen Sachunterricht, in dem das Arbeitsmittel ein ausgewähltes naturwissenschaftliches Phänomen fasst und mittels dessen die Kinder ihre Theoriebildung zum Ausdruck und zur Überprüfung bringen, auf der Grundlage, dass die „Wissenschaftsorientiertheit von Lerngegenstand und Lernmethode [.] für den Unterricht auf jeder Altersstufe" gilt (Deutscher Bildungsrat 1970, S. 33).

Für einen solchen wissenschaftsorientierten Sachunterricht, der die kindliche Welt in Erfahrungsbereiche, Handlungsfelder, Lernbereiche oder Aspekte strukturierte, fehlten verständlicher Weise dementsprechend ausgebildete Grundschullehrerinnen und -lehrer.

Das entstandene Vakuum zwischen den Anforderungen eines wissenschaftsorientierten Sachunterrichts und der bestehenden Lehrerqualifikation andererseits, wurde durch die Entwicklung relativ geschlossener Curricula, die „lehrersicher" (teacher-proof) angelegt waren, zu schließen versucht. Damit war es möglich auch mit nur geringem Fachwissen Sachunterricht in den Grundschulen zu unterrichten.

2 Arbeitsmittel im „offenen" und „erfahrungsorientierten" Sachunterricht

In der weiteren Diskussion um die Entwicklung des Sachunterrichts gerieten diese konfektionierten Materialkästen bald in die Kritik. Der durch das Materialarrangement vorgegebene Lernweg der Kinder widersprach sachunterrichtlichen Konzepten des entdeckenden und erfahrungsoffenen Lernens in Sachzusammenhängen. Um die Engführung der Kinder aufzubrechen, sollten Problemstellungen aus dem direkten Erfahrungsbereich der Kinder entwickelt werden. Das

Materialangebot diente dem erfahrungsoffenen Lernen. Die Kinder tauschten im Gespräch ihre unterschiedlichen Lernerfahrungen aus und präsentierten mögliche Arbeitsergebnisse. Das eingesetzte Material war häufig aus Alltagsgegenständen und in Baumärkten und Bastelgeschäften erstandenen Werkzeugen und Materialien zusammengestellt. Nicht selten wurden die Schülerinnen und Schüler aufgefordert, weitere Materialien von zu Hause mit zu bringen. Konkrete Arbeitsanweisungen oder Versuchsanordnungen stellten eher die Ausnahme dar.

„Schülerorientierter Sachunterricht unterscheidet sich vom lehrerdeterminierten Sachunterricht dadurch, dass er Schülern Gelegenheit für eine Fülle von Aktivitäten während der Unterrichtszeit und innerhalb der Arbeit an einem Thema gibt und anbietet. Der Lehrer wird sich bei seiner Vorbereitung allerdings nicht nur darauf verlassen, dass die Kinder von allein Möglichkeiten für diese Vielfalt der Betätigungen schaffen, etwa indem sie Material von zu Hause mitbringen, sondern wird selbst Materialien zur vielfältigen Beschäftigung mit dem Thema vorbereiten. Wie das Kind dann mit den eigenen und mit den angebotenen Materialien umgeht, und in welcher Weise es sie strukturiert, ergibt sich individuell im Unterrichtsverlauf." (Ziechmann 1997, S. 25)

Die Lernergebnisse eines solchen Unterrichts waren ebenso vielfältig wie qualitativ unterschiedlich und dienten durch ihre Zufälligkeit eher dazu, die Verwirrung zu vergrößern als die Sache zu klären. Es handelte sich dabei um Lernprozesse, die das naiv-spielerische Lernen in Alltagssituationen außerhalb der Schule zum Vorbild hatten. Analog hierzu verhielt es sich mit dem Aufbau eines methodischen Repertoires auf Seiten der Kinder und dem sachgerechten Umgang mit Arbeitsmitteln und -gerät.

3 Neue Konzepte für den Sachunterricht und Arbeitsmittel

Neue Impulse erhielt die Diskussion um den Sachunterricht in den 1990er Jahren. Der Einbezug von Ergebnissen der Lern- und Kindheitsforschung führten zu einer Revision der bisherigen sachunterrichtlichen Konzeptionen. „Grundschulkinder werden in Bezug auf ihre Lernfähigkeit häufig unterschätzt. Sachunterricht darf Grundschulkinder nicht unterfordern. Er muss inhaltlich und methodisch anspruchsvoll gestaltet sein, um Lernfähigkeit und Lernbereitschaft bereits im frühen Alter zu nutzen. Wahrnehmungs-, Denk- und Lernbedingungen von Grundschulkindern sind dabei zu berücksichtigen." (Gesellschaft für Didaktik des Sachunterrichts 2002, S. 2)

Diesem Anspruch folgend wird die bildende Aufgabe des Sachunterrichts betont. Wissen- und Könnenserwerb im Sachunterricht werden eng mit der Reflexion des eigenen Lernens und dem Hinterfragen des eigenen Wissens und dessen Ursprung verknüpft.

„Damit unterstützt er [der Sachunterricht, d.Verf.] die Kinder dabei, sich kulturell bedeutsames Wissen zu erschließen und eine zuverlässige Grundlage, sowohl für zunehmend eigenverantwortliches Handeln als auch für weiterführendes Lernen, zu erwerben. Außerdem fördert Sachunterricht die kritische Reflexion von Wissen als Voraussetzung für neue Ideen und tragfähige Lösungen. Dabei geht es auch um die Auseinandersetzung mit der Qualität des Wissens: Wie lässt sich das, was man selbst und was andere wissen, prüfen und nutzen?" (ebd.)

In der Konsequenz ergibt sich hieraus eine differenziertere Bedeutung hinsichtlich der Materialauswahl und ihrem von der Lehrerin oder dem Lehrer geplanten Einsatz im Unterricht. Dabei geht es nicht um Veranschaulichung oder eine vordergründige Handlungsorientierung, sondern um die Reflexion des eigenen Lernprozesses und den Ursprung des eigenen Wissens. Der Einsatz von Materialien ist in diesen Prozess eingebunden und unterstützt die Überprüfung der bereits vorhandenen Vorstellungen und deren Weiterentwicklung.

Dabei muss das bereit gestellte Material von seiner Struktur her ein hohes Maß an Offenheit aufweisen, um dem unterschiedlichen Vorwissen der Schülerinnen und Schülern Rechnung zu tragen. Andererseits darf es nicht zu einer Ansammlung der Beliebigkeit geraten. Je nachdem, an welcher Stelle des Unterrichts Arbeitsmittel zum Einsatz gelangen, haben sie eine unterschiedliche Funktion im Lernprozess zu erfüllen.

Arbeitsmittel können Zugänge zu Lerngegenständen eröffnen, indem sie ein Phänomen, ein Problem oder einen Sachverhalt repräsentieren. Sie können Mittel sein, mit deren Hilfe Kinder dem Ursprung ihrer Vorstellungen auf die Spur kommen und nach Möglichkeiten zu deren Überprüfung suchen. Da die kindlichen Theoriebildungen häufig im Alltag ihren Ausgangspunkt haben, können Alltagsgegenstände zu geeigneten Arbeitsmitteln werden, da sie den Bezug zur ursprünglichen Situation herstellen, in welcher sich die Frage entwickelte und so auf das vorhandene Verständnis zielen.

Das eigene Wissen zu hinterfragen und weiterzuentwickeln, setzt eine systematische Auseinandersetzung mit der Sache voraus. Die eigenen Theorien auf den Prüfstand zu stellen, setzt differenzierte Vorstellungen über den inneren Zusammenhang der Sache voraus. Arbeitsmittel im Sachunterricht zielen nicht allein auf die Vermehrung des Wissens und der Fertigkeiten der Kinder. Sie stehen eingebunden in der bildenden Aufgabe des Sachunterrichts und unterstützen die Verstehensprozesse auf Seiten der Schülerinnen und Schüler.

4 Strukturierte Arbeitsmittel für den Sachunterricht

Strukturierte Arbeitsmittel sind Materialpakete zu einem Themenbereich, wie Magnetismus, Stromkreis, Wetter, Thermometer und anderen ausgewählten naturwissenschaftlichen Arbeitsfeldern. Diese Pakete sind von ihrem Materialangebot klar strukturiert, und sie sind für die Arbeitsbeispiele im Lehrerhandbuch und für die enthaltenen Arbeitsblätter mit Experimentieraufgaben zusammengestellt. Die angebotenen Versuche sind durch Wort und Bild beschrieben und erlauben es den Kindern, den Versuchsaufbau mittels des eindeutigen Materials nachzubilden und den Versuch durchzuführen. Das Arbeitsmaterial soll nur in der dafür vorgesehenen Versuchsanordnung von den Schülerinnen und Schülern benutzt werden. Dadurch zielt das auf Arbeitsmaterial gestützte Lernen auf ein weitgehend reproduktives Lernen. Geleitet durch das Material und die vorgegebene Versuchsanordnung, gelangen die Kinder zum gewünschten Ziel und der damit beabsichtigten Erweiterung ihrer Erfahrungen.

Für die nicht für den Sachunterricht ausgebildete Lehrkraft bildet das Arbeitsmaterial in enger Verbindung mit den Anleitungen zum Unterricht ein verlässliches Gerüst, das es ihr erlaubt, einen Sachunterricht zu führen, der mit großer Wahrscheinlichkeit zum versprochenen Unterrichtserfolg führt.

5 Unstrukturierte Arbeitsmittel für den Sachunterricht

In der Unterscheidung zu den strukturierten Arbeitsmitteln sind unstrukturierte Arbeitsmittel offene Materialangebote ohne Handlungsanleitung. Ausgehend von einer Aufgaben- oder Problemstellung sollen die Schülerinnen und Schüler unter Nutzung des angebotenen oder der von den Kindern selbst mitgebrachten Materialien zu Lösungen gelangen. Diese Kategorie von Arbeitsmitteln nimmt Bezug auf die Vorerfahrungen der Kinder und lässt sie über den Weg von Versuch und Irrtum zu Lösungen gelangen (oder nicht). Sie bringen kindliche Vorstellungen zum Ausdruck und ermöglichen Erfahrungserweiterungen. In Partner- und Gruppenarbeitssituationen können sie die Kommunikationsfähigkeit der Kinder stärken, da unterschiedliche Lösungsvorschläge diskutiert und gegeneinander abgewogen werden müssen. Da das Denken und Ausführen bei den Kindern liegt, erlauben unstrukturierte Materialien ein weitaus höheres Maß an Problem- und Handlungsorientierung als durchstrukturierte Materialsätze.

Durch die unterschiedlichen Lösungswege, die die Schülerinnen und Schüler erproben, schafft der Einsatz von unstrukturierten Materialien eine äußerst komplexe Unterrichtssituation, die an die Lehrkraft wie auch an die Kinder hohe Anforderungen stellt. Die verschiedenen Lernprozesse und Lernergebnisse der Kinder müssen in geeigneter Weise über die Präsentation wieder zusammengeführt und öffentlich gemacht werden. Dabei darf nicht nur das Resultat im Mittelpunkt der Betrachtung stehen; vielmehr muss der Weg dorthin in gleicher Weise aufgenommen und reflektiert werden.

Bei der Zusammenstellung unstrukturierter Materialien durch die Lehrkraft ist zu bedenken, dass die Auswahl immer von Annahmen mit bestimmt ist, die der Lehrer über die zu erwartende Lösungswege der Kinder vornimmt.

6 Arbeitsmittel für unterschiedliche Ziele des Sachunterrichts

6.1 Arbeitsmittel zur Modellbildung

Arbeitsmittel zur Modellbildung sind von Anschauungsmodellen zu trennen. Sie kommen dort zum Einsatz, wo die Zugänglichkeit die reale Begegnung erschwert oder die Wirklichkeit zu komplex ist. Arbeitsmittel mit Modellcharakter sind geeignet, um Fragestellungen im Klassenzimmer zu bearbeiten. Dies gilt für die meisten technischen Problemstellungen. Bausteine, Technikbaukästen, Elektrizitätsbaukästen aber auch geeignete Alltagsmaterialien können eine Hilfe sein, die Realität modellhaft nachzustellen und technische Grundeinsichten zu gewinnen.

6.2 Arbeitsmittel zum Konstruieren

Das Konstruieren als Tätigkeit entspricht im Lernprozess der „Stufe der Anwendens". Dem Anwenden geht das Ausprobieren, Üben und Verstehen voraus. Die Schülerinnen und Schüler müssen zuvor die für die Konstruktion in Frage stehenden Materialien nicht nur kennen gelernt haben, sondern auch die notwendigen Kenntnisse besitzen, diese in sinnvolle Zusammenhänge zu bringen.

So lässt sich die Aufgabe, ein Objekt (z.B. Puppenhaus, Fußballstadion, Raumschiff etc.) zu beleuchten, nur lösen, wenn die Materialien (Lämpchen, Fassung, Schalter, Kabel usw.) und verschiedene Schaltungen erarbeitet sind.

6.3 Arbeitsmittel zum Experimentieren

Das Experiment ist eine wissenschaftliche Methode zur Überprüfung einer Annahme oder einer Fragestellung. Jedes Experiment benötigt deshalb zum Anfang eine Fragestellung oder Hypothese. Die Überprüfung einer Hypothese geht einher mit der Beantwortung der Frage: „Wie können wir es überprüfen?"

Dabei wird das zu ergründende Phänomen isoliert betrachtet. Die Materialauswahl erfolgt nach den Gesichtspunkten, dass sie das Phänomen repräsentiert und geeignet ist, kindliche Theorien zu überprüfen und unterschiedliche Zugänge zu eröffnen.

6.4 Arbeitsmittel zum Beobachten – Messen – Vergleichen

Arbeitsmittel dieser Art sind Werkzeuge, deren Gebrauch erlernt werden muss. Den Bohnenkeimling unter einer Lupe betrachten, Vögel am Futterhäuschen mit einem Fernglas beobachten, die Entwicklung einer Blütenknospe an einem Apfelbaum bis zur Frucht fotografisch festhalten, setzt die Beherrschung des Werkzeuges voraus. Der Gebrauch dieser Arbeitsmittel ist eng verbunden mit dem Erlernen geeigneter Formen der Dokumentation. Zum sinnvollen Gebrauch benötigt es viel Übung, die über die Grundschuljahre hinweg aufgebaut werden muss.

6.5 Arbeitsmittel zur Informationsbeschaffung

Die selbständige Erarbeitung und Weitergabe von Informationen ist ein wesentliches Ziel des Sachunterrichts. Hierzu zählen Medien aller Art, die Informationen enthalten. Eine gute Ausstattung kindgerechter Sachliteratur sollte heute zur Grundausstattung jeder schuleigenen Kinderbibliothek gehören. Aber auch geeignetes Kartenmaterial, Prospekte, Broschüren, Nachschlagewerke und Plakate können je nach Arbeitsvorhaben zum Schülermaterial werden. Gleiches gilt auch, vor allem in den dritten und vierten Jahrgängen, für die Nutzung des Internets und den dort angebotenen Kindersuchmaschinen. Hier kann der Sachunterricht durch seinen thematischen Bezug eine wesentliche fachübergreifende Aufgabe innerhalb der Lese- und Medienerziehung übernehmen.

Literatur
Beck, G. & Claussen C. (1976): Einführung in Probleme des Sachunterrichts. Kronberg. – Deutscher Bildungsrat (Hrsg.) (1970): Strukturplan für das Bildungswesen. Stuttgart. – Gesellschaft für Didaktik des Sachunterrichts (2002): Perspektivrahmen Sachunterricht. Bad Heilbrunn. – Ziechmann, J. (1997): Schülerorientierter Sachunterricht. Braunschweig.

77| Bilder
Sabine Martschinke

1 Problemaufriss

Unter Bildern im weiteren Sinn versteht man nicht nur Fotos und Zeichnungen eines Gegenstandes, sondern darüber hinaus auch Tabellen, Diagramme und Schemazeichnungen für komplexe Sachverhalte.
Im Gegensatz zu einem Text, der abstrakte Zeichen verwendet, haben diese Bilder Ähnlichkeit mit dem realen Gegenstand oder Sachverhalt. Entweder besteht diese Ähnlichkeit in den Oberflächenmerkmalen, wie z.B. in der Farbe oder in den Proportionen bei Fotos oder Zeichnungen, oder die Struktur eines Inhalts wird

repräsentiert. So können z.b. Diagramme Beziehungen zwischen Variablen oder ihre Veränderung hervorragend abbilden.

Über 80 Prozent der Abbildungen in Sachunterrichtsbüchern der Grundschule – so das Ergebnis einer Analyse von fast 9000 Bildern in 77 Büchern – stellen naturgetreue Fotos oder Zeichnungen mit vielen Details dar. Nur knapp 20 Prozent der Bilder weisen Strukturierungshilfen (z.B. Pfeile, Symbolfarben oder Beschriftungen) auf, wie sie in Tabellen oder Schemazeichnungen benutzt werden (Einsiedler & Martschinke 1998).

Der folgende Beitrag geht der Frage nach, wie historisch entstandene Annahmen diese Dominanz realitätsnaher Abbildungen in Sachunterrichtsbüchern und damit vermutlich auch im Unterricht erklären können. Kontrastierend werden empirische Argumente gegenübergestellt, die besonders den Einsatz sogenannter logischer Bilder für die Wissensvermittlung im Sachunterricht stützen. Schlussfolgerungen für eine Förderung der Bildverarbeitung werden gezogen.

2 Die Bedeutung von Bildern für den Wissenserwerb

Schon Comenius schreibt im 17. Jahrhundert Bildern durch ihre enthaltene Anschaulichkeit eine lernerleichternde Funktion zu. Sein Werk „Orbis Sensualium Pictus" ist wohl das erste systematisch konzipierte Schul- bzw. Sachunterrichtsbuch. Es enthält auf jeder Doppelseite teilweise eher phantastische Illustrationen mit realistischen Details (vgl. Abb.1) sowie Benennungen und Erläuterungen. Für die lateinische und später für die muttersprachliche Begriffsbildung wird die Verbindung zwischen Text und Bild durch Zahlen hergestellt.

Abb.1: Darstellung zum Thema „Der Baum" (Comenius 1658)

Insgesamt soll aber den Kindern ein Bild von Gott, der Welt und den „Sachen" gegeben werden. Zwar favorisiert Comenius schon sehr früh die direkte Begegnung mit dem Unterrichtsgegenstand bzw. den Zugang zum Gegenstand über mehrere Sinne, sieht aber Bilder als wichtige visuelle Stellvertreter bzw. Abbilder eines Gegenstandes, die durch ihre Anschaulichkeit beim Lernen aus Büchern helfen können.

Dieses teilweise *etwas verkürzte Verständnis von Anschaulichkeit* wird bis ins 20. Jahrhundert hinein pädagogisch genutzt. Auch der bekannte Medienkegel von Dale oder andere Medientaxonomien orientieren sich am *Realismusgrad* von Bildern und kennzeichnen damit den Grad an Anschaulichkeit.

Neuere Forschungsergebnisse, insbesondere verschiedene Metaanalysen (z.B. Levin, Anglin & Carney 1987), bestätigen den *Bildvorteil*, d.h. man stellt überzeugend fest, dass zusätzlich zum Text hinzugezogene Bilder tatsächlich die Lerneffektivität steigern. Es werden aber gleichzeitig *herkömmliche Annahmen widerlegt*: So ist bekannt, dass sich die Lerneffektivität mehrerer Lernangebote zu verschiedenen Sinneskanälen nicht einfach aufaddiert. Modernere Ansätze der Wissensrepräsentation mussten die Annahme einer einfachen modalitätsspezifischen Doppelkodierung der verbalen und visuellen Informationen (Paivio 1983) aufgeben. Heute stellt sich man sich vor, dass Bilder und Texte in einer Art „ganzheitlichem Gebäude" (Steiner 1988) mit einem gemischten Repräsentationsformat aus imaginativ-analogen und abstrakten Anteilen gespeichert werden. Solche sogenannten mentalen Modelle können in Form von Vorstellungen „ganzheitlich" abgerufen werden, man kann sie „laufen lassen" und in ihnen vorwärts und rückwärts „gehen". Auf diese Weise gespeicherte Informationen können bestimmte Problemlöseleistungen und Schlussfolgerungsprozesse erklären. Dabei kommt Bildern als externen Modellen für den Aufbau von internen, mentalen Modellen eine wichtige Funktion beim Wissensaufbau zu.

3 Bildfunktionen und Bildmerkmale

Das Funktionsschema von Levin et al. (1987) enthält außer der für den vorliegenden Kontext irrelevanten Transformationsfunktion (z.B. Mnemotechniken) vier weitere Funktionen, die Bildern beim Wissenserwerb im Sachunterricht der Grundschule einnehmen können. Bilder, die einen Lernanreiz bieten, den Blick auf den Inhalt lenken oder den Lerner emotional berühren, werden unter der *dekorativen oder motivationalen* Funktion zusammengefasst. Mit steigender kognitiver Funktionalität führen die Autoren Illustrationen mit *Repräsentationsfunktion* an: Ihre Zeichenkodes sind den Kindern vertraut, der Inhalt von Text und Bild ist redundant und die Umsetzung ist sehr konkret und realitätsnah. Bilder mit *organisierender* Funktion strukturieren den Lerninhalt, Bilder mit *interpretierender* Funktion machen schwierige oder schwer zugängliche Inhalte verständlich.

Das Ergebnis der Metaanalyse (ebd.) erbrachte für Bilder mit *Dekorationsfunktion wenig oder keine Lernerleichterung*. *Positive* Effektgrößen finden sich dagegen bei *Bildern mit kognitiver Funktion*, wachsend von der Repräsentations- über die Organisations- bis hin zur Interpretationsfunktion.

Damit wird deutlich, dass die *Realismusthese* eine *unzureichende* Erklärung für den Bildvorteil liefert. Es scheinen vielmehr bestimmte Bildmerkmale bzw. -attribute zu sein, die dem „Leser" relevante Hinweisreize für das „Lesen" von Bildern geben (Issing 1985). Mit solchen sichtbaren Cueingtechniken ist es möglich, Wichtiges von Unwichtigem zu unterscheiden.

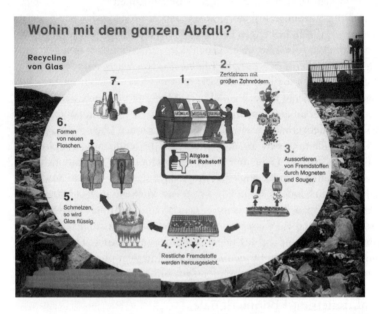

Abb.2: Beispiel für ein „logisches Bild" aus einem Sachunterrichtsbuch (Auring, Dörfler, Feldbauer, Hallitzky, Herrmann, Knöpfle, Kollmaier, Stiepani & Valdix 2003, S. 40)

Besonders logische Bilder (siehe Abb.2), wie z.B. Tabellen, Diagramme und andere Grafiken, kombinieren viele Cueingtechniken und enthalten somit regelrecht eine „*Bildgrammatik*" (Winn 1988): Elemente werden unterschiedlich dominant bzw. abstrakt dargestellt, Beziehungen (Relationen) können implizit durch Nähe und Platzierung verschiedener Elemente bzw. explizit durch Pfeile, Farbe, Platzierung, Größe, Rahmen etc. visualisiert werden.

Für das Unterrichtsbeispiel „Von der Blüte zur Frucht" konnte in einer Studie mit 10 dritten Klassen nachgewiesen werden, dass gerade solche logischen Strukturbilder den Aufbau mentaler Modelle unterstützen und damit die Lernergebnisse verbessern (Martschinke 2001). Allerdings zeigte sich, vermutlich aufgrund der speziellen Altersgruppe, der größte Effekt bei Bildern, die Relationen und die Struktur des Inhalts implizit und explizit enthalten, aber trotzdem bei der Darstellung zentraler Elemente Bezüge zur Wirklichkeit herstellten, z.b. durch Zeichnungen der Biene, der Blüte, der Kirsche usw. Damit konnten die Schüler eventuell ihr Vorwissen besser aktivieren als bei rein sprachlich vermittelten Strukturbildern.

4 Bilder im Unterricht und ihre Verarbeitung durch den Lerner

Damit Bilder ihre Wirkung entfalten können, muss der Schüler zum Einen die Fähigkeit haben, das Bild mit seinen enthaltenen Kodes zu „lesen", zum Anderen muss aber auch sicher gestellt werden, dass der „flüchtige Blick" vermieden wird, damit keine „Flüchtigkeitsfehler" bei der Bildverarbeitung passieren (vgl. Weidenmann 1988).

Zwar können wir davon ausgehen, dass viele Kinder in der Grundschule, zumindest in der zweiten Hälfte, schon komprimierte Informationen aus logischen Bildern entnehmen können. So konnten mehr als drei Viertel der von Martschinke (2001) befragten Drittklässler unterschiedlichste Darstellungstechniken (besonders Pfeile für zeitliche Reihefolge, Ursache-Wirkungs-Beziehungen, Tabellen) interpretieren. Aber gerade für die verbleibende Gruppe von Kindern mit Schwierigkeiten müssen solche Darstellungstechniken *eingeführt oder trainiert* werden.

Arbeiten aus dem Enterprise-Projekt (Enhancing KNowledge Transfer and Efficient Reasoning by Practicing Representation In Science Education) zeigen, dass die Fähigkeit zum Umgang mit einem kartesischen Koordinatensystem oder mit Tabellen zum *Verständnis linearer Zusammenhänge* gefördert und angewendet werden kann. Grundschüler konnten nach kurzer Trainingszeit diese Fähigkeit auf neue Aufgabenstellungen transferieren (vgl. Stern, Hardy & Körber 2002). Beispielsweise konnten sie mit Hilfe einees kartesischen Koordinatensystems ein additives Fehlverständnis von Proportionalität überwinden (Körber 2001).

Die Fähigkeit zur Bildverarbeitung („visual literacy") kann aber auch bei allen Kindern noch zusätzlich intensiviert werden durch implizite und explizite *Verarbeitungshinweise* im Text oder durch didaktische Bedingungen (vgl. im Überblick Martschinke 2001). Implizit fördern Bildüberschriften, Legenden oder differenzierte Bildbeschreibungen eine intensivere Verarbeitung durch den Schüler. Der Lerner kann aber auch von der Lehrkraft explizit zum Zoomen von wichtigen Bilddetails (mit dem Fernrohr schauen, mit dem Finger das Bild anschauen), zum genauen Anschauen (das Bild „fotografieren", die Augen schließen und sich das Bild vorstellen) oder zum Beschriften einer Abbildung und damit zum aktiven Konstruieren innerer Vorstellungsbilder aufgefordert werden (Martschinke 2001, S. 300).

Hilfreich für die Verarbeitung von Bildern kann auch die Gestaltung des Textes sein. Mittlerweile hat die Forschung zur Verknüpfung von Text und Bild klare Hinweise dafür erbracht, dass rein redundante Informationen beider Quellen wenig günstig sind, sondern sich beide Informationsquellen zu einem kohärenten Ganzen zusammenfügen lassen müssen. Dies kann ein Text mit semantischen Leerstellen, die das Bild füllt, unterstützen. Alternativ kann auch die Lehrkraft den Lernenden auffordern, korrespondierende Informationen zu markieren, und damit die Integration von Text und Bild anleiten (z.b. Brünken, Seufert & Zander 2005).

5 Ausblick

Insgesamt scheinen die Chancen für eine intensivere Nutzung des Bildes im Sachunterricht bei weitem noch nicht ausreichend genutzt. Diese Überlegung trifft nicht nur auf Schulbücher, Sachunterrichtskarteien, Tafelbildsammlungen und Arbeitshefte zu, sondern kann unter den heutigen technischen Bedingungen auf bewegte (Filme) und animierte sowie verlinkte Bilder (Multimedialernumgebungen) zumindest teilweise ausgeweitet werden.

Hardy, Jonen, Möller und Stern (2004) verweisen dabei auch auf das Potenzial selbst konstruierter Repräsentationsformen als „Denkwerkzeuge". Sie belegen, dass (logische) Bilder von den Kindern selbst hergestellt werden können und damit beim Abbau von Fehlvorstellungen zum Dichtekonzept im Themenbereich „Schwimmen und Sinken" hilfreich sein können. Alternativ können Lehrkräfte Bilder zur Visualisierung und Strukturierung von Wissen vor den Augen der Kinder genetisch entstehen lassen (z.B. mindmaps). Ein solcher didaktischer Einsatz von Bildern eröffnet Kindern die Möglichkeit, die enthaltenen Zusammenhänge aktiv zu konstruieren und damit vertieft zu verstehen.

Gerade für komplexe naturwissenschaftliche Fragestellungen, wie z.B. Wasserkreislauf, Elektrizität, Magnetismus, Kräfte usw. scheint es wichtig, die Möglichkeiten logischer Bilder besser auszuschöpfen, aber auch zum „Anschauen" anzuleiten und eine Art „Lesekultur für Bilder" zu entwickeln.

Literatur

Auring, A., Dörfler, S., Feldbauer, C., Hallitzky, M., Herrmann, S., Knöpfle, S. Kollmaier, M., Stiepani, U. & Valdix, K. (2003). Erlebniswelt 4. Heimat- und Sachunterricht. München. – Brünken, R., Seufert, T. & Zander, S. (2005). Förderung der Kohärenzbildung beim Lernen mit multiplen Repräsentationen. In: Zeitschrift für Pädagogische Psychologie, 19, S. 61-75. – Comenius, J. A. (1964): Orbis Sensualium Pictus. Reprint. Faksimiledruck von 1964 der Ausgabe von 1658. – Einsiedler, W. & Martschinke, S. (1998): Elaboriertheit und Strukturiertheit in Schulbuchillustrationen des Grundschulsachunterrichts. In: Dörr, G. & Jüngst, K.L. (Hrsg.): Lernen mit Medien: Ergebnisse und Perspektiven zu medial vermittelten Lehr- und Lernprozessen. Weinheim, S. 45-65. – Hardy, I., Jonen, A., Möller, K. & Stern, E. (2004): Die Integration von Repräsentationsformen in den

Sachunterricht der Grundschule. In: Doll, J. & Prenzel, M. (Hrsg.): Bildungsqualität von Schule. Münster & New York, S. 267-283. – Issing, L.J. (1985): Veranschaulichen mit dem Bildschirm. Friedrich Jahresheft, S. 16-19. – Körber, S. (2001): Helfen visuelle Repräsentationen beim Denken? In: Roßbach, H.-G., Nölle, K. & Czerwenka, K. (Hrsg.): Forschungen zu Lehr- und Lernkonzepten für die Grundschule. Opladen, S. 102-107. – Levin, J. R., Anglin, G.J. & Carney, R.N. (1987): On empirically validating functions of pictures in prose. In: Willows, D.M. & Houghton, H.A. (eds.): The psychology of illustration. Basic research. New York, S. 51-85. – Martschinke, S. (2001): Der Aufbau mentaler Modelle durch bildliche Darstellungen. Eine experimentelle Studie über die Bedeutung der Merkmalsdimensionen Elaboriertheit und Strukturiertheit im Sachunterricht der Grundschule. Münster & New York. – Paivio, A. (1983). The empirical case für dual coding. In: Yuille, J.C. (ed.): Memory and cognititon. Essays in honor of Allan Paivio. Hillsdale, S. 307-332. – Steiner, G. (1988): Lernen. Bern. – Stern, E., Hardy, I. & Koerber, S. (2002): Die Nutzung grafisch-visueller Repräsentationsformen im Sachunterricht. In: Spreckelsen, K., Möller, K. & Hartinger, A. (Hrsg.): Ansätze und Methoden empirischer Forschung zum Sachunterricht. Bad Heilbrunn, S. 119-131. – Weidenmann, B. (1988): Der flüchtige Blick beim stehenden Bild: Zur oberflächlichen Verarbeitung von pädagogischen Illustrationen. In: Unterrichtswissenschaft, 16, S. 43-56. – Winn, W.D. (1988): Die Verwendung von Graphiken für die Instruktion: Eine präskriptive Grammatik. In: Unterrichtswissenschaft, 16, S. 58-76.

78| Texte
Dietmar von Reeken

1 Schriftkultur und Bildung

Die Entwicklung menschlicher Kulturen seit der Zeit der frühen Hochkulturen baute auf der Erfindung der Schrift auf. Schrift diente zur Organisation von Herrschaft und Wirtschaft; in schriftlicher Form wurden aber auch Erfahrungen fixiert und tradiert. Das notwendige Wissen wurde in Form von Texten niedergelegt; auch die gesellschaftlichen Institutionen (Bildung, Religion, Wissenschaft, Recht) waren auf Texttraditionen und Textkritik aufgebaut (Feilke 2001, S. 34), das „kulturelle Gedächtnis" (Assmann) basierte auf Texten. Die Verfügung über die Schrift, also das Beherrschen von Lesen und Schreiben war in allen folgenden „literalen Gesellschaften" ein wesentliches Instrument zur sozialen, ökonomischen und politischen Partizipation – diese Fähigkeiten sicherten den Zugang zu gesellschaftlich bedeutsamem Wissen. Die hohe Bedeutung der Schrift in der Gesellschaft führte damit notwendigerweise auch zu einer Schriftfixierung von Bildungsprozessen – Unterricht in den Schulen, der lange Zeit vor allem einer gesellschaftlichen Elite vorbehalten war, baute im Wesentlichen auf der Schrift auf, arbeitete mit Texten und hatte als wesentliches Ziel, Kompetenzen im Bereich Lesen und Textverstehen zu unterstützen.

Allerdings hat es seit „Erfindung" der Pädagogik immer auch eine Kritik an der Schriftfixierung des Unterrichts gegeben, zumal die Arbeit mit Texten häufig einher ging mit einem belehrenden Habitus des Unterrichtens – der Buchunterricht galt als verkopft, lebensfern und langweilig. Im 20. Jahrhundert setzten sich vor allem verschiedene ältere und neuere reformpädagogische Konzepte von der Tradition schriftkulturellen Lernens ab und konzipierten Schule als „Erfahrungsraum" statt als „Ort der Schriftkultur" (Duncker 1992). Ludwig Duncker hat mehrfach darauf hingewiesen, dass eine Profilierung erfahrungs- und handlungsorientierter Formen des Lehrens und Lernens „nicht nur ein wichtiges Fundament der Schule [gefährdet], sondern [...] auch einen der bedeutsamsten Faktoren der kulturellen Entwicklung [verkennt]" (Duncker 1992, S. 536). Schrift und Erfahrung aber stehen sich in Wirklichkeit nicht konträr gegenüber, sondern sind „dialektisch aufeinander bezogene Größen" (ebd., S. 544).

Aber auch von einer anderen Seite scheint die Dominanz von Texten bedroht zu werden: Das „visuelle Zeitalter" mit seiner Bilderflut und die Erfindung und Verbreitung des Internets schienen das Ende der „Gutenberg-Galaxis" zu bedeuten. Allerdings: Die Visualisierung verlangt zwar nach der Schulung von visueller Kompetenz (vgl. den Beitrag von Martschinke in diesem Band, Nr. 77), doch kommt das Bildverstehen fast nie ohne einordnende, kommentierende und interpretierende Texte aus. Und das Internet hat zum einen noch längst nicht das Buch ersetzt (und es ist fraglich, ob dies in absehbarer Zeit geschehen wird), zum anderen aber arbeitet es im Wesentlichen mit Texten (wenn auch nicht mit einer linearen, sondern einer hypertextuellen Struktur).

Nach wie vor also spielen Texte zu Recht eine zentrale Rolle in der modernen Gesellschaft und daher auch in Bildungsprozessen. Daher stand und steht das Konzept der „reading literacy" auch im Mittelpunkt der großen internationalen Schulvergleichsstudien der letzten Jahre; Lesen gehört zu den Basiskompetenzen, die „für eine befriedigende Lebensführung in persönlicher und wirtschaftlicher Hinsicht sowie für eine aktive Teilnahme am gesellschaftlichen Leben" notwendig sind (Deutsches PISA-Konsortium 2001, S. 16). Und die Förderung von Lese- und Textkompetenz ist nicht nur eine Aufgabe des Deutschunterrichts, sondern auch und gerade auch des Sachunterrichts, nicht zuletzt, weil ein wesentlicher Teil des sachunterrichtlichen Wissens in Texten repräsentiert wird.

2 Texte im Sachunterricht

Ein Text ist in unterrichtlichen Zusammenhängen, nach einer Definition von Volker Ladenthin, „die Präsentation einer schriftsprachlich fixierten, auf zeitliche und räumliche Dauer intendierten sprachlichen, kohärenten Äußerung unterschiedlichen, aber begrenzten Umfangs, die Funktionen in didaktisch und methodisch strukturierten Lehr-Lernprozessen übernimmt, diese selbst initiiert, begleitet und gelegentlich anleitet" (Ladenthin 2002, S. 118). In der Textforschung werden unterschiedliche Texttypen oder -arten unterschieden: z.b. expositorische, literarische, anleitende oder didaktische Texte (vgl. ebd.) oder – nach der Absicht – informative, belehrende, verhaltenssteuernde, appellative und kommentierende Texte (vgl. ebd., S. 118f.).

Im Sachunterricht werden unterschiedliche Textarten verwendet: Informierende, didaktisch konstruierte Texte, wie sie vor allem in Sachunterrichtsschulbüchern vorkommen, aber auch in (Kinder-)Sachbüchern und auf Arbeitsblättern, die Lehrerinnen und Lehrer selbst formulieren, stellen wohl den größten Anteil. Daneben werden aber auch authentische Texte (die auch im Mittelpunkt der Schulvergleichsstudien standen) benutzt, also z.B. Zeitungsartikel, Gebrauchsanweisungen, Kochrezepte, Berichte, Auszüge aus Lebenserinnerungen, Werbetexte, historische Quellen usw. Der Sachunterricht beschränkt sich aber nicht nur auf informierende Texte im engeren Sinne, die den Aufbau deklarativen und prozeduralen Wissens fördern sollen, sondern verwendet auch fiktionale Texte (z.b. Kinder- und Jugendliteratur), etwa im Bereich des sozialwissenschaftlichen Lernens oder beim Philosophieren mit Kindern.

Über den Umgang mit den verschiedenen Textarten im Sachunterricht gibt es bislang keine empirischen Studien – weder über den Umfang und den Stellenwert von Texten, auch im Vergleich zu anderen Medien, noch über den konkreten Einsatz von Texten, ihre Integration in unterrichtliche Konzepte oder gar ihre Rezeption durch die Schülerinnen und Schüler. Neben diesem empirischen Forschungsdefizit ist auch die theoretische und pragmatische Forschung zu Texten defizitär (eine der wenigen Ausnahmen: Meier 2003); dies hängt wohl zum einen mit der Konzentration der Überlegungen zur Lesekompetenz auf den Deutschunterricht zusammen, zum anderen mit der fehlenden Medien- und Methodenforschung in der Sachunterrichtsdidaktik insgesamt und schließlich auch mit der Dominanz erfahrungs- und handlungsorientierter Zugangsweisen beim Umgang mit „Sachen".

3 Textverstehen

In der Lese- und Textforschung herrscht Einigkeit darüber, dass es sich beim Umgang mit Texten nicht um eine „Einbahnstraße" handelt, d.h. dass der Leser nicht einfach Informationen oder gar „Sinn" aus dem Text „entnimmt". Vielmehr handelt es sich beim Textverstehen um einen komplexen Konstruktionsprozess des Individuums, bei dem – zum Teil nacheinander, zum Teil auch parallel – das Erkennen von Buchstaben und Wörtern und die Verarbeitung von syntaktischen und semantischen Informationen zu Inhaltseinheiten mit der ständi-

gen Aktivierung von Vorwissen zum Thema einher geht (vgl. Christmann &
Groeben 2001, S. 155f.), wobei die Aktivierung vor allem geschieht, wenn der
Leser durch eine Frage- oder Problemhaltung auf den Verstehensprozess einge-
stimmt ist. Ziel der Arbeit mit Texten ist also nicht die bloße Reproduktion des
Textinhalts (wenn dies überhaupt möglich wäre), sondern Textverstehen, d.h. eine
Verknüpfung des neu gewonnenen Wissens mit dem Vorwissen und damit seine
Integration in die eigenen Wissensbestände.

Aus empirischen Forschungen, die sich allerdings nicht auf sachunterrichtliche
Kontexte bezogen, lassen sich einige grundsätzliche Konsequenzen für das Textverständnis ziehen:

– Das Lernen aus Texten ist dem Lernen in authentischen Situationen nicht grundsätzlich unterlegen (vgl. Hartinger, Fölling-Albers, Lankes, Marenbach &
  Molfenter 2001).

– Die Vergleichsuntersuchung IGLU hat gezeigt, dass die Lesekompetenzen deutscher Grundschulkinder insgesamt besser sind, als nach den Ergebnissen von
  PISA befürchtet; allerdings erreichten nur ca. 18% der Schülerinnen und Schüler die höchste Kompetenzstufe, sind also sehr gute Leser, während ca. 10%
  nicht einmal die zweite Kompetenzstufe erreichten (Bos, Lankes, Schwippert,
  Valtin, Voss, Badel & Plaßmeier 2003, S. 117f.). Da IGLU zudem Textarten
  verwendet hat, die auch für sachunterrichtliche Verwendungszusammenhänge
  relevant sind, bedeutet dies, dass ein nicht unbeträchtlicher Teil der Schüler
  große Schwierigkeiten beim Erschließen von Sachzusammenhängen haben dürfte.

– Wichtig für die Gestaltung von Texten ist ein optimales Ausmaß an Übereinstimmung zwischen Vorwissen und Textinhalt: „Wenn Lerntext und bereits vorhandenes Vorwissen sich allzu sehr überlappen, lässt sich aus dem Text offensichtlich nicht viel lernen. Falls es zu wenige Überlappungen gibt, entstehen
  andere Probleme" (Kintsch 1996, S. 519), d.h. etwa, dass die „mentale Repräsentation eines Textes [...] eine isolierte Struktur bleibt" (ebd.) und ein Transfer
  des Wissens nicht möglich ist. Und nicht nur bei der inhaltlichen, sondern
  auch bei der sprachlichen Gestaltung von Texten zeigen sich erhebliche Unterschiede: Leser mit höherem Vorwissen profitieren eher von lückenhaften,
  „schlechten" Texten; dagegen benötigen Leser ohne genügendes Vorwissen ko-
  härente und explizite Texte (ebd., S. 520).

– Relativ banal, aber dennoch wichtig für den unterrichtlichen Einsatz von Texten sind Erkenntnisse aus der Textverständlichkeitsforschung im Hinblick auf
  die Textgestaltung (Schriftgröße, Schrifttypen, Textgliederung etc.; vgl. Marenbach 1993, S. 45), wobei entsprechende Textmerkmale vor allem für diejenigen
  verstehensfördernd sind, deren Lesefähigkeiten (noch) nicht so ausgeprägt sind.

Daraus folgt vor allem, dass der Diagnose der Lesekompetenzen der Schülerinnen und Schüler in einer Klasse eine zentrale Rolle bei der Gestaltung von Lerntexten bzw. bei der Auswahl und ggf. Bearbeitung von authentischen Texten im Sachunterricht zukommt.

4 Arbeit mit Texten im Sachunterricht

Ein kompetenter Umgang mit verschiedenen Textsorten im Sachunterricht will gelernt sein. Es handelt sich beim Erwerb dieser Fähigkeit um einen langfristigen Prozess, der methodenbewusst, komplexitätssteigernd und differenziert gestaltet werden muss. Dabei sollten Texte als Medium selbstverständlicher Bestandteil des Sachunterrichts sein – und zwar von Anfang an; in der ersten Schulzeit bietet sich die Arbeit mit Vorlesetexten und sehr kurzen und komplexitätsreduzierten Sachtexten an. Methodenbewusster Umgang mit Texten heißt auch, dass Schüler nicht nur lernen, z.B. Schlüsselwörter zu unterstreichen oder zu markieren (denn dies setzt ja eigentlich schon Textverständnis voraus, anstatt es zu fördern), sondern dass Verstehensprozesse bewusst Schritt für Schritt (ggf. Zeile für Zeile) mit den Schülern gemeinsam entwickelt werden. Dabei sollten auch, ggf. in Kooperation mit dem Deutschunterricht, verschiedene „Primärstrategien" (Strategien der Wiederholung, Elaboration und Organisation) und „Stützstrategien" (affektive, volitionale und metakognitive) vermittelt werden (Christmann & Groeben 2001, S. 194f.). Wichtig ist, dass Textarbeit kein Selbstzweck ist – ihr inhaltlich bestimmter Sinn muss den Schülern jederzeit klar sein.

Mit zunehmender Selbstständigkeit sollten Schülerinnen und Schüler auch eigenständig Texte suchen und auswählen sowie Kenntnisse über Textsorten und deren Besonderheiten erwerben; dabei spielen gerade im Sachunterricht fachspezifische Umgangsweisen eine zentrale Rolle, denn die Bezugsdisziplinen haben hierzu eigene Formen der Textarbeit entwickelt, die sich je nach Textsorte und Funktion deutlich unterscheiden (vgl. etwa zur Arbeit mit historischen Textquellen Michalik 2003 und zur Arbeit mit Kinder- und Jugendliteratur Gläser 2003).

Schließlich sollten Schülerinnen und Schüler im Sachunterricht nicht nur mit fertigen Texten konfrontiert werden, sondern auch selbst (sachunterrichtsrelevante) Texte produzieren, nicht zuletzt, weil dadurch die Besonderheiten einzelner Textgattungen und ihre Funktionen einsichtig werden können.

Literatur
Bos, W., Lankes, E.-M., Schwippert, K., Valtin, R., Voss, A., Badel, I. & Plaßmeier, N. (2003): Lesekompetenzen deutscher Grundschülerinnen und Grundschüler am Ende der vierten Jahrgangsstufe im internationalen Vergleich. In: Bos, W., Lankes, E.-M., Prenzel, M., Schwippert, K., Walther, G. & Valtin, R. (Hrsg.): Erste Ergebnisse aus IGLU. Schülerleistungen am Ende der vierten Jahrgangsstufe im internationalen Vergleich. Münster 2003, S. 69-142. – Christmann, U. & Groeben, N.

(2001): Psychologie des Lesens. In: Franzmann, B., Hasemann, K., Löffler, D. & Schön, E. (Hrsg.): Handbuch Lesen. Baltmannsweiler, S. 145-223. – Deutsches PISA-Konsortium (2001): PISA 2000. Basiskompetenzen von Schülerinnen und Schülern im internationalen Vergleich. Opladen. – Duncker, L. (1992): Eine Schulreform gegen die Schrift? Zur Bedeutung der Literalität für das Lernen. In: Neue Sammlung, 32, S. 535-547. – Feilke, H. (2001): Was ist und wie entsteht Literalität? In: Pädagogik, 53, H.6, S. 34-38. – Gläser, E. (2003): Arbeit mit Kinderliteratur. In: Reeken, D. von (Hrsg.): Handbuch Methoden im Sachunterricht, Baltmannsweiler, S. 157-166. – Hartinger, A., Fölling-Albers, M., Lankes, E.-M., Marenbach, D. & Molfenter, J. (2001): Lernen in authentischen Situationen versus Lernen mit Texten. Zum Aufbau anwendbaren Wissens in der Schriftsprachdidaktik. In: Unterrichtswissenschaft, 29, S. 108-130. – Kintsch, W. (1996): Lernen aus Texten. In: Hoffmann, J. & Kintsch, W. (Hrsg.): Lernen. Göttingen u.a. 1996 (= Enzyklopädie der Psychologie, Themenbereich C, Serie II, Band 7), S. 503-528. – Ladenthin, V. (2002): Texte. In: Martial, I. von & Ladenthin, V.: Medien im Unterricht. Grundlagen und Praxis der Mediendidaktik. Baltmannsweiler, S. 115-153. – Marenbach, D. (1993): Probleme der Textverständlichkeit. In: Beisbart, O., Eisenbeiß, U., Koß, G. & Marenbach, D. (Hrsg.): Leseförderung und Leseerziehung. Theorie und Praxis des Umgangs mit Büchern für junge Leser, Donauwörth, S. 39-46. – Meier, R. (2003): Die Sache (auch) durch Texte erschließen. In: Grundschule Sprachen, 9, S. 8-11. – Michalik, K. (2003): Arbeit mit historischen Quellen. In: Reeken, D. von (Hrsg.): Handbuch Methoden im Sachunterricht, Baltmannsweiler, S. 223-231.

4.3 Beurteilen im Sachunterricht

79| Leistungen ermitteln und bewerten
Frauke Grittner

Für Sachunterricht als Fach der Grundschule gelten grundsätzlich die Leitideen, die für die Leistungsermittlung und -bewertung in der Grundschule generell diskutiert werden. Aber darüber hinaus weist der Sachunterricht durch seine facheigenen Aufgaben und Ziele Spezifika auf, die ebenfalls berücksichtigt werden müssen.

Nachdem einführend kurz skizziert wird, warum Leistung in der Grundschule überhaupt ermittelt und bewertet werden muss, wird beleuchtet, was als Leistung im Sachunterricht angesehen werden kann. Daraus werden anschließend Konsequenzen für die Leistungsermittlung und die Leistungsbewertung abgeleitet. Ein Blick in die Praxis der Leistungsbewertung und zur empirischen Forschung schließt die Ausführungen ab.

1 Funktionen der Leistungsbewertung und pädagogischer Leistungsbegriff

Leistungsbewertung in der Schule beruht auf Kriterien und Normen, die zum großen Teil durch gesellschaftliche Hintergründe definiert und begründet sind. Auf dieser Grundlage hat sie verschiedene Funktionen. Zum einen dient Leistungsbewertung der Selektion: In der Grundschule wirkt sich dies bei der Versetzung in den nächsthöheren Schuljahrgang und vor allem beim Übergang an weiterführende Schulformen aus. Zum anderen hat sie pädagogische Grundfunktionen, d.h. sie dient der Optimierung schulischer Lernprozesse, um die Leistungen der Schüler/innen zu fördern bzw. überhaupt erst zu ermöglichen. Dies kann durch informierende Rückmeldungen über Stärken und Schwächen sowie durch Hinweise für Verbesserungsmöglichkeiten an Schüler/innen und auch Eltern geschehen, die einhergehen mit einer Reflexion und ggf. einer Veränderung der Lern-

bedingungen. Dabei wird Leistung nicht verstanden als konkurrenzbetonter Wettbewerb, bei dem die Ergebnisse im Vordergrund stehen; stattdessen wird die angestrebte Verbesserung von einem pädagogischen Leistungsbegriff getragen. Dieser kennzeichnet sich dadurch, dass die heterogenen Lernausgangslagen der Schüler/innen berücksichtigt werden, dass sowohl individuell als auch gemeinsam erbrachte Leistungen sowie Prozesse und Produkte einbezogen werden und dass Leistungsbewertung als eine prozessbegleitende Lernhilfe verstanden wird, in die die Schüler/innen dialogisch miteingebunden werden (vgl. Klafki 1994).
Der pädagogische Leistungsbegriff klärt jedoch nicht, welches Verhalten der Schüler/innen als Leistung bezeichnet werden kann. Dies wird gemeinsam mit den Begriffen Leistungsermittlung und -bewertung im Folgenden erläutert und für den Sachunterricht näher ausgeführt.

2 Leistungen im Sachunterricht und Konsequenzen für die Leistungsermittlung und -bewertung

Menschliche Aktivitäten bzw. daraus hervorgehende Produkte an sich sind keine Leistung. Erst mit der Entscheidung, sie unter dem Aspekt der Leistung zu betrachten – was voraussetzt, dass die Person die Aktivität auch zeigt – erhalten sie leistungsthematischen Charakter: Die Leistung wird ermittelt. In einem zweiten Schritt werden Prozesse und Produkte auf einen Maßstab bezogen, mit dem ihre Quantität bzw. Qualität bewertet werden kann: Die Leistung wird bewertet. Leistungsermittlung und Leistungsbewertung sind also voneinander zu trennen. So zeigen Schüler/innen z.B. eine Leistung in Form einer Sachzeichnung oder einer Präsentation. In einem nächsten Schritt wird diese ggf. von verschiedenen Personen bewertet. Zeitweise fallen die Schritte Ermittlung und Bewertung eng zusammen, z.B. bei der spontan bewertenden Reaktion auf die Äußerung einer Schülerin oder eines Schülers (vgl. Jachmann 2003). Sowohl die Entscheidung, etwas als Leistung zu betrachten, als auch die Bezugnahme auf einen Maßstab sind normativen Kriterien unterworfen (vgl. Heid 1992). Diese sind unter bestimmten gesellschaftlichen und historischen Einflüssen durch intersubjektive Aushandlung entstanden und damit wieder veränderbar. Für Schulleistung zeigt sich das am Beispiel der Fertigkeiten in Handarbeiten (nähen, stricken usw.) bzw. im Umgang mit dem Computer: Während die einen in den letzten Jahrzehnten an Bedeutung im Leistungsspektrum verloren haben, gewinnen die anderen zunehmend mehr an Bedeutung.
Entscheidungskriterien dafür, was als Leistungen im Sachunterricht betrachtet werden soll, lassen sich aus der Diskussion um Zielsetzungen und Aufgabenstellung des Faches ableiten. Die Debatte ist in den letzten Jahren stark von der Auseinandersetzung um Kerncurricula und Bildungsstandards und damit von der Frage nach Festlegung oder Offenheit der Zielsetzungen geprägt. In den neuen Bildungs-

plänen zeichnet sich dies ab, indem verbindliche Kompetenzen und Standards formuliert werden, die zum Ende der Grundschulzeit bzw. des 2. Schuljahres erreicht sein sollten. Die dorthin führende Unterrichtsgestaltung bleibt jedoch offen (vgl. Gläser & Grittner 2004). Auf diesem Weg kann der Anspruch des Sachunterrichts erfüllt werden, fachrelevante Ziele zu verfolgen und individuelle Lernwege, Interessen und Fragestellungen der Schüler/innen zu berücksichtigen (vgl. GDSU 2002, S.2).

Die geforderten Kompetenzen werden für den Sachunterricht zumeist in vier Bereichen konkretisiert:

1) Sachkompetenz umfasst das Verständnis grundlegender Konzepte und Prozesse der Natur- und Sozialwissenschaften und der Technik sowie die Anwendung gewonnener Einsichten mit dem Ziel, sachbezogen urteilen und handeln zu können.

2) Methodenkompetenz bezeichnet die Entwicklung sowie die sachbezogene und situationsgerechte Anwendung von Lernstrategien, Arbeitstechniken und Verfahren.

3) Soziale Kompetenz bezieht sich auf das miteinander Lernen und Arbeiten sowie auf die Übernahme von Verantwortung.

4) Personale Kompetenz meint die Fähigkeit, sich selbst wahrzunehmen, zu regulieren und zu motivieren sowie Zuversicht in eigene Fähigkeiten zu entwickeln (vgl. z.B. Ministerium für Bildung.... 2004).

Die Kompetenzen umfassen also deklaratives, prozedurales und metakognitives Wissen. „Sie zielen damit, über den bloßen Erwerb von Kenntnissen und Fertigkeiten hinaus, auf die Förderung des Verstehens" (GDSU 2002, S. 4) und ermöglichen den Schüler/innen eine zunehmend selbstständige Erschließung ihrer Umwelt.

Kompetenzen, individuelle Zugänge beim Erschließen der Umwelt und der Verständnisprozess können also als Entscheidungskriterien für Leistung im Sachunterricht betrachtet werden. Das hat Konsequenzen für den Unterricht, der diese Leistungen ermöglichen und fördern muss, damit die Schüler/innen sie überhaupt zeigen können, aber auch für die Leistungsermittlung und -bewertung. Zum einen muss man mit den Verfahren der Leistungsermittlung z.B. feststellen können, ob bzw. in welcher Ausprägung die Lernenden sachbezogen handeln und urteilen können, ob sie Lernstrategien anwenden, sich selbst regulieren oder mit anderen zusammen arbeiten können. Mit den Verfahren muss ermittelt werden können, inwieweit sich die Schüler/innen ihre Umwelt erschlossen haben und wo sie in ihrem Verständnisprozess stehen. Ebenso sollten sie individuelle Zugänge abbilden können und im Sinne des pädagogischen Leistungsbegriffs Produkte und Prozesse berücksichtigen. Nur so können die Lernstände umfassend festgestellt und Optimierungsmöglichkeiten bereits im Lernprozess gefunden werden. Verfahren, die allein Wissen abfragen, können dies nicht leisten. Zum anderen ist es erforderlich, die Schüler/innen sowohl in die Leistungsermittlung als auch in die Leistungsbewertung mit einzubeziehen. Wenn die Schüler/innen ihre Lernprozesse zunehmend selbstständig steuern können sollen, müssen sie auch selbst bewerten können, ob und inwieweit sie ihre selbstgesteckten Ziele erreicht haben. Dazu gehört dann ebenfalls die Aushandlung und Anwendung von Bewertungskriterien.

Neben diesen Konsequenzen sind weitere Spezifika des Sachunterrichts bei der Leistungsermittlung und -bewertung zu bedenken. Dies sind z.b. das breite fachliche Spektrum, angestrebte Verhaltensweisen, die vor allem in außerschulischen Kontexten und zum Teil erst langfristig wirksam werden (z.B. Ziele der Medien- oder Verkehrserziehung) sowie Lernausgangslagen, die stark durch außerschulische Erfahrungsmöglichkeiten bestimmt sein können (vgl. Faust-Siehl 1997).

3 Formen der Leistungsermittlung

Standardisierte Tests
Diese Tests prüfen, ob überregional definierte Leistungsstandards erreicht werden (vgl. ausführlicher den Beitrag von Lankes in diesem Band, Nr. 81). Voraussetzung ist eine klare Festlegung der Lernziele und die Entwicklung von geeigneten Testaufgaben. Dies ist für Sachkompetenz relativ eindeutig zu handhaben. Die anderen Kompetenzbereiche, Prozesse und individuelle Zugänge können hingegen weniger eindeutig bzw. gar nicht festgestellt werden, weshalb die Tests auch kritisiert werden (vgl. Bartnitzky 2005).

Lernzielkontrollen, informelle Tests
Im Vergleich zu standardisierten Tests sind Lernzielkontrollen methodisch vereinfachte, von den Lehrkräften selbst erstellte Verfahren, die besser auf den Unterricht ausgerichtet werden können (vgl. Nuding 2004, hier auch sachunterrichtsspezifische Hinweise zur Konzipierung). Der Schwerpunkt liegt aber auch hier auf der Feststellung der Sachkompetenz. Prozessentwicklungen können ermittelt werden, wenn an verschiedenen Zeitpunkten der Themenbearbeitung Tests durchgeführt werden. Um individuelle Zugänge festzustellen, müssen die Tests differenziert angeboten werden; derselbe Test für alle Schüler/innen ermöglicht dies nicht. Ein Einbezug der Schüler/innen wäre denkbar, wenn diese an der Auswahl oder Formulierung der Aufgaben beteiligt würden.

Zertifikate, Pässe, „Führerscheine"
Diese Formen belegen inhaltlich klar beschriebene Fertigkeiten und Fähigkeiten (z.B. Umgang mit dem Mikroskop), die u.U. auch außerhalb der Schule erworben werden können (vgl. Winter 2004). Der Schwerpunkt liegt auf den Leistungsergebnissen und betrifft v.a. die Sach- und Methodenkompetenz, wenn soziale

Fähigkeiten nicht direkt Gegenstand des Zertifikates sind (z.B. bei Streitschlichter-Zertifikaten). Ein Einbezug der Schüler/innen ist möglich, wenn sie sich frei für das Zertifikat, die Dauer der Vorbereitung und den Termin der Prüfung entscheiden können. Beispiele für den Sachunterricht finden sich bei Schönknecht und Klenk (2005).

Beobachtungen

Beobachtungen der Lehrkraft, also Wahrnehmungen visueller und auditiver Art, die zumeist geplant sind, können sich auf Prozesse, Produkte und auf die vier Kompetenzbereiche beziehen. Um Beobachtungsfehler zu vermeiden, ist eine klare Festlegung v.a. von Beobachtungszweck, -ziel und -methode wichtig. Beobachtungsraster können das Vorgehen unterstützen aber auch einengen (sachunterrichtsbezogene Beispiele vgl. Nuding 2004). Ein Einbezug der Schüler/innen ist möglich, wenn die Beobachtungsergebnisse mit ihnen besprochen werden, bzw. sie zu Selbstbeobachtungen angehalten werden.

Präsentationen

Als Präsentation wird die „Veröffentlichung" der Leistungen von Schüler/innen zum Zwecke der Rechenschaftslegung, Leistungsbewertung oder Unterhaltung verstanden. Sie kann im Rahmen des Klassenverbandes oder darüber hinaus stattfinden, allein oder in Zusammenarbeit mit anderen durchgeführt werden (vgl. Winter 2004). Je nach Gegenstand und Ziel werden alle vier Kompetenzbereiche angesprochen und es können sowohl Produkte als auch Prozesse deutlich werden (für Beispiele aus dem Sachunterricht vgl. Gläser & Grittner 2004). Der Einbezug der Schüler/innen wird verstärkt, und individuelle Zugänge werden ermöglicht, wenn die Gestaltung individuell erfolgen kann.

Lerntagebücher

In Lerntagebüchern halten Schüler/innen Beobachtungen, Gedanken und Gefühle über ihre Arbeit fest. Diese individuelle Form des Berichtens ermöglicht ein Bewusstwerden und Reflektieren der Leistung (vgl. Winter 2004). Sie spricht somit besonders die Personalkompetenz an. Prozesse und Produkte können berücksichtigt werden. Durch das Lerntagebuch können für Lehrkräfte die individuellen Zugänge der Schüler/innen deutlich werden und der Dialog über die Leistungen unterstützt werden.

Portfolios

Ein Portfolio ist eine Zusammenstellung von Arbeiten, die die Leistung(sentwicklung) der Schüler/innen dokumentiert. Es unterscheidet sich von anderen Sammlungen durch die reflexive Praxis, d.h. durch die begründete Auswahl, beigefügte Kommentare und wertende Stellungnahmen durch die Schüler/innen und/oder Lehrkräfte (vgl. Winter 2004). So kann neben Sach- und Methodenkompetenz auch Personalkompetenz widergespiegelt werden. Durch die Auswahl werden die

Schüler/innen unmittelbar miteinbezogen und können ihre individuellen Zugänge darlegen. Beispiele aus dem Sachunterricht finden sich bei Franz & Kammermeyer (2004) sowie Grittner (2005).

Bereits diese knappe Übersicht zeigt, dass die Feststellungsverfahren verschiedene Stärken haben. Damit die Schüler/innen ihre Leistungen in unterschiedlichen Bereichen zeigen können und ein umfassendes Bild der Leistung erstellt werden kann, müssen mehrere Formen der Leistungsermittlung miteinander kombiniert werden.

4 Leistungsbewertung: Anforderungen und Probleme

Wenn die Leistung ermittelt wurde, wird sie in einem nächsten Schritt auf einen Maßstab bezogen, um ihre Quantität bzw. Qualität zu bestimmen. Dabei orientiert sich jeder Maßstab an einer bestimmten Bezugsnorm. Für die pädagogische Diagnostik werden traditionell drei unterschieden, die jedoch selten isoliert voneinander verwendet werden:
– Soziale Bezugsnorm: Die Leistung wird an den Leistungen von anderen gemessen. Ziel ist es, eine Rangfolge aufzustellen.
– Kriteriale Bezugsnorm: Die Leistung wird an sachlich-fachlichen Anforderungen gemessen, z.B. bei informellen Tests.
– Individuelle Bezugsnorm: Die Leistung wird an den eigenen, vorherigen Leistungen gemessen.
Es ist wichtig, dass Lehrkräfte die Bezugsnormen bewusst und reflektiert einsetzen, denn sie haben unterschiedliche Auswirkungen auf die Motivation und Selbstwahrnehmung der Schüler/innen und beeinflussen somit auch die Personalkompetenz. So kann unter Verwendung der individuellen Bezugsnorm die Leistung leichter auf die eigene Anstrengung zurückgeführt werden. Da auf diese selbst Einfluss genommen werden kann, ist das eine besonders motivationsförderliche Erklärungsweise. Im Gegensatz dazu ist die eigene Leistung bei der sozialen Bezugsnorm immer durch die Leistung der anderen mitbestimmt, auf die selbst kein Einfluss genommen werden kann. Dies kann sich motivationshemmend auswirken. Zudem schneiden bei dieser Bezugsnorm schwächere Schüler/innen stets schlechter ab, was eine Misserfolgserwartung und damit negative Selbstwahrnehmung mit sich führen kann (vgl. hierzu ausführlicher Hartinger & Fölling-Albers 2002). Darüber hinaus können mit der individuellen Bezugsnorm eher heterogene Ausgangslagen, individuelle Zugänge und Entwicklungen berücksichtigt werden.

Im Hinblick auf die pädagogische Funktion der Leistungsbewertung hat die Verwendung der individuellen Bezugsnorm aus motivationalen Gründen deutliche Vorzüge. Durch die Selektionsfunktion erhält aber auch die kriteriale Bezugsnormorientierung große Bedeutung. So müssen Aussagen darüber getroffen werden, inwieweit die Schüler/innen die Anforderungen zukünftiger Schullaufbahnen erfüllen. Die Orientierung an der sozialen Bezugsnorm wäre letztlich nur bei der Zuteilung auf begrenzte Positionen sinnvoll (z.b. bei der Bewerbung mehrerer Personen auf eine Stelle). In der Grundschule ist sie daher von der Logik her weder erforderlich noch pädagogisch sinnvoll.

Die Schwerpunktlegung auf die eine oder andere Bezugsnorm sagt jedoch noch nichts über die Quantität und Qualität der Leistungen aus. Hierfür bedarf es eines Maßstabes, dessen Kriterien festgelegt werden müssen. Bei deklarativen Wissensprodukten, die anhand einer kriterialen Bezugsnorm mit richtig oder falsch zu bewerten sind, ist dies recht einfach, z.B. bei der Zuordnung von Blättern und Früchten. Um dem weitaus breiteren Leistungsspektrum des Sachunterrichts und damit der Förderung der Schüler/innen gerecht zu werden, müssen auch die komplexeren Leistungen bewertet werden. Im Hinblick auf die Optimierung der Lernprozesse müssten anhand der Maßstäbe Aussagen darüber gemacht werden, welches Leistungsverhalten der Schüler/innen „optimaler" – also im Hinblick auf die Optimierung wünschenswerter – ist als anderes. So explizit finden sich keine Maßstäbe in der Literatur. Es gibt jedoch Hilfestellungen, die zur Entwicklung solcher Maßstäbe heran gezogen werden können. Dabei lassen sich zwei Formen unterscheiden:

Eine Form sind Beschreibungen von Verhaltensweisen, an denen man erkennen kann, ob Schüler/innen bestimmte Anforderungen bzw. Kompetenzen erreicht haben. So gelten z.B. „passende Kleidung auswählen und die Entscheidung begründen" als eine Anforderung von mehreren zum Themenkreis Wetter (Ministerium für Bildung.....2004, S. 28) und „einen Versuch (nach einem Vorbild, einer Anleitung) aufbauen, in Gang setzen, verbessern" als Zeichen für Kompetenzerwerb (GDSU 2002, S. 25).

Problematisch an diesen Beschreibungen erscheint, dass keine Zwischenstufen, bzw. Vorstufen auf dem Weg zur Kompetenzerlangung formuliert werden. So bleibt für die Lehrkraft der hohe Anspruch, das Verhalten der Schüler/innen genau zu beobachten und aus den Beobachtungsergebnissen abzuleiten, wo sich das Kind auf dem Weg zur Kompetenzerreichung befindet. Das heißt, die Lehrkräfte müssen wissen, welche Ausprägungen bzw. Vorstufen es gibt, und im Hinblick auf die Förderung wissen, welche Schritte zur Optimierung einzuschlagen sind. Eine zweite, differenziertere Form stellen die Beschreibungen von Kompetenzstufen dar. So schlägt Soostmeyer fünf Leistungsebenen als „heuristische Suchmuster für die Diagnose kindlicher Aktivitäten [...], die den Stand und den Verlauf der Leistungen betreffen" (1998, S. 296) vor: Reproduktion, Reorganisation, Übertragungsleistung, Problemlösendes Denken und Selbstorganisation. Die Ebenen sind kognitiv zunehmend anspruchsvoller und inklusiv, d.h. die nachfolgenden umfassen die jeweils vorhergehenden. Offen bleibt jedoch, ob sie alle und in dieser Reihenfolge durchlaufen werden müssen, und wie es zu bewerten ist, wenn gegebenenfalls eine anspruchsvolle beherrscht wird, eine vorausgehende jedoch nicht.

Während diese, in der Originalquelle ausführlicher beschriebenen, Ebenen für alle Dimensionen des Sachunterrichts verwendet werden könnten, werden in der IGLU-Studie Kompetenzstufen speziell für die naturwissenschaftliche Kompetenz vorgeschlagen (vgl. Bos, Lankes, Prenzel, Schwippert, Walther & Valtin 2003). Wenngleich beide Vorschläge differenziert ausformuliert sind, beziehen sie sich doch vornehmlich auf die Ebene der Sach- und Methodenkompetenz. Sachunterrichtspezifische Vorschläge zur Beschreibung von Personal- und Sozialkompetenz fehlen zurzeit in der Literatur.

Wenngleich die Zielsetzungen des Sachunterrichts eine Förderung aller Kompetenzbereiche anstreben und im Hinblick auf die Optimierung der Lernprozesse eine Rückmeldung über ihre Leistungen für die Schüler/innen unabdingbar ist, muss doch an dieser Stelle hinterfragt werden, ob alle angestrebten Leistungsbereiche vor allem in öffentlichen Bewertungsformen wie Zeugnissen ihren Niederschlag finden können und auch sollen. Dies bezieht sich zum einen auf Einstellungen und Verhaltensdispositionen, die vor allem in außerschulischen Kontexten wirksam werden, wie z.B. Ernährungsgewohnheiten oder Teilnahme am Straßenverkehr. Zum anderen bezieht es sich auf Leistungsbereiche, die zu einem großen Teil durch außerschulische Sozialisation vorbedingt sind (z.B. Aspekte der Personalkompetenz wie Zuversicht in eigene Fähigkeiten) und nur in geringem Maße durch Schule initiiert werden. Andererseits kann argumentiert werden, dass, wenn sie bewertungsrelevant sind, auch mehr Gewicht auf ihre Förderung im Unterricht gelegt werden muss und so ggf. außerschulischen Fehlentwicklungen entgegengewirkt werden kann. Die abschließende Entscheidung, was mit welcher Gewichtung bewertet werden soll, bleibt faktisch Entscheidung der Lehrkraft. Einerseits stellt dies hohe Anforderungen an die diagnostische und pädagogische Kompetenz. Andererseits ermöglicht dieser pädagogische Spielraum aber auch das Eingehen auf individuelle Voraussetzungen und Bedürfnisse der Schüler/innen.

Wichtig ist, gerade im Hinblick auf die pädagogische Funktion der Leistungsbewertung, dass die Kriterien für die Leistungsbewertung transparent gemacht werden.

5 Sachunterricht in Zeugnisdokumenten

5.1 Empirische Untersuchungen

Nach den konzeptionellen Überlegungen soll abschließend betrachtet werden, wie Leistungsbewertung im Sachunterricht verwirklicht wird. Da eigenständige empirische Studien zur Leistungsbewertung im Sachunterricht zurzeit meines

Wissens nicht vorliegen, müssen Erkenntnisse hierzu aus umfassenderen Untersuchungen in der Grundschule gefiltert werden.

Bei einem Vergleich von Zeugnisanalysen lassen sich drei Tendenzen für den Sachunterricht aufzeigen:

1) In den Textteilen von Zeugnissen, seien es reine Verbalbeurteilungen oder Kommentarteile in kombinierten Verbal- und Zifferzeugnissen, erhält der Sachunterricht einen geringeren Anteil. Dies gilt sowohl im Vergleich zu Mathematik und Deutsch als auch im Vergleich zu anderen Fächern oder Interessensbereichen (vgl. Ulbricht 1993; Maier 2001; Schmidt 1980).

2) Die Bewertungen für den Sachunterricht fallen im Laufe der Grundschulzeit schlechter aus. Dies gilt sowohl für Noten (Thiel & Valtin 2002) wie für Verbalbeurteilungen (Maier 2001). Die Untersuchung von Thiel und Valtin (2002) zeigt, dass sich die Notendurchschnittswerte innerhalb von zwei Jahren um fast eine halbe Note verschlechtern.

3) Mädchen erhalten in Verbalbeurteilungen und Kommentarteilen kombinierter Zeugnisformen mengenmäßig weniger Aussagen zum Sachunterricht als Jungen. So betrifft in der Studie von Schmidt (1980) für Mädchen jede zehnte Aussage in Beurteilungen das Fach, bei Jungen sind es mit jeder fünften doppelt so viele. Die Untersuchung von Maier (2001) bestätigt diese Tendenz. Aussagen dazu, ob Jungen oder Mädchen besser beurteilt werden, lassen sich jedoch mit diesen beiden Studien nicht einheitlich treffen.

Ebenfalls uneinheitlich ist die Zunahme der Aussagen für den Sachunterricht. Während in der Untersuchung von Maier (2001) die Anzahl vom 3. zum 4. Schuljahr zunimmt, stellt Schmidt (1980) eine Abnahme der Aussagen in diesem Zeitraum fest.

Neben diesen gemeinsamen Schwerpunkten gibt es aus einzelnen Studien noch weitere relevante Ergebnisse zum Sachunterricht:

So stellt Maier (2001) bei der qualitativen Analyse von Verbalbeurteilungen fest, dass im Sachunterricht etwa 75% der Aussagen an der individuellen Bezugsnorm orientiert sind und ein Viertel an der kriterialen. Für Mathematik und Deutsch dagegen gilt dieses Verhältnis genau umgekehrt.

Ulbricht (1993) vergleicht die Ziffernoten für Heimat- und Sachkunde (HSK) mit den Verbalbeurteilungen, die diese kommentieren. Sie stellt fest, dass die Kommentare „die informative Funktion der Zeugnisse für das Fach HSK nicht ausreichend [erfüllen]" (S. 199), da die „intendierten Unterschiede in den Beschreibungen nur für Insider erkennbar" sind (S. 198). Zudem fehlen in allen 264 untersuchten Zeugnissen Hinweise darauf, wie die Leistungen in der HSK verbessert werden könnten.

Gerade diese beiden Untersuchungen zeigen, wie unterschiedlich die Leistungsbewertung in den Zeugnisdokumenten den hier aufgestellten Anforderungen gerecht wird. Darüber hinaus werfen die Ergebnisse weitere Fragen auf, z.b. die nach den Ursachen für die zunehmend schlechteren Bewertungen. Da sich die vorliegenden Studien alle auf die Analyse von Zeugnissen beziehen, können zurzeit keine Aussagen zur Leistungsbewertung im Sachunterricht im Schulalltag gemacht werden. Hier besteht ein großes Forschungsdefizit.

5.2 Die Bedeutung des Sachunterrichts für Versetzungen und Übergänge

Nicht nur im Hinblick auf die pädagogische Funktion der Leistungsbewertung wird dem Sachunterricht sehr unterschiedliche Bedeutung zugemessen. Auch die Selektionsfunktion erhält in nahezu jedem Bundesland ein anderes Ausmaß. So ist die bewertete Leistung im Fach nicht in allen Ländern versetzungsrelevant. Auch die Entscheidung, ob dies im 2. oder im 3. Schuljahr relevant wird, ist länderspezifisch. Unabhängig davon, ob Sachunterricht im Laufe der Grundschulzeit versetzungsrelevant ist, kann das Fach für den Übergang an weiterführende Schulen in unterschiedlichem Maße berücksichtigt werden. Mal wird die Note mit den Bewertungen aus Deutsch und Mathematik zu einer erforderlichen Durchschnittsnote verrechnet, mal ist eine Mindestnote erforderlich, um Zugang zu bestimmten Schulformen zu erlangen, mal wird das Fach gar nicht berücksichtigt. Selbst wenn Eltern die Übergangsentscheidung allein treffen, werden sie durch administrative Papiere länderspezifisch beraten, ob Leistungen im Sachunterricht als Orientierungshilfe hinzugezogen werden sollten oder nicht. Schon ein Vergleich der vier Bundesländer Thüringen, Bayern, Hessen und Niedersachsen zeigt die Vielfalt der Verfahren. Bereits 1997 hat Faust-Siehl auf diese Diversität und deren mögliche Auswirkungen auf das Fach hingewiesen. Ob sich die unterschiedliche Wertschätzung des Sachunterrichts in Zeugnisdokumenten auf die Wertschätzung des Faches allgemein auswirkt und ob dies wiederum Folgen für die grundlegende Bildung der Schüler/innen in diesem Bereich hat, müsste noch empirisch erhoben werden.

Literatur

Bartnitzky, H. (2005): Was heißt hier „leisten"? In: Bartnitzky, H., Brügelmann, H., Hecker, U. & Schönknecht, G. (Hrsg.): Pädagogische Leistungskultur: Materialien für Klasse 1 und 2. Frankfurt am Main, Heft 1, S. 6-17. – Bos, W., Lankes, E., Prenzel, M., Schwippert, K., Walther, G. & Valtin, R. (Hrsg.) (2003): Erste Ergebnisse aus IGLU. Schülerleistungen am Ende der vierten Jahrgangsstufe im internationalen Vergleich. Münster, New York, München, Berlin. – Durchlässigkeits- und Versetzungsordnung vom 19. Juni 1995 (Nds. GVBl. S. 184, 440; SVBl. S. 182), zuletzt geändert 21. Juli 2005 (Nds. GVB.. S. 262; SVBl. S. 487). – Faust-Siehl, G. (1997): Leistung und Leistungsbeurteilung im Sachunterricht. In: Meier, R., Unglaube, H. & Faust-Siehl, G. (Hrsg.): Sachunterricht in der Grundschule. Frankfurt am Main. S. 149-157. – Franz, U. & Kammermeyer, G. (2004): Das Portfolio im Sachunterricht. In: Grundschulmagazin, 72, H.5, S. 37-40. – Gesellschaft für Didaktik des Sachunterrichts (GDSU) (2002): Perspektivrahmen Sachunterricht. Bad Heilbrunn. – Gläser, E. & Grittner, F. (2004): Neue Perspektiven zur Leistungsbewertung im Sachunterricht. In: Bartnitzky, H. & Speck-Hamdan, A. (Hrsg.): Leistungen der Kinder wahrnehmen – würdigen – fördern. Frankfurt am Main. S. 282-296. – Grittner, F. (2005): Portfolio als interessenförderliche Leistungsbewertung. In: Grundschulunterricht, 52, H.10, S. 28-30. – Hartinger, A. & Fölling-Albers, M. (2002): Schüler motivieren und interessieren. Bad Heilbrunn. – Heid, H. (1992): Was „leistet" das Leistungsprinzip? In: Zeitschrift für Berufs- und Wirtschaftspädagogik, 88, H.2, S. 91-108. – Jachmann, M. (2003): Noten oder Berichte? Die schulische Beurteilungspraxis aus der Sicht von Schülern, lehrern und Eltern. Opladen. – Klafki, W. (1994): Sinn und Unsinn des Leistungsprinzips in der Erziehung. In: ders: Neue Studien zur Bildungstheorie und Didaktik. 4.Aufl., Weinheim. S. 209-247. – Maier, M. (2001): Das Verbalzeugnis in der Grundschule. Landau. – Ministerium für Bildung, Jugend und Sport des Landes Brandenburg; Senatsverwaltung für Bildung, Jugend und Sport Berlin; Ministerium für Bildung, Wissenschaft und Kultur Mecklenburg-Vorpommern (Hrsg.) (2004): Rahmenlehrplan Grundschule Sachunterricht. Berlin. – Niedersächsisches Kultusministerium (Hrsg.) (2005): Schullaufbahnempfehlung. Hannover. – Nuding, A. (2004): Leistungsbeurteilung im Sachunterricht. Baltmannsweiler. – Schmidt, H.-J. (1980): Grundschulzeugnisse in Niedersachsen. Lüneburg. – Schönknecht, G. & Klenk, G. (2005): Sachunterricht. Pädagogische Leistungskultur: Materialien für Klasse 1 und 2. In: Bartnitzky, H., Brügelmann, H., Hecker, U. & Schönknecht, G. (Hrsg.): Pädagogische Leistungskultur: Materialien für Klasse 1 und 2. Frankfurt am Main, Heft 5. – Soostmeyer, M. (1998): Zur Sache Sachunterricht. 3.überarb. Aufl. Frankfurt am Main. – Thiel, O. & Valtin, R. (2002): Eine Zwei ist eine Drei ist eine Vier. In: Valtin, R. (Hrsg.): Was ist ein gutes Zeugnis? Weinheim. S. 67-76. – Thüringer Schulordnung für die Grundschule, die Regelschule, das Gymnasium und die Gesamtschule - ThürSchulO - vom 20. Januar 1994 (GVBl. S.185), zuletzt geändert 7. April 2004 (GVBl. S. 494). – Ulbricht, H. (1993): Wortgutachten auf dem Prüfstand. Münster. – Verordnung zur Gestaltung des Schulverhältnisses vom 21. Juni 2000 (ABl. 2000, S. 602), zuletzt geändert am 14. Juni 2005 (ABl. S. 463) Gült.Verz. Nr. 721 Anlage 1 Richtlinien für die Versetzung in den einzelnen Schulformen (Hessen). – Volksschulordnung 2232-2-UK Schulordnung für die Volksschulen in Bayern vom 23. Juli 1998 Fundstelle: GVBl 1998, S. 516 Zuletzt geändert am 1.9.2005, GVBl 2005, S. 479. – Winter, F. (2004): Leistungsbewertung. Baltmannsweiler.

80| Bildungsstandards als Leistungsnorm
Gabriele Faust und Carina Dürr

Bildungsstandards sind Normen für Bildungsprozesse oder -ergebnisse. Solche Erwartungen an die Leistungen des Bildungssystems und Kontrollen, ob sie erbracht werden, gehören seit jeher zur öffentlichen Schule (Oelkers 2004). Die Bildungsstandards der gegenwärtigen Diskussion beziehen sich jedoch (1.) auf die am Ende einer Jahrgangsstufe erreichten Kompetenzen der Schüler/-innen und diese sollen (2.) mit effizienteren Mitteln und in der Fläche überprüft werden. Damit stellen sie das zentrale Element in der angestrebten Output-Steuerung dar. Die Fragen, die sich hier stellen, sind: Wie kommt es zu diesen neuartigen Normen? Was sollen Bildungsstandards leisten und weshalb werden sie kritisiert? Sollte auch der Sachunterricht eine spezifische Diskussion führen und Bildungsstandards entwickeln?

1 Standards als Kernelement der Output-Steuerung

Die „Sicherung der Qualität von Schule und Unterricht auf der Grundlage von verbindlichen Standards" ist eines von sieben Handlungsfeldern, in denen die 16 Bundesländer unter dem Eindruck der ersten PISA-Ergebnisse vorrangig tätig werden wollen (Bildungsbericht für Deutschland 2003, S. 257ff.). Von 2002 bis 2004 vereinbarten sie ländergemeinsame Standards für die vierte Klasse und den Hauptschul- sowie den mittleren Bildungsabschluss, den Aufbau von Aufgabenpools, eine regelmäßige Bildungsberichterstattung und das Institut zur Qualitätssicherung im Bildungswesen (IQB an der Berliner Humboldt-Universität), das u.a. die Realisierung der Standards überprüfen soll (Veröffentlichungen der Kultusministerkonferenz 2004).

Die theoretische Vorarbeit dazu leistet das sog. Klieme-Gutachten (Klieme, Avenarius, Blum, Döbrich, Gruber, Prenzel, Reiss, Riquarts, Rost, Tenorth & Vollmer 2003). Statt der viele Ziele auflistenden und häufig relativ wirkungslosen Lehrpläne sollen verständlich und klar formulierte bereichsspezifische Ergebniserwartungen das Bildungssystem steuern. Sie richten sich zugleich an die Lernenden und die Qualität der pädagogischen Arbeit, und sind konkret genug, um in Aufgabenstellungen umgesetzt und regelmäßig überprüft zu werden. Inzwischen haben die meisten Bundesländer ein teilweise engmaschiges Netz von Vergleichsarbeiten eingeführt (vgl. Bildungsbericht 2003, S. 263ff.). Die allgemeinen Bildungsziele behalten weiterhin ihre Gültigkeit, die Bildungsstandards werden als pragmatischer Konsens unterhalb dieser Zielebene verstanden. Zutreffender wäre deshalb möglicherweise der Name „Leistungsstandards". Ergebnisnormen für die Schlüsselstellen der Schullaufbahn machen die Anschlussfähigkeit des schulischen Lehrens und Lernens deutlich. Internationale Vorbilder liegen mit unterschiedlicher Regelungsdichte z.B. in Schweden, Großbritannien und den USA vor.

Bildungsstandards beschreiben Kompetenzen, nach F. E. Weinert kognitive Fähigkeiten und Fertigkeiten, über die die Individuen entweder bereits verfügen oder die sie durch Lernen erwerben. Es geht um intelligentes Wissen und vertieftes Verstehen, das sich u.a. in Anwendungen und Problemlösungen bewährt. In enger Verbindung damit werden motivationale, volitionale und soziale Dispositionen angeeignet, die die verantwortungsvolle Nutzung der Kompetenzen absichern (Weinert 1999). Die vom Schulsystem vermittelten komplexen Kompetenzen werden durch Kompetenzmodelle konkretisiert, die Teilbereiche und

Niveaustufen präzisieren. Beispiele dafür stellen die Lesekompetenzmodelle der internationalen Schulvergleichsstudien IGLU und PISA dar. Die systematische und theoriegestützte, d.h. nicht aus Testresultaten abgeleitete Entwicklung von Kompetenzmodellen für die schulischen Lernbereiche bzw. Fächer steht allerdings erst am Anfang.

Das Klieme-Gutachten plädiert für Mindeststandards, um deutlich zu machen, dass die Schulen die Verantwortung dafür tragen, dass alle Schülerinnen und Schüler zumindest diese Ziele erreichen. Die Standards sollen für mehr Transparenz sorgen, weil sie auch von den Eltern und Lernenden verstanden werden können. Auf prozessbezogene Standards wird verzichtet, um den Unterricht nicht zu normieren. Die Standards sollen ausschließlich zur Systemsteuerung dienen, nicht zur Individualdiagnose, Notengebung oder für Entscheidungen über Schullaufbahnen. Als Vorkehrung gegen ihre Verwendung zur Selektion sollen sie sich nicht auf die Abschlussklassen beziehen (Klieme u.a. 2003, S. 38ff.).

Die von der Kultusministerkonferenz verabschiedeten und in der Grundschule seit dem Schuljahr 2005/06 umzusetzenden Standards legen abweichend davon auf ein „mittleres" Anforderungsniveau bezogene Regelstandards für die Schlüsselstellen des Schulwesens fest. Dies wird mit mangelnder Erfahrung begründet: Mindeststandards hätten möglicherweise das erreichbare Niveau über- oder unterschätzt – was allerdings auch auf die Regelstandards zutrifft. Die Standards, die von Kommissionen aus Fachdidaktik und Schulpraxis erarbeitet werden, tragen nun deutlich an herkömmliche Lehrpläne erinnernde Merkmale. Die Textteile etwa, die zu Beginn den Beitrag des Fachs zur Bildung erläutern, ähneln den bisherigen Fachprofilen, und die drei unterschiedlich komplexen „Anforderungsbereiche" sind nicht theoretisch verankert. Parallel arbeiten fast alle Länder weiterhin an Lehrplänen (Bildungsbericht 2003, S. 264f.). Die wichtigen Unterstützungsmaßnahmen werden den einzelnen Ländern, die Präzisierung, Validierung und Normierung der Standards und die Erweiterung des Aufgabenpools dem IQB überlassen (Veröffentlichungen der Kultusministerkonferenz 2004). Ein neues Element sind allerdings die Aufgabenbeispiele mit gesteigerten Lernansprüchen.

2 Bildungsstandards in der Diskussion

Die rasch in Gang gekommene lebhafte und vielschichtige Kritik vor allem an den Standards der Kultusministerkonferenz reicht vom verengten Bildungsbegriff bis zur tendenziellen Entwertung der Schulabschlüsse. Mehrere Punkte betreffen auch die Grundschule. U.a. wird (1.) auf die Kluft zwischen Standards und Testaufgaben verwiesen. Die Aufgaben reduzierten die anspruchsvollen Bildungsstandards auf das Abprüfbare, in den Aufgaben schienen die angestrebten Kompetenzen nur noch reduziert auf. Wenn (2.) ausschließlich die Standards die schu-

lische Arbeit bestimmten, könne sich der Unterricht auf „teaching to the test"
verengen. Kritisiert werden (3.) die mangelnden Unterstützungsleistungen für
die Implementation der Standards und die Qualitätsentwicklung des Unterrichts
(vgl. u.a. die Beiträge von Spinner, Becker, von der Groeben oder Winter in Becker,
Bremerich-Vos, Demmer, Maag Merki, Priebe, Schwippert, Stäudel & Tillmann
2005). Entscheidend ist (4.) für Befürworter und Kritiker die Qualität der Aufgaben. Sie müssen sowohl die Anforderungen an standardisierte Tests erfüllen als
auch lehrplan- *und* unterrichtsvalide sein. Ohne breite Verankerung im Unterricht und die Einhaltung der Durchführungs- und Auswertungsobjektivität bei
den Überprüfungen werden die Standards die beabsichtigte Wirkung verfehlen.
Das Wirksam-Werden der Output-Steuerung ist somit an die konstruktive Mitarbeit der pädagogischen Praxis gebunden (Stellungnahme zur Kritik an VERA
2005).

Der Grundschulverband wirft darüber hinaus die Frage auf, ob es in der Grundschule überhaupt Regelstandards geben soll. Wenn die Lernvoraussetzungen
aufgrund der sozialen bzw. kulturellen Herkunft sehr unterschiedlich sind und
das Ausgangsniveau nicht berücksichtigt wird, kann es für die Schwächsten nahezu
aussichtslos sein, die Standards zu erfüllen. Was soll mit Kindern geschehen, die
in der vierten Jahrgangsstufe die Ziele der Grundschule nicht erreicht haben?
Müssen die Schulen bzw. die Lehrpersonen Sanktionen befürchten? Der Grundschulverband schlägt deshalb vor, auf eine Niveausetzung zu verzichten und von
„Bandbreiten der Entwicklung" auszugehen. „Für eine Schule mit in der Regel
sehr heterogener Zusammensetzung ist es normal und unabänderlich, dass verschiedene Kinder die für alle gemeinsamen Ziele immer in jeweils unterschiedlicher Annäherung oder Ausprägung erreichen." (Grundschulverband/ Arbeitskreis
Grundschule e.V. 2003, S. 6) Standards werden als „Ansprüche der Kinder auf
zeitgemäße Grundschularbeit" definiert. Statt einheitliche Erwartungen in ausgewählten zentralen Kompetenzen für alle Schulen zugrunde zu legen, sollen sich
die jeweils Betroffenen unter der Rahmenbedingung einer entfalteten pädagogischen Lern- und Leistungskultur im Dialog verständigen. Dies soll auf der System-
ebene unter Beteiligung verschiedener bildungspolitischer Kräfte und der Betroffenen geschehen, in den Schulen im Kollegium und zusammen mit den Evalua-
tionsbeauftragten, im Unterricht durch Lehrkräfte und Kinder (Brügelmann 2005,
S. 8). Damit werden weitgehende Freiheiten eingefordert, ohne allerdings die
Voraussetzungen anzuerkennen, an die die neuen Steuerungskonzepte diese Spielräume normalerweise binden, nämlich Ziele und Ergebnisse.

3 Bildungsstandards auch im Sachunterricht?

Bislang liegen in der Grundschule nur Bildungsstandards für die Fächer Deutsch und Mathematik vor. Auch die Vergleichsarbeiten in den Bundesländern konzentrieren sich im Allgemeinen auf diese beiden Fächer. Nur in Hamburg wird auch der Sachunterricht einbezogen (Bildungsbericht 2003, S. 332). Für Chemie, Physik und Biologie gibt es seit 2004 Standards für den Mittleren Abschluss. Von der Nicht-Berücksichtigung bei Standards und Vergleichsarbeiten könnte das Signal ausgehen, dass diese Fächer für die Grundbildung irrelevant sind. Als „Fächer zweiter Klasse" könnten sie zur Vernachlässigung freigegeben werden, was die Zeitanteile und Ressourcen in der Schule und in der Lehrerausbildung angeht. Diese unerfreuliche potentielle Zukunftsaussicht spornt weitere Fächer zu Vorüberlegungen für Kerncurricula und Standards an (vgl. z.B. von Borries 2005, S. 102ff. für das Fach Geschichte).

Wenn es auch im Sachunterricht Standards geben soll, wären die von den Grundschulkindern mindestens oder regelhaft zu erreichenden Kompetenzen zu präzisieren und Aufgaben zu entwickeln. Diese Standards müssten den Sachunterricht in seiner ganzen Breite repräsentieren, d.h. über die naturwissenschaftliche Perspektive hinaus die sozial- und kulturwissenschaftliche, raumbezogene, technische und historische Perspektive einschließen. Vorarbeiten liegen mit dem Perspektivrahmen Sachunterricht bereits vor, der sich als ein Kerncurriculum lesen lässt und dabei die Anschlussfähigkeit auch für das Weiterlernen in der Sekundarstufe I hervorhebt (Gesellschaft für Didaktik des Sachunterrichts 2002). Ob es dazu kommt, ist allerdings auch davon abhängig, ob die Rolle der Bildungsstandards für die Entwicklung und Sicherung der Qualität im Bildungswesen eher als Chance oder eher als Bedrohung eingeschätzt wird.

Literatur

Becker, G., Bremerich-Vos, A., Demmer, M., Maag Merki, K., Priebe, B., Schwippert, K., Stäudel, L. & Tillmann, K.-J. (Hrsg.) (2005): Standards. Unterrichten zwischen Kompetenzen, zentralen Prüfungen und Vergleichsarbeiten. Friedrich Jahresheft XXIII. Seelze. – Bildungsbericht für Deutschland. Erste Befunde. (2003). Opladen. – Borries, B. von (2005): Mindeststandards für das Fach Geschichte? Die Lebensweltbedeutsamkeit von Historie im Blick. Becker, G., Bremerich-Vos, A., Demmer, M., Maag Merki, K., Priebe, B., Schwippert, K., Stäudel, L. & Tillmann, K.-J. (Hrsg.) (2005): Standards. Unterrichten zwischen Kompetenzen, zentralen Prüfungen und Vergleichsarbeiten. Friedrich Jahresheft XXIII. Seelze S. 102-104. – Brügelmann, H. (2005): Thesen zu den Bildungsstandards. In: Grundschulverband aktuell, Heft Nr. 90, Mai 2005, S. 8. – Gesellschaft für Didaktik des Sachunterrichts (GDSU) (2002): Perspektivrahmen Sachunterricht. Bad Heilbrunn. – Grundschulverband/ Arbeitskreis Grundschule e.V.: Bildungsansprüche von Kindern – Standards zeitgemäßer Grundschularbeit. Empfehlungen des Grundschulverbandes zur aktuellen Standard-Diskussion. In: Grundschulverband aktuell, Heft Nr. 81, Januar 2003, S. 2-24. – Klieme, E., Avenarius, H., Blum, W., Döbrich, P., Gruber, H., Prenzel, M., Reiss, Ch., Riquarts, K., Rost, J., Tenorth, E. & Vollmer, H. (2003): Zur Entwicklung nationaler Bildungsstandards – Eine Expertise. Berlin. – Oelkers, J. (2004): Zum Problem von Standards aus historischer Sicht. In: Fitzner, Th. (Hrsg.): Bildungsstandards: Internationale Erfahrungen – Schulentwicklung – Bildungsreform. Bad Boll, S. 11-41. – Stellungnahme zur Kritik an VERA in „Grundschule aktuell", Heft 89 (2005). www.uni-landau.de/vera/downloads/GS_Aktuell_lang8.pdf, Abruf vom 1.3.2006. – Veröffentlichungen der Kultusministerkonferenz: Bildungsstandards der Kultusministerkonferenz. Erläuterungen zur Konzeption und Entwicklung. (Am 16.12.2004 von der Kultusministerkonferenz zustimmend zur Kenntnis genommen). – Weinert, F. E. (1999): Concepts of Competence. Definition and Selection of Competencies: Theoretical and Conceptual Foundations (DeSeCo). München.

81| Internationale Vergleichsuntersuchungen
Eva-Maria Lankes

1 Bedeutung

Internationale Vergleichsuntersuchungen liefern einen wichtigen Beitrag zur systematischen und kontinuierlichen Beobachtung von Bildungssystemen. Sie stellen mit den Vergleichswerten anderer Staaten einen Referenzrahmen zur Verfügung, in den nationale Ergebnisse eingeordnet werden können. Der Blick von „außen" macht Stärken und Schwächen von Bildungssystemen deutlicher sichtbar als das nationale Studien zu leisten vermögen. Die *Third International Mathematics and Science Study* (TIMSS) hat das Selbstbild Deutschlands in Bezug auf die Leistungsfähigkeit des deutschen Bildungssystems kräftig erschüttert (Baumert, Lehmann, Lehrke, Schmitz, Clausen, Hosenfeld, Köller & Neubrand 1997). Seitdem nimmt Deutschland mit repräsentativen Stichproben an internationalen Vergleichsstudien teil: Die bekanntesten der letzten Jahre sind: *Programme for International Student Assessment* (PISA) sowie die *Internationale Grundschul-Lese-Untersuchung* (IGLU). Neben den Leistungstests erheben diese Studien mit Fragebögen auch Informationen über die Bedingungen des Lehrens und Lernens, z.B. zu den Lernvoraussetzungen der Schülerinnen und Schüler, zu den Rahmenbedingungen der Schule und des Schulsystems. Auf diese Weise können nicht nur Leistungen miteinander verglichen werden, sondern auch Bedingungen, unter denen diese Leistungen zustande gekommen sind.

2 Forschungsstand zum Sachunterricht

Die Felder des Sachunterrichts beziehen sich auf eine ganze Reihe von Fachgebieten, die sich stärker an Vorwissen und Erfahrungen der Kinder als an der Systematik weiterführender Fächer orientieren. International vergleichende Studien für den Primarbereich liegen bisher nur für den naturwissenschaftlichen Bereich vor (TIMSS, IGLU). Deutschland hatte bei der TIMS-Studie im Jahr 1995 nicht an den Erhebungen auf der Primarstufe teilgenommen. Im Rahmen der Erweiterung zur Internationalen Grundschul-Lese-Untersuchung (IGLU-E) wurden im Frühsommer 2001 Schülerinnen und Schüler mit TIMSS-Naturwissenschaftsaufgaben für das Grundschulalter getestet. Die verwendeten Testaufgaben gestatten es, den Kompetenzstand deutscher Schülerinnen und Schüler im Nachhinein international zu verorten. In diesem Beitrag werden nach einer kurzen Einführung in die Konzeption einer international vergleichenden Studie einige Befunde zu den naturwissenschaftlichen Kompetenzen am Ende der Grundschule berichtet. Den Schluss bilden einige Gedanken zu bildungspolitischen Konsequenzen und zu den Grenzen internationaler Vergleichsstudien.

2.1 Naturwissenschaftliche Grundbildung

Aktuelle internationale Vergleichsstudien wie TIMSS und PISA basieren auf dem Konzept einer naturwissenschaftlichen Grundbildung im Sinne einer *Scientific Literacy*. Diese zielt auf die Teilhabe aller in einer durch Naturwissenschaft und Technik geprägten Gesellschaft. Über wichtige Komponenten naturwissenschaftlicher Grundbildung zeichnet sich inzwischen ein breiter Konsens ab (Prenzel, Geiser, Langeheine & Lobemeier 2003, S. 145). Wesentliche Aspekte einer Grundbildung für alle beruhen auf

– naturwissenschaftlichen Begriffe und Prinzipien,
– naturwissenschaftlichen Untersuchungsmethoden und Denkweisen,
– Vorstellungen über die Besonderheit der Naturwissenschaft und
– Vorstellungen über die Beziehungen zwischen Naturwissenschaft, Technik und Gesellschaft (Duit, Häußler & Prenzel 2001).

Die Zielstellung des Sachunterrichts, „die Kinder zu einem zunehmenden Verstehen ihrer Lebenswelt zu führen und tragfähige Grundlagen zu schaffen für eine selbständige und verantwortliche Teilnahme an der Kultur" (Köhnlein 2001, S. 101) steht in Einklang mit der internationalen Vorstellung von *Literacy*.

2.2 Der Untersuchungsansatz

Da die Lehrpläne in den Ländern in Bezug auf naturwissenschaftliche Themen sehr unterschiedlich sind, liegt den Tests in internationalen Studien die bereits beschriebene Konzeption der *Scientific Literacy* zugrunde. Bei TIMSS und IGLU sind die Aufgaben den Stoffgebieten Physik/Chemie, Biologie und Erde/Umwelt zugeordnet und zielen auf vier Anforderungsebenen (Wissensreproduktion, Konzeptanwendung, Verständnis und naturwissenschaftliche Prozesse). Die Verwendung von Aufgaben aus der TIMS-Grundschulstudie ermöglicht den inter-

nationalen Vergleich Deutschlands mit 26 anderen Staaten. Die den Zufalls-
kriterien genügende Stichprobe umfasste 5.943 Schülerinnen und Schüler an 168
Schulen am Ende der vierten Jahrgangsstufe.

Um die Testzeit optimal auszunutzen, wurde das Aufgabenmaterial auf mehrere
Testhefte verteilt, die jeweils einen gemeinsamen Block von 10 Ankeritems ent-
hielten (*Multi Matrix Design*). So können breitere Kompetenzbereiche erfasst
werden. Besondere Skalierungsverfahren erlauben nicht nur eine internationale
Einordnung der Leistungen, sondern bieten auch die Möglichkeit zur Unterscheidung von Stufen naturwissenschaftlicher Kompetenz, die durch charakteristische Aufgabenbeispiele illustriert werden (Prenzel et al. 2003, S. 155).

2.3 Ausgewählte Ergebnisse

Im Folgenden werden beispielhaft für den Ertrag international vergleichender
Studien einige Ergebnisse zum naturwissenschaftlichen Bereich des Sachunterrichts
berichtet.

2.3.1 Leistungen im internationalen Vergleich

Der Blick auf die Leistungen in der Grundschule war in Deutschland zum Zeitpunkt der IGLU-Studie nicht ganz unvoreingenommen: U.a. wurde darüber nach-
gedacht, inwieweit das schlechte Abschneiden auf der Sekundarstufe I in TIMSS
und PISA durch Versäumnisse im Grundschulalter verursacht sein könnte.

Die Auswertung der Tests ergab, dass die naturwissenschaftlichen Leistungen der
Grundschülerinnen und -schüler in Deutschland – nachträglich in die TIMSS-
Rangliste eingeordnet – im oberen Drittel des Ländervergleichs liegen und in
etwa dem Leistungsniveau der USA, von Österreich, Australien, den Niederlanden und England entsprechen (Prenzel et al. 2003, S. 162). Nur Korea und Japan
liegen erheblich über den Leistungen der deutschen Schülerinnen und Schüler.

Bei einem Vergleich auf der Basis der OECD-Staaten und unter Berücksichtigung der unterschiedlichen Sampling-Verfahren sind die Leistungen der Grundschülerinnen und Grundschüler im Bereich Naturwissenschaften im internationalen Mittelfeld einzustufen (Voss, Schwippert & Carstensen 2004).

Allerdings wirft die Studie die Frage nach den Lernorten für naturwissenschaftliche Kompetenz im Kindesalter auf: Nach Einschätzung von Lehrplanexperten
aus den teilnehmenden Bundesländern besteht nur für 36% der Aufgaben ein
expliziter Bezug zum Lehrplan des Sachunterrichts.

2.3.2 Leistungsunterschiede

Für den naturwissenschaftlichen Bereich werden fünf Kompetenzstufen unterschieden, von der „einfachen Wissensreproduktion" bis hin zum „naturwissenschaftlichen Denken". 42 Prozent der Schülerinnen und Schüler verfügen über

eine sehr gute Basis für einen nachfolgenden naturwissenschaftlichen Unterricht (mindestens Stufe IV), die Lernvoraussetzungen von 17 Prozent der Kinder sind dagegen relativ schlecht (Kompetenzstufe I und darunter). Jungen schneiden im naturwissenschaftlichen Bereich besser ab als Mädchen und sind dementsprechend auf den oberen, Mädchen auf den unteren Kompetenzstufen überrepräsentiert. Das gleiche Bild zeigt sich zwischen Schülerinnen und Schülern ohne und mit Migrationshintergrund bzw. aus oberen und unteren Sozialschichten (Prenzel et al. 2003, S. 172). Damit zeichnet sich bereits in der Grundschule das Bild ab, das PISA auf der Sekundarstufe I vorfindet:
– Beträchtliche Anteile von Schülerinnen und Schülern auf den unteren Kompetenzstufen und
– ein straffer Zusammenhang zwischen sozialer Herkunft und Schülerleistung.
Ein interessanter Befund, der am Ende der Sekundarstufe I so nicht mehr zu beobachten ist, betrifft die Lernmotivation in Bezug zur Einschätzung der eigenen Leistungsfähigkeit: Obwohl Grundschulkinder ihre Leistungen durchaus realistisch einschätzen, besteht kein systematischer Zusammenhang zwischen Lernmotivation und Kompetenz. Auf den unteren und oberen Kompetenzstufen sind die Schülerinnen und Schüler gleichermaßen hoch motiviert, im Sachunterricht zu lernen.

2.3.3 Diskussion der Ergebnisse

Die Ergebnisse von IGLU-E 2001 belegen, dass viele Kinder am Ende der Grundschulzeit in der Lage sind, naturwissenschaftliche Sachverhalte zu verstehen und naturwissenschaftlich zu denken. Sie sind darüber hinaus den Naturwissenschaften gegenüber aufgeschlossen und interessiert. Dieses erkennbar gute Potenzial wird aber im deutschen Schulsystem in den Folgejahren nicht konsequent genutzt und weiterentwickelt.

Ein großer Anteil der getesteten Aufgaben bezieht sich nicht auf Inhalte des Lehrplans. Es ist davon auszugehen, dass naturwissenschaftliche Kompetenz auf dieser Altersstufe zu weiten Teilen auch außerhalb des Unterrichts erworben wird und damit von Lernangeboten des Elternhauses abhängig ist.

3 Chancen und Grenzen internationaler Leistungsvergleiche

Internationale Vergleichsstudien ermöglichen den Vergleich von Leistungen eines Landes mit denen anderer Staaten und liefern damit einen Indikator für die Effektivität eines Bildungssystems.

Dieses Wissen kann zu verstärkten Anstrengungen in als defizitär erkannten Bereichen führen, es kann aber auch Anlass sein, eingefahrene Traditionen und Gewohnheiten zu diskutieren und über neue Wege nachzudenken. So haben die Ergebnisse der PISA-Studie zu einer Reihe von Maßnahmen auf der Ebene von

Bund und Ländern geführt (Unterstützung von Ganztagsschulen, Einführung der Bildungsstandards u.a.). Die Ergebnisse der IGLU-Studie waren Anlass für die Einrichtung eines Modellprogramms der Bund-Länder-Kommission zur Weiterentwicklung des mathematisch-naturwissenschaftlichen Unterrichts an Grundschulen (SINUS-Transfer Grundschule).

Der Erfolg dieser Bemühungen hängt jedoch davon ab, ob es gelingt, den einzelnen Schüler, die einzelne Schülerin im Unterricht zu erreichen. Internationale Leistungsvergleiche geben im Rahmen eines Querschnitts Informationen über zu einem bestimmten Zeitpunkt vorhandene Kompetenzen in einer bestimmten Schülergruppe. Sie sagen jedoch nichts darüber aus, wie diese Kompetenzen zustande gekommen sind. Sie lassen keine angemessenen Rückschlüsse auf die Qualität des Unterrichts in den untersuchten Ländern zu und eignen sich nicht zur Prüfung kausaler Zusammenhänge zwischen bestimmten Merkmalen eines Systems und den erzielten Ergebnissen. Sie müssen deshalb flankiert werden von verstärkten Anstrengungen im Bereich der Unterrichtsforschung, der Individualdiagnostik, der Fördermöglichkeiten und der Lehrerbildung.

Literatur

Baumert, J., Lehmann, R.H., Lehrke, M., Schmitz, B., Clausen, M., Hosenfeld, I., Köller, O. & Neubrand, J. (1997). TIMSS – Mathematisch-naturwissenschaftlicher Unterricht im internationalen Vergleich. Deskriptive Befunde. Münster. – Duit, R., Häußler, P. & Prenzel, M. (2001). Schulleistung im Bereich der naturwissenschaftlichen Bildung. In: Weinert, F.E. (Hrsg.): Leistungsmessungen in Schulen. Weinheim u.a., S. 169-186. – Köhnlein, W. (2001). Leitbild: Verstehen im Sachunterricht. In: Fölling-Albers, M., Richter, S., Brügelmann, H. & Speck-Hamdan, A. (Hrsg.): Kindheitsforschung – Forschung zum Sachunterricht. Jahrbuch Grundschule III: Fragen der Praxis – Befunde der Forschung. Seelze, S. 100-104. – Prenzel, M., Geiser, H., Langeheine, R. & Lobemeier, K. (2003): Das naturwissenschaftliche Verständnis am Ende der Grundschule. In: Bos, W., Lankes, E.M., Prenzel, M., Schwippert, K., Walther, G. & Valtin, R. (Hrsg.): Erste Ergebnisse aus IGLU. Schülerleistungen am Ende der vierten Jahrgangsstufe im internationalen Vergleich. Münster, S. 143-187. – Voss, A., Schwippert, K. & Carstensen, C. H. (2004). IGLU und PISA: Überlegungen zur Vergleichbarkeit der deutschen IGLU- und PISA-Ergebnisse. In: Bos, W., Lankes E.M., Plaßmeier, N. & Schwippert, K. (Hrsg.): Heterogenität – Eine Herausforderung für die empirische Bildungsforschung. Münster, S. 301-310.

Sachregister

Autorenverzeichnis

Beilner, Helmut, Dr., Professor für Didaktik der Geschichte, Universität Regensburg

Beinbrech, Christina, Dr., Hochschulassistentin am Seminar für Didaktik des Sachunterrichts, Universität Münster

Blaseio, Beate, Dr., Dozentin für die Didaktik des Sachunterrichts, Universität Flensburg

Bolscho, Dietmar, Dr., Professor am Institut für Sachunterricht und Interdisziplinäre Didaktik, Universität Hannover

Daum, Egbert, Dr., Professor für Sachunterricht, Universität Osnabrück

Demuth, Reinhard, Dr., Professor für Didaktik der Chemie und Direktor der Abteilung Didaktik der Chemie im Leibniz-Institut für die Pädagogik der Naturwissenschaften (IPN), Universität Kiel

Dühlmeier, Bernd, Dr., PD, wissenschaftlicher Mitarbeiter für Grundschuldidaktik Sachunterricht, Technische Universität Dresden

Dürr, Carina, M.A., wissenschaftliche Mitarbeiterin am Lehrstuhl für Grundschulpädagogik und -didaktik, Universität Bamberg

Einsiedler, Wolfgang, Dr., Professor em. für Grundschulpädagogik und -didaktik, Universität Erlangen-Nürnberg

Faust, Gabriele, Dr., Professorin für Grundschulpädagogik und -didaktik, Universität Bamberg

Feige, Bernd, Dr., Professor für Grundschuldidaktik und Sachunterricht, Universität Hildesheim

Fischer, Hans-Joachim, Dr., Professor für Erziehungswissenschaft und Grundschulpädagogik, Pädagogische Hochschule Ludwigsburg

Fölling-Albers, Maria, Dr., Professorin für Grundschulpädagogik und -didaktik, Universität Regensburg

Giest, Hartmut, Dr., Professor für Grundschulpädagogik, Schwerpunkt Sachunterricht, Universität Potsdam

Gläser, Eva, Dr., Akademische Rätin, Sachunterricht und seine Didaktik, Technische Universität Braunschweig

Götz, Margarete, Dr., Professorin für Grundschulpädagogik und -didaktik, Universität Würzburg

Grittner, Frauke, wissenschaftliche Mitarbeiterin der Arbeitsstelle Bildungsforschung Primarstufe am Fachbereich Erziehungswissenschaft und Psychologie, Freie Universität Berlin

Gutwerk, Simone, wissenschaftliche Mitarbeiterin, Grundschulpädagogik und -didaktik, Universität Würzburg

Harada, Nobuyuki, M.A., Professor für Grundschuldidaktik und Curriculumforschung des Sachunterrichts, Universität Gifu (Japan)

Hartinger, Andreas, Dr., Professor für Grundschulpädagogik und -didaktik, Universität Augsburg

Hasse, Jürgen, Dr., Professor für Geographie und Didaktik der Geographie, Universität Frankfurt am Main

Hauenschild, Katrin Dr., PD am Institut für Sachunterricht und Interdisziplinäre Didaktik, Universität Hannover

Hempel, Marlies, Dr., Professorin für Didaktik des Sachunterrichts, Hochschule Vechta

Jung, Johannes, Dr., Akademischer Rat, Grundschulpädagogik und -didaktik, Universität Würzburg

Kahlert, Joachim, Dr., Professor für Grundschulpädagogik und -didaktik, Universität München

Spitta, Philipp, Lehrer an der Grundschule Langforthstraße, Herne

Spreckelsen, Kay, Dr., Professor em. für Didaktik der Physik, Universität Kassel

Stoltenberg, Ute, Dr., Professorin, Institut für Integrative Studien und Institut für Umweltkommunikation, Universität Lüneburg

Unglaube, Henning, Dr., Schulleiter, Taubenbergschule Idstein

Wagner, Jürgen W.L., Dr., PD am Zentrum für empirische pädagogische Forschung, an der Universität Koblenz-Landau, Campus Landau

Wittkowske, Steffen, Dr., Professor für Didaktik des Sachunterrichts, Hochschule Vechta

Zolg, Monika, Dr., Leiterin der Fachgebiets Technische Elementarbildung, Universität Kassel